贺钱大群教授唐律研究三十年暨喜迎八十春秋

钱大群教授

唐典研究

钱大群教授唐律与《唐六典》研究观点与评论

学术顾问 钱大群
主　编 夏锦文　李玉生
编　委（以毕业时间先后为序）
　　　　　夏锦文　李玉生　曹伊清　董长春
　　　　　苏学增　方　潇　张红生　桂万先
　　　　　邱国侠　杨兴定

北京大学出版社
PEKING UNIVERSITY PRESS

图书在版编目(CIP)数据

唐典研究:钱大群教授唐律与《唐六典》研究观点与评论/夏锦文,李玉生主编.—北京:北京大学出版社,2015.12
　ISBN 978-7-301-23555-3

Ⅰ.①唐… Ⅱ.①夏…②李… Ⅲ.①典章制度—研究—中国—唐代
Ⅳ.①D691.5

中国版本图书馆 CIP 数据核字(2015)第 223164 号

书　　名	唐典研究——钱大群教授唐律与《唐六典》研究观点与评论 Tangdian Yanjiu——Qian Daqun Jiaoshou Tanglü yu《Tang Liu Dian》Yanjiu Guandian yu Pinglun
著作责任者	夏锦文　李玉生　主编
责 任 编 辑	王丽环
标 准 书 号	ISBN 978-7-301-23555-3
出 版 发 行	北京大学出版社
地　　　址	北京市海淀区成府路 205 号　100871
网　　　址	http://www.pup.cn　http://www.yandayuanzhao.com
电 子 信 箱	yandayuanzhao@163.com
新 浪 微 博	@北京大学出版社　@北大出版社燕大元照法律图书
电　　　话	邮购部 62752015　发行部 62750672　编辑部 62117788
印 刷 者	北京中科印刷有限公司
经 销 者	新华书店 730 毫米×1020 毫米　16 开本　33.75 印张　570 千字 2015 年 12 月第 1 版　2015 年 12 月第 1 次印刷
定　　　价	88.00 元

未经许可,不得以任何方式复制或抄袭本书之部分或全部内容。
版权所有,侵权必究
举报电话:010-62752024　电子信箱:fd@pup.pku.edu.cn
图书如有印装质量问题,请与出版部联系,电话:010-62756370

序言

今年,公元2015年,是我们敬爱的钱大群先生唐律研究30年及喜迎80华诞的吉庆之年。

2013年秋,我们在宁的几位已毕业的研究生,初步计划要为此庆祝一下。后来,宁、苏、沪三地的同学商量决定,以出版一本文集及召开一次祝贺会的形式进行。向先生汇报后,先生表示,会议开不开不重要,出文集倒是有意义的事,但不是出他个人的文集,而是应以同行专家写的评论为主,辅以反映他研究观点的代表性文论,要把出此文集作为20世纪80年代以来大陆法史界唐律与《唐六典》学术讨论的一次回顾性的汇报。这是先生同意出这部文集的初衷。

在取得大家的一致同意后,2013年年底,先生以其自己的名义写发邀请函,请法史界、史学界与古文献研究界的专家学者,对先生唐律与《唐六典》等的研究作总体的或某个方面的书面评论,以便结集出版。结果,2014年春季就陆续收到了许多同行专家传来的评论。加上2009年在吉林大学召开的《唐律疏义新注》出版座谈会上一批学者对该书的书面评议,文集的基本框架初步画定。

因为文集的内容涉及《唐律疏义》《唐六典》《两唐书》《唐会要》及《龙筋凤髓判》等诸多唐代典籍的研究与评论,所以文集定名为《唐典研究》,并以副标题作内容揭示。北京大学出版社的编辑也肯定了"研究"的提法,因为作者的代表性文论是"研究",专家学者的评议也是"研究",合而成书实际又是最生动活泼的研究。稿子汇集中及汇齐后,几经整理修改,最终形成了今天呈现在大家面前的这部书。

本书具有以下几个特点:

第一,采取了将反映钱先生主要观点的文论和专家评论相结合的形式。由于本书主要收集了钱先生在唐律和《唐六典》方面的代表性文论以及一批知名学者撰写的评论文章,因此,我们根据文章的内容,分为"关于唐代'刑书'与《法例》的讨论""唐律性质与唐代法律体系研究综评""《唐律疏义新注》评论""《唐律与唐代法制考辨》评议""《唐六典》及唐代行政法律研究评论""专题评论"和"附录"七个部分。这种编纂方式在以前的纪念文集中从未有过,也是本书在编纂体例上的一大特点。

第二,反映了20世纪80年代以来唐律和《唐六典》研究中主要事件的发展历程。众所周知,唐代法制是中国古代法律发展中的一个重要时期,也是中国法律史研究的重点领域。学术界对唐代法制的研究虽然取得了丰富的成果,但不可否认,在一些重要问题上仍然存在着不同的认识和看法。其中关于唐律的性质尤其是唐代法律体系,以及《唐六典》的性质问题就是突出的表现。从20世纪80年代以来,学术界部分学者和以钱先生为代表的学者之间不断地发生学术争论。这本书收录了反映钱先生观点的文论及学者的评论,一方面集中反映钱先生在唐律与《唐六典》研究领域的代表性观点;另一方面通过同行专家的评论,读者可以进一步了解钱先生研究的价值意义以及争论的问题所在,从而了解唐律与唐代法律体系研究的发展过程。

第三,文集编撰过程深化及提高了唐典研究的水准。唐律作为中华法系现存最早最完备的一部代表性法律,是钱先生倾注毕生心血研究的重点。钱先生清楚地归纳总结了唐律性质与唐代法律体系的理论,并以此作为方法,正确解析唐代法律与非法律典籍的性质特点。另一方面,也以此作为武器,质疑论辩对方以维护正确观点。集中表述先生这些观点的文章包括《律、令、格、式与唐律的性质》(《法学研究》1995年第5期)、《〈唐六典〉性质论》(《中国社会科学》1989年第6期)及《唐代法律体系正确理解的转捩点》(《北方法学》2015年第3期)等论文。先生的《唐律研究》(法律出版社2000年)、《唐律疏义新注》(南京师范大学出版社2007年)、《唐律与唐代法制考辨》(社会科学文献出版社2009年及2013年)这三部著作是其观点在研究实践中经受检验并得到进一步发展的体现。同时,在这一过程中,又生发出了一批照例"具有鲜明钱氏学术风格"[1]的论文。在接到的评论文章中,法史界内外的一些学者,对先生的一些观点从新的角度提出了质疑。先生认为这些问题比以前的内容更有"新意",故而他很兴奋。从2014年春季到2015年春季,先生以近八十之高龄,不避寒暑,终于写出了《唐代法律体系正确理解的转捩点》《关于唐代〈法例〉问题的几点思考》及《唐代典籍研究若干问题补论》三篇计五万多字的新文章,充实进了《唐典研究》这本书中。这批文章澄清了许多新的问题,也包括先生修正的自己的一些观点,实际上几乎又是作

---

[1] 唐研究学者周东平教授:《雅俗共赏:新世纪最重要的唐律注释书》,见本书第181页。

了一次更深入的辨析,使唐典研究的水准在质和量上比从前又有所提高。这是先生同时也是很多学者共同努力的结果。应当感谢他们!

第四,反映了学术交流中真诚地进行批评与自我批评的健康氛围。本书收录的同行学者的评论文章,既充分肯定了钱先生对唐律和《唐六典》研究所取得的成绩,也直言不讳地提出了一些商榷性的意见。对此,钱先生要求我们,对不同意见特别是批评意见,要全部保留,不能少去任何一点。同时,钱先生对这些评论,有的撰文坚持和重申自己的意见,对其中的正确意见则予以吸收,甚至公开修正了自己少数文章中的部分观点。例如1980年王永兴先生在《文史》上发文,认为《律疏》中有三条于制定后作过三次修改。10年后,钱先生1989年在《南京大学学报》上质疑上述三条的修改。可是26年后,钱先生经过反复研究思考,从前对王先生的三点质疑,其中之一是仍坚持质疑并进一步举证论述,而对王先生文中的另外两点,钱先生修正了从前的观点,而认可王先生的意见。又如对研究《龙筋凤髓判》的一篇,他在阅读到别人的文章和新的资料后,果断地重写了涉及张鷟生平的部分,同时又坚决保留了他确认为有价值的"引疏分析"考的研究部分,并在本文集中重新发表了修改的全文。② 当然一两篇非代表性论文中一两个问题,对钱先生唐律研究的整体来说,确实算不上什么,但是,这个锤炼推敲的过程,说明钱先生对争论的对方及广大读者高度的尊重与负责的态度,反映了其学术研究的道德观与价值观,正如有的学者所言,是"勇气"和"底气"的表现。钱先生以博大的胸襟,以身作则地维护了学术交流的健康氛围。我们相信,只有通过这种真诚的批评与自我批评,才能推动唐律和中国法律史研究深入而健康地发展。

本书结集得到了学术界众多学者的大力支持,他们的惠允赐稿,既使本书的完成成为可能,也更增加了本书的学术含量,他们的大作都已署名,在此恕不一一列举。对于戴炎辉先生之后的当今台湾地区唐律研究的领军人物——台湾大学历史系名誉教授高明士先生,与南京大学古文献研究所的两唐书专家武秀成教授,我们特志铭谢!本书的出版也得到了北京大学出版社蒋浩先生的慷慨支持和帮助;责任编辑王丽环女士对本书的出版也倾注了大量的精力。在此,我们代表钱先生向他们表示崇高的敬意和深深的感谢。

---

② 详见本书第四部分钱大群所著《唐代典籍研究若干问题补论》及《〈龙筋凤髓判〉性质及"引疏分析"考辨》。

本书的编撰也是钱先生众多弟子支持的结果,他们都写作了相关的评介文章,而且都担任了本书的编委会成员。在此也要对他们表示感谢。

最后,我们再次对钱先生表达我们的崇高敬意,感谢他对我们的无私栽培!祝钱先生八十华诞快乐!健康长寿!

夏锦文　李玉生

二零一五年六月

目录

第一部分　关于唐代"刑书"与《法例》的讨论

(一) 关于《新唐书》"四刑书"说的讨论

唐律研究有关文献考辨平议
　　——简评钱大群先生《唐律与唐代法制考辨》／武秀成 ………… 3

唐代法律体系正确理解的转捩点
　　——辨《新唐书》"唐之刑书有四"说并复有关观点／钱大群 ………… 9

(二) 关于唐代《法例》书的讨论

关于唐代《法例》书／高明士 ………… 36

关于唐代《法例》问题的几点思考
　　——答复并就教于高明士先生和池田温先生／钱大群 ………… 48

第二部分　唐律性质与唐代法律体系研究综评

(一) 作者有关研究观点之文论

律、令、格、式与唐律的性质／钱大群 ………… 67

(二)专家评议

唐律性质与"诸法合体"的有力辨正
——钱大群教授唐律研究学术方法与理论的反思 / 马小红 ········ 80

唐代法律体系研究的新视角
——"刑书"与"文法"之分 / 张春海 ········ 88

钱大群先生唐律及唐代法制研究的特色与贡献 / 霍存福 ········ 97

对唐律研究起引领作用
——浅谈钱大群先生对唐律研究的贡献 / 郑显文 ········ 102

唐代法制研究的开拓与创新
——钱大群先生《唐律与唐代法制考辨》读后 / 徐忠明 ········ 108

评钱大群教授唐律研究的几个问题 / 孔庆明 ········ 115

考证辨析有新意
——评钱大群先生唐律与唐代法制研究 / 赵晓耕 胡雯姬 ········ 117

一次成功接续刑事法制基因的研究
——评钱大群先生的《唐律研究》一书 / 苏学增 ········ 123

第三部分 《唐律疏义新注》评论

(一)作者有关研究观点之文论

《唐律疏议》结构及书名辨析 / 钱大群 ········ 145

对唐律书名及版式进行整合的理念与实践 / 钱大群 ········ 158

(二)专家评议

唐律研究的一块丰碑 / 陈鹏生 丁凌华 ········ 169

因有鲜明特色而异于同类著作 / 俞荣根 ········ 172

法律文献研究及法学古籍整理中最为重要的成果之一 / 田 涛 ········ 176

唐律最全面、最完善的注本 / 戴建国 ········ 179

雅俗共赏:新世纪最重要的唐律注释书 / 周东平 ········ 181

《唐律疏义新注》的贡献与问题 / 徐忠明 ········ 185

传承、赓续中国优秀法律传统 / 张 生 ········ 188

打造唐律研究新的学术坚梯
　　——钱大群先生《唐律疏义新注》读后感 / 范忠信 …………… 192
一本在求准的基础上力图求新的作品 / 杨一凡 …………… 198
一项重要的基础性研究成果 / 李贵连 …………… 200
达到同类作品的新高度 / 侯欣一 …………… 202
用现代方法规范唐律条标 / 赵晓耕　杨　光 …………… 204
为唐律研究搭建了新的平台 / 林　明 …………… 208
沟通了古代律意和现代法意 / 张中秋 …………… 211
寻找到了传统法律研究与普及的方向 / 马小红 …………… 214
唐律教学的很好示范与引导 / 孙光妍 …………… 216
创新与传承的结晶 / 王立民 …………… 218
《唐律疏义新注》对中国古代法律思想研究的贡献 / 段秋关 …………… 221
"引论"之"论"入木三分 / 方　潇 …………… 223
唐律研究的丰碑　法史学者的楷模 / 倪正茂 …………… 226

第四部分　《唐律与唐代法制考辨》评议

（一）专家评论

精致而博大的研究
　　——简评钱大群教授《唐律与唐代法制考辨》/ 郭　建 …………… 231
在唐律重大原则与制度研究上的突破
　　——钱大群教授唐律研究管窥 / 戴建国　彭　锋 …………… 234
唐律研究的不懈开拓者 / 徐永康 …………… 241
唐代法制研究征程中不可磨灭的脚印
　　——评钱大群先生《唐律与唐代法制考辨》/ 董长春 …………… 244
新的高度：尽精微而致广大
　　——读钱著唐律研究诸篇 / 李凤鸣 …………… 255
不能忘怀的学术印记
　　——读钱大群先生研究《龙筋凤髓判》等考证
　　　文章 / 张红生　邱国侠 …………… 262

（二）作者有关研究观点之补论

唐代典籍研究若干问题补论／钱大群 ………………………… 268

（三）作者旧文新修

《龙筋凤髓判》性质及"引疏分析"考辨／钱大群 …………… 288

第五部分　《唐六典》及唐代行政法律研究评论

（一）作者有关研究观点之文论

《唐六典》性质论／钱大群　李玉生 ………………………… 323
《唐六典》不是行政法典／钱大群 …………………………… 337
《唐六典》性质疏论／李玉生 ………………………………… 343

（二）专家评议

在技术与史实层面否定《唐六典》的"行政法典"说／徐忠明 … 349
《唐六典》不是唐代行政法律的渊源／艾永明 ……………… 351
《唐六典》是一部反映国家官制礼法的典籍／孔庆明 ……… 352
否定"行政法典说"当时需要挑战的勇气／田　涛 …………… 354
把《唐六典》放到唐代法律体系中考察／侯欣一 …………… 355
果断放弃"行政法典"说，引用"官制典籍"的观点／范忠信 … 356
目前大多数高校法史教学采用是说／俞荣根 ………………… 358

（三）唐代行政法律研究评论

我国第一部全面系统探讨唐代行政法律的专著
　　——读《唐代行政法律研究》／公丕祥　李玉生 ……… 359
正确反映唐代行政法律的体系和特点
　　——与钱大群教授共撰《唐代行政法律研究》的一点感受／艾永明 … 367

第六部分　专题评论

（一）专家专题评论

新中国比较法制史研究的重要开拓
　　——以《比较论》《考辨》《论考》为评论对象 / 夏锦文 ………… 375

《唐律疏义》中有关服制的几个问题
　　——评钱大群教授《唐律与唐代法制考辨》/ 丁凌华 …………… 389

运用多种方法进行唐律研究
　　——钱大群教授《唐律与唐代法律体系研究》一书读后 / 侯欣一 …… 400

唐律创新研究的一个新领域
　　——钱大群先生唐律法典化研究评介 / 曹伊清 ………………… 405

当代吏治新思路的唐律借鉴
　　——钱大群先生唐律吏治研究的梳理与感悟 / 桂万先 ………… 411

唐代谏议制度实行的启示
　　——读钱先生《谏诤：贞观吏治的强大推动力》一文 / 杨兴定 …… 426

（二）珍贵序言及附评

中国法制史科学花圃中的新苗
　　——序《唐律论析》/ 张晋藩 …………………………………… 431

开高校对本科生讲唐律课的先河
　　——简评《唐律论析》/ 方 潇 …………………………………… 433

中国法制史研究中的一个创举
　　——序《唐律与中国现行刑法比较论》/ 乔 伟 ………………… 435

导夫先路　为功法学
　　——序《唐律译注》/ 徐 复 ……………………………………… 438

从《唐律译注》入门学唐律 / 张春海 ……………………………… 440

（三）法史教学评论

法制史的研究对象是"法制"的历史
　　——读钱大群教授《中国法制史研究对象新论》/ 侯欣一 ………… 441

法学教育中启发式教学的典范
　　——钱大群先生中国法制史教材系列及教学活动记述 / 曹伊清 … 444

（四）学风评论

勇气·底气·地气
　　——谈钱大群先生在唐典研究中的学风特色／方　潇 …………… 448

第七部分　附录

附录一　钱大群教授唐典研究要点分布简介
　　　　／董长春　苏学增　桂万先 ……………………………… 475
附录二　有时代责任感的法学家 …………………………………… 495
附录三　历史脚印 …………………………………………………… 505

第一部分 关于唐代『刑书』与《法例》的讨论

(一) 关于《新唐书》「四刑书」说的讨论

(二) 关于唐代《法例》书的讨论

（一）关于《新唐书》"四刑书"说的讨论

唐律研究有关文献考辨平议
——简评钱大群先生《唐律与唐代法制考辨》

武秀成*

古人言："术业有专攻"。在古籍整理研究方面，专业类古籍，如天文、医药、法律等学科的典籍，一般古籍整理者多视为难事。这是因为一般的文史古籍与专业文献存在较大的差异，所以这类古籍多由天文、医药、法律方面出身的研究专家来承担。但从过去整理出版的一些专门文献看，其缺陷也较为明显，即虽然解决了专业知识的局限问题，但在文史、文字音韵以及古文献方面却又显现出某些学养的欠缺，导致出现一些在文史专家看来不应有的误断、误标与误校情况。而近些年来，我则欣喜地看到，我国著名的唐代法律研究专家钱大群先生将专业研究与古籍整理紧密结合，突破了文史修养的局限，为学界呈献了古籍整理研究的多项精品。

钱大群先生是我校法律系的资深教授。很早的时候，我就拜读过钱先生关于《唐六典》性质的研究论著，当时即有耳目一新的感觉。后来又有幸在一起参加过一个有关古籍整理著作版权的研讨会，知道钱先生在唐代法律与制度方面的造诣很深。我曾先后拜读钱先生的《唐律疏义新注》（南京师范

---

* 南京大学文学院古典文献研究所教授。

大学出版社2007年版)与《唐律与唐代法制考辨》(社会科学文献出版社2013年版)两部大著,深感钱先生对唐代法制研究的精深,其对唐代法律文献的考辨所获得的成果令我赞叹。

一、判定"失于出入,以其罪罪之"中的"失于"是"故"之误,乃发千古之覆,制止了误传

我的专业是唐宋古籍整理研究,我的博士论文选题就是《旧唐书》辨证①,过去我多次阅读《旧唐书》,对其《刑法志》所述之贞观法律精神深为折服,但对其文"断狱而失于出入者,以其罪罪之。失入者,各减三等;失出者,各减五等"②,却从未有过任何迟疑。钱先生以其深谙唐律之专业修养,敏锐地发觉此处文义相牾:前文云"失于出入者",即"以其罪罪之",而下文又言"失入者"与"失出者",分别是"各减三等"与"五等",并根据唐律用语,判定"断狱而失于出入者"之"失于"当为"故"字之误。③

唐律中屡屡可见,法官断狱有误,则"以故、失论",即分"故""失"两种而论罪。"故"谓有意误判其罪,"失"谓疏失误判其罪,两者量刑也大不一样。如《唐律疏议》卷三十《断狱》载:"诸制敕断罪,临时处分,不为永格者,不得引为后比。若辄引,致罪有出入者,以故、失论。《疏》议曰:……'以故失论',谓故引有出入,各得下条故出入之罪;其失引者,亦准下条失出入罪论。"④又如下条云:"即赦书定罪名,合从轻者,又不得引律比附重,违者各以故、失论。"⑤此皆可为证。与《唐志》此条内容相关之唐律,《唐律疏议》卷三十是这样规定的:"诸官司人人罪者,若入全罪,以全罪论。《疏》议曰:'官司人人罪者',谓或虚立证据,或妄构异端,舍法用情,锻炼成罪。故注云,谓故增减情状足以动事者,若闻知国家将有恩赦而故论决囚罪,及示导教令而使词状乖异。……若入全罪,谓前人本无负犯,虚构成罪,还以虚构枉入全罪科之。"又云:"即断罪失于入者,各减三等;失于出者,各减五等。……《疏》议曰:'即断罪失于入者',上文'故入者,各以全罪论','失于入者,各减三

---

① 拙著:《〈旧唐书〉辨证》,上海古籍出版社2003年版。
② 〔后晋〕刘昫等:《旧唐书》卷五十《刑法志》,中华书局1975年版,第2139页。
③ 参见钱大群:《唐律疏义新注》,南京师范大学出版社2007年版,第985页。
④ 〔唐〕长孙无忌等:《唐律疏议》卷三十,中华书局1983年版,第562页。
⑤ 同上书,第567页。

等',假有从笞失入百杖,于所剩罪上减三等;若入至徒一年,即同入全罪之法,于徒上减三等,合杖八十之类。'失于出者,各减五等',假有失出死罪者,减五等合徒一年半;失出加役流,亦准此,'三流同为一减',减五等,合徒一年之类。若未决放者,谓故入及失入死罪,及杖罪未决,其故出及失出死罪以下未放,及已放而更获;'若囚自死',但使囚死,不问死由;'各听减一等',谓于故出入及失出入上,各听减一等。"⑥据此唐律,可知断罪错误,有"故"与"失"两类之别。"以全罪论者"(若"从轻入重",则"以所剩论"),为"故出入",或为"故入者",或为"故出者";"各减三等者",为"失于入者";"各减五等者",为"失于出者"。"各以全罪论"(包括"从轻入重,以所剩论"),即《唐志》所言"以其罪罪之",其不得为"失于出入者"甚明。"故出入"一词已成为唐律术语,《唐律疏议》中亦多见用例,钱先生于《唐志》此处"失于出入者",校改作"故出入者",极具见识。若非钱先生发此千古之覆,此条文字恐将继续误传下去。"故"与"失于"又是如何致误的呢?推想其由,大概先是"故"字讹变作繁体"于"字,而浅人见文句不通,遂据下文两处"失于"而于其上臆补"失"字。

二、判定贞观六年时的"蜀王"为李恪, 乃史料运用逻辑缜密

钱先生对唐代史料非常熟悉,故能融会贯通、运用自如,于不经意间发现前人之误会。如《旧唐书》卷五十《刑法志》载:"其后蜀王法曹参军裴弘献又驳律令不便于时者四十余事,太宗令参掌删改之。弘献于是与玄龄等建议:以为古者五刑,刖居其一,及肉刑废,制为死、流、徒、杖、笞凡五等,以备五刑。"今人为《旧唐书刑法志注》曰:"蜀王,唐太宗第六子,名愔。贞观五年封梁王,十年改为蜀王,转益州都督,十三年任岐州刺史。"而钱先生利用《唐律疏议》卷二和《唐六典》卷六所载"加役流"取代"断趾法"事考定弘献与玄龄建议修改刑法事在"贞观六年",因而抉发彼时李愔当为梁王而非蜀王。钱先生又据《旧唐书》卷七十六《太宗诸子列传》与《资治通鉴》卷一百九十四《贞观十年》考知,太宗第三子李恪于贞观二年由汉王徙蜀王,至贞观十年再由蜀王徙吴王,而李愔同时由梁王徙为蜀王,考定贞观六年之"蜀王"为太宗

---

⑥ 〔唐〕长孙无忌等:《唐律疏议》卷三十,中华书局1983年版,第562—565页。

第三子"李恪",而非第六子李愔无疑,裴弘献是蜀王李恪的法曹参军。⑦ 此条考辨,还可见钱先生运用史料逻辑之缜密。

钱先生考校唐律文字之是非,精义甚多,我们可从《唐律疏义新注》与《唐律与唐代法制考辨》两书中细加体会。同时,我在这里也谈谈其中一些与钱先生意见相左的地方,以便向钱先生和读者请教。

三、用"刑法"概括律令格式无正误区别,只是古今观念上的问题

还有的条目考辨,可能没有正误的区别,而只是古今观念或理解上的问题。如关于对《新唐书》所言"刑书"概念的辨析。《新唐书》卷五十六《刑法志》云:"唐之刑书有四,曰:律、令、格、式。令者,尊卑贵贱之等数,国家之制度也;格者,百官有司之所常行之事也;式者,其所常守之法也。凡邦国之政,必从事于此三者。其有所违及人之为恶而入于罪戾者,一断以律。"⑧钱先生通过考察大量唐代的"律、令、格、式"的条文,认为只有"律"是用来"正刑定罪"的,是现代意义的"刑法"条文,而"令""格""式"不是直接用来"正刑定罪"的,"没有一种有刑法条款的特征"⑨,因此说,"宋祁、欧阳修等人的'刑书'说,是由于混淆概念分类而形成的一种错误。"⑩我认可钱先生从现代刑法概念上对"律""令""格""式"四类法令所作的辨析,即"律"相当于现代的"刑法"部分,其他部分性质有所不同,即不属于现代"刑法"部分。但是,这是现代对"刑法"的认识与限定,古人却自有其"刑法"的认识与定义。古人所言"刑法",与今人所言"刑法"之义不完全吻合,今人所指义狭,古人所指义广,今人所指仅限于古人所谓"律"之部分,而古人所指则包含了"律""令""格""式"四个部分。此观念不始于宋人,隋唐已经如此。

我们可以从古代目录学的角度,即从唐人对刑法类图书分类的角度来分析唐人对刑法文献的认识。如修撰于唐初的《隋书·经籍志》以及主要采用开元时期毋煚《古今书录》而成的新、旧《唐书》之《经籍志》与《艺文志》,其著录"律""令""格""式"这四类图书,皆视之为"刑法"文献,一律归入"刑法

---

⑦ 参见钱大群:《唐律与唐代法制考辨》,社会科学文献出版社2013年版,第125—126页。
⑧ 〔宋〕宋祁、范镇等:《新唐书》卷五十六《刑法志》,中华书局1975年版,第1407页。
⑨ 钱大群:《唐律与唐代法制考辨》,社会科学文献出版社2013年版,第8页、第9页。
⑩ 同上书,第1页。

类"。《唐六典》卷十"秘书郎"及《旧唐书》卷四十六《经籍志·序》对隋唐图书的这个分类有明确界定:"九曰刑法,以纪律令格式。"⑪《隋书·经籍志》"刑法类"小序对此类文献的演变与收录范围也有清晰的说明:"刑法者,先王所以惩罪恶,齐不轨者也。《书》述唐、虞之世,五刑有服,而夏后氏正刑有五,科条三千。《周官》司寇掌三典,以刑邦国;司刑掌五刑之法,丽万民之罪;太史又以法法逆于邦国;内史执国法以考政事。《春秋传》曰:'在九刑不忘。'然则刑书之作久矣。盖藏于官府,惧人之知争端而轻于犯。及其末也,肆情越法,刑罚僭滥。至秦,重之以苛虐,先王之正刑灭矣。汉初,萧何定律九章,其后渐更增益,令甲已下,盈溢架藏。晋初,贾充、杜预删而定之,有律、有令、有故事。梁时又取故事之宜于时者,为《梁科》。后齐武成帝时,又于麟趾殿删正刑典,谓之《麟趾格》。后周太祖,又命苏绰撰《大统式》。隋则律、令、格、式并行。自律已下,世有改作。……今录其见存可观者,编为刑法篇。"⑫可知其《经籍志》所录,包含了"律""令""格""式"四个部分,换言之,"律""令""格""式"四类图书,皆属于"刑法"类文献。

我们还可从唐代的司法实践来看,"律"之外的"令""格""式",在"正刑定罪"中也并非没有直接关系。《唐六典》卷三十规定"法曹司法参军"之职责就是"掌律令格式,鞠狱定刑,督捕盗贼,纠逖奸非之事,以究其情伪而制其文法"。⑬说明"鞠狱定刑"与"律令格式"紧密联系在一起。唐代刑官断罪,所援引的法令条款,包含律、令、格、式四类。如《唐律疏议》卷三十载:"诸断罪皆须具引律、令、格、式正文,违者笞三十。"⑭《唐六典》卷六亦载:"凡断狱之官,皆举律、令、格、式正条以结之。若正条不见者,其可出者则举重以明轻,其可入者则举轻以明重。"⑮于此可见,古人把"令""格""式"等文献与"律"类文献一并归入"刑法"类,并无什么不妥。

刑法类文献,自然可以称之为"刑法之书"。如《新唐书》卷四十六《百官志》曰:"刑部尚书一人,正三品;侍郎一人,正四品下。掌律令、刑法、徒隶、按覆谳禁之政。……凡刑法之书有四:一曰律,二曰令,三曰格,四曰式。"⑯

---

⑪ 〔唐〕李林甫等:《唐六典》卷十,中华书局1992年版,第299页;〔后晋〕刘昫等:《旧唐书》卷四十六《经籍志·序》,中华书局1975年版,第1963页。
⑫ 〔唐〕魏徵等:《隋书》卷三十三《经籍志》,中华书局1973年版,第973页、第974页。
⑬ 〔唐〕李林甫等:《唐六典》卷三十,中华书局1992年版,第749页。
⑭ 〔唐〕长孙无忌等:《唐律疏议》卷三十《断狱》,中华书局1983年版,第561页。
⑮ 〔唐〕李林甫等:《唐六典》卷六,中华书局1992年版,第191页。
⑯ 〔宋〕宋祁、范镇等:《新唐书》卷五十《百官志》,中华书局1975年版,第1199页。

"刑法之书"省称为"刑书"亦不无道理。于此可见,唐宋人对"刑法"的界定,与今人确有广狭之别,我们不能以今律古。若接受古人的"刑法"概念,则"刑法之书"省称为"刑书",也不宜视为宋人有误。

虽然如此,我们与钱先生意见相左者毕竟是少数,属于吹毛求疵的性质。从整体看,钱先生对唐代刑法文献的校订与考辨,胜义多多,是目前正在实施的大型古籍整理项目——"点校本'二十四史'修订工程"之两《唐书·刑法志》点校修订的重要参考成果,值得我们文史古籍整理者认真学习和吸收。

(2014 年 5 月)

附:致钱教授的信一封(见本书第 272 页注⑥)

唐代法律体系正确理解的转捩点
——辨《新唐书》"唐之刑书有四"说并复有关观点

钱大群

引 言

《新唐书》的"四刑书"亦即"四刑法"说,是能否正确理解唐代法律体系的转捩点。如错误地把"四刑法"定为唐代法律体系的框架,则将强迫唐代全部法律倒退到在一口"刑法"的大锅里杂烩的境地。如把"四文法"作为研究的出发点,则可正确地呈现法律体系中"正刑定罪"之"律",与"邦国之政必从事"于的"令""格""式"之间分工而又合作的科学机制。

其实,唐之律、令、格、式并非"四刑法",其中只有律是"刑法"。另外,以二十四曹司为名目的"格"之"刑部格",对"律"起补充修改作用亦可谓"刑法"。判断"刑法"的根本标准是"正刑定罪",令、格、式均无此功能,故其非为"刑法",也不可统称为"刑书"。唐代法律体系研究正确持论的试金石,是敢于分析唐四法的概括词,与对四法所作分类定义间的关系。

我于 1995 年第 5 期《法学研究》发表的《律、令、格、式与唐律的性质》一文中,就提出了对《新唐书》"唐之刑书有四"说应予推翻的主张。2009 年出版的《唐律与唐代法制考辨》一书,我又考说了"刑书"与"文法"的问题,继续驳斥"四刑书"说。此次本文再就影响人们正确了解唐律性质及唐代法律体系的一些新旧代表性观点,集中进行辨析,作为对我已发表论文的充实与补充。

在正文开始之前,我把本文中所使用的几个名词概念稍作说明,以求彼此能正确地交流所使用的术语概念:

"四文法说":指唐人《唐六典·刑部》及五代人《旧唐书·职官志》皆谓唐"凡文法之名有四:一曰律,二曰令,三曰格,四曰式"的观点;

"四刑书说":指宋人《新唐书·刑法志》称"唐之刑书有四,曰:律、令、格、式"之观点;

"四刑法说":指《新唐书·职官志》进一步称"凡刑法之书有四:一曰律,二曰令,三曰格,四曰式"之解释。

一、研究唐代法律体系的持论方法

从以往讨论的情况看,影响论辩双方不同观点形成与发展的重要原因,是彼此的持论方法不同。正确理解唐代法律体系的持论方法应该是:尊重常识,琢磨史据,不弃主流。

(一)尊重常识

常识是真理朴素存在的一种认知反映,是前人经验与知识经时间淘洗后有益的积累。常识是人们进行科研讨论必须遵循的规则。人们对它应有一定的尊重,尊重常识就是尊重简单而又朴实的真理。常识与产生一定的认识的科技手段及历史环境相关联,认识的手段与历史环境的变异,可推翻旧常识,产生新常识。常识肯定有一定的公信度,别人都认为是常识,独你不认为是常识,那彼此就无交流的平台。譬如,刑法或刑律条文应该有罪名、罪状及刑罚的规定,而非刑律的其他令、格、式,则没有这种表达形式,这不仅是现代法学的常识,而且在隋唐也早就是常识,那大家就必须认可。又如,作为刑法以外的法律制度,受到刑法的保护,是否因此也成为"刑法",也应作为常识而成为共同的认识。

这里说的常识,也包括形式逻辑中的矛盾律在内。不管古代人或现代人,都要遵守不自相矛盾的规律,如有人使用的上位概念与其下位概念实指的对象不相容,就不能以"古今概念不同"来为自己的错误观点辩护。

(二)琢磨史据

史据(或称史证,因为有些史料不足为证,故提"史据"),对研究历史的人来说,其重要性自不待言。有时史据就是一个论点、一篇文章、一本书甚至是一派学说的生命支撑。对史据也须怀有一定的敬畏,但对其顶礼膜拜,一言一词都视为金科玉律,就违反治学的常理了。在为学的过程中推敲史据,就包括了对"二十四史"中一些史据的可靠性提出质疑。如果你运用某个史据作为立论根据,可是被你所依赖的史据在论证中发生了前后矛盾或互相抵牾,那就要对其正确性进行推敲。这时,最不可取的办法是对史据本身或依靠其支撑起来的构架附件,去做穿凿附会,结果使史据本身及为其建造的体系,相互间的张力越来越大,就会有倾覆的危险。对史据的推敲要权衡比较,如对待相同的一件事,宋人写唐史的叙述,与唐人自叙其"当代"的观点相左;或是宋之后的人写宋史与宋人写唐史的观点又相左,就存在怎样取舍比较公正及接近实际的问题。

(三) 不弃主流

不同历史时期法制发展的特点,决定于各个时期社会经济、政治、文化的发展情况。这里所说的"主流",就是指作为研究对象的某历史阶段法制发展的基本情况。对某个历史阶段法制基本特征了解的差异,常常表现在学者们对该时期法制研究观点的差异上。"不弃主流",就是指自己的学术观点和主张,应与那个朝代的基本发展情况吻合或接近,既不要拔高超前也不要陷于倒退。在唐典研究的争论中,要始终以符合或比较接近于唐代的实际作为观点取舍的标准。例如,历史文明既已进入鼎盛的唐代,唐代的法文明水平,是否还阻碍着"刑法"从法律体系中先分离出去独立成为"刑法"?唐代社会整个法制是否还都混沌在"刑法"的一口大锅中杂烩?又例如,唐代法律体系特征的主流,就是唐宋两代法学家、政治家分别而又可谓共同地对律令格式所作的分类界定内容,当然,《新唐书》反逻辑的"刑书(刑法)有四"的概念除外。两者虽然表述的角度不一样,但其反映的本质特征都一致。这种分类表述的同一性,就是唐代法律体系特征的主流。既然两代法学家都认为"律"与"令格式"性质不一样,面对"刑书(刑法)有四"及"文法有四"的不同逻辑概括,作比较思考,评议哪一种概括法更能反映或更接近唐代的主流实情,是研究者的责任。我们主张以唐人自己的正确观点去纠正宋人说唐的错误主张,这是"以唐律唐",而不是"以今律古"。

二、《新唐书》"唐之刑书有四"说是
违反时代主流的标新立异

（一）唐代有成熟稳定的对法律作正确概括的概念

有足够的材料判定，《新唐书》中宋人对唐代法律体系作概括时，有意无视唐人自己已有的正确概括法，也根本无视五代时《旧唐书》作者对唐代概括法的肯定与沿袭。

1. 唐人对法律正确地以"文法"概括

开元二十六年编成的官制典籍《唐六典·刑部郎中》中记载：

> 凡文法之名有四：一曰律，二曰令，三曰格，四曰式。

用文法作为对律、令、格、式四法的概括，其使用历史比《唐六典》早得多，只不过《唐六典》以典籍面目出现更具有严肃性。贞观三年（629年）魏徵、房玄龄、颜师古、孔颖达这些名流在编撰《隋书》时对法律就用"文法"概括，其《刑法志》记载（隋）高祖说：

> 高祖性猜忌，素不悦学，既任智而获大位，因以文法自矜，明察临下。①

中国政法大学古籍所的高潮、张大元两位先生，对此处"文法"的注释是"法令条文"，正是此义，其指当然是隋朝的律、令、格、式等成文法律。

2. 五代人所著《旧唐书》认同唐人以"文法"概括之法

早于《新唐书》成书的五代后唐至后晋间编写的《旧唐书》，在概括唐代法律时非常珍视唐代人在律学研究上的这个重要成果。其《职官志·刑部》中记载与《唐六典》的内容基本相同："凡文法之名有四：一曰律，二曰令，三曰格，四曰式。"而且其对律、令、格、式的分类解释，也遵唐旧："凡律，以正刑定罪；令，以设范立制；格，以禁违正邪；式，以轨物程事。"《旧唐书》的作者作为后代人去叙说唐史，取唐人之说，以符合唐制，这是自然而然又顺理成章的表现。

（二）《新唐书》用"刑书"概括唐代法律，是有意而为之

1. 《新唐书》作者以古"刑书"的概念来概括唐代法律

宋人在《新唐书·刑法志》中作历史回顾时所使用的"刑书"概念，与春

---

① 参见《历代刑法志》，群众出版社1988年版，第240页。

秋时的"刑"或"刑书"的概念别无二致。我们把《新唐书·刑法志》中开头追溯历史的第一段与交代唐代法律种类的第二段作衔接对照就可看到这一点。其开头第一段是：

> 古之为国者,议事以制,不为刑辟,惧民之知争端也。后世作为刑书,唯恐不备,俾民之知所避也。其为法虽殊,而用心则一,盖欲民之无犯也。然未知夫导之以德、齐之以礼,而可使民迁善远罪而不自知也。

其下紧接的第二段是：

> 唐之刑书有四,曰：律、令、格、式。……

第一段是说古代的"刑书"甚至是上古的"刑辟",相关联的词语是"知所避""无犯""远罪"等。而第二段一下子穿越到唐代,此时,本因改变概念,而作者却接用上段中的"刑书"去概括唐代的法律种类,其错失的原因即在于此。因为"刑书"可以作为同位概念概括"律",而不能概括"令、格、式"。

2.《新唐书》同时又以"刑法之书"概括唐代的四种法律

《新唐书》作者在其《百官志·刑部》中把其在《刑法志》中"刑书"的概念具体解释为"刑法之书"：

> 凡刑法之书有四：一曰律,二曰令,三曰格,四曰式。②

起初以为宋代的《新唐书》作者在《刑法志》中使用"刑书"概括是变换文段时对概念使用的一时疏忽,因为其对唐四法分类界定的概念又是正确的。但是,当看到《新唐书》在其"百官志"中又把"刑书"解释为"凡刑法之书有四"时,应确认其性质不是疏忽之失。这种"刑书"概念的渊源,可直指《春秋经》昭公六年(公元前539年)所记"郑人(子产)铸刑书"之谓；还可以上溯到夏、商、周三代之刑书概念。当时叔向说："夏有乱政而作《禹刑》,商有乱政而作《汤刑》,周有乱政而作《九刑》。"《周书·尝麦解》注"九刑"说：

> 太史筴刑书九篇以升,授大正。按：《九刑》之名本此。③

这种"刑书",到唐代能与其相应的法律,就只有《律》与后来的《律疏》。欲辩解此"刑书"有其他之性质是徒劳的,把唐代的令、格、式也说成"刑书",其艰难尤甚。

---

② 参见〔宋〕宋祁、范镇等：《新唐书》（第四册）,中华书局1975年版,第1199页。
③ 参见〔清〕洪亮吉：《春秋左传诂》,中华书局1987年版,第673页。

3.《新唐书》中"刑书"之"刑"无作旁训的可能

"唐之刑书有四"中"刑书"的"刑",除用作本义外很难再作旁训。《新唐书》的作者欧阳修、宋祁、范镇等人,毕竟是一朝大家,对待他们应怀有尊重甚至是敬畏之心。在我与艾永明先生合写《唐代行政法律研究》一书时,在肯定其"刑书"为错用的前提下,去探索此处之"刑"是否有作别解的可能。结果,由《周礼·秋官》中"刑乱国用重典"的记载,我们试图提出此处之"刑"解为"治"是否可以。虽然这种解释可得到1988年7月版《辞源》"刑"字解释第六项"治理"的支持,因"刑"如单独作为一个词,有作"治"解的可能,如已构成为"刑书""刑法",则已不可能再把已作为词素的"刑"训解为"治"了。《新唐书》作者的本意,也排除了"刑书"解为"治书"的可能。

(三)《新唐书》以"刑书"概括法律与主流抵触

有学者说:"古人'刑法'所指包括了律、令、格、式,隋唐已经如此。"故本文此处特以唐前后各代学者撰写的史书为实例,看看他们如何对"所有法律"与"刑罚法律"作不同概括的。这种治学之法,是"以今律古"还是"以古律古"?《新唐书》作者在讲述唐制的前提下,把唐朝全部法律概括为"刑书""刑法",这种概念的使用,不但反唐朝的做法,而且与汉、北齐、唐、五代、宋、元各代史学家写正史时的概括法都格格不入。

1. 与班固写《汉书》的概括趋势乖违

其一,汉代"律"与"法"之使用义,尚未严格区分,可以都指"刑法""刑律"。如刘邦在关中与民所约,其内容为"杀人者死,伤人及盗抵罪"之刑法,其名称为《约法三章》;萧何参考秦《六律》"作律九章",其名曰《九章律》。

其二,"法令"或"律令"已有概称一般法律的趋势。如其记汉元帝曾下诏曰:

> 今律令烦多而不约,……其议律令可蠲除轻减者,条奏,唯在便安万姓而已。④

而在记成帝河平中下诏时又曾说:

> 故略举汉兴以来,法令稍定而合古便今者。……此皆法令稍定,近古而便民者也。⑤

其三,"刑法"与礼教、仁爱对立而举,是赤裸的"刑法",无用"刑法"概括

---

④ 参见〔汉〕班固:《汉书·刑法志》卷二十三,中华书局1962年版,第1103页。
⑤ 同上书,第1103—1106页。

或统指一般法律之例。如：

> 原狱刑所以蕃若此者,礼教不立,刑法不明。⑥
>
> (法学者流)及刻者为之,则无教化,去仁爱,专任刑法而欲以致治,至于残害至亲,伤恩薄厚。⑦

2. 与北齐史学家所写《魏书》中的概括法相抵触

北齐著名史学家魏收在其所著《魏书·刑罚志》中,对法律的一般概念用"法令""律令"表述,对刑律的表述是"刑法"或"律"。其记"穆帝"时说：

> 帝将平其乱,乃峻刑法,每以军令从事。⑧

其记"昭成建国二年"事时说：

> 法令明白,百姓晏然。

其记"高祖"年间事时说：

> 太和元年,诏曰："刑法所以禁暴息奸,绝其命不在裸刑。"
> 先是以律令不具,奸吏用法,致有轻重。
> 律："枉法十匹,义赃二百匹大辟。"⑨

其记"世宗即位"及"永平元年"时说：

> "尚书门下可于中书外省论律令。""为民父母,导之以德化,齐之以刑法,大小必以情。"⑩

以上七例,没有一例是用"刑书"或"刑法"来概括所有法律的。而"法令"则与"律"和"刑法"对举。

3. 与唐代史学家所写《晋书》《隋书》中的概括法相抵触

唐人写《晋书》《隋书》,都是如魏徵、房玄龄等一批顶尖的政治家、法学家奉皇命而为。

其一,在《晋书·刑法志》中对汉代法律的概括词是"律令",对刑律则用"刑法"概括。如：

> 永元六年,(陈)宠又代郭躬为廷尉,复校律令,刑法溢于《甫刑》者,奏除之。

---

⑥ 〔汉〕班固：《汉书·刑法志》卷二十三,中华书局1962年版,第1109页。
⑦ 参见《汉书》卷三十《艺文志》,中华书局1975年版,第1736页。
⑧ 参见《历代刑法志》,群众出版社1988年版,第208页。
⑨ 《魏书·刑罚志》,载《历代刑法志》,群众出版社1988年版,第211页。
⑩ 同上书,第212页。

汉代行"律令科比",其主要者就是律令,刑法则偏指刑律,《甫刑》就是《吕刑》,是周代刑罚的赎刑之法。又如:

> 献帝建安元年,应劭又删定律令,以为《汉议》表奏之。⑪

句中的"律令",是法律的通称,《汉议》是法律的一部分。

其二,在《隋书·刑法志》中对法律的概括有"律令""法令""法律"等多种词汇,而对刑律则以"律"字表述。如其记梁代时说:

> 天监元年八月,乃下诏曰:"律令不一,实难去弊。"⑫

其记《北齐律》制定后的情况说:

> 是后法令明审,科条简要,又敕仕门之子弟,常讲习之。齐人多晓法律,盖由此也。⑬

其以"律"表刑律之概念如:

> 后平秦王高归彦谋反,须有约罪,律无正条,于是遂有别条权格,与律并行。⑭

"约罪"之"律"实指《北齐律》的律条,其中的"权格"其性质是同于唐代《刑部格》之性质的格敕。

4. 与《旧五代史》中的概括法相抵触

承唐最近的五代用"法书"概括唐之律令格式及包括新的法律形式《刑统》(《统类》)、《编敕》在内的所有法律。如《五代史·刑法志》记载,后唐同光朝御史向皇帝报告朱温篡权法律遭全面篡改破坏后,朝廷采取紧急措施的情况时说:

> "今见在三司收贮刑书,并是伪廷删改者,兼伪廷先下诸道追取本朝法书焚毁,或经兵火所遗,皆无旧本节目。只定州敕库有本朝法书具在,请敕定州节度使速写副本进纳,庶刑法、令式,并合本朝旧制。"从之。未几,定州王都进纳唐朝格式律令,凡二百八十六卷。⑮

---

⑪ 参见《晋书·刑法志》,载《历代刑法志》,群众出版社1988年版,第44页。另《旧唐书》卷四六《经籍志》记载,应劭还志有《汉官仪》十卷。
⑫ 同上书,第227页。
⑬ 同上书,第235页。
⑭ 同上注。
⑮ 参见《旧五代史·刑法志》,载《历代刑法志》,群众出版社1988年版,第318页。

书中说定州王奉命抄写的"法书",就是唐朝的格式律令。在概括律、令、格、式等所有法律时,是使用"法书"总概念,徐世虹教授在其《旧五代史刑法志注译》中,把"法书"译为"法典"正得其义。而要专指其中特定性质的类概念时,就点出其类概念的实际名称,如对属于"刑法"或刑法性质的"律"与"刑统",就用"刑法"来特指,"刑法"与"令式"则分举。不但是后唐,后周在概念运用上也是如此。《五代史》记载说:

> 周太祖广顺元年六月,敕侍御史卢亿、刑部员外郎曹匪躬、大理正段涛同议定重写法书一百四十八卷。先是,汉隐帝末,因兵乱法书亡失,至是大理奏重写律令格式、《统类》《编敕》。凡改点画及义理之误字凡二百一十四;以晋、汉及国初事关刑法敕条,凡二十六件,分为二卷,附于《编敕》,目为《大周续编敕》,命省、寺行用焉。⑯

文中把律、令、格、式,以及与"律"并行的称"统类"的"刑统",及对所有法律作补充修改的《编敕》,统称为"法书"。但如专指属"刑法"的某种特定法律时,则会专门使用如"刑法敕条"来指代,以显示其在"法书"总概念中的类概念属性。同书又记载显德四年五月,中书门下奏说:

> 准宣,法书行用多时,文意古质,条目繁细,使人难会,兼前后《敕格》,互换重叠,亦难详定。宜令中书门下并重删定。……伏以刑法者御人之衔勒,救弊之斧斤,故鞭扑不可一日弛之于家,刑法不可一日废之于国,虽尧、舜淳古之代,亦不能舍此而致理矣。⑰

文中"法书"与"刑法"对举,"法书"中也可涵盖《敕格》《刑书》在内,书中对"刑法"特定性质的讲解,清楚地毋庸置辩。同书又记显德五年七月,中书门下奏:

> 侍御史知杂事张湜等九人,奉诏编集刑书,……其所编集者,用律为主;辞旨之有难解者,释以疏意;义理之有易了者,略其疏文。

文中所言之"刑书",明言以"用律为主",性质也非常清楚。总之,五代时并无用"刑书"或"刑法"去概括国家法律的措辞。

5. 与元代人所著《宋史》中的概括法也抵触

看一下《新唐书·刑法志》撰写者所生活的宋朝怎样概括法律的情况,对我们评价宋祁、范镇等人以"刑书"概括唐朝法律的做法,是有所帮助的。

---

⑯ 《旧五代史·刑法志》,载《历代刑法志》,群众出版社1988年版,第319页。
⑰ 同上书,第320页。

从元人危素等大家编撰的《宋史·刑法志》的记载看,宋代人不以"刑书"去概括国家法律,而是根据需要具体指明"律令格式"或"敕令格式"。

其一,宋人曾以"法""法制""法令"来概称各种法律,与唐人《唐六典》用"文法"概括基本相同。如《宋史·刑法志》记载元丰时的情况曾说:

> 法出于道,人能体道,则立法足以尽事。[18]
> 宋法制因唐律、令、格、式而随时损益则有编敕。[19]
> 嘉祐法与见行不同者,自官制、役法外,赏格从重,条约从轻。绍兴元年,书成,号《绍兴敕令格式》,而吏胥省记者亦复引用。监察御史刘一止言:"法令俱在,吏犹得以为奸,今一切用其所省记,欺蔽何所不至。"[20]

文中称"法制""法令""法"者,皆不指一法而概指"敕令格式"等不同性质之多法。

其二,宋人元丰后以"刑书"指属"刑法""刑典"之"编敕"。如《宋史·刑法一》说:

> 王道陵迟,礼制隳废,始专任法以罔其民。于是作为刑书,欲民无犯,而乱狱滋丰,由其本末无序,不足相成故也。……元丰以来,刑书益繁,已而憸邪并进,刑政紊矣。[21]

前一句中的"刑书"是自古以来传统的概念,后一句中的"刑书"指元丰后刑法性质的《编敕》而言。

以上所举词语使用之例,是说明用"法""律令""文法""法书"等词语对"法律"作概括,及用"刑""刑书""刑法""敕"来指代使用刑罚之"刑法",这是历代相互对举使用的一种基本趋势,同时也显示《新唐书》在对举概念上使用的特异。在不存在使用"法律辞书"规范概念的情况下,某书中或某个人有逆主流而动的个例,如《晋书·刑法志》记汉永元六年事时以"律令"作母概念,"刑法"作子概念的情况之后,又出现以"律令"指代"刑法"之一例;在承认《汉书》中"文法"多指"法律"的情况后,又列出汉也曾以"文法"指代"刑法"之一例。尽管这些例子都是事实,但这种情况并不反映当时"法律"概括的主流方面,倒反映了其个例的自相矛盾,实不足以推翻主流。南京大

---

[18] 参见《宋史·刑法志一》,载《历代刑法志》,群众出版社1988年版,第333页。
[19] 同上书,第332页。
[20] 同上书,第334页。
[21] 同上书,第331页。

学张春海老师在《唐代法律体系研究的新视角——"刑书"与"文法"之分》(本书第88页—96页)一文中说:"汉代较多地以'文法'总称包括刑事法律在内的王朝法律";"隋唐用'刑书'指包括死刑在内的惩罚之法,其例不胜枚举。"这基本是主流的表述。《新唐书》作者关于"唐之刑书有四"的说法,因其先天的自身矛盾,一开始就置自己于特异的不入主流的境地。作为宋人,罔顾在论唐制时违反唐制的主流,为其辩护者欲以它去替代主流岂不徒劳。因为客观上肯定无法在数量上使"刑法"成为概括"法律"的主流。唐以前不是这样,唐代也不是这样,后代更不是这样。

三、《新唐书》之"四刑书"说给唐代法律体系的正确研究造成障碍

《新唐书》对唐代法律阐述的错误,主要是在于他们在正确地给唐代四种法律作界定并正确地描述彼此之间关系之前,先给四种法律加了一个错误的概括词——"刑书"("刑法"),使错误的概括词与正确的分述之间形成了不可克服的矛盾,从而使得某些读者先入为主地从错误的概括词出发,无可避免地去把他们原本正确的分类界定也作错误的理解。

(一)《新唐书》对唐法分类及彼此关系上的正确观点应予肯定

《新唐书》所以能对唐四法基本作出正确的界定,除错误地排斥"文法之名有四"外,事实上接受了《唐六典》对唐四法的正确定义,这种情况下面的列表可以显示。

法律种类	《唐六典》之解	《新唐书》之解	《新唐书》对令、格、式的归纳	《唐六典》的概括词	《新唐书》的概括词
令	设范立制	尊贵卑贱之等数,国家之制度也	凡邦国之政,必从事于此三者	文法之名有四	"刑书"及"刑法之书"
格	禁违正邪	百官有司之所常行之事也			
式	轨物程事	(百官有司)其所常守之法也			
律	正刑定罪	(令、格、式)其有所违及人之为恶而入于罪戾者,一断以律			

表格中的对比内容说明：

其一，对于唐代四种法律性质作用的界定，唐宋两代的法学家是一致的，《唐六典》偏向于对作用作定义，《新唐书》虽对格、式的定义较模糊，但无原则分歧。

其二，根本的分歧是所用的概括词不同。"四刑书说"，把四种法律毫无例外地都定性为"刑书"完全是错误的。从解释的逻辑概念上说，唐人以上位概念成文法律"文法"来概括基本属行政法律的令、格、式以及属刑律（"刑书"）的下位概念是正确的，因为四者都有共同的"法"的属性。"刑书"对"律"作同位相解，是适合的，无论其为"正刑定罪"也好，或"断""为恶而入于罪戾者"也好，都是"刑法"。而如果以"刑书"概括其他非"律"的令、格、式，则是违背逻辑常识的错乱。其实，对"唐之刑书有四"之谬说，有的学者为对学术对读者负责，早就予以否定。中国政法大学古籍所20年前出版的《中国历代刑法志注译》中，马建石、杨育棠两位先生把《新唐书》中"唐之刑书有四"，义无反顾地译为"唐代的法典有四种形式"，以表示对"刑书"概括的不屑。

（二）必须用对四法的定义去检验"文法"说与"刑书"说的正误

"四刑书说"把令、格、式硬作"刑法"化，在理论上和实践上都行不通。既然"其有所违及人之为恶而入于罪戾者，一断以律"的法律是刑法，为什么规定"尊卑贵贱之等数"（如官品令）与"国家之制度"（如田令）的法律也是"刑法"呢？有些学者在主张"隋唐刑书，包括律、令、格、式"的同时，又认可并引用"令者，尊卑贵贱之等数，国家之制度"，殊不知这已陷入矛盾的罗网而不自知。既然"格"是"百官有司之所常行之事"的"刑法"，其具体所指，是不是这些"百官有司"都"常行"地去执掌这部"格刑法"，而都当法官呢？把"常行"理解为经常去"触犯"更无可能。"式"（如监门式）作为（百官有司）们的"常守之法"，宋神宗于元丰年间谓"式"是"使彼效之之谓式"，是"效法"这部"刑法"，还是避开这些"刑罪"？

其实，宋神宗在法律的分类界定上，与《唐六典》的表述其内在是一致的。宋代的刑事立法元丰后称"敕"。元丰中，神宗解释过宋代四法之作用与特征，现把神宗的解释与唐人在《唐六典》中用"文法"概括唐四法的解释比较如下：

《唐六典》"文法"对律、令、格、式的解释	宋神宗对"敕、令、格、式"的解释
律以正刑定罪	禁于已然之谓敕
令以设范立制	禁于未然之谓令
格以禁违正邪	设于此以待彼之谓格
式以轨物程事②	使彼效之之谓式㉓

从神宗的解释看，宋朝的敕、令、格、式不能用"刑书"来概括。其中的"已然"，是指犯罪行为完成，要受刑罚，其法律形式是"敕"，性质当是"刑法"。而"未然"之"令"，则是未实施犯罪行为，与"刑书"何涉？"设此待彼"之"格"，强调预防，亦不能属于"刑书"；而"使彼效之"之"式"，更不可能理解为"效法""刑书"。从神宗对宋四法的解释看，以"刑书"概括法律对宋朝也是行不通的。元代人为宋代写《刑法志》时就未犯范镇们概括唐法为"刑书"的错误。宋神宗时所编之敕是"刑法"，其他令格式不是刑法，也不称敕。"神宗以律不足以周事情，凡律所不载者一断以敕，乃更其目曰敕、令、格、式。"文中的"其"也是宋代法律的概括词，如《宋史》作者要犯范镇的错误，代词"其"就会表述为："乃更刑书之目曰敕、令、格、式"，可《宋史》的作者就是未犯这样的错。宋人在《新唐书》中给法律都戴"刑书"帽子的做派，宋代南北两段皆不存在这种怪异现象。

《新唐书》用"刑书"概括法律造成的错误，绝不止于逻辑上的混乱，而是对后代的唐律研究造成了困惑，"刑书有四"说成为正确理解唐代法律体系的最大障碍。

（三）"四刑法"说与《新唐书》对法律的分类界定自相矛盾

1. 对律、令、格、式的分类界定唐宋法学家是一致的

对于唐代的四种法律虽然在总概括的措辞上有唐人用"文法"、宋人用"刑书"之正误区别，但他们对唐法分类解释的本质特征是一致的，即四法中只有律是古称"刑书"之"刑法"，格、令、式都不是"刑法"。而宋人不但使用由古而"今"概念无根本变化的"刑书"概括"律"，而且要同时用其概括其他非"律"的令、格、式，这是违背逻辑常识的错乱。这就像律、令、格、式四兄弟可以坐到同一条"文法"板凳上，但绝不能让四人共戴一顶只适合老大"律"

---

② 参见〔唐〕李林甫等：《唐六典·刑部郎中》，中华书局1992年版，第185页。
㉓ 参见《宋史·刑法志一》，载《历代刑法志》，群众出版社1988年版，第333页。

才可以戴的"刑书"帽子。

2. "四刑法"说不能解决"四种刑法"之间的效力关系问题

《新唐书》中"其有所违及人之为恶而入于罪戾者,一断以律"的定义中的"一"字表明,正刑定罪之事,"统一""一律"或"全部"依"律(刑法)"来断。这在一部"刑法"的条件下本无问题,但现在是四部法律"皆刑法",这就必然形成这样的怪异局面:刑法就是要断罪,"一断以律"排除了令、格、式"刑法"断罪的可能。可现在三部令、格、式也成为"刑法",这样除了"一断以律"的刑法外,似乎还有"二断以令""三断于格""四断于式"的"刑法"。法律就要讲概念的使用正确,否则,到哪里去找正确概念。既然令、格、式被称为"刑法",可被违犯了又不能自行解决审断的问题,这就是"四刑法说"强加给我们的逻辑。

3. 《新唐书》"四刑法"说自戕了对唐四法的正确界定

通过比较分析证实,宋人(《新唐书·刑法志》作者)仅在于对唐四法的概括词使用错误,而其对四种唐法的分类概念及相互关系的理解是完全正确的。中山大学徐忠明教授就清晰地指出,宋人以"刑书"取代"文法",并不说明宋人不了解唐代四种法律的概念与相互关系。真是英雄所见略同。其实《新唐书·刑法志》的作者,何止是对唐代法律体系有了解,而是了解得非常透彻,还对各法概念有所发挥地作了深入浅出的解释,就在他们错误地以"刑书"概括法律的同时,宋祁、范镇他们作出的贡献是在正确地讲完令、格、式的分类概念后,还将令格式的共同属性归纳为:

邦国之政,必从事于此三者。

此归纳语中的"政",是《新唐书》作者用来区分令、格、式与律的一个关键词,也是其自我暴露以"刑书"概括唐四法荒诞的一个关键词。"政"是古代法律思想上与"刑""刑书"相对却又相伴而生的。《左传》在记述晋国叔向反对郑子产铸刑书时就说:

昔先王议事以制,不为刑辟,惧民之有争心也。犹不可禁御,是故闲之以义,纠之以政,行之以礼,守之以信,奉之以仁。制为禄位,以劝其从。严断刑罚,以威其淫。㉔

在治理手段上,一边是刑、刑辟、刑罚;一边是义、政、礼、信、仁。《律疏》序疏中也说:"因政教而施刑法",也把"政教"与"刑法"相对而举。《新唐

㉔ 参见〔清〕洪亮吉:《春秋左传诂》(下册),中华书局1987年版,第672页。

书·刑法志》谓令、格、式是"邦国之政"之"所从"后,再说"入于罪戾者,一断以律",律与令、格、式相对而立,其观点之鲜明无可复求。可惜"四刑法说"彻底违背了自己关于"令、格、式"是与"律"对应的"国家之政"的精彩归纳,从而使自己关于"律、令、格、式"性质的正确定位,被自己的"四刑书"及"四刑法"说戕害。

(四)"四刑法说"抹杀唐代刑条与非刑条立法表述上的区别

在唐代,只有刑律之条才有罪名、罪状与刑罚的内容,其他令、格、式皆不具有这些构成要件。因无论是"设范立制"的"令""禁违正邪"之"格"(二十四篇之一的《刑部格》除外),"轨物程事"的"式",都是正面的制度性、守则性规定,离开了"律",它们怎样去实施"刑法"任务?只要认真地比较过律、令、格、式条文的,都不会作出这样的结论。

1. 律、令、格、式的通常表述形式

(1) 律的常规表述包括犯罪主体、罪名或罪状、刑罚等内容。如《杂律》(总第417条):

> 诸校斛斗秤度不平,杖七十。监校者不觉,减一等;知情,与同罪。

其中,犯罪主体,除不定对象外,还有"监校者""知情"者;罪名是"校斛斗秤度不平";刑罚是"杖七十""减一等""与同罪"。

(2) 令的常规表述是重要正面制度的规定。如《关市令》:

> 每年八月,诣金部、太府寺平校,不在京者,诣所在州县平校,并印署,然后听用。

其内容是平校贯彻执行之制度,是正面的守则,无负面的罚则。

(3) 格通常是关于预防违法犯罪的"禁违正邪"的法令,很多都有"严加禁断"之语。如《户部格》:

> 敕:诸州百姓,乃有将男女质卖,托称佣力,无钱可赎,遂入财主。宜严加禁断。

"格"中还未成"永格"者,可以"敕"的形式公布。宋神宗曾说格是起"设于此而待彼"的作用,就是预设应予禁断的条款,而预防被禁断行为的出现。其内容一般是止于宣告"禁断",而其本身通常没有罚则。

(4)"式"通常是对具体事物制式的规定,比起"令"来是位阶层次相应低的规范。如应属《职方式》的"烽式"中关于来敌人数与放烽数对应的办法规定：

> 凡寇贼入境，马步兵五十人以上，不满五百人，放烽一炬；得蕃界事宜，及有烟尘，知欲南入，放烽两炬；若余寇贼五百人以上，不满三千人，亦放两炬。蕃贼五百骑以上，不满千骑，审知南入，放烽三炬；若余寇贼，三千骑以上，亦放三炬。若余蕃贼千人以上，不知头数，放烽四炬；若余寇贼，一万人以上，亦放四炬。㉕

比起"令"来，"式"的内容更细化，《唐六典》记载的定义是"轨物程事"。《宋史·刑法志》记载宋神宗的界定是"使彼效之之谓式"，其义明确具体，即让人照着去做。

2. 格敕的特殊表述形式与其整体的性质

其一，《刑部格》作为《律疏》的补充修改之法，其条文也规定了涉及犯罪主体及刑罚处置的内容，在唐代法律体系中也属于"正刑定罪"之法。如《诈伪罪》（总第375条）原是规定"妄认良人为奴婢"的犯罪，但其"问答"中所引用的《刑部格》则对犯罪对象作了新的补充规定：

> 随身与他人相犯，并同部曲法。

文中之"随身"，是由债务典身为僮仆之人，抵完债后可以复身，其地位介于奴婢与部曲之间。现在《刑部格》正式确认其身份地位以部曲对待，在犯罪主体确认上有实际意义。

其二，性质同于"格"的"制敕"，内中不排除少数条款也可以有刑罚处置的内容，因为制敕得视需要对某一案事作完整之处置。如《开元户部制敕》（残卷）十七条中有两处有刑罚的内容：

> 敕：其孝义人如中间有声实乖违，不依格文者，随事举正。若容隐不言，或检覆失实，并妄有申请者，里正、村正、坊正及同检人等，各决杖六十，所由官与下考。㉖

> （化外人及贼，不得辄即招慰及辄相承受）……如因此浪用官物者，并依监主自盗法。㉗

制敕作为"格"的过渡阶段，所以可以《刑部格》办法规定罪罚及处附加刑种"决杖"或作"下考"的行政处罚。类似的情况，也出现在开元时涉于兵

㉕ 参见郑显文：《出土文献与唐代法律史研究》，中国社会科学出版社2012年版，第44页。
㉖ 参见刘俊文：《敦煌吐鲁番唐代法制文书考释》，中华书局1989年版，第277页。
㉗ 同上书，第279页。

部职方格的法条(残片)中:

> 于今后,仰放火之处约述(束)逗留,放火后续状递报,勿稽事意,致失权宜。辄违时刻,捉官别追决卅;所由知烽健儿,决六十棒。㉘

其三,补充律的《刑部格》,只是"格典"二十四篇中的一篇,整体来说,也是占少数。《刑部格》之外的篇目中,带有刑法处置内容的也只占少数。刘俊文先生在其《敦煌吐鲁番唐代法制文书考释》一书中所收录的《刑部格》之外的制敕中,情况也是这样。如其收录并初判为《开元户部格》的十七条制敕中只有两条带有刑罚,其他基本是作"禁断""劝导"或上报听裁等的内容。㉙ 因此,我们不能仅凭这些少数的例子,就去整体判断唐代的"格"全是"刑法"。

总之,律、令、格、式不同的表述形式,是四种不同法律性质的反映。内容性质决定形式,这在唐代和今天都是常识,我们不应在这个常识问题上再迟疑了。

(五) 把受刑律维护的制度性法律也定性为"刑法",这是违反常识的

有人认为,《新唐书》中既然规定违反令格式入罪戾要断以律,令、格、式也应当是"刑法"。其理论基础是"没有不用刑罚的刑法,也没有刑法不用刑罚"。其实,这种说法对真正的"刑法"是适用的,如果对根本不是"刑法"的"法"来讲,毫无道理,是风马牛不相及的东西。令,不是"刑法",里边也无刑罚。现有人却说,虽然令里没有刑罚,但由于令之外的"律",规定了违反令要受刑罚,因此令也成了"刑法"。对方认定令、式变成"刑法"的根据是《杂律》(总第499条):"诸违令者,笞五十;别式,减一等。"这一条不但不能论定令、式是"刑法",反倒成为令、式不是"刑法"的证明。

其一,违反正面制度受刑罚,被违反的正面制度性法律法规不会由此变成刑法。我过去举过的例子就不重复了。有的学者也认为:譬如,现代婚姻法规定了"一夫一妻"制度,因违反此一规范而构成重婚罪,自然属于刑法调整的范围。可问题是,我们能否据以证明婚姻法也是刑法呢? 在现代法律中,这种例子很多。

其二,违反令、式要受罚,条文赫然规定在《杂律》(总第449条)中,是维护了"其有所违……而入于罪戾者,一断以律"的用律原则,正可证明"令"

㉘ 刘俊文:《敦煌吐鲁番唐代法制文书考释》,中华书局1989年版,第295页。
㉙ 同上书,第276—281页。

"式"不是"刑法"。如令、式是"刑法","违令,笞五十;别式,减一等"为什么不规定在遭违反的令、式这两部"刑法"中,而非要规定在另一部同为"刑法"的"《律疏》刑法"中?正面的制度性法律被刑法维护,就变成为"刑法",这在唐代也是违反常识的。

四、对涉于以"四刑书"概括唐代"律、令、格、式"几种观点的辨析

对认可《新唐书·刑法志》中"唐之刑书有四,曰律、令、格、式"之概括并加以发挥的学者,我已写过专文与之商榷过。但是最近又有学者从目录学、训诂学甚至现代刑法理论等角度作探讨,所以值得认真对待。这些看法的共同特点是侧重对宋人"刑书""刑法"概念使用习惯的列举,而较少联系被唐宋人自己概括的"律、令、格、式"的分类定义作研究。

有学者认为,以"刑法"或"刑书"指称律令格式,是宋人的一种习惯,我们领会了去适应它就行了。对此,我们必须说,即使这样使用,但心里必须明白,律与令格式性质不同的这团"火",是被"习惯"那张纸包在那里。因此,我们可以做这样的结论:无论是涉唐的史书或典籍,在其以"刑法"指称令、格、式的情况下,这三者都不是律,不是"刑法"。

(一) 因律令格式被列刑部执掌下或被引用于断罪,因此"令格式"也是"刑法"之说

1. 律、令、格、式列于刑部执掌下,并不使其中的令格式成为"刑法"

《唐六典》及两《唐书》的《职官志》确曾规定刑部"掌天下刑法及徒隶、勾覆、关禁之政令"。刑部执掌刑法的主要是其属下四部门之一的刑部郎中"举其典宪而辨其轻重"。而刑部郎中与律、令、格、式四法的关系必须正确理解。

其一,负责执掌和监督律、令、格、式四法制定过程中统一地遵守其立法法式规范。《唐六典》中列于"刑部郎中"下的关于"四法"立法上的细则法式,是《刑部式》的内容,起"立法法"的作用。立法法式规范的最主要内容是关于法律的种类、篇目与性质作用。其中:法律种类的规范是:"凡文法之名有四:一曰律、二曰令、三曰格、四曰式";各法篇章的规范是:"凡律一十有二章"(明列篇名及次序);"凡令二十有七"(明列种类名称);"凡格二十有四篇"("以尚书省诸曹为之目");"凡式三十有三篇"("亦以尚书省列曹及秘

书……计账为其篇目")。法律性质及作用的规范是"凡律以正刑定罪,令以设范立制,格以禁违正邪,式以轨物程事"。但立法的权限都依皇命指定专人或组成班子编撰。

其二,刑部主要执掌刑律,根据《狱官令》进行定罪判刑活动:刑部首长参加"三司使"行使对大案的审判权;刑部郎中"掌律法,按覆大理及天下奏谳"。刑部对刑律的执掌,《唐六典》详列了包括刑法原则、制度及重要的审判程序规范在内的十九大方面。这清楚地说明,律主要由刑部贯彻执行。

其三,令、格、式等制度性法律主要由中央及地方各级各类行政官吏贯彻执行,并不是主要由"刑部"执掌实施。如根据律、令、格、式之篇目挂于刑部郎中之下,就由此判定律、令、格、式都是"刑法",并由刑部及各级刑官贯彻执行,作此言者还真不知这样讲会引起什么样的后果。譬如"令"被定性为"刑法",由刑部去执掌,必定导致刑部与吏部间职权行使的大混乱。因"令"中极为重要的《官品令》《职员令》《选举令》《考课令》等原为吏部的主要政务,就要全被刑部取代,吏部势必因无所事事而被撤销,这简直不可想象。《田令》主要由户部、州、县及里正贯彻施行,如其变为"刑法",由刑部和地方刑官执掌,那就不但在尚书省内,而且地方各级官吏的职能也势必要产生重新划分的危机。

2. 律、令、格、式在审判中被引用其中的"令、格、式",绝不会变成"刑法"

《律疏·断狱律》(总第484条)是规定了"断狱皆须具引律、令、格、式正文";《唐六典·刑部》卷也规定:"凡断狱之官皆举《律》《令》《格》《式》正条以结之",但这里的"皆须具引"及"皆举"应予正确理解。

其一,"皆须具引"与"皆举"之意不是任何一案都必须引满四种法律,而是涉及几种引用几种。《律疏》的疏文说:"若数事共条,止引所犯者,听。"即使是律,所犯属二罪俱发,又不因赃,只依其中一重者论时,连所犯之轻罪条都可不引。如所犯只涉于律之条,不引"令、格、式"亦可。

其二,被引于判罪的令、格、式,绝不因被引用而改变性质成刑法。以《律疏·杂律》(总第449条)为例,"违令,笞五十;别式,减一等"。这里所引的"令"是"行路,贱避贵,去避来"的《仪制令》;或其所引的"式"是"五品以上服紫,六品以下服朱"的《礼部式》。但这被"具引"的《仪制令》或《礼部式》内容,绝对不会因被引作根据而判笞五十(或笞四十)后,都蜕变成为律条刑法。这二条令、式,永远是非刑法的令、式。

其三,地方刑官名下挂四法及引用四法的情况也是如此。《唐六典·州县官吏》卷中说:"法曹、司法参军掌律、令、格、式,鞫狱定刑,督捕盗贼,纠逖奸非之事，以究其情伪，而制其文法。"这段文字说明，他们引用法律与刑部一样，也包括了"令、格、式"，如有违于令、式而律无其条的，则也使用刑律中的"违令别式"条处置，其引用的令式同样并不因为被引用而改变性质。同时，"究其情伪，而制其文法"之意思，说明其所用之法肯定不全属刑律，故措辞以一般的法律概念"文法"。

3. 被刑部和刑官引以判案之所依都为"刑法"的命题根本不能成立

如果唐代被引作判罪的令、格、式也属"刑法"，不在律、令、格、式之内但被引作判案的是否也都是"刑法"？刑官判罪依《律疏》把"理"及"礼"也作为断罪规范引用，如《律疏·杂律》（总第450条）说："诸不应得为而为之者，笞四十；事理重者，杖八十。"其中"不应得为"的概念，注文说："谓律、令无条，理不可为者。"这里的"理"也是引用判罪的根据。又如《斗讼律》（总第348条）对于"子孙供养有阙"罪的成立引《礼记·内则》中"礼"的规范说："《礼》云'七十，二膳，八十，常珍'之类，家道堪供，而故有阙者：各徒二年。"依此律，"阙"的衡量标准就应该是："七十者二膳，八十者常珍"的水平，否则便无犯罪是否成立的依据。如果令、格、式被引断罪就属"刑法"的说法能成立，则把《律疏》中所引之"理"与"礼"也认定为"刑法"，岂不又成为合理的了吗！此处又显示令、格、式被引断罪就定性其为"刑法"的方法不能成立。

4. 错误地认为令、格、式随所抄引典籍之性质改变性质

这是对方根本失却律、令、格、式各自独立为典并行用的观念而产生的错觉。论辩对方明显地存在着一种逻辑，即令、格、式中的有些条文被引证在哪部典籍中，这些令格式条文的性质就变成那部典籍的性质。他们提出的例子是：《户令》中关于子女依法分割家产这一正面规定，如被收在名称为"刑法统类"或"刑律统类"中，其性质就与"子女私辄用财"罪的律文一样而变成了"刑法"或"刑律"。还有一层意思，彼等虽也未明确表达，但其逻辑实已认定：令格式的某些条文内容一旦被《律疏》或《刑统》收进，这些条文便从其母典《令》《格》《式》的典籍中被剥离出去成为"刑法"。"诸法合体"说正与此同病异症。其实彼等原就认为"律、令、格、式都是刑法"，所以放到哪个"刑法"典里，似乎都没有什么差别。

（二）因唐代图书入库馆藏把"律令格式"归入"刑法类"，从而认定"律令格式"属"刑法"之说

《唐六典》中既有把"法律"表述为"文法"的记载，也有把"法律"表述为"刑法"的记载。关键是要弄清楚《唐六典》对"法律"概括的不同使用。

1.《唐六典》对"法律"的概括用语有两种不同的使用前提

《唐六典》对"法律"的概括,在两种情况下的两种不同的使用,对两唐书的记载造成了不同影响。

其一,在对作为立法之法式种类作概括时,把所有在行的法律称为"文法"。如在"刑部郎中"部分,记载其掌管的国家立法法式之种类时规定:"凡文法之名有四:一曰律,二曰令,三曰格,四曰式。"同时分别对律、令、格、式四法作出概念界定。

其二,隋、唐、宋的史籍有把本朝之在行法律书及前朝之已行法律书,用"刑法部"归为一类的习惯。如秘书郎执掌之图书四部分类法式中的"史"部十三类中说:"九曰刑法,以纪律令格式。"㉚两唐书中的图书分类记载,基本都按《唐六典》所载的分类法,对从汉代到当时的律、令、科、比、格、式,《旧唐书·经籍志》对其作概括说:"右刑法五十一部,凡八百一十四卷";《新唐书·艺文志》也概括说:"右刑法类二十八家,六十一部,一千四卷。"两唐书还把诸子中如管仲、申不害、商鞅、慎到、韩非之系统文集,专门划为"法家类",《唐六典·秘书省》馆藏法式"子"部14类之第9列有"法家类",法家的文集肯定不属于定罪判刑的"刑法",但作为图籍分类来说,属于"刑法典制",则"刑法"独与"法家"拉上关系。

其三,两唐书分歧之由来是,《旧唐书》按《唐六典》两种使用成例,其《职官志》在涉于立法法式时称"法律"为"文法";其《经籍志》在涉于图书分类法式时,称"法律"(书籍)为"刑法"。而《新唐书》无论是《百官志》《刑法志》《艺文志》,也无论是作为立法法式或是作为图书分类法式,一律把"法律"称为"刑法""刑书"或"刑法之书"。《唐六典》把"法律"作两称,有一定的内在章法,即以立法法式与图书分类法式为转移,而《新唐书》则完全乱了章法。

2. 秘书省下《秘书式》的图书部类划分只是对图籍"分库以藏之"的管理办法

其一,秘书郎下之"九曰刑法,以纪律令格式"不是法律书典性质的定性。《唐六典》于"秘书省"下记载"秘书郎"的执掌说:"秘书郎掌四部之图籍,分库以藏之,以甲、乙、景、丁为部目。"所分之40类,都统一地以"×曰××,以纪××××(之图籍)"表述。句中所有之"纪",虽有"记写""记载"之义,但此处都不取。"纪",《康熙字典》引《谷梁传·庄公二十二年》"注"解为"治理";《辞源》引《国语·周语上》解为"综理",此处正是其义。"以纪×

㉚ 〔唐〕李林甫等:《唐六典·秘书省》卷十"秘书郎"条,中华书局1992年版,第299页。

×××"是说"以归置管理××××之图籍","九曰刑法,以纪律令格式",是言(子部中)分第九类为"刑法",以归置管理律令格式等图籍。在图书不能很细分类的古代,把汉至唐代已行用及正行用的法律律令格式图籍归置入"刑法类"去管理,和以"刑法"来统一认定律令格式之性质根本不是一回事。

其二,《秘书式》对图书管理之分类,事实上不是图书内容定性的金科玉律。《唐六典·秘书省》其下记国家图书库藏的分类方法,是对图书分类管理的大框架。说它与图书性质的认定完全无关,那是不对的。但认为其分类名目完全精确反映其类下所有图书的性质,事实又并非如此。其中分类名目与图书性质相抵触者不乏其例。为了说明唐代秘书省图书库藏上架分类概念与类下图书性质存在矛盾的问题,了解其对几本与法律有关书籍和一本著名儒家著作性质认定上的问题,可能是有好处的。

例一:"史"部中"六曰旧事,以纪朝廷政令",其注文特别规定,要把"《汉武故事》等二十部"[31]作为典型收入其中。可是该书在《唐六典》以后的两《唐书》全都把此书列入了"刑法类"的第一部,以反对"史"部"六曰旧事"中注文对此书的定性与分类。[32] 这说明古人自己也不把秘书省图书分类概念看成金科玉律。

例二:被称为"纯儒"及"汉世之儒"的大经学家董仲舒,史书记载他年老致仕后,朝廷遇有律无明文的疑难常向其咨询,他则"动以经对",即时常引用《春秋》经义作为决事之比。《春秋》经本书,以及董仲舒治《春秋》"其论深极《春秋》之旨"[33],并"视诸儒尤博极闳深"[34]的《春秋繁露》,都被列两《唐书》的"春秋"专类(《经籍志》见第1979页,《艺文志》见第1437页)。而其引用《春秋》经决疑案的《春秋决狱》十卷,却被两《唐书》(见《经籍志》第2031页,《艺文志》第1531页),一致地归入了与商鞅、韩非等的文集并列的"法家类"。在《隋书·经籍志》中,《春秋》经传及董仲舒的《春秋决事》《春秋繁露》,却又是全入于"春秋类"。同样是《春秋决狱》,《隋书》入"春秋类",两《唐书》却入"法家类",其性质概念上的差异竟如此之大。可见,书典与其分类名目,只是图书划分管理的范畴,并不能作为图书性质认定的科学规范。

3. 性质兼类的图书定性偏颇

秘书省图书典籍分类,在四个大"部"之间不顾及跨部类图书性质的兼

---

[31] 〔唐〕李林甫等:《唐六典·秘书省》卷十"秘书郎"条,中华书局1992年版,第299页。
[32] 参见〔后晋〕刘昫等:《旧唐书·经籍志》卷四十六,中华书局1975年版,第2009页;参见〔宋〕宋祁、范镇等:《新唐书·艺文志》卷五十八,中华书局1975年版,第1493页。
[33] 〔汉〕董仲舒:《春秋繁露》,附《六一先生欧阳永叙后》,上海古籍出版社1989年版。
[34] 〔汉〕董仲舒:《春秋繁露》,附《郁子文旧序》,上海古籍出版社1989年版。

收问题。如"史"部第七项"七曰职官,以纪班序品秩"。官员的班序品秩,是国家重要的法律制度。著名的官制典籍《唐六典》被《新唐书·艺文志》列入于"职官"类,则正得其所。但为《六典》编写时所仿效,并作为历代在官制上参仿依从的中华官制的鼻祖书《周官》,则被列于"经"部的"礼"类,与"职官"已是"部"与"部"之间遥遥相隔的距离。尽管《周官》实际多被应用为"职官"之经典,但从未被收入"职官"类。举此例是为说明对"礼"书与"官制"书的关系,其所作的概念分类并不解决性质的兼类交叉问题。

4. 规范图书分类的《秘书式》本身绝不是"刑法"

《式》原就不是刑法,规范图书分类的《式》也不可能是"刑法"。现见于《唐六典》秘书省秘书郎下所概括的四部分类法,正是唐代《式》典三十三篇之一的《秘书式》的具体内容。图书分4部40类的库藏上架之法,正是它"轨物程事"的重要内容之一。一定要把图书分类之"式"置于"刑书""刑法"之下,而且对概念之间的差异明显至此而仍不能有所触动,看起来硬把图书分类管理之习惯,去硬套法律性质之分类是不正确的。

(三) 由北朝"格"及"式"曾涉于"刑法"而判定格、式是"刑法"之说

格、式作为刑法的法律形式之历史,至迟于唐武德四年及贞观十一年先后彻底结束。随着北魏末年法制的衰败,东西魏时格、式曾作为过渡性刑事法律使用过,如东魏兴和二年(541年)制定《麟趾格》,西魏于大统十年(544年)曾制定三十六条的《大统式》。这两部法律随东西魏祚促而息止,最后为《北齐律》所取代。格与式最后作为刑法使用是武德前期及贞观中期。《新唐书·刑法志》记载说,"武德二年(619年),颁新格五十三条";四年(621年)"更撰律令,凡律五百,丽以五十三条(格)";贞观十一年(637年)"又删武德以来敕三千余条为七百条,以为格;又取尚书省列曹及诸寺、监、十六卫、计账,以为式"。格于武德四年以五十三条丽于刑法后,结束了其整体单独作为刑法规范的历史,至迟于贞观十一年,格除二十四篇之一的《刑部格》作为刑律的修正补充外,其整体已是"禁违正邪"及"百官有司之所常行之事"之法律。式在贞观之后期,则以三十三篇之篇目,正式成为"轨物程事"及百官有司"其所常守之法"的法律。所以,至开元二十六年(738年)《唐六典》成书后,还把格与式仍看成东西魏时期曾短期采用的刑法之性质,是根本抹杀了格、式近两百年间性质变化的历史。对此时之格、式,再用"刑法"概括,与刻舟求剑何异?

（四）因《律疏》序中曾言"法亦律"从而责疑"文法"是否也有"文律"的意思之说

有人提出：《律疏》序疏中有"法亦律也"之解释，是否使宋人在《新唐书·刑法志》中把唐人的"文法"换成了"刑书"。这种看法其推理的前提来自《律疏》序疏之本身，应该认真地对待。

1. 《律疏》序疏中有"法亦律"那段文字的主旨是肯定唐代"正刑定罪"之法的名称是"律"而不是"法"

《律疏》序疏中涉于"法亦律也"的意义段是：

尧舜时，理官则谓之为"士"，而皋陶为之；其法略存，而往往概见，则《风俗通》所云《皋陶谟》："虞造律"是也。律者，训铨，训法也。《易》曰："理财正辞，禁人为非曰义"。故铨量轻重，依义制律。《尚书大传》曰："丕天之大律"。注云："奉天之大法"。法亦律也，故谓之为律。

此段之意义是说，《尚书》的《皋陶谟》篇中"虞造律"的记载，是"律"创制的开始。律，虽曾被训解为"权量"，训解为"法"，被注解为"法"，但序文最后的结论是：虽然古代"律"被"法"相训，但仍要"谓之为律"。这种结论排斥了唐律序言中的"律"可以与"法"相互取代的可能。其后段中提到的魏国李悝所造称为《法经》的"六法"，后来商鞅把《法经》引进秦国，经过专门的"改法为律"的立法与司法改革过程，才成为秦国的"六律"。这也充分说明，绝不是因"六法"之"法"可解为"律"，就把"六法"改为"六律"的。"法"后来一般稳定为是上一位的概念，"律"是下一位的概念。

2. 因有"法亦律"的解释，从而把"法"与"律"作任意替换的方法是不正确的

由于《律疏》序疏中有"法亦律也"的训解介绍，从而认为凡用"法"的地方都可作"律"，凡用"律"的地方都可解作"法"。其"推理"的过程似乎是：既然"法亦律"，唐人概括唐代法律时使用的"文法有四"也可以被称为"文律有四"；再根据"律"是"刑书"，"四刑书"又何尝不可以理解为"四文法"呢？在其看来，"法亦律"似乎是代数中的"x = y"：既然 x(法) = y(律)，x(法)完全可以用 y(律)代入；y(律)也完全可以 x(法)去代入。但是，《律疏》中的"法亦律"不是"x = y"的代数式。这种由相训而改成相替换的要害，是否定及混淆唐代法律用语上"文法"作为上位概念与律、令、格、式作为下位概念的逻辑关系。如因为原来某一字曾被另一字相训，某字就可被相训的字取

代,是违反训诂学规律的。譬如,古代的"宪"与"法""刑"曾可相互训解㉟,但谁会因此把"宪法"称为"刑法",或把"刑法"说成是"宪法"呢?《新唐书》谓唐代是"四刑书",有人就跟进谓唐是"皆刑法",可唐人在用指法律概括时则称为"文法有四"。这里完全是彼此逻辑概念使用的正误问题,不是训诂范畴内的互训问题。不能因为有"法亦律"之训解,就把唐人之"文法有四"变为"文律有四",使之与"刑书有四"或"刑法有四"等同起来,这种代入法是很难让人认可的。

(五) 套用现代"实质刑法"的概念去定性唐代的令、格、式

为了把令、格、式说成是与律一样的"刑法",论辩对方使用了属于现代刑法学中"形式刑法"与"实质刑法"的理论。彼等认为唐代的"律"相当于现代刑法学中的"形式刑法",而令、格、式则相当于"实质刑法"的概念。意思是令、格、式违反了要追究刑事责任,在这一点上与刑法相通,因此就可以让令、格、式获得"实质刑法"之概念成为"刑法",再加上律刑法,就是"四刑法"了。其实,他们尚未明白现代刑法中"实质刑法"的概念要件,就加以套用了。

其一,"实质刑法"指使用在非刑法典及非刑法单行条例中有规定追究刑责的条款内容,其概念要件是本身有规定追究刑责的条款内容,可整体又不是刑法或刑法单行法规。这种概念要件,正好令其不能使用于唐代的《令》《格》《式》三典,因为唐代的《令》《格》《式》三典自身根本没有遭违反要追究刑责的条款,把既非"形式刑法"又无追究刑责规定的法典,说成是属"实质刑法"的刑法典,是曲解了现代刑法理论中关于"实质刑法"的概念。

其二,"实质刑法"概念的运用,决定了它决不能用来指除"形式刑法"外,还有整部甚至多部"实质刑法"的存在。《律疏》(总第449条)规定的"违令""别式"中属"令有禁制,律无罪名"的内容,肯定只是《令》《格》《式》典中的部分条款,对方一定要把有这些部分条款所在的整部法典,都定性为"实质刑法",实际上已经调换了概念。因为当对方在说《律》是"形式刑法"的同时,又说还有三部"实质刑法",已是从根本上混乱这两个概念了。

其三,如把只有部分追究刑责条款的法律都整体地认定为"实质刑法"的方法推演开去,会产生不良的学术后果。如我国在森林保护、医疗卫生、环

㉟ 参见拙文:《"宪"义略考——兼说中国古代无宪政》,载《中国法律史论考》,南京师范大学出版社2001年版,第447—458页。

境保护方面的法律中,都有部分追究刑责的条款,依照对方对待唐代《令》《格》《式》的逻辑方法,也要把这些法律整体认定为"实质刑法",似乎是必然的。

最后,也是最重要的,现代刑法学中的"形式刑法""实质刑法"的理论,根本"救"不了《新唐书》的"火",关键是他们不需要有人对他们的"刑书"说去作任何打圆场的解释。《新唐书》的"唐之刑书有四""凡刑法之书有四"的结论,表明人家斩钉截铁、油盐不进地说的就是"四部"或"四本"刑法,正如后代有人通俗地解释的"都是刑法"。《新唐书》的作者根本就不在乎别人读其言会怎么想的事。因为他们要卖弄的"刑书"("刑法")概念,正是距今2500多年(前539年)春秋时郑国子产所铸的那个"正宗老牌"的"刑书"。采用这种修辞就是为了增加其著作的古奥气氛,垫高其卓尔不群的学术形象,为此连自己解释《律》与《令》《格》《式》关系时发生的矛盾都不愿正视。

自汉魏开始,刑律从其他法律中分离出来,"律以正罪名,令以存事制"的基本规律形成。"法律"与"刑法"等诸多部门法名称,逐渐在法律逻辑上成为母子概念的趋势,已是不可撼动的铁律。从历史的观点看,《新唐书》作者独以"刑书"去概括有唐一代之法律,完全是法律文化史上的倒退。试问:在中国整个封建法律文化史上,以"刑书"与"刑法"概括法律和以"法""律令""文法"等概括法律,到底谁是主流?在中国整个法律文化史上,"刑书"与"法律"的界线,到底是愈来愈分清,还是愈来愈分不清?要正确回答这一问题,双方都要思考,那"障目"的"一叶"到底是"甚"?现在看来,把唐代图书分类习惯与法律性质分类相混同,且妄自用法律图书管理的栏目名,去取代法律性质分类概括的规范,就是最大的障碍。

结　语

既然论辩由共说唐制(法律的分类与概括)产生,也应回到论说唐制结束。附和《新唐书》观点的法史界与古籍界之某些学者,在方法上一是规避"刑书"与"令、格、式"内涵与外延上的逻辑分析,二是他们似乎忘了彼此都在争议唐制的这一前提。他们把分析揭示宋人"令、格、式"的定义与"刑书"("刑法")间自我之逻辑矛盾,皆谓之"以今律古"(当然用"形式刑法"与"实质刑法"理论分析唐代的律、令、格、式另当别论)。有鉴于此,本文重点之一就是以唐代及五代史学家对唐法正确概括之实例,以及唐代前、唐代后及宋当代其他史学家、法学家对法律作概括的语词使用实例,从法律实义及语言逻辑两方面之比较,暴露《新唐书》作者违反常理之特异。本文与涉于《新唐书》有关观点之商榷,把唐代法律体系之论辩推向了更广的空间与更高的层次,我感谢法史界与古文献界专家对我的真诚关心与帮助。※

(2015年元月)

※ 感谢《北方法学》于2015年第3期提前发表此文。此次刊发略有修饰。

（二）关于唐代《法例》书的讨论

关于唐代《法例》书

高明士[*]

一、前　　言

近接钱大群教授大著《唐律与唐代法制考辨》一书（社会科学文献出版社2013年版），及其大札一纸，希望读者能就其书提出书面的评论意见。先生虚怀若谷，追求学术之真诚，令人感动。不揣简陋，乃草就此文以应景，敬请先生及方家指正。

关于讨论编撰唐代《法例》书的著作，管见在早期有泷川政次郎《〈令集解〉に见える唐律史料》（《〈令集解〉所见唐代的法律史料》）第六章《法例》[①]；近年来，有池田温《唐代〈法例〉小考》一文[②]，最近有钱大群《唐律与唐代法制考辨》一书，再论述此事。[③] 钱书是根据2009年版再增补五篇，成为三十六篇，篇篇有创见，囊括整部《唐律疏义》之重要问题，不只是研究唐律必备的入门著作，同时也是研究者不可缺少的学术参考专著。钱书所讨论的

---

[*] 台湾大学历史系名誉教授。
[①] 参见〔日〕泷川政次郎：《〈令集解〉に见える唐律史料》，泷川政次郎：《支那法制史研究》，有斐阁1940年版；原载《东洋学报》18卷1号，第115—118页。
[②] 参见〔日〕池田温：《唐代〈法例〉小考》，载中国唐代学会〔台北〕编辑委员会：《第三届中国唐代文化学术研讨会论文集》1997年版，第75—89页。
[③] 参见钱大群：《唐律与唐代法制考辨》，社会科学文献出版社2013年版。

"法例",见于第三十五篇《唐律在唐宋的使用及〈律疏〉体制内外"法例"的运作》中的《唐代"法例"的使用及其特点》,以及法官或法学家个人编撰《法例》并行用一事(第391—393页)。拙稿此处是以钱先生所探讨的"法例"为主作补充说明。

二、所谓法例

关于唐代的法例,其基本特征或类别,钱先生在〈唐代"法例"的使用及其特点〉一节,指出有三点:

(1)虽偏指《名例》中作用于全律的制度、原则性的法律规范,但也可以是在较小范围内可供援用的法律规范。

(2)法例可以存于《律疏》体系之外如《刑部格》及《法例》专书等,甚至可以是刑法体系之外的法律规范。

(3)凡法例必须是具有成文形式而且是相对完整的法律、法律内容,否则就不能具有法例所要求的可以被规范引用的根本特点。

其运用方式,又可分为两种:

(1)为《律疏》自身体制内法例的运用,包括下列两种,一为用"准此"等词语把依准之"法例"用于处置另类事情;二为用比附与类举运用法例处置无明文规定者。

(2)《律疏》体制法外"法例"的运用,也包括下列两种,一为《刑部格》;二为法官或法学家个人编撰《法例》并行用。

这样的分类方式有点复杂,池田温先生简单分类为三点:

(1)《律》之名例律,《律疏》中云"例"者多指《名例律》。

(2)制之言"永为例程"类,如景龙三年(709年)八月九日敕曰:"应酬功赏,须依格式;格式无文,然始比例。其制敕不言自今以后永为例程者,不得举(攀?)引为例。"

(3)"法例"相当于现代之判例。④

这样的说明,不免见仁见智,但大致均已将法例的性质作了澄清。

此处要进一步说明的是前述池田先生所说第一义的"例"字,在《唐律疏议》多指《名例律》,不作判例、先例解。其作为判例、先例解,是以用

---

④ 参见〔日〕池田温:《唐代〈法例〉小考》,载中国唐代学会〔台北〕编辑委员会:《第三届中国唐代文化学术研讨会论文集》1997年版,第89页注26。

"比"字。⑤ 钱先生在 2009 年版的《唐律与唐代法制考辨》一书，第七篇《"例"辨》，第四小节《指单独存在于〈律〉之外的法例》（第 86—89 页），分下列两点：

（1）单独存在于律之外供作模拟的刑事法例。

（2）刑律规范以外的其他法律的法例。

其中第 1 点，到最后还强调这种"例"的概念，就是依据"断罪无正条"下用来作法律处置的案例而被抽象出来的"比例"。⑥ 此说即依据案例作模拟，仍可参考，但是到 2013 年版被删除，不知何故？只在前述 2013 年版第三十五篇的《唐代"法例"的使用及其特点》，讨论《律疏》自身体制内法例的运用时，其第二项用比附与类举运用法例处置无明文规定者，简单说明比附与类举运用法例，略为触及"比"而已，殊为可惜。

按《唐律疏议·断狱律》"辄引制敕断罪"条（总第 486 条）规定：

> 制敕断罪，临时处分，不为永格者，不得引为后比。

此处的"后比"，钱先生解为："（作为）以后判罪的法例加以比附"，此说甚是。⑦ 这是判例模拟的基本规定，但前提是制敕或临时处分必须成为"永格"才能适用。中宗景龙三年（709 年）八月九日敕曰：

> 应酬功赏，须依格式；格式无文，然始比例。其制敕不言"自今以后永为例程"者，不得攀引为例。（《唐会要》卷三十九"定格令"条）

足见律文的"比"，在敕书是用"例"，这个"例"当是"法例"，在此处则为判例之意，仍具有判例模拟之意。唯此敕书再度强调如果制敕没明示"永为例程"（亦即永格）者，是不能作为法例加以比附；同时该敕书是就"应酬功赏"的特别规定而言，并非针对断罪。景龙三年（709 年）八月九日的敕书，或许是对前一年，也就是景龙二年（708 年）十二月，御史中丞姚廷筠奏称：

> 比见诸司不遵律、令、格、式，事无大小皆悉闻奏。……自今若军国大事及条式无文者，听奏取进止，自余各准法处分。

---

⑤ 冈野诚有详细举证，参见〔日〕冈野诚：《唐律疏议における"例"字の用法》（上、下），载《明治大学社会科学研究所纪要》第 33 卷第 1 号、第 37 卷第 2 号；戴建国也重视冈野诚所提出唐律是以"比"来表示先例、判例，而非"例"字，只在诏敕中以"例"表示先例、判例之意。这是一个重要变化，到宋代以后，"例"的使用日益普及。参见戴建国：《例的传承发展》《例在宋代的发展》，载《唐宋变革时期的法律与社会》，上海古籍出版社 2010 年版，第 77—90 页、第 86—91 页。

⑥ 参见钱大群：《唐律与唐代法制考辨》，社会科学文献出版社 2009 年版；钱大群：《中国法制史考证续编》（第七册），社会科学文献出版 2010 年版，第 88 页。

⑦ 参见钱大群：《唐律疏义新注》，南京师范大学出版社 2007 年版，第 984 页。

中宗采纳其议。(《资治通鉴》卷二〇九《唐纪》)此处提到"条式无文"须奏请候旨,不免过于广泛,乃于翌年八月再下敕规定须有明定"永为例程"(永格)者,是才可以"比例",无须一一上奏。唐朝后半叶,似犹见行用类似《法例》的判例。到宋代以后,以"例"的方式行之,范围较广。

三、关于《法例》书

《旧唐书》卷五十《刑法志》(以下简称《旧志》)曰:

> 龙朔二年,改易官号。……至仪凤中,官号复旧。又敕左仆射刘仁轨……等,删辑格式。仪凤二年二月九日,撰定奏上。先是详刑少卿赵仁本撰《法例》三卷,引以断狱,时议亦为折衷。⑧ 后高宗览之,以为烦文不便,因谓侍臣曰:"律令格式,天下通规,非朕庸虚所能创制。并是武德之际,贞观已来,或取定宸衷,参详众议,条章备举,轨躅昭然,临事遵行,自不能尽。何为更须作例,致使触绪多疑。计此因循,非适今日,速宜改撤,不得更然。"自是,《法例》遂废不用。

这一段记载,是高宗时有关《法例》著书的最基本史料。由于诸史籍记载有出入,需要再讨论者,有以下诸事:

(一)《法例》作者

前引《旧唐书·刑法志》指出,唐高宗时,详刑(大理寺)少卿赵仁本曾撰《法例》三卷,以作断狱参考;《册府元龟》所载亦同。⑨ 但《旧唐书·经籍志·乙部刑法》著录:"法例二卷,崔知悌等撰",无列赵仁本;《新唐书·艺文志·乙部刑法》则著录:"赵仁本法例二卷,崔知悌法例二卷";郑樵《通志·艺文略·史部刑法》著录:"唐赵仁本法例二卷,唐崔知悌法例一卷。"以上诸典籍记载不一,泷川政次郎依据《旧唐书·经籍志》《新唐书·艺文志》,而以为赵仁本、崔知悌都著有《法例》两卷。⑩ 钱先生也是依据前列两志及

---

⑧ 参见〔北宋〕王钦若等:《册府元龟》卷六一二《刑法部·定律令》作:"时议亦以为折衷",中华书局1960年版。

⑨ 参见前引《册府元龟》卷六一二《刑法部·定律令》,中华书局1960年版。

⑩ 参见〔日〕泷川政次郎:《〈令集解〉に见える唐律史料》,载泷川政次郎:《支那法制史研究》,有斐阁1940年版,第116页;泷川政次郎:《唐代法制概说》,载泷川政次郎:前引《支那法制史研究》,第3—4页。

《旧唐书·刑法志》而认为:"唐代曾有崔氏和赵氏所编的两部《法例》。"⑪但池田温先生以为高宗时《法例》只有一种,其编纂实质负责者即赵仁本,因此一般称呼赵仁本《法例》,如《旧唐书·刑法志》。因为同名同种之书,同时两存,令人奇怪。《新唐书·艺文志》可能沿袭《旧唐书·经籍志》著录崔本,再参照《旧唐书·刑法志》追加赵本。《旧唐书·经籍志》主要即根据开元时毋煚等之《古今书录》,对唐廷所藏尚能周全著录,尤其高宗朝法典著录不少,当无失载赵氏《法例》之可能性。至于崔氏居西台(中书)侍郎,为正四品上,而赵氏则为详刑(大理寺)少卿,从四品上,依当唐朝编纂法典诸官人衔之惯例,是以官品最高者为头衔,所以崔氏成为领衔者,实际负责编纂者则为赵氏。加以通观崔氏传记,虽颇有著述,亦有吏治与军事才能,但在法律方面未见事迹⑫,《旧唐书·经籍志》"法例二卷,崔知悌等撰",其"等"字其实包含赵仁本。钱先生引用《旧唐书·经籍志》,脱"等"字,无形中消失实际负责编纂者的赵仁本。所以就《法例》作者而言,池田先生说应该较可采信。

(二)《法例》书著时间与行用时间

钱先生指出:赵仁本"详刑少卿"之官职,是龙朔二年改官号时由"大理少卿"而来,可又不能由此断定《法例》一定从龙朔二年开始行用。唐高宗禁止赵仁本《法例》使用事,《旧唐书·刑法志》列于仪凤二年二月记事项下:"自是,《法例》遂不用。"从龙朔二年(662年)到仪凤二年(677年),总共15年,故推估赵仁本之《法例》的使用,"大概有十五年左右的时间"。⑬

此处的问题,钱先生于前面说到,"不能由此断定《法例》一定从龙朔二年开始行用",但在后面却说:"推估赵仁本之《法例》的使用,大概有十五年左右的时间。"这十五年左右,是从龙朔二年(662年)到仪凤二年(677年),依然由龙朔二年(662年)计起。因为有个"左右"作为伸缩,为取个十五年的数位,仍由龙朔二年(662年)计起,看来是不得已的做法。话说回来,由于起讫时间难定,不必一定要有十五年的数字时,而改用较保守说法,例如将赵仁本撰定《法例》的时间设定在龙朔、乾封年间(662年—666年),这是因为从龙朔二年(662年)到咸亨元年(670年)大理寺改称为详刑,而赵仁本任详刑少卿是在出任吏部郎中(从五品上)后,与在任东台侍郎(正四品上),乾封元

---

⑪ 钱大群:《唐律与唐代法制考辨》,社会科学文献出版社2013年版,第392页。
⑫ 参见〔日〕池田温:《唐代〈法例〉小考》,载中国唐代学会〔台北〕编辑委员会:《第三届中国唐代文化学术研讨会论文集》1997年版,第83页。
⑬ 参见钱大群:《唐律与唐代法制考辨》,社会科学文献出版社2013年版,第392页。

年十月(666年)以前。⑭

至于《法例》行用的下限,定在仪凤二年(677年),也是有点勉强。盖前引《旧唐书·刑法志》记述的方式,是先说明下敕左仆射刘仁轨等删辑格式,到仪凤二年二月九日,撰定奏上。接着用倒叙法,以"先是"做开头,说明"详刑少卿赵仁本撰法例三卷,引以断狱,时议亦为折衷。"到高宗罢废《法例》的一段话。因此,罢废赵仁本撰《法例》的时间并不确定,最多只能说是仪凤年间(676年—679年),直接断定在仪凤二年(677年)是有危险性。所以赵氏《法例》的行用,只能说十数年,无须明确说十五年。

(三)给事中"援法例"问题

《唐六典》卷八"门下省·给事中"条曰:

> 凡国之大狱,三司⑮详决,若刑名不当,轻重或失,则援法例退而裁之。(《旧唐书》卷四三"职官志·门下省·给事中"条亦同)

此处的"法例",要如何理解?或谓为"律的总则"⑯,但前引文明确指出:"刑名不当,轻重或失",即无适当刑名可适用,也就是"律令无条";同时又不能轻重相举,说明不能适用《名例律》五十条,这时候若"无文可以比附",本来是可运用"不应得为"条断案(总第450条),但前引文无提及"不应得为"条,而直接说:"援法例退而裁之",显然此时的"法例",可能就是赵仁本《法例》,属于判例模拟。由于《唐六典》所载的内容,基本上是以玄宗《开元七年令》(或谓《开元前令》)为蓝本⑰,或许到玄宗即位后,又恢复采用赵氏《法例》。所以《唐六典》卷二十一"国子监律学"条曰:

> 律学博士掌教文武官八品已下及庶人子之为生者,以律、令为专业,格、法例亦兼习之。

此处出现《法例》作为国子监律学教材,而八九世纪日本《养老令》的诸

---

⑭ 参见〔日〕池田温:《唐代〈法例〉小考》,载中国唐代学会〔台北〕编辑委员会:《第三届中国唐代文化学术研讨会论文集》1997年版,第81页。

⑮ 所谓三司,胡三省注《资治通鉴》卷一九七《唐纪》"太宗贞观十七年四月庚辰"条曰:"给事中(门下)、中书舍人与御史参鞫也。"

⑯ 参见杨一凡、刘笃才:《历代例考》,社会科学文献出版社2012年版,第74页。

⑰ 参见〔日〕仁井田陞:《唐令拾遗》《序说第二》"唐六典"条,东京大学出版会版,第61—66页。至于有关《唐六典》的编撰、版本、行用以及学界研究成果讨论,基本代表作可参见〔日〕奥村郁三:《唐六典》,载〔日〕滋贺秀三:《中国法制史——基本资料の研究》,第241—262页;惟笔者此处不是在讨论这方面问题,于此从略。

注解家也有多次引用《法例》(详后)。中唐以后,律学的发展不振。至宪宗即位后,重振官学,乃将两京官学生徒员额加以定额,其西京律学生为二十人,东都律学生十人(《新唐书·选举志》)。[18] 由此可知作为教材的《法例》,在中唐以后犹见实施。至于是否仍作为法司判案的依据,则不清楚。宋以后无闻,亦不见典籍著录。

(四) 高宗为何罢废《法例》书

钱先生以为赵仁本《法例》:"属未经授权的个人积累的经验总结,最后高宗以'何为更须作例'为由,《法例》被其废而不用。"[19]这样的说明,似乎不够具体。其实前引《旧唐书·刑法志》已正面说明高宗的看法,此即指出另编《法例》,造成"烦文不便"。因为律令格式是"天下通规",自武德、贞观以来,在君臣推动下,已是"条章备举",所以无须另作《法例》,节外生枝,徒增困扰,应该罢废。泷川政次郎更具体指出仪凤二年(677年),修正《永徽格》,而完成《永徽留司格后敕》,所以没有必要再有《法例》编著,才有高宗上述的裁断,而罢废《法例》。[20] 这样的解释,拓展思考问题的广度,聊备一说,可供参考。

四、日本《令集解》所见《法例》实例

钱先生说《法例》"未见有资料流传于世"[21],事实上,在日本《令集解》引用到《法例》,共有八个地方,其中有二例正是引用《法例》的内文。此事在前引池田温先生的唐代《〈法例〉小考》一文有详细解说,以下参照池田先生前引文再作说明。兹先揭录二例原文如下:

(一)《令集解》[22]卷六《户令》"造账籍"条规定

"凡户口当造账籍之次……若疑有奸欺者,亦随事貌定,以附账籍,"《令集解》据《穴记》引《法例》注云:

---

[18] 参见拙著:《中国中古的教育与学礼》,台湾大学出版中心2005年版,第103页。
[19] 钱大群:《唐律与唐代法制考辨》,社会科学文献出版社2013年版,第392页。
[20] 参见〔日〕泷川政次郎:《〈令集解〉に见える唐律史料》,载泷川政次郎:《支那法制史研究》,有斐阁1940年版,第117页。
[21] 参见钱大群:《唐律与唐代法制考辨》,社会科学文献出版社2013年版,第392页。
[22] 〔日〕黑板胜美、坂本太郎校订:《令集解》,载《国史大系·普及版》新订增补本,吉川弘文馆1974年版。

俥孩儿籍年十五,㒵(貌)案年十六。据籍便当赎条,从㒵乃合徒役。州司有疑,令谳请报。司形㉓判:以籍为定,本谓实年,夕(年)有隐欺,准《令》许㒵(貌)案一定,刑役无依,未及改错之间,止得据案为定。

"俥孩",校注曰:"印本作陈诉",仁井田陞据榊原本作陈咏,此处暂依《国史大系·普及版·令集解》校注,而曰:"陈诉"。㉔ "㒵"字,经查《中文大辞典》及《汉语大字典》,均释曰:"同'貌'。《字汇补·八字部》:'㒵与貌同'皃之讹",此意即记述陈诉儿造籍时年为十五,经貌阅为年十六,可能依据《户令》此条规定:"若疑有奸欺者,亦随事㒵(貌)定,以附账籍"㉕,而进行貌阅,乃以年十六附账籍。陈诉儿犯罪事实不明,《法例》云:"据籍便当赎条,从㒵(貌)乃合徒役。"根据《唐律疏议·名例律》"老小及疾有犯"条(总第30条)曰:

诸年七十以上、十五以下及废疾,犯流罪以下,收赎。

因此可知,陈诉儿所犯之罪为流罪以下,若以籍年十五计,可收赎;但若从貌阅年十六计,则要服徒役。十六岁为服徒役之起始,《唐律疏议·户婚律》"役使所监临"条(总第143条)《疏》议曰:

人有强弱、力役不同,若年十六以上、六十九以下,犯罪徒役,其身庸依丁例;其十五以下、七十以上及废疾,既不任徒役,庸力合减正丁,宜准当乡庸作之价。

㉓ 形,当是"刑"之误植。
㉔ 参见〔日〕仁井田陞:《唐令拾遗·户令》二四条,参考资料引《(养老)户令造账籍条集解》,第243页。
㉕ 此条文为日本学者仁井田陞在《唐令拾遗·户令》二四条中的复原条文。末段曰:"若疑有奸欺者,亦随事貌定,以附于实。"但〔日〕池田温等编:《唐令拾遗补·户令》(东京大学出版会1997年版)二四条将末句"以附于实",根据《唐会要》卷八五"团貌"、《册府元龟》卷四八六"邦计部户籍",引延载元年(694年)八勅,而修订为"以附手实",仍列为"开二五"。其实《通典》卷七"丁中"条曰:"按开元二十五年令云:'……诸户计年将入丁、老、疾应征免课役及给侍者,皆县令貌形状以为定簿。一定以后,不须更貌,若有奸欺者,听随事貌定,以附于实。'"足见"以附于实"之用语,是《开元二十五年令》无误;若依延载元年(694年)八勅,其用语为"以附手实",或当视为《开元七年令》(719年)。另外,《养老·户令》此条末句曰:"以附账籍",是因自《大宝令》以来,都将唐令的"手实"改为"账籍""计账"或"账"等,这是唐、日令用语有别的地方。(参见〔日〕井上光贞等校注:《律令》,补注《8户令》18a"户籍·计账",第555—556页,载《日本思想大系3》岩波书店1976版)。易言之,《大宝令》《养老令》此条用语"以附账籍"之唐令用语原形为"以附手实",此为《开元七年令》用语,但因《大宝令》也是,所以也有可能来自《永徽令》。至于《唐律疏议·名例律》"称日年及众谋"条(总第55条),《疏》议引《户令》曰:"疑有奸欺,随状貌定。"此处不是用"随事貌定",一字之异(状与事),至少说明不是《开元二十五年令》,似又透露《疏》议引《户令》文,为《开元七年令》或更早至《永徽令》。此事宜再考。

按《户令》规定四岁至十五岁为小,十六岁至二十岁为中,所以十五与十六岁之际,正是户籍上登录小、中之别,相差一岁,成为断赎或徒之分际,不可不慎。

州司对此案有疑义,乃提报中央定谳。"司形"(当是司刑之误植),即刑部,司刑判定依籍之年计算,若有隐欺,可根据令条以貌案加以确定其丁中制的身份。[26]此时因为刑律及赋役无所依据,又不能及时改正,只有根据貌案为定(即定其为十六岁之中男),应服徒役。这是最后的裁定,成为《法例》的一个案例。

(二)《令集解》卷十《户令》"嫁女"条引用《法例》

《令集解》《户令》"嫁女"规定:"凡嫁女,皆先由祖父母、々々(父母)、伯叔父姑、兄弟、外祖父母,次及舅、从母、从父兄弟;若舅、从母、从父兄弟不同居共财及无此亲者,并任女所欲,为婚主。"《令集解》在条文记述到"外祖父母"之下,注引各注解家解说,其中引用到《法例》者有如下五处:

《释》云:

[a]《法例》云:雀门〔隽〕州申牒,称:郭当、苏卿,皆娶阿庞为妇。郭当于庞叔静边而娶,苏卿又于庞弟戚处娶之,两家有交竞者。叔之与侄,俱是菩亲。依《令》:"婚先由伯叔,伯叔若无,始及兄弟。"

州司据状,判:妇还郭当。苏卿不伏,请定何亲,令为婚主。

司刑判:嫁女节制,罤载《令》文。叔若与戚同居,资产无别,须禀叔命,戚不合主婚。[々]如其分析异财,虽弟得为婚主也。检《刑部式》:以弟为定,成婚已讫。

[b]《法例》以下,(古)记无别。

又云:案检[c]《法例》,文:"先由祖父母、々々(父母)"者,虽不由伯叔以下,无罪。又,"由伯叔父姑"者,虽不由兄弟、外祖父母,不合论。但未成者,悔令听也。已成,不合。

---

[26] 日本学者池田温以为前引《令集解》中"准《令》许貌案一定"条之原文可能有脱字,而在"一定"前加一"不"字,成为"不一定"。但作为判词,用"不一定"之词反而使语意呈现暧昧,恐不妥当。其实前引《通典》卷七"丁中"条曰:"按开元二十五年令云:'……一定以后,不须更貌,若有奸欺者,听随事貌定,以附于实。'"前引《养老·户令》"造账籍"条,亦曰:"一定以后,不须更貝(貌),若疑有奸欺者,亦听随事貝(貌)定,以附账籍。"何谓"一定"?《令义解》卷九《户令》此条曰:"小子入中男,中男入丁,丁入老,老人耆之间者,是为'一定以后'。若改其常色者,更须依亲貝(貌)之法,故云'一定以后,不须更貝(貌)'也。"所以"一定"是指确定成为丁中制所规定的某种身份,此处宜照原文解读。

（中略）

穴云："嫁女"者，先为妻也，案下条可知也。但妾亦准由其亲属耳。《令释》初说不当也。何者？条终云："若舅、从母等不同居共财，及无此亲者，并任女所欲，为婚主"者，然则明女行事，非婚主之祖父母等也。ᵈ依《法例》，"由祖父母等，不由兄弟，无罪。若由兄弟，不由父母者，从违令，但不为奸耳。（校勘者补：为是）"。ᵉ《法例》，"叔及弟当头为主婚，各嫁夫故"。"女"，谓广称男女之意也。"由"，谓有媒人，由女之祖父母等也。

（下略）

按《令集解》是惟宗直本所撰，约成书于868年以前，即九世纪中叶之际。《令集解》之"令"，指《养老令》，因搜集各注解家对令的注释，是曰"集解"。就引用《法例》的注解家而言，计有《古记》《令义解》《令释》《穴记》，以及"朱记"五种。大致是八世纪前半叶到九世纪前半叶的注解家。其中"朱记"指原来以朱书写于《穴记》《迹记》的附注，并不是指特定的注解家。前引《令集解》一段文字，是依据《古记》《令释》《穴记》三个注解家，共引用《法例》五次。其中《令释》开始引用《法例》一段，是第二个具体的《法例》案例。

而 b"《法例》以下，《古记》无别"云者，说明《古记》也有引用此段案例，只是可能《令释》引用较详细，所以《令集解》采用《令释》内容。但《古记》是《大宝令》的私撰注释书，约于738年完成，所以间接可证明这段《法例》案例，是赵仁本所撰的《法例》。

《令释》引用《法例》（即 a 例），开头提到"雀门州"，查唐制无此州，池田温先生以为当是"巂"州，在剑南道，抄者不谙州名，上下分离成讹。此案例当事人为郭当、苏卿，都要娶阿庞为妇，郭当是要到庞氏叔庞静那里迎娶，而苏卿则到庞氏弟庞戚处迎娶，两家竞争，遂投诉州司。州司依据《永徽·户令》，判妇归郭当，苏卿不服，乃向中央司刑提出"婚主"之诉。司刑根据叔侄是否同居共财判断，如是则须禀叔命，如否则以弟为婚主，结果因叔侄为别居异财，而判妇（阿庞）归苏卿。c 至 e 所引的《法例》，可视为对 a《法例》的补充说明，尤其是对《永徽·户令》此条，如 d 依《法例》，"由祖父母等，不由兄弟，无罪。若由兄弟，不由父母者，从违令，但不为奸耳。（校勘者补：为是）"这是对此条《户令》规定作进一步的诠释。

a《法例》州司断案时谓"依"云云,此处之"令",当是《永徽令》㉒之《户令》。其曰:"婚先由伯叔,伯叔若无,始及兄弟。"此段遗文,弥足珍贵。池田温先生乃根据前述日本《养老·户令》以及仁井田陞、菊池英夫、武田佐知子等人之研究,复原唐《户令》,如下:

> 诸嫁娶,皆先由祖父母、父母主婚,祖父母、父母俱无者从余亲主婚。若夫亡携女适人者,其女从母主婚。由伯叔父姑,伯叔若无,由兄弟、外祖父母,次及舅、从母、从父兄弟。若舅、从父母、从父兄弟不同居共财及无此亲者,并任女所欲,为婚主。㉓

至于司刑判词中,依据《刑部式》,而判曰:"以弟为定,成婚已讫。"霍存福的《唐式辑佚》,《刑部式》第八条据此而作为式文,曰:"《永徽·刑部》以弟为定,成婚已讫。"㉔其实此句为司刑的判词,属于事实的认定,并非作为法律的《式》文,将这两句作为《刑部式》文并不妥当。㉕

以上有关《法例》二个案例,都是属于《永徽令》的《户令》规定范围,其形式不外为州司对案件有疑惑,而提请中央司刑判定。借由"司刑"判,亦可推定赵仁本的《法例》是成书在龙朔二年(662年)以后。而在第二个《法例》案例的a处所引《刑部式》的"刑部"一事,当指龙朔二年改司刑之前的刑部。因此,所谓《刑部式》,应当属于《永徽式》的规范。㉖

㉒ 日本学者仁井田陞起初在《唐令拾遗》(第249页)以为a《法例》所引之《令》是属于永徽、麟德、乾封三令之一;但在《中国法制史研究:法と慣习、法と道德》(东京大学出版会1964年版,1980年补订,第334页注3)则修正为《永徽令》。池田温等编:《唐令拾遗补》(东京大学出版会1997年版),《户令》二九(补订)注40(第539页)即采用《永徽令》说。

㉓ 参见前引〔日〕池田温等:《唐令拾遗补·户令》二九乙条,第539—540页。此条《户令》遗文,已对前引池田温:《唐代〈法例〉小考》(第86页)略作增补。

㉔ 霍存福:《唐式辑佚》,载杨一凡主编:《中国法制史证续编》(第八册),社会科学文献出版社2009年版,第467页。

㉕ 日本学者池田温先生根据日本《延喜式》卷二十九《刑部式》的内容,共有三十三条,以为都是关于犯罪处罚、流移、决死、徒罪、判良贱、赎铜、行刑等,属于定罪断狱事,未见有关媒人、婚主等亲属、婚姻法规定,因而推断此处之"式"字有误,可能为判、令、旨等判断命令的文字(参看前引〔日〕池田温:《唐代〈法例〉小考》,第78—79页)。笔者就霍存福所复原的《刑部式》十一条以及《刑部格》三十一条内容看来,也是没有包含媒人、婚主等亲属、婚姻法规定,所以池田先生说值得重视,附志于此,以供参考。

㉖ 日本学者仁井田陞以为高宗龙朔二年(662年)将刑部改为司刑,到咸亨元年(670年)复旧,所以《法例》所引《刑部式》应当是属于《永徽式》的《刑部式》(参见前引《中国法制史研究:法と慣习、法と道德》,第334页注3。亦可参看前引〔日〕池田温等编:《唐令拾遗补户令》二九〔补订〕注40,第539页)。

五、结　语

　　唐初以来所见到"法例",可说有三义,此即作为法律通例、作为例程(或曰永格)、作为判例模拟。依此而言,唐代断狱的法源,从《杂律》"不应得为"条(总第450条)所见,除律、令(当亦含格、式)而外,再以"理"作为第三法源[32],而判例如"法例"者(或曰比)可视为第四法源[33],高宗时,赵仁本所著《法例》,即属于判例集。现存判例,除敦煌、吐鲁番文书残卷外,典籍尚有遗存一千二百多道拟判的判集[34],以及若干经由君主断案的实例。君主断案的实例,宜视为特例。

　　《法例》可说是判例的模拟予以文字化,有其一定的客观性,以及司法上的规范作用,基本上是属于中央的判例。但若要作为判例模拟的"法例",必须规定"永为法式"(或永格)而后可。论其内容,除陈述案件事实及州司判文外,中央司刑(刑部)判文中,如上所述,也会引用令文(如《户令》)作为依据,按理律、令、格、式均可引用。至于敦煌、吐鲁番文书残卷,可视为地方州县断案的案牍,也就是地方档案,可惜传存甚少。

(2014年春)

---

　　[32] 参见拙作:《唐律中的"理"——断罪的第三法源》,载《台湾师大历史学报》第45期,第1—40页;黄源盛主编:《唐律与传统法文化》,元照出版公司2011年总经销,第1—40页。

　　[33] 日本学者泷川政次郎即举赵仁本的《法例》,说明唐代的判例也是作为断狱的法源。参见〔日〕泷川政次郎:《唐代法制概说》,载《支那法制史研究》,有斐阁1940年版,第3—4页。

　　[34] 参见〔日〕市原亨吉:《唐代の判について》,载《东方学报.京都》1963年33期,第119—198页。

关于唐代《法例》问题的几点思考
——答复并就教于高明士先生和池田温先生

钱大群

引 言

拙文之涉于"法例"者,是《唐律与唐代法制考辨》(第二版)第三十五篇《唐律在唐宋的使用及〈律疏〉体制内外"法例"的运作》一文的第三小节(第389页)。写作当时的主要目的,是在回答唐代司法实践中如何运用法律的前提下,不能不涉及此问题。关于"法例"的性质及种类,拙文作出论断谓:"法例"行用于《律疏》体制内外。在《律疏》体制内,其形式及种类有:其一,《律疏》中属于原则、制度性的通则、通例;其二,可被引用断案的任何成文法条的罪罚内容;其三,可作为比附与类举之法条,包括明确指出被"准""以""如""依"等的法条内容;其四,可作为某类判决的精神原则性的内容(下文有提及)。

在《律疏》体制外的法例:其一,可随时对各种礼法制度作创制与修改的制敕;其二,专为对刑律内容作修改补充的《刑部格》;其三,法官及学者个人作为经验总结的《法例》书;其四,令、格、式等行政法规也有其"法例"。这些内容,都是我在不知道十多年前池田温先生《唐代〈法例〉小考》一文已在台湾发表的情况下撰写的。[①]

[①] 2013年,《唐律与唐代法制考辨》出第二版时,我把原第一版《"例"辨》一文中关于《法例》的两小项内容(第86—88页),合并于第二版新加进的《唐律在唐宋的使用与"法例"在〈律疏〉体制内外的运作》一文的第三小节中,以对《法例》问题作集中表达。因高先生在文中提及此事,故作说明。

应我之约请，高先生发来了他严肃认真地用较大篇幅对拙文中此项内容予以中肯的评论，不但提出了自己的看法，还引荐池田温先生《唐代"法例"小考》②中的有关观点及其所引日本《令集解》中有关"法例"的几个实例，使我不意在原写一小节的文义之外，取得了重要的新收获。

从池田温先生《唐代〈法例〉小考》中得知，唐代赵仁本《法例》书中的某些内容，在日本及中国流传的大略过程是：日本平安时代著名法学家惟宗直本，参照集成几种先行法家对《养老令》之注释而撰写《令集解》，其中就存在一些专家引《法例》作注解的内容；后来法学家泷川正次郎于1929年撰写《〈令集解〉所见唐代法律书》一文，其中专论《法例》之部分抄录了《令集解》所引《法例》佚文两项，并对《法例》之书略加考察；20世纪30年代，仁井田陞先生在其《唐令拾遗》的考注中也引用了《令集解》中涉及唐《法例》的内容③；1997年池田温先生在台湾"第三次中国唐代文化学术讨论会"上发表《唐代〈法例〉小考》一文，在泷川正次郎研究的基础上再作推进性的研究，其文之最后，作者特别加注曰："本稿写完后，承台湾大学高明士教授校阅修订，特表谢意"；2014年5月，台大高明士先生为南京大学钱大群《唐律在唐宋的使用及"法例"在〈律疏〉体制内外的运作》一文所写的评论文《关于唐代〈法例〉书》，又对池田温先生的论述作了具体的解释和发挥。

我对高先生涉于"法例"之评论及他对池田先生研究成果的引荐及发挥，表示衷心感谢。对我得到的收获之处，向高先生及池田先生汇报；同时感到有商榷之处，也不敢隐匿己见，提出来与高先生及广大同仁切磋。

一、获得的教益

池田先生及高先生对赵仁本《法例》性质的判定，为唐代"法例"的研究注入了新的因素。

（一）唐之《法例》曾流传至日本

中国唐代赵仁本之《法例》一书，《旧唐书·刑法志》有极简单的关于

---

② 载《第三届中国唐代文化学术研讨会论文集》，台湾政治大学中文系编，1997年版，第75—89页。高先生2014年5月赐稿后，我历经两个月，辗转托人从台北扫描传来池田先生的这篇文章。

③ 参见〔日〕仁井田陞：《唐令拾遗·户令》二十九，"引据"及"按"，长春出版社1989年版，第159页。

其作者、行用及被废止的记载。在《唐六典》中还有其作为国子监的法学教材存用的提及。而池田温先生在《令集解》中所见之日本古代学者在解《养老令》时对《法例》内容的引用,说明《法例》——至少是其中的部分内容,已被传至东邻日本。日本在其《令集解》中得以留存的唐代《法例》内容,实在可谓是稀少珍贵。泷川政次郎(1879—1992)在其《〈令集解〉所见唐代法律史料》一文中录有《令集解》所引《法例》佚文两条。池田温先生在《唐代〈法例〉小考》一文中对留存的情况,其文第1节"《法例》之佚文"中说:

> 现在学界所知,《法例》佚文,基本上不出于泷川政次郎所录二条,但是《令集解》中言及《法例》一共有8个地方。

在另一段中介绍到此书中"法例"名词的标注使用情况说:

> 而《法例》前后五见,前3条在〈令释〉文中,后2条在〈穴记〉文中。其中引用《法例》原文者,只文头1条而已。其他四个(所)皆仅言及《法例》而不引其文。

(二) 唐赵仁本之《法例》是"判例"书

赵仁本《法例》书及其书中之"法例"的性质,从池田温先生列举的例子及说明看,与《律疏》中原"法例"之概念已不是一回事。之前,我提及法例,正如我在此文开头所言,都限于比照《律疏·名例》序疏中训解《名例》时使用的概念:"名,训为命;例,训为比;命诸篇之刑名,比诸篇之法例"中的"法例"。此概念原为《名例》篇中涉于该刑律中的原则与制度而言即所谓"通则",还可以是指全律中表现为成文条文中的罪罚内容。最大限度地说,还可以是成文法律中可被套用的某些源于精神原则的内容。如《贼盗律》(总第293条)对略及和诱奴婢罪不以一般略及和诱人罪论处,因为《盗贼律》(总第248条)疏文中规定有"奴婢同资产",《名例律》(总第47条)疏文中有"奴婢贱人,律比畜产"的原则规定,所以略及和诱奴婢分别"以强盗"及"以窃盗论"相处之根据就是《律疏》(总第47条、总第248条)之精神。但据高先生介绍的池田先生所引《令集解》中的"法例"看,那些与具体案情中人与事不予剥离的法例,可直接作为判处另案的法比,池田先生明确地认定其为"判例",这就与《律疏》原来之"法例"不再是同一概念了。对"法例",以前只止于《律疏》内外可引用的成文法条之内容,现在池田温先生认为唐代曾有法例形式的"判例"存在过。

关于池田温先生对《法例》书性质的判断。尽管赵仁本《法例》书中得以传世的内容少之又少,但池田温与高明士两位先生对《法例》书的性质作出了明确的认定,他们认为赵书是"判例"——而且相当于现代之判例。池田先生对《法例》性质的认定,未在其文的第3小节"《法例》之性格"中表述,而是在全文的"结言"及其注释中作了表述。其文之最后一句话说:

> 唐代《法例》稍异,恐以适用法律之模范事例命名,搜集州司、刑部(司刑)等判例而成。

此段"注释"的最后部分说:

> 当代之"例",大体可分为三种,其一即《律》之名例律,《律疏》中云例者多指名例律。其二为制之言,"永为常式"类。如景龙三年八月敕云:"应酬功赏须依格式,格式无文然始比例。"其制敕不言自今以后及永为常式者,不得举引为例(《通典》卷165)即是。(其三)④本稿之《法例》于此二种大异,相当于现代之判例。

(三) 池田先生所引荐之两法例都有超越在行法律规范的特点

以下我对两则法例特色的分析,完全是就"法例"本身作用而言的体会。

其一,把对人的重新貌阅制度应用于刑案

池田温、高明士两位先生在《唐代〈法例〉小考》中认可及推荐的"判例",涉及对人作貌阅的制度是其中一例。律令中关于对人丁年龄的貌阅,其常例是入籍时作貌阅登记,如发生疑问,可再作貌阅改正。有疑问重作貌阅的制度,现在"法例"居然用了在对某人是否处实刑或赎刑的年龄有疑问时,进行重新貌阅认定年龄后决定实服徒刑的判断中。⑤ 这是法律适用上的新情况,

---

④ 两段引文均见《第三届中国唐代文化学术研讨会论文集》,台湾政治大学中国文学系编,1997年5月版,第89页。文中加括号的(其三),是此文引者据文意所加,否则,注文中"大体可分为三种"中的"三种"无其"三"矣。

⑤ 池田温先生论文《唐代〈法例〉小考》于所收书第76页录《令集解》中保留的此条法例,原文为:"法例云,陈孩儿籍年十五,貌案年十六。据籍便当赎条,从貌乃合徒役。州司有疑,令谳请报。司刑判,以籍为定,本为实年,年有欺隐,准今许貌案,[不]一定,刑役无依,未及改错之间,止得据案为定。"文中"陈孩儿"之姓原写作"亻"旁加"库",高先生认为其姓名应是"陈诉";[不],是高先生与池田先生据文义判定为必须添加之字,意为(如果)"不作确定"则"刑役无依"。其中决定此"法例"内容根本走向的关键词语是"年有欺隐,准今许貌案";"未及改错之间,止得据案为定。"高先生在其文中认为此案最后的处置意义是:"只有根据貌案为定(即定其为十六岁之中男),应服徒役。"见其文第四节第1项最后部分。

是超越《律疏·名例》(总第55条)极具特色的新的规范(此事在下文分析《法例》书被废止原因时还将提及,故此处不作展开)。

其二,把"同居共财"作为主婚人资格优选的条件

关于主婚人的资格问题,《户令》中原已有次序排列:"凡嫁娶,皆由祖父母、父母主婚;祖父母、父母皆无者,从余亲主婚。"此是由《明户令》推知唐代亦应有此基本制度。对于可以主婚的"余亲",《唐令拾遗》中记载说:"依令,婚先由伯叔,伯叔若无,始及兄弟。"但是,如果"伯叔"与"兄弟"之间发生了竞相主婚的冲突,在现所拾遗的唐令及《律疏·户婚律》中,都只能据尊卑次序为准,而赵仁本的《法例》内容则有处置此类争议案件的新的规范。据池田温先生所录于《令集解》中的案例说,庞姓女子被同为期亲的叔与弟同时主婚许嫁予人,引起诉讼纠纷。州府上报后,司刑之判断认为,"叔"虽辈高在前,但叔与被嫁女之家已分析异财,"弟"虽名分在后,却被支持弟之主婚有效。池田先生所录《法例》文的关键语句说:

> 叔若与咸(被嫁女之弟)同居,资产无别,须秉叔命,咸不合主婚。如其分析异财,虽弟得为婚主也。[⑥]

在"法例"中,叔侄尊卑先后之主婚序位,让位于"同居共财"之优选条件,后者成为行使主婚权的法律依据。例文明言叔因"分析异财"其主婚被否决而支持弟之主婚权,似隐中肯定弟处于"同财共居"之地位。

(四)我认同池田温先生及高明士先生判定"赵《法例》"中的法例是"判例"的理由

曾经有相当一段时间,很多人一看到史书上的司法事例甚至一个故事,就认为是古代的"判例"。对此我很不以为然。一直以来,我以为唐代很少有"判例"。理由是我认为在《律疏》行用的条件下,"判例"的产生及推行受到了抑制(详见拙文《唐律与唐代法制考辨》第(四)小节,第393页)。而这次从池田先生引介的《法例》中这两个比较完整的案例看,其内容有了鲜明的新的特点:

一是法例在具体审判案件中被引用。

二是法例内容包含了实际的案由要素,即其例并未从具体的"人"和"事"中剥离开来形成一般性法律规范的条文。

---

⑥ 参见〔日〕池田温:《唐代〈法例〉小考》,台湾政治大学中文系编:《第三届中国唐代文化学术研讨会论文集》1997年版,第77页。

三是法例经州府上报后,经上级权威部门(司刑)所认同与批准。

四是"赵《法例》"中的两个判例较唐律中原有的"法例"概念有了突破之处,这正是我附和及认定"赵《法例》"有资格成为"判例"的理论依据。

尽管"赵《法例》"留存于世的内容凤毛麟角,但其内容规范已不再是原成文律、令中的陈旧内容,而是在原法律规范上加进了新的因素。如果其规范内容仍是法条中从律到律、从令到令之原有内容,就属于原来概念上的"法例",而不是现在如池田先生及高先生共同认定的"判例"性法例。

二、可进行商榷之数点

高先生的评论中有几处地方,我感到有向高先生以及池田温先生作进一步请教和商榷的必要。

(一)《法例》行用上限定在"龙朔二年"是不能精确前提下的相对精确

1. 史籍本身的漏缺带来"赵《法例》"撰写行用年份的不确定性

对"赵《法例》"书的撰写与行用的上限,我与高先生看法上有分歧,原因是《旧唐书》的《刑法志》及本传对赵氏任"详刑少卿"及另一些任职有漏记的现象。赵的"详刑少卿"官职在《刑法志》中有记,而任此职的年份却无记。而最重要的其本传中竟连任"详刑少卿"之事也都无记。同时,赵氏阶品的记载也有跳越。

我在拙文中对"赵《法例》"书的撰写与行用的上限,定在龙朔二年(662年)是唯一能做的尽可能精确的选择。既然赵写《法例》书(包括开始行用)都在其"详刑少卿"任内,所以,我们据其本传围绕其任"详刑少卿"前后的职务作一梳理,可列出如下要点:

> 贞观中,累转殿中侍御史。……会有敕差一御史远使,……仁本越次请行,……及回,事又称旨,擢吏部员外郎。⑦ 乾封中,历迁东台侍郎、同东西台三品,寻转司列少常伯,知政事如故。……为敬宗所构,俄授尚书左丞,罢知政事。咸亨初卒官。

---

⑦ 高先生文中谓赵氏曾任"吏部郎中",并注其品阶为"从五品上",但《旧唐书》本传上是"吏部员外郎"(从六品上),特此提示。

《旧唐书》赵仁本任职经历简表

改称前后	任职顺序	职务	阶品	另外职权	记载出处	与撰《法例》关系
官制改称前至龙朔元年(661年)为止	第一官职	(贞观中)殿中侍御史	从七品下		本传	积累材料
	第二官职	吏部员外郎	从六品上		本传	
	第三官职	(缺少记载)	(五品)		本传、刑法志皆缺	
官制改称龙朔二年(662年)起始	第一官职	详刑少卿	从四品上		刑法志	撰《法例》并行用
	第二官职	(乾封中)东台侍郎	正四品上	行宰相权:"同东、西台三品"	本传	
	第三官职	司列少常伯	正四品上	行宰相权:"知政事如故"	本传	
官制称号复原,咸亨元年(670年)	第一官职	尚书左丞	正四品上	为许敬宗陷,"罢知政事"	本传	
	(咸亨初卒官)				本传	

对表格必须说明的是:

其一,因本传言赵在任殿中侍御史时:"自义宁已来,诏敕皆手自纂录,临事皆暗记之,甚为当时所伏。"故在表中谓其是"赵《法例》"书的一个"积累材料"的阶段。

其二,把"尚书左丞"列在咸亨官称复原后,因为按改称,"尚书左丞"应是"左肃机",本传现称"尚书左丞"故列其在官称复原后之官职。《唐六典·尚书左、右丞》条下注:"龙朔二年改为左、右肃机,咸亨元年复为左、右丞。"

其三,判定赵仁本本传漏缺其"五品"官的记载,是按官职升迁制度推定。赵的"从六品上"的"吏部员外郎"与"从四品上"的"详刑少卿"之间必须要有一个"五品"的填补才合于擢升之通例。这个五品官,譬如可以是"吏部郎中"(从五品上),也可以是"大理正"(从五品下),或是别的什么,总之是要有"五品"。

2. 在行用上限不能精确的前提下,应选择比较精确的一种

其一,高先生把"龙朔、乾封年间"(662年—666年)作为上限,失去了可围绕的中心年份,因此科研探索意义受限。高先生认为,"赵《法例》"书行用的上限,定在"龙朔、乾封年间"最保险,因为乾封中担任东台侍郎后绝不可能再称为"详刑少卿"。这种主张因谨慎而不会有错。乾封朝总共才三年(666年、667年、668年),乾封中(667年)距官制改称"详刑少卿"的龙朔二年(662),就要相距6年,《法例》仪凤二年被废止,即使满打满算才16年,要用其中的6年(662年—667年)作为底线期,这样行用上限连个可围绕的中心年份都不能表述,这不能满足行用年数探讨的科学要求。而且,真如依"乾封中之前"作为行用底线,在最紧的情况下,我们给"赵《法例》"撰写与行用的时间只有乾封元年(666年)一年。这虽无懈可击,但目的性丢掉了。

其二,把龙朔二年(662年)作为《法例》行用的上限,就可产生行用的一个基本的中心年份。因为最根本的是,赵仁本在龙朔二年(662年),作为"详刑少卿"撰写并行用《法例》书的事不能被排除,因此,这一年作为《法例》行用上限的判定,找不到反证去推翻。这个行用的基本年份,完全可以作为合理的选项。而且避免了"乾封中之前"有六个年份而不能有一个可参照的中心年份的缺陷。

其三,上限之判定已虑及历史记载中的或然因素。其实,以"龙朔二年(662年)"作行用上限的参照年份,也在高先生要求的"乾封中之前"(662年—667年)的范围之内。当然,本传及刑法志,对赵仁本任"详刑少卿"并未有明确的年份记载,所以为保留行用期限计算的伸缩性,在行用的基本参照年份上加以"大概"与"左右"的修饰就是合理的。为了防止多算,在方法上我故意不计"年头"而以"年"计。唐于龙朔二年"二月甲子改百官名"[8],从龙朔二年(662年)"二月甲子(初四)",到高宗废止《法例》的仪凤二年(677年)的"二月九日",如掐指去数有16个"年头",但实际行使的时间,如从公元662年的"二月"到公元677年的"二月",其实际时间是十五年加一个月。再次说明,我的逻辑判断的背景是:无法排除龙朔二年是《法例》书行用的上限。所以我在拙文中谓《法例》书行用的时间"大概是十五年左右的时间"。

(二)"赵《法例》"书行用的下限挂在"仪凤二年"符合唐史记事程式

关于"赵《法例》"行用的下限,高先生认为我细定在"仪凤二年""有危

---

[8] 《资治通鉴》卷二〇一《唐纪十六》,上海古籍出版社1987年版,第1348页。

险性",不如说"仪凤年间"好。我认为据《旧唐书·刑法志》,把高宗下令废止赵《法例》之事挂在"仪凤二年(677年)"的记事项下,理由还是比较充足的。一是,左仆射刘仁轨等删辑的格式于"仪凤二年二月九日,撰定奏上",可能是高宗废止"赵《法例》"的一个因素,有一定的连贯性。二是,从史料上说,用"先是"倒叙前情,高宗下令废止后,其记载为:"自是,《法例》遂废不用",这"自是"的时间所指,是呼应上文"仪凤二年二月九日(刘仁轨删辑之格式撰定奏上)"的。如果失去了"仪凤二年"的依据,这"自是"之"是"就无着落。仅凭这两点,废《法例》事挂在"仪凤二年"之下不会有问题。

《旧唐书·刑法志》在记事时,先列年份记当前之事及其过程(包括起止日期),然后再以"自是"与前列之年份照应,已成了基本程式。如《永徽律》制定后又制定《永徽律疏》的大事就这样表述:

> (永徽)三年,……(宜广召解律人条义疏奏闻,于是太尉赵国公无忌等)参撰《律疏》,成三十卷,四年十月奏之,颁行天下。自是断狱者皆引疏分析之。⑨

文中"自是"盖呼应永徽"四年十月"。注明年份记事,中间经插叙或倒叙后,最后再以"自是"(或"至是")与前注年份呼应,也有其例,如《旧唐书·刑法志》记唐德宗建中二年(781年)事中曾说:

> 建中二年,罢删定律令使并三司使。先是,以中书门下充删定格令使,又以给事中、中书舍人、御史中丞为三司使。至是中书门下奏请复旧,以刑部、御史台、大理寺为之,其格令委刑部删定。⑩

文中"先是",是指唐肃宗至德元年(756年)至唐德宗建中元年(780年)之间的时段,唐删定律、令、格、式与制敕,由"中书门下与删定官详决";"三司使准式以御史中丞、中书舍人、给事中各一人为之"。建中二年,罢去"格令使"及"三使"后,中书门下奏请复旧,"三司""以刑部、御史台及大理寺为之","格令委刑部删定"。文中之"至是"是呼应"建中二年"的。其时序之表述结构,与记"赵《法例》"废止中的"仪凤二年,……先是,……自是"之表述形式完全相同。"赵《法例》"被废的"仪凤二年",就是"赵《法例》"书行用的下限。

高先生把上限定在"乾封中之前",下限又不同意定在仪凤二年,因此他对《法例》行用的上下限,其计算表述十分模糊。

---

⑨ 参见〔后晋〕刘昫等:《旧唐书·刑法志》,中华书局1975年版,第2141页。
⑩ 同上书,第2153页。

（三）谓"赵《法例》"书原为二人合写,崔知悌以职高而署名在前的说法根据不足

两《唐书》对《法例》书的记载颇为不同。《旧唐书·经籍志》只列有一行文字：

《法例》二卷一部（下注）崔知悌等撰

而《旧唐书·刑法志》，却又只记载了"赵《法例》"先行用而最终被废止的事。《新唐书·艺文志》则又以两条分前后地列了二部《法例》：

赵仁本《法例》二卷
崔知悌《法例》二卷

对此,高先生推介并赞同池田温先生的观点,认为《法例》实际只有一部,《旧唐书·经籍志》署"崔知悌等撰",就是崔赵两人合写,因崔比赵职位高就以其名署"等撰",《新唐书·艺文志》就是根据这种情况而细分了两项记载的。此说虽不无道理,但总觉理由不足。对旧志中"崔知悌等撰",高先生指出我漏抄"等"字,其实我当时尚不知池田先生有"崔张合写"之议,故纯属疏忽漏抄。

1. 对书典记载"两唐志"求详而不求简

从《旧唐书·经籍志》的署名看,很多书合著基本是约略地作"某某某等撰"之署法,但《新唐书·艺文志》的署名法则不同,如果是多人著,不要说是两人,就是多至十几个人（其中大有宰相,小有县令）的,也都一一明署,而且还加上各自的官衔。《新唐书·艺文志》对所列书典的署名非常重视,不能做确切署名的还做统一说明。如"刑法类"之后就说："右刑法类二十八家,六十一部,一千四卷。失姓名九家,自《开元新格》以下不著录十三家,三百二十三卷。"对于属一个人以上编著的就详作"某某某等"之署名,且都署在书典之下,如：《元和删定制敕》三十卷,许梦容、韦贯之、蒋义、柳登等集；《元和格敕》三十卷,权德舆、刘伯刍等集；《大中刑法总要格后敕》六十卷,刑部侍郎刘瑑等纂。如属一人编撰的,基本把姓名署记在书典之上方,如：张戣《大中刑律统类》十二卷；王先行《律令手鉴》二卷；元泳《式苑》四卷。《法例》书的情况也是以这种单独列行之形式署列：赵仁本《法例》二卷；崔知悌《法例》二卷。⑪

---

⑪ 参见〔宋〕宋祁、范镇等：《新唐书·艺文志》（第五册），中华书局 1975 年版,第 1995—1497 页。

2. 以职高者代署或独署之成规，会有一以贯之的表现

如果要贯彻职高者署名之成规，编写在前的《旧唐书·经籍志》在《法例》两卷下注"崔知悌等撰"，是反映崔、赵（仁本）两人合撰《法例》，而赵因职级低被以"等"代表的话，那后编的《新唐书·艺文志》依其固有记载体例，只可能详为"崔知悌、赵仁本撰"，不会明知是两人合撰，还要以两条的形式列为两部，而且还故意与署名成规反其道而行，把职级低的赵氏条放到职级高的崔氏条的前面。这种记载方式根本与崔、赵两人合撰一部书，且赵是实际撰写者，崔只是因职级高而优先署名的成规矛盾。而且，如果贯彻位高者首署，位卑者次署或不署之成例，那应该是两唐书的《经籍志》与《艺文志》都会体现，而不会只在《经籍志》中体现。同时，不会出现《旧唐书·刑法志》中独提赵氏而无崔氏的情况。

3. 判定崔赵合写《法例》须得有可依的情节上的蛛丝马迹

其实，在唐代汇编性或研究性的法律书，个人撰写推出行用并署个人之名，这些情况并不少见。况且这种书籍一般都并无经过审查公布的程序，就如"赵《法例》"就没有上呈日期或经审查的记载。在这种情况下发生赵仁本与崔知悌在差不多的时间段内，分别撰写目的与作用一样，而内容不同或不完全相同的两部《法例》书，不能完全排斥这种可能。后来赵的《法例》，因写得好，推行开了，崔的《法例》书不如赵的好，自然被淘汰了，这也是自然的事。如一定要说《法例》是崔、赵两人合写了一部，而且崔是挂署了名字，这样就无形中偏倚地肯定了《经籍志》的记载，轻率地否定了《艺文志》的记载。在法史老前辈仁井田陞先生所撰《唐令拾遗·户令》第二十九条的引据中，亦曾引某女（阿庞）之叔与弟同时为其主婚而引起诉讼之"法例"。其条下之《按》语说："但这个《法例》，究竟是赵仁本所撰，还是崔知悌所撰则不清楚。"池田先生谓同一时段不可能有两部《法例》行用，的确是极为重要的逻辑推论，惜乎两唐书中崔、赵之本传及有关志书中，皆无关于两人曾合作写书的一言半语的情节交代，甚至是蛛丝马迹的表露。

（四）"三司"决国家大狱之错失必由给事中援引"赵《法例》"纠正之说缺乏理由

《唐六典·门下省·给事中》条下记载曰：

> 凡国之大狱，三司详决，若刑名不当，轻重或失，则援法例退而裁之。

高先生认为："显然此时的《法例》可能就是赵仁本《法例》。"我认为此

处之"法例"应是偏重地指《律疏》中一般意义上的法例[12],而不可能专指"赵《法例》"中的"判例"。

1. 不要把给事中所援之法例神秘化

首先,关于"三司"对"国之大狱"审判中"刑名不当,轻重或失",完全不用把它解读得那么神秘,那么高级。既然是"错失",就可能包括在一般大小"法例"引用上的错失。一定要把三司审大狱中的错失从一般法例引用的错失中排除出去,那完全没有必要。错失就不排除有低级的甚至常识性的错失,也不排除有徇私枉法的舞弊。

其二,"三司"所判"刑名不当,轻重或失"的案件,既然性质是"不当""或失",绝不是属"律令无条""无文可以比附"的情况。后者绝不是前者的原因。在这种情况下,既然"三司"亦无法比附其条,为何给事中却独能用《法例》得比附其条。

其三,更不能认为"三司"之错失产生于适用"不应得为"的情况。因为这样认定,无疑就把三司错失的案件,全限制于从轻情"笞四十"到重情"杖八十"的圈子中去了(《律疏》总第450条),这几乎是不可能的事。

2. 很难设想三司必须适用的法律一定要仰待给事中才能找到

要说三司审大狱有错失后,非要门下给事中替三司们到"赵《法例》"中找"判例"去纠正,几乎不可能出现这种局面。赵氏之书在其可行用时是公开行用的,从《唐六典》看甚至被废止后还仍被国子监内部用作法律教材。连国家最高审判机关"三司",都不知道篇幅只有二卷的赵书中有所审国家大案的某一判例,这很难想象。既然赵氏书中有适用的判例,只有门下省的给事中能找到,这也是很难想象的。三司的错失通常是在运用一般法例上有错失,反而不会是找不到赵仁本"判例集"中那个最适用的判例才发生的。总之,不能认为门下给事中是只"援(赵仁本)法例而退而裁之"。把赵氏之《法例》的权威提到那样的高度,与高宗最后只口头一声令下即把它废止的结局,在事理上不顺。给事中审查及纠正三司大狱审断中错失制度的来源,也不一定要与《唐六典》的成书共存亡。如给事中纠"三司"之错失,必依"赵《法例》",仪凤二年其被高宗废止后,岂非给事中就无从再依别的法纠正"三司"判大狱的错失了?

---

[12] 这种意义的"法例",我对其所作的定义及使用的说明,见拙著《唐律与唐代法制考辨》一书第三十五篇《唐律在唐宋的使用及〈律疏〉体制内外"法例"的运作》一文的第三节,第389—393页。

3. "赵《法例》"之适用效力不能过于夸大

"判例"在法律效力上之地位，正如高先生在文中所引，除《律疏》外《唐会要·定格令》中记载，开元前，中宗景龙三年(790年)之敕规定：

> 其制敕不言自今以后永为常式者，不得攀引为例。

一定要说给事中最后援引"赵《法例》"作为让三司纠正错判之根据，这明显的是让从来未曾成为"常式"或"永式"的"赵《法例》"，其效力同于已成为"永式"的制敕，这怎么也说不过去。《唐会要·定格令》记载，开元后文宗大和四年(830年)，大理卿裴谊奏：

> 当寺《格后敕》六十卷，得(大理)丞谢登《状》，准御史台近奏：从今以后，刑部、大理寺详断刑狱，一切取最后敕为定。

纠正三司错失的最后法律依据，绝不会是唯"赵《法例》"是从。

4. 给事中所引之"法例"从史载看未必是赵之《法例》书名

三司决大狱有错，由门下省的给事中援引"赵《法例》"去纠错，对此，《唐六典》与《旧唐书·百官志》中记载此"法例"之词时，都未使用书名号，这表明此处之"法例"是《律疏》中一般法例之概念，而不是指赵仁本之专著《法例》。而且，《新唐书·百官志》门下省部分记载给事中纠三司审案之错失时，竟只说：

> 三司详决失中，则裁其轻重。

竟根本未提援《法例》之书纠错之事。

(五) 关于赵仁本《法例》书被废止的主要原因

刑志上记高宗废止《法例》时说的那些话，明文历历，自无问题。高先生认为，当时在行法律"条章备举"，另编《法例》"烦文不便"；同时还引用泷川政次郎认为仪凤二年已完成《永徽留司格后敕》，无必要再用《法例》。这些我认为都是次要原因，我在拙文中认为其被废止的最主要原因是《法例》书："属未经授权的个人积累的经验总结"，故高宗以"何为更须作例"为由加以废止。高先生认为我说的理由"不够具体"，可谓一言中的。受高先生的鼓励，这里我把我认为的主要原因，再稍为具体地补述如下：

1.《法例》行用立法上有损于皇权独尊

"权"是高宗废止"赵《法例》"的关键所在，朝廷就是不允许在律令格式之外，有任何个人所编的"判例"的权威，去损害皇帝的立法权威。高宗所说律令格式作为"天下通规","非朕庸虚所能创制","并是武德之际贞观以来，或取定宸衷"，即由前面两代皇帝（实际也包括他自己在内）用心审查确定的，这是问题的关键所在。高宗就是不允许在律令格式包括制敕中成为永格的法例外，不"取定宸衷"，而由"庸虚创制"去编一部实际是一大批有"永格"效力，却又不经特定程序而产生的"判例"行用。在"赵《法例》"使用得"时议亦为折衷"的社会反响下，高宗悍然下令废止其行用，没有再比考虑对皇权损害更大的原因了。

2.《法例》内容"触绪多疑"可能是其被废止的明显表现之一

高宗指责"赵《法例》""触绪多疑"，还正有"触绪多疑"的一个例子。如《令集解》中保留的一判例说，犯罪人（陈诉儿）"籍年十五"，因疑其年有诈欺而被重新"貌案十六"。因按《律疏·名例》（总第30条）十五岁可收赎，十六岁则要实服徒刑，但是因不能肯定，于是请示司刑，司刑就依照令文中原有"若疑有奸欺者，亦随事貌定"的规定，决定以重新貌定的"十六岁"为准，让（陈诉儿）实服徒刑，而不得用赎。

解决陈诉儿这一案，唐代的令和《律疏》都有规定。仁井田陞在《唐令拾遗》复原永徽至开元间行用的有关令文（长春出版社1989年版，第151页）说：

> 诸户，计年将入丁老疾，应征免课役及给侍者，皆县令貌形状，以为定簿。一定以后，不须更貌。若疑有奸欺者，随事貌定，以附于实。

对此，《律疏·名例律》（总第55条）疏文规定：

> 称人年处，即须依籍为定。假使貌高年小，或貌小年高，悉依籍书，不合准貌。籍既三年一造，非造籍之岁，通旧籍记之。

从以上令与《律疏》的规定，可以作出以下结论："疑有奸欺者，随事貌定"之制，只适合于"征免课役"等事务中，重貌后"以附于实"。而涉于犯罪判刑之事情则不可，其原则是"悉依籍书，不合准貌"。从陈诉儿案判词中所言"陈诉儿籍年十五，案年十六。据籍便当赎条，从貌乃合徒役"之语可看出，法官们明知而故意突破律令。

其实，《名例》（总第55条）在律文关于"人年"的"问答"中，解释此中的原因是：

> "令为课役生文"；"刑名事重，止可依据籍书"。

即陈诉儿犯罪后是实服徒刑还是用赎，不能临时重新貌阅为属中丁的十六

岁,作实服徒刑处置,令文的貌阅制度管不到刑案的认定:

> 课役稍轻,故得临时貌定;刑名事重,止可依据籍书。

因对刑犯嫌疑人重新貌定年龄,大多会产生欺诈,为防弊端,法律作正式的解释说:

> 惟刑是恤,貌即好生。

律文对涉于刑罪案事的貌定,案情条件及程序都限制得十分严格。其《答》文举例说:

> 或有状貌成人而作死罪,籍年七岁,不得即科;或籍年十六以上而犯死刑,验其形貌,不过七岁:如此事类,貌状其籍年悬隔者,犯流罪以上及除、免、官当者,申尚书省量定。须奏者,临时奏闻。

只有年龄差异太大,且"犯流罪以上"及官犯涉于"除、免、官当者",才能报尚书省刑部(司刑)甚至奏闻批准。这些规定,与陈诉儿案例("判例")的内容都悬殊很大。赵《法例》中记载的"司刑"核准的这个判例,对当时现行的令文与《律疏》的冲击,已可想而知。

"司刑"把适用于"课役"的貌阅,任意扩大用于处置刑狱,就正属于高宗指责其"触绪多疑"的典型。"赵《法例》"书,既无授权、批准、公布的制度,使用中"司刑"的批准就是唯一的审查程序,虽然"时议"认为"折衷",但要使这部"判例集"长期精当依法,事实上很难。上述所举这种与《律疏》法例相矛盾的判例,到底以谁为准?《律疏》说得很明白:

> 律、令义殊,不可破律从令。

《唐会要·定格令》中记载开元十四年(726年)的敕令也说:

> 如闻用例破敕及令式,深非道理,自今以后不得更然。

以上所述,完全限于对高宗废止"赵《法例》"原因的探讨。对陈诉儿因被重新貌定年龄实服徒刑,是否属《律疏》(总第55条)的禁止之例,也请方家权衡评说。

此一问题,池田先生与高先生在各自的文中均未谈及,故不在这次探讨的范围内,纯属本人"节外生枝"之说。同时,我对陈诉儿案法例的分析,并不妨碍我对此法例属"判例"的性质认定。也可以说,正是此法例有此特点,才成其为"判例"而不是通常之法例。如真要有被质疑对象,那只能是当时的司刑和记载此判例入《法例》的赵少卿了。

池田先生在其《唐代〈法例〉小考》中认为，初唐《法例》之编撰与应用，"可谓充分反映当代(时)法制之发展和刑政之进步"，"赵仁本等《法例》"，"撰成当时颇有用之书"，"可惜偶遭高宗之妨害，不能流通，仅留二项佚文于异邦《令集解》而已"。其惋惜遗憾之情，我亦深有同感。

因为"赵《法例》"书是"判例"，初期完全可能红极一时，但也正因为它是"判例"，在皇权专制下红了之后必定要被废止。不太恰当地比喻说，如果不属曲解的话，这正应了那句民谚：成也萧何，败也萧何。从这个大角度看唐代"判例"的命运，可想而知。

像"赵《法例》"这样有影响的"判例"书，虽被废止而仍能入正史典籍的记载，就很不错了。至于其他属于科举教学参考及研究性的"判例""案例"书，虽然后代一直至现在还名气响当当，但在两唐书的《经籍志》《艺文志》中根本无其踪影，就更不必奇怪了。

（2015年元月）

第二部分 唐律性质与唐代法律体系研究综评

（一）作者有关研究观点之文论

（二）专家评议

（一）作者有关研究观点之文论

律、令、格、式与唐律的性质[*]

钱大群

律、令、格、式是唐代的法律形式,也是唐代法律体系的基本构件。正确认识律、令、格、式的性质和作用,不但是宏观上了解唐代整个法律体系,也是微观上辨明唐代各种法律及典章性质的关键。近十数年来,律、令、格、式的性质及与之有关的问题,已成了唐代法律乃至中国法制史研究中一个分歧最大、矛盾最尖锐的问题。本文拟在分析律、令、格、式性质的过程中,对争论中最具有代表性的观点提出看法,以使唐代法律制度的研究,通过这些不能回避的争论得到更深入的发展。

一、律、令、格、式是不同性质与种类的法律

（一）在唐代法律体系中不同性质与种类的法律已形成了分工协作的关系

唐宋史籍及典章上所载关于唐代法律体系与法律种类划分的理论,应是探求唐代各种法律性质的基本根据。无论是新旧唐书《刑法志》或《唐六典》都一致地说,唐代的法律是律、令、格、式四种。这四种法律可以分成两类:一类是作为定罪判刑根据的刑法;一类是主要作为一般政务实施根据的法规。

---

[*] 此文原发表于《法学研究》1995年第5期。全文13000字,此次刊发作了删节。

唐代法律的分类同现代法律比较,有相通之处,但差别很大。

1. 作为定罪判刑的律与其他制度性法律的界线基本得到了划分

律在唐之前就已分离出去在法律体系中作为刑法单独存在,令、格、式基本是行政法律规范,这是唐代法律体系最大的一个特点。同时唐代的诉讼(无论是民事或刑事)规范,还都包括在一般施政的行政法令之中,因为当时司法审判与行政并未完全分离,司法审判机构也未从行政系列中分离而独立。

2. 法律根据国家政务职能的各个方面谋篇布局,而不是完全以不同的调整对象划分

其中令"二十有七"种,既有依政府机关进行的划分,如中央和地方的六种"职员令",又有依国家不同管理领域而进行的划分,如"军防令""关市令""户令""田令"等十几种。据日本学者仁井田陞《唐令拾遗》的分类,唐代有名称的令已有三十三种之多。格"二十有四篇,皆以尚书省二十四司为篇名",而式的"三十有三篇","亦以尚书省列曹及秘书、太常、司农、光禄、太仆、太府、少府及监门、宿卫、计账为其篇目。"(《唐六典·刑部》)这里,后三篇是依管理领域作的划分,其他各篇都是依管理机关划分。

3. 令、格、式之间的区分依其位阶及作用效力的不同来划分

令与式都是各种正面的典章制度法规,其中令是"设范立制","尊卑贵贱之等数,国家之制度"。而式则是为贯彻律、令而制定的细则性法规,即所谓"轨物程事",因此成了官司"所常守之法"。《丧葬令》规定:"使人所在身丧,皆给殡殓调度,递送至家。"殡殓调度怎样给法?《兵部式》规定说:"从行身死,折冲赗物三十段,果毅二十段,别将十段,并造灵舆,递送还府。队副以上,各给绢二匹,卫士给绢一匹,充殓衣,仍并给棺,令递送还家。"(引《唐律疏议·杂律》总第407条)格是"盖编录当时制敕,永为法则,以为故事"。(《唐六典·刑部》)格因来自制敕,其他法律都应与格符合,而不得与之矛盾。

4. 唐代除律作为刑法存在外,令格式并不相当于现代意义的部门法

律的性质是刑法,其他的法律并不是如近代的其他部门法,近现代的部门法也绝不相当于令、格、式中的任何一种。现代的某一个部门法,如以唐代来对应往往是涉及令、格、式中的几个篇目或几个种类,它们之间绝对不存在整齐划一、单纯的对应关系。如现代的民法,唐代与之有关系的内容,除了涉及令、格、式中的许多内容外,还涉及礼的内容。当然,现代有一些专门法规与唐代法律的对应关系有时比较单一,如令中的《田令》,就与现代的土地法

相对应,《狱官令》与现代的诉讼法相对应。但是如果要从唐代法律中去找与现代公务员法相对应的法律,那就不但涉及几种令文,而且还会涉及格及式中的诸多内容。

(二) 律、令、格、式"皆刑法"说,违背唐代已建立起来的法律区分的理论与实践

近几年来,在唐代法律制度的研究上值得注意的一种观点,是律、令、格、式"皆刑法"说。这种观点所以值得注意,是因为持论者认为唐代的律、令、格、式实际上只是一种法:刑法。这种说法的要害是否定律、令、格、式的差别,以律取代令、格、式。现针对其持论的方面条析如下:

1. "律"是"刑法"

从篇目结构上说,律是刑律。唐律的十二篇,主要是各领域内违法犯罪条款的罗列。唐律12篇中"卫禁""职制""户婚""厩库""捕亡""断狱"等篇,是指这些领域内的有关犯罪规定,而"擅兴""斗讼""诈伪""贼盗"这些篇名本身就是罪名。法律篇目的划分与犯罪统一,只有律具有此特点。

从法律条款制定的形式来说,律条是惩罚性的罪条,而令、格、式的条款情况各异。这是唐代各种法律内容性质上的重大差别之一。同现代刑法一样,唐代刑律的立法条文,其内容在表述上包括罪名、罪状与法定刑三个部分。在唐律现有的502条律文中,只有《厩库律》中一条(总第223条)及《断狱律》中一条(总第502条)是例外。即使这是例外,也是因为作为其他条款的补充才这样的。这种特点是"律"作为"正刑定罪"的刑法存在所必须,而不作为刑法条款存在的令、格(补充修改律的除外)、式,其内容则不具有包含罪名、罪状及法定刑的特点。

2. "令"文不全都是"刑法"条款

无论是《唐六典》中列的二十七种令文,或是现代人在《唐令拾遗》中收录的三十三种令文,其中没有一种有刑法条款的特征。我们把与律有照应关系的令文与律去比较就非常清楚了。

如关于"七出"令规定:"诸弃妻须有七出之状,一无子,二淫佚,三不事舅姑,四口舌,五盗窃,六妒忌,七恶疾,皆夫手书弃之。男及父母伯姨舅,并女父母伯姨舅,东邻西邻,及见人皆署。若不解书,画指为记。"(开元二十五年令,《唐令拾遗》第162页)这是关于丈夫休弃妻子的条件及手续的规定。此令文不是刑法。违反此令文的犯罪,才由刑律来规定:"诸妻无七出及义绝之状,而出之者,徒一年半。"(《户婚律》总第90条)这里,罪名是违律出妻,罪状是妻无七出及义绝之状而出妻，刑罚是一年半徒刑，而上述令文则无此特征。

又如《户令》规定："无子者，听养同宗于昭穆相当者。"（引《唐律疏议·户婚律》总第157条疏文）此处概无罪名、罪状与刑罚可言。但是刑律的律文说："诸养子，所养父母无子而舍去者，徒二年。"此中罪名是辄舍养子，罪状是养父母无子而舍养子，刑罚是二年徒刑，令文无此特征。总之，现见的三十三种令，都不是包含罪名、罪状及法定刑的刑法条文。

即使令中的《狱官令》也不是刑法。如"诸有犯罪者，皆从所发州、县推而断之。在京诸司，则徒以上送大理，杖以下当司断之。若金吾纠获，皆送大理"。这是关于案件在地方及京都的受理权限划分的规定。"诸决大辟罪在京者，行决之司五复奏；在外者，刑部三复奏。若犯恶逆以上及部曲、奴婢杀主者，唯一复奏。"这是关于死刑执行时向皇帝复奏制度的规定。"诸决大辟罪，皆于市。五品已上，犯非恶逆已上，听自尽于家。七品已上及皇族若妇人，犯非斩者，皆绞于隐处。"这是关于死刑执行形式等级差别的规定。"诸鞫狱官与被鞫人有五服内亲，及大功以上婚姻之家，并受业师，经为本部都督、刺史、县令，及有仇嫌者，皆须听换推。经为府佐、国官于府主亦同。"这是关于审判官回避制度的规定。"诸州府有疑狱不决者，谳大理寺；若大理仍疑，申尚书省。"这是关于疑案逐级上报制度的规定。"诸赎死刑限八十日，流六十日，徒五十日，杖四十日，笞三十日。若无故过限不输者，会赦不免。"这是关于在准赎的条件下，赎铜征纳的期限规定。"诸狱皆厚铺席荐，夏月置浆水，其囚每月一沐。其纸笔及酒、金刃、钱物、杵棒之类，并不得入。"这是关于监狱管理制度的规定。"诸杖皆削去节目，长三尺五寸"，"其决笞者，腿、臀分受；决杖者，背、腿、臀分受，须数等；拷讯者亦同。"这是关于刑杖制之规格及杖打部位的规定。"诸有赦之日，武库令设金鸡及鼓于宫城门外之右，勒集囚徒于阙前，挝鼓千声讫，宣诏而释之。其赦书颁诸州，用绢写行下。"这是关于赦令执行程式的规定。

以上是《狱官令》各主要内容的代表性条文，这些条文都是司法审判事务的正面制度性规定，而不是规定某种罪名、罪状及刑罚的定罪判刑的条文。以今天的角度衡量，《狱官令》是诉讼法及监狱法的制度性法规，而不是实体刑法。对唐代《狱官令》，从程序法与实体法的比较上去考察，最能证明令不是刑法。

3. "格"绝大部分不是刑法，只有《刑部格》是刑法

格的出现，既保证律令式的相对稳定，又可保证法律随时事的变易而变

易。格可以随时涉及任何法律(律、令、式、礼)的增修。格数量较多,为便于查阅贯彻,在编制上格被区分为涉及某一专门机关掌握执行的"留司格"和颁下全国州县的"散颁格"。此外,还有适用于某一特定大事的单行格的汇编(如《选格》)。无论三类中的哪一类,都冠以二十四曹司的名称。"留司格"不用说,即使"散颁格"如与刑部有关的就命名为《散颁刑部格》,涉及武人考选的专门格条的汇编称《兵部选格》。又因为格事实上处于经常补充与调整的态势下,旧的格又一定要被新的敕令所调整,于是又出现了所谓"格后敕"。

因为格是以二十四曹司为目,这就决定了格的绝大部分内容都不是刑法。如《户部格》:"敕:诸色应食实封家,封户一定已后,不得辄有移改。"(敦煌文书《户部格》残卷:景龙三年九月二十日敕)又如:"敕:岭南及各僻远小州,官人既少,欲令参军、县官替充朝集者听。"(同上,圣历元年正月三日敕)总之,现见之敦煌《开元户部格》残卷,实录唐各朝格十七条,内中只有两条敕文涉及刑罚处置的内容。敦煌《垂拱后常行格》残卷,实录四格条的残片,都是关于口头奏请宫卫门禁及官吏叙补的有关规定。

格是整编公布的敕令,从部门法划分的角度说,格条的性质,以其修改补充法律的性质为性质。涉及吏部的可以说是官吏管理法,涉及户部的可说是户籍、身份、财税法,涉及礼部的可说是礼制,涉及兵部的可以说是军事法,涉及工部的可以说是工程法、水利法等。唐人关于格是"禁违正邪"的解释,是就格的内容和目的而言,是对可能出现的违法及邪行的一种预防和制止,而不是说所有的格都与律一样"正刑定罪"。

格中只有《刑部格》属于"正刑定罪"的法律规范。如:"官人在任,缘赃贿计罪成殿已上;虽非赃贿,罪至除、免,会恩及别敕免;并即录奏,量所犯赃状,贬授岭南恶处及边远官",(敦煌文书《神龙散颁刑部格》残卷)此条格中规定的赃官处赎铜十斤以上记"殿"的,以及官吏犯其他罪受除名免官处罚后被赦免的,要"贬授岭南恶处及边远官"。这是刑律上所未有的新补充的处罚内容。又如:"宿宵行道,男女交杂,因此聚会,并宜禁断。其邻保徒一年;里正决杖一百。"(《神龙散颁刑部格》残卷)民间举行佛事,所谓"宿宵行道",男女一起聚会被禁止,而且有此事,邻保及地方基层官要受罚,这完全是新的刑事立法。

关于"烽候不举"及"前烽不举,不即往告"之罪,《卫禁律》(总第90条)规定刑罚是"徒三年",而对此欲增加新的情节及处罚,这种性质的规范在成为"永格"前,可以"制敕"形式,或"格后敕"的形式进行,如敦煌文书中就有涉于此罪的制敕补充规定，对管烽火的"捉官"，另追决三十；对"知烽健儿"决六十棒。（参见《敦煌吐鲁番唐代法制文书考释》第295页）而唐代修改补充律的格条，基本都在《刑部格》中，而《刑部格》只是二十四篇格中的一篇。非《刑部格》的少数制敕中，亦不排除有刑罚的内容，但绝不是大量存在，因此，把所有的格都说成是刑法，是以偏概全的做法。

4."式"基本不是刑法

比起规定重大典章制度的令来，式的内容常表现为一些在时间、人数、物量等的实施细则内容。迄今为止，比起令的复原整理来，式的系统复原还差得很远。但是，即使在敦煌吐鲁番文书残卷及《唐律疏议》对式不多的引文中，仍可看出式是正面制度性规范，而不是定罪判刑的刑法条文的情形。

吏部是官吏事务的管理机构，以其为名目的式文都是官吏管理法律中的细则内容。如残存的贞观《吏部式》规定说："隋勋官、散官及镇将、副五品以上，并五等爵，在武德九年二月二日以前身亡者，子孙并不得用荫当，虽身在，其年十二月卅日以前不经参集，并不送告身勘校奏定者，亦准此。"①这是关于前朝隋代官员本人叙限及子孙用荫官当审核时间的规定。当时，唐代对隋朝官员也有品级待遇的优惠，因此发生了虚报隋代官员品级的情况，所以用式在勘查审核上进行规定。

属于户部曹司的"度支郎中"主管"支度国用，租赋少多之数"，以其为名目的《度支式》是关于赋税物之征输、折抵及调配等的内容。如残存的仪凤年间的《度支式》断片中之一条说："诸州庸调折纳米粟者，若当州应须官物给用，约准一年须数，先以庸物支留，然后折纳米粟。无米粟处，任取当州以堪久贮之物。"②这是关于庸调折合米粟或折合其他物品纳税之规定。

唐代工部有"水部郎中"，其职责是"掌天下川渎、陂池之政令，以导达沟洫，堰决河渠。"（《唐六典·工部·水部郎中》）以其为名目的《水部式》都是关于水利工程管理法规的实施细则。在现存的唐代开元年间《水部式》残卷中，有式文30条，全是水利管理中的细则。如其中一条规定说："若用水得所，田畴丰殖，及用水不平并虚弃水利者，年终录为功过附考。"③这是关于管理水利官员行政考核功过的处置规定。

从以上所举的《吏部式》《度支式》及《水部式》的条文看，式是正面的制度性规定，而不是定罪判刑的刑法。再从《唐律疏议》中所引用式文来看，情

---

① 刘俊文：《敦煌吐鲁番唐代法制文书考释》，中华书局1989年版，第307—308页。
② 同上书，第312—313页。
③ 同上书，第327页。

形也如此。

《太仆式》:"在牧马,二岁即令调习。每一尉配调习马人十人,分为五番上下,每年三月一日上,四月卅日下。"(转引自《唐律疏议·厩库律》总第202条)这是关于公有马匹训练及训练人员配备轮班的规定。《职方式》:"放烽讫而前烽不举者,即差脚力往告之。"(转引自《唐律疏议·卫禁律》总第90条)这是关于边境防卫放烽烟报警制度的规定。《监门式》:"皇城内诸街铺,各给木契。京城诸街铺,各给木鱼。"(转引自《唐律疏议·擅兴律》总第226条)这是关于皇城、京城各街铺有征调使用鱼符种类的规定。《库部式》:"其甲非皮、铁者,依《库部式》,亦有听畜之处,其限外剩畜及不应畜而有者,亦准禁兵器论。"(同上总第243条)这是关于非以皮、铁制作的甲的储存规定。《户部式》:"灵、胜等五十九州为边州。"(转引自《唐律疏议·捕亡律》总第464条)这是关于边境州府确定的规定。

总之,唐律中所引的有名目的式文,都不是正刑定罪性质的条款。唐代的式,只有《刑部式》的内容是在广义的刑法范畴之内,所谓"广义的",是指可称为刑事规范,但不是"定罪判刑"的刑法内容。如《唐律疏议·名例律》总第17条之疏文说:"先已去任,本罪不至解官,奉敕解者,依《刑部式》,叙限同考解例。"《刑部式》规定,对于犯官之罪够不上解职而特别奉皇命解职的官吏,其重新复职的年限,与因考核不及格而解职的官吏相同。其内容不涉及罪与非罪的问题,而只是某些犯官处罚后复职的年限问题。从数量上说,《刑部式》也只是式33篇中的1篇。

(三) 刑律中违反令式要处罚的规定不足以证明令式"皆刑法"

人们违反了非刑事的法律而受罚,那些法律并不因此就具有刑法性质,这是常识。在唐律规定违令、式受罚那一条中,疏文举了两个例子。一是《仪制令》规定:"行路,贱避贵,去避来。"一是《礼部式》规定:"五品以上服紫,六品以上服朱。"这两条令、式,其本身与许多令、式一样,从形式到内容,绝没有刑法的特征。违反它们要受罚,不是因为它们自身有刑法性质,而是另有刑法条款在起作用:"诸违令者笞五十;别式,减一等。"(《唐律疏议·杂律》总第449条)这条才是"刑法"。违反婚姻法到一定程度要受刑罚,并非婚姻法是刑法,而是有刑法在维护婚姻法。在这一点上,唐代同今天是相通的。此外,唐代并不是违反了所有的令、式都要处刑。违反后要处刑的只是"令有禁制"而"律无罪名"的令、式。

（四）宋代人关于"唐之刑书有四"的观点应予否定

认为唐代律、令、格、式"皆刑法"的另一个理由是，《新唐书·刑法志》上说："唐之刑书有四，曰：律、令、格、式。"其实，这句话，并未正确反映唐代法律尤其是令、格、式的性质。

《新唐书》的作者关于"唐之刑书有四"的结论，与他们紧接着对律、令、格、式所作的解释是自相矛盾的。在对令、格、式作出具体解释之后，作者犹怕读者不清楚，接下去又对上述令、格、式的用处再总结说："凡邦国之政，必从事于此三者。"这其中的"政"，说明令、格、式是国家一般政务实施的根据，而作为刑法的律，则不作为一般"邦国之政"所"从事"的根据。只有专门适用于对令、格、式"有所违"或"人之为恶而入于罪戾"，即行凶作恶构成犯罪的，才"一断以律"。面对《新唐书》作者的前后矛盾，如果正确地以唐代法律体系的学说去鉴别，我们唯一的出路是取其后部分具体的分析解释，而弃其前部分"唐之刑书有四"的错误结论。同时，唐代人的结论证实了宋代人结论的错误。唐代集中解释各种法律作用的《唐六典·刑部》卷中说："凡文法之名有四：一曰律，二曰令，三曰格，四曰式。"这里"文法"二字是统指制定的成文法律而言。唐代人把律、令、格、式统称为"文法"，而不像宋代人在《新唐书》中称为"刑书"，显然是正确的。

二、唐律是刑律，不是"诸法合体"的法典

"律、令、格、式皆刑法"说，就是律、令、格、式无区别说，实质是令、格、式皆律的主张。同这种主张相近似，或者说用这种观点去观察唐律，有人又认为唐律是"诸法合体，民刑不分"的法典。这是关于唐代法律形式研究中产生的另一个不能忽视的代表性观点。同前一种观点一样，这种观点也以确认直至唐代我国立法技术还处于刑法与政制混同不分的状态为前提，这不符合唐宋信史上记载的特别是唐代人自己已阐明的关于法律种类区分的理论。这种观点在法律史学界曾经相当流行，虽然随着唐律研究的深入，其影响逐渐缩小，但迄今为止，它仍是唐代法律体系特别是唐律研究中最迫切需要解决的一个问题。对于唐律"诸法合体"说，我们应通过分析唐律本身的结构体系加以解决。

（一）唐代的"诸法"未"合体"于刑律之中

所谓唐律是"诸法合体，民刑不分"，其中"诸法合体"是核心，"民刑不

分"派生于"诸法合体"。只要辨清了"诸法合体",则其他也就清楚了。

"诸法合体"说的深层次原因是把《律疏》"名例篇"之后的十一篇,理解为十一个方面的正面性制度。"诸法合体"说不甚了解令、格、式条文被疏文引作解律的形式表现:并不是《律疏》502条中的疏都作引用,引用或令、或格、或式的律条仅有数十条而已;且其引用之律条,绝不是必引用齐"令、格、式"三种,往往只是或令、或格、或式的一条或是两条;"诸法合体"说忽视各典条数的数量比,有人偶见疏文中有或令或格或式一二在列,便认为已经有"合体"之证据在握于掌中了。

首先,在"诸法合体"说的形成上,与对唐律疏文措词的误解有关系,各律篇序疏中关于解释篇目名称及次序安排的一些话容易使人误解。尤其是介绍第三篇《职制》的用词更可能让人误解。疏文说:"言职司法制,备在此篇。宫卫事了,设官为次,故在《卫禁》之下。"这里的"法制"不是指正面的法律制度,而是涉及职司的违法处刑;这里的"设官",是指有关"设官"的违法犯罪(如超编)。第十篇的《杂律》是不能纳入其他各篇的违法犯罪,而不是综合性的法律制度。唐律中其他的篇目,名称本身就是违法犯罪的贬义词,如"擅兴"是指擅自进行军事赋役征调及施建工程,"斗讼"是指非法的打斗杀伤及告发,"贼盗"及"诈伪"当然更没有误解为正面性立法的可能性。

同时,在思考方法上,不能因为从惩罚性的刑律中可以反观到一些正面制度,从而认为唐律就有规定各种正面制度的任务

如《卫禁律》与《擅兴律》中违法犯罪的规定,可以折射出唐代军事法、赋税法及工程法等某些正面的制度内容。但绝不能由此说,这两篇律文就是军事法、赋税法及工程法的"合体"。因为唐代的军事法主要散布在属于令的《卫府职员令》《镇戍岳渎关津职员令》《宫卫令》《军防令》中;在属于格的《兵部格》《职方格》《监门格》《宿卫格》中,在属于式的《兵部式》《职方式》《监门式》《宿卫式》中,在属于礼的《军礼》中间。我们从《职制律》中可以反观到当时官吏编制、职守、考核及邮驿等的制度,但不能说《职制律》是官吏管理法及驿站管理法的"合体"内容。唐代的各种管理性法基本上都是这样,无须一一列举。问题十分明显,依"诸法合体"论者看来,唐律不但"民刑不分",而且是"经(经济)刑不分""政(行政)刑不分""诉(诉讼)实(实体)不分"。当然这些都是不正确的。

(二) 唐律不是律、令、格、式的"合体"

1. 唐代的律、令、格、式都是各自单独起作用的法律

如《唐律疏议·卫禁律》(总第90条)规定了"应放多烽而放少烽",处徒三年;"应放少烽而放多烽",处徒一年。而放烽多少的具体要求,不在刑律中规定,而在《军防令》中规定:"诸其放烽,有一炬二炬三炬四炬者,随贼多少而为差。"发现的贼数与烽炬数到底怎样相符,其详情细则有式来规定,此系军事秘密不能公开。律条的疏文说:"放烽多少,具在式文,其事隐秘,不可具引。"这情况使人清楚地看到,令、式在律之外单独存在,而不"合体"于律之中。又如《唐律疏议·名例律》(总第17条)之疏文说:"若犯罪未至官当,不追告身,叙法依考解例,期年听叙,不降其品。从现任解者,叙法在《狱官令》。先已去任,本罪不至解官,奉敕解者,依《刑部式》,叙限同考解例。"这里刑律引用了《狱官令》及《刑部式》的名称,说明官吏解现任后的"叙法"及"奉敕解"的具体规定,都应详查令、式,并依其规定内容执行。这又再一次表明,令、式内容根本不能全"合体"到律中,而是各自单独起作用的法律。

其实,"诸法合体"那样的一部综合的、集大成的、取代所有不同形式法律的法典,唐代自始至终都不存在。唐代的整个法律体系就是律、令、格、式各自为典。把律、令、格、式拆散了,糅到其中的某一部中去,体例无法解决,目的性也不明,只有更不方便。

2. 唐律的疏文中不时地引用令、格、式就判定唐律是"诸法合体"也无充足理由

其一,从立法的法条数目说,唐代承袭隋朝的做法,律的数量最少,只有五百条,而当时的令、格、式的条数则是律的几倍乃至十几倍。史载贞观年间房玄龄等奉命修订法律时,当时定令一千五百九十条,格是"定留七百条"。到开元二十二年,"旧格、式、律、令及敕,总七千二十六条",删修时其中"三千五百九十四条仍旧不改"。(《旧唐书·刑法志》)这数字减去五百条后,令、格、式的总数应是三千〇九十四条。但是令、格、式被唐律引用的是多少呢?不过是一百三十条左右,这个数字只是开元令、格、式总数的百分之四左右。在唐代令、格、式巨大的数量与庞大的体系中,由于它的百分之几的条目被引用在刑律中,于是就下结论说唐律是"诸法合体",在这种情况下,绝大部分未被唐律引用的令、格、式岂不被抹杀!一些唐代制度的研究者,在唐律之外,用了很多的时间与精力去收集和复原被佚失的唐代的令、格、式法典,这个行动本身就是对"合体"论的一个否定。

这里最生动的莫过于"格"与《律疏》的"合体"了。据《唐会要·定格令》及《旧唐书·刑法志》记载,贞观时,就有《格》18卷700条。永徽时有《留司格》18卷,《散颁格》7卷,共25卷,其条数肯定多于贞观时期。可是,唐律502条中只有3条律文,即:《名例律》(总第23条)引《道僧格》内容两处;《卫禁律》(总第88条)引鸿胪寺的《主客格》内容一处;《诈伪律》(总第375条)引《刑部格》内容一处。整部《律疏》引用的《格》典的内容,总共4处。在这种情况下,我们难道可以判定《格》已"合体"到《律疏》中,或者说《律疏》与格"合体"了吗?

其二,唐代的令、格、式即使被《唐律疏议》所引用,也不能使令、格、式改变性质与刑律"合体"。

令、格、式被引用入唐律是从"律疏"才开始的。从唐初到永徽四年"律疏"制定公布前的三十多年间,唐代的令、格、式本来就是各自单独存在起作用的。《永徽律》制定之后,为律制定疏文时,少数的令、格、式才被引入"疏"中,尽管"疏"事实上也成了法律,但并不引起这些被引用的令、格、式在性质上的变化。被唐律引用的令、格、式,只是这种特殊法律解释的一部分材料而已,只有对刑律中的律文及注文规定的罪罚内容作增减、限制或扩大的那些内容才是刑律,而不是作为解释表述材料的令、格、式都成了刑律本身。

被刑法援用的非刑法法律,不会因为被刑事法规引用而成为刑法,唐代和今天都是这样。如我国将来的刑法中肯定会出现"公务员"这个词,而那时的刑法或刑法的有权解释中,很可能会引用公务员法中关于公务员范围规定的文段。在那种情况下,我们也不能说公务员法中关于公务员范围规定的文段是"补充刑法",并成了"刑法"了。刑律解释的行文表述材料与刑律本身的有效结论不是一回事。如唐律中除引用令、格、式外,也引用礼,不但引用礼,而且还引用《尚书》《左传》《孝经》,甚至还引用《食经》,我们不能贸然说他们因对刑律起"补充"作用就成为"刑法"了。

(三)唐代在立法上并不是"民刑不分"

在唐代,很多性质相当于后来民法的法规,并不合体于唐律之中,而是存在于唐律之外。唐代以刑罚处置一些民事关系,并不证明唐律是"民刑不分"。诚然,在唐代,相当于现代的一些民事规范常常有刑事处置的特点。如"负债违契不偿",唐律中除判"各令备偿"之外,还要根据"违约乖期"的时间及债务数量予以刑罚:"一匹以上,违二十日笞二十,二十日加一等,罪止杖六十;三十匹,加二等;百匹,又加三等。"(《唐律疏议·杂律》总第398条)但是,唐律中这种民事关系加刑事处罚的做法,仅表现了以刑罚形式处理民事关系的一个处置上的特点,并不说明整个法律呈"民刑不分"的状态。一项关系在法律处置上,兼有民刑事两种处置,并不证明整个法律"民刑不分"。如现代很多刑事判决中既有刑事判决,又有民事判决,这种情况并不说明现代法律是"刑民不分"的。

  从法律存在的独立性来说,最根本的是,大量的未被唐律引用的民事条款在唐律之外作为法律存在着。以"婚姻法"来说,结婚年龄肯定是其主要内容,但唐律《户婚律》中就偏偏无规定婚龄之内容,而唐代规定婚龄之法律在礼及令中:"诸男年十五,女年十三以上,并听婚嫁。"④从时间上说,唐代很多民事法规之在典与起作用,并不受"律疏"的影响。如"诸男女始生为黄,四岁为小,十六为中,二十一为丁,六十为老"为《户令》内容,《通典·食货七》及《旧唐书·食货志》在考引时,都说该令制定于武德七年,《册府元龟·邦计部·户籍》说制定于武德六年三月。后来《唐六典·户部》又引证,可见至《唐六典》成书的开元二十六年,这条令文仍单独存在于刑律之外。这条法律在《唐律疏议》制定前已有,制定后仍有,怎么能判断唐代是"民刑不分"呢!唐代有一条禁止官吏经商牟利的法律:"工商之家不得预于士,食禄之人不得夺下人之利。"⑤《旧唐书·食货志》记载它始定于武德七年,而唐律则照应地规定,官吏"若卖买有剩利者,计利,以乞取监临财物论。强市者,笞五十;有剩利者,计利,准枉法论"。(《唐律疏议·职制律》总第142条)后者作为刑律条文并未与前者"合体"。至于两者之间存在照应关系,正说明同一件事情在唐代的"民""刑"立法上是区分的,根本不能得出"民刑不分"的结论。

  总之,唐代的律、令、格、式中,只有律即唐律(《唐律疏议》)是刑律,相当于现代的刑法。唐律只是刑法,它不包括刑法之外的"诸法",唐律十二篇不是唐代的诸法,唐代的"诸法"并未"合体"于唐律中。唐代当时的"诸法",都独立地存在并发挥其作用,唐代的"民法"虽无专典,但它与"刑法"不是不分,而是分得十分清楚,互不兼并干扰。

  从20世纪80年代起,法史界关于唐律性质的争论,其透视的焦点,实际

---

④ 《司马氏书仪·婚仪上》注;《文公家礼·昏礼第三》。转引自〔日〕仁井田陞:《唐令拾遗·户令第九》二十八条,长春出版社1989年版,第158页。

⑤ 〔日〕仁井田陞:《唐令拾遗·户令》,长春出版社1989年版,第154页。

是从对唐代法律体系的不甚了解(包括不了解)而起。笔者之所以在唐律与《唐六典》的性质上有话要说,与人争论,就是因为站在唐代法律体系的角度,才较清晰地看到了唐律(包括《唐六典》)的性质与特点的。这篇文章其实是在新旧世纪交替前夕,给唐律研究者的一句留言:正确分析与认识唐律的性质,必须从研究唐代法律体系入手。

(1995年8月)

（二）专家评议

唐律性质与"诸法合体"的有力辨正
——钱大群教授唐律研究学术方法与理论的反思

马小红*

引言：从五彩缤纷的"诸法合体说"说起

在比较研究中，"诸法合体"成为学界描述中国古代法律特征的通说。同意这一通说的学者，为了证明这一通说的成立，基本都会引唐律为证。比如，居正在《为什么要重建中国法系》中言："历代的所谓律，我们不可误认其范围为如今之刑法，例如《唐律》卷一名例，不仅为关于刑法之总则，同时亦为关于一般法律的适用法；违禁、职制、厩库、擅兴，则属于行政法规；户婚属于民事法规；贼盗、斗讼、诈伪、杂律，乃可谓实质刑法；捕亡、断狱，则属于诉讼法规、监狱法规及关于法官违法失职之惩戒法规。又如杂律之中，有属于行政性质者，如关于河防的规定是；有属于民事性质者，如关于钱债的规定是；有属于商事性质者，如关于市廛的规定是。可见，所谓律者，乃包罗甚备之一种成文法典。而公私行为之有悖于律者，又均各附有刑罚的制裁。"①

"诸法合体"是今人在法学研究中，基于现实中的法律形态对古代法律

---

* 中国人民大学法学院教授。
① 罗福惠、萧怡合编：《居正文集》（下册），华中师范大学出版社1989年版，第488页。

的描述。此处的"诸法",应该是指刑法、民法、行政法、诉讼法等,而这些概念或定义在中国古代社会中是不存在的。值得注意的是,学界对用"诸法合体"描述中国古代法律并非众口一词,而是有异见的,有些学者认为,"诸法合体"是古代社会法律所共有的特征,而不独为中国古代法律的"特点"。早在 1959 年出版梅因《古代法》中译本时,李祖荫就说:"古代法律大抵都是诸法合体,并没有什么民法、刑法的分别,中国古代是这样,外国古代也是这样。"②20 世纪 80 年代,张晋藩教授更是明确地指出:"中国古代主要法典的编纂结构形式是诸法合体、民刑不分的,但就封建法律体系而言,却是由刑法、民法、诉讼法、行政法、经济法等各种法律部门所构成的,是诸法并用,民刑有分的。"③王立民教授在列举了诸多地区和国家的古代法后,得出了这样一个结论:"诸法合体是不是中华法系的一个特点?笔者的回答是否定的。特点是某一(或某一类)事物所独有的现象。特点又是相比较而存在,比较的方法是揭示特点的必要手段。没有比较,很难准确把握特点。诸法合体是说,两种或两种以上部门法的内容同存于一部法典之中。世界上并非中华法系才有诸法合体的情况,它在世界古代社会中不为少见。"④

以上诸论虽各不相同,但都不反对"诸法合体"是中国古代成文法的表现形式。张晋藩教授是以更广阔的视角,即"法律体系"而不是具体的法典论证了中国古代"诸法并存,民刑有分"。王立民教授则从比较的角度认为,"诸法合体"是古代社会法典的普遍编纂方法,并非中国所独有。这些研究无疑对推动人们全面地认识中国古代法律有着积极的意义。张晋藩教授的论述,使我们认识到中国古代法并非仅仅是"刑",而王立民教授的论述也有助于我们将唐律及中国古代法放到世界法律文明发展史的广阔范围内加以考察。但是,唐律,或唐代的法律真是"诸法合体"的吗?与律共同构成唐代法律体系的令、格、式也是诸法合体的吗?钱大群教授的答案是否定的。

从微观的"刑书"与"文法"的差异,到宏观的古今刑法异同比较;从确定唐律即刑法,到质疑唐律"诸法合体",在钱大群教授的研究成果中,我们得到了有关唐代法律基本知识的增长,而更为重要的则是学术方法与理论的反思。

---

② 〔英〕梅因:《古代法》,沈景一译,李祖荫"小引",商务印书馆 1959 年版。
③ 张晋藩:《再论中华法系的若干问题》,载《中国政法大学学报》1984 年第 2 期。
④ 王立民:《也论中华法系》,载《华东政法学院学报》2001 年第 5 期。

一、从史料出发的研究:对"文法"与"刑书"的辨正,证明《唐律》是"刑法"

钱大群教授对唐律与唐代法律体系研究的突破与完善是从"刑书"与"文法"的考证开始的。《新唐书·刑法志》记:"唐之刑书有四,曰:律、令、格、式。"《唐六典·刑部》"刑部郎中员外郎"条记:"凡文法之名有四,一曰律,二曰令,三曰格,四曰式。"这两条史料在唐法史的研究中,相信已经被引用过无数次。但很少有人注意到《新唐书》用"刑书"来表述律、令、格、式,而《唐六典》的表述则为"文法"。"刑书"与"文法"究竟是否相同或大致相同?钱大群教授在考证了刑书的内容与发展后得出的结论是:"'刑书'一词在历代有其特殊的含义,那就是内容涉及'罪'与'刑'的法律才称之为'刑书'。""文法"之"文",则是指法律制度条文,钱大群教授引《史记》为证:"程不识孝景时为以数直谏为太中大夫,为人廉,谨于文法。"又"(张汤)与赵禹共定诸律令,务在深文。""谨于文法"也好,"务在深文"也罢,钱大群教授认为指的都是整体的法律制度。考证至此,"刑书"为刑法,"文法"为法律,刑书(刑法)为文法(法律)之一种便昭然若揭。《新唐书》的错误在于将古人狭义的法定义——刑书,当作了广义的法概念——文法。因此,用"刑书"指"律"是不错的,但不能包括令、格、式。⑤

与《新唐书》的记载相比,钱大群教授肯定了作为《唐六典》的唐人用"文法"概括唐代的律、令、格、式,并将"文法"解释为今天的"法律"。而否定了撰写《新唐书》的宋人用"刑书"概括唐代的整个法律。换作今人的说法,就是《唐律》是唐之刑法,是唐代法律中的一种。令、格、式与律共同构成了唐代的法律体系(文法)。《新唐书》的一"词"之差,抹杀了律、令、格、式各自不同的法律性质,为后世的研究带来了困惑。史学界认为,《新唐书》出自宋之大文学家欧阳修之手,文采非凡。但欧阳修叙事简约的文风也影响到《新唐书》作为史书的严谨,常常是"文省事增",为后世的研究带来了麻烦。钱大群教授对"刑书"的拨正即属于此。这种缜密的一字、一词、一言、一语、一项制度的考证,往往是推进学科研究的关节点。

众所周知,法史研究中的难点是古今语境的不同与转换。由此许多研究

---

⑤ 参见钱大群:《唐代"刑书"与"文法"考》,载《唐律与唐代法制考辨》,社会科学文献出版社2013年版。

者将研究的重点放在了古今的附会上。不应该否认,基于比较基础上的"附会",比如,认为古代的某法典或法规类似于今天的刑法、民法、行政法等是古代法研究的一种方法。但是,目前研究的缺陷在于,许多研究者将比较变成了僵化的附会。许多研究论著一开始便会从现代法学中的概念、定义、原则出发,放弃了"从史料出发"的史学研究基本方法,放弃了"有一分史料说一分话"的研究原则,随意归纳古代法的特点。有学者甚至提出"法学的法史"还是"史学的法史"这样的问题。钱大群教授唐律研究成果的意义在于告诉我们无论是法学的法史,还是史学的法史,史料的研究永远是法史研究的基础。当我们真正如钱大群教授那样逐条地读完502条《唐律》后,不难感觉到这部古人留给我们的律典,与现实中的刑法最为类似。刑法,简言之是由国家政权颁布实施的有关"罪"与"罚"的法律规范。用古人的话说,即为"刑名之制"或"罪名之制"。钱大群教授"《律》是'刑法'"的结论是这样得出的:"除去属于总则性质的《名例律》57条外,其余445条中,只有《厩库律》卷一五中的一条(总第223条)、《贼盗律》卷二〇中的一条(总第300条)和《断狱律》卷三〇中的一条(总第502条),对某一类的处置起说明作用外,其他各条都是具有罪名、罪状与法定刑的刑事条款。"(《唐律与唐代法制考辨》第9页。以下引用本书时,只写页数)这寥寥数语、几行文字,凡研究者,都会体会到其中的"功夫"或"功力"。这不是通读一遍两遍《唐律》就可以归纳出来的,只有在逐条逐句反复研读的基础上,用心归纳分析方能得出的令人信服的结论。

在钱大群教授的研究成果中,史料中出现的一字、一词、一语之差也难逃其法眼,正是这种从史料出发的研究,可以使读者认识唐代法律原本的面貌。这种研究,摒弃了以当代的法律概念、体系去割裂古代法律的误导,避免了削"古法"之"足"适"今法"之"履"的陷阱。

二、对唐代法律的整体研究:证明"诸法"的存在,并不"合体"于《律疏》

对"刑书"与"文法"的辨证,是质疑"诸法合体"的突破口。因为《新唐书》的错讹正是当今学界"律令格式皆'刑书'"观点的依据,也是中国古代法律"诸法合体,民刑不分,以刑为主"的依据。

当"中国古代的法律只是'刑法'"的观点甚为流行之际,钱大群教授通过"文法"与"刑书"的区别,证明了与我们现在刑法相类似的"刑书""律"只是古代法律中的一种,这种结论与尚处在古代法律向近代变革中并主持了这项变革的沈家本是不谋而合的。沈家本言:"说者谓'法'字,于中文有'理''礼''法''制'之异译,不专指刑法一端。"⑥沈家本此处说的"说者",应该是指严复等一批中西贯通的学者。在严复翻译的孟德斯鸠《法意》的按语中,我们也看到了严复对中西"法"意与制度的比较:"盖在中文,物有是非谓之理,国有禁令谓之法,而西方则通谓之法,故人意遂若理法同物,而人事本无所谓是非,专以法之所许所禁为是非者,此理想之累于文字者也。中国理想之累于文字者最多,独此则较西方有一节之长。西方'法'字,于中文有'理''礼''法''制'四者之异译,学者审之。"⑦也许是古代法离我们渐行渐远,许多古人视为常识、无须解释或多费笔墨的事情,却造成今天我们的不解或误解。

唐代的法律,是由律、令、格、式构成的有机体系,律是这个体系中的有机组成部分,这对唐人而言是不言而喻的事情。而这样的一种法律体系,自秦、汉至明、清延绵两千余年,一脉相承,大同小异。虽然不同时代不同性质的法律内容之名称或略有不同,但这种不同不会超出古人的"常识"。但近代以来,在法律体系由古而近的转换中,古人的"常识"由于不同于今人生活现实而为今人难以理解。如果不将古人的常识转化为今人的语言,研究很难进行;但在这种转换中,误解也就在所难免。由于我们信奉了梅因关于"大凡半开化的国家,民法少而刑法多,进化的国家,民法多而刑法少"⑧的观点,所以我们就会认为属于"半开化"的中国古代法律也是"以刑为主"的,甚至认为"中国古代法律只是'刑法'"。

将中国古代法律单纯地附会于现代刑法的观点有两种,一种认为律是中国古代唯一由王朝颁行的基本法典,而律的性质基本是刑法;一种认为除律之外,王朝颁行的其他法律也都具有刑法的性质,比如唐代的令、格、式。钱大群教授一方面肯定了《唐律》类似于现代的刑法,但否定了唐律是一个以刑为主的"诸法合体"的法典,甚至连解释唐律的"[疏]议"也未能将"诸法"纳入"律"的范畴中。钱大群教授认为,唐律是禁止性的制度,而令、格、式则是正面性的制度,"唐律中各篇规定的违法犯罪律条,与其相对应的正面的制度性法规,各有其体系,各有其典册,根本不相互'合体'与取代。"(第23页)钱大群教授的结论也说明了两点,一是唐代的法律(文法)是律、令、格、式的

---

⑥ 〔清〕沈家本:《历代刑法考》(第四册),中华书局1985年版,第2242页。
⑦ 严复译:《严译名著丛刊·孟德斯鸠法意》(上册),商务印书馆1981年版,第2—3页。
⑧ 〔英〕梅因:《古代法》,沈景一译,李祖荫"小引",商务印书馆1959年版。

综合,其中相当于刑法的律,自身不是诸法合体的,而是"文法"的有机组成部分;二是令、格、式各有其侧重的内容,就形式而言,既非律的追加与补充,也不是诸法合体。

钱大群教授的论述与观点,提出了研究方法论的问题,即我们在考察一个时代某一项法律制度时,必须要对那个时代整体的法律制度有所了解。如果只是孤立地研究一项制度,则难免会陷于一孔之见。众所周知,唐以前的律典皆已佚失,《唐律疏议》是完整流传至今的最为古老的中国古代的律典。唐代又是中国古代社会高度发达时期,所以完整反映唐代律制的《唐律》及其疏议格外受学界的青睐。也正因如此,许多研究者有意无意地放大了唐律的作用,将唐律视为唐代法律的全部。钱大群教授的纠偏,在于强调了唐代的"诸法"并存,律作为刑书只是诸法中的一种。这是一种整体的研究方法,唯有此,才能还原一项制度在整体制度中的客观位置与作用。我们不能因为唐律的完整流传,就忽视令、格、式的作用,而将律夸张成为唐代的整个法律,或以为令、格、式是以律为核心而修订的刑事方面的法律。基于对唐律、令、格、式资料的全面解读,钱大群教授认为,唐代的令"全非'刑法'",而是"正面的制度性规范"。(第9页、第10页)唐代的二十四篇格中,只有《刑部格》属于调整补充律的追加法,而"绝大部分不是'刑法'"。(第12页)唐代的式也"基本(或绝大部分)不是'刑法'"。(第17页)那么令、格、式是什么?《唐六典》言:"律以正刑定罪,令以设范立制,格以禁违正邪,式以轨物程事。"⑨《新唐书》的定义是:"令者,尊卑贵贱之等数,国家之制度也;格者,百官有司之所常行之事也;式者,其所常守之法也。凡邦国之政,必从事于此三者。其有所违及人为恶而入于罪戾者,一断于律。"⑩通过钱大群教授的研究论著,我们可以将令、格(除《刑部格》)、式理解为正面的制度性规范,对于违背了这些制度并达到了犯罪程度的官员和恶人,则依据律来惩罚。通过这种对唐律体系的整体考察,不仅律的性质得以确定,而且也确定了与现在部门法可比拟或类似的"诸法"的存在。但这"诸法"各有名称与内容,并非"合体"于"律"中。

---

⑨ 〔唐〕李林甫等:《唐六典》卷六,中华书局1992年版。
⑩ 〔宋〕宋祁、范镇等:《新唐书·刑法志》,中华书局1975年版。

三、古今法律的比较:正确反映了唐代
实际寻求法律发展的规律

钱大群教授的研究和论点,还为我们提出了理论性的问题,即梅因所认为的"大凡半开化的国家,民法少而刑法多,进化的国家,民法多而刑法少"⑪的法律进化理论是否成立?中国古代的法律究竟是"停滞"的、"半开化"的,还是"进化"的?

应该明确的是,"停滞""半开化""进化"的标准是梅因根据西方法律发展的模式而确定的。梅因认为,世界不同地区的法律的发展都经过了从习惯法时代到法典时代的转变,在法典时代,不同地区法律的主要内容各不相同,而西方以"民法"为主的法律则是发达或进化的。以此为标准,梅因认为,其他地区的法律是停滞或半开化的。西方的法律促进了社会的进步,而其他地区和国家的法律却约束了社会的发展。⑫无论这种评判法律模式的标准是否正确,毋庸置疑的是,随着西方的殖民炮火,梅因这种带有强烈价值判断的法律理论风靡了世界。人们接受梅因的理论是以国力强弱论文化优劣的必然结果。

其实,从法律文明发展史的角度来看,即使在习惯法时代,不同国家和地区的法律也不尽相同,而法典时代,每一个国家或地区法律所具有的巨大差异原本更是情理之中的事情。因为不同国家和地区自有其合理的社会形态与其所生活的自然环境相匹配,自有其合理的法律体系与其社会形态相匹配。文明的形成与模式是多元的,法律自然也就不同,所以"进化"与否只能是纵向发展的比较,绝不能用一个模式为标准评判其他模式的优劣。

钱大群教授的研究是在不言中回答了中国古代法律究竟是停止(甚至落后)、半开化的,还是开化的这一问题的。早在 1996 年,钱大群教授在《唐律与唐代法律体系研究》⑬中,就对法律形态的评价问题阐明了自己的观点,即"人类共同的优秀法律文化,是各国家各民族优秀法律文化的大汇合"。在说到唐律时,钱大群教授言:"系统地对古今刑法进行比较,是联系实际研究法制史的一个重要途径。唐律是中国封建社会上升时期的刑律,是中国封建刑律的典型,是中华法系的代表,以唐律作为与今天刑法比较的研究对象是

---

⑪ 参见〔英〕梅因:《古代法》,沈景一译,商务印书馆 1959 年版,李祖荫"小引"。
⑫ 同上书,第一章。
⑬ 钱大群:《唐律与唐代法律体系研究》,南京大学出版社 1996 年版。

最好的选择。"⑭在2007年出版的《唐律疏义新注》⑮"引论"中,钱大群教授更是将唐律誉为"盛唐依法治国的法律丰碑",并论述了唐律在清末革除酷法中所起到的积极作用。在对唐律的研究与评价中,没有"发达""进化""停滞""半开化"等概念的生搬硬套,而只有中国古代法律发展轨迹的清晰描述和唐律性质的客观解析。但正是这种客观的描述和解析,让读者明白了唐代法律的发达和中国古代法律文明在世界法律文明中的地位。法史学家徐道邻曾说过,研究中国法史,唐律是最好的入门阶梯。因为唐律上集战国以来历代之大成,下开五代至清千余年之先河,实为两千余年中国古代律典的提纲挈领之作。正因如此,自唐律出现后,研究者就不绝如缕。只是古代的研究者在深悟唐律精义的基础上,审时度势而因时变通,服务于现实。清末修律,引进西方部门法体系,古代律典被终止,近代的研究者则多采用比较的方式,通过唐律与近代法律的比较,探求中国古代法的特点以及古为今用之路。钱大群教授的研究告诉我们,应该反思的是近代各种文化交融后,人们在眼界大开后反而产生的一种狭隘的偏见,即以一时的成败或强弱论"英雄"。在这种偏见的驱使下,我们放弃了或迷失了太多的"自我",我们往往会囿于一种理论而无视历史的经验。钱大群教授从史料出发、从整体的考察出发,纠正了中国古代法即刑法以及中国古代法"诸法合体"的偏见;而唐律与现代法律的比较,更是强调了传统对于一个国家和民族的重要性。

(2014年5月)

---

⑭ 钱大群:《唐律与唐代法律体系研究》,南京大学出版社1996年版,第221页。
⑮ 钱大群:《唐律疏义新注》,南京大学出版社2007年版。

唐代法律体系研究的新视角

——"刑书"与"文法"之分

张春海[*]

钱大群教授在唐律研究上独树一帜,成绩斐然,非作为小辈的我敢予妄评。这里只想简单介绍一下我个人学习钱老著作的一点体会。

引 言

初次得知钱老的大名,是在大学图书馆的阅览室。20世纪80年代晚期,我有幸进入中国人民大学法学院学习,闲来无事,就会到图书馆的阅览室读书。

钱老当时已经出了数本专著,虽然他的著作我那时还基本读不大懂,更未想到日后还能见到钱老本人,亲聆教诲。

我读的钱老的第一本著作是由他主编,由南京大学出版社出版的教材《中国法制史教程》,封面略带咖啡色。之所以读这本书,是由于直到目前为止,在学界编的所有《中国法制史》教材中,好的实在太少,绝大多数都不忍卒读,但有两三本算是例外,一本是曾宪义教授主编的《中国法制史新编》,一本就是钱老编的这本。我们当时用的教材是曾宪义书,但钱大群书比曾宪义书更简洁明了,所以我一见就喜欢上了,把它当做我学习中国法制史的手

---

[*] 南京大学法学院副教授,史学博士。

杖,受益匪浅。

早知钱老对唐律书名与版本的整合多有创新,钱老的新著《唐律与唐代法制考辨》中所载《〈唐律疏义〉与〈唐律疏议〉辨》与《对唐律书名及版式进行整合的理念与实践》两文,可谓是这种创新的集中体现,但将这种创新付诸实践的则是《唐律疏义新注》。首先,该书将唐律书名及十二篇标题都改称"唐律疏义"之名;与此同时,把四库本所有"疏"下之"议"统一更正为"义",以符合《律疏》的制定初衷。其次,该书还改造了唐律绝大部分的条标,使标题与内容更为啮合。关于该书的价值,学界给予了很高的评价[①],不再赘言。我个人的观点是,它和《唐律疏议笺解》一道,构成我国唐律研究的双璧,如相互参照,一起阅读,会对唐律的精髓有更深入的了解。

一、汉代较多地以"文法"总称包括刑事法律在内的王朝法律

自学唐律之日起,就有一个问题始终萦绕在心,无法获得确解,这就是对唐代法律体系的定位问题。有两种流传甚广的说法:一是说唐代的律、令、格、式都是刑法;一是说唐代法律是诸法合体、民刑不分。在北京大学历史系四年的学习,特别是通过通读唐代史料,总感觉这些说法存在问题。可明知其不对,却不知其错在哪里。这个疑问在最近阅读钱老的新著《唐律与唐代法制考辨》之后便迎刃而解,豁然开朗。该书的第一篇《唐代"刑书"与"文法"考》,第二篇《律令格式是否"皆刑法"辨》,第三篇《"律疏"是否"诸法合体"辨》都在讨论这一问题,可见该问题在唐律研究中的重要意义。有了这三篇论文,相关问题才算尘埃落定,完全解决。

让我感铭最深的还是该书的第一篇《唐代"刑书"与"文法"考》。文中的所谓"刑书"并非先秦时代的"刑",而是指《新唐书·刑法志》中对唐代法律体系定性之一句话中的"刑书"。这句话是这样说的:"唐之刑书有四,曰:律、令、格、式。令者,尊卑贵贱之等数,国家之制度也;格者,百官有司之所常行之事也;式者,其所常守之法也。凡邦国之政,必从事于此三者。其有所违及人之为恶而入于罪戾者,一断以律。"这就是说,在宋人看来,律、令、格、式全是"刑书"。近代学者望文生义,一看到"刑书"二字,就把它认定为是刑法,从而有了"律、令、格、式全是刑法"的结论。钱老从语源学的角度,一下抓到了问题的关键和

---

① 相关评论文章见《南京大学法律评论》2010 年春季卷。

源头，然后由此进一步引申，以其深厚的学识论证"刑书"之说，既不能概括唐代的法律体系，也不能概括宋代的法律体系，从而推翻了律、令、格、式都是刑法的论断，廓清了笼罩在唐律研究领域中的一大迷雾。

但如何对唐代的法律体系进行概括和定性呢？钱老以其深厚的文献学功夫及对《唐六典》的深入了解，拈出了《唐六典》卷六《刑部》"刑部郎中员外郎"条"凡文法之名有四：一曰律，二曰令，三曰格，四曰式"中的"文法"一词，认为只有用该词概括唐代的法律体系才是正确的，可谓在细微之处见真章。笔者虽曾多次阅读《唐六典》的《刑部》卷，但对这一句往往是一晃而过，未做深思，更不会想到解决唐代法律体系问题的关键就藏在这十分熟悉，可脱口而出的"普普通通"的一句话中。钱老认为，所谓"文法"就是法律条文之意，并以《史记》"程不识孝景时以数直谏为太中大夫。为人廉，谨于文法"为例，以证己说。②

（一）汉之"刑书"是引用春秋时的著作而来

在此，笔者想略作引申的是，"文法"与"刑书"同是汉代人经常使用的两个词。"刑书"在汉代文献如《汉书》《淮南子》《论衡》等书中经常出现，但所指称的均为前代之刑事法律，而非一般的法律与法典。如《汉书》卷二十三《刑法志》："春秋之时，王道寖坏，教化不行，子产相郑而铸刑书。晋叔向非之曰：'昔先王议事以制……今吾子相郑国，制参辟，铸刑书，将以靖民，不亦难乎！'"又《汉书》卷二十七上《五行志》曰："左氏传昭公六年'六月丙戌，郑灾'。是春三月，郑人铸刑书。士文伯曰：'火见，郑其火乎？火未出而作火以铸刑器，臧争辟焉。火而象之，不火何为？'"这些用法与说法均出自《左传》。《左传》昭公六年："三月，郑人铸刑书，叔向使诒子产书曰：'始吾有虞于子，今则已矣……今吾子相郑国，作封洫，立谤政，制参辟，铸刑书，将以靖民，不亦难乎？'"《左传》昭公二十九年，"冬，晋赵鞅、荀寅，帅师城汝滨，遂赋晋国一鼓铁，以铸刑鼎，著范宣子所谓刑书焉"。又《左传》定公四年三月，"刘文公合诸侯于召陵，谋伐楚也。晋荀寅求货于蔡侯，弗得……晋于是乎失诸侯……乃使子鱼。子鱼辞曰：'臣展四体，以率旧职，犹惧不给，而烦刑书。若又共二，徼大罪也。'"

（二）汉代称当代之法不用"刑书"而常用"文法"

汉代之人称当代之法不用"刑书"，而常用"文法"一词。就现存史料看，

---

② 参见钱大群：《唐律与唐代法制考辨》，社会科学文献出版社2013年版，第6页。

"文法"的说法最先就出现在汉代,在《史记》《汉书》《白虎通德论》《尚书大传》《说苑》《汉纪》《太平经》等文献中均有出现。在此仅以《史记》为例,略作说明。《史记》卷六十《三王世家》曰:"会武帝崩,昭帝初立,旦果作怨而望大臣。自以长子当立,与齐王子刘泽等谋为叛逆……欲发兵。事发觉,当诛。昭帝缘恩宽忍,抑案不扬。公卿使大臣请,遣宗正与太中大夫公户满意、御史二人,偕往使燕,风喻之……侍御史乃复见王,责之以正法,问:'王欲发兵罪名明白,当坐之。汉家有正法,王犯纤介小罪过,即行法直断耳,安能宽王。'惊动以文法。王意益下,心恐。"文中所谓"文法",指的就是"汉家之正法",即皇帝颁布的各种正式法律,包括刑事法律,但又不单单是刑事法律。《史记》卷三十《平准书》曰:"自公孙弘以春秋之义绳臣下取汉相,张汤用峻文决理为廷尉,于是见知之法生,而废格沮诽,穷治之狱用矣。"集解如淳曰:"废格天子文法,使不行也。"可见,"汉家正法"与"天子文法"同义,即王朝法律体系的总称。

汉承秦制,法律在国家与社会中的地位极其重要。从武帝时期开始,虽尊崇儒术,但不过是外儒内法,霸王道杂之而已,因此明习法律之人甚受重用,这些人就是所谓的文法吏,史载:公孙弘"习文法吏事,而又缘饰以儒术,上大说之"③文法吏与儒学之士看似对立的两极,但又往往合二为一,相互为用。当时,汉武帝"方向儒术,尊公孙弘。及事益多,吏民巧弄。上分别文法,汤等数奏决谳以幸"。④ 与此不同,汲黯"治务在无为而已,弘大体,不拘文法"。⑤ 他"常毁儒,面触弘等徒怀诈饰智以阿人主取容,而刀笔吏专深文巧诋,陷人于罪。"并对大行李息曰"御史大夫张汤智足以拒谏,诈足以饰非……好兴事,舞文法,内怀诈以御主心,外挟贼吏以为威重"。汲黯既治务不拘文法,排斥文法之吏,又常常诽毁儒术,所以招致武帝对他的不满。必须指出的是,文中的"文法吏"是相对于儒学之士而言的学习法律重视法治之人物,与"刀笔吏"根本不是一回事。

二、隋唐用"刑书",指包括死刑在内的"惩恶罚罪"之法,其例不胜枚举

在唐代,"刑书"与"文法"两词均使用频繁,但含义不同。从现代法学的角度看,"刑书"主要指刑事性质的法条。

---

③ 《史记》卷一百一十二《平津侯主父列传》。
④ 《史记》卷一百二十《汲郑列传》。
⑤ 同上注。

(一)"刑书"在唐代是指当时的律典

贞观五年(631年)十二月,太宗曰:"惩恶罚罪,必据刑书。割亲爱、舍嫌隙,以弘至公之道,是朕崇信也。"⑥可见,"刑书"乃"惩恶罚罪"的根据,指的就是当时的律典。武德时,有犯法不至死者,高祖特命杀之,时任监察御史的李素立谏曰:"三尺之法,与天下共之,法一动摇,则人无所措手足。陛下甫创鸿业,遐荒尚阻,奈何辇毂之下,便弃刑书?臣忝法司,不敢奉旨。"⑦"刑书"无疑是这种法中有处死之类罚则的法律。总之,"刑书"和"罚罪"(即刑和罪)是紧密相连的,有罪才有刑,有刑就有罪。在现存的各种唐代诏令中,"刑书"一词的用法基本都是如此。先天二年(713年)四月,玄宗诏曰:"法宪之设,期於无私……如闻近日州县,罕习章程,率情严酷,或致殒殂。假令事应重辟,固当明启刑书,岂可辄因棰楚,轻绝人命……如或有违,当置严法。"⑧贞元元年(785年)八月,李怀光之乱平,德宗下诏:"朕闻自昔哲王,以道化下……然以怀光一家……罪虽挂于刑书,功已藏于王府……其出嫁女及诸亲戚,并宜释放。"⑨宝历二年(826年)十二月,敬宗为宦官刘克明等所弑,枢密使王守澄等拥兵迎江王入宫,是为文宗,下教曰:"寡人义重君臣,毒甚手足。祔膺号恸,誓清凶徒……其刘克明、田务澄、苏佐明、王嘉宪、石定宽等二十八人,并正刑书,罔有漏逸。"⑩在所有这些事例中,"刑书"均指刑律而言。

(二)唐时的"正刑书""议刑书"就是依律典施加刑罚

在唐代,所谓"正刑书""议刑书"就是科以刑罚之意。大历八年(773年)四月,代宗诏曰:"薛雄乃卫州刺史,固非本籓,忿其不附,横加凌虐,一门尽屠,非复噍类,酷烈无状,人神所冤……欲行讨问,正厥刑书。犹示含容,冀其迁善,抑于典宪,务在慰安。"⑪宝历元年,发生了宦官殴打鄠县令崔发一事,李渤上疏论曰:"中人横暴,一至于此,是朝廷驯致使然。若不早正刑书,臣恐四夷之人及籓镇奏事传道此语,则慢易之心萌矣。"⑫元和四年(809年),京兆尹杨凭贪赃不法事发。宪宗诏曰:"杨凭顷在先朝,委以籓镇,累更

---

⑥ 〔北宋〕王钦若等:《册府元龟》卷三十五《帝王部·封禅》,中华书局1960年版。
⑦ 〔后晋〕刘昫等:《旧唐书》卷一百八十五上《李素立传》。
⑧ 〔北宋〕王钦若等:《册府元龟》卷一百五十一《帝王部·慎罚》,中华书局1960年版。
⑨ 〔北宋〕王钦若等:《册府元龟》卷一百三十四《帝王部·念功》,中华书局1960年版。
⑩ 〔北宋〕王钦若等:《册府元龟》卷十一《帝王部·继统部三》,中华书局1960年版。
⑪ 〔后晋〕刘昫等:《旧唐书》卷一百四十一《田承嗣传》。
⑫ 〔后晋〕刘昫等:《旧唐书》卷一百七十一《李渤传》。

选用,位列大官。近者宪司奏劾,暴扬前事,计钱累万……以其自尹京邑,人颇怀之,将议刑书,是加愍恻。宜从遐遣,以诚百僚,可守贺州临贺县尉同正,仍驰驿发遣。"⑬此类事例甚多,不再赘举。

(三)隋唐"刑书"之词远源北周,皆治罪施刑之法

隋唐时期的"刑书"一词,其远源是上文所引春秋时期文献中的"刑书",其近源则在北周。建德六年(576年),周武帝平定北齐,"以齐之旧欲,未改昏政,贼盗奸宄,颇乖宪章。其年,又为《刑书要制》以督之。其大抵持仗群盗一匹以上,不持仗群盗五匹以上,监临主掌自盗二十匹以上,盗及诈请官物三十匹以上,正长隐五户及十丁以上及地三顷以上,皆死。自余依《大律》。由是浇诈颇息焉"。⑭大象元年(579年),宣帝下诏曰:"高祖所立《刑书要制》,用法深重,其一切除之。"可不久,他"又广《刑书要制》,而更峻其法,谓之《刑经圣制》。宿卫之官,一日不直,罪至削除。逃亡者皆死,而家口籍没。上书字误者,科其罪。鞭杖皆百二十为度,名曰天杖。"鉴于宣帝的教训,杨坚为相后,"行宽大之典,删略旧律,作《刑书要制》。既成奏之,静帝下诏颁行。诸有犯罪未科决者,并依制处断"。⑮可见,"刑书"一词在隋唐统治集团所来自的北周广为使用。不过,从上述史料来看,不管是《刑书要制》,还是《刑经圣制》,均是《大律》的特别法,为刑律。因此,《隋书》卷三十三《经籍二》云:"刑法者,先王所以惩罪恶,齐不轨名也……《春秋传》曰:'在九刑不忘。'然而刑书之作久矣……及其末也,肆情越法,刑罚僭滥。至秦,重之以苛虐,先王之正刑灭矣。汉初,萧何定律九章,其后渐更增益……今录其见存可观者,编为刑法篇。""刑书"等同于"刑法",其源头在九刑,由此而下,直到北周的《大律》。这是唐人将"刑书"等同于"刑法"的直接例证,也就是说"刑书"即刑律。

三、隋唐用"文法"指包括刑律在内的法律制度,其例亦不胜枚举

"文法"一词亦为唐人习用之词。如《唐六典》卷一《三师、三公、尚书都省》的"尚书左右丞"条:"左、右丞掌管辖省事,纠举宪章,以辨六官之仪制,

---

⑬ 〔后晋〕刘昫等:《旧唐书》卷一百四十六《杨凭传》。
⑭ 〔唐〕魏徵等:《隋书》卷二十五《刑法志》,中华书局1973年版。
⑮ 同上注。

而正百僚之文法,分而视焉。"既称"正百僚之文法,分而视焉",就不会是刑书、刑法。又《唐六典》卷三十《三府督护州县官吏》"法曹、司法参军"条曰:"法曹、司法参军掌律、令、格、式,鞫狱定刑……以究其情伪,而制其文法。赦从重而罚从轻,使人知所避而迁善远罪。"

(一)"文法"相当于"规范""制度""规矩"之意

王朝正规法典中的这种用法,也为一般史料中的记载所证实。《册府元龟》卷十八《帝王部·帝德》:"唐高祖七岁袭爵唐国公,倜傥不羁,豁达大度……凡有委任,推以赤心,皆许便宜从事,未尝限以文法。繇是衔命毕力,向义者如流。"⑯《册府元龟》中的史料多直接来自唐代的实录,其中的不少说法就是唐人当时的说法。这条史料中的说法和《唐六典》类似,应该就是如此。所谓"未尝限以文法"就是不以制度、规矩进行限制的意思,这是"文法"一词的基本义。文宗太和七年(833年)八月,敕中书门下云:"所将本钱与诸色人给驱使官文牒,于江淮诸道经纪,每年纳利,并无元额许置,如闻皆是江淮富家大户,纳利殊少,影庇至多,私贩茶盐,颇挠文法,州县之弊,莫甚于斯。"⑰"颇挠文法"就是不按制度办事之意。

元稹为穆宗朝宰相,长庆末编删其文藁,自叙曰:"贞元已来,不惯用文法,内外宠臣皆暗鸣。"⑱"不惯用文法"也是指的不依据规范、制度办事,故在他任监察御史时,依据制度履行职责,竟至朝野大哗,最终被贬谪。⑲ 唐代的制度与规范都是由成文法规定下来的,故一般意义上的"文法"指的就是王朝的所有法律制度,即广义的法,当然也包括刑律在内。

《隋书》卷二十五《刑法志》:"高祖性猜忌,素不悦学,既任智而获大位,因以文法自矜,明察临下。恆令左右觇视内外,有小过失,则加以重罪。"隋文帝的"以文法自矜"就是"用文法"进行治理,而不单单是指适用严刑酷法而已。

---

⑯ 〔北宋〕王钦若等:《册府元龟》卷十八《帝王部·帝德》,中华书局1960年版。
⑰ 〔北宋〕王钦若等:《册府元龟》卷五百七《邦计部·俸禄第三》,中华书局1960年版。
⑱ 〔北宋〕王钦若等:《册府元龟》卷七百七十《总录部·自述第二》,中华书局1960年版。
⑲ 《旧唐书》卷一百六十六《元稹传》:元和四年,任监察御史的元稹奉使东蜀,"劾奏故剑南东川节度使严砺违制擅赋,又籍没吴山甫等吏民八十八户田宅一百一十一、奴婢二十七人、草千五百束、钱七千贯。时砺已死,七州刺史皆复罚。稹虽举职,而执政有与砺厚者恶之。使还,令分务东台。浙西观察使韩皋封杖决湖州安吉令孙澥,四日内死。徐州监军使孟升卒,节度使王绍传送升丧柩还京,给券乘驿,仍于邮舍安丧柩。稹并劾奏以法。河南尹房式为不法事,稹欲追摄,擅令停务。既飞表闻奏,罚式一月俸,仍召稹还京。宿敷水驿,内官刘士元后至,争厅。士元怒,排其户,稹袜而走厅后。士元追之,后以篓击稹伤面。执政以稹少年后辈,务作威福,贬为江陵府士曹参军"。

(二) 史例证实《六典》用"文法"概括法律是正确的

"不用文法"或"侮弄文法"在唐王朝解纽的过程中,已成了一个十分鲜明的现象,是帝国纲纪崩坏的表征。在此,我们不妨再举几例。

大中十四年(860年),中书舍人裴坦知贡举,然中第者皆衣冠士子。谏议大夫崔瑄上疏曰:"伏见新及第进士令狐滈,是河中节度使检校司空同中书门下平章事令狐绹男……及绹去年罢相出镇,其日令狐滈于礼部纳卷。伏以举人文卷,皆须十月已前送纳,岂可父身尚居枢务,男私挟其解名,干挠主司,侮弄文法?"[20]李实为京兆尹时,"恃宠强愎,不顾文法,人皆侧目"。[21] 不论是"不用文法"还是"侮弄文法",抑或是"不顾文法",本质上都是一样的,均是不把朝廷的规矩、法令、制度当回事儿。在这些场合,"文法"都接近"法律规范"的意思,指涉的范围要比"刑书"广得多,《唐六典》以之概括本朝由律令格式组成的法律体系,是非常准确的。

与唐后期不同,在隋及唐前期,皇权强大,多强调以法律治理,君主与大臣多如隋文帝,是"用文法"的。因此,长于文法之人常常会获得重用,隋代的王世充即是如此。《旧唐书》卷五十四《王世充传》:"王世充……开皇中,以军功拜仪同,累转兵部员外郎。善敷奏,明习法律,然舞弄文法,高下其心。或有驳难之者,世充利口饰非,辞议锋起,众虽知其不可而莫能屈。……十年,齐郡贼帅孟让自长白山寇掠诸郡,至盱眙,有众十余万。世充以兵拒之,保都梁山,为五栅,相持不战,乃倡言兵走,赢师示弱。让笑曰:'王世充文法小吏,安能领兵?吾令生缚取之,鼓行而入江都。'"唐太宗时,中书侍郎颜师古被免职,温彦博奏曰:"师古谙练时事,长于文法,时无及者,冀蒙复用。"[22]作为王朝专门司法机构刑部的长官,尤其要熟知"文法",否则就难以胜任。《旧唐书》卷五十九《屈突通传》:"数岁,征拜刑部尚书,通自以不习文法,固辞之,转工部尚书。"

四、"文法"概念广于"刑书",故有时"文法"亦可 指刑事法律规范,但绝不等同于"刑书"

既然"刑书"的范围比"文法"窄,有时当然也可以用"文法"一词指示相当于现代意义上之刑事法律的那些法律规范。贞观十六年十一月,广州都督

---

[20] 〔北宋〕王钦若等:《册府元龟》卷六百五十一《贡举部·谬滥》,中华书局1960年版。
[21] 〔北宋〕王钦若等:《册府元龟》卷六百九十七《牧守部·酷虐》,中华书局1960年版。
[22] 〔后晋〕刘昫等:《旧唐书》卷七十《岑文本传》,中华书局1975年版。

党仁弘坐枉法取财及受所监临赃百余万当死,太宗欲贷其死,诏五品以上官员至太极殿前,对他们说:"夫人君执赏罚,贵在必信,同天地法四时也。党仁弘罪当死,朕欲哀矜,是朕自弄文法,诚负天地。臣有过,请罪于君。君有过,须请罪于天。'"㉓永徽元年(650年)十月,监察御史韦仁约弹劾中书令褚遂良抑买中书译语人宅地,大理丞张山寿断以当徵铜二十斤,少卿张叡册以为准估无罪。仁约奏曰:"遂良贱买地宅,叡册准估断为无罪。然估价之设,属国家所须,非关臣下之事。私自交易,岂得准估为定?叡册舞弄文法,附下罔上,罪在当诛。"㉔在有些情况下,"文法"与"刑书"的意思相近,但这主要是由秦汉以来"舞文弄法"的惯用语而来,是出于修辞上的需要,并不是说"文法"就可以完全等同于刑律。

与此同时,"刑书"却不能代替"文法"一词,至少在唐人的言说中我们还没有看到这样的例证。然而,到了修《新唐书》时,宋人却以"刑书"代"文法",从而招致了后人不必要的理解上的混乱。幸亏钱老目光如炬,为我们指出了其中的症结所在,才使这一问题得以彻底解决。至于宋人为何如此,钱老认为是宋人"以偏概全"的措辞失误,是他们把春秋时期的"刑"或"刑书"直接用到了唐代法律体系的头上,给它戴了一个不恰当的帽子,从而造成了现代学术史上的一桩根本不必要的悬案。

总之,"刑书"与"文法"之分,乃研究唐代法律体系乃至汉唐间法律演变问题的一个新视角,是钱老对唐律研究的重要贡献之一,值得继续深入挖掘。

(2014年初夏)

㉓〔北宋〕王钦若等:《册府元龟》卷一百五十《帝王部·宽刑》,中华书局1960年版。
㉔〔北宋〕王钦若等:《册府元龟》卷五百二十上《宪官部·弹劾第三》,中华书局1960年版。

钱大群先生唐律及唐代法制研究的特色与贡献

霍存福[*]

一直佩服大群先生的专注和坚韧,因为不时能看到他唐律研究的论文发表及著作出版。早在大学期间,我就立志研究唐律,后来读了戴炎辉博士的《唐律通论》,感觉到从技术上研究唐律,余地已不大。除非另辟蹊径,比如案例对比律文之法,或可能是一条新路。但始终没有付诸行动。所以,尽管每隔几年,我会有一篇唐律研究的小文发表,但主要精力没有投放于此,且零打碎敲,尤其缺乏系统性。待看到大群先生唐律研究论文和著作连篇累牍地发表或出版,全面展示其唐律研究历程以及研究内容不断深化时,敬佩之情油然而生。这是一位绝对年长于我的先生的锐气与专注。

与大群先生的学术交往,感觉到他有三个特点。

一、好辩,且愈辩愈勇,愈辩愈精

不论他新近出版的《唐律与唐代法制考辨》以"考辨"为名,系统地梳理了他系统研读唐律与《唐六典》过程中的一系列代表性观点,即使平日读大群先生的著论,对他就有一个"好辩"的印象。对《唐六典》性质的有关讨论,以及唐律、令、格、式是否"皆刑法"的考证等,都是他"好辩"的典型。

早在1989年,他发表在《中国社会科学》第6期的《〈唐六典〉性质论》一文,我就感受颇深。当时主要的争论对象,是他法律系的同事以及曾经的校

---

[*] 沈阳师范大学法学院教授。

友。对于入职不久、年轻气盛的我,以为与同事争论,属于敏感事。但大群先生似乎不以为意。该文考证《唐六典》是否属于官修法律,从编修缘起、编修目的、编修过程看,《六典》并不具有法律特征,以及《六典》颁布后是否"行用"等问题;1996年,他再度在《中国社会科学》第6期发文《〈唐六典〉不是"行政法典"》,对其含有令、式内容是否属于"行政法典"问题,进一步伸张前论,指出《六典》零星摘取令、式条文的部分内容,从质量和数量上都不能构成"行政法典",从而在议论上进一步深化,结论进一步坐实。

后来,有学者提出"唐律令格式皆刑法",大群先生在《法学研究》1995年第5期撰文予以商榷。提出唐代四种法律中,只有"律"是"正刑定罪"之"刑法";"令",全非刑法,连《狱官令》也非"刑法";"格",二十四篇中只有一篇《刑部格》属刑法;"式",基本不是刑法,连《刑部式》也非"正刑定罪"之法。大群先生特别指出,唐律中有违反令、式要受笞杖处罚,但即使如此,也不能说明令、式就是"刑法"。

"好辩"本是属于年轻人的锐气。但大群先生自五十四五岁之后,愈辩愈勇,愈辩愈精,直至2013年,他还发表了《〈唐律疏义〉原创内容质疑举隅》,锐气仍无消减。反倒是我们这些晚生们不参辩、不敢辩、不能辩了——心存太多的忌讳,怕出风头,怕伤感情,怕担恶名,失去了学人本应有的风骨,学界也因此而缺少了许多活力,正常的学术批评、学术争鸣成了稀罕物。

二、专而精,精深靠专才获得

一辈子只做一件事的专家,在当今的学术界有,但不多。这,无疑是今天学界最需要的。因为专,才有精与真正地深入,所谓精深,是靠专才获得的。而像我们这些热衷于不断开拓新的研究领域者,专、精从而进入精深是难以做到的。

说起唐律研究,每个治中国法制史甚至中国法律史者,都会写一二研究唐律的文章——尽管不是专治唐代法制史者,这是中国特有的学术现象。这倒也正常。唐律具有不可比拟的重要性,有关唐律的知识也是人人具有的,唐律问题受众人关注也是必然的。所以,唐律研究状况,众人推助,似乎一直不冷,有时甚至很热;而专治唐律的史学界、法律史界大家,却数不出几个人来,倒显得相对沉寂。

大群先生是那少有的几个专治唐律和唐代法制的大家。虽然他早期涉猎过周、秦制度研究,也有中国古代复仇、盗窃罪、官吏贪贿、贵族官僚特权等时代通贯性的作品,有时旁及西夏、元、明、清典籍与法律研究,但一般都与对唐制的理解密切相关,大部分是因唐代制度而发端。大群先生是比较纯粹的唐代法专家。

大群先生研究唐律及唐代法制,公开发表论文13篇,占其论文总数40余篇的1/3。从时间分布看,自20世纪80年代中期开始发表《唐律与封建吏治》的唐律研究论文后,80年代后期的《论〈唐律疏议〉三条律疏的修改问题》《〈唐六典〉性质论》,90年代中期的《唐律立法量化技术运用初探》《论律、令、格、式与唐律的性质》《〈唐六典〉不是"行政法典"》,出现了他对唐律及《唐六典》研究的两个小高峰;进入21世纪,2000年有《〈唐律疏议〉结构及书名辨析》,之后每隔三四年,即发表唐律研究的论文,包括《关于唐律现代研究的几个问题》《扬长避短,整合归真——谈唐代〈律疏〉书名的整合问题》《对〈律疏〉中数处律义之解读——管窥法典化律条之间严密的律学联系》等,至2013年又形成小高峰,连续发表《唐律的使用及〈律疏〉体制内外"法例"的运作》《〈唐律疏义〉原创内容质疑举隅》两篇论文。其成果发表的连续性,表明其阅读与研究的持续和专一。

再就大群先生分量重、成规模、呈体系的著作出版年份看,《唐律译注》(1988年)、《唐律论析》(1989年)、《唐律与中国现行刑法比较论》(1991年)、《唐律与唐代吏治》(1994年)、《唐律与唐代法律体系研究》(1996年)、《唐代行政法律研究》(1996年)、《唐律研究》(2000年)、《中国法律史论考》(2001年)、《唐律疏义新注》(2007年)、《唐律与唐代法制考辨》(2009年,2013年增修),少则一二年,多至三四年,必有新作问世,与其论文发表的频度大体相当。其专注程度、勤奋程度可以概见。正是有了这种专注和持续,大群先生从最"笨"、最基础从而也最训练自己的《唐律译注》开始,直至超越性的《唐律疏义新注》;由译注而深入论析,而专题研究,而古今比较,其正面申论与论考、考辨相结合、相交叉,对唐律作着多层次、多角度的开掘、研究,渐至炉火纯青,巍然大家。

我比较感喟的,尤属大群先生对唐律的技术分析。《唐律立法量化技术运用初探》《对〈律疏〉中数处律义之解读——管窥法典化律条之间严密的律学联系》等论文,是其中的代表作。唐律的技术分析,需要逐项寻觅、合并同类项,线索繁复,概括须精、准、真,这是颇费眼睛和脑力的实证研究功夫。大群先生属意于此,故他的研究才未入空疏、泛化的老套,才有了令人信服且耳目一新的新意。

三、治学系统，从而获得正确的方法，站到新的高度

对专门问题的研究，大群先生追求系统，追求确解。就《唐六典》性质问题，大群先生先是撰写了《〈唐六典〉性质论》一文，后又撰写了《〈唐六典〉不是"行政法典"》进一步申说；1988年著《唐律译注》，主要就律文及注文进行译注，至2007年又作《唐律疏义新注》，不仅规模、内容皆成大部头，而且条标改定、疏文标识改换，对结构也作了大调整，突出了有别于自己，也有别于他人译注旧本而呈现的"新"意。

由于专注于唐律及唐代法制，大群先生在唐律作为刑法典而必然涉及的有关定罪、量刑等方面的讨论和辨正尤其多。大者如刑罪相当、罪刑法定、犯罪主观心态、类举、《名例律》与其他十一律的关系、十一律的内部分工关系等原则性规定和基本制度的讨论，小者如"赎""官当""除免""六赃""公罪""服制"（外祖父母与外孙、舅与甥等）与"量刑"、以毒药药人，等等。大群先生不人云亦云，而能新见迭出。大体在所谓当时"律学"范畴内，大群先生显示了其条分缕析的功力厚重。

追求系统性，也反映在大群先生对一些传统或经典问题的理解或回答上。比如"诸法合体"、比如"刑民不分"，大群先生皆有自己的独到看法。对这些问题的回答，事关对唐律及唐代法制的理解，不得不说。而尤其是对唐代法制的体系化或体系性理解，尤其不可或缺。大群先生在这方面用力尤多。唐律的"正刑定罪"的刑法典性质，与令、格、式尤其是与令制的关系，律在其中的地位；《六典》与法律的差异，唐代"宪典"仍由令典规定而非"由《六典》一统"，魏晋开始的"律以正罪名，令以存事制"的"律"专为刑书、"宪典"由令担纲的格局，在唐代并未改变；唐代"法例"的含义与类型，"法例"在实践中的使用及其特点；唐代有无判例，确定判例有无的标准为何；宋代《刑统》、"编敕"的来由、地位、行用问题及其与令、格、式的关系，等等。对这些问题，大群先生追求一种前后照应、融会贯通的理解和解释，把握着古代法制发展的基本线索，深挖其演变规律，揭示其制度演进的内在逻辑性。对有些问题的探讨，已经不是纯文本的分析，而是在考察其动态运作的基础上完成的；内容也不限于法源、立法或法律条文本身，而是进入司法、执法领域的探究。

自然，放下身段，约请他人尤其是带动年轻人展开合作研究方面，也是大群先生唐律研究的一大特点。大群先生作为30后，没有孤立地或孤独地从

事研究,而是不耻下问,广泛寻找合作者。而这些人,大抵都年少于他。这里,既有其他单位的同道,如华东政法大学的钱元凯教授(钱大群、钱元凯:《唐律论析》,南京大学出版社1989年版),中国政法大学的郭成伟教授(钱大群、郭成伟:《唐律与唐代吏治》,中国政法大学出版社1994年版),苏州大学的艾永明教授(钱大群、艾永明:《唐代行政法律研究》,江苏人民出版社1996年版);也有他自己的学生,如夏锦文、李玉生等(钱大群、夏锦文:《唐律与中国现行刑法比较论》,江苏人民出版社1991年版)。合作研究带来了研究阵容的强大,也使相互启发、共同提高成为可能。

要紧的是,所有这一切,都系于大群先生的那种学术担当,那份学术良心,那副学人风骨。倘若没有了这一切,"好辩"或可能是棍棒横飞,强词夺理,胡搅蛮缠;"专精"可能就是唯我独尊,以专家自居,议论不得,批评不得;"系统"可能就是貌似有说,实则肤浅。大群先生异于是:他追求真知真见,又以学术公心处之。倘以人生阅历言之,"好辩"或来自他曾为军人的直爽,"专精"或来自他法律系学习的严谨,"系统"或来自他先教中文、后教法律的先文后法经历的磨炼。无论如何,我赞成这样的认识:学术乃天下之公器,最具私人性,最宜私人化,但又绝不能以私心处之,以私意置之。她应公诸天下,能深入人心,经得起至真、至纯的检验与考稽。

我佩服大群先生,欣赏大群先生,也为他骄傲。著作等身,只在一朝;他不旁骛,兀自逍遥。这是大群先生的境界。不求通才,仅做专家。这,或也值得我辈效法。

(2014年6月)

对唐律研究起引领作用

——浅谈钱大群先生对唐律研究的贡献

郑显文[*]

引 言

  近年来中国学界的浮躁之风不断蔓延,能够安心从事学术研究的年轻学者越来越少。从近几年法史学发表的研究成果来看,大多属于重复制造,很少有深度思考和具有创见性的学术论著问世。与此现象稍有不同的是,一些已经退休多年的老一代法史学者仍笔耕不辍,屡屡抛出重量级的学术作品,如早已过古稀之年的法律史学家钱大群先生就是其中的一位。

  钱大群先生1955年就读于复旦大学法律专业,毕业后在甘肃师范大学中文系等院校从事汉语、文选、写作等的教学科研工作,在此期间撰写了《古汉语语法常识》《文言常用八百字通释》等著作与书稿,这段教学经历为其今后从事中国法律史乃至唐律的研究打下了坚实的古文字基础。

  1981年钱大群教授调入南京大学法律系,专门从事中国法制史的教学工作。在教书育人的同时,作者把唐律作为自己从事学术研究的目标。30多年来,钱先生独自完成的著作有:《唐律与唐代法律体系研究》《唐律译注》《唐律研究》《中国法律史论考》《唐律疏义新注》《唐律与唐代法制考辨》六部著作;与其他学者合著的有《唐律论析》《唐律与唐代吏治》《唐律与中国现

---

[*] 中国政法大学法学院教授。

行刑法比较论》《唐代行政法律研究》等著作;此外,还发表了《〈唐律疏议〉结构及其书名辨析》《〈唐六典〉性质论》《论律、令、格、式与唐律的性质》等具有开创性的学术论文。他所从事的法律史学研究不仅重视学术的创新性,还注重对当代中国法制建设的借鉴性,如其撰写的《谈我国古代法律中官吏的受贿、贪污、盗窃罪》《建立阻却冤假错案产生的纵深防御》等系列论文,对现行中国的法制建设也具有很好的借鉴价值。

唐律是中华法系的代表性法典。从20世纪初以来,中外许多学者发表了大量关于唐律的著作,国内学者如沈家本、程树德、陈寅恪、杨鸿烈、杨廷福、刘俊文等人;台湾地区学者有戴炎辉、徐道邻、高明士、黄源盛等人;日本学者有佐藤诚实、仁井田陞、泷川政次郎、滋贺秀三、内藤乾吉、池田温、冈野诚等人;英国学者有崔瑞德(Denis Twitchett)、美国学者有马伯良(Brian E. Mcknight)、德国学者 Karl bünger① 等人,都发表了关于唐律研究的成果,并取得了重要的学术成就。

钱大群教授正是在认真学习和借鉴国内外法史学界众多研究成果的基础上,经过自己30余年的努力,对唐律研究逐渐形成了自己的特色。依笔者所见,钱大群先生对唐律研究的贡献主要表现在如下几个方面:

一、把唐律放在唐代律、令、格、式的法律体系中进行宏观考察

据《唐六典》卷六记载:"凡律以正刑定罪,令以设范立制,格以禁违正邪,式以轨物程事。"其对唐代律、令、格、式四种法律形式的性质作了明确的说明。但长期以来,法史学界有些学者依据《新唐书·刑法志》的记述:"唐之刑书有四,曰:律、令、格、式。令者,尊卑贵贱之等数,国家之制度也;格者,百官有司之所常行之事也;式者,其所常守之法也。凡邦国之政,必从事于此三者。其有所违及人之为恶而入于罪戾者,一断以律。"认为唐代律、令、格、式这四种法律形式都是刑书,即刑法。钱先生在对唐代律、令、格、式的法律条文性质进行了充分的分析后,提出了唐律是"刑法",唐令是正面的制度性法规,唐格绝大部分内容不是"刑法",唐式基本不是"刑法"的观点。② 从而澄清了法史学界对律、令、格、式性质的错误认识。

---

① 参见江玉林:《"守法"观念下的唐律文化——与Karl bünger〈唐代法律史料〉对话》,载黄源盛主编:《唐律与传统法文化》,台北元照出版有限公司2011年版。
② 参见钱大群:《唐律与唐代法制考辨》,社会科学文献出版社2013年版,第8—20页。

法史学界传统的观点认为唐律是一部"诸法合体"的法典。钱先生通过研究也对这种观点进行了反驳。他指出：唐律十二篇中第二至十二各篇并非是唐代的"诸法"，唐代在整个立法上并不是"民刑不分"，那种认为"诸法"都"合体"于刑律或"合体"于刑典的观点，这在对唐代立法水平的认识上是一种倒退。③ 钱先生的观点很有见地。笔者认为，唐律是定罪量刑的刑法典，唐律中《户婚律》《杂律》中的有些律文是针对经济犯罪、侵犯公私财产犯罪以及对违犯传统礼教的惩罚性规范，根本不具有"诸法合体"的特点。唐代关于民事、经济、行政、教育、军事、礼俗等方面的法律规范主要收录于唐令和唐式之中。唐令的条文没有惩罚性的条款，即使像唐令《狱官令》那样的篇目也是如此；唐式是唐令的实施细则，属于国家机关的办事规章。在唐令和唐式中，有大量的民商事的法律条文。因此，钱先生提出唐代在整个立法上并不是"民刑不分"的观点是言之有据的。

唐玄宗开元十年（722年），中书舍人陆坚奉唐玄宗之命开始编纂《唐六典》，到开元二十七年（739年），李林甫完成奏上。关于《唐六典》的性质，过去法史学界有一种观点认为，唐代除了律、令、格、式四种法律形式外，《唐六典》也具有行政法典的性质。钱教授在对《唐六典》的内容作了细心研究后，指出唐代的法律体系中并无"典"这种形式，《唐六典》即使奉皇命官修也不具有法典的特征。从编修缘起、编修目的、编修过程来说，《唐六典》都不是"法律"，编修程序也无成为法律的特征。④ 对于钱先生的观点，笔者完全赞成。不可否认，在《唐六典》中，确实引录了部分唐律、唐令、唐格和唐式的条文，如《唐六典》在卷六"尚书刑部"引录了唐律的一些条文；在卷二"尚书吏部"、卷四"尚书礼部"、卷二〇"太府寺"等抄录了许多唐令的条文；在卷四"尚书礼部"引录了唐代《道僧格》的部分条文；在卷七"尚书工部"抄录了唐开元年间《水部式》的条文等⑤，但《唐六典》中所抄录的律、令、格、式的条文，仅为与国家各级行政机关职能相关的法律规范，收录的条文也偏向于令、式的少数条文，所以，我们说《唐六典》并不具有行政法典的性质。由于《唐六典》所收录的内容多为唐令、唐格、唐式的条文，而唐令、唐格、唐式这三种法律形式早已失传，所以，《唐六典》对于法史学界深入研究唐代法制史以及进一步复原唐令和唐式，具有重要的参考价值。

---

③ 参见钱大群：《唐律与唐代法制考辨》，社会科学文献出版社2013年版，第21—29页。
④ 参见钱大群、李玉生：《〈唐六典〉性质论》，载《中国社会科学》1989年第6期。
⑤ 参见〔日〕仁井田陞：《唐令拾遗》，栗劲、霍存福等译，长春出版社1989年版；郑显文：《唐代律令制研究》，北京大学出版社2004年版；郑显文：《律令时代中国的法律与社会》，知识产权出版社2007年版。

二、倾力注译《唐律疏义》，为法学界青年学生系统了解唐律提供方便条件

《唐律疏义》是我国现存最早最完整的古代法典，其中许多法律条文虽年代久远，但其精湛的立法技术至今仍令人叹服。唐律中所体现的对人生命权的尊重，唐代从严治吏的法律精神，唐律对司法官员法律责任的追究制度，唐律"罪刑形式法定"的原则等，对当前中国的法制建设仍具有借鉴意义。

纵观目前中国法律史学的研究现状，情况并不乐观。改革开放30年来，中国法学取得了很大成绩，但离真正法治国家的目标还有很长距离。分析其中的原因，我认为主要是与当前低层次的法学教育和不够深入严谨的法学研究现状有关，具体表现是对古今中外优秀的法律成果了解十分肤浅，研究借鉴也不够充分。早在20世纪30年代，蔡枢衡先生就指出当时中国法学的状况是："中国法学文化大半为翻译文化、移植文化。自然科学可以移植，法学则不可以抄袭。"⑥笔者认为，由于文化的差异和受政治因素的影响，现阶段中国对于西方法律的认识仍处以"翻译"和"移植"的阶段，情况并没有多大改变。而对中国传统的法律文化，因受到古文字等因素的限制，目前法学院校的师生很少有人深度关注。西方先进的法律文化没有学来，中国本民族的优秀法律文化又被全部抛弃，这大体上反映了当代中国法学的现状。

为了能够让人文社会科学领域的青年学生系统地理解中国古代的法律文化，普及传统法律知识，钱大群教授把宣扬唐律文化作为自己教学和科研的目标。这正如作者在《唐律疏义新注》中所说的那样："从二十年前我编写《唐律译注》开始，本人就把宣传唐律，让更多的人阅读和研究唐律，作为我教学与科研追求的目标之一。"⑦为此，作者花费了大量精力对古代著名法典《唐律疏义》进行了注释和翻译。1988年，江苏古籍出版社出版了钱先生的《唐律译注》一书。2007年，南京师范大学出版社又出版了作者的《唐律疏义新注》。《唐律疏义新注》全书共171万字，作者在古稀之年后由一个人单独完成，这在当今的中国法律史学界可以说是一个奇迹！

正如作者在《后记》中所记述的那样，对《唐律疏议》既作注释，又进行翻译，"风险较大"，"注不出可以跳过去，但既然翻译，那就得一字一句说出个下落，无法躲避"。众所周知，《唐律疏议》虽然仅有502条法条，但其内容涉

---

⑥ 蔡枢衡：《新中国之文明与文化》，载《中国法理自觉的发展》，清华大学出版社2005年版。
⑦ 钱大群：《唐律疏义新注》，南京师范大学出版社2007年版，第1063页。

及了唐代的各项政治、经济、军事、法律制度,有时一个条文就掺杂了多项制度。若想准确地把唐律的条文内容翻译出来,难度之大可想而知。为此,许多学者对《唐律疏义》这部古代重要的法律典籍只是注释,而不作全文翻译,就是为了回避这一困难。日本著名法史学家滋贺秀三教授曾试图把《唐律疏议》翻译成白话日文,结果仅翻译了《唐律疏议》中的《名例律》部分而中断。⑧ 钱大群教授能够把《唐律疏义》的条文和疏议完整地翻译出来,不仅是靠勇气,更是靠超强的学术毅力!

通过阅读《唐律疏义新注》,我认为该书具有如下几方面的特点:

1. 《唐律疏义新注》是一部体例新颖,译文、注释精详的著作

为了便于读者对唐律的每一条律文进行理解,作者在该条律文之首增加了一段"引述"文字,对条文的要义加以阐明,有时还与唐律中前后相关联的条文合并起来进行解释。如《唐律疏议》卷四"更犯"条"引述"说:"本条是关于一罪案发之后或服刑期内又重新犯罪之处罚规定。本条内容的要点是:第一,对犯罪已发配者重又犯罪的处罚原则是重其事累科。第二,已配流又犯流罪,依留住法决杖后在配所役三年。第三,流、徒犯役期内又犯流、徒罪,照加杖例处置。第四,重犯流、徒刑役年之累罚不得过四年。第五,重犯笞、杖罪或重犯之加杖累罚,都不得过二百。对于《律疏》中此条'更为罪'的'累科'制度,与《名例》卷第六(总第45条)中的'二罪从重'的内容,注意了时态上的区别,虽然都体现执行刑轻于数罪相加之总幅度,但此条涉及后一次判决对前一次的犯罪或执行中的判决在罪罚上的并合问题,而后条则是对数罪在同一次判决中的并合问题。"⑨

2. 在对律文和注文作注时对前后各篇所涉及的同一词语进行说明

如《唐律疏义》卷二五"诈为官文书及增减"条注释⑦"规官不解"对"解官"作注说:"唐朝解官的情况有:长期生病解官;告老致仕解官;政绩考核不合格'以理解官';还有因父母亡故守丧而解官等。因丧解官,参见第751页注(20)《斗讼律》卷第二十三(总第345条)。"⑩这样注释的益处是使初学者对唐律中所涉及"解官"一词的全部律文都能迅速查阅,以准确了解律文的含义。

3. 广泛征引古代文献对律文进行注释

《唐律疏义》中的律文、注文、疏文三部分内容非常庞杂,为了能够深入

---

⑧ 参见〔日〕滋贺秀三:《译注唐律疏议》(1—5),载〔日〕《国家学会杂志》第72卷第10号,第73卷第3号,第74卷第3、4号,第75卷第11、12号,第78卷第1、2号。

⑨ 钱大群:《唐律疏义新注》,南京师范大学出版社2007年版,第125页。

⑩ 同上书,第801页。

了解律文的意思,作者征引了许多古代文献对律文的词语进行解释,引录的文献包括先秦诸子、正史文献、历代法典、笔记小说和近人的研究成果。钱先生这种严谨的治学风格,保证了注译的学术质量。

为了能够准确地理解唐律的渊源和流变,钱大群教授还把前后各代的法典与唐律进行了比较。如唐代有三审立案制度,据《通典》卷一六五记载:"诸言告人罪,非叛以上者,皆令三审。"钱先生通过对云梦秦简《法律答问》中的"三环"一词进行考证,认为唐代的三审是秦代"三环"制度的延续[11],此论令人信服。钱先生对唐律研究的贡献颇多,因篇幅所限就不详加罗列了。

三、疑义待相析

由于对唐律的翻译工程浩大,作者在译注该书时也有个别地方的翻译值得商榷。如《唐律疏议》卷一九《贼盗律》"盗御宝及乘舆服御物"条:"诸盗御宝者,绞;乘舆服御物者,流二千五百里。"作者在注释③对"服御"作了如下解释:"服御,有作为一个词及分开作为两个词的不同使用方法。"[12]关于"服御物"三字,在唐律中多次出现。笔者根据《唐律疏议》律文所涉及的"服御物""非服而御"等词语,结合上下文的含义,认为"服"字有两种含义:其一,指服饰,如《贼盗律》中的衾、茵等物等同服饰;其二,指服用之意。"御物",系指监当官进奉或即将进奉给皇帝所用之物。"服御"两字在唐代不应是一个专有词,如唐律《职制律》"主司私借服御物"条和《贼盗律》"盗御宝及乘舆服御物"条中的"非服而御"即是很好的例证。

总之,对唐律研究是一项长期而艰苦的工作,研究者不仅要有一颗持之以恒的平常心,还应该具有广阔的学术视野,钱先生对唐律的研究无疑起到了很好的引领作用。近些年来,法史学界已有学者试图把现存的古代法律典籍,新发现的敦煌吐鲁番文书中的唐律、律疏残卷,日本古代的法典《养老律》残卷,古代朝鲜的《高丽史·刑法志》等各种涉及唐律的资料进行综合研究。我们相信,只有充分学习和借鉴前人的研究成果,广泛占有历史资料,才能把唐律研究推向一个崭新的阶段。

(2014年4月)

---

[11] 参见钱大群:《唐律与唐代法制考辨》,社会科学文献出版社2013年版,第88页。
[12] 钱大群:《唐律疏议新注》,南京师范大学出版社2007年版,第600页。

唐代法制研究的开拓与创新

——钱大群先生《唐律与唐代法制考辨》读后

徐忠明[*]

钱大群先生是我非常敬仰的前辈学者,虽年届八秩高龄,却依然笔耕不辍。在唐代法制的研究领域中,钱先生可谓数十年如一日,孜孜以求,精耕细作,著述颇丰,创获甚多,贡献卓著。2013年,他又出版了积30年之功精研唐代法制的论文集《唐律与唐代法制考辨》(以下简称《考辨》)。承钱先生错爱,惠赠一册,并嘱我写几句评论,令我很感惶愧。因为,近十年来,我所留意的学术领域,主要是明清时期的法律文化与司法实践,而对唐代法制可以说是无所用心,缺乏基本的学术鉴赏力,自然也没有置喙的资格。是以,下文所说,只是我阅读钱先生这本论文集的点滴感想和体悟而已。误解与错失之处,尚祈钱先生教正是幸。

捧读《考辨》的第一个感受,是作者用力之深厚,研读之精细;第二个感受,是史料运用得体,辨析逻辑严谨;第三个感受,是研究题域广泛,新见迭出。然而,因《考辨》系论文集,以致笔者颇有无从下手之感慨,只得挑选二三话题,略谈读后之心得。

倘若吾人意欲领悟《考辨》的学术特色,就必须首先把握钱先生的研究方法。在作为代序的《从"考证"说起》这篇文字中,钱先生扼要地厘定了考证之学的两种进路:一是展示性的考证,其特点和功能在于,围绕某个空白或

---

[*] 中山大学法学院教授。

缺失的领域,将散布在各类史料中的知识信息收集起来,通过拣择、分类、排比与展示的方式,让读者获得一个从无到有或由片面零星到相对系统完整的认知;二是观点性的考证,其根本旨趣乃是,在网罗和展现史料的基础上,还要更上一层楼,注重新观点、新主张的提出和证成。① 通观《考辨》一书,读者即可看出,钱先生不仅注重史料的排比胪列与精细解读,更着意于挑战旧观点与提出新观点。毫无疑问,这是贯穿《考辨》全书的一个基本特色,在此不必枚举佐证。

一、"刑书"论与"文法"论何者因有坚实的基础而更可靠

实证分析与定性判断之间的合理平衡,相得益彰,亦是《考辨》展现的研究方法。对于这一研究方法,虽然钱先生没有明确标举,但是我们仍可通过分析得出这一结论。例如,在《律令格式是否"皆刑法"辨》中,针对论辩对方"律令格式都是刑法"②的观点,钱先生提出了很有挑战性的驳难。在此,值得稍作申述和评点。

概括说来,对方观点的核心论据有二:其一是《新唐书·刑法志》所谓:"唐之刑书有四,曰:律、令、格、式。令者,尊卑贵贱之等数,国家之制度也;格者,百官有司之所常行之事也;式者,其所常守之法也。凡邦国之政,必从事于此三者。其有所违及人之为恶而入于罪戾者,一断以律。"③其二是列举违犯令、格、式之行为,要受律之惩罚的相关例证。就论证策略而言,此是运用了定性判断与实证分析相结合的研究方法,由此得出"唐代律令格式都是刑法"之结论。

然而,忽略了一个关键的逻辑问题:从少数例证中能否得出一个全称判断。伴随这一判断,又引出了另外一个问题。譬如,现代婚姻法规定了"一夫一妻"制度,因违反此一规范而构成重婚罪,自然属于刑法调整的范围,可我们能否据以证明婚姻法也是刑法呢? 这也是钱先生的质疑。④ 在现代法律中,这种例子很多,在此不烦罗列。

为了克服对方"以偏概全"的弊病,钱先生同样采用了实证分析的研究

---

① 参见钱大群:《唐律与唐代法制考辨》,社会科学文献出版社2013年版,第1—2页。
② 参见王立民:《论唐律令格式都是刑法》,载《法学研究》1989年第4期;王立民:《唐律新探》,上海社会科学院出版社1993年版。
③ 《历代刑法志》,群众出版社1988年版,第307页。
④ 参见钱大群:《唐律与唐代法制考辨》,社会科学文献出版社2013年版,第20页。

策略。在全面检讨现存唐代的令、格、式的基础上，他得出了以下结论：在33种令中，没有一种属于刑法（《狱官令》属程序法范畴）；在24种格中，只有《刑部格》具备"正刑定罪"的特征，其他23种格均不具有刑法的特征；在33种式中，唯有《刑部式》属于广义刑法的范畴，另外32种式亦非刑法。⑤ 这种量化分析，给钱先生的论点提供了坚实的基础，从而使论点变得更加可靠。

如果我们结合《唐代"刑书"与"文法"考》来辨析，问题就更加清楚了。在钱先生看来，《唐六典》卷六所记："凡文法之名有四：一曰律，二曰令，三曰格，四曰式。"⑥这里的"文法"，乃是"法律条文"或"成文法律"的意思，并不是刑法。⑦ 通过这一考辨，钱先生推翻了"刑书等于文法"的观点。至少，从唐代存留至今的令、格、式的资料来看，钱先生的考证似乎要比论辩对方来得可靠。在论证方法上，或许也比论辩对方来得严谨合理一些。

然而在我看来，问题也没有得到彻底解决，那原因又在哪里呢？因为虽然钱先生经由量化分析，大致上解决了唐代令、格、式的定性问题；可是，对于《新唐书·刑法志》提出的违犯令、格、式，也要"一断以律"之问题，钱先生仍未给出十分有力的解释。众所周知，无论是正面的行为规范，抑或是命令和禁令，它们皆发挥着"行为预期"的法律功能。就令、格、式而言，只要有所违犯，一概以律论处，这意味着，在法律规范结构上，单独存在的令、格、式，仅规定了行为模式（假定与处理）部分，而制裁部分则在《唐律》中予以规定，两者必须相辅相成，彼此支持，才能发挥预期的法律效果，维护正常的法律秩序。仅仅以"刑罚制裁"为界定法律性质的判准，理据是否足够充分，仍有进一步考量的余地。总之，我们承认律、令、格、式在法律性质与编撰形式上的区别，不一定要"抹杀"它们在实践操作中存在的联系。

另外，钱先生对"刑书"与"文法"之考释，亦有进一步廓清之余地。虽然《唐六典》修订在先，《新唐书》编撰在后，但是宋人以"刑书"替换"文法"则并不意味着宋人对唐代的律、令、格、式存在误解。承认唐代的律与令、格、式存在明显的差异，但是，希望钱先生以更充分的证据，作出更加令人信服的结论。钱先生本着唐人对于法律形式分类的自我理解辨析问题的研究方法，仍然值得我们重视。

---

⑤ 参见钱大群：《唐律与唐代法制考辨》，社会科学文献出版社2013年版，第8—20页。
⑥ 〔唐〕李林甫等撰：《唐六典》卷六"尚书省·刑部郎中"，中华书局1992年版，第180页。
⑦ 参见钱大群：《唐律与唐代法制考辨》，社会科学文献出版社2013年版，第1—7页。

二、辨析《律疏》非"诸法合体"及"民刑不分"，是唐代法律体系研究的新思路新见解

检视《考辨》一书，我们还能看到，其中也存在着固有法律概念与现代（西方）法律理论之间的某种紧张。通说以为，包括《唐律疏议》在内的中华法系，具有"诸法合体"的特征。对此，钱先生在《〈律疏〉是否"诸法合体"辨》中只专门论述了唐律不是"诸法合体"。他的论证理由如下：(1) 唐代的令、格、式并没有合体于律典之中；令、格、式皆系独立存在的法律样式。(2) 唐代的令、格、式也没有合体于"疏议"之中；尽管"疏议"征引令、格、式作解释，但却并不具备"诸法合体"的特征。何况"疏议"征引的令、格、式合计约130余条，只占3094条的4%左右，不能据以证明"诸法合体"的特征。(3) 鉴于唐律并不存在民事法律的职能分工，故而它也不是一部"民刑不分"的律典。一句话，虽然唐代没有"民法"之专门法典，可是它并不意味着与刑法不分，而是两者分得非常清楚，互不干扰。[8] 我觉得，钱先生的分析很有创意。事实上，倘若承认唐代"凡文法之名有四"说，我们就得同意钱先生的基本判断。

然而，笔者想要略作申述的是，学界所谓"民刑有分"之学说，并不仅仅是指国家制定的成文法；实际上，它还包括了民间自发形成的习惯法。[9] 同时，如果我们承认在国家法层面上"民刑有分"之学说可以成立，则意味着其他部门法照样能够成立。如此一来，我们又掉进了现代（西方）法律体系分类的概念陷阱。检讨唐代"诸法合体"之性质，可以分为两个层面的问题：一是形式化的分析，即律、令、格、式是否合编？二是实质性的分析，即民法与刑法、行政法、诉讼法等"部门法"是否合编？但是，这是一个被现代学者虚构出来的伪问题。在近代西方社会，基于市民社会与政治国家之间的渐次分化，才形成了私法与公法之间的相对区隔。在传统中国社会，虽然有"民从私约，官从政法"之俗谚，但是它们之间终究缺乏法理上的清晰界限，难以形成真正意义上的"民刑有分"的制度安排，更不用说理论上的严谨论证。虽然钱先生限于辨析《唐律疏议》非"诸法合体"之法典，可是是否完全摆脱了现

---

[8] 参见钱大群：《唐律与唐代法制考辨》，社会科学文献出版社2013年版，第20—29页。

[9] 参见梁治平：《清代习惯法：社会与国家》，中国政法大学出版社1996年版；巩涛：《失礼的对话：清代的法律和习惯并未融汇成民法》，邓建鹏译，载《北大法律评论》2009年第10卷第1辑。

代(西方)法律概念的纠缠,还应考虑。

　　进一步说,唐代律与令、格、式之间的区分,与现代刑法、民法、行政法以及诉讼法之间的区分,实际上是两个意义完全不同的问题,如果硬把它们并置起来讨论,势必造成固有法律分类概念与现代(西方)法律分类概念之间的无谓纠缠,而不利于问题的真正解决。退一步讲,如果我们非要在这个问题上作出清晰的分判,似有必要另找出路。也就是说,我们必须进入"实质层面"的辨析,仔细梳理哪些规范属于刑法,哪些规范属于民法、行政法以及诉讼法;换言之,唯有将它们视为法律事实问题,而非法律理论问题,我们方能检讨传统中国究竟是否存在刑法、民法、行政法以及诉讼法,进而建构"别样"的唐代法律体系的结构图式。但是,这种研究策略是否具有学术意义,笔者尚有疑虑。

　　上述点评和议论,虽然仅着眼于《考辨》的研究方法,但也涉及了钱先生对于唐代法律体系的新思路与新见解。与此同时,也提出了笔者遭遇的若干疑问。因此,就唐代法律体系的研究方法而言,笔者特别期待一种更融贯与更自洽的理论进路。

三、在技术与史实层面否定《唐六典》的"行政法典说"

　　检阅《考辨》一书,令我最感钦佩的乃是三篇考证《唐六典》的论文,史料扎实,论证精细,裁断得当,结论可靠。不消说,将《唐六典》看做中国历史上最早的行政法典,属于学界通说,各种《中国法制史》教科书皆持此说。然而,钱先生提出了不同意见,彻底颠覆了主流观点。他的主要论点包括:(1)尽管《唐六典》系属"奉诏"修订,但修订六典之机构由"书院"承担,这与常规不合。(2)虽然《唐六典》收罗了当时行用的令、式等法律条文,可它仅仅是作为"典籍"供人使用,而非作为法典予以实施。(3)不但《唐六典》收罗的令、式等条文,属于摘要或概括,而且内容也极不完备,根本不能反映唐代行政机构之实态。(4)由于生搬硬套《周礼》的编撰结构,以致《唐六典》的体例极不合理,考订机构源流之注释,繁琐复杂,详略失伦。(5)在通常情况下,为了适应社会之变迁,法典会有修改之举动,而《唐六典》则一反常态,一经编撰完工,就不再进行任何修改了。(6)特别是对"草奏三覆,只令宣示中外;星周六纪,未有明诏施行"[10]之考释,堪称卓识,证明了法律要经"宣示

---

[10]〔唐〕吕温:《代郑相公请删定实行〈六典〉〈开元礼〉状》,载《全唐文》卷六百二十七。

中外"和"明诏施行"两个环节，才能够实施生效，而《唐六典》则非是，故而称不上是法典。(7)进一步解释了"百僚陈贺，迄今行之"⑪的意涵，并且结合唐代官方图书"行停"之制度，厘正了学者对于"行用"的误解。(8)分析《唐六典》修订与刊布的政治原因，并征引陈寅恪先生"粉饰太平，制礼作乐"⑫之裁断作为佐证。必须承认，钱先生对于《唐六典》的考证堪称周密；对于内证与外证之运用，亦属恰到好处。⑬

如果钱先生尚在技术层面与史实层面否定《唐六典》具有行政法典之性质，更有学者采取了釜底抽薪的论证策略，彻底瓦解了传统中国存在行政法的政治基础。换言之，不惟《唐六典》不是行政法典，实际上，传统中国根本就不可能出现行政法之概念与法律。比如，梁治平教授曾经指出：行政法乃是宪政体制下旨在规制或约束政府权力并且保障民权的专门法律。是以，产生这种意义上的行政法，在帝制中国历史上是绝无可能之事。⑭

四、认定《龙筋凤髓判》是御史文书及 《律疏》被引断案的史证

对于张鷟所著《龙筋凤髓判》之研究，颇受学者关注，相关学术成果亦颇不少。可问题是，它究竟是一部什么性质的判牍文集呢？吴承学教授指出："拟判也就是摹拟之判文，是为准备铨选考试而作的。唐代的拟判数量最大，大致是虚拟的案件。"接着又说："现存唐代拟判很多，最著名的是张鷟《龙筋凤髓判》和白居易《百道判》，它们各具特点。"⑮钱先生认为，张鷟的《龙筋凤髓判》是御史职务文书。另外，霍存福教授对于《龙筋凤髓判》研究有年，用力甚勤，成果颇丰。他说：自己"一度以为唐判问目未必真。但仍不无疑问"。还说："我读《龙筋凤髓判》，感觉上总倾向于认为它们是真实判目。"但是霍教授又认为："张鷟判文应是适应吏部考判之第一阶段需要产生的，其判词问目属于切于吏事的州县案牍。"⑯换言之，虽然《龙筋凤髓判》不是那种具

---

⑪　〔唐〕刘肃：《大唐新语》卷九"著述"，许德楠、李鼎霞点校，中华书局1984年版，第136页。
⑫　陈寅恪：《隋唐制度渊源略论稿》，三联书店2001年版，第91页。
⑬　参见钱大群：《唐律与唐代法制考辨》，社会科学文献出版社2013年版，第314—335页。
⑭　参见梁治平等：《新波斯人信札》，中国法制出版社2000年版，第44—65页。
⑮　吴承学：《唐代判文文体及源流研究》，载《文学遗产》1999年第6期，第25页。
⑯　霍存福：《〈龙筋凤髓判〉判目破译——张鷟判词问目源自真实案件、奏章、史事考》，载《吉林大学社会科学学报》1998年第2期，第19页。霍存福：《张鷟〈龙筋凤髓判〉与白居易〈甲乙判〉异同论》，载《法制与社会发展》1997年第2期，第46页。

有真实法律效力的判书,而是作为考试训练的摹拟范文;不过,它们的问目基本上来源于真实的州县案件、奏章、史事。⑰ 尽管此说或可信据,但是仍然不无疑问。这是因为,张鷟在《龙筋凤髓判》中选取的案件,基本上是唐代中央政府部门的职事,而非地方社会的事务。⑱

关于张鷟《龙筋凤髓判》之法律性质与学术价值,钱先生在《〈龙筋凤髓判〉性质及"引疏分析"考》中又提出了哪些见解呢?(1)肯定了这部判牍文集"不但是《律疏》被引用判案的可靠史料,而且还是唐代很多重要司法制度的真实反映。"(2)虽然"对张鷟所判的案件,见仁见智,自是难免。但有一点可以肯定,那就是张鷟判案的思路,即使有时作判违法逆理,也总是围绕《律疏》在'做文章'。从《龙筋凤髓判》整体上反映的情况说,《律疏》始终是其判断案件的依据"。从而证明了《旧唐书·刑法志》所谓"自是断狱者皆引疏分析之"⑲的记载之可靠。(3)经由梳理这部判牍文集78个案件涉及的机构与官僚,证明了这些案件中的"被告待处置者基本全是官吏,最低的也是有一定'功名'的参加省试的考生。这种明显的案件特征,从管辖职责来说,只能是御史台"。(4)提出了与既有学术成果完全不同的创见,即"张鷟的《龙筋凤髓判》是其职务作品。但不是他担任王府参军、长安尉、鸿胪丞及司门员外郎的职务作品,而只能是其御史任上的职务作品"。⑳ 倘若钱先生此一创见可以成立,则意味着《龙筋凤髓判》不是一部作为铨选考试范文的"拟判"文集,而是一部地地道道的"实判"汇编,从而完全颠覆了笔者上面提到的诸多学者的研究结论。

必须说明的是,尽管我自己并没有足够的学术鉴赏力来评判钱先生的创见㉑;但是,对于钱先生的"振聋发聩"的卓识,仍然值得笔者表示深深的敬意。这是因为,它体现了一种非常可贵的"开拓与创新"的学术精神。

(2014年3月)

---

⑰ 参见夏婷婷、霍存福:《论唐代张鷟判案择律的方法与技巧》,载《求索》2013年第5期,第77页。

⑱ 参见谭淑娟:《关于张鷟〈龙筋凤髓判〉文风问题的探讨》,载《江海学刊》2010年第3期,第182页。

⑲ 《历代刑法志》,群众出版社1988年版,第291页。

⑳ 钱大群:《唐律与唐代法制考辨》,社会科学文献出版社2013年版,第278页、第313页、第278页、第284页。

㉑ 笔者只是读过《龙筋凤髓判》而已,并没有作过专门研究,故而,对于钱先生的细节论证无法作出恰到好处的评判;对于《龙筋凤髓判》的其他问题,笔者也不敢置喙。这些工作,唯有期待专家来进行了。

评钱大群教授唐律研究的几个问题

孔庆明[*]

钱大群教授耗费30年的岁月,专注于唐律研究,专心致志,锲而不舍,对唐朝法律制度探密精微,刻深入髓,所得成果得到法史同侪的赞许。唐朝的法律制度代表了中国传统法律文化发达鼎盛的水平,下大力气把唐朝的法律制度研究剔透,对弘扬中国传统文化的价值至关重要。大群教授的心志可谓昭昭。

一、唐律非"诸法合体"又非"民刑不分"之结论有说服力

大群教授以充分的文献史料断定唐律并非"诸法合体",也并非是"民刑不分"。大群教授的这一论断具有充分的说服力。我始终坚持认为中国从商周时代伊始就有独立的民法体系,只是把民事违法加以刑罚惩戒,这不能就认为是民刑不分,它只是中国古代民法的一种特色。大群教授的研究结论,进一步证实和充实了这一观点。

二、对犯罪行为的量化,显示了唐律的高度智慧,具有重大借鉴意义

古今中外,文明的刑事法律制度都在追求"刑罪相当"和"罪刑法定"的目标,这也是中国传统法律文化的重要内涵。大群教授考定并详释唐朝立法

---

[*] 烟台大学法学院教授。

运用对犯罪行为作量化的方法以促成和保证"罪刑相当"司法目标的实现。这种方法:一是运用众多由名数表达的单位数量来量化犯罪行为造成的后果;二是运用一系列固定的等级档次来显示犯罪行为的性质与侵害的程度。这种犯罪行为量化的方法,呈现出罪的轻重的可比性,这就为实现"刑罪相当"提供了路径。我们在司法过程中为了避免失轻失重和误判,也在寻求罪行量化的方法,钱大群教授的这一研究成果,不仅显示了中国古代法律文化传统的智慧高度,也对今天的司法活动具有借鉴意义。

三、"罪刑形式法定"既肯定了唐律中这一闪光之点,但又不盲目牵强附会

"罪刑法定"是近现代西方文明社会倡导的司法制度。"罪刑法定"主要的司法目标是划清罪与非罪的界限,法无明文不为罪,没有法条和判例依据的就不能定罪。这一司法原则在专制主义的封建社会是难以实行的。大群教授通过考辨发现,唐朝从司法程序上也在追求"罪刑法定",但它本质上不能与近现代社会所实行的"罪刑法定"相提并论。所以大群教授把这种"罪刑法定"命之谓"罪刑形式法定"。这既肯定了中国传统法律文化中有闪光的一面,也否定了盲目牵强附会,不切实际地抬高中国古代法律文化的发达程度。

(2014 年 4 月)

考证辨析有新意
——评钱大群先生唐律与唐代法制研究

赵晓耕* 胡雯姬**

钱大群教授数十年来潜心研究唐代法律制度，考据与思辨并重，集唐律史料之全面、问题辨析之深入，为学界同人所共睹。《唐律与唐代法制考辨》一书是钱教授近年来就其唐律研究代表性观点的集中表述，既有对过往学术争论的商榷与鉴明，也有对研究新动态的阐述与指引，重在具体问题的提出而非宽泛法律文化的概述，抛砖引玉式地提供了探寻唐律研究的新思路。钱教授此书，看似无关的独立篇章，却是遵循了《唐律疏义》中《名例律》《卫禁律》《职制律》《户婚律》《厩库律》《擅兴律》《贼盗律》《斗讼律》《诈伪律》《杂律》《捕亡律》《断狱律》的编排顺序，以唐代法律体系性质的界定开篇，全书分为三十六篇（含附录 5 篇唐律专题论文），涵盖了唐律的性质、唐律的体例逻辑、特定法律语词的概念、重要制度的流变、唐律中的解释学与规范分析等诸多方面。扼要言之，从大处着眼，小处入手，以具体问题为先，援章句之考述，容众说，别异趣，随宜适应，辨旧论新，不拘成规，呈唐代律典之精妙。

---

* 中国人民大学法学院教授。
** 中国人民大学法学院博士研究生。

一、唐代法律体系:律与令、格、式分类合力为治

律、令、格、式是唐代重要的法律形式。这一排列铺陈的表述中,便反映了唐代法律体系所涵盖的法律种类及其位阶差异。唐代法律体系的最终确立,得益于汉以降魏晋以来法律体例的完善与律学理论的发展,关键是一种渐进式的法律变革,奠定了唐代律典具备简而且周、疏而不漏的特性。

首先,有鉴于汉代法律篇目滋繁,歧义丛生,自曹魏《新律》开始变革律的体例和内容,《刑名》冠律首,至《北齐律》删繁就简,简要科条,并《刑名》《法例》为《名例》,定律十二篇,共计九百余条,令律作为一种稳定而重要的法律形式渐趋成熟,最终成为法律体系的核心。

其次,《晋律》开始严格区分律与令,所谓"律以正罪名,令以存事制"①,从性质上将"律"界定为主定罪量刑的法定规范,而令主国家制度规定,违令有罪者,依律定罪处罚。

再次,格开始成为重要的法律形式之一。历经北魏中期以格代科、北魏后期至北齐初期以格代律,直至《北齐律》重树律的主要地位,格作为常规,固定且辅助于律的法律地位得以确立。

最后,式作为一种独立的法律形式,见于《秦简·封诊式》,西魏文帝时编订《大统式》,即确立了其独立的法律形式地位。北朝之后,式由刑法规范发展为主要规定国家机关的办事细则和公文程式,具有行政性色彩,但违背式的相关规定也会受到律的处罚。律令格式作为唐代法律的主要形式,彼此间互相影响,互为关联,仅就法典发展而言,构筑了严密、完整的唐代法律体系。

从律令格式的演变发展可以看出,律居于法律体系的核心地位,令、格、式三者既有辅助性功效,也具有其独立性。律、令、格、式含摄了社会生活的方方面面,加之其严谨、精密的法典形式,所以构成了律、格、令、式的法律体系,同时也形成了关于中国传统成文法典是"诸法合体"的"刑事性"乃至"重刑"法典的误解。对此,钱大群教授从唐代法律体系的性质与称谓出发,鉴"刑书"与"文法"之别,指明宋代《新唐书·刑法志》以"刑书"概括唐代法律体系的不当,参见《左传》《尚书》《周礼》等相关记载,阐明了"刑书"是与"罪""刑"特殊含义相关的定罪判刑的法律。就唐律条文本身说,内容上多

---

① 〔宋〕李昉等:《太平御览》引杜预《律序》,中华书局 1982 年影印本。

为惩罚性规定,并非正面制度,具有典型的刑罚色彩,简言之,是对违法行为的惩戒和相应的救济。② 唐律(今人又称之为《唐律疏义》或《唐律疏议》)是"刑书",是惩罚性的法律。诚然,违背令、格、式可能受到刑罚惩罚,但不应因其被刑律保障,就否定其独立的法律主体地位,直接将令、格、式全部归于"刑书"之类。

此外,学界对于中国传统社会是否存在民法一直有争议,对中国古代的法律是否为"民刑不分"的体例也众说纷纭。需要说明的是,唐代社会的法律制度秉承"外儒内法"并进一步的深化了"道统与法统的分行"。③ 法律治理更为明显的呈现为阴阳两条线:"阳"是指"德礼为政教之本"的最高行为准则"礼","阴"是以唐律"刑罚为政教之用"的律典。不可否认,中国传统法典确实不存在所谓的民事法律文本,但是,在《户令》《食货志》《职制律》等文献中有关于民事行为规范的记载,当然,更多的习惯、规范则由"礼"这一大的一般原则进行调整。因此,从严格文本上考据,中国传统社会确实没有民法尤其是民法典,但从中国传统调整机制上,法律规定与司法实践上"不应得为"条款的设置与适用,又可视为"礼"是调整社会民事生活的法律准则。

二、《律疏》:"义"与"议"各得其所

唐律"疏文"是中国传统社会法制专业化、精密化、体系化的结果。唐律之所以成为中国传统法典的典范,关键是其将社会治理与法律运行进行了有效的衔接,即为人们所普遍接纳并谨慎遵循的社会最高价值准则,经由参与法典编修的律学、经学大家,对法典体例、法律概念、原则与规则、罪刑规范、案件审理,并兼顾礼教大义,使得一般性价值诉求(即"德礼")同惩戒性治理规范(即"刑罚")和社会治理规则(令、格、式等其他法律规范)相互统一,于是以"义疏"弥补律文稳定性的局限,也成为立法司法的必要。因此,借由唐代典章制度的记载,认为以"文法"概括唐代法律体系更为恰当。

唐初,律典初创,体例亟待完善,存注文而无疏文,直至《永徽律》制定之后才开始制定"义疏"并适用。唐律的律文、注文和疏文一起又被简称为《律疏》。宋元时,《律疏》被称为《唐律疏义》,清代乾隆朝后至近代,被民间称为《唐律疏议》。《唐律疏义》与《唐律疏议》中"义"与"议"仅一字之差,却可见

---

② 参见〔英〕哈特:《法律的概念》,张文显、郑成良、杜景义、宋金娜译,中国大百科全书出版社1996年版,第82—83页。
③ 参见资中筠:《启蒙与中国社会转型》,社会科学文献出版社2011年版,第36页。

律疏真意理解的异趣。宋人王应麟在《玉海》中就将"疏"简称为"疏义"。④而清代较早注意到"义""议"二字有别的是沈家本。⑤ 2000 年，钱大群教授即在《历史研究》第 4 期上撰文评述了《律疏》的两种书名，而后，结合其撰写新书《唐律疏义新注》的研究实践，于 2008 年发表《扬长避短，整合归真——谈唐代〈律疏〉书名的整合问题》一文并刊于《北方法学》，就《律疏》的名称，从版本、研究方法等方面作了进一步论述。从问题出发，以原典为基础，依托字、词、语句的分析，从社会语言与法律自然发展的内在逻辑出发，明晰了宋代"疏义"是语词发展变化的结果，揭示了"疏义"源于唐律的"义疏"，即汉魏以来对经典文献解释的一种文体习惯，早期以"注""传"标识，唐时改"传"为"义疏"，适用于对律文与注文的解释。"义疏"之"疏"有阐发"记识"之意。"疏"由"议"和必要的"问答"组成，而"议"即言论、议论的表达，对律与注意义的阐述，"问答"是设举实例的解释。可以说，"疏议"的连用，实为后人对"疏""议曰"的误读。钱大群教授引用近代学者王重民对"疏议"论的批驳，分析了"又疏又议"之谬误，同时驳正了"四库全书"将疏之下的"议"以"义"全部替换这一矫枉过正之行，并就注文与问答的同异及刊印、版式，阐明了疏、义与议含义和用法的不同，提出了书名与版式需要统一整合的必要性，探究其实现的可行性。就唐律书名、版式的学术研究提供了真知灼见，为后辈学者研究唐律版本问题奠定了基础。

三、唐律的系统化及其实现途径

唐律是一个系统完善的法律体系，"章程縻失，鸿纤备举"可谓唐律体系完备的最好注解。唐律十二篇，《名例》为提要，引领余下十一篇，形成了一个可靠、一致、完整和简明的体系。⑥ 在律疏体例内，例、条相悖遵本条，结合以例适用为原则，敕优先适用为例外，新旧律文间适用从新兼从轻原则，实现了律文的简约与疏义的精准、原则与规则的衔接。其中，以假设条件、行为模式、法律后果、主体限定、例外情形、比附、类举等出发，结合具体案件情况，为律典可靠性与完全性的实现存留了空间。时人曾高度评价清代法典"条款简洁，意义显霍，文字平易"，"每一规定都极冷静、简洁、清晰、层次分明，故浸

---

④ 参见钱大群：《唐律与唐代法制考辨》，社会科学文献出版社 2013 年版，第 42 页。

⑤ 同上书，第 36 页。沈家本所言见于〔清〕沈家本：《钞本唐律疏义跋》，载《寄簃文存》（下册）卷七，中国书店 1982 年影印本。

⑥ 参见陈锐：《从系统论的观点看〈唐律疏议〉》，载《华东政法大学学报》2012 年第 1 期。

贯充满极能适用的判断"。⑦ 这未尝不是唐律所确立的简约、精细法典体例传统影响下的创制。

钱大群教授通过概念、制度与方法论的辨析、考据,就唐律的系统性表现逐一进行了阐述。在律典体例上,就《名例》置于篇首,以"刑名"的发展与演变,律疏内外"例"的具体含义及其适用,特定情境下"元有害心"之"误"的判定,从理念到细节逐一剖析了唐律特定语词的含义与适用;在立法与司法上,从破坏律典一致性的"权断制敕"考,以"举轻以明重"谈"类举"的功效,细述了律典完整与可靠性的发展;在方法论上,通过唐律类型化即同类事物同样处理的方式,以罪名的典型特点确定典型情形,参酌立法考量相似情状的划分,从概念的类型化到处理的类型化,言说了律典的一致性与公正性。

此外,钱教授对《唐六典》究竟是作为唐代法律体系中一部分的"行政法典",还是诸如官制一类仅供参考借鉴的典籍,分别从《唐六典》的编纂内容和行用模式上考述,提出了不同见解:在内容上,通过对比分析,发现《唐六典》多非为原典征引,仅为部分令、式的摘要,而"格"这一重要的行政性法律内容不在其中;在行用上,一未颁布施行,二不做增补修订,从而澄清了刘肃"著述"的本源,分清了"行停"制度之"行用"与法律"行用",明确了"征引"不是"依法",进而说明《唐六典》不是行政法典,且令、式、格的制定及行用也与《唐六典》无关。

四、取精用宏:唐律之于当今法治发展

中国古代律典的传承,义理学说的贯通,历来都是一脉相承的,即使偶有中断,乃至变革,可在新旧创制变迁中,仍旧脱离不了既有历史的惯性,致令改良多而革命少。单制度与法典的关系,陈寅恪曾语:"汉承秦制,其官制法律亦袭用前朝。遗传至晋以后,法律与礼经并称,儒家《周官》之学说悉采入法典。夫政治涉及一切公私行为,莫不与法典相关,而法典为儒家学说具体之实现。故两千年来,华夏民族所受儒家学说之影响,最深最钜者,实在制度法律公私生活之方面……"⑧可以说,"礼律本为混通之学"⑨,因此礼与刑政相互为用,成为传统法律思想的核心,至唐"德礼为政教之本,刑罚为政教之

---

⑦ 杨鸿烈:《中国法律发达史》(上册),上海书店 1990 年影印版,第 6 页。
⑧ 陈寅恪:《金明馆丛稿二编》,生活·读书·新知三联书店出版社 2009 年版,第 283 页。
⑨ 陈寅恪:《隋唐制度渊源略论稿》,生活·读书·新知三联书店出版社 2001 年版,第 115 页。

用"的"刑事政策"令礼法融通,铸就了《唐律》"溯自魏晋以下,流派递衍,至是而集其成,此法学之所以盛也"⑩,成为"自宋以后,修律莫不奉为圭臬,此盖承隋氏变革之后而集其成者也"。⑪

"中国古代史之材料,如儒家及诸子等经典,皆非一时代作者之产物。"⑫引礼入法、引经注律的发展也是长期以来人们的选择与承认。律疏体例的确立,令唐律有着鲜明的简单之美,仅以五百零二条律文,便实现了法律的有效运作,"举重以明轻"之间,令纷繁多变的社会现实问题得到了有效处理。唐律的精简省约,对比与当下,法律逐渐演变成遇事就立法,判案等同解释,法愈来愈多,但可有效适用的却所剩无几,继而法日益陷于无威信的法典化发展窘境。诚然,唐律也存在罪名分类不合理、一罪之下罪名差异巨大、抽象化程度不高等问题,但是,如何将社会一般评价标准同法律价值有机结合、义理与法理如何取舍、刑事政策与法律规定在立法上的区别对待、原则之下可操作规则的合理设定等方面,以取精用宏的态度,针对今天的法制建设,除法律制定应当采取精简、谨慎的理念之外,司法解释与指导性案例的关系如何设定,刑法教学研究方向的设定等诸多现实问题,值得今人反思。

钱大群教授重视唐律与唐代法制史研究的固有成果,在既有唐律文本、体例与历史价值的研究基础上,进一步深入到唐律中概念的界定、原则与规则关系的分析,从而将其研究唐代法律制度的成果与心得汇整成籍,针对唐代法律制度问题的研究方向、唐律研究的新思路、唐律研究理论与实践的结合模式、唐律的文本解读及其实例,逐一考证辨析,"以史为据,求证以例",正唐代法制史研究的偏漏,探新世纪唐律研究的价值。

(2014 年春)

---

⑩ 〔清〕沈家本:《历代刑法考·寄簃文存(卷三)·法学盛衰说》,载《历代刑法考》(四),中华书局 1985 年版,第 2142 页。

⑪ 〔清〕沈家本:《历代刑法考·律令四·贞观律》,载《历代刑法考》(二),中华书局 1985 年版,第 928 页。

⑫ 陈寅恪:《金明馆丛稿二编》,生活·读书·新知三联书店出版社 2009 年版,第 280 页。

一次成功接续刑事法制基因的研究

——评钱大群先生的《唐律研究》一书

苏学增[*]

为实现中华传统文化源流相继,古人曾用一句话概括学人使命为"燃千圣之心灯,续众生之慧命"。这需要一代代学人,将前圣先贤的精神文化遗产细心咀嚼、耐心吐哺,以营养当代、传承后世。

钱大群先生通过对唐律的全面研究,履行着传承传统法律文化的重大使命。先生唐律研究系列著作中的《唐律研究》一书,是接续刑事法制遗传基因密码的一部重要著作。先生用现代法律的逻辑结构图谱,解析整理中国传统法律制度的遗传密码,相信对树立国人的文化自信和制度自信会有相当大的帮助。从具体内容看,《唐律研究》一书运用现代刑法中的刑法原则理论、犯罪构成理论,以及刑罚理论对唐律进行了全面解析,不仅确定了唐律的刑法性质,而且准确地揭示了唐律的任务,并从立法层面上总结了唐律的特点。《唐律研究》实现了先生所说的让广大读者"即使手头没有《唐律疏义》,通过阅读这本书,对唐律也能有个较为完整的印象"[①]的写作目的。《唐律研究》一书实现了先生的写作目的,而且在诸多方面体现了独特的理论特色。

---

[*] 江苏省高级人民法院审判委员会委员、庭长、法学硕士。
[①] 钱大群:《唐律研究》,法律出版社2000年版,前言第8页。

一、精确铺叙唐代法律体系，在比较中确定唐律的刑法性质

常有史学者、甚至是法制史学者会称言中国古代的法律是诸法合体、民刑不分的，这当然也包括了唐律。但先生提出了不同观点，并在《唐律研究》中对此细加阐述，使人对唐律的性质及与其他几种法律形式的关系有了清楚的认知，即只有唐律和《刑部格》是刑法，其余令、格、式等均非定罪量刑的法律。

先生在先行交代唐代法律形式为律、令、格、式四种，并阐明敕的效力特点及与格的关系基础上，旁征博引，从令格式各篇名称、到令格式的相关内容，在利用大量史料、典籍对令、格、式的性质进行定位，如指出：令各篇都是正面制度之法，即使《狱官令》也只是诉讼法规，而非刑法；格以六部之十二曹司分篇，格绝大部分是行政法规，只有《刑部格》是刑法；式依二十四曹司及某方面调整规范分篇，是行政的细则性法规，即使如《刑部式》，也只是司法行政性法规；以此，先生对长期以来争论不休的《狱官令》《刑部格》《刑部式》的性质，也作了极有说服力的阐明。②

在对令、格、式进行了准确定位后，先生又用从唐律本身总结提炼出的三个方面给古人一个判断，论证了唐律的刑法属性，使人读后不仅会对先生定位的唐律的刑法性质确信不疑，了解唐律在渊源确定、篇目安排、法条内容结构及与其他法律形式关联样式等方面的特点。如：(1) 先生用《名例律》序文的三段题解，说明了唐律立法者自己对该律的定位，即"律"可上溯到远古三王及唐虞时期的刑罚之法，唐律是古代刑罪法条的承继，唐律的律疏也是规范刑罪的典式。(2) 先生通过分析 12 篇目内容，即名例律是总则，其余 11 篇是依涉及国家职能各方面的主次轻重地位划分的违法犯罪篇章，这些篇章不是要人们去积极遵行的正面制度性条款。(3) 先生用现代刑法学方法分析发现，唐律条文也包括罪名、罪状与法定刑三个部分，且唐律中已经在罪名部分实行了总概罪名、分类罪名及具体罪名三级概括制，在罪状部分也已经有了简单罪状、叙明罪状（尤其是先生总结命名的"以正衬反"的叙明罪状）、引证罪状及空白罪状（又称参见罪状）之区别，在法定刑部分各条款在罪名、罪状之后都会规定五种二十等的刑罚，以及可能有的对刑罚作出各种调整或改变执行方式的规定内容。此一点理由，就沟通古今而言，殊可谓引人入胜。(4) 先生用宋人在《新唐书·刑法志》中的一段话，即"凡邦国之政，必从事

---

② 参见钱大群：《唐律研究》，法律出版社 2000 年版，第 4—15 页。

于此三者,其有所违及人之为恶而入于罪戾者,一断以律",完成了论证合围,足以隔绝杂音。③

为进一步圆满唐律性质问题上的论证结果,先生在前述论证基础上,进一步论证指出:唐律不是"诸法合体""民刑不分"。如,在对唐律十二篇中可能因名称引起歧义的《卫禁》《职制》《户婚》《厩库》《杂律》《捕亡》《断狱》等七篇内容进行分析后,先生指出这7篇均是关于违法犯罪及处罚的规定,不是国家政务事务管理方面的正面制度,而其余5篇篇名即为明确指向违法犯罪的贬义词,更不应误解为正面制度,进而指出唐律12篇不是12个部门法;又如,先生通过例证说明律令格式均是独立起作用的法律,且令、格、式被引用于律中的数量也不足以形成诸法合体;再如,先生通过对其他学者据以认定唐律民刑不分的典型条文事项进行深刻分析后指出,"一项关系在法律处置上兼有民刑事两种处置,并不证明整个法律'民刑不分'"④,且大量未被律所引用的民事条款在唐律之外作为法律独立存在着,它们起作用也不受律疏的影响,进而证明唐律并非民刑不分。

最后,先生再通过准确分析唐代法律体系的特点,更全面地强化了对唐律性质的认定。先生在《唐律研究》中对唐代法律体系的结构性特点着力进行了说明,明确指出唐代的令格式在纵向上是不同位阶、效力的法律,在横向上是根据国家政务职能来划分的,无论是令,还是格和式,绝大部分是依唐代国家机关职能进行命名和划分的。⑤《唐律研究》举例说明了唐代的令格式与现代部门法的对应关系,如唐代婚姻法律的内容散见于《户令》《户部格》和《户部式》之中,唐代的诉讼法律散见于《台省职员令》《监寺职员令》《公式令》《狱官令》和《刑部式》之中。⑥《唐律研究》的这种总结和说明,不仅准确说明了唐代法律体系的特点,而且使诸种似是而非的说法,诸如"诸法合体""刑民不分"等,得到了更彻底的澄清。

二、开唐律研究先河,总结提炼唐律的四大基本原则

唐律的定罪量刑基本原则与现代刑法能否对接,是否有可融通之处?过往的研究多论及的是唐律特有的原则,甚少论及其与现代刑法基本原则的关

---

③ 参见钱大群:《唐律研究》,法律出版社2000年版,第16—18页。
④ 同上书,第24页。
⑤ 同上书,第26—27页。
⑥ 同上书,第29页。

联融通。对唐律包括中国古代立法在定罪量刑基本原则与现代刑法基本原则对接、融通问题上研究的阙如,容易给人留下一种印象,即,似乎中国古代立法者是不讲求罪刑法定,也不追求罪刑相适应的,这不利于中国传统法制文化的传承。

先生敏锐地发现了这一问题,在《唐律研究》中明确地指出:"其(唐律)基本原则既有与现代刑法甚至与我国现行刑法有相通或相符的方面,也有与现代刑法和我国现行刑法根本对立相悖的方面。"⑦先生并没有简单地沿袭学术界通行的从《名例律》中寻找唐律基本原则的方法,而是通过古今结合、古今比较的方法,以名例律为引领,以实体各篇为实证,总结提出了更能体现唐律根本指导思想的四项原则。尤其是通过对其中与现代刑法原则密切关联的前两项原则的分析辨别,清晰地交代了两者之间的源流关系,建立了将古代与现代法律原则进行对接融通的优秀范例。

(一) 开创性地提出了唐律"罪刑形式法定原则"

罪刑法定,从罪刑由法定这一词源意义上说,它是古今中外刑事立法的原动力,也是刑事立法发展的主动力。至于发展出"法无明文规定不为罪"这样精细化的现代意义,则非一日之功。追根溯源,探寻其发生发展历程,于现代立法司法者更深刻领会刑法这一根本原则意义重大。为此,先生在《唐律研究》中指出:"以现代刑法关于罪刑法定原则的概念为基准来考察唐律,其特点是,从形式上看,唐律也贯彻'罪刑法定'原则,但实际上又自相矛盾而陷入罪刑无法定境地。"⑧先生为证明此点,梳理唐律与此有关的规定,将唐律的罪刑形式法定原则分解成五个方面加以具体说明。(1)唐律在《断狱律》中规定了定罪判刑一定要依据刑律的正式条文,"违者笞三十",确立了依法律定罪判刑原则。但这一原则不是唐律定罪判刑原则的全部。(2)先生根据唐律总第486条疏文"事有时宜,故人主权断制敕,量情处分"判断指出,唐律在规定断罪要完整引用法律、法令的同时,承认皇帝制敕权断的合法,实际上是对"凭正文"的局部否定。(3)先生根据唐律总450条规定的"诸不应得为而为之者笞四十,事理重者,杖八十",分析认为,这是给司法官授予在律条外任意加人罪名的权力,使一定范围内的擅断成为依法而行的规范行为,因为有了这样的规定,对任何"犯罪"

---

⑦ 钱大群:《唐律研究》,法律出版社2000年版,第76页。
⑧ 同上注。

事实上都可处刑罚,因为形式上都有法律依据。(4)唐律设立了与现代刑法类推原则相类似的"比附"制度,以第260条疏文"岂为在律无条,遂使独为侥幸"⑨为证。(5)唐律总第50条还规定了举重以明轻的出罪原则和举轻以明重的入罪原则,"'犯无罪名'者以类举处置"。基于前述分析论证,先生总结出唐律定罪判刑原则的特点是既有罪刑法定的规定,又区别于现代的罪刑法定,先生将唐律的这种特定的罪刑法定原则定义为"罪刑形式法定"原则,确实富有创见。

(二)准确地提出了罪刑相应与株连并存的原则

罪刑相适应原则是刑罚公平性的基础,也是衡量刑事立法科学性的根本标准,于刑法功能作用发挥至关重要。先生在《唐律研究》中明确指出,"唐律中对刑罚的判处,也始终以罪刑的轻重为依据"⑩,先生列举了诸多涉罪刑法条,通过对《唐律》依犯罪行为的结果不同和依犯罪行为性质的不同配置相应轻重不同的刑罚具体情形的铺排,条分缕析唐律中种种刑罪相应原则的贯彻。在此基础上,先生进一步指出,封建统治者同样也要求通过"罪刑相当"来正确打击犯罪和有效预防犯罪。⑪

先生也指出,唐代因受封建社会重刑传统的影响,在对一般犯罪者贯彻"刑罪相当"原则的同时,还在某些犯罪领域实行株连制度,作为"刑罪相应"的补充。先生总结了唐代实行株连缘坐的三种情况,即重罪缘坐、奸夫杀亲夫时奸妇连坐和官吏公务过失犯罪连坐,并指出前两者是对无罪者的连坐,第三种是有"失错"者之间的连坐。⑫

(三)客观评析唐律的等级特权原则

先生认为:"与现代刑法相比,唐律中的等级特权原则确是'不平等',但却并不超越法律,因为唐律中不平等的特权是公开明白地规定在法律上,精确地说是'依法实行不平等'的等级特权原则。"⑬先生之后对唐律规定的官员贵族所享受的各项法律特权进行了总结归纳,并结合实际法条,进行了客观评析。

---

⑨ 《唐律·贼盗律》(总第260条)疏文。
⑩ 钱大群:《唐律研究》,法律出版社2000年版,第79页。
⑪ 同上注。
⑫ 同上书,第84页。
⑬ 同上注。

首先,先生指出,唐律中等级特权的刑法原则集中体现在《名例律》规定的"八议""官当"等制度中。"八议"使官吏贵族减免刑罚,通过"议""请""减""赎""官当"等途径,依法分层、分级地保障了各类各级官吏贵族享受的特权。其中,先生在全面总结"官当"一项特权时归纳出:以"官当"制度使官吏避免实处流、徒刑罚;在抵当的方法上尽量维护官吏的利益,如官吏可以现有的几项官职"当","行守"之官就高不就低,可以历任的官职"当",且在"官当"同时,还可与减、赎特权并享。先生在全面梳理"官当"规定后,指出唐代"免官制度使官吏受刑不去官",这基于以下几点:唐律规定有罪撤官者满一定年限后降品重任;未至官当的解职者一年后官复原品;受撤除官职的附加刑后主刑仍然可以官职实行"官当"。而且,官吏一度得官终身有特权,包括犯罪时或者案发时有官职都可享受官员特权,解除官职的人也享有"官当"特权。

其次,先生总结归纳了特权的其他具体方面。如,凡应议请减的人在审理中不受拘系拷讯,官吏犯"五流"重罪也可免居作之役,五品以上之官被判死刑允许在家自尽。先生评价说,这些特权"保证了他们犯罪即使真徒、真流、真死,也可以不役身、不受杖、不受刀斧"。另如,官吏犯罪在用证制度上也有特权,对他们只能依众证定罪,且三人以上的众证之中,必须均为证实,而不能有证虚者,否则认定为证据不足不能定罪。

最后,先生总结出唐律规定官吏贵族特权制度下刑罚适用的规律是:民犯官加重处罚;上下相犯上轻下重;良贱相犯良轻贱重;主奴相犯主轻奴重。而这些特权制度下刑罚适用的规律,虽则可以看做唐律立法的细密化特征,但也充分体现出唐律的时代局限性。

(四)以现代语言深入浅出解说唐律的宗法原则

先生认为,"宗法原则说到底也是等级原则,是封建社会等级原则在家庭血亲关系中的渗透。唐律整个地都贯穿着宗法原则"。[14] 并总结唐律的宗法原则体现在以下几个方面:(1)在服制上以等级分亲疏,先生详尽说明了五服制下亲族成员间关系远近图谱,为学人学习提供了极大方便。(2)在实体法上,亲属相犯"准五服以制刑"。其基本取向是,尊卑相犯尊长轻处,越亲越轻,卑幼重处,越亲越重;夫妻相犯,夫轻妻重,妻妾相犯,妻轻妾重,媵妾相犯,媵轻妾重。先生在这里详加解说,便于读者理解认知。

---

[14] 钱大群:《唐律研究》,法律出版社2000年版,第97页。

先生还指出,唐律"同居相为容隐"制度也是贯彻宗法制度的重要体现。

三、依现代刑法理论解析唐律犯罪构成,拓展学习研究新视野

中国古代没有现代刑法的犯罪构成理论,但现代人阅读研究如《唐律》这样的古代法律,势必还会带上现代刑法理论这副"眼镜",这会导致不小的困难。如果能用现代刑法的犯罪构成理论以解析中国古代的刑律,无疑给法制史研究提供了一种新方法,给现代人学习了解古代刑法铺就一条捷径,更可以实现古代刑法与现代刑法学说之间的贯通并拓展传统法文化之脉。于此,先生奋力开拓,在《唐律研究》中以现代刑法理论解析了唐律的犯罪构成等重要问题,不仅解析了唐律在犯罪主体、主观方面、犯罪客体、客观方面等诸方面的规定及其特点,还分析了唐律中的犯罪形态以及罪与非罪的确定方法。大张今眼看古法之径,并展唐律在犯罪构成方面立法技术之巧妙。

(一) 科学地解析犯罪主体类型

《唐律研究》参照现代刑法理论中犯罪主体的一般理论,对唐律中犯罪主体的确定重点及方法进行分析研究,便于今人学习借鉴。先生指出,唐律确定犯罪主体有三个重点要素:(1)犯罪主体都是自然人,这里的自然人包括如"犬主"这样牲畜的主人;(2)唐律强调被处罚的对象是实施了危害行为并负有罪责的人;(3)犯罪主体涉及多人必具体指明受处罚人,如脱户犯罪中全家脱户要处罚家长,但如罪责不在家长,则处罚该负罪责的人。

1. 对唐律有关刑事责任年龄的规定进行了详尽的分析与总结,并指出与现代刑法规定的异同

先生首先指出,唐代的刑事责任年龄一般情况下实行"三分制":(1)超过十五岁未满七十岁是完全刑事责任年龄段;(2)七十岁以上未满九十岁及十五岁以下超过七岁是减轻刑事责任年龄,且法律明确规定减免幅度;(3)九十岁以上及七岁以下是不负刑事责任的年龄。

之后,先生在对比分析唐律与现代刑法关于刑事责任年龄的规定后,指出唐律与现代刑法相关规定的异同:(1)唐律以七十以上、八十以上、九十以上等明确的档次,作为年老刑事责任减弱的主要条件,同时考虑年龄小的情

况,与现代刑法(1997年《刑法》,笔者注)只考虑十四周岁以下这种小的规定不同。(2)唐律把幼年划为七岁与现代刑法的十四周岁相比太低,体现了彼时刑法的残酷性。(3)唐律确定刑事责任年龄时同时表露其指导思想,即又考虑同情怜悯老幼,也考虑智力水平。(4)唐律规定在重大犯罪面前不存在不负刑事责任的年龄范围,如,虽系七十以上十五以下"犯流罪以下,收赎",但"犯加役流、反逆缘坐流、会赦犹流者,不用此律";又如对老幼减免刑罚实际只针对本人犯罪而言,如亲属犯反逆罪等,则要实际被缘坐流放,不得赎免。

另外,先生还特别检择出唐律中关于刑事责任年龄的通例在运用中的变通性,如《斗讼律》(总第360条)规定:"诸强盗及杀人贼发,被害之家及同伍即告其主司。……当告而不告,一日杖六十。"该条疏文解释说:"'当告而不告',谓家有男夫年十六以上,不为告者,一日杖六十。"该条所规定的男子的刑事责任年龄是十六岁。⑮

2. 在总结分析唐律关于刑事责任能力的规定后指出,唐律在确定刑事责任能力时除考虑智力及精神疾病的因素外,还着重考虑肢体残疾因素

唐律将病残作为减轻刑事责任能力的条件,列入七十岁以上未满九十岁以及十五岁以下而超过七岁的减轻处罚的范围,规定明确具体。唐律且为病残犯减免刑罚规定了"废疾"和"笃疾"两个档次,对于"废疾"规定死刑要实处,流以下刑罚以赎代实刑,对于"笃疾"者,则除死刑上请减免及盗和伤人用赎外,其他都可免刑。与上配套,唐律规定没有及不完全具有刑事责任能力者不受刑讯。

3. 将散于唐律各篇的刑事责任规定加以全面梳理总结,特别归纳出唐律在刑事责任制度运用上的灵活性

先生总结指出:"唐律对在犯罪实施之后,到刑罚执行结束之前这段时间内,罪犯责任年龄、责任能力所发生的变易,给予了充分考虑,并制定了处置的具体制度。"⑯(1)依变易前后对罪犯有利的一种情况处置,如犯罪时幼小,案发时已经长大的,依幼小者犯罪从轻论处;(2)有新出现的可从轻判处的能力变易情况,可溯及事发之时,如"六十九事发,至年七十始断,不可仍遣役身"即为例;(3)责任上的有利被告原则可适用到已执行的判决中去,如在流徒刑开始执行时未老残,而在服刑过程中老残,余下的刑期就以老疾的优

---

⑮ 参见钱大群:《唐律研究》,法律出版社2000年版,第175—182页。
⑯ 同上书,第180页。

待办法用赎刑。

另在责任年龄的通例与变例问题上,先生发现指出,唐律的基本规定是十六岁以上至六十九岁为完全刑事责任年龄,但在男子被逼违律为婚中作为从犯时,其刑事责任年龄则为十八岁,此种情况下十八岁以下的男子是不受追究的。再者,先生总结指出,在唐律规定中,老、小及重残人的诉讼权利是受到限制的,如不能告发规定范围以外的犯罪,因为他们犯诬告这样一般的罪不负刑事责任,所以要防止他们诬告他人。先生对唐律关于刑事责任变易处置方面的规定及其立法精神的归纳揭示,对现代立法及司法改进完善有重要参考价值。

4. 依现代刑法理论分析指出唐律规定特殊犯罪主体的三种情况

(1) 由国家官吏在从事公务活动中的地位形成,唐律《职制律》就是因为官吏这一特殊主体而独立成篇;(2) 由侵犯者与被侵犯者之间的特殊关系所形成的特殊主体,如有些犯罪可能因为自己所居官署、官职与父祖名字的特殊关系而构成;(3) 由被侵犯对象特殊性所形成的特殊主体,如詈骂祖父母、父母或本属府主等官的构成犯罪的规定。⑰ 后两种特殊主体是唐律不同于现代刑法的特殊规定。

先生对唐律中犯罪主体相关各要素的精细梳理与分析,不仅可以对应于现代刑法的基本理论,使唐律规定犯罪主体的特点得以明晰,还可以使人们知悉唐律在犯罪主体方面立法的具体化科学性一面,便于后人借鉴。

(二) 准确地分析唐律在确定犯罪主观方面的特点

唐代乃至整个中国古代没有抽象出完整的犯罪主观方面理论,但不代表古代立法者没有这方面的认识。借助现代刑法理论对唐律中贯彻的立法者对主观方面的认知和掌控进行分析总结,汇集显示先贤立法时体现出的在直指人心、辨别善恶方面的智慧能力,有助于深化对唐律立法科学性的认识,便于今人从唐代立法经验中汲取相应的营养。先生在《唐律研究》中从三个方面概括分析了唐律对犯罪主观方面的规定内容及其特点,在这方面作出了很大贡献。

1. 总结了故意犯罪的特点

先生明确指出,唐律中并没有犯罪故意概念的集中表述,但通过律文的具体内容表达了对犯罪故意的三个方面的认识:(1) 故意犯罪的要害是主观

---

⑰ 参见钱大群:《唐律研究》,法律出版社2000年版,第182—183页。

上有追求后果发生的故意,即主观上"有害心";(2)注意到间接故意的存在;(3)将某些行为视同故意犯罪。唐律中有许多条文规定了"知情同坐""知情同罪"的情况,"同坐""同罪"的根本点在于视这些知情者与犯罪的实行者具有同样的犯罪故意。

2. 总结了过失犯罪的特点

唐代的过失犯罪既有相同于现代刑法中的过失犯罪,也有不同于现代过失犯罪的内容。先生对这两者作了相应的区分,并指出唐代的过失犯罪没有进一步区分过于自信的过失和疏忽大意的过失,而是两者混同在一起,这是唐代对过失犯罪认识的时代局限性。

3. 总结了"斗杀伤"罪中主观方面的特点

唐律中"斗杀伤"罪中的主观状态是对唐律进行现代解析中的一个难点,先生对此作了一定的探析。《斗讼律》(总第 306 条)规定:"故杀人者,斩。"而《斗讼律》(总第 339 条)规定:"诸过失杀伤人者,各依其状,以赎论。"而"斗杀伤"者既未处斩刑,又未准赎,而是处绞刑。唐律之所以作这种处理,先生认为理由在于斗杀伤者"元(原)无杀心",故不处斩,但"斗杀伤者"有与人相斗、相殴之心[18],故不依过失杀伤罪从赎。先生指出,唐律的制定者认为"斗殴杀伤人"的主观情况是处在故意杀伤人与过失杀伤人之间的一种特殊情况,就特定的历史时代而言,这种认识是立法者在犯罪主观状态认识上的一种进步。[19] 先生认为,在故意与过失的总原则问题解决之前,唐律成立"斗"的概念是刑法学上区分精细的表现。此观点对现实司法活动有很强的指导意义。

(三)揭示唐律在确定犯罪客体方面的特点

刑事立法的主旨无疑是通过惩罚打击来保护特定的社会关系、社会主体和社会利益。而如何排布要保护的社会关系,进而用不同的刑罚手段实施保护,可以反映立法者治世思想的广阔深刻程度和立法技巧的高明程度。先生在《唐律研究》第十一章中,通过对唐律在认识梳理社会关系、区别侵犯对象与犯罪客体、标示犯罪行为、确定犯罪结果、理清因果关系、特定化犯罪的时间、地点和方法等方面成就的解析,充分揭示了唐律在此方面的建树。

---

[18] 参见《斗讼律》(总第 302 条)疏文解释说:"相争为斗,相击为殴。"
[19] 参见钱大群:《唐律研究》,法律出版社 2000 年版,第 175—182 页。

1. 在"对被保护社会关系的认识"中,直揭唐代立法者的立法意旨,显示其认识的直接与坦率

先生指出,唐律十二篇除《名例律》外的十一"律",基本都是关于某一类政务方面的犯罪,同时也是被侵犯的诸类犯罪客体的指示,如《卫禁律》以"敬上防非"为任务等。先生又特别指出,在唐律中,被侵犯客体最重要的内容,都被明确地指示出来。《名例律》把各篇中性质最严重、刑罚最重的犯罪提出十种,并加以"十恶"之名作为刑律打击的锋芒所指。并将犯罪客体归纳为三个方面:(1)皇帝至高无上的地位及以他为首也由他代表的国家政权;(2)以父权与夫权为代表的家庭伦理关系;(3)以特别残酷的手段所侵犯的人的生命安全。而这三个方面是维护封建国家统治的最主要的几根支柱。在此基础上,先生更进一步指出,在唐律中,犯罪性质所联系的犯罪"客体"是明白无误的。

2. 指出了唐律在犯罪客体规定上已经有了将"侵犯对象与犯罪客体相区分的意识"

先生以此为证,揭示出唐律立法者先进的立法理念。(1)先生通过例证确定唐律立法者已经有犯罪客体存在的观念,如谋反罪的对象是"君父",而其客体则是"天常"与"人理";不道罪的对象是被杀、被肢解及被毒厌的人,而其客体是被违背的"正道",等等。(2)先生指出唐律惩治无侵害对象而有犯罪客体的犯罪,并以法律以刑罚惩罚良贱通婚行为为例证,证明唐律中规定犯罪客体是封建之"礼"时,犯罪对象往往并不受损害。(3)先生指出,唐律立法者已经有了复杂客体的意识,并以部曲奴婢谋杀主的犯罪为例说明,因为唐律规定,此类犯罪较平等主体之间的谋杀罪处罚要重得多,原因就是该犯罪除侵害人的生命,还有等级名分关系。且此特点在殴伤罪的规定中体现得最为明显。先生用现代法学方法对唐律此类要素特点的分析揭示,可以说是开拓了古代律学研究的先河。(4)先生还点出唐律入罪的另一个特点,即以"不能犯"之行为为犯罪,如将"造厌魅及符书咒诅"行为"以谋杀论减二等"定罪处罚,即是一例。[20]

四、科学地解析了唐律中规定的犯罪形态

唐律不同于现代刑法,没有完备的犯罪形态理论。但唐律立法者在立法时也区分了不同的犯罪形态,并予不同刑罚处罚,体现了立法的科学性。《唐

---

[20] 参见钱大群:《唐律研究》,法律出版社 2000 年版,第 192—199 页。

律研究》对应于现代刑法的犯罪形态理论,将唐律具体条文规定所反映出的犯罪形态情形进行了细致梳理,并说明了不同形态的特点。

1. 准确解析说明了唐律对犯罪预备的规定

《唐律研究》指出唐代虽没有犯罪预备的概念,但在立法上同样也有对预备犯的惩罚,主要表现在对准备犯罪工具和制造犯罪条件行为的惩罚。更重要的是,先生明确指出了唐律中将预谋作为犯罪预备的重要内容,并在某些重大罪名中直接惩罚仅有预谋的行为。如《贼盗律》(总第248条)规定:"诸谋反及大逆者,皆斩。"[21]这里的谋反,即使只"谋"未行反事,也处斩。

2. 准确分析了唐律对犯罪未遂的规定

先生指出在唐律中未遂,经常用"不""未"等副词以明确,并具体规定对未遂的处罚。如,对于行贿者而言,"有事以财行求"是构成犯罪的,唐律规定"得枉法"为既遂,"不枉法"为未遂,可以比照既遂减二等处罚。唐律对某些犯罪专门规定了未遂与既遂的界线,如对盗罪而言,器物之属须移徙才构成既遂等;在某些共同犯罪中既遂和未遂取决于双方的协同与否,如"请求"犯罪中官吏是否构成犯罪即是如此,如仅有"请求",但官吏未许也未施行的,官吏不构成犯罪,如接受"请求",则构成"请求"罪的既遂,如果又曲法处断,则构成"请求枉法"之既遂。

3. 唐律规定的犯罪中止可发生在"诬告"罪中

先生分析说明唐律中的犯罪中止主要是指"诬告"罪中的"诬告引虚"的行为,而"诬告引虚"之所以是犯罪中止,是因为诬告者"引虚"是有效地防止了犯罪结果的产生,并且"引虚"行为是结果发生前的自动行为。对于"诬告引虚"的行为,唐律不是不处罚,而是处罚轻于既遂行为。

先生还特别指出,在"误"犯罪中,有类似既遂与未遂的区分,并在刑罚上有所区别,但这种划分不同于故意犯罪中预备、未遂和中止等犯罪形态的划分,厘清了过去一些模糊认识。如"合和御药,误不如本方"罪,已经"进御"与"未进御"相区别,后者可以减三等。[22] 先生指出,这里的已经"进御"与"未进御"有别于一般故意犯罪的既遂与未遂。

---

[21] 钱大群:《唐律研究》,法律出版社2000年版,第192—199页,第230—231页。
[22] 同上书,第232—234页。

五、精研定罪之所长,揭示立法之精细

(一) 以因果关系认定为基点,系统分析论证了"保辜"制度

故意伤害(包括故意杀人未遂)案件中,伤情的最终确定对于判断行为人犯罪的性质及严重程度至关重要。现代刑事立法没有为伤害程度的审查判断设立明确的制度规则,只是用司法解释规定了重伤、轻伤的法医学标准,缺少对犯罪行为发生后如何观察、审查、管控、认定伤情的具体规定。这给刑事司法实践带来了不少困难。唐律规定了"保辜"制度,但一直以来的研究中较少对此给予特别关注,更少具体解析。

先生在《唐律研究》的"犯罪客体与客观方面"一章中对此进行了专题解析。先生将"保辜"制度定位于犯罪行为与结果之间因果关系认定的特殊制度,目的在于确保犯罪者对伤害行为担负应有的责任。先生指出,依现代刑法学判断,"保辜"实质上是以一定后果可能呈现的期限作为确认罪责及犯罪性质的制度,此期限为验证期。先生在对《斗讼律》(总第 307 条)的具体内容进行分析后认为,"保辜"期实际上是危害后果能够充分呈现的期限,对后果变化的处置,实际是对危害行为与危害后果之间因果关系的最后确认。对于"保辜"的处置,先生在条分缕析后归纳出四种情形,即:在辜限内后果变轻甚至平复,照原告的伤害罪名减刑论处;在辜限内后果变得严重,就依严重的后果所构成的罪名论处;互相斗殴致伤相互实行"保辜";"保辜"不要求被殴打与受伤两种情况兼具,而是只要进行殴打就应有"保辜",且非属殴打由其他原因致伤也实行"保辜"。先生评价"保辜"制度"虽然具有历史的局限性,但在当时的社会条件下所具备的实用性与先进性是显而易见的"[23],委实中肯切当。而就现代刑事司法遇到的相关难题而言,经先生整理论析后的"保辜"制度实则对现代刑事司法规范的改进完善有重要的参考价值,如在法医学鉴定的时间选择、治疗中恶化后果的认定与承担等方面,均可得到相应指引。

(二) 分析定位关于共同犯罪、集团犯罪先后归案问题的规定

在现代刑事立法中,对共同犯罪的规定比较笼统,导致司法实践中难以依法准确区分共同犯罪者每一个体的地位、责任。先生在《唐律研究》中对唐律关于共犯的规定进行详尽的归纳解析,向读者展现了彼时制度设计的高超技巧。

---

[23] 钱大群:《唐律研究》,法律出版社 2000 年版,第 204—207 页。

1. 从唐律关于共同犯罪的概念及条件入手,整理归纳唐律相关规定

先生指出,唐律关于共犯的规定有以下特点:(1)"共犯"在唐律中已经作为原则有专门规定,体现在名例律总第42条疏文"共犯罪者,谓二人以上共犯,以先造意者为首,余并为从"。(2)唐律强调共谋与行为关系的同一性。具体分为两种情形:一种是共犯之共谋与行为不一致以实犯之轻罪论处。如预谋的罪重,而实施的罪轻,造意者及实施行为的人都不依原先共同预谋的重罪定性,而只取实犯的轻罪定性。另一种是共犯之共谋与行为不一致以实犯之重罪论处。如共同预谋的性质轻,而实犯的罪重,凡未参与重罪的人(包括造意人在内)都以预谋的轻罪定性,只有实施重罪的人依重罪定性。先生认为,"唐代对共同犯罪性质的分析,对共同犯罪及共同犯罪行为的概念划分和运用,已达到高度的科学水平"。[24](3)排除了二人以上的过失共犯。在此项中,先生特别总结说明,唐律中对公职过失犯罪负连带责任的规定,是因各自的过失而不因共同的犯罪故意,处罚虽也分首从,是因连带责任关系而不是共犯,并指出"古代实行连坐的并非都是共犯"。[25]

2. 从唐律规定的共同犯罪形式上分析了规定特点,指出现代刑法学上所有的共犯分类,唐律中几乎都有

如以共犯成员的参加是否影响犯罪成立为标准来区分,唐律中共同犯罪可分为任意共犯与必要共犯;以共犯参与的时间特征为标准区分,共犯可分为事前共犯与事后共犯;以共同故意是否彼此相交流为标准区分,共犯可分为双面共犯、片面共犯、临时共犯。而这些共犯的区分,可完全覆盖实际的共犯的样态。

3. 从共同犯罪之成员及其处罚角度解析唐律的共犯制度

先生指出,唐律依共同犯罪人在共同犯罪中的地位和作用,将共犯分为首犯、从犯和胁从犯三种。唐律规定以造意为首犯。而从犯又有"协同""加功"与"不加功"之分,且情形不同,处罚上也有区别。先生认为,"这种根据从犯罪行轻重而给予不同刑罚的做法,无疑是唐律中的可取之处"。胁从犯有"被驱率者""被逼"之分,且对胁从犯处置的原则是免予处罚,"所以有关共犯的律文,只规定首犯及从犯的处罚,而不再具体规定胁从犯的处罚"。[26]

4. 从不同犯罪规定中抽象出唐律关于无预谋共犯首从的区分原则

对于事先无预谋的共犯,先生认为,唐律以各自在实施危害行为中的实

---

[24] 钱大群:《唐律研究》,法律出版社2000年版,第236页。
[25] 同上书,第238页。
[26] 同上书,第242—243页。

际作用或实害程度区分首从及量刑。如,不同谋的窃盗共犯,以在实施盗窃时实际起支配、统率作用者为首犯,其他人为从犯;不同谋的殴伤共犯,以在实施殴杀时各自造成的实际后果来定罪量刑;在无法区分责任的情况下,唐律规定以下手重者或后下手的为重罪,连下手轻重先后也分不清的,以最初与被害人相斗的人为重罪。

先生认为:"唐律关于共同犯罪的规定,内容丰富、制度完备,是封建刑律中的珍贵遗产。"㉗笔者作为一名司法工作者,对一部法律能够给出类似这样全面覆盖现实差异的详尽规定,不能不引得现代刑事司法人的钦羡。先生在书中为我们详加分析归纳,咀嚼哺养之功不能忘怀。

(三) 系统研究分析唐律中的"比附以论罪"制度

先生在第十二章"罪与非罪"专节研究分析唐律的比附论罪制度。先生是在先对比附制度形成发展历史简要归纳交代后,从"比附是有罪适用制度"和"比附的方法"两个方面对唐律的相关规定进行分析研究的。关于比附是有罪适用制度,先生研究后认为,唐律实行比附是不使法无明文规定的犯罪漏脱惩罚,并结合总第二百七十条疏文和总第二百六十条疏文以为例证,指出"比附是以律中已有规定的犯罪来作为对未有明文规定的行为作处置的根据和样板。"㉘如部曲、奴婢被杀伤后不告的犯罪律无明文规定,但却比附于"邻里被窃盗"不告、比"邻里被强盗及杀人"不告之罪减二等处罚,原因是"奴婢贱人,律比畜产",奴婢被杀伤,不是人被杀伤,而是相等于牲畜被杀伤及东西被损坏,所以应以知有东西、畜产被盗窃不告之罪来论处。

关于唐律比附的方法,先生将其分为犯罪性质的比附、刑罚轻重的比附和连环比等三个层面进行分析综述,完整透彻。这其中特别有新意的是,先生将唐律的一种特别比附方法命名为"连环比",精当贴切。先生将其表述为"在不能一下子找到可直接比附的对象,要先找一个中介的接头,然后再解决要比的根据"。㉙先生以盗太子妃印玺行为如何定罪的比附情形为例,即先以皇太子的"令"比皇帝的"制""敕""减一等",所以偷皇太子的印也比偷皇帝的印减一等;第二步,根据名例律关于皇后同"御"(即皇帝)的规定,皇太子妃同于太子,最后比附结果为盗皇太子妃印玺应流三千里。

先生同时也关注到唐律对比附作了限制,归纳为两项:(1) 比附法律依

㉗ 钱大群:《唐律研究》,法律出版社 2000 年版,第 235—236 页。
㉘ 同上书,第 215 页。
㉙ 同上书,第 217 页。

据上的明确限制,即皇帝"制敕断罪,临时处分",如果"不为永格者,不得引为后比";(2)"敕书定罪名,合从轻者,又不得引律比附入重",显示唐律规定之周密。㉚

六、以现代刑罚理论为工具解析唐律的刑罚制度

刑罚的设置及运用是刑事立法核心要素之一。这其中关涉法定刑的设定及其结构、刑与罪的对应配置、刑罚的一般适用规则、特殊情况的处理方法等。与现代刑法相比,唐律的刑罚无论在刑种结构上、量刑的方法上,还是具体的量刑制度方面,都相当繁复、精细,并且独具特色。《唐律研究》以现代刑罚理论为工具,对唐律的刑罚制度进行了全面的解析,使只有现代刑罚知识的人们也可以清楚地了解唐律中的刑罚制度,并反观现代刑罚以产生比较,为现代刑事司法规范化(如实体量刑规范化)提供精神指引。

(一)准确解析唐律法定刑及相关刑罚制度

唐代的法定刑不同于现代刑法中的法定刑,先生在《唐律研究》第五章中,分析说明了唐代五刑的种类、等级和五刑加减的计算规则。㉛ 然后分析了唐律中的四项附加刑,包括附加行政处罚、附加没收财产、附加经济处罚和附加某些权利限制,指出唐律有附加刑但均不能单独适用,这其中尤以将赔偿犯罪造成的经济损失作为附加刑的认识十分精当㉜,校正了过往持唐律"刑民不分"观点者对唐律相关制度的不正确定位。

1. 将唐律中的赎刑和官当两项制度定位为唐代刑罚的替代刑,集中显现唐律刑罚适用有别于现代刑法的特异性

先生总结分析唐律的赎刑制度是以赎刑赎五刑,它既非仅仅是贵族官员的特权,也非全面适用的制度,而是法定的刑罚替代形式,厘清了过往对赎刑制度的不正确认识。如,先生总结唐律规定赎刑适用的条件为:因犯罪的主观性质而把主刑改为用赎替代,如过失犯罪;因年龄或身体条件而无负完全刑事责任能力者有些犯罪用赎刑;因有官爵而享受特权者有些犯罪用赎刑;另外对疑罪、疑案用赎刑。

㉚ 参见钱大群:《唐律研究》,法律出版社 2000 年版,第 217 页。
㉛ 同上书,第 111—121 页。
㉜ 同上书,第 124 页。

2. 在分析说明官当这一刑罚替代问题上,同时将其归为官员的特权加以解析

在分析唐律官当方法时,先生总结发现,唐律规定的官当制度"在抵当的方法上尽量维护官吏的利益"。(1)官吏可以以现有的几项官职"当",即如有职事官、散官、卫官之一及勋官的,先以职事等三官之内的最高者当之,然后以勋官当。(2)行守之官就高不就低,即对于低级任高职或高级任低职的行守官,职级不一致,都选其中高的职级为官当的品级。(3)可以以历任的官职"当",即一个人的官职,由低到高整个过程中经历不同的职级,都作为一个有效的品级进行官当。并且,官员受撤除官职的附加刑后,仍然可以官职实行"官当"。先生认为,"唐律作这样一番曲尽入微的规定,其目的在于使官吏在犯罪后尽可能少受刑罚及继续为官"。㉝

3. 在详细分析定位唐律刑罚制度后,更进一步对唐律中刑罚与行政处罚、民事处置的特殊关系进行了更深入的分析说明

先生指出:"唐律中刑罚与行政处罚、民事处置之间有相通的关系,这是唐律与现代刑法相比所表现出的一大特色。这种相通的特点是:刑罚与行政处罚交叉相通,一些主要的行政处罚作为刑罚的附加刑存在并由刑律调整;部分民事法律关系以刑罚手段调整,同时包含民事处置的内容。"㉞唐律这样的规定,使得刑罚与行政处罚、民事处置密切勾连,且高低严宽相续,构成维系社会秩序的严密惩处规则体系。先生通过缜密的分析研究,揭示唐律此一特点,是对现代立法者的良好启示。

(二)全面分析了唐律中的量刑特点与修正方法

唐律的法定刑是绝对确定的法定刑,因此唐代量刑的基本方法是依据法定情节进行量刑。但是,先生在研究后指出,唐律中还存在其他特殊量刑方法,诸如援引量刑、比照量刑等,并对此作了细致的分析说明。(1)说明了援引量刑的方法,援引量刑在立法语言上表现为"从……法""坐赃论""准盗论""以故杀论""以过失杀人论"等。(2)说明了唐律比照量刑的两种方法,一是罪名相同而情节或结果不同的犯罪行为的比照量刑的方法,二是不同罪名之间的比照量刑的方法。(3)总结说明了唐律比照量刑的立法语言,诸如"罪同""同……法""依……法""从……法",等等。㉟ 对这些方法的综合运

㉝ 钱大群:《唐律研究》,法律出版社2000年版,第91页。
㉞ 同上书,第345—346页。
㉟ 参见同上书,第131—142页。

用,体现了唐律量刑方法的特点,也体现了唐代立法的特殊性。

(三) 具体说明了唐律刑罚适用的差异性制度规定

现行刑法在刑罚适用中还有累犯、自首、立功、数罪并罚、缓刑等差异性制度规定,唐律中也有类似的制度规定,这些制度与现行刑法相似,但也有自身的特点。

1. 详细分析了唐律中的自首制度

自首制度是唐律中独具特色的制度,它与现行刑法中的自首制度有相同之处,也有不同之处。唐律中构成自首的条件:(1) 自首必须是在案件处于"未发"的情况下进行的㊱,也即除了犯罪人本人之外,没有任何人知道案件的存在时,犯罪人的自首才能成立,这是不同于现代刑法自首制度的关键之一。(2) 唐律自首的处理是"原其罪",即免除刑罚处分,这是区别于现代刑法自首制度的又一大关键点。(3) 不适用自首的犯罪。唐律中明确规定了几种不适用自首的犯罪,主要有伤害犯罪,标的物不能偿还和复原的犯罪,私度、越度犯罪,私习天文的犯罪和奸罪等,这也是不同于现代刑法自首制度的重要内容。(4) 投案后只减不免的情况。唐律规定案件在"已发",即知人欲告或知道官府将追究的情况下投案的,对投案人的犯罪是予以减等处罚而不是免予处罚,而现代刑法对"已发"的投案是认定为自首的。这也是唐律与现代刑法的不同之处。

2. 分析说明了唐代累犯的构成条件

唐律也规定了累犯制度,但唐律中的累犯不同于现代刑法中的累犯。先生在《唐律研究》中分析指出:(1) 唐代的累犯只适用于非亲属间的盗罪。(2) 唐代累犯制度确立的指导思想是对不思悔改者加重惩罚。(3) 唐律累犯较之现代刑法,其成立条件极为严格。唐律累犯是要求"三犯徒者"或"三犯流者",先生研究后指出,这里要求是相同刑种不间隔的累计,不是不同刑种的累计,如出现流徒交杂的情形即不能构成,成立条件要求极严格;同时,先生指出,该徒、流同种要求,也可能由遇赦后降格所致的徒、流构成,而不要求是原罪判处均为徒、流。唐律对盗罪累犯的处罚是刑种升级,即第三次犯徒刑的处流两千里,第三次犯流刑的处绞刑。㊲ 以体现加重处罚的精神。

3. 分析说明了唐律中公罪与私罪的定性与处刑原则

先生指出,唐律中公罪与私罪的区分只适用于官员,而唐律中这一特殊

㊱ 参见钱大群:《唐律研究》,法律出版社 2000 年版,第 147 页。
㊲ 同上书,第 143—146 页。

的刑罚适用制度渊源甚远。该种区分见之典籍的可追溯至汉朝,其后晋、隋等代法律均有相关规定出现。之后,先生对唐律中关于公罪、私罪的规定进行了细致的研究分析。先生首先指出,唐律中公私罪区分的要件为是否因公事而过失犯罪,公罪是指官员因公事而过失犯罪,且强调必须是"无私曲";私罪是不因公事或者故犯,同时指出在公事中的故犯也是私罪。其次,先生总结唐律对公罪和私罪的处罚原则是重惩私罪,轻处公罪㊳;其制度设计,(1)公罪在总体上纳入过失范围,与故意犯罪的刑罚轻重差异很大;(2)公罪可适用自首免罪制度,而故犯之私罪并不都能如此;(3)在迁官、去官条件下,流以下之公罪免予处罚;(4)在"官当"年值上优待公罪,即犯公罪以官当徒的可以较通常的犯罪多当一年徒;(5)行政考课时计算不同,即官吏有罪处赎刑后,赎铜之数要计入考核档案,作降贬之根据,而公罪之赎铜在计算时可折半论。唐律对于官员犯罪区分公罪与私罪,并予以不同处罚的做法,对于完善现代刑事立法也有一定的借鉴意义。

4. 准确分析说明唐律关于数罪并罚的原则与边界

先生结合现代刑法规定思路,将唐律关于数罪并罚中的数罪情形总结为三种,即:(1)一罪已发、已宣判或已执行而未执行完毕又犯新罪;(2)在一罪已发、已宣判或已执行完毕后,又发现在此罪发现之前已经实施的犯罪;(3)犯一事而有二罪的情况。

先生总结唐律数罪并罚处罚基本原则为二:不简单地以重罪轻罪相加办法处置;且累加是有限制地加重。

先生总结认为,唐律数罪并罚处罚与现代刑法相类,也体现折中减罚精神。如,数罪俱发以重罪吸收轻罪论处,包括二罪以上同时发现只处罚其中一项重罪;同时发现轻重相同的几项犯罪只选择其中一项处罚;重罪先发觉已论处则后发觉之轻罪或相同之罪不论处;轻罪已经论处又发觉重罪则改以重罪减去已经执行之轻罪处断。又如,又犯新罪新旧罪并罚时限制加重,并详细介绍了限制加重的具体规定。

先生紧接着还分析归纳了唐律中经济犯罪限制加重的实行情况,如以赃入罪中一事频犯之犯罪,以累加之赃数折半论处;但监临一事频受或频犯盗罪,照总赃数论处,不适用前述折半规定;等等。㊴

反观现代刑法关于数罪并罚规定条文只有三条,可操作性不强,而先生

㊳ 参见钱大群:《唐律研究》,法律出版社 2000 年版,第 152—154 页。
㊴ 同上书,第 155—162 页。

归纳总结的这些条文的规范规律及立法技术,其可操作性则明显要强出许多,对现代刑法关于数罪并罚的立法完善实有重大参考价值。

总之,《唐律研究》一书是钱大群先生以现代刑法理论为基础,以现代刑法概念为分析工具对唐律进行刑法研究的一部重要著作。是著既重视发掘整理唐律自身的立法特点,又注重与现代刑法立法对比分析;既重视交代重大制度的历史发展源流,又注重唐律具体制度与现代刑法相关制度的关联及差异;既关注唐律具体制度时代局限,又特别重视发现整理其与现代共通制度的现代借鉴价值,使《唐律疏议》这部中华民族传世法典在现代刑法理论的解析之下,实现了与现代刑法的穿越性融通,从而在最大程度上突显出唐律这部伟大法典的现代法文化价值。

(2015 年 2 月)

《唐律研究》钱大群著,法律出版社 2000 年版。

第三部分 《唐律疏义新注》评论

(一) 作者有关研究观点之文论

(二) 专家评议

（一）作者有关研究观点之文论

《唐律疏议》结构及书名辨析*

钱大群

唐代的刑律在永徽四年（653年）之前，都没有疏文，但一直有注文，《武德律》《贞观律》及《永徽律》都是这样。永徽四年开始，刑律才有了疏文。唐律的律文(含注文)同疏文一起，在当时称为《律疏》。《律疏》在宋代被称为《唐律疏义》，但已经有称为《唐律疏议》的版本。到了清代及近代则趋向于称之为《唐律疏议》。对这种情况，有必要进行一些辨析及作适当的评论。

一、法律解释带来了《唐律疏议》的产生

我国关于刑法的解释历史悠久，源远流长。史书记载，战国时期的"法官"就有解答法律询问的职责："郡县诸侯一受赍来之法令，学问其所谓。吏民欲知法令者，皆问法官。"①出土的秦墓竹简中的《法律答问》，是当时官府上级对下级解释法律的法定形式。西汉董仲舒提倡以"《春秋》决狱"，开用儒家经义解释法律与审断案件的先河，直接推动了东汉"经义解律"之盛行。当时被皇帝认可的"郑氏章句"实际就是汉律的有权解释本。到了晋朝，西

---

* 本文发表在《历史研究》2000年第4期，此次刊发时，对一些词句作了必要的校勘与修饰。
① 《商君书·定分》，载《商君书注译》，中华书局1974年版。

晋的张斐、杜预"兼采汉世律家诸说之长",对法律作专门的解释被皇帝认可,史称"张杜解律""张杜律注"。唐代对律文的疏解是古代社会解律经验的集中体现。唐律的解释主要是继承晋朝"张杜律"正确定罪判刑的解释传统,而不是主要继承汉代"郑氏章句"经义解律的传统。

同唐律相比,现代刑法法律解释上的最大特点是,除法律本身的解释外,大部分的解释都在刑法典之外,另外公布使用,而不作为刑法典的一部分。但是唐律的各种解释,基本上都包括在《唐律疏议》这一部刑律之内,即律条和解释统一于一典之内,合为一体。另外再有修改补充,就要通过格敕进行。

1. 最初解释刑律是为满足法律科举考试之需要

作为古代刑律中旷古奇迹的《唐律疏议》,之所以制定,从性质及目的来说,本不是一次"立法"活动,而是一次法律解释活动,而且这次法律解释的直接目的,主要是为了对当时的法律专业考生的考试答卷进行评判时有个标准。史书上说:

> 三年,诏曰:"律学未有定疏,每年所举明法,遂无凭准,宜广召解律人,修义疏奏闻,仍使中书门下监定。"于是……参撰《律疏》。②

2. 解释中又改以满足司法实践之需要为主旨

在刑律解释也即是在《律疏》进入实际制定之时,又自然地把司法实践之需要提到了主要地位。具体地说,就是要克服司法实践中中央刑部与大理寺之间,及地方州、县之间因认识分歧而执法不一的弊病,从而确定一个对律文内容基本统一的解释标准。这一点,在《名例律》开头的疏文中表达得最清楚:

> 今之典宪,前圣规模,章程靡失,鸿纤备举,而刑宪之司执行殊异,大理当其死坐,刑部处以流刑;一州断徒年,一县将为杖罚。不有解释,触涂睽误。……是以……爰造《律疏》,大明典式。……譬权衡之知轻重,若规矩之得方圆,迈彼三章,同符画一者矣。

由此看来,《律疏》之产生源于学理解释与司法解释需要之统一。疏文插写在律文与注文文句之间及之后,与律合为一体并被司法引用,事实上也成了法律本身。

---

② 参见〔北宋〕王钦若等:《册府元龟》卷六一二,中华书局1960年版。

二、注文的作用

1. 注文解释律文

唐代的刑律实际上包括律文、注文及疏文三部分。"注"夹嵌在律条文句中间或紧接于律文之后,用比律条相对小的字体书写。从关系上说,"注"是对律文含义的补充及适用的说明。

(1) 注文有对律文中罪名的罪状作说明(为区别清楚,本文中律文后之注文用括号)。如《名例》(总第6条)"十恶":"二曰谋大逆。"(谓谋毁宗庙、山陵及宫阙。)经注文解释,可明确"大逆"罪名是专指毁坏皇家宗庙、陵墓及宫殿等的一类犯罪。

(2) 注文有对律文适用的解释。如《名例律》(总第36条):"九十以上,七岁以下,虽有死罪,不加刑。"(缘坐应配没者不用此律。)其义谓,即使属九十以上,七岁以下,本人有死罪也不加刑罚,但是,如其亲属中有人犯了要对这些人实行缘坐、流放、没为奴婢的那些罪,就不实行这条"不加刑"的法律(而照样要因缘坐而受刑)。

(3) 注文对律文作其他具体解释。如《名例律》(总第32条):"诸彼此俱罪之赃(谓计赃为罪者。)及犯禁之物,则没官。"(若盗人所盗之物,倍赃亦没官。)文内注文都是对前律正文的具体解释,如"计赃为罪者"是对上文的限制性解释;"若盗人所盗之物"及"倍赃"是对"没官"的解释。又如《职制律》(总第135条):"诸有所请求者,笞五十;(谓从主司求曲法之事。即为人请者,与自请同。)主司许者,与同罪。(主司不许及请求者,皆不坐。)已施行,各杖一百。"文中前一注文是"请求"罪的概念及对犯罪主体范围的说明,后一注文是对犯罪构成与否的必须说明。

2. 注文在《律疏》制定前已存在

《贞观律》《永徽律》已有注文。敦煌发现的贞观年间的《捕亡律》片断上,各律条之中就已有注文。如其中相当于今《唐律疏议》中第466条"主守不觉失囚"条下,在"未断决间,能自捕得,若囚已死及自首,各减一等"的律文下,就已有注文:"主司各准此。此篇监临主司应坐,当条不立捕访限,不觉故纵者,并准此。"第467条"部内容止他界逃亡浮浪者,一人里正笞四十"下有注文:"谓经十五日以上,坊正同里正之罪。"第468条"知情藏匿罪人,若过致资给"之律文下有注文:"谓事发被追及亡叛之类。"

敦煌文书残片《永徽律·名例律》"十恶"的律文下已有注文,如"四曰恶逆"下就有注文:"谓殴及谋煞祖父母、父母,煞伯叔父母、姑、兄姊、外祖父母、夫、夫之祖父母、父母。"《擅兴律》律文"若放人多者,一人准一日;多者,一日准一人"下也有注文:"谓放三人各五日,放五人各三日,累成十五日之类,并经宿乃坐。"《贼盗律》片断"诸知略、和诱、和同相卖"下有注文:"展转知情而买,各与初买者同。虽买时不知,买后知而不言者,亦以知情论。"③

此外,唐代的"令"文中也有注文,见《旧唐书·职官志》之"公式令""官品令",《通典·礼三·吉二·郊天下》记"武德令";《唐令拾遗》引敦煌唐《职员令》残卷。

三、疏文的作用

所谓"疏",是在《永徽律》制定之后,以制定《永徽律》主要人物为主的一批人,专门对律文包括注文所进行的逐条逐句的解释。解释的文字就插写在律文(包括注文)各条各句的中间或后面,同原律文注文一起抄写公布。由于"疏"紧接着以"议曰"作解释的发语词,这种"疏""议曰"的写法,到元代后,疏文部分开头所标的"疏"与"议曰"之间的句读关系被忽略,整个解释部分被直呼为"疏议",于是就将错就错地产生了一个书名——《唐律疏议》。现在被称为《唐律疏议》的这部书,实际上由三部分内容:一是律文;二是注文;三是对律与注(本义)作解释的疏文。律与注可以离开疏文而作为典册存在,即使在有疏文之后,宋代还从《律疏》中抽出疏文后把律(及注)单独刊刻名为《律》成典册而传世。但是就独立的典册来说,离开了律与注的疏文,则不能单独存在,甚至文义上也不能连贯成章。

1."义疏"来自当时经文阐述的文体习惯

唐代把对律文与注文同时作解释的书称为"义疏",来自魏晋以来对权威经典解释的文体习惯。魏晋以来为古圣人之"经"书写解释的著作有的称为"注",有的称为"传"。如《周礼》,汉代郑元曾为其作"注"。孔子的《春秋》,左丘明的解释称《左传》,公羊高(或说子夏)的解释称为《公羊传》,谷梁纥的解释称为《谷梁传》。为唐律的律文及注文作解释,当时的立法者把这件事看得很严肃庄重,认为这就相当于后人为古圣人的经文及注文作解释。不过按当时的文体习惯,这种性质的著作已不再称为"传",而是称为

---

③ 刘俊文:《敦煌吐鲁番唐代法制文书考释》,中华书局1989年版,第99页、第100页、第23页、第89页、第94页。

"义疏"。所以,同时解释唐律律文与注文含义的著作,也称为"义疏":

> 昔者,圣人制作谓之为"经",传师所说则谓之为"传",此则丘明、子夏于《春秋》《礼经》作《传》是也。近代以来,兼经注而明之则谓之"义疏"。④

2. "义疏"之"疏"是经义阐发之"记识"

《唐律疏议·名例》开头的疏文说:

> 疏之为字,本以疏阔、疏远立名。又《广雅》云:"疏者,识也。"案疏训识,则书疏记识之道存焉。《史记》云:"前主所是著为律,后主所是疏为令。"《汉书》云:"削牍为疏。"故云疏也。

按上文,"疏阔"与"疏远"此处应排除。《广雅》上讲"疏"为"识",而"识"《增韵》解为"见识";《扬子法言》解为"闻见"。《广韵》《集韵》又训"识"音"志",为"记""写"之义。故《唐律疏议》中"疏"兼有上述两种意义:"书疏记识",其作用是"记识"对律义的见解,即立法者的法律解释。

《唐律疏议·名例》卷首疏文中所说"近代以来兼经注而明之",即把对经文与注文同时作解释的文字称为"义疏"的情况确实存在。从《旧唐书·经籍志》的记载看,在唐代,对"经""注"等原著同时作解释的著作称为"义疏"的情况已十分普遍。如《易经》有《周易义疏》《周易文句义疏》,《书经》有《尚书义疏》,《诗经》有《毛诗义疏》,《礼经》有《周礼义疏》,《礼记》有《礼记义疏》,《孝经》有《孝经义疏》等。

3. 律与"义疏"简称为《律疏》

《旧唐书·刑法志》记载说:"律学未有定疏","宜广召解律人条义疏奏闻","于是太尉赵国公无忌……等,参撰《律疏》,成三十卷"。"解律人"的任务是修律之"义疏",最后撰成《律疏》三十卷。《贞观律》与《永徽律》是十二卷,《永徽律疏》已是三十卷。把律之"义疏"及律一起简称为《律疏》的不只是写两《唐书》的五代人及宋代人,唐代人自己也如此。《唐律疏议》的作者在《名例》卷首的疏文中就说:"是以降纶言于台铉,挥折简于髦彦,爰造《律疏》,大明典式。"唐代人撰写的《唐六典》也是这种提法:"永徽中,复撰《律疏》三十卷,至今并行。"⑤

唐代及唐以前,许多实际是"义疏"的书,为避免重名也称为"疏"。如沈重有《周礼义疏》,贾公彦则著《周礼疏》;皇侃、沈重、熊安生各著《礼记义疏》,贾

---

④ 参见〔唐〕长孙无忌等:《唐律疏议》,中华书局1983年版,第2页。
⑤ 《唐六典·刑部》"刑部郎中"条"律"下注文,见中华书局1992年版,第183页。

公彦则有《礼记疏》,皇侃著《孝经义疏》,贾公彦、元行冲则称所著为《孝经疏》。

"义疏"简称为"疏"的情况,直到元代仍是这样。元代江西儒学提举柳贯在元泰定四年(1327年)所作《唐律疏义》序文中说:"长孙无忌等承诏制疏,勒成一代之典,……今定次三十卷者,长孙制义疏时,固已增多。义疏出永徽初,去贞观应未远。"⑥

4. "义疏"的作用是对律与注全面作解释

"义疏"用到唐律上,就是对处于经文地位的律与其注文作解释的文字,也就是"兼律注而明之"。这种法律解释,在律义内容上达到最大的深度与广度。《名例》卷首的疏文说:"远则皇王妙旨,近则萧、贾遗文,沿波讨源,自枝穷叶,甄表宽大,裁成简久。"长孙无忌的《进律疏表》中又说:"撮金匮之故事,采石室之逸书,捐彼凝脂,敦兹简要,网罗训诂,研核丘坟。"

当然,总的目的是要解明律注之义,满足司法之需要。清雍正朝刑部尚书励廷仪评论"义疏"说:"其疏文则条分缕别,句推字解,阐发详明,能补律文之所未备。"⑦清末任刑部侍郎的沈家本亦说:"盖自有《疏议》,而律文之简质古奥者,始可得而读焉。"⑧

四、《律疏》在宋代有《唐律疏义》与《唐律疏议》二称

1. 宋代对"律"的称谓

从法源上说,宋代的《刑统》只是唐代的《律疏》加上了从唐开元到宋初与《律疏》相关的刑事法规的条款。从官方的法律语言上说,唐代的《律疏》到宋代仍称为《律》(指律及注的正文)或《律疏》(指律、注及义疏三者的合体),连"唐"字都不加。其原因:一是宋代的刑法称为"刑统",与唐代的"律"及"律疏"在名称上并不冲突;二是唐代的"律疏"就包括在宋的"刑统"之内,只要提"律"及《律疏》就一定是指唐代。这一点在宋人刻写唐律律文的过程中得到充分说明。北宋天圣年间,判国子监孙奭奉皇命为校正宋代刑书而订正唐律的律文(与注文),订正后刊刻为书时其名竟只一个《律》字,到南宋重刻此书时,仍只以"律"为名,而不冠"唐"字。结果清代人发现其传本

---

⑥ 《四库全书》总第672册,《唐律疏义》前附〔元〕柳贯《唐律疏义序》,台北商务印书馆影印文渊阁本1986年版。

⑦ 〔清〕沈家本:《重刻〈唐律疏议〉序》,载《寄簃文存》下册卷六,台北商务印书馆1976年版。

⑧ 〔清〕励廷仪:《唐律疏义序》,载《唐律疏议》,中华书局1983年版。

时,很多人都误判为"宋律"。

2. 宋代对《律疏》的称谓

据刘俊文在《点校本唐律疏议序》中说,《唐律疏议》的版本,就目前所见,大致有三个系统:一是滂喜斋本系统;二是元代至正本系统;三是文化本系统。三个系统之中滂喜斋本时代最早,可能刻于南宋后期,而至正本系统和文化本系统共同的祖本,可能是元泰定本。现在可以肯定的是较早的滂喜藏的宋刻本,其名为《唐律疏义》。据"四部丛刊"本录《滂喜斋藏书记》说:"宋刻《唐律疏义》三十卷,题太尉、扬州都督、监修国史、上柱国、赵国公长孙无忌等撰。""藏书记"据清兰陵孙氏所刻宋本对原《律疏》卷二中(总第18条)关于"除名"处罚疏文中的"理务弘通",因要避宋太祖父亲"弘殷"之讳,被改为"理务疏通"(以及孙所据底本又改回"理务宏通")的情况,判定是宋朝的避讳要求,所以认为"以此证之,此本为宋椠无疑矣"。海盐张元济在该书的《跋》中又补充说:"卷一'四曰恶逆'条疏议'枭鸱其心,爱慕同尽',元刊本上'枭鸱'作'枭镜','爱慕'作'爱镜',是必因避宋讳改易"。因为宋太祖祖父名"敬"。不是宋代人不会为宋代皇帝之父祖讳名,故判断滂喜斋的《唐律疏义》为宋本,不会有错。同时由此判断宋人已称《律疏》为《唐律疏义》也不会有错。

另外,元代江西儒学提举柳贯于泰定四年(1327年),得《唐律疏义》,刊成书后并为其写《唐律疏义序》。柳贯所刊的那类抄本于清朝雍正年间传到刑部尚书励廷仪的手中,他说:"今年春梢,有友人至京,出《唐律疏义》抄本示余","(余)爱欣然握管而为之序"。他写的序也名为《唐律疏义序》。这个被称为泰定本的《唐律疏义》,也成了至正本系统及文化本系统的祖本。柳贯在刊《唐律疏义》的序言中说:"吾欲求《故唐律疏义》,稍为正讹缉漏,刊之于龙兴学官,……而行省检校官王长卿,复以家藏善本及《释文》、《纂例》二书来相其役,……逾月绪成。"⑨这清楚地说明,柳贯当时听说的是《故唐律疏义》,王长卿提供的被柳贯称为"善本"的底本,不言而喻也应是宋元时期的《唐律疏义》。但是,宋元时期,已有称为《唐律疏议》的版本。据沈家本介绍,《钞本唐律疏义》的校刊人卢弓父曾在校语中说:"宋本、元本,并作'疏议'。"⑩可见宋元时期,也有称为《唐律疏议》的本子传世。

---

⑨ 《四库全书》总第672册,台北商务印书馆影印文渊阁本1986年版。
⑩ 〔清〕沈家本:《钞本唐律疏义跋》卷七,载《寄簃文存》下册。

五、《律疏》在清朝的称谓统而不一

1. 清朝曾以国家权威版本的形式统称《律疏》为《唐律疏义》

清朝统称《律疏》为《唐律疏义》，主要表现在从清乾隆三十七年开始编纂《四库全书》时对《律疏》的收录过程中。首先，纪昀等经籍专家，在《律疏》版本上，是选取了柳贯于元泰定四年作序的江西行省检校官王长卿提供的"家藏善本"。《四库全书》在收录此书时，全书统称之名、各卷卷首书名，都遵照原著概作《唐律疏义》。同时，纪昀等在写该书的内容"提要"时，也称其为《唐律疏义》。最后，在《四库全书》的整部《唐律疏义》中，所有的"疏"字下一律书"义曰"（而不是"议曰"）两字。⑪《四库全书》所收的《唐律疏义》确是个好的版本。这个本子早在雍正年间就得到当时刑部尚书励廷仪的肯定。柳贯在序其缘由时说的"予间请廉访使师公""而行省检校官王君长卿，复以家藏善本及《释文》《纂例》二书来相其役，公欣然命出公帑所储没入学租钱以供其费"等话，与励廷仪在序中所说的"余因翻阅数次，知督其事者，元江西儒学提举柳君贯也；发帑金以左其用者，廉访师公也；出善本以赞其成者，检校王君长卿也"，完全符合。可见，《四库全书》收录柳序《唐律疏义》，绝非随意偶然。

2. 清代学人在书名称谓上各以所得本子为准

按理说，《四库全书》所收的《唐律疏义》应该成为一个可以依从的权威本子，但朝廷所编的《四库全书》本，在当时的印制及发行条件下不可能普遍流传。这种情形，沈家本说得很实在。他说《唐律疏议》其书"国朝四库全书所收录，并附见于名家书目中。唯坊间传本甚希，读律之士艰于购觅"。⑫ 所以，校刊及收藏的学者甚至司法官员，在研究、校刊、推荐时，并不能以难得一见的四库本为准。在书名称谓上，基本是见什么本子，就以该本子为准。如清末刑部左侍郎沈家本于"光绪十有六年十二月"，为重刻《唐律疏议》作序时，称"疏议"，而到"宣统建元仲冬二十二日"为《钞本唐律疏义》作序时又照称"疏义"。不但如此，有的学者还以自己所见所想去揣摩《四库全书》收录的本子，如山东督粮道孙星衍于嘉庆十三年元月，为重刻《故唐律疏议》作序时，不但自己称其书为"疏议"，而且竟说"四库全书"本也名为《唐律疏议》：

---

⑪ 参见《四库全书》总第 672 册，台北商务印书馆影印文渊阁本 1986 年版。
⑫ 〔清〕沈家本：《重刻〈唐律疏议〉序》。

"国家辑四库全书,《唐律疏议》入于史部法令,秘府所藏,世人罕见。"⑬沈家本在《重刻〈唐律疏议〉序》中也说:"《唐律疏议》三十卷,唐长孙无忌等奉敕撰。国朝四库全书所收录,并附见于名家书目"。这客观上扩大了对书名的误解。这种情况使得有清一代民间传抄或传刻的《唐律疏议》之名的影响,要大于官方《四库全书》中的《唐律疏义》之名。

3. 沈家本提出"义""议"相殊之问题

《唐律疏义》与《唐律疏议》之不同,实际上是结构分析上的分歧与矛盾。清代较早地注意并重视这一问题的人也是沈家本。他先为重刻《唐律疏议》作序,后在为《钞本唐律疏义》写跋时说:"此本题曰《唐律疏义》,孙本(指孙星衍岱南阁丛书本)则题曰《故唐律疏议》","'义''议'文殊,不独与孙本异,与诸本亦异矣。"⑭从沈家本的话看来,当时流传所见,称"疏议"的是"诸本",系多数;称"疏义"的相对是少数,尽管朝廷所编《四库全书》中称《唐律疏义》。

六、《律疏》的"疏"文包括"议"及"问答"两种内容

评论《唐律疏义》与《唐律疏议》的书名,首要的是弄清楚唐代《律疏》的内容结构。我以为,对律与注来说,"疏"是对它们进行解释的一个整体,而疏文又有其自身的内容结构。疏是由"议"和必要(而不是必备)的"问答"两部分组成。其任务是通过"议"及"问答"来实现的。

1. "议"的作用

《律疏》在"疏"之下,首先列"议"。"议"是言论、意见,就表达方式说是议论。所以,唐代的"议"也指一种议事说理的文体。如驳议、奏议等。《旧唐书·经籍志》记载的书目中就有许多以"……议"为名的。如《丧服要集议》《礼议》《何氏春秋汉议》《晋明帝谥议》《晋明堂郊社议》《杂议》《晋七庙议》,等等。唐律疏文中对律及注的意义用议论的方式作分析阐发的部分称为"议",是名副其实。

2. "问答"的作用

疏文在"议"之后,常常还有"问答"的部分。"问答"是中国古代法律解释的传统形式,法律问答最早在战国社会的法律生活中已经出现:

> 诸官吏及民有问法令之所谓也于主法令之吏,皆各以其故所欲问之

---

⑬ 〔清〕孙星衍:《重刻故唐律疏议序》,载《唐律疏议》,中华书局1983年版。
⑭ 〔清〕沈家本:《钞本唐律疏议跋》。

法令明告之。

各为尺六寸之符,明书年、月、日、时、所问法令之名,以告吏民。⑮

秦朝的法律答问已经成为正式的法律形式之一。湖北云梦秦墓出土之竹简中有当时的"法律答问"计183条之多。其内容上最大的一个特点,是都以具体的案例、案情相"问",而上级则以处置办法相"答"。这是典型的有权解释,其效力与秦律其他律文同等。唐代《律疏》中的"问答"正是疏文沿用古代法律解释的传统方式的表现。其比较于"议"的一个最大特点,也都是列举实例以作解释。

3. "议"和"问答"在对律的解释上是平行并立的关系

(1) 内容性质上的平行关系。问答是单独提出的对律文的例解,它不是"议"的附属内容。如《户婚律》(总第189条)是关于"妻无七出及义绝之状而出之"之犯罪及处罚。其"疏"文的"议"先是讲此律在伦理纲常上的根据;接着依令及律的内容先后介绍"七出""义绝""三不去"的内容。最后,以"问答"提出与律文密切相关的一个实例的处置:问以"七出"中"无子出"的年龄,"答"以无正条之比附之文,依"妻年五十以上无子,听立庶以长"来推断应出之年龄。

从内容看,"议"与"问答"在同等地位上解释律文,前者以议论阐发之形式重于解释律的本义,而后者则重于以实例来解释法律运用中的问题。"问答"不是"议"可取代的。虽然大部分律条之疏文,在"议"之后并无"问答",但不能因此否认"问答"与"议"的同等地位。

(2) 表达与书写形式上的平行关系。其实,"议"与"问答"的同等地位在《律疏》疏文的表述及书写形式上也有表现。如《贼盗律》(总第294条)表述及书写形式是注文五楷:

(294)诸略卖期亲以下卑幼为奴婢者,并同斗殴杀法;无服之卑幼亦同。即和卖者,各减一等。其卖余亲者,各从凡人和略法。

[疏]议曰:期亲以下卑幼者,谓弟、妹、子、孙及兄弟之子孙、外孙、子孙之妇及从父弟、妹,并谓本条杀不至死者。……

问曰:卖妻为婢,得同期亲卑幼以否?

答曰:妻服虽是期亲,不可同之卑幼,故诸条之内,每别称夫……

又问:《名例律》云:"家人共犯,止坐尊长。"未知此文"和同相卖",亦同家人共犯以否?

---

⑮ 参见《商君书·定分》,载《商君书注释》,中华书局1974年版。

答曰：以《例》："本条别有制，与例不同，依本条。"此文卖期亲卑幼及兄弟、子孙、外孙之妇、卖子孙……

（295）诸知略、和诱、和同相卖……

从用词上看，"疏"的"议"下都用"曰"，构成"议曰"；"问答"之下也各随"曰"，构成"问曰"与"答曰"。"议曰"与"问曰""答曰"都是"疏"的内容。

从书写上看，原竖写的"诸"字下之律文，包括注文（括号内），都顶格依次序写。"疏"文比律文一律低一格；"议"在"疏"之下；而"问答"在排行上也比"疏"低一格，而与"议"的地位同。所以，从内容的结构关系以及用词与书写的形式上说，"议"与"问答"都是"疏"的组成部分，地位并列一样。

七、从"疏"的结构评议今传《律疏》的名称

1. "疏义"是《律疏》性质最好的揭示

唐代的《律疏》到宋元被称为"疏义"是唐律社会价值在宋元时代的一种反映，也是词语发展变化的一种自然要求。

宋代的民间藏书家，把作为前朝遗产的法典冠以"唐"以区别于当时的现行法典，是藏书研究的需要。同时，"疏"字虽然据"义疏"作者自己的解释，并不是"疏解、疏通"的意义，可是它作为前代遗留之典籍，词义发展的后代不可能不对"疏"赋予"疏解、疏通"的意义。既然当初可以是"律之义疏"，现在也可以是律的"疏解义"。因为历史上经文之义疏，实际上就是与"正义"（正宗之义，或正其本义）通用的。如孔颖达在贞观年间撰写《五经义疏》，曾简称为《五经疏》，而最后皇帝命令称为《五经正义》。⑯ 所以，唐代之《律疏》，宋时被称为《唐律疏义》，是社会语言与法律自然发展中一种符合内在逻辑，反映事物本质变化的结果。《唐律疏义》是从最早的"义疏"演变而来，疏解律的含义，与原书本义最接近，最能反映其任务与书的本质特征。

2. "疏议"不是《律疏》内容本质的最好概括

后代所以有《唐律疏议》名，原因只是一个：把"疏"与其下的"议曰"简单地连成为"疏议曰"，又从而把它理解为"疏议"之书名，于是就把整部书名之为"疏议"。首先，这种在书名上作"又疏又议"的理解，与唐代的"义疏"及"律疏"本身的严谨意义毫无共同之处。近代学者王重民认为，"疏"与"议"虽然不得不写在一起，但应当用阴阳文分开：

---

⑯ 参见〔北宋〕王溥：《唐会要》卷七十七《贡举下·论经义》，上海古籍出版社1991年版。

长孙无忌与李勣等十九人所议,皆解释条文者,皆"疏"也。宋本阴文[疏]字下紧接"议曰",正是其事。盖长孙氏等因古者律有驳议,故于所讨论之文,统冠"议曰"二字;"议曰"以下既是疏语,故又置于阴文"疏"字之下,其事甚明,其分别至易。

他最反对"疏"与"议"连读而形成又疏又议的做法:

元本将"疏议"并为阴文,则失原来本义矣。盖是书原名《律疏》或《唐律疏》,唐亡以后加一"故"字,宋本又于(《唐律疏》)末加"议"一字,已不知"疏"与"议曰"原是一事。元人扬宋人之波,将卷内一切"疏议"字连读,遂成大误。但数百年来,竟无人觉其误也。⑰

同时,那样做在书名上只取"议"而舍去"问答",割裂了"疏"的内容,在理解上也不周全。而有清一代一些治律的学者,在对《律疏》内容中"疏"与"议"的解释上,或多或少地暴露出对疏文的结构在理解上有顾此失彼的缺陷。其中最突出的问题是把"疏"和"议"的地位等同起来,在结构上陷入概念模糊:

"疏""议"同物,均为申明《律》及《注》。⑱

此书名"疏"者,申明《律》及《注》意;云《议》者申《律》之深义,及《律》所不周不达。⑲

名"疏"者,发明《律》及《注》意。云"议"者,申《律》之深义及律所不周不达,若董仲舒《春秋决狱》、应劭《决事比》及《集驳议》之类。⑳

这些学者虽都讲清了"疏"与"议"的作用,但在内容结构上都把"疏"与"议"等同,同时又都忽略了"问答"的存在。其实,律的"深义"及"不周不达"之处的申明,"问答"的功劳不容忽视。当然,注意到"问答"的学者也有,如前文引励廷仪《唐律疏义序》,他在说疏义作用的同时也说:"其设为问答,互相辩难,精思妙意,层出不穷,剖析疑义,毫无遗剩。"只是,在结构上未曾涉及"问答"与"议"共同构成"疏"的关系问题。

总之,我认为唐代的《律疏》在宋元时期曾有一个好的书名——《唐律疏义》,而到后来,在"义"与"议"并不通用的情况下却形而上学地又把它称为

---

⑰ 参见王重民:《跋〈唐律疏议〉残卷》,载《敦煌古籍叙录》,商务印书馆1979年版,第145页。

⑱ 同上书,第145页。

⑲ 参见〔清〕俞正燮:《癸巳类稿·〈唐律疏议〉跋》,道光十三年求日益斋刻本,卷十二。

⑳ 参见〔清〕沈家本:《重刻〈唐律疏议〉序》。

《唐律疏议》，这是一种误会。

另外，有的学者如王重民又因视"疏、议同物"，所以认为既然"疏"与"议"相随又作用相同，所以，《律疏》中有"疏"无"议曰"，或有"议曰"无"疏"都可以：

> 敦煌本无"疏"字仅作"议曰"，因将"议曰"所论置于"疏"之地位，可望而知为"疏"也。宋本之有阴文"疏"字，敦煌本之无阴文"疏"字，其义相同，均无差误。㉑

王重民认为"疏"与"议"在行文时省略其中之一亦无碍的主张，以法律法典化的要求来说，很不可取，虽然有这样的版本出现过。

总之，《四库全书》把《律疏》书名全称为《唐律疏义》，从"义疏"制定的初衷来说，实是返璞归真；从词义的发展来说，也体现了与时俱进，后来《辞源》解"疏"的第17项就是"疏通其义"。何时《唐律疏议》能正其名为《唐律疏义》，这就要看人们是否能最终冲出"既然《律疏》中'疏议曰'连称，又疏又议，其书名也当然是《疏议》"这种逻辑藩篱了。

（2000年8月）

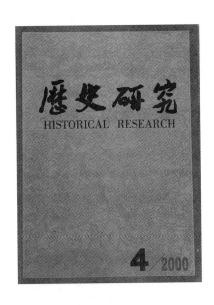

㉑ 参见王重民：《跋〈唐律疏议〉残卷》，载《敦煌古籍叙录》，商务印书馆1979年版，第145页。

对唐律书名及版式进行整合的理念与实践*

钱大群

关于对唐代《律疏》在流传中出现的两种书名的评述,我已在《历史研究》2000年第4期上发表。现在再写这篇文章,是我对《律疏》书名的分异产生了具体整合的主张,而且此主张已在本人撰写新书《唐律疏义新注》①的过程中付诸实施。我认为,今传《律疏》分异为"唐律疏议"与"唐律疏义"两种名称,这两种书名及与之相关的版式各有其长短与利弊,整合的办法是,扬二者之所长,避二者之所短,以求返璞归真。此文反映我解决此问题由理论到实践,经过实践检验再到理论总结的过程。

一、《律疏》以"唐律疏义"与"唐律疏议"两种书名流传

这里所介绍的流传概况,仅对两种不同的书名及与之相关的不同版式表述作比较评述,并提出对书名进行整合的意见。本文因受制于此特定的写作任务,所以不展开对《律疏》各种版本间内容沿革及校勘取舍变动情况的讨论。②

---

* 此文原题为《扬长避短,整合归真——谈唐代〈律疏〉书名的整合问题》,发表在《北方法学》2008年第2期,并于2013年获教育部第6届全国高校人文社科奖。此次发表从题目到内容都作了增修。

① 参见钱大群:《唐律疏义新注》,南京师范大学出版社2007年版。

② 对这方面有研究意向的读者,可以从阅读中华书局1983年版刘俊文先生点校本《唐律疏议》的自序及校勘记入手,以裨再作进一步的研究。

1.《律疏》以"唐律疏义"书名的流传

从现存的版本及可靠史料记载看,下列数种本子都使用"唐律疏义"为书名:元泰定四年,柳贯③刊刻并作序的《律疏》善本;元至正十一年,余志安勤有堂刊刻附有柳序的本子;清雍正十三年,励廷仪为作序的其从友人处所见的抄本;乾隆四十六年,《四库全书》收编的附有柳序的本子;乾隆五十四年,经学家卢文弨作校的抄本。现分别简述如下:

其一,柳贯于元泰定四年(1327年),刊刻当时王长卿为其提供的善本,并作《唐律疏义序》。他谨依《旧唐书·刑法志》之记载,在序文中提"长孙制义疏""义疏出永徽初";说在这之前"吾欲求《故唐律疏义》"。④

其二,在柳刻《律疏》二十四年后,即元至正十一年(1351年),崇化余志安勤有堂刊刻《唐律疏义》。其刻本附柳贯的《唐律疏义序》。⑤

其三,清雍正十三年(1735年),刑部尚书励廷仪发现抄本《唐律疏义》并为之写序。他在序文中说:"今年春杪,有友人至京,出《唐律疏义》抄本示余,……欲属余为序。"其序文题目称《唐律疏义序》。⑥

其四,清乾隆四十六年(1781年),编纂之《四库全书》,其所收《律疏》名之为《唐律疏义》。其书之"提要"称其为《唐律疏义》,所附之柳序以《唐律疏义序》为题。⑦

其五,在《四库全书》编纂《唐律疏义》8年之后,清乾隆五十四年(1789年),翰林院侍读学士、湖南学正卢文弨又发现《抄本唐律疏义》,并对其作校及写校语。这个本子沈家本于宣统元年(1909年)见后,为其专门写《跋》。《跋》中说:"此本题曰《唐律疏义》,孙本则题曰《唐律疏议》","'义''议'文殊,不独与孙本异,与诸本亦异矣。"⑧

其六,《律疏》的宋刻本也以"唐律疏义"为名称,清朝潘祖荫在《滂喜斋藏书记》中关于《律疏》一则的开头就说:"宋刻《唐律疏义》三十卷,题太尉、

---

③ 柳贯之"贯",原写为"贳",《康熙字典·贝部》解引《玉篇》:同"贯"。薛允升在《唐明律合编》所附柳序后特对"贳"字注曰:"他本有作'赘''赞'者,皆以意改。"

④ 参见柳贯:《唐律疏义序》,载《四库全书·唐律疏义·附》,台北商务印书馆影印文渊阁本1986年版。

⑤ 参见刘俊文:《唐律疏议》点校本所附序、跋,中华书局1983年版。

⑥ 参见刘俊文:《唐律疏议》点校本附录自"日本文化二年官版本"之励序,中华书局1983年版。

⑦ 参见《四库全书》之《唐律疏义》,台北商务印书馆影印文渊阁本1986年版。

⑧ 涵芬楼《沈寄簃遗书·寄簃文存》卷七。此转引自李光灿:《评〈寄簃文存〉》附,《寄簃文存》,群众出版社1985年版,第387页。

扬州都督、监修国史、上柱国、赵国公长孙无忌等撰。"⑨

2.《律疏》以"唐律疏议"书名的流传

清代在乾隆朝国家纂修《四库全书》版的《唐律疏义》之后,曾有两次刊刻书名为《唐律疏议》的本子。

其一,清代进士、经学家孙星衍于嘉庆十三年(1880年),根据元刊本校勘重刻并为作序,书名称"唐律疏议"。他在《重刻故唐律疏议序》中说:"偶得元刻本,字画精致,镌刻梓传之。"⑩嘉庆生员顾广圻也同时为此《唐律疏议》作校并写《跋》。

其二,清光绪间刑部侍郎沈家本于光绪十六年(1890年),重刻《唐律疏议》,并为写序言《重刻唐律疏议序》。⑪

这里有一个值得注意的现象,那就是孙星衍、沈家本先后重刻《唐律疏议》,从他们的序言看,他们一致地以为,乾隆时《四库全书》中所编纂的唐代《律疏》的书名是"唐律疏议",而不是"唐律疏义"。如孙星衍在序中说:"国家辑四库全书,《唐律疏议》入于史部法令。"沈家本在序中也说:"《唐律疏议》三十卷,长孙无忌等奉敕撰。国朝四库全书所收录。"措辞说明,对《律疏》以名为《唐律疏义》被收入四库全书,他二人不知情。原因正如他们各自在序文中说,"秘府所藏,世人罕见";此书"并附见于名家书目中,惟坊间传本甚希,读律之士艰于购觅"。

3."疏"下接"议"被连读并以此作书名的潜规则,造成了"唐律疏议"之书名

两种书名的流传中,校刻者在处理异名的过程中,各律条"疏"下紧接"议曰"的情况,往往成为左右书名取舍的重要因素,这就是有些校勘者即使以"唐律疏义"作为底本,最后还是以"唐律疏议"为书名的原因。沈家本在为卢文弨校勘的《钞本唐律疏义》写《跋》时,认为孙星衍的岱南阁本"覆元泰定本"⑫,而泰定本就是柳贯从王长卿处所得的善本"唐律疏义",柳贯的序文亦称其书为《唐律疏义》,可沈家本自己的重刻本则名为《唐律疏议》。岱南阁本的另一重要校勘人顾广圻在其所写《跋》文的开头也曾提到"右至正辛卯崇化余志安刻本"⑬的话。这说明孙、顾二人参照的元泰定本及至正本,都

---

⑨ 〔清〕潘祖荫:《滂喜斋藏书记》,载《唐律疏议》,商务印书馆"四部丛刊"本1935年版。
⑩ 王云五主编:《丛书集成初编·唐律疏议》,"岱南阁丛书"商务印书馆1939年版。
⑪ 参见上注⑧,附《寄簃文存》卷六,第352页。
⑫ 参见沈家本:《跋》,《沈寄簃遗书·寄簃文存》卷七。此转引自李光灿:《评〈寄簃文存〉》附《寄簃文存》,群众出版社1985年版,第387页。
⑬ 参见刘俊文:《唐律疏议》校注本所附序、跋,中华书局1983年版。

称为"唐律疏义",而其所刻的岱南阁本则仍异名为"唐律疏议"。这些做法,其原因不外乎是见各条"疏"下接"议",就作连读并以此为书名。

这里须特别提出的是,沈家本为卢文弨所校的《钞本〈唐律疏义〉》写《跋》时,介绍卢文弨在校语中曾说"宋本、元本,并作《疏议》"。卢文弨说宋本、元本之《律疏》都称为"唐律疏议",那是他所见的所谓"宋本、元本"都不是滂喜斋所记的宋刻本及柳贯所刊刻的泰定本,因为这两个本子都不会有把书名称为"唐律疏议"的可能。说"宋本、元本,并作《疏议》"的不可信,还有一个有力的反证,即《玉海》记载北宋孙奭就把《律疏》中"疏"的部分称之为"疏义"。⑭

孙星衍的刻本,收入"岱南阁丛书"以传播,沈家本的刻本以"叙雪堂同人"的名义实施。在《四库全书》不易借阅的情况下,他们不以国家刻本的面目出现,实际更易传播。尤其是进入现代,公认的宋刻本《律疏》也被称为"唐律疏议"之后,这直接影响了民国时期刊刻的《律疏》版本。如商务印书馆1935年版"四部丛刊"第三编所收二卷本,虽后附《滂喜斋藏书记》及张元济的《跋》,但书名为《唐律疏议》;王云五主编"万有文库"所收元四册本,名为《唐律疏议》;日本京都中文出版社所出之一册本,也名为《唐律疏议》。书名称《唐律疏议》之《律疏》本,在刊印及流传上,远远胜过于以元泰定本与《四库全书》本为代表的《唐律疏义》的版本。"唐律疏议"的名称俨然已成约定俗成之势。

二、《律疏》书名的分异也反映在版式用语的分歧上

称《律疏》为"唐律疏议"者,认为"疏"等同于"议"并作连读,同时不由自主地悬空了与"议"同列的"问答"的地位。以"四库本"为代表的称"唐律疏义"者,却在律条下以"义"取代"议",这都在不同的角度影响了《律疏》的版式安排及用语。当然也有不由书名分异而造成的版式分歧。

1. 因对结构理解的不同带来的版式不一

关于《律疏》的版式,总体上是要正确地反映内部各组成部分的关系。我主要的看法是:"疏"是解律和注的部分;"疏"又包括了"议"和"问答"两种形式的内容。因而,在版式上,律(与注)顶格写;"疏"的整个部分都比律低一格,"疏"中的"议"及"问答"平列,又都比"疏"低一格。但是,这是随着历代校刊者

---

⑭ 参见《唐律与唐代法制考辨》一书第三十五篇《唐律在唐宋的使用及〈律疏〉体制内外"法例"的运作》第(二)部分1之(3)中引《玉海》。

认识逐渐深化的结果,早先的情况并不规范。如王云五 1939 年主编的"丛书集成初编"收岱南阁本《唐律疏议》时,把"疏议曰""注""问曰""答曰"都同样不加区别地使用黑方括号围住,而且令四者都处于并列地位。其中的"疏议曰"成为最典型的连读固定的形式。又如商务印书馆 1935 年版的"四部丛刊"所收的《律疏》,除"议曰"使用普通字外,"诸""疏""问曰""答曰"也都一律并列地使用黑底镂白的阴字处理。这些把《律疏》内部的结构关系都搞乱的做法,不纯是形式问题,而是未能用正确的形式反映《律疏》内容的结构规律。好在后来的《律疏》校注人或刻印者,在版式用语的安排上已不再使用"丛书集成"及"四部丛刊"的做法,而开始考虑反映结构规律的问题。

2. 因插入别的唐律的注释书而带来版式不一

元代柳贯在刊刻泰定本时,就在《律疏》中插入了其他两本解释唐律的书。他在《唐律疏义序》中曾说:"吾欲求《故唐律疏义》""而行省检校官王君长卿复以家藏善本及《释文》《纂例》二书来相其役""逾月绪成"。⑮ 当时,王长卿提供给柳贯的是三本书,一本是《故唐律疏义》的善本,另一本是《唐律释文》,第三本是《唐律纂例》。其中后两本书的作者是元代的王元亮,其中《唐律释文》基本是关于唐律的词语注释书,《唐律纂例》是对唐律法例学习心得的图表解。结果是,柳贯把《唐律释文》与《唐律纂例》依与《律疏》篇卷的关系,分插到《律疏》各篇卷的前后,三本书被合成了一本书刊刻,这是之后"泰定本"系统版本在版式上的最大一个特点。与此相对照,滂喜斋藏宋刻本《唐律疏义》中,因没有元代人编写的《释文》与《纂例》,当然也不会有元代人柳贯所写的序文。所以《滂喜斋藏书记》中说:"孙刻此书,据影元泰定本,每卷所附《纂例》《释文》王元亮所编也,此本无之。"⑯ 元泰定本与宋刻本在版式上的这点不同,不是基于对《律疏》书名及各结构部分理解的不同,而是由是否把其他书与《律疏》合编而形成的区别。

三、"唐律疏义"与"唐律疏议"的版本各有其长短利弊

今天,唐代之《律疏》以"唐律疏义"与"唐律疏议"两种书名存在。大凡其"疏"下疏解内容紧接用"议"字表述者,则书名基本都称为"唐律疏议",这种情形清朝从孙星衍起,经沈家本到民国时期的刻本,都是如此。而称"唐律

---

⑮ 刘俊文点校:《唐律疏议》,后附柳贯:《序》,中华书局 1983 年版。
⑯ 刘俊文点校:《唐律疏议》,后附《滂喜斋藏书记》,中华书局 1983 年版。

疏义"者,则其各条"疏"下也随着改用"义"字表疏解内容。此种情况的典型代表是"四库全书"本《唐律疏义》。励廷仪序友人所出示之《唐律疏义》手抄本,从其序文中所提"其疏义则条分缕别"来看,该书各条之"疏"文下亦用"义"表述,情形与"四库全书"本似相同。问题在于:律条之"疏"下用"义"表解释内容,书名就称为"唐律疏义",而"疏"下用"议"表解释内容,书名就称为"唐律疏议",如果这成为一个书名命名的潜规则,那是不是科学? 可惜现在无论是称"唐律疏义"还是"唐律疏议"者,都在有合理性的同时,存在着不科学之处。

1. 称"唐律疏义"者,以之作为书名是其得,而由此于各条"疏"下以"义"取代"议"是其失

唐代之《律疏》使用"唐律疏义"为书的整体名称,合乎《律疏》制定之初衷。高宗于《永徽律》制定后命令再组织人为《律》条写"义疏",写"义疏"的目的是疏解律义。"义疏"是当时疏解经典的正统用词。《名例律》序疏中就说,"近代以来,兼经注而明之则谓之为义疏"。可见,皇帝下诏为《律疏》逐条写"义疏",其书名称"唐律疏义",合乎唐代为经典写疏的传统习惯。但是,如果由于书的整体名称为"唐律疏义",就由此一定也要在[疏]下把"议"改为"义"字,这就既不必要,也否定了长孙无忌等采用"议"体作为疏解律文的主要文体的特殊规律。

唐代《律疏》中,疏文总的任务是对律文与注文作解释,其中"议"是对律文与注文作深一步的阐释及作必要补充,"问答"是用举例的方式针对疑难再作解释。沈家本在《重刻唐律疏议序》中对"议"的作用说:"名'疏'者,发现'律'及'注'意;云'议'者,申律之深义及律所不周不达,若董仲舒《春秋决狱》、应劭《决事比》。"其实,"议"作为疏文主要表述文体之不可改易,已为敦煌文书中《律疏》的残卷所证实。中华书局1989年出版之《敦煌吐鲁番唐代法制文书考释》中,刘俊文据北京大学图书馆馆藏缩微胶片上誊录之内容清楚表明,《律疏》中永徽《职制律》、开元《名例律》、开元《贼盗律》、开元《杂律》残卷中,其疏文部分,都无例外地使用"议"字。如果当时"议"字可用"义"字替代的话,其抄写人绝不会弃易写的"义"而偏拣难写的"议"。后来使用唐代《律疏》内容的《宋刑统》,其疏下,与"问答"并列的解释内容也仍使用"议"。

2. 称"唐律疏议"者,于"疏"下用"议"是其得,而由此把"疏"与"议"拉在一起作整个书名是其失

从根本上说,唐代的刑律,永徽间奉皇命为其编撰"义疏"后,《律》与"疏"合体简称为《律疏》。这不但《旧唐书·刑法志》记载明确,就是《律疏》

本身《名例律》的"序疏"部分也明确说"爰造《律疏》,大明典式"。虽然《律疏》一开始"疏"文下就标有"议",但唐人从不以"疏议"来简称《律疏》。但从宋代起,先从口头上(还不是整部书名的题写)开始把本不相连读的"疏""议"连读为"疏议"来简称《律疏》,到元代发展到正式把"疏议"作为《律疏》的书名。关于连读问题,著名学者王重民早就诟病于此。[17]

四、在实践中开创"扬长避短,整合归真"的学术主张

今传之"唐律疏义"与"唐律疏议"两种版本,除了律文"疏"下有的是"议"及"问答",有的则是"义"及"问答"外,还有完全为了省事而出现的情况:一种做法是认为既然"疏"下必然地包括了"议"及"问答",所以把"疏"省去,留"议"及"问答",读者也自然会知道是相对于《律》的"疏",敦煌文书中《律疏》的残卷中就有这种现象。另一种做法是认为既然"疏"下必然有"议",就只写"疏"而省去"议"吧。真可谓不一而足。这些情况的存在,对唐律的现代研究没有好处,而且带来莫衷一是的令人生厌的繁乱。

1. 书名与版式的争议愈演愈烈,进行统一整合势在必行

值得引起注意的是,有的刊印者,为使别的校刊者或作序者与自己所刊刻的版本一致,竟擅自篡改别的校刊者序文中的词语。比较典型的如日本京都株式会社中文出版社的《唐律疏议》一书,就有削足适履随意改换别版所附《序》文内容中之措辞者:其一,柳贯及励廷仪两人分别所写的原《唐律疏义序》分别都改成了《唐律疏议序》及《新刊故唐律疏议序》;其二,柳序中柳自言之"吾欲求故《唐律疏义》",改成了"吾欲求故唐律疏议";其三,柳序中严格根据唐史记载所说的"长孙制义疏"及"义疏出永徽初",竟也分别被改为"长孙制议疏"及"议疏出永徽初"。

以上所列日本京都版的改动,其中"其二"与"其三"项,在王云五主编的"万有文库"版四册本的《唐律疏议》中同样出现。按照改动者的逻辑去推,《旧唐书·刑法志》中记载的高宗命令为律"条义疏",长孙等奉命制"义疏",甚至《律疏·名例律》序疏中的"兼经注而明之则谓之为义疏"中的"义疏",都必须改为"议疏"。以上的改动情况表明,《律疏》不同的书名及与之有关的版式词语表述,相互间已在发生摩擦与冲突,刊印者与读者也自然地产生

---

[17] 参见钱大群:《〈唐律疏议〉结构与书名辨析》,载《历史研究》2000年第4期,第117页;钱大群:《〈唐律疏义〉与〈唐律疏议〉辨》,载《唐律与唐代法制考辨》第39—40页。

进行整合与统一的想法与要求。其实对柳序作这种篡改是可笑的,也是不能被承认的。这里,协助孙星衍刻岱南阁本的重要校勘人顾广圻曾做了一件好事。他在校勘中虽然不采用泰定本的书名"唐律疏义",但对柳贯的序文十分敬重。今天仍得藏存的嘉庆十二年及十三年版的《唐律疏议》中,都收有顾广圻(千里)模仿泰定本中保留下的柳序的仿写件⑱,其注明的文字说:"嘉庆丁卯顾千里手摹上板"。顾广圻亲手模仿的柳贯序言,不但使我们看到那些篡改柳序文字行径的拙劣可笑,也使我们愉快地欣赏到了被顾氏再现的柳贯美雅大方的行楷书法艺术。

2. 对《律疏》书名及版式进行整合的可能性

无论是称为"唐律疏议"还是"唐律疏义"者,书名及版本虽不同,但其传流的渊源相同,即都是唐代的《律疏》。因而彼此的内容从刑律律义的角度看,只是存在因抄刻而出现的一些词语及某些语句上的差异,基本不存在律条特别是定罪量刑与制度原则内容上的差异。现在除专家学者一致认定的宋刻本外,所有《律疏》的版本,无论是名《唐律疏义》者,或名《唐律疏议》者,几乎都附柳贯于元泰定四年刊刻王长卿善本时所写的《序》。诸本各附柳序实际上是对名《唐律疏义》之元泰定本作为重要渊源之一的认可。而对《唐律疏义》书名的认可,说到底是对唐高宗命令为《律》"条义疏"这个决定《律疏》性质与形式的最重要基因的认同。这种认同是得到《律疏》自序(《名例律·序疏》)、众多传统古经书的《疏义》及《旧唐书·刑法志》这些不能撼动的文献与信史的强大支撑的。

历代唐律的校刊者,无论是"疏议"论者还是"疏义"论者,都有一个好的传统,那就是参照多种版本进行校勘,其中既有"唐律疏义"者,也有"唐律疏议"者,而且尊重前人校勘者的研究成果,书后所附之序,既收入序"疏议"者,也收入序"疏义"者。在律与疏内容的校勘上,不拘泥于何种版本,坚持唯正确是依的原则。所以,《律疏》虽有两种书名的版本在流传,但《律疏》内容越来越趋同而走向统一。倒是书名上的差异与矛盾越来越显得凸出了。

3. 在实践的检验中开创"扬长避短,整合归真"的学术主张

在这些年对唐律的接触中,《律疏》的名称不一,引起我的兴趣,我也给予了必要的关注。如上文所述,《律疏》的名称关乎对"疏"文组成、作用等诸多重要方面的认识与判断,也是目前读者在对唐律的阅读中感到困惑的问题

---

⑱ 参见嘉庆十二年兰陵孙氏依元版重刻的《故唐律疏议》三十卷本,第1—9页;嘉庆十三年版见原藏上海东亚同文书院图书馆《故唐律疏议》三十卷本。此两种本子,江苏省南京图书馆均有藏。

之一。20世纪末,我写了一篇文章,专门对《律疏》的结构与书名作辨析⑲,主要是分析情况、提出问题、表明看法,但并未提出解决的办法,因为当时无进行科研实践的机会,把对书名作改正的事,寄希望于将来。2002年,南京师范大学出版社接受了我重新注释《唐律疏义》项目的申请后,我便得到了整合《律疏》之书名为"唐律疏义"的机会。从2002年到2006年这5年中,我重注《律疏》的工作重点是开拓对唐律全面的律学研究。但是,解决书名及版式问题,是我所撰《唐律疏义新注》其所以"新"的一个重要方面。我以我在《历史研究》一文的观点为基础,在5年的实践中,为《律疏》书名版式上找到的解决办法就是"扬长避短,整合归真"。这是实事求是,尊重古籍原著而不盲从,又富于自我创新的一种办法。

(1)书名依"四库本",但纠正其"疏"下用"义"的矫枉过正之失

我的观点及主张是,既然《律疏》现在的两个书名各有其长短与利弊,扬二者之所长,弃二者之所短可以实行。具体的做法是:对现称为"唐律疏义"者,应坚持原创时其"疏"下用"议"的正确做法,但是不要把不能连读的"疏""议"作书名,书名应该改为"唐律疏义",以使其符合《律疏》是为律"条义疏"的初衷及其性质;而对现称为"唐律疏义"者,如"疏"下用"义"的,应把"义"改为《律疏》原创时使用的反映文体特征的"议",而保留合乎《律疏》制定初衷及其性质特点的"唐律疏义"的书名。这样做的结果,二者的长处都保留了,弊端都去除了。这个书名,既严格地合乎"义疏"是"兼经注而明之"的唐代古制,又符合其词义随时代发展的现代理解:"疏"解律之含"义",根本上消除了由"疏议"引起的"又疏又议"的困惑。

《律疏》的"疏"下用"议",而书名不取把"疏议"连读而称为"唐律疏议",这种做法既不是随意拼凑,也不是凭空想象、毫无根据。从一定角度说,《律疏》的这种命名,从现在学者们共同认定的宋刻本《律疏》中,就可以看到其本来的身影。

其一,宋刻本所附《滂喜斋藏书记》中,记述《律疏》的部分,开头就说"宋刻《唐律疏义》三十卷",如果写"记"之人,不认为其所见宋刻本之书名为《唐律疏义》,绝不会驴头不对马嘴地如此说。同时,现存宋刻本书名为《唐律疏义》,但各条之"疏"下都用"议"。张元济在其书后所附之《跋》中所言之"卷一'四曰恶逆'条[疏]议"及"卷二十四'告缌麻卑幼'条[疏]议"之提法,都实证宋刻本各律条"疏"下正确地使用"议"字,而不是"义"。而现收于"四

---

⑲ 参见拙著:《〈唐律疏议〉结构与书名辨析》,载《历史研究》2000年第4期。

部丛刊"的宋刻本中,其"疏"用阴字,"议"用普通字与"疏"隔开,从这一点说,正是唐式的体现。

其二,我国古代经典称"疏义"者不乏其例,可以说是经典讲解传承的一种公认的文体,很多的图书档案中还有这种记录。《滂喜斋丛书》记载的"元版书目"中,就列有:"《诗经疏义》二十卷"。同时也在"元版法令类"下列有:"《唐律疏义》三十卷"。⑳

其三,国内就有律条"疏"下用"议",而书名称作"唐律疏义"的清朝版本。厦门大学图书馆藏有"清光绪十七年"(1891年)《律疏》的一个刻本,该书各律条"疏"下虽都用"议",而书名则称为《唐律疏义》。其书扉页之正面书曰:《唐律疏义》三十卷,《律音义》一卷,《洗冤录》五卷。"扉页背面注曰:"钱塘诸可宝书。"㉑无独有偶,江苏省南京图书馆也藏有这种光绪十七年的版本。这个版本扉页上书名为《唐律疏义》,其八个分册的书下口,皆注书名曰《唐律疏义》。但此书十二篇各篇的题目却仍是以"唐律疏议"为名。可见,见"疏"下连接"议",就要以连读的"疏议"为书名的"潜规则",处处呈现,要细查改正。

(2)版式处置上汲取前人成果,同时充分体现"新"的特色

在《律疏》版式的处置上,中华书局1983年出版的刘俊文的注本,其书名虽仍称"唐律疏议",但其版式基本符合"注"说明"律","疏"说明律及注,[疏]包括同等地位的"议"及"问答"两种文体及其内在联系的特点。同时刘校本也把《释文》《纂例》,从《律疏》中剔出,其中《释文》以后附的形式收入。而我所撰《唐律疏义新注》的版式,基本参照刘校本处置。但我为了考虑新时期最广泛读者面的需要,在版式上有如下与其不同的特色:

其一,《律疏》十二篇篇题后的"疏""议"文段,都名副其实地为其题名曰《××律序疏》,以揭示其性质,让读者对其有明确的归属感。各篇篇首"序疏"之称谓,亦显示其与各条条下"条疏"之区别。

其二,《律疏》条标从前主要起作为目录提示的作用,现在我把条标进行改造,《名例篇》的条标一律反映其制度与原则的性质,而其他十一篇的条标,则尽量完整地反映其罪名或罪状,以便在阅读条标时就看到包含的主要

---

⑳ 古代经籍的传释本称"疏义"者,在拙著《〈唐律疏义〉结构及书名辨析》中已列有数种。此《滂喜斋丛书》,系指光绪三年潘氏八喜斋刊本《滂喜斋丛书》(第十四册),艺芸书舍《宋元本书目》之下所列。

㉑ 在我对《律疏》书名查考的过程中,曾请教厦门大学教授、唐律专家周东平博士。周先生亲自为我入馆查找,得此版本后,以其主要信息电传予我,如引用有失,责任在我。

罪名,方便与醒目地对"古与今"或"中与外"的比较联想。

其三,在保证《律疏》原文独立完整的前提下,从方便不同层次读者的需要出发,在《律疏》的右边与原文并行,撰写了《律疏》的现代汉语译文;《律疏》原文采用繁体字,而译文则采用简体字,以便于对照地阅读。译文是《律疏》实体的影子,与柳贯在泰定本中穿插进《律疏》之外的《释文》及《纂例》的情况完全不同。

我根据"扬长避短,整合归真"的学术主张撰写的《唐律疏义新注》,在写作过程中得到同行专家、出版社及有关主管当局的采纳和认可。该书于2002年在南京师范大学出版社立项后,2003年被"全国古籍整理与出版小组"批准列为资助项目;2006年,又为国家新闻出版总署列入"十一五"重点图书规划项目。2007年出版发行后,同行专家在书面或口头都做出了热烈的反映。而我个人感受深刻的一点是:姑且不谈《唐律疏义新注》的其他方面,仅就书名及版式方面所作的努力,其方向、方法是正确的,在理论上及实践上都是站得住的。

唐律是中国老祖宗留下的文化瑰宝,但是过去读律人手中所执之《律疏》,从版本学上说都是有瑕疵的。现在这段历史将结束,长期以来由于书名不一笼罩在《律疏》面庞上的阴影将被扫除,这对新时代的唐律研究将带来积极影响。

(2008年3月)

（二）专家评议

唐律研究的一块丰碑

陈鹏生[*]　丁凌华[**]

据笔者孤陋所知，当今能以人生的近三十年光阴，孜孜矻矻，皓首穷经，集半生心血始终凝聚于这部中华法系的代表作，造就九部专著、无数文论、数百万字成果的学者，环顾宇内，能有几人？

当今学者中，对唐律整体文本研究贡献最大的，一为北京大学历史系的刘俊文先生，一为钱大群先生。但两者研究之重心不同：刘俊文先生之重心在版本、目录之渊源，其关于唐律的点校、笺解两书，贡献甚大；钱大群先生之重心则在律文内容之通解，其所著《唐律译注》《唐律研究》《唐律论析》《唐律疏义新注》四书，厥功至伟。其区别大概就在于一为历史学的研究，一为法史学的研究。大群先生有关唐律的专著中，以此书最晚出而篇幅最巨，并经南京师范大学出版社的悉心装订，精装美册，将大群先生晚年所作的这部《唐律疏义新注》巨作，称之为"唐律研究的丰碑，毕生心得之总汇"，并不为过。

《唐律疏义新注》一书，笔者粗粗浏览，挂一漏万地来看，该书有以下几个特点：

---

[*] 华东政法大学法律学院教授。
[**] 华东政法大学法律学院教授。

一、书名有新说

这部唐代的法典,坊间所传,历来习称《唐律疏议》,但大群先生独排众议,根据清代藏书家潘祖荫《滂喜斋宋刻唐律疏义记》及《四库全书》所收元人柳贯《唐律疏义序》,认为原"疏议"二字同义反复,故以恢复"疏义"之名为妥。这个观点,大群先生在《历史研究》2000 年第 4 期上发表过,在中国法律史年会上也多次谈到,笔者是很赞同这一观点的。

二、注、译、述体例完备

全书既有详尽的"注释",又有对律文与疏文的现代汉语的全"译文",每一条目前还有以现代刑法学角度对该律条内容剖解说明的"引述"。可以说体例完备,该做的、想做的、能做的都做了。至今为止,能够敢全译《唐律疏义》的,也只有大群先生此书了。大群先生当然也知道这种风险,他在本书"后记"中说:"惟独有风险,才具刺激性,才能激发起为解决一个个具体问题而不懈努力的激情。"笔者惊讶的不是大群先生的学术勇气——这是早已为其成果所证明了的,而是一个七旬老人,居然用"刺激性""激情"这样的青春词汇来解释自己的创作动机,这里我们可以看到大群先生的真性情。

三、"译文"简练清晰

大群先生在接触法制史之前,从事了 20 年的大学与中学的语文教学与研究,并出版过多部专著,对古文研究有深厚的功底,所以大群先生在《唐律疏义新注》中的译文也非常简练,而且工整。书中原文用五号字体,译文用小五号字体,一一对仗,排列工整。译文文字准确简练,笔者随手摘两例证之,如第 175 页原文:"检者,谓发辰检稽失,诸司录事之类。勾者,署名勾讫,录事参军之类。"译文为:"检官,指注明公文发办时间及检查滞留违失,如各官署录事之类的官吏。勾官,检核无稽失后署名并作勾记,如录事参军这类官员。"又如第 296 页原文:"谓意在堪贡,心不涉私,不审德行有亏,得减故罪三等。"译文为:"指本意想推荐合格的人,内心无故意,不谨慎荐举了德行不端的人,应比故意犯减三等。"可见译文清晰简练。而且基本是句对句的直译,而不是文学作品那样的意译——法典是不能意译的,宁可失之于文采,不可失之于准确。而且是几十万字的译文风格如一,而不仅仅几段几篇而已。

四、"注释"详尽考论

《唐律疏义新注》的译文简练,但注释却相当详尽。每条律文多则十五六条注,少则六七条注,以全书统计,应该有5 000条左右注。这些注释的作用,大略第一是解释词义;第二是考证源流异同,笔者以为这是此书最见功力之处。随举两例证之,如第509页注3、注5详尽考证了原文的"《擅兴律》序疏"中认为曹魏时已名为《擅兴律》的记述与《晋书·刑法志》的记载不符,又以《隋书》和《唐六典》为旁证,最终认为原文记载有误,曹魏时应为《兴擅律》。又如第42页注7解释为什么舅奸外甥女不属于十恶内乱罪,笔者在《中国丧服制度史》一书中曾据《旧唐书·礼仪志》的记载指出,唐高宗时曾改舅为甥报服小功,但大群先生却注意到《新唐书·礼乐志第十》明确提到:"然《律疏》舅报甥,犹服缌",这样就与《律疏》的记载相吻合了。类似的考证在书中比比皆是。而且一般书中对某一词语的注释都是在第一次出现时,以后再出现不再加以解释,读者要查找前面的解释又不知在何处,非常麻烦。而大群先生在本书中则一再以注的形式不厌其详地告诉读者,原注见第几页注几,在哪一篇的第几条,总第几条,一查即得。这样处处为读者着想,如保姆般细心的责任心,笔者只有在上海图书馆胡道静等先生编写的《中国丛书综录》中才看到过。

五、以"引述"的形式从现代刑法角度指引读者

"引述"这样的形式,不少书中也有,但大多只在篇章前才出现。而本书则在每个条目前都有引述,再加上十二篇"序疏"前的引述,共有五百一十四条"引述"。每条引述都站在现代法文化价值的角度,介绍该条律文在立法与司法上的任务和作用,包括该条在立法及刑罚处置上的特点、该条所包含的罪名、阅读该条应该注意的问题,等等,详尽细致的风格一如注释。

当年苏东坡评价柳宗元的《封建论》说:"宗元之论出,而诸子之论废矣。"大群先生此书,当然不是唐律研究的终极之书,但后此学者,凡研究唐律者,不能视此书于无睹,不能绕过此书,则是可以断定的。

(2008年)[※]

[※] 此部分之文章后,凡注为"2008年"者,皆收自《南京大学法律评论》2010年春季卷《唐律研究新的里程碑》中专家学者所撰评钱大群《唐律疏义新注》的署名专文。

因有鲜明特色而异于同类著作^{*}

俞荣根^{**}

"咬定青山不放松"。钱大群教授就属于这种性格的学者。二十多年了,他全身心扑在自己选准的领域里,孜孜不倦地精耕细作,不论寒去暑来,任凭世风变幻,他依然那么儒雅,那样从容!在唐律研究的世界里,他享受着精彩,享受着乐趣,享受着人生!天道酬勤,有什么样的耕耘就有什么样的收获。于是,一本一本专著接踵面世。

在唐律和唐代法制研究领域,大群先生为学界所称道的,绝非仅仅是笔耕勤奋、论著丰富,印象更深的还是他总有新见,而且敢于提出新见,并且坚持经过自己深思熟虑的那些新见。如唐律《律疏》自宋代以来就有《唐律疏义》与《唐律疏议》两种书名,虽然两种称谓都用,但《滂喜斋藏书记》所记宋刻本,以及清朝《四库全书》国家版本都称为《唐律疏义》,这符合唐代长孙无忌等人为《律》撰"义疏"的初衷。① 因此,他坚持把自己的大作定名为《唐律疏义新注》(以下简称《新注》)。又如,他撰文明确指出,"唐律不是'诸法合体'的法典","唐代在整个立法上并不是'民刑不分'"。② 再如,在大陆法史学界几乎一边倒地认为《唐六典》是"行政法典"的时候,他连连撰文力辩《唐六典》非"行政法典",指出"唐代法律体系中没有'行政法典'","《唐六典》

---

* 本文为2007年版《唐律疏义新注》序文之摘要。
** 西南政法大学教授。
① 参见该书"例言"及钱大群:《〈唐律疏议〉结构及其书名辨析》,载《历史研究》2000年第4期。
② 参见钱大群:《论律、令、格、式与唐律的性质》,载《法学研究》1995年第5期。

从未作为'行政法典''行用'","不具有法律的属性",更"不是'行政法典'"。③ 如此等等。他的诸多新见为法史学界所认可,特别是后两大观点,影响甚巨,目前大多数高校法史教学已采用是说。

笔者寡闻,就所知屈指算来,20世纪以来,中国学人中专注于唐律研究且取得举世公认成就者,除独立完成《唐律通论》(台北正中书局1964年版)和《唐律各论》(台北三民书局1965年初版;台北成文书局1988年再版)两部著作的前辈大师戴炎辉先生外,继起者中,一位是刘俊文先生,刘先生也以一己之力点校《唐律疏议》,撰写《敦煌吐鲁番唐代法制文书考释》(中华书局1989年版)和《唐律疏议笺解》(中华书局1996年版)等著作;另一位就是我们的钱大群先生了。我不希望说他们是绝后的,但肯定是空前的。

译注唐律是一项高难度的学术工作。古代法律典籍向称艰深,唐律亦然。对其今注今译,不但需要历史、法律等专业学术造诣,而且非有相当于古人称之谓"小学"的国学功力不可。译注唐律又是巨大的学术工程。唐律12篇五百零二条,卷帙浩繁,包罗万象,其文字句读、名物制度,都须经过上下求索、沿波讨源、穷尽典章、追根究底,再加以句斟字酌、研精覃思,方能阐幽发微、深得妙意。这样高难度的学术工程,需要长期而艰苦卓绝的研究积淀,需要滴水穿石的意志和毅力。不用说,《新注》汇聚着钱大群先生毕生的学问和心血,表现了他的情怀,是他唐律研究的扛鼎之作! 集大成之作!

我有幸先睹为快,习读了部分清样。书中每条都由"引述""原文""译文""注释"四部分组成,结构自然合理;"注释"之间相互照应,前后互参,形成一个个知识链和注释环,环环相扣,链环衔接,方便读者检阅查找;"原文"全用繁体,其他一概简体,既古朴庄重,保存典籍原韵,又便于阅读,易解易懂,且可使青年学子于原、译文对照中顺带识读古字、欣赏古风。凡此种种,可谓设想周到,匠心独具。现在提倡以人为本,著书、出书就得以读者为本。只是喊喊口号容易,当做本旨去真做而且做好的不多。唯其如此,《新注》才显得难能可贵。如果要概括一下对《新注》的第一印象,用"尽精雕细刻之功,展大气磅礴之势"来描述,或许比较恰当。

翻开《新注》,最先感受到其新意的还在"目录"上。现今流行的各种《唐律》版本,其五百零二律条均有标题,俗称"条标"。所据版本不同,或整理者、注释者不同,条标或有差异,但大致八九不离十,差别不大。唯大群先生

---

③ 参见钱大群:《〈唐六典〉性质论》《〈唐六典〉不是"行政法典"》,载《中国社会科学》1989年第6期、1996年第6期。

《新注》，在条标上煞费苦心，多所改易。略作比照，《新注》之条标，十之八九都是他修改重拟的。这是一件很费脑筋的事。因为所拟条标既要准确表达和涵盖律条内容，又要规范、有节律，使之更加科学、精准、简明，绝非易事。大群先生改写条标的原则和本意，在"例言"中有详细交代，读者自能体察其艰辛和用心。在此信手检出两例，略作印证。

其一，《唐律疏义》卷第二，《名例》总第9条，原条标为"皇太子妃（请章）"。律条原文曰："诸皇太子妃大功以上亲，应议者期以上亲及孙，若官爵五品以上，犯死罪者，上请；流罪以下，减一等。其犯十恶，反逆缘坐，杀人，监守内奸、盗、略人、受财枉法者，不用此律。"原条标只是截取律条开头4个字组成，显然不能表述该律条所要说明的上请制度及其原则，今之读者依现代汉语文法和习惯去读，难免一头雾水，不知所云。《新注》将该律条标题改为"上请之对象程序及特权（请章）"，甚为妥帖允当，可收一目了然之功。

其二，《唐律疏义》卷第二十四，《斗讼》总第355条，原条标为"告人罪须明注年月"。而律条的原文是："诸告人罪，皆须明注年月，指陈实事，不得称疑。违者，笞五十。官司受而为理者，减所告罪一等。即被杀、被盗及水火损败者，亦不得称疑，虽虚，皆不反坐。其军府之官，不得辄受告事辞牒，若告谋叛以上及盗者，依上条。"原条标亦系截取律条前端8个字而成，未能准确表明该律条所规定的罪名、罪状及涵盖的主要内容。从律文看，此条有四层意思。第一层规定告人犯罪不得称疑。"不得称疑"是关键，"称疑"即为有罪，至于"明注年月"只是"不得称疑"的一种要求，还有一种要求是应"指陈实事"。第二层规定官司若受理这种称疑案子的法律责任。第三层规定告发被杀等重大案情也不得称疑及告不实的处理（不反坐）。第四层规定军府官员不得擅自受理状子及其例外。总起来说，一、三是讲告人罪不得称疑，二、四是讲官司受理事项。可见，原条标连第一层内容也未涵盖以尽。《新注》拟定的新条标是"告人罪称疑及官司受而为理"，这样概括既简要又周全恰当，足以纲领律文。

律条标题准确与否，基于对律文内容的理解是否精深。据我所知，大群先生对唐律条标的研究由来已久。写这段文字时，我又翻阅了他1988年写的《唐律译注》，那里面的大部分条标皆属新拟。具体到上列之第9条、第355条两律条的条标，前者已命名为"'上请'之人及请法"，后者已定名为"告人罪称疑"。比之原条标，已是明晰易懂，然前后相较，《新注》之优长处，更灿然可见。大群先生在唐律研究上之永不停步、不断创新，于此可窥一斑。

自唐律颁行1300多年以来，译注唐律者代不乏人。《律疏》就是唐律的第一个官方注释本。其后,有宋代孙奭之《律音义》、元代王元亮整理之《唐律释文》。20世纪可谓名家辈出,60年代,戴炎辉先生在《唐律通论》的第二编中,逐条解释《名例律》;又在《唐律各论》中,对从《卫禁律》到《断狱律》的11篇各条逐一释义。这是中国学人第一次以现代法学思维和史学研究方法系统地研究和解释唐律。日本学者自20世纪50年代,特别是70年代末以来,对唐律的注释也用力甚勤而颇有收获,刊行了《译注日本律令之五至九·唐律疏议译注篇一至四》(日本东京堂1979、1984、1987、1996年版)。此后,唐律研究在中国大陆日渐兴盛。在注解方面,首先面世的就是钱大群先生的《唐律译注》(1988年)。接着,1989年,吉林人民出版社出版了曹漫之主编,华东政法学院古籍整理研究所7位专家集体译注的《唐律疏议译注》,是书16开本,译解详备,校勘较精。这两种译注的出版,填补了唐律研究的一项空白,缓解了唐律教学中律疏古文今译的燃眉之急。1996年,刘俊文教授完成了《唐律疏议笺解》(上、下)。"笺解"之"解",重在解析律条;之"笺",则重在笺释疏议。其探究律意、考订源流、补缀案例,功力非浅。《新注》注意借鉴了唐律注释研究的各家之长,同时继续体现了作者学风上的创新精神,蕴涵着他多年来研究唐律的一系列创新性成果,确因具有自己的鲜明特色而有异于同类著作,从而把这项研究推上新台阶。

学术史、法律史已经证明,唐律研究源远流长,常研常新,永不枯竭! 从孙奭《律音义》以来,经历史陶冶而积淀下来的唐律研究著作,业已成为传世文献,是中国文化的组成因子,为每一代唐律爱好者、习读者、研究者所必备、所钟爱。这些传世名著的价值,并不在于是否一时洛阳纸贵,而在于世世拥有自己的读者,并且永远不乏读者。《新注》就是这样的文献。

(2006年)

法律文献研究及法学古籍整理中最为重要的成果之一

田 涛[*]

随着中国法律史研究的不断深入发展,对中国古代法律文献的整理工作取得了很多新的成就。这些成就不但丰富了研究古代法律的内容,同时从古籍整理的角度,也得到了历史学界和文献学领域对中国法制史研究的尊重。大量的法学古籍被加以钩沉,甚至通过点校整理,使鲜为人见的珍贵史料得以化身千百,使广大学人能够有更多的机会接触历史资料,从而推动了中国法律史的研究。近年来,中国法律史的研究已经从"以论代史",甚至曲解擅造和"理论先行"的桎梏中逐渐解放出来,尽管仍然有人认为,法律文献研究和法学古籍整理,"不能算是学术成果",但依然无法否定当前法学古籍的成就。这其中最为重要的之一,就是钱大群先生的《唐律疏义新注》。

这部一百七十余万字的皇皇巨著,是钱大群先生多年以来对唐律不断研究和探索的结晶。十余年前,我就曾经读到过钱大群先生对唐律讨论的学术著作,并且为他勇敢地指出《唐六典》非"行政法典"的主张而感动。在当时法史学界几乎一边倒地认同《唐六典》是所谓"古代行政法典"的情况下,他从唐代的社会以及法学发展规律的角度,对《唐六典》一书的属性提出了独到的看法,并作出了唐代的社会和法律中没有所谓"行政法典"的判断。这一见解在当时是需要具有挑战"权威"的勇气的。大群先生的主张,果然振

---

[*] 上海政法学院已故教授,著名法史文献学家。

聋发聩,并且为其后法史学界所采信。①

有一段时期,学界对法律文献缺少基本考察,作出唯心主义的研究,并被当做成果进行夸大的同时,排斥了法律文献的挖掘和整理。这一时期,对中国古代"民法"的研究同样趋于表面化和简单化,甚至将传统法律中与"户婚田土"相关的条款,简单地罗列在一起,就认为这就是中国古代的民法。继而还有中外学者,将清代法律中的《户例》部分或者《户部则例》直接看做是中国古代的民事法典,这种皮相的贴标签式的研究,既互相矛盾,又互相抵牾,一度曾经迷惑了不少人。钱大群先生正是通过对唐代社会和法律的研究,对所谓"诸法合体、民刑不分"的主张提出了相反的意见,他明确地指出,"唐律不是'诸法合体的法典'",并且认为唐代在立法上不存在民刑不分的立法结构。② 这种见解不仅需要勇气,同时也体现出钱大群先生独立的学术见解和高尚的学术风格。

钱先生对自己选定的学术方向,抱定了从容与执著的决心,在唐律研究里不断厚积薄发,并且形成了钱大群先生对唐律研究的独特见解和系统成果。在这期间,钱大群先生奉献给学术界一批唐律研究的重大成果:《唐律译注》(江苏古籍出版社1988年版)、《唐律论析》(南京大学出版社1989年版)、《唐律与中国现行刑法比较论》(江苏人民出版社1991年版)、《唐代行政法律研究》(江苏人民出版社1996年版)、《唐律与唐代法律体系研究》(南京大学出版社1996年版)、《唐律研究》(法律出版社2000年版)、《唐律疏义新注》(南京师范大学出版社2007年版)、《唐律与唐代法制考辨》(社会科学文献出版社2009年版)。

历经20年时间,文字总量高达400余万字的9本著作,是我国法学界对唐律进行专题研究最集中、最辉煌的学术成果。以持之以恒的决心,靠着追求真理的信念,一位已过古稀之年的学者,给中国的法史学界的贡献实在是太多太多。

这部《唐律疏义新注》囊括了钱先生近年来对唐律研究的重大成果,在编写过程中吸收了近年来唐律研究的各种大成之见,钱大群为我们勾勒出《唐律疏义》在中国法律发展史的重要地位,并且指出"罪刑相当是唐律追求的重要目标",并且将《唐律疏义》看做是中国历史上至为重要的律学大典。钱大群先生的这部作品,不但利于学术研究,而且更利于学习传统法律的学

---

① 参见钱大群:《〈唐六典〉性质论》,载《中国社会科学》1989年第6期;《〈唐六典〉不是"行政法典"》,载《中国社会科学》1996年第6期。

② 参见钱大群:《论律、令、格、式与唐律的性质》,载《法学研究》1995年第5期。

生进行研读。该书除了在法条中作了详明的"引述"之外，还针对《唐律疏议》的原文作了对应性的译文，例如在《唐律疏义新注》卷第二十四斗讼，"知所部犯法不举劾及知伍内人在家犯不纠"条下，首先引录原文：诸监临主司知所部有犯法，不举劾者，减罪人罪三等。纠弹之官，减二等。疏议曰："'监临'，谓统摄之官。'主司'，谓掌领之事及里正、村正、坊正以上。知所部之人，有违犯法、令、格、式之事，不举劾者，'减罪人罪三等'，假有人犯徒一年，不举劾者，得杖八十之类。'纠弹之官，唯减二等'，谓职当纠弹者。其金吾当检校之处，知有犯法不举劾者，亦同减罪人罪二等。"随即钱大群先生给出了译文："凡位居监临主守者知所辖之内有人犯法，不纠举论处的，比犯法人的罪罚减三等处罚。以纠举违法犯罪为职责的官吏，只比犯法人之罪罚减二等处罚。疏议说："监临"指统辖或被授权兼职统辖的官员。'主司'，指该项事务之掌管者及里正、村正、坊正以上的官吏。知所辖部区的人有违犯律、令、格、式的行为，不予纠举论处的，比犯罪人之罪罚减三等，是假设有部下人犯徒刑一年，不纠举论处者，应处杖八十的情形。'专职的纠弹官员，只比犯罪者减二等'，是指其所负职责就是纠办犯罪的官员。如果金吾卫在负责察看查验之处，知道有人犯法不纠论的，也依比照犯罪人之罪罚减二等之法处罚。"译文通俗明了，清楚简洁，尤其对青年学生了解唐律，可以起到非常直观的作用。

钱大群先生在《唐律疏义新注》中将书名定为"疏义"二字，显得古趣盎然，且颇费心力。历史上《唐律疏议》的书名有二，一为"疏义"，另一为"疏议"。最早的记载，始见于《旧唐书·经籍志》和《新唐书·艺文志》中所称，皆简称为《律疏》，但因在文本中每条冠有"议曰"二字，且因《律疏》是唐律之疏证，故后人称之为《唐律疏议》。传世所见敦煌和吐鲁番诸写本中，亦称"律疏"，宋以后各本则称作《疏议》，但无论"疏义"与"疏议"皆同指唐长孙无忌等所著的同一作品。古文中"义"与"议"互为通假，故在使用时可能相通。但细审两字亦小有区别，"议"有发议论、讲解和论说之意；"义"则有本义、宗旨和解释之意，按钱大群先生的说法，则执"本义"说，亦也颇见地。

钱大群先生对唐律的系统研究，是中国法律史学中最功夫独到的研究成果。钱大群先生对唐律文本的整理和诠释，是中国法史文献中很见功力的心血结晶。中国法律史的研究在转折的重要时期，有钱大群先生这样的学术前辈，是中国法律史界全体学人幸甚之事。

唐律最全面、最完善的注本

戴建国[*]

唐律作为中华传统法律的代表作，与唐令一起，被誉为"东方法制史枢轴"。自颁布后，历代研究者不绝如缕。20世纪以来，学术界先后出版了不少唐律的译注本。这些成果薪火相传，各具特色。最近，钱大群先生所撰《唐律疏义新注》由南京师范大学出版社出版，从而将唐律的研究又推向了一个新的阶段。笔者拜读之后，窃以为这是迄今为止有关唐律最全面、最完善的注本。为唐律作注，除了精通法律以外，还要求作者对古汉语、古代名物制度有相当的造诣。钱先生集数十年功力，对唐律作了周密的注解。皇皇170余万字，凝聚了钱先生数十年的心血。

我以为《唐律疏义新注》（以下简称《新注》）的最大特点是全方位地为读者的阅读理解提供方便。例如《新注》中，凡前文已有过解释或后文有相关内容的，都用醒目的文字予以标示，便于读者前后参考，融会贯通，加深理解。唐律涉及诸多名物制度，这对当时的唐人来说，解读并不成问题。然而对于今天的读者，由于年代久远，这些名物制度成为阅读绕不开的一大瓶颈。在教学过程中，可以发现学生往往视读唐律为畏途。钱先生不避艰辛，作了大量的诠释工作，为读者清除了障碍。

中国过去的史家，在著书立说遇到不同史料不同记载时，多采用一种严谨的做法，即把不同的记载及选择的理由汇集起来作介绍，备查解惑，以便读者。史家称之为"考异"。这种考异体例，自宋代司马光创立以来，为历朝学

---

[*] 上海师范大学古籍整理研究所教授。

者所遵从。《新注》也继承了这一优良学风,当唐律条文诸家有不同解释时,《新注》逐一列出各家说法,并亮出自己的观点,让读者自己去进一步思考辨别。对第262条"造畜蛊毒"注5"畜猫鬼"的注释,分别列出了曹漫之《唐律疏议译注》的说法和宋人此山贳冶子的说法以及《新注》自己的观点。这无疑提升了《新注》的学术价值。

钱先生的《新注》是在对唐律系统扎实的研究基础上撰成的。举例来说,有学者认为,显庆元年(659年)唐统治集团曾对唐律舅报甥的缌麻服制进行过修改,修正为小功服制。中华书局出版的点校本《宋刑统》将《名例律》"十恶内乱"的一段疏文误点为:"奸小功以上亲者,谓据《礼》男子为妇人著小功服而奸者,若妇人为男夫虽有小功之服,男子为报服缌麻者,非谓外孙女于外祖及外甥于舅之类。"钱大群先生为此进行了细致的考证,用确凿的证据表明,永徽律疏并未把舅报甥的服制提升到小功。厘清了关于这一问题的错误看法。诸如此类的研究,保证了《新注》的学术质量,可以说,非对唐律有精深的钻研,则断不能撰成此书。

《唐律疏义新注》的问世,实为嘉惠学林的一件盛事,对于推动我国法律史的教学和研究,继承祖国宝贵的法律文化遗产,服务当代法治建设,必将起积极的作用。

(2008年)

雅俗共赏：新世纪最重要的唐律注释书

周东平[*]

现代意义上的唐律的系统研究，以仁井田陞、戴炎辉诸先生最早着鞭，创获颇丰，学泽无量。而《唐律疏议》作为最早、最完整地保存下来的律典，对其校勘、注释，代不乏人。

一、新世纪最重要的唐律注释书

当代学者的注释中，最具里程碑意义的是：

（1）20世纪80年代之前，以日本学者的译注最具水平。滋贺秀三早年就对《名例律》第一至三十六条作了日译、注释，并阐明相关问题。[①] 后由泷川政次郎为首的律令研究会，召集数十名日本和我国台湾地区的中国法制史研究者，进行《译注日本律令》（以下简称《译注》）的工作。其所作唐律译注，吸收了滋贺秀三的研究方法，只是译文改用古日语。体例上除注解了艰深律文字句外，还有各条的解说，偶尔还附有附说。[②] 这部译注除了引用资料丰富，律文解释精准外，善于运用现代法学理论驾驭译注、解释唐律，是其重要特点。

---

[*] 厦门大学法学院教授。

[①] 参见〔日〕滋贺秀三：《译注唐律疏议》（第一—五册），载《国家学会杂志》第72卷第10号、第73卷第3号、第74卷第3、4号、第75卷第11、12号、第78卷第1、2号，1958年—1964年。

[②] 参见《译注日本律令五—八·唐律疏议译注篇一—四》（以下简称译注），东京堂出版社1979年、1984年、1987年、1996年版。其中，由滋贺秀三执笔的《唐律疏议译注篇一〈名例律〉》注释尤佳，堪称优秀之作。

（2）以刘俊文为代表的20世纪90年代的注释。刘先生早在1983年点校的《唐律疏议》虽难免一些瑕疵，但迄今仍为中国大陆地区的通行本。③ 继《敦煌吐鲁番法制文书考释》之后，他于90年代中期出版了《唐律疏议笺解》（上·下）（以下简称《笺解》）。④ 其书之"笺释"乃为疏文而作，"解析"系以律条为单位，分析律意，偶或考订渊源、叙述演变、补充案例，是目前较好的中文版《唐律疏议》注释书。这部笺解善于考镜制度源流，也注意吸收敦煌吐鲁番文书的研究成果，是其所长。但在运用现代法学理论审视、解释方面，略嫌薄弱。

（3）钱大群先生从20世纪80年代开始，陆续推出一系列唐律研究著作和重要论文，并在数年前就告知笔者完成唐律新注的夙愿。而今这部由南京师范大学出版社2007年出版的《唐律疏议新注》（以下简称《新注》），以先生一己之力，历时数年，终获杀青，可谓新世纪最重要的唐律注释书，将为学界尤其一般读者提供极大便利。

二、雅俗共赏的著作

对照上述两书，窃以为可以把钱先生的这部《新注》定义为雅俗共赏的著作，理由如下：

1. 从"雅"即学术研究的精深角度而言

（1）这部《新注》在书名的采用上颇费心机，别开生面，反映了作者在这方面长期探索的成果，故与以往任何一部同类注释书的命名都不同。我不仅在拜读先生的论著中，也在完成先生委托的查证相关书名的任务中，深深感受先生这方面的功力。经过这次书名整合，基本上澄清了《唐律疏义》与"疏"在名称方面的问题。

（2）《新注》吸收了作者多年来唐律研究的成果，使其具有鲜明的钱氏学术风格。如对《名例律》"十恶·内乱"条关于舅报甥为缌麻而非小功的观点（第42页），就是基于作者20年前的研究成果而作出的判断。⑤ 对"死刑二"条"一罪二刑"问题的分析（《新注》第16页），也是如此。类似之处甚多，不一一列举。又如，对《捕亡律》"浮浪他所及阙赋役"条"弃繻求仕"之典故，作者考证出自《汉书·终军传》（《新注》第940—941页）⑥，展示了钱先生精

---

③ 有意思的是钱先生以此为工作底本，但刘先生却采用中华书局1986年重印本为《唐律疏议笺解》的底本。重印本与初版是否有所订讹？笔者未曾核对。
④ 上引刘先生三书，分别为中华书局1983年、1989年、1996年版。
⑤ 参见钱大群：《谈〈唐律疏议〉三条律疏的修改问题》，载《南京大学学报》1989年第5期。
⑥ 参见戴东雄：《唐律疏议译注篇四》，1996年版，第234页。

深的国学功力,相比之下,以精于考证源流著称的《笺解》对此付之阙如。还有,《擅兴律》"乏军兴及不忧军事"条对"随身七事"问题的探讨(《新注》第524页),则表现了钱先生严谨的治学态度。

(3) 作者在"引述"中,对唐律的规定,尽量从现代法学角度予以分析,使《新注》充满法学审视的目光和现代气息。如在《职制律》"有所请求主司许与施行及监临势要嘱请"条的"引述"中指出:"唐律中从严惩治监临势要之嘱请罪,这一点无论在当时或是现代都表现得非常前卫。对后代的人来说,最重要的是警惕不要在制度上让监临势要的嘱请,实际上不被视为犯罪而形成一种命令或指示令人不得不服从。"(《新注》第364页)在"受所监临财物与乞取监临财物"条"引述"中得出,"收受被监临者财物罪既不是现代意义上的贪污,也不是受贿,而是一项特殊的罪名"(《新注》第371页)的判断,《名例律》"共犯罪逃亡依先获者之自言决首从"条"引述"中指出:"律条中居然有涉及对枉处刑罚的赔偿问题"(《新注》第187页),注意到"期亲祖父母子孙概念的适用"条律"称'子'者,男女同"之注"缘坐者,女不同"作为总则性规定的意义不大(《新注》第215页)⑦,均显示了作者深厚的法学理论素养和独到的研究分析水准。

2. 从"俗"即普及的角度、为现代读者服务的角度而言

(1) 比起早已面世的《译注》和《笺解》,《新注》最大的特点是设立"译文"栏目,将律文及疏等译为现代汉语(译注是译为古日语,《笺解》未设此项),再加上"引述"的解说提示和相关注释,以及提示阅读难点,包括版式、字体选用方面和注释上互见法的努力。其为现代一般读者百般设想,以提供阅读便利之用心难能可贵。

(2) 律文条标抛弃传统的方法而采用独自标注法,对一般阅读者有一定的提示作用。⑧ 包括十二篇律的"序疏","赎铜"(《新注》第11页)、"加役流"(《新注》第58页)、"倍"(《新注》第153—154页)的专业术语的解释等,均含有此意。

(3) 附录的五个"附表",有助于一般读者了解唐代特有的制度,"注释词语表"则提供了查找专门术语之便。

---

⑦ 但律文"称'子'者,男女同"是否有例外?如一百五十七条"诸养子,所养父母无子而舍去者"(《新注》第402页)、第一百八十九条七出之"无子"(《新注》第453—454页),就不应包括女儿,似应于此予说明。尽管在相关译文中作者也已明确将子译为儿子。

⑧ 对此种做法,本人持保留意见。因几百年流传的条标法尽管未必科学,但已为学界所接受,成为共识。而以一人之力推倒重来拟定条标,创新勇气固然可嘉,但是否合适,值得斟酌。就以我国1997年《刑法》的罪名拟定为例,如果让学者自拟,恐怕每人设计的罪名目录都未必一样,甚至最高人民法院与最高人民检察院对某些罪名的拟定也曾有过不同。在今人对今法的概括都难以达成共识的情况下,对传统律典条标尊重约定俗成,依然沿用旧惯,也许是无奈但不失明智的选择。

三、可以改进之处

当然，我觉得《新注》也有一些可以改进之处，这里斗胆提出来向钱先生请教。

唐律首订"六赃"并沿用至明清律是众所周知的。这么重要的专有术语不设注解，并阐释其法理、关系，似不应该。《笺解》就有解释"六赃"的专条，《新注》虽在第144页注②设有"自外诸条"，如何"皆约此六赃为罪"的条目，但设"六赃"的专条注释仍有必要。

从法学角度分析，有些条文的解释还可以做文章，以起到沟通古今之功效。比如说化外人问题。《新注》之"引述"没有点明"化外人相犯之法律适用"条与现代刑法空间效力的两个不同方面（即什么地域、什么人）的属人主义、属地主义原则内容相当，不能说不是一个疏漏。又比如道士女冠僧尼盗毁天尊佛像、通奸者，还有监临主守于监临内奸者，似应点明其之所以被科以重罚，在于其属于不真正身份犯（加减的身份）的性质。流刑的配流距离应从何处开始计算？既然是为现代读者服务，有没有必要注明唐代的一里究竟多长？籍没或没官作为刑罚的一种，其性质如何（是主、从刑或其他或仅仅停留在缘坐刑罚上，因为现代的刑罚体系中无与之相当者）？"移乡"是保安处分还是附加刑？"坐赃"罪的犯罪主体仅限于"非居监临主司地位的官吏"？十恶的"恶"该作何解？诸如此类的问题，均有值得深入探讨的必要。

总之，这部《新注》不失为新世纪最重要而有特色的唐律注释书，是可以藏之名山的。

（2008年）

此篇评论，周教授稍作修改后，以《钱大群著〈唐律疏义新注〉》为题，在日本《东洋史研究》2010年12月号（以日文）发表，加以评荐。

《唐律疏义新注》的贡献与问题

徐忠明[*]

就我的阅读视野而言,在处理中国古代典籍时,学者的基本做法有二:一是撰写满足专业读者需求的"校注"和"集注"之类,这是自古以来即有的旧传统,力求翔实精深,中华书局的"新编诸子集成"堪称典范;二是撰写面向普通读者需求的白话"译注",以期通俗易懂,此乃进入现代社会才有的新路数。钱大群先生《唐律疏义新注》(以下简称《新注》)一书,更有另外一种目的:在满足普通读者需求的情况下,尚有更深的意图,即是满足专业学者的需求,故而《新注》不仅注释详尽,法理解释严谨,而且配有现代汉语的翻译,从而成为沟通专业研究与唐律普及的桥梁。

这里,就钱大群先生《新注》的独特贡献,略谈我的粗浅看法。

首先,让我特别感兴趣的是《新注》例言有关唐律"书名"的辨正。在中国法律史通说中,一般均将唐律"疏议"作为标准名称,似乎没有任何疑问,读过《新注》"例言"之后,我们却发现了另有更为精确的"疏义"一名。[①] 我觉得,这一看似不甚显眼的书名辨正,实际上却有着正本清源的功能。也就是说,所谓"疏义",乃是"疏通解释法律理义"的意思,而非只有"疏解议论"的字面含义,如果将"疏议"逐字分别解释,两者的意思还有彼此重复的困扰。另外,这一辨正也使我们得以准确区分书名"疏义"与律条所附"疏议"

---

[*] 中山大学法学院教授。
[①] 对"疏议"与"疏义"的详尽辨证,另见钱大群:《扬长避短,整合归真——谈唐代〈律疏〉书名的整合问题》,载《北方法学》2008年第2期,第103—108页。

之间的差异，它对我们在总体上领悟唐律"疏议"的功能，具有不可小视的价值。再者，《新注》在注解"疏义"时，尚特别将其与唐代的儒家经典解释用语"正义"联系起来，尽管这仅仅是书名的辨正，然而却是一个非常好的提示。我一直认为，如果我们意欲把握传统中国法律解释的方法和技术，就必须将其与经典解释的方法和技术联系起来考察，而非仅仅与《睡虎地秦墓竹简》中的"法律答问"挂起钩来，方能看出其中的奥妙。

其次，让我感兴趣的是，《新注》一书不单单满足于字词句意的注释和翻译，更为重要的是，钱大群教授进一步帮助读者在总体上把握《唐律疏义》的精神和特征。他的具体做法有三：一是运用"引述"的方法，将《唐律疏义》五百零二条的核心问题予以勾勒，从而极大地方便了读者对每条要旨的领会；二是采取"串讲"的注释技巧，将不同篇目和律条中的相关原则、制度、罪名和刑罚进行脉络清晰、条理一贯的疏通解释，颇有"法律体系解释"的特点，这对读者全面理解唐律的意义很有帮助；三是《新注》所附的"引论"特别重要，我建议读者千万不可轻轻放过。如果说"译注"展现了钱先生精研唐律20年的深厚功力，"引论"则体现了钱先生经由这种全面而又精湛的思考之后，对于唐律的精神和特征的总体认识，其中提出了若干值得我们措意的理论概括。譬如，钱先生对于《唐律疏义》所蕴含的"罪罚相当"和"罪刑法定"原则的论述，就是很好的例证（《新注》第2页）。

最后，让我感兴趣的是钱大群教授《新注》体现出来的对于读者的体贴和尊重。撇开为满足普通读者需要而给出的精严翻译之外，本书在编排体例上也作出了诸多努力。一是"条标"的设计，虽然文字表述简明，但是力求内容概括精确，这是一件很费心血，也是很见功力的工作；二是在排印格式上力求做到秩序井然，以使律、注、疏或议和问、答之间一目了然，虽然它们只是技术上的细节安排，然而却体现了钱大群教授《新注》方便读者的深刻用意。俗话所谓"细节决定成败"，我想这或许可以成为一个例证；三是与刘俊文先生精湛博洽的《唐律疏议笺解》（以下简称《笺解》）相比，钱大群教授《新注》的特点乃是，对唐律蕴含的"法理"非常重视，每每在注释和串讲中予以简要阐发，这也许是由于两位先生的专业训练不同或各自关注的重点不同所致吧。如果将《笺解》与《新注》结合起来阅读，我们一定会有更大的收获。

上述三点都是正面的评论，但是这并不意味着《新注》一书毫无可以完善的余地。下面，我想谈谈《新注》可能存在的两个问题。

首先，在现代学术语境中，像《唐律疏义》这样一部非常专业、非常精深，而且内容丰富复杂的法典，在快餐读物风行和读图时代，我们真的不能指望普通读者将会加入研读《新注》的行列。在这种情况下，如何预设《新注》的读者，或许是一个必须重新考虑的问题。我觉得，如果"注释"足够细致详尽，无论专业读者抑或普通读者，应该都能满足他们的需求。从更深一层来讲，就普及《唐律疏义》而言，现代汉语翻译也许并非是一种好办法。倘若《新注》将来有望再版，我有两项建议：一是删除现代汉语的翻译，或另作专书出版，而扩充和细化相关的注释，刘俊文《笺解》颇为可取。就注释征引文献和撰写方式而言，我比较偏爱《笺解》一书；二是改变现在的版式，采用20万字左右的书册印行，或许可以方便普通读者随意阅读。当然，这纯粹是一个技术问题。

其次，在检阅《新注》时——我仔细检阅的是《名例》部分，结果发现有些注释似乎不够翔实，也欠准确。这里聊举三例：将"数"释作"规律，道理"（《新注》第8页）。这里，我们姑且不说把"一者，太极之气，函三为一，黄钟之一，数所生焉"的"数"，仅仅释作"规律"或"道理"是否妥当，至少也有将问题化约的遗憾。② 对于郑注"死者，澌也，消尽为澌"的解释，似乎不得要领，似有必要考察一下中国古人关于"生与气"的思想观念，而后才能理解"死与澌"的确切意思。③ 有些注释虽然征引史料不少，但却没有给出一个明确的概括，对普通读者来说，可能仍然一头雾水。对"造畜蛊毒"和"厌魅"的注释，即有这样的问题。在解释"蛊毒"时，钱先生征引《左传·昭公元年》所谓："女惑男"，"谓之蛊"。在解释"厌魅"时，又引《陈书·后主张贵妃传》所载：张贵妃"好厌魅之术，假鬼道以惑后主。"（《新注》第28页），这就容易给人一种混淆"蛊毒"与"厌魅"之差异的印象。

（2008年）

---

② 关于"数"的复杂含义的讨论，参见王玉德、林立平：《神秘的术数》，广西人民出版社2007年版，第1—10页；龚鹏程：《儒家的历数政治学》，载龚鹏程著：《儒学新思》，北京大学出版社2009年版，第49—62页。

③ 参见甘怀真：《皇权、礼仪与经典诠释》，台湾大学出版中心2004年版，第368—372页；另见徐忠明：《古典中国的死刑：一个思想史与文化史的考察》，载《中外法学》2006年第3期。

传承、赓续中国优秀法律传统

张 生*

《唐律疏义》①为中华法系之代表性法典,从法律规范层面和律学理论层面来看,皆为不朽之经典。然而其中之"法律渊源问题""法律思想问题"以及与近现代刑事法律之比较与会通问题②,多有未解之困惑,近代以来亦面临着传承危机。钱大群教授新近撰述《唐律疏义新注》(以下简称《新注》),立基于他二十多年研习唐律的深厚基础之上,于注释之中展现了诸多新的研究成果,堪称是一部宏大的传承经典之作。

一、考镜源流

钱大群教授在《新注》中,对律疏的名称、难解字词、典籍出处、律疏含义等都进行了细致的考证。

唐代将"律"和"义疏"合称《律疏》,宋代以后有《唐律疏义》和《唐律疏议》两种名称的刊行本(但内容几无出入)。③ 钱大群采《四库全书》收录之

---

* 中国政法大学教授。
① 刘俊文点校本采《唐律疏议》(中华书局1983年版)之名,钱大群采该点校本为底本而用《唐律疏义》之名,其原委可参见钱大群著:《扬长避短,整合归真——谈唐代〈律疏〉书名的整合问题》,载《北方法学》2008年第2期。
② 参见高明士:《唐律研究及其问题》,载高明士主编:《唐律与国家社会研究》,中国台北五南图书出版公司1999年版。
③ 参见钱大群:《扬长避短,整合归真——谈唐代〈律疏〉书名的整合问题》,载《北方法学》2008年第2期。

《唐律疏义》,回归"义疏"之本意,与刘俊文点校《唐律疏议》有异。

《唐律疏义》具有措辞简练之风格,且多用经典。唐代读律、用律者,大多为有科举背景的士子或者官吏,不难理解律疏的含义。但对于我们现代人而言,在语文上则多有窒碍。钱大群不仅对难解字注音释义,且遍查经史子集,一一注明经典出处和原典原文。例如,在《唐律疏义·名例律》之"应议、请、减(赎章)"中,疏议曰:"国家惟刑是恤,恩弘博爱,以刑者不可复属,死者务欲生之,情轸向隅,恩覃网祝,……"钱大群对"情轸向隅,恩覃网祝"考求甚详,以汉刘向《说苑·贵德》,释义"情轸向隅":"今有满堂饮酒者,有一人独索然向隅而泣,则一堂之人皆不乐矣",意即"同情少数人困难之优良品德"。④ 以司马迁《史记·殷本纪》释义"恩覃网祝":商汤捕鸟,网开三面,"汤德至矣,及禽兽"。正是如此宏纤具备之注释,可以使我们看到唐律之正义,形神俱妙之律学成就。

《新注》之注释,不仅仅做到了语义贯通,难能可贵地是讲求制度详明。为此,钱大群征引《唐六典》、新旧唐书、《通典》之内容,佐证、阐释《唐律疏义》中法律规范之原委。同时,还参照宋代孙奭《律音义》、元代王元亮《唐律释文》之释义,解读唐律正义;更采日本学者仁井田陞之《唐令拾遗》、陈寅恪之《隋唐制度渊源略论稿》、程树德之《九朝律考》、刘俊文之《唐律疏议笺解》等著述,解读其中法律思想与制度功能。整部《新注》,不仅是对《唐律疏义》的通释,还可看做是以唐代为轴心,对中国传统法律文化的一次梳理。

二、会 通 法 义

《唐律疏义》会通汉代以来之律学成就⑤,集其大成。而《宋刑统》之律文一准唐刊印,全面承袭。明清律典刑罚明显加重,但其大义皆未脱离《唐律疏义》。⑥ 近代以来,社会变迁剧烈,《唐律疏义》所赖以存在的社会基础发生了重大变化。至清末修订《大清律例》之际,已不能简单因循《唐律疏义》之旧章,只能会通其义,加以借鉴。当时主持修律的沈家本,他在《删除律例内重法折》中称:"刑律以唐为得中",不用凌迟、枭首等酷刑,而"未闻当日之凶恶

---

④ 《唐律疏义新注》第58页,对"轸""覃"另有注音、释义。
⑤ 《明史·刑法志》云:历代之律皆以汉《九章》为宗,至唐始集其成。陈寅恪在《隋唐制度渊源略论稿·刑律》中有较为详尽的论述。
⑥ 《大明律》和《大清律例》在律文方面均力求精简,刑罚却不得不因时措置,但规范技术、法律观念莫不因循唐律。

者独多。且贞观四年断死罪二十九,开元二十五年才五十八,其刑简如此。"沈家本以后,《唐律疏义》之传统基本被西方之价值体系、规范体系所取代。

《新注》在对《唐律疏义》进行思想源流考辨的同时,还试图通过规范功能和法律文化的分析,以把握其总体精神、会通其法义,最终达到传承、赓续中国优秀法律传统的目的。《新注》这方面的努力主要体现在引论、例言,各篇、各律条的引述,以及部分律文的"条标"之中。《唐律疏义》之大义在于以"德礼为本,刑罚为用"的善治原则建构"律令秩序",钱大群称"盛唐依法治国的法律丰碑"得到了多方面的支持,如"礼与刑交叉渗透共同协调",致力于建立"罪刑相当"的刑罚体系,一定限度地实现"罪刑法定",在立法技术上"高度法典化的水准"等等。⑦

从具体制度上,钱大群阐释了《唐律疏义》的制度与法义的一致性。例如特权与律令秩序是否冲突,是否破坏了唐律的大义?钱大群在《新注》中称:"唐律是特权法,但其立法始终是在发觉矛盾的同时,在一定的法治轨道内去实施这些特权,以维护其特有的法治为根本出发点。所以,唐律在规定一系列特权的同时,也规定了限制特权的相应的配套制度。"⑧特权为维系当时社会所需要,但仍需在一定限度之内,无害于统一的"律令秩序"。钱大群还以现代规范分析的方法来阐释"关于法律适用的专条"⑨"关于名词术语解释的专条"⑩"关于刑罚变易执行制度的条文"⑪,以及这些制度如何建构"律令秩序",实现善治之大义。

我们从这些会通法义、融通古今的阐释中,可以理解《唐律疏义》之中虽无"法治国"之概念、原则,确有其大义,并通过诸多精细的制度来加以实现。

三、传承经典

一个高度发达的文明体,必有文化经典以承载其文化传统。而经典之传承续新,又有赖于后人一代一代的传解、更新。在中华文明中,儒家之"十三经",其传承多得益于注疏。而《唐律疏议》作为律学经典,宋代孙奭《律音义》、元代王元亮《唐律释文》,皆以释义助益传习。钱大群教授所撰《新注》,

---

⑦ 参见钱大群:《唐律疏义新注》,南京师范大学出版社2007年版,引论。
⑧ 同上书,第63页。
⑨ 同上书,第207页、第209页、第211页。
⑩ 同上书,第212页以下。
⑪ 同上书,第111页、第115页、第119页。

于《唐律疏义》之传承裨益良多。《新注》包括四个部分:(1) 引述,阐明篇章、条文之法律意义、规范功能;(2) 正文,以繁体字反映原典之文字风格、法律文化原貌;(3) 译文,以现代语体"翻译"律疏的语义;(4) 注释,对律、疏中难解字词、专有名词、经典语义从文化史和法学的角度加以专业的阐释。

体例整齐的《新注》可以最大限度地普及《唐律疏议》,读者既可以把它作为入门级的读物来浏览、鉴赏,亦可以把它作为历史经典、法律经典来研学。《新注》是钱大群教授沉静心性与专业修养的写照,也希望它对传承、赓续中国传统法律经典发挥重大的作用。

(2008 年)

打造唐律研究新的学术坚梯

——钱大群先生《唐律疏义新注》读后感

范忠信[*]

引　言

钱大群先生对我的影响,早在20世纪80年代就开始了。1980—1984年间,我在西南政法校园里急于装学问,天天到图书馆期刊阅览室去读法学史学最新论文。记得当时读过的几篇最有分量的法律史论文中,有一篇是钱剑夫先生的《中国封建社会只有律家律学律治而无法家法学法治说》(《学术月刊》1979年第2期),另一篇是钱大群先生的《谈"隶臣妾"与秦代的刑罚制度》(《法学研究》1983年第5期),这些文章引我进入了法史学术之门。当时在阅览室里还常听管理员老师谈到国学大师钱玄同、钱钟书等人,记得我曾纳闷地问老师:"研究国学和历史,做出大学问的,怎么都是姓钱的呀?"因为这样的因文起敬,所以我很早就以钱老师的私淑弟子自居。直到20世纪90年代初中国法律史学会某次年会上,才总算见到了钱老师真人。此后不管是法史年会还是出差南京,我都尽可能找钱老师叙谈,向他请教。每次与先生的促膝交谈,都如沐春风,获益匪浅。20多年来,这样的叙谈,已经记不清多少次了,反正很多。

钱老师的法史学术研究,是学界中课题专一、用功专深的典型范例。过

---

[*] 杭州师范大学法学院教授。

去几十年里,钱先生的研究,几乎完全聚焦于一个主题,那就是唐律。关于唐律的研究,在法史学界,钱先生是当之无愧站在前列之一人。在过去的三十多年中,钱先生先后撰写了《唐律译注》(江苏古籍出版社1988年版)、《唐律论析》(南京大学出版社1989年版)、《唐律与中国现行刑法比较论》(江苏人民出版社1991年版)、《唐律与唐代吏治》(中国政法大学出版社1994年版)、《唐律与唐代法律体系研究》(南京大学出版社1996年版)、《唐代行政法律研究》(江苏人民出版社1996年版)、《唐律研究》(法律出版社2000年版)、《唐律疏义新注》(南京师大出版社2007年版)、《唐律与唐代法制考辨》(社会科学文献出版社2013年版)等九种专著(其中四种系与另一作者合作),还发表了关于唐律的论文数十篇,探索足迹遍及唐律研究的所有主要方面,著述总字数500万字以上,这在当今汉语法学界当为屈指可数者。

关于钱先生的唐律学术研究成就,在我看来,2007年,先生出版的《唐律疏义新注》是这一成就的集中体现。我把古代典籍的译注作品作为学术研究成果,也许有朋友不以为然。我认为,典籍注释是一种学术基础工程,其重要性不亚于一部立论体专著。钱先生在花甲古稀之年进行的这一艰辛工程,以近20年青灯古卷、抱素守寂、殚精竭虑,为法律史学界特别是唐律研究事业打造了一部坚实的学术阶梯。通过这一阶梯,可以使我们在唐律研究以致整个传统法律研究上达到一个新高度。先生以古稀之年完成这一宏大工程,实在不能不赞叹不已。

关于钱先生的《唐律疏义新注》(以下简称《新注》)的学术成就,我认为主要体现在以下几个方面:

一、《新注》是有史以来最为全面系统深刻的唐律注释

对唐律的注释,早在宋代就开始了。宋人孙奭编撰的《律音义》和化名"此山贳冶子"编撰、元人王元亮整理的《唐律释文》就是最早的唐律注释性著作。清人薛允升的《唐明律合编》也多少含有唐律注释之意。但此后,这一基础工程在中国大陆基本停顿。在台湾地区也仅有戴炎辉先生于《唐律通论》(正中书局1964年版)、《唐律各论》(三民书局1965年版)中对唐律五百零二条逐一释义。直到20世纪80年代末,钱大群先生出版了《唐律译注》(江苏古籍出版社1988年版),曹漫之教授等也出版了《唐律疏议译注》(吉林人民出版社1989年版),刘俊文先生出版了120多万字的《唐律疏议笺解》(中华书局1996年版),这一工作才在中国大陆得以继续。钱先生的1988年

的《唐律译注》,全书仅有 29 万字,是为满足改革开放之初法史教学急需而为的一个简易工程,有着唐律注释学中"兴灭继绝"的意义。在此后的近 20 年中,钱先生一直继续留意唐律注释,累有心得,于 2007 年终于撰成《唐律疏义新注》。这一部 171 万字的著作,是有史以来最为详尽深入的唐律注释,是唐律注释学的集大成。这一著作不同于一般的古籍注释,更是一部研究著作。其注释内容的多样性、系统性、深刻性,就是学术水准的体现。钱先生的注释,常常不限于一个典制或事实的释义,更注重对特定制度进行广泛举证、追根溯源、厘清架构以及对其他附带关联知识的全面解说。《新注》一书正因为这种全面解说而显得比此前所有唐律注释成果都更加厚重。

二、《新注》对唐律的注释在形式方面有很多创新

这些创新主要体现在以下几个方面:

(一) 条标重订

先生以唐律原文五百零二个条文标题为基础,参以后世唐律研究成果,特别是参照后世法条要旨概括惯例,对宋以来注释唐律者原拟的条文标题进行重新厘定,使之更加准确概括原条文内容,又方便今人查阅和理解。除原条标本来就能基本概括该条文律意的部分情形外,先生一律根据该条的实际内容重新拟定条标。如《名例》卷第一的"八议"(总第 7 条)和《名例》卷第二中的"八议者"(总第 8 条),先生将其条标改定为"八议对象"和"八议之程序与特权"。《名例》卷第二中的"皇太子妃"条(总第 9 条),先生根据实际内容将条标订正为"上请之对象、程序及特权"。这一工作对于突显唐律原文各条的总则性条款(原则和基本制度)及分则性条款(罪条)的功能,帮助今人准确理解唐律有特别重要的意义。

(二) 增加条义引述

《新注》在每一律条之首,加了一个"引述",或系对该条规范的实质内容作一个概括介绍,或系对该条制度的历史源流作简要说明,或将与该条有关的条款作一个简要提示。这一工作,为历来唐律注释所无,对于我们准确阅读理解唐律有十分重要的意义。

(三) 原文与译文直接同页左右对照,便于查览

《新注》在注释每条时,将页面分为左右两栏。左栏原文,右栏译文,一

一对应。因原文系古文,文字简短,译文系白话,字数必多。为了对应,排版时有意通过左右两栏内字号大小、两栏间宽度比例的随机调节,使原文和译文几乎保持在同一行或相近位置直接对应。这样做,相信绝非仅系编辑技术安排,一定体现了先生的苦心孤诣。这样做,不仅使查阅变得更加方便,也更便于我们在古今对照时准确理解律条原意。此外,先生坚持以繁体字排印律条和"疏"议原文,有利于防止因简化汉字导致对古文古制的理解偏差,也便于右栏译文中以简化字对应翻译。

(四)注释的广泛参见

《新注》的注释中尽可能多地使用"参见",是为一大特色。先生所作"参见"提示,包括在某一个注释中提示读者参见另一个注释,也包括在注释中提示读者参见某个律条或某处"疏"议,特别提示我们把多个条款、多个注释联系起来理解。如仅在第76页的注⑧中,就职事官、散官、卫官、勋官的理解列举了四个"参见"条款或注释。关于这样做的考虑,先生说:"翻读《唐律疏义》的人,不可能要求他们都依次从第一条起通读至最后一条,或是当它翻阅譬如第100条时,他对此前的99条的重要知识已经基本具有。他们翻读的某一条或某几条遇到的问题,如果前后条已有解释,则备列参见性注释,方便其找到所要看的篇、卷、条数,甚至是页数及注释条号。"

三、《新注》在注释内容上有很多创新

(一)通过重定"条标"凸显原律条特别是刑事罪名的规范内容

在这些条标中,先生加入了自己的长期研究积累及对唐律内容高度准确把握,如在关于总则类(《名例》篇)条款中,先生以"八议之程序及特权""上请之对象程序及特权""妇人有官品邑号者之特权"等为条标,避免了过去"八议者""皇太子妃""妇人有官品邑号"等条标仅取条文起首几字为题造成的不知所云。就分则类条款(《卫禁》至《断狱》等11篇)而言,除个别专讲制度条文外,先生特别注意将《名例》以外的11篇各条都改成"罪条之名",亦即突出其"刑罪之法"的意义。如将《断狱律》"讯囚察词理"(总第476条)条标改为"不审察词理反复参验而辄拷讯",将《断狱律》"依告状鞫狱"(总第480条)条标改为"鞫狱不依告状",还原了这些条款的刑事罪条本质。全书中这样的重订条标,大约占80%以上。先生的这一工作,不仅有形式革新意义,更有对唐律包含的古代中国刑法科学、法典编纂科学加以阐发的意义。

（二）注释内容丰富深入

我看先生的注释,其内容的完整深刻堪称考据学术论文。仅以对《名例律》也是全律的"序疏"的注释为例,对长孙无忌等人的这篇不足1 200字的骈体古文,先生作了近九千字的详尽注释。有些注释,一条注文近千字,简直就是一篇考据论文。比如第31页关于"祠令"的注释上,则广泛通过其他律条及疏议、《唐六典》、日人仁井田陞的《唐令拾遗》等所有证据信息加以说明,极尽详细之能事,委实不易。先生的注释,不仅是本条的义解,更是典章制度的追溯源流、对比同异、阐明常制及例外(非常制)的工作。

（三）书末附加了各类官爵品级对照表,便于读者在阅读唐律中的相关制度时查阅对照

全书之附表包括唐代主要亲属服制等级表、唐代官爵阶品对应表、唐代流内职事官卫官阶品分列表、唐代流外官阶品分列表、唐代内外命妇封号阶品表等。这些表,多系先生自己编制经其他生徒校补,相当不易。要以一表全面准确概括唐代某一个非常复杂的制度,的确不是一件简单的事。最后,全书末尾所附董长春博士协助编制的注释词语表,系对全书注释的一个总名词索引,对于方便读者随时查阅全书内容,有特别重要的帮助。

四、须作改进之处

先生的《新注》虽有上述出色的学术成就,但也有一些值得改进完善之处。忠信不揣冒昧地说出来,供先生参考。这种完善需要,在重定条标以特别阐发律条的法理和刑法功能问题上尤其显示出来。就是说,很多条标还可以进一步推敲,各条注释中的说明文字还可以补充,以求更加准确地揭示唐代法典编纂技术及刑法科学水准。比如,总第十条原条标为"七品以上之官(减章)",先生改定为"减权之对象及内容(减章)",我觉得有些不妥。主要是"减权"二字易生歧义,容易使初学之人以为是"减"去权利,更何况古人并无"某某权"之观念;以"对象"称被授予特权者也不妥。所以我觉得不如直接概括为"例减特权享有者及特权内容(减章)"更准确。同理,总第十一条"应议请减(赎章)",先生改定条标为"赎权之对象与限制"也似不妥,改为"听赎特权享有者及有关限制(赎章)"也许更好。又如,总第十四条"人兼有议请减"条,先生改定条标为"兼有议请减者之累减",这可能违背了原条文

"诸一人兼有议、请、减,各应得减者,唯得以一高者减之,不得累减"之本意,使人误以为本条就是关于"累减"的制度;律条中虽然有"累减"的制度,但那属于"从坐减、自首减、故失减、公坐相承减"外加之减,不在官爵特权之内,所以改为"兼有议请减特权者不得累减"也许更准确。还有总第十八条"除名"条,先生改定条标为"除名之犯罪",也易致误解。其实这一条既讲了除名适用于哪些犯罪(如十恶、故杀人、反逆缘坐、监临主守奸盗略人),也讲了适用于哪些情形(如十恶类犯罪逢赦免仍除名、杂犯死罪在禁身死或免死配流后逃亡者仍除名)等。所以,不如直接改条标为"除名适用的犯罪和情形"。同理,总第20条"免所居官之犯罪"(原条标"免所居官"),应该改为"免所居官适用情形"。总第二十一条的"除免及官当之叙法"(原条标"除免官当叙法"),改为"除名免官免所居官官当者的再叙法"更好。总第二十二条"官当赎法与除免之混用"(原条标"除免比徒"),改为"官当、赎刑与除名免官之衔接"更好。总第二十六条"死流罪应侍家无期亲成丁之处置"(原条标"犯死罪应侍家无期亲成丁"),直接按照后世概括的制度概念改为"权留养亲"或"存留养亲"更好。总第四十五条的"二罪俱发及频犯赃与一事二罪之处理"(原条标"二罪从重"),也许保留原条标,或直接改为"数罪并罚"更好。诸如此类,不一而足,就更好地概括原条文律意,更好地与近代刑法概念衔接而言,也许都可以进一步完善。这里斗胆举几例禀呈于先生,以供未来修订参考,以尽学生愚忱。

(2014年4月)

一本在求准的基础上力图求新的作品

杨一凡*

近读钱大群教授撰《唐律疏义新注》(以下简称《新注》),启迪颇多。其中感受最深的一点是,作者在解读唐律时,较好地把握了注解求新与求准的关系。这本以广大读者为阅读对象的著作,应当说既通俗易懂,又具有较高的学术价值。

《新注》从体例结构到译文、注解,都贯穿了为现代读者与研究者服务的撰写原则,力求达到初读者易得要领,检读者得其所需,专攻者亦有切磋的要求。书中各条律文,均以引述、原文、译文、注释 4 部分解读。"引述"从现代法文化角度,介绍了律条在立法和司法适用中的功能;"译文"用现代汉语表述,并辅以必要的补充性文字,使行文通畅,读者易懂;"注解"不局限于版本校勘,对可能成为读者拦路虎的律学基础知识也列注详解。为使读者阅读唐律一目了然,作者对不能明确反映律文内容的标题作了适当修改。与同类著作相比,该书撰写体例有所革新,注释范围扩大,注解内容多有创新。可以说,力图"求新"是本书的一大特色。

多年来,我国学界、出版界在古籍今译、推动传统文化流传方面,有许多成果问世。令人遗憾的是,许多作品学术质量低劣,不但译文病句、错别字较多,更为严重的是译者尚未读懂原著,便胡乱翻译,或曲解原作,或干脆漏译。还有些作品,是东抄西抄他人研究成果拼凑而成,读后毫无新意。这种垃圾性的作品,不仅误导了读者,也无法为治学者利用。因此,古籍今译的最起码

---

* 中国社会科学院法学所研究员。

要求,应当是尊重原著,做到今译求准。

由于古籍今译本形象欠佳,据我所知,包括笔者在内的许多学者是不太相信今译本的。这次阅读《新注》过程中,出于治学的习惯,我把这本书与已出版的几种同类著作进行了比较,感到《新注》是作者精心撰写的一本在求准的基础上力图求新的作品。该书的译文,基本做到了尊重原著本意,译文比较简练,未发现硬伤。注解的条目较多,作者在不少条目中阐发了新的见解。一种古籍今译本,能做到准确翻译已实属不易,若能在注解中厘正前人的失误并提出新的见解,没有多年研究的功力是做不到的。《新注》的作者之所以能够在今译求准的基础上有所创新,这是他几十年来研究唐律长期积累的结果。

古籍今译,贵在尊重原作,贵在译文准确。古籍今译的求新,不是对原作内容的创新。今译者对原作版本及内容的新的见解,或对前人注释的不确之处的订误,只能在注解中表述,或作为附录处理。钱先生为推动《唐律疏义》面向现代读者所做的求新尝试,其精神是可嘉的。我这里需要强调的一句话是:求准是求新的基础。这对于法律古籍和专业功底还不够深厚的法史学者来说,无论是阅读古籍还是参加古籍整理,首先应从求准做起。

(2008 年)

一项重要的基础性研究成果

李贵连[*]

2007年冬,邮递员给我送来一件沉甸甸的印刷品,打开一看,原来是钱大群先生的新作——《唐律疏义新注》。

望着这本厚达千余页、一百七十余万言,散发着油墨香味的巨著,2003年,大群先生与我在台湾参加学术会议时对我说的已开始新注唐律的一幕,又重现眼前。人生七十,当今时代,当然不能算稀。但是能在三年内出版如此皇皇巨著,令人感慨。我佩服他的学识,更佩服他的执著和毅力。

就我所知,作为一位严谨的学者,本书实际上是大群先生的三十年之作。我和大群先生认识在20世纪80年代初。那时大群先生刚由甘肃回到南京,执教南京大学,来北大法律学系进修中国法制史。当时,他就把唐律作为自己的研究方向。此后,他的有关唐律论作便连续面世。厚积薄发,三年之功,实出于三十年之力。

唐律是我国保存完整的最早一部传统法典,是中华法系成文法的经典之作。大群先生的《唐律疏义新注》,依托可靠的文献典籍,采用《唐律疏义》之名;更新条标,完整显示律条中罪名,令查阅者一目了然;更吸收各家之长,运用引述、注释等多种形式解读五百零二条律文及其背后的立法意旨。对此,俞荣根教授在本书的序言中已经说得很透彻,我就不多说了。这里,我只想从中国法律史学科未来发展的角度谈谈大群先生这本大著、巨著的学术价值。

---

[*] 北京大学法学院教授。

中国法律史这门学科在中国的现状不容乐观,虽然随着部门法的兴起,法律史从显学走向边缘有其学术发展的内在必然,但像今天这样的太过边缘化,也是令人担忧的。以我所在的北京大学为例,教员人数、课程设置以及资源配置,都已处在边缘位置。这种状况令人担忧,同时也很难改变。在当今时代,使法史学成为显学,既没有这种可能,也没有这种必要。但我觉得至少可以在学术研究"质"的方面进行努力,以高质量的学术研究成果来为我们这个学科"正名"。

中国法律史学科最明显的特点就是它是历史学和法学之间的一个交叉学科,如果我们研究者对这个特点把握运用得好,那就会成为我们得天独厚的优势;反之则会使史学界和法学界皆认为我们"不在行",可有可无。也即是说,我们要做的东西是要结合我们知识结构的优势,注重从法学的视角来分析阐释历史现象,使我们的科研成果是一般的史学者和部门法学者所不能做出来的,以此来突显我们的学术价值。要做到这一点,鉴于我国有悠久的成文法传统,以法学的视角来阅读、阐释历代成文法条,并进而领会法条背后的精义,则是我们进行研究的最起码前提。只有做到这一点,才能谈得上前面所说的那种法史学研究。由于古今巨变的影响,如语言文字从文言文到白话文的变化、法律体系由传统逐渐全盘西化等,导致我们今天的法史学者不可能都有充分的时间和精力全盘研读历代成文法原文,因此就需要像大群先生这样一些学养深厚的学者来做这种基础性的"古今"转换工作。所以,从法史学未来发展这个角度来说,大群先生的《唐律疏义新注》,既是一项重要的基础性成果,也是我国法史学者进行研究的必备参考书和工具书。这正是这本著作的价值所在。

(2008 年)

达到同类作品的新高度

侯欣一*

从事古文注释或翻译是最见功力的基础性研究工作。如果所注释和翻译的是专业文献的话,还必须同时要求注释者、翻译者具有较高的专业知识,能够将上述两种能力兼而有之的人少而又少。当在书店里看到钱大群教授撰写、南京师范大学出版社出版的《唐律疏义新注》(2008年版)一书时,尽管价格不菲,尽管此前类似的书也已出版过几种,尽管大群教授每有新著都会向自己赠送,但为了先睹为快,自己还是不曾犹豫就自掏腰包把它纳入了收藏之中。

笔者之所以会购买此书,其原因大致有三:

一是对钱大群教授学术水平的信任。对当下中国法律史学科的研究状况稍有了解的人都知道,钱大群教授是国内唐律研究领域中最重要的学者之一。他数十年来心无旁骛沉心于唐律研究,从法条的注释开始,再通过比较等多种方法对唐律这座中国传统法律的富矿进行了卓有成效的研究,具有较高的学术造诣,出版了系列的研究成果,得到了国内外学术界的高度认可。其中一些成果,如《唐律译注》《唐律研究》《唐律论析》《唐律与唐代法律体系》等,已成为该领域后学者的必读作品;他的一些学术观点在历经争议之后也已成为该领域里的共识。学术研究有其自身的规律,学术评价在学者之间也有其自身的标准。阅读大群教授的作品总不会让人上当。文字和书籍在中国人心目中原本十分神圣,讲究开卷有益,阅读大群教授的作品使我对这

---

* 南开大学法学院教授。

点有了更深的体会。

二是对文献史料类书籍的偏好。对于从事学术研究,特别是从事法制史研究的人来说,文献史料是基础和前提,因而对于从事学术研究的人来说,大都对于文献史料类的书籍有着特殊的偏好。当然对于能够阅读古文的人来说,应尽量阅读原始文献。但即便如此好的注释类的文献仍然有着不可替代的作用。钱大群教授的《唐律疏义新注》一书就是这样一种注释类的文献。

首先,水平高。全书一百七十万字的篇幅,工程极为浩大,以一己之力完成实难想象。但也正是因为是一人完成的,才保证了水平的整齐,避免了多人注释水平之参差。这种现象在同类作品中实属少见。

其次,体例新颖。该书稿将每一法条分为四个部分:引述、原文、译文和注释,体例设计合理。其中引述部分的设计极为精巧。它通过现代法学理念和知识对所要译注的内容进行高度概括,提纲挈领,在知识上打通了古今。也正是这一体例使本书与其他同类作品有了本质的不同。注释部分详略得体,校勘精当。大凡重要的、难懂的、模糊的概念都进行了校勘与注释,不仅扩大了本书的信息量,也使本书有了唐律甚至中国传统法律百科全书的性质,大大地方便了研究者。译文部分准确典雅。虽不能说句句精准,字字精准,但也达到同类作品的新高度。因而,整部书稿体例新颖合理。

三是为大群教授的精神所感动。人总是需要点精神的。钱大群教授已退休多年,早已功成名就,经济上没有压力,可大群教授却以坚强的毅力,不为任何功利,完全出于兴趣与责任依旧从事自己喜爱的学术研究,而且做的还是这种年轻人碰都不敢碰的大课题,独自一人完成了这部皇皇170万字的巨著。不仅如此,大群教授那种追求真理的精神也极为让人敬佩。阅读《唐律疏义新注》就会发现,与他之前《唐律译注》相比,新书中修正变动之处比比皆是,这种勇于正视自己的不足,改正自己学术观点的精神,也是当前中国学术所欠缺的。购买这样一本大书置放在自己的案头,无疑也是给自己树立了一个榜样,时刻提醒着自己切不可偷懒。

(2008 年)

用现代方法规范唐律条标

赵晓耕[*] 杨 光[**]

唐律研究之难，非有深厚渊博的历史、文字、法律功底不能乘其绩，非有坚韧的毅力去探微索幽无以继其功，更不用提要超过前人了。钱大群先生以二十多年心血悉心钻研，著就的《唐律疏义新注》，综括各家、推陈出新，不仅是当今唐律研究的扛鼎之作，更是对古代先贤的回应与承续。

《唐律疏义》传世既久，当代学者已难能贯通其文义。清末律学家薛允升就曾说："唐律古奥难读之处，大抵多从汉律而来。"足见读懂唐律之不易。因此唐律点校注释工作，一直备受当代法史学者重视。1953年，商务印书馆曾出版含全部律文和部分注疏的点校本。1983年，刘俊文先生校勘和点校的《唐律疏议》由中华书局出版，是为改革开放以来最早的通行点校本。在这方面，钱大群的《唐律译注》、曹漫之主编的《唐律疏议译注》、刘俊文的《唐律疏议笺解》等著作的问世，都不断丰富和推动着当代的唐律点校注释研究工作，也极大便利了今天读者们对中国古代律典的习读和钻研。《唐律疏义新注》（以下简称《新注》）是钱先生在首译唐律近二十年后，借鉴各家之长，再次推出的译注性著作。除其含量上大大超越此前的作品，考证解释更为精准外，在编排和内容上也有着鲜明的创新，使其有别于以往的唐律译注作品。

《新注》并非一般意义上的古籍白话作品。《新注》的创新，俯拾皆是。如在书名上采用《唐律疏义》，而不用过去大家多所熟悉的《唐律疏议》，以符

---

[*] 中国人民大学法学院教授。
[**] 中国人民大学法学院教授。

合古人用字的习惯(这其中"议""义"虽仅一字之别,但其学术意义的深究价值不容小觑。《新注》中这类以小见大、不囿成说的新颖见解所在多有);《新注》将各律篇条前的疏文,单独列出,称为各篇的序疏,以突出其地位;在各条目下加写引述,概括内容,阐发新意,极有助于读者的理解,等等,都可谓匠心独运。而尤应为研究者注意的是作者对唐律五百零二条律文标题的重新拟订,与以往不同者十之八九。重拟标题是一项见功力的工作,正如俞荣根先生在本书序言中所写:"所拟标题既要准确表达和涵盖律条内容,又要规范、有节律,使之更加科学、精确、简明,绝非易事。"

唐律五百零二条律文标题的拟订也有一个发展变化的过程。过去各版本标题文字粗糙,多有漏误之处,还有以律条开头的一个词或词组来表示的。此种标题方式,既无法直接反映律条的内容,也不便当代读者理解和翻检。至刘俊文点校《唐律疏议》,改动、补正的标题有232条之多。中华书局版《唐律疏议》对律条标题的修正,已经使其变得比以往清晰明确,方便查找。钱先生的旧作《唐律译注》、曹漫之先生主编的《唐律疏议译注》的标题也各有不同之处。

虽然各版本的律条标题都是对唐律条文的介绍和概括,但是钱先生此次再度修订标题,却与以往版本有着很大的不同。本书例言中写道:"《律疏》共502条,相当于总则的《名例律》的各条标题,反映制度与原则;相当于分则的其他11篇内的各条标题,反映罪名或罪状。"这句话是钱先生此次修正标题方法的说明,即以律条所反映的法律制度、法律原则、罪名和罪状来命名标题。这种方法无疑是用现代法学方法规范唐律名称,揭示了律条本质特征。

我国当代主要法律和法规的各篇、章、节也有相应的标题,目录部分即由标题构成。标题虽不是法律构成的主体,但却是不可或缺的一部分。从整个目录的标题,我们就能清晰地把握整部法律的结构、体例和内容,也方便人们去检索法律条文。因此,每部法律各篇、章、节的标题,应当具有法律语言的基本特征。现代立法技术具有理性化、规范化和抽象化的特征,各法律的标题应当是对各篇、章、节内容的高度概括和抽象。这些标题,无论是对相关内容、法律原则的基本概括,还是以法律制度、法律概念来直接表述,都表现出概念化的法律语言特征。

翻开《新注》目录,仔细阅读各条律文标题,就会充分体会到钱先生的此次修改正是用概念化的语词方式表达唐律条文的内容。我们可以任意检取这些标题,如第八条"八议之程序及特权"、第九条"上请之对象程序及特权"、第十条"减权之对象及内容",等等,无一不体现出高度的抽象与凝练。

《新注》标题的修订中运用了多种方法规范条标概念化的表达：

其一，融入一些现代法学的基本概念或用语，如第八条"八议之程序及特权"中的"程序"、第三十一条"老小病残情状之认定"中的"认定"，第四十三条"共犯罪本罪有别之处置"中的"处置"、第四十八条"化外人相犯之法律适用"中的"法律适用"，第五十五条"曰年众谋之概念"中的"概念"，第五十七条"道士女官僧尼之身份"中的"身份"，等等。这些概念和用语属于长期使用而形成的权威性法学范畴，精当准确地反映了对象的本质特征。运用这些词汇，可以恰当地概括出律文的内容，也易为当代读者理解和掌握。

其二，用现代法学理论从律文中抽象出新的概念加以表述，如在标题中含有八议之特权、上请之特权、减权、赎权等概念，是从权利的角度加以定义的，与以往"八议""请""减""赎"着重从制度层面介绍有着显著的不同，更突出了唐律对封建官僚贵族的维护。

其三，以现代法律思维规范罪名。罪名是对犯罪行为本质特征的简明概括。现代刑法的罪名具有高度的规范化特征，虽非全部由法律明文规定，但在司法活动中被严格适用。现代刑法的罪名是通过归纳、抽象、概括等法律思维方法提炼生成的。《新注》的此次对唐律条标的修订，充分展现了现代法律思维的严密性，如第二百五十七条将旧作"劫囚"改为"劫囚与窃囚"，第390条将旧作"忌日作乐"改为"国忌废务日与私忌作乐"，既区分出不同罪名，更全面展示了律条内容。第三十七条旧作为"犯罪自首"，《新注》改为"犯罪未发自首"，精确地反映了律文，防止与现代刑法中的自首概念混淆。这些例子不胜枚举。

其四，根据现代刑法总则与分则标题的不同，将《名例》篇中的标题与其他各篇标题区别开来。现代刑法总则部分的标题多是对刑法原则和制度概括，如"共同犯罪""单位犯罪""管制""假释"等，分则则反映某一类或某一种的罪名，如"贪污贿赂罪""走私罪""侵犯财产罪"等。对此，钱先生在本书例言中指出："《名例》以外11篇中，除个别专讲制度的条文外，都改成罪条之名。"如第四百一十条，其旧作为"强奸与通奸之处罚"，《新注》为"和奸及强奸"，前者为制度、后者为罪名，标题的指向明显不同。经过区别名例律与其他各律标题的特质，唐律结构体例的逻辑性也得以凸显。

当然，钱先生在应用现代法学方法的同时，也使标题具有充分继承中国传统法律语言的特色，使其与律条、文风融为一体，也使标题显得典雅和古朴。如第七十八条旧作为"宫内外巡夜有犯法不觉察"，《新注》改为"宫内外巡夜不觉犯法"；第九十一条旧作为"官员超编"，《新注》改为"署置过限及不应置而置",均保留了古代语言风格。第三百九十八条旧作为"负债违约不偿",《新注》改为"负债违契不偿";第四十条旧作为"同职官员犯公罪",《新注》改为"同职犯公坐";以及上文所举第四百一十条用"和奸"取代"通奸",均沿用了古代的法律用语。还有如第二十九条旧作为"已发配之犯人重新犯罪",《新注》改为"更犯",提炼出了新的概念,又区别于现代刑法中的"累犯",极富创见!

唐律的文风,经过几千年律学文化的积淀,成为古代中国法律语言的集中代表。我们理应去吸收和借鉴,使其融入当代中国法律语言之中。钱先生的这次律文标题修正,可以说是现代法学方法理论与古代律典文化完美结合的一种积极尝试。钱先生的研究方法和研究理念,足以促使我们深入思考如何从中国古代律典中汲取营养,如何将中国传统法律的积极价值融入当代法律体系之中,又如何去构建中国法律文化自身独特的命题、概念和术语。当然,这些想法如果不建立在对古代典籍全面而精深地钻研之上,而徒喊中华法系的复兴,何异于痴人说梦?

《新注》内容上,是当前对《唐律疏义》最全面、最细致的注解和翻译著作。作为《唐律》研究的著名学者,他的灼见向为学界关注与认同。《新注》一书足以列入法律史研究的经典之作中。但钱先生却说:"就我个人而言,这部《新注》是前一阶段研读的总结与新一轮研读的开始。"《新注》所体现的老而弥坚的精神,更应成为当代学人的榜样!

(2008 年)

为唐律研究搭建了新的平台

林 明*

《唐律疏义新注》（以下简称《新注》）作为全国古籍整理出版规划项目、国家"十一五"重点图书出版规划项目的鸿篇巨制，可以说是钱老师集二十余年唐律研究与注释的集大成之作。

认真研读体会《新注》，我认为有这样几个突出特点：

一、学 术 性

《新注》在唐律注释研究领域具有相当高的学术价值和学术品位。关于唐律的研究，历代史家辈出，著述如林。近代以来，国内外具有重要影响的名著递次出现。国人学者主要有徐道邻的《唐律通论》、戴炎辉的《唐律通论》《唐律各论》、潘维和的《唐律学通义》、杨廷福的《唐律初探》、乔伟的《唐律研究》、王立民的《唐律新探》、曹漫之等译注的《唐律疏议译注》、刘俊文的《唐律疏议笺解》《唐代法制研究》等。其中，钱大群教授自20世纪八九十年代相继出版的《唐律论析》《唐律与唐代法律体系研究》《唐律与中国现行刑法比较论》《唐代行政法律研究》《唐律与唐代吏治》《唐律研究》等系列研究专著，奠定了他在这一领域的学术地位。在唐律注解方面，1988年出版的钱大群教授的《唐律译注》，可以说是当代国内最早的相关

---

* 山东大学法学院教授。

译著。《新注》正是钱老师在多年研究的基础上,集国内外唐律研究、注译、释解、校勘研究的新的结晶。译注唐律是高难度的学术工作,对其今注今译,需要具备精湛的历史、法律等专业学识和版本、文献、古文字、训诂、考据等学术造诣,钱老师凭借其深厚的学术功底做到了,这在《新注》的字里行间都耀然呈现。

二、创　新　性

《新注》在原文选用、解读内容、解读方法及版式安排上,都做了新的尝试。其突出表现在:一是运用引述、译文、注释等栏目同步配合地对《唐律疏议》(以下简称《律疏》)作多维解读。"引述"是从现代法文化价值的视角,介绍律条在立法或司法上的任务和作用,并作了必要的阅读难点提示。"译文"部分用现代汉语对《律疏》作出翻译和补充性表述。而"注释"部分除主要引用文献史料讲解《律疏》涉及的政治、经济、社会、军事、礼制等渊源性知识外,更注重《律疏》中未加解释的律学基础知识。上述几部分对《律疏》的解读形成了协同配合的关系。二是《新注》在版式与字体上突破旧的模式,采用繁简对照、原文与译文并列,黑体、楷体与宋体分别表示律文、注文与疏文方式,使《律疏》中的各种内容清晰可辨,十分方便阅读。此外,《新注》对原律文条标作整合修改,使之更符合内容的结构规律;重视介绍阅读唐律所必备的重要基础知识,并且使用和吸收新的唐律研究成果,使注释和解读的许多内容具有新意。

三、普　及　性

集研究、学习、检索、应用于一体的工具书式的译著。囿于唐律及其《律疏》的时代特点,从语言到专业知识对当今的读者来说都可能成为阅读的障碍,因此,对唐律的研究与注释在保持原貌的基础上怎样更好地为现代读者与研究者服务,这是作者编著此书的一个基本指导思想。所以,《新注》注重以读者为本,兼顾普及与提高,无论注释或翻译,都力求做到深入浅出,言简意赅。注释既做到了旁征博引,务求准确,更做到了前后呼应,相互参证,十分有助于读者融会贯通。译文在法律条文的表达方面,举重若轻,做到了通俗易懂,这不但为广大读者读懂唐律提供了极大的方便,而且为古代律文的今译,提供了一个可资借鉴的范例。为便于读者检索,编撰方法上所采用的四部分组成,结构缜密;各部分之间相互照应,前后互参,形成一个个知识链和注释环,非常方便读者检阅查找,使初读者易得要领,检读者得其所需,专攻者有启发收获。《新注》为唐律研究搭建了一个新的平台,必将在唐律研究学术史上掀开新的一页,其功莫大焉!

(2008 年)

沟通了古代律意和现代法意

张中秋*

在人的一生中,尤其在学术界,一个人要做一件事并不难,难的是坚持做下去,而且越做越好,这就需要有特别的人做特别事的精神了。这样的人在我们的生活中并不多,有幸的是我所熟悉和尊重的钱大群教授就是这样的一位。记得1986年我到南京大学法律系任教不久,钱教授就开始他的《唐律译注》了。此书是对《唐律疏义》"律条"的译注,并于1988年在江苏古籍出版社出版,在教学中发挥了很好的作用。此后二十余年来,钱教授一直专志于唐律研究,取得了一个又一个的新成果,这无不让学界同仁和我辈后学内生敬意。钱教授在这方面的最新进展是对《唐律疏义》"律条"和"疏议"的完整译注,其成果就是南京师范大学出版社于2007年出版的《唐律疏义新注》(以下简称《新注》)。去年我在书店看到该书后即购一本回家拜读,确认是一本好书,回头又到书店买了一本送给我的朋友韩国的唐律专家庆北大学的任大熙教授。

我在翻阅和比较之后发现,《新注》在性质上虽属于工具书范畴,但却是难得的佳作。我们知道,《唐律疏义》是中华文化的瑰宝,中华法系的代表,被学界誉为东方的罗马法,所以,鉴于它的重要性和特殊价值,国内外学者对《唐律疏义》的译注已有一段历史。这在钱教授新书的"序"和"引论"中已有说明。但比较以往同类作品,《新注》首先在内容含量上要多而全。显示"《名例律》序疏"的原文才一千二百余字,译注却有一万余字。译注有这么

---

* 中国政法大学法律史学研究院教授。

大的容量,特别是注释如此完备,含有这么多的信息,这是我以前从未见到过的,这一点的确给读者一种一书在手用而无患的感觉。

除此以外,《新注》在结构上的"合理"和内容上的"准确"方面,都体现出了撰者和编者是下了大工夫的,这一点亦给我很深刻的印象。《新注》对《唐律疏义》依次解读,每篇每条都包括:引述、原文、译文和注释四部分,其中开头的"引述"部分颇具创意,用撰者的话说:"目的是让读者在读条文前得到一个轮廓性的指引。其中罪名的列举,基本采用原文的表述,但内容特点的概括,已根据刑法学的理论与逻辑,作了层次结构上的整理。这既是对初读者的一个导读,亦是在重视唐律现代意义发掘前提下,对每一律条提供的粗略的研究提纲。"(《新注》第2页)诚者此言!我看到书中的"引述"都言简意赅,沟通了古代律意和现代法意,非精通唐律又熟悉现代刑法者岂能为之!无论是对现代学者还是就普通读者来说,该书译文的准确明白是它最值得称道的地方。由于唐律文字简洁,加上现代学人对古代法律专业术语和文物制度相当的陌生,以致专业人士在准确理解唐律上亦会遇到障碍,更遑论非专业的一般学人和年轻读者了。《新注》不仅解决了这个问题,而且解决得很好。如该书《名例律》序疏"议"的原文曰:"夫三才肇位,万象斯分,禀气含灵,人为称首。莫不凭黎元而树司宰,因政教而施刑法。"《新注》对此的译文是:"疏议说:天、地、人三才开始形成定位,然后世界万物纷呈。其中得天地之气而具灵性者,以人为最高。历来之为治者莫不因百姓而设立官职,为实施政教而施行刑法。"这段译文准确明白,忠实地传达了原文的意思。限于篇幅,这里不便多引,但由此可见一斑。我以为,正是借助这种忠实而又准确明白的现代翻译,蕴含中华文化精义的唐律才获得通向现代的途径,所以,钱教授和他的《新注》功莫大焉。此外,《新注》将原文和译文放在同一页上左、右对译编排,极大地方便了读者,由此亦可见撰者和编者的用心。

《新注》撰写者虽然1959年毕业于上海社科院法律系,但受时代影响,长期学非所用。自1981年从西北师大调入南京大学法律系后才开始关注唐律。但他一旦选定,就像崖上的劲松咬定青山不放松,即使退休在家,亦勤奋不息、笔耕不辍。我想钱教授的成就大概就在于他这种与常人不同的坚持。他之所以有这种坚持,用他在该书"引论"中的说法:唐律是盛唐依法治国的法律丰碑,所以读(唐)律是法律人历史使命之要求。他在自己书的"后记"中写道:"对《律疏》作译注——既注释,又翻译——风险较大。'注'不出可以跳过去,但既然是'翻译',那就得一字一句说出个下落,无法躲避。可唯独有风险,才具刺激性,才能激发起为解决一个个具体问题而不懈努力的激情,才能日夜为某一个问题解决得准确一点、全面一点而去不断地探索。我需要伴随着这种过程与结果,既为自己亦为别人。"最后,他说:"(他)想告诉每一个人:在我们中华民族精神文化的历史长河中,千真万确地存在着困厄激励坚毅的传统,而且永不湮灭!"从他的这些夫子自道中,我们不仅找到了答案,同时还看到了一种特别的人做特别的事的精神。这是我们在书本之外又获得的一分收获。让我们向这种特别的人和精神致敬。

(2008 年)

寻找到了传统法律研究与普及的方向

马小红[*]

中国古人的智慧在如今的社会中似乎得到了全面的肯定。从随处可见的古典式建筑与装饰，一直到中国古人的人生态度，无不给处在发展竞争中的国人带来一份可贵的安宁。但是，中国古人的"法律智慧"似乎一直不为社会所认知，中国古代的法律乏善可陈甚至无善可陈是百余年来学界与社会的共识。我们误将公堂上的杀威棒、监狱中桎梏囚犯的刑具、残酷的刑罚当成了中国古代法律的象征或主流。对传统法律如此狭隘的理解，正制约着现实法律的健康发展。比如，我们无视所谓传统"人治"观念中的积极因素——强调官吏的自律修养，率先遵守法律，而将现实中法律执行难的问题简单地认为是传统法律对人情的重视所致；我们对传统法律对官吏的约束视而不见，只是想当然地将腐败归于封建特权思想的遗毒，等等——对传统法律文化的合理性与积极因素疏于发掘而将现实中不尽如人意之处毫不费力地归罪古人——如此缺乏传统法律文化支撑的法律发展，在中国这个具有五千年文明的古国中，不能不说是一个缺陷，因为任何社会的法律发展都无法完全中断传统，而传统在现实中的作用是正面积极的还是反面消极的，则取决于当下人们对传统的态度。

从纠正对传统法律的误解、发挥传统法律的积极作用来说，传统法律知识的普及也许早该提到日程上来。但这种普及绝不是编几本通俗的读物就可以完成的，其必须建立在深入的学术研究成果基础上，是真正的传统法律的分析、研究与更新，而不是通俗的"借鉴""对比"和模仿。

---

[*] 中国人民大学法学院教授。

寻找到了传统法律研究与普及的方向

钱大群教授是法史学界的前辈。1986年在安徽大学召开的法律史年会上，我作为刚涉足法史学的研究生参加了会议。钱大群教授的发言给我留下了深刻的印象。那次会议以后，我开始与钱大群老师有了学术的交往。我拜读了他一本又一本有关唐律的专著。当《唐律疏义新注》（以下简称《新注》）这本170余万字的唐律研究新著摆在我的书桌上时，我深为钱大群教授的学术精神所感动和震撼。同时也寻找到了传统法律研究与普及的方向。

钱教授用简洁准确的语言将唐律译成白话文，"引述"部分言简意赅地叙述一段一节之大意，评价其特色、本质和作用，具有导读作用。文字虽简，功力却深。比如对"八议对象"的叙述与评价，其中有这样几句话："封建刑律中的特权制度，它公开对全社会宣示：特权依法取得，依法行使，依法限制。这对已取得特权者来说，是安抚；对想获得特权者来说，是引诱；对无特权者来说，是警示。对后封建社会的人们来说，他们面临的形势，是既要反对有法律制度保障的特权，也要警惕制度形式上无特权，而实际上却可行使无限特权的那种制度上的及政治思想上的基础与条件。"（《新注》第43页）"引述"部分对初学法律史以及希望对唐律、中国古代法律有一个初步了解的从事法律工作的人来说，十分重要。阅读"引述"不仅可以对中国人引以为豪的大唐法律有所了解，而且还可以对中国古代法律有一个整体认识，由此改正对"中国古代社会，法就是刑"的误解。接下来的"原文"与"译文"的对照，是其研究成果的集中体现。古人的"法言法语"与今人的法律术语之对照衔接处处可见，而这种衔接的依据则在"注释"部分有旁征博引的详尽阐释。研究者大都会对这一部分更为关注。许多学界聚讼的难点、热点问题，在作者的注释中得以阐释，这也是最见作者功力和积累的部分。"引述"和"注释"，可以说是作者给初学者和研究者提供的进入传统法律的"方便门"。

因为有了学术功力如此深厚的"注释"，有了如此言简意赅的"引述"，又有了如此准确和流畅的"译文"，所以，钱大群教授在"引论"说："法律工作者一定要读点唐律。"读唐律，为的是承认并汲取古人的"法律智慧"，是为了纠正近代以来我们将传统法律作为中国古代文明中的"黑洞"的误解，也是为了解决现实社会中法律发展所遇到的一些问题。所以，读唐律不仅是专家学者当有之事，也是在中国法律工作者的必修之事。从法律发展规律的角度看，读唐律未必不是解决现实法律发展中存在着的某些问题的途径。这就是《唐律疏义新注》给我的启示。

(2008年)

唐律教学的很好示范与引导

孙光妍[*]

虽然几年前就知道钱大群教授在对《唐律疏义》作全面的注释。但在课间收到快递送来的《唐律疏义新注》（以下简称《新注》）时，还是被"震"了一下。鸿篇巨制，这是我对此书的直观印象。随手放在课桌上，回到讲台继续讲课。渐渐的，我发现一位学生在翻看此书，而且似乎看得津津有味，不禁好奇。下课后，我问学生，能读懂吗？他竟然回答，能。令我意外。回到家里，只认真阅读了几页，我就确定那学生所言不虚，他确实能读懂。《新注》语言极为平实，注释详尽，如同在陡峭的珠穆朗玛山峰上修建了登山栈道般，使唐律虽具有海拔高度，但并非遥不可及。对于初学者来说，只要想读，就能读懂。语言平实而不晦涩，好读易懂，这是《新注》的一大特点。以往对唐律的教学中，即使是教师也需要借助各种工具书才能讲明白唐律的一些词语，而对学生来说，虽然都知道唐律在中国法制史学习中的重要性，但真正要从文本上读懂，还是令人望而生畏，这大大降低了学习的兴趣。《新注》中用现代汉语的体例，将各种工具书的知识汇集一体，运用引注、译文、注释的方式，全面细致地解读了唐律的律条及注疏，扫清了文字障碍，方便易懂，使唐律不再是高不可攀的阳春白雪，这在一定程度上扩大了唐律研究的潜在群体。实际上，要想使更多的人对唐律感兴趣，首先就应当在方便更多的人读懂上下工夫，做文章。这一点，《新注》做到了。虽鸿篇巨制，但书山"有径"，有"登山梯"。

---

[*] 黑龙江大学法学院教授。

《新注》的价值还在于,在某种程度上,它也可以被视为将唐律与唐代社会历史文化有机结合的一个成功范本。《新注》中通过大量的注释文字,解密了唐代的政治、经济、文化、历史、军事等方面的状况,客观上呈现了唐律制定的社会文化基础。众所周知,对概念的把握是研究的基础,而这看似容易实则很难。一个概念往往关联着各种相关知识,越是细致梳理概念源流,抽离剥去各种因袭、偏见,越能回归研究问题的真实本意。《新注》强调文本细读,重视介绍阅读唐律所必备的重要基础知识,而且对每个概念斤斤考究,引经据典,持之有故,以期能言人所难言。如对"部曲""奴婢""本条"等概念的注释以及对"情轸向隅,恩覃祝网","盐梅帝道,师范人伦"等涉及义理的注释,虽寥寥数语,但已尺幅万里,足见《新注》作者的文心功底。可以说,越是基础的,越是见功力的。对基础概念的注释既是对唐律的解密,也是还原历史真实,是学术研究的灵魂所在。《新注》中大量的基础知识注释,使之不仅成为研读唐律的入门工具书,也成为汇集唐代历史文化知识的综合性工具书。对于拓展初学者的知识视野,提高综合素质,把握唐律制定的文化历史背景,进一步认识唐律是中华法系的典范有促进作用。既启蒙了初学者,也解了研究者之惑,使大家能在一个共同认知的语境中切磋交流。

《新注》在治学的方法上,从文本入手,解密唐律,古今结合,面向现代,完成了"知"与"智"的融合。以解读文本为主,重视基础知识的传播,达到返璞归真,这种治学方法虽不是唯一,但却是必不可少的重要的方法手段。全书的字里行间能品味出在学院体制里久违的文人气质,这在喧嚣的当代是不多见的。对初学者是一个很好的示范与引导,对于唐律的教学者来说,一书在手,夫复何求?

(2008 年)

创新与传承的结晶

王立民*

学术贵在创新。钱大群教授的《唐律疏义新注》(以下简称《新注》)一书多有创新,是创新与传承的结晶。

一、创新的方面

它的创新集中体现在这样几个方面:

1. 在版式与字体方面有创新

以往出版的有关《唐律疏义》的译注、笺解类著作以前为原文、后为译文的排列作为版式。字体则要么全为简体,如曹漫之主编的《唐律疏议译注》(吉林人民出版社1989年版);要么全为繁体,如刘俊文撰的《唐律疏议笺解》(中华书局1996年版)。《新注》则不然,采用了繁、简字体对照、原文与译文并列的版式。这一版式的创新,便于人们阅读,不需前后对照着翻阅;也便于认识繁体字,知晓繁、简字体的差别。

2. 在结构方面有创新

过去出版的《唐律疏议译注》采用依次为律条、译文和注释的结构,《唐律疏议笺解》则采用依次为律条、笺解和解析的结构。这些结构都有自己的长处。《唐律疏议译注》的结构有利于对律条内容的理解;《唐律疏议笺解》的结构则更侧重于旁征博引,有利于对律文进行深入的考证和论述。《新

---

* 华东政法大学教授。

注》的结构与它们都不同,采用依次是引述、原文和译文、注释的结构。其中的"引述"具有总体介绍一个律文含义的功能,以及建立前后律文之间联系等作用,有利于对律文内容的整体性把握和多维性解读。

3. 在内容方面也有创新

《新注》不仅仅限于注释,而且还有自己研究《唐律疏义》的学术观点,是一本把注释与自己学术观点合为一体的著作,其创新性也就凸突出来了。比如,在《唐律疏议·擅兴》"密有征讨告贼消息及作间谍"条中,分列了各家对律疏不同的解释,提出了自己的观点,对律疏进行了论述,提供给读者思考。由于有了这种学术性的内容,在其学术性增强的同时,也难免留下《新注》作者一家之言,缺乏一定的公认性。

二、传承的方面

《新注》不仅创新性十分明显,其传承性同样存在。这种创新是传承基础上的创新,是对传承的一种发展。没有传承,创新也就失去了其依赖的基础。它的传承主要表现在以下一些方面:

1. 在版本采用方面有传承

《唐律疏义》的版本有多个。《新注》采用的是刘俊文点校的1983年由中华书局出版的版本,并作为自己的底本。这个版本比较成熟,在中国流传也比较广泛,已为大家所接受。采用这一版本实是对以往《唐律疏义》研究成果的肯定和继承。

2. 在结构方面有传承

《新注》结构中的"引述"具有创新性,可其后的"译文"和"注释"两个部分则具有传承性。以往出版的《唐律疏议译注》和《唐律疏议笺解》有过类似的结构安排。《唐律疏议译注》同样有"译文"和"注释"两个部分;《唐律疏议笺解》中的"笺释"则十分接近于"注释"。《新注》传承的这两个部分,是为了便于读者正确理解《唐律疏义》的内容,这也是其基本的价值所在。

3. 在内容方面有传承

《新注》在内容方面也有传承,而且不可避免。它和以往出版的有关译注《唐律疏义》的著作一样,都是对《唐律疏义》这一法典内容的译注,以使现在的读者能够知晓其中的内容,方便大家阅读,因此不可不尊重其中的内容和律文的本意。前人已经作了尝试,《唐律疏议译注》和《唐律疏议笺解》的作者们都是如此,《新注》的作者也是这样,大家都具有一致性。这种一致性便决定了《新注》的内容具有了传承性。当然,《新注》的作者还在 1988 年由江苏古籍出版社出版过《唐律译注》一书,它对《唐律疏议》中的律条逐一进行译注,其中有不少内容都为《新注》所继承。可以说,《新注》也是对唐律译注的继承和发展。

《新注》比较好地处理了创新与传承的关系,在前人对《唐律疏义》进行译注的基础上,取长补短,又向前迈进了一大步,把对这一法典的研究再次推到了一个新的高度。

(2008 年)

《唐律疏义新注》对中国古代法律思想研究的贡献

段秋关*

《唐律》是盛唐治国的法典,那么,《疏义》则是对法典的条文、规定和原则、理念的解读。大群先生推出《唐律疏义新注》(以下简称《新注》)这部全面注释《律疏》的扛鼎之作,令人敬佩的不仅是精力的付出,更在于其学术成就。在我看来,《新注》对中国古代法律思想研究的贡献,大要在三:

一、对《唐律疏义》的现代解读

准确地反映唐代法制,是治法史者的天职;然而,如何让今人理解古代的法典,使当代读者认识传统,又是当代法史学者必须重视并予以解决的问题。《新注》忠于史实而不囿于史料,依据本意而不拘泥原文,诸如对"律文条标作修改刷新",运用"引述""译文""注释"等栏目进行解读,采取"反溯前文与参读后文结合"的方式,将理解《唐律》必备的法律知识贯穿其中……使一般读者不再畏惧接触《唐律》的拦路之虎,使研究者深受启示并获益。

二、对《唐律疏义》思想原则的归纳

了解历史,是为了增加知识,更为了认识过去,把握现在,面向未来。尤其对中国这个当代世界唯一的具有近五千年未曾中断历史的大国来说,认识

---

* 西北大学法学院教授。

和总结盛世时代的法律思想,显得十分必要和重要。然而,反观之前某些对《律疏》的注释,多数均潜心于律条的考证辩驳,可以说是因"就事论事"的需要而"尽在故纸堆里做文章"。这样一来,不免使人们在感慨《唐律》的体系具备"条分缕别,句推字解,阐发详明"①,以及"审慎周详",实为"集众律之大成"②之时,对于《律疏》所体现的法律思想却不甚了了。《新注》则不同以往,从现代法学的视角归纳出《唐律》的主要思想原则。诸如:礼与刑交叉渗透共同协调地作为统治工具,以"罪刑相当"作为重要目标,将"罪刑法定"与"罪刑擅断"结合起来,罪罚由服从家庭伦理向国家利益转变,法律既承认特权又对其适当限制……既与唐代君臣的言行相引证,又以《律疏》的表述总结唐代立法、执法、司法的基本原则。

三、对唐代律学的评析

律学并非现代用语"法律学科"的简称,而是中国古代的特定学科。它始自秦代,成于两汉,兴于魏晋,成熟于隋唐,持续于宋明,终结于清末;是以"律"为对象,依据"经学"进行考证、注释、解说与研究的学术总称。《律疏》乃中国古代律学的经典作品和最高成就,已成不争之论。然而,与前代后世相比较,《律疏》对律学的具体贡献,却因论之不详而令人困惑。《新注》认为:《唐律》"具有高度法典化的水准","是古今众多政治家和学问家致力研读的律学大典","其中的律与疏都有法律效力,同样作为判案的依据";其丰富的立法、司法及学理等法律解释的内容,让人们可在律学之外反观唐代的政治、经济、礼法、教育、徭役及军事、警卫等制度,"是人们读懂唐代甚至是整个封建社会的法律教科书"。同时又指出,明清忽视对《唐律》律学成果的继承,得到重大教训,而清末变法修律将唐律作为正面比照,促使了现代法制的诞生……见解独具,论述深刻,体现了《唐律疏义》在律学发展中的丰碑地位。

(2008 年)

---

① 参见励廷仪:《唐律疏义序》,载《唐律疏议》,中华书局 1983 年版。
② 参见〔清〕薛允升:《唐明律合编》,中国书店出版社 2010 年版。

"引论"之"论"入木三分

方 潇[*]

钱大群先生《唐律疏义新注》(以下简称《新注》)一出版,就强烈吸引了学术界的眼球。就我所知,法史学界外,其他如法理学界、刑法学界、民法学界、行政法学界等也对该著甚为青睐而纷纷作为案头重要的参考文献。不仅如此,非法学界如史学界、政治学界等亦对该著予以了热切关注。

《新注》之"新",读者只有真正阅读了,才能更深刻更直观地体会其"新"。作为一个忠实的拜读者和朴实的研究者,在我认真阅读先生这本新著时,不仅仅是深深感受到了《新注》正文之"新",同时还深深感受到"引论"之"新"。该书"引论"中的观点可谓多为发前人之未发,或新颖独到,或精辟至极。阅读这些观点,或许于一般读者可能尚无特别激动之处,但于一个法史研究者而言,却是情不自禁地感悟到一个三十多年来孜孜耕耘的唐律研究专家在唐律理解上的融会贯通和入木三分。

"引论"中首先认为,《唐律疏义》是唐代社会制衡与失衡、稳定与动荡、和谐与对立统一的一部呈动态发展的封建刑律。作者提出了如下一些具体观点:

(1) 礼与刑交叉渗透共同协调地作为统治工具;
(2) "罪刑相当"是唐律追求的一个重要目标;
(3) "罪刑法定"与有限制的"罪刑擅断"相结合;
(4) 罪罚由服从家庭伦理原则开始向服从国家根本利益转变;

---

[*] 苏州大学法学院教授。

（5）法律给予官吏与贵族充分的特权，同时又为其消极面对法制的危害而加以适当限制；

（6）为使政权能平稳地得到百姓的托载而整饬吏治；

（7）唐律在维护专制统治的残酷中也不排除实施一些"仁政"措施以缓和矛盾；

（8）唐律在立法上有高度法典化的水准。

这些观点看起来似乎简单，但每一条总结归纳的背后都有着非常扎实的研究水平和雄厚的学术功底作为前提和基础，从而经得起长期的学术考验。可以说，作者从来不会轻易发表新的观点，而一旦发表，则论证充分，精辟犀利，令人击节拍掌。就如唐律之"罪刑相当"论和"罪刑法定"论，传统学界多认为两者是西方和现代之物，中国古代专制社会中怎么会有体现这些原则的法典呢？然而，先生经过对唐律的细致研究，认为这些原则在唐律中均有着明显的体现，只不过唐律没有像现代法典那样在条文中明确唱着"罪刑相当"和"罪刑法定"的"定义"而已。对于"罪刑相当"，作者指出："唐律最注重在刑罚与犯罪关系上体现'罪刑相当'的原则。对于种种不同的犯罪，它主要通过实行针对各种罪行的绝对确定的法定刑实行区别对待；对同类犯罪不同的罪状，它通过加减等作细微的调整；对性质上相近的犯罪通过比附作轻重比较后给予刑罚。为了剖析显示量刑上的差别，唐律对犯罪行为的客观方面运用多种量化技术，尽可能精细地衡量犯罪后果的程度与档次。"

对于"罪刑法定"，先生指出："唐律中的判刑都要求以律、令、格、式为依据，'罪刑法定'是其贯彻的一项普遍原则。为了限制审判官吏的擅断行为，唐律特别对法无明文必须通过类举处置的行为，规定了在作比较的对象之间，必须存在'轻重'差异才合法的要求，即有罪判决必须在'举轻以明重'的前提下作出，无罪判决必须在'举重以明轻'的前提下作出，从而在立法上限制审断官员对法无明文行为的擅断"；"唐律在这方面的最大特点，是在把'罪刑法定'作为原则的同时，又在一定的范围内及一定的程度上实行'罪刑擅断'。一是法律认可皇帝一人对一些特殊的对象实行以敕作'权断'的权力，而法律同时又规定这种'权断'绝无判例的效力。同时，审判官吏在一定范围也有事实上是擅断的权力，法律对一些较轻的法无明文的行为，以'理不可为'的理由成立'不应得为而为之'的罪名，在笞杖的范围内判处刑罚。"但这些高浓度而又透彻的概括话语，对于一般读者来说是一种有效的引领，对于研究者来说则是一种提示。至于其他有关唐律的前引观点及其凝练表达，同样让人耳目一新，清醒通达，字字珠玑，此处也就不一一列举，相信读者诸君阅读时更有感触。

先生在"引论"中不仅对唐律特色作出若干精致提炼,而且还对唐律的历史价值以及如何面对以唐律为代表的传统法律等问题进行了深入浅出的透彻评析。为此,作者特地在文中指出,首先,"清末革除酷法时唐律曾作为正面史例被引证"。清末的法制改革是中国法制开始走上现代化的重要一步,而法制改革的第一步则是顺应世界文明潮流进行酷法革除。先生指出:"向当时的酷法实行冲击时,唐律在当时改革派的手上,往往被作为正面的史例列举,以支撑他们的改革主张,这真可谓出人意料却又在情理之中。"[①] 在晚清法制改革革除酷刑问题上,学界往往忽略了唐律被当时改革派作为革除之正面论据的理论事实。作者于唐律研究多年,自然慧眼独具,对此一事实进行挖掘评析,从而既丰富了晚清法制改革的动因理论,又在当时这个乾坤关节眼上体现了唐律的历史价值。先生指出,"忽视对《唐律》律学成果的继承明清两代有其教训",他认为明清刑律的制定者及一些律学家,由于未能潜心领略唐律中"杀人"罪主客观状态上重大基本概念使用对犯罪处置的影响,导致两朝刑律在此类案件上几乎都形成偏差,从而放脱了对大量"故杀人"犯罪而造成严重法律后果的问题进行深刻的揭示和剖析。这样一个律学认识问题,其实对今天仍有重要意义。

此外,作者针对长期以来史学界和法史界内一些人对苏轼所谓主张"读书不读律"观点的误读现象进行了辨正。先生在指出误读的来源之后,联系苏轼的生平历史及诗句的写作背景,对其"读书万卷不读律,致君尧舜终无术"两句诗文的正确含义进行了细致分析,从而辨正苏轼根本不是"读书不读律"的鼓吹者,其"读书不读律"之论,实为因与政敌政见不合之讥刺之作。

(2008 年)

---

① 钱大群:《唐律疏义新注》"引论",南京师范大学出版社2007年版,第5页。

唐律研究的丰碑　法史学者的楷模

倪正茂[*]

校友钱大群教授屡屡赐予法史研究的大作，以此次所赠《唐律疏义新注》（以下简称《新注》）令我最为惊讶、最为感动、最为钦佩，因为该著可谓唐律研究的丰碑，而他本人则更使我加深了其不愧为法史学界楷模的印象。

步入中国法史学界之后，我最先想到要研究的是唐律，因为它是中国古代法律的光辉典章，不仅在中国，而且在全世界，都当得起"光辉法典"的赞誉。为此，我曾小心翼翼地拜谒了当时华东师范大学的杨廷福教授。杨教授极为谦虚、极其好客也极愿提携后进。他在20世纪80年代已是世界著名的唐律研究专家，却毫不顾及我只是一个"想"研究唐律却对唐律几乎一无所知的小学生。他细细地为我介绍当时全球对唐律的研究状况，感叹新中国成立以后由于"左"倾教条主义和历史虚无主义的戕害，而在唐律研究方面大大落后于日本和我国台湾的现状。他赠我以当时新出的《唐律初探》，鼓励我珍惜改革开放之机，奋力进入唐律研究的殿堂。然而，他的鼓励，反而令我有所却步了，原因一是对唐律之宏伟博大既有了解，也就产生了"老虎吃天，无从下口"的顾虑，自知学力浅薄，遂打消了重点研究唐律的念头；二是有鉴于唐初立法在很大程度上仿行隋制，隋初的《开皇律》乃唐律的范本，若对隋律有所了解，也算是研究唐律的初阶一步了。于是，我开始了隋律研究。正因如此，大群学兄之屡屡赐赠唐律研究的辉煌巨著，使我较他人更有一种钦

---

[*] 上海政法学院终身教授。

羡、敬仰、尊崇之感。

我主要是在以下几个方面认定《新注》乃"唐律研究的丰碑",而作者乃"法史学界的楷模"的:

一、规模宏大,卷帙浩繁

收到《新注》时,我着实吃惊不小。其厚重,在本人书架上除几部外文大辞典外,几无可与《新注》匹敌者。《新注》之正文依《唐律疏义》三十卷之例,加上注释,计大开本1 012页。此外还有俞荣根教授热情洋溢的"序"、钱兄的"引论""例言"及"附表"五幅、"注释词语表"等,总计1 200页。以"规模宏大,卷帙浩繁"相说,唯有不及而无过之。尽管卷帙之多寡、规模之大小并不能说明一切,但至少可以一窥作者之勤奋,学识之宏富。据知大群兄不使用电脑,要手写出这171万字来,耗时费日之巨,劳神用力之苦,也不是轻易可以说清的。要不惊讶、不感动、不钦佩,着实也难! 当然,这还仅仅是《新注》之"表",若计其"里",就更令人感佩了。

二、精耕细作,新见迭出

诚如俞荣根君在"序"中所字,仅书名从"唐律疏议"与"唐律疏义"二者之择用,就可见大群学兄用力之勤,用心之细;至于对唐律是否"诸法合体""民刑不分"之解析,更见敢于悖逆某些"权威"之成见的勇气。

作为曹漫之先生女公子之一的老师,我曾有幸获赠曹先生主编的《唐律疏议译注》(以下简称《译注》)。将《译注》与《新注》略加较比不难发现,一方面,《新注》对《译注》的充分尊重,汲取了《译注》的不少妙见;另一方面,又可见《新注》在《唐律疏议(义)》的若干具体问题上,有大群学兄的独特见解。当然,《新注》不仅有对《译注》的借鉴与发展,而且可以看出,他凡是对能够收集到的中外古今学者关于《唐律》的注译、研究成果几乎都是了如指掌、认真鉴别、取长补短、推陈出新,从而使《新注》的水平达到了一个新的高度。唐律研究,包括对唐律的注释、今译、解说,都是源远流长,常研常新的。也许,在可以预期的数十年、数百年内,注译方面还会有所发展,但是,认为《新注》达到目前研究的最高水平,也许不会是武断。

三、借古鉴今,使命强烈

从大群学兄的研究历程可知,他之所以坚持不懈地努力于唐律研究,直至今日推出《新注》,有一个分界点,这就是大群学兄继 1988 年完成《唐律译注》之后,又决心探索唐律的"现代法文化价值"而继往开来、奋然前行,终至得到社会的高度认可,《新注》被列入"全国古籍整理出版规划项目"和"国家'十一五'重点图书出版规划项目"。从《新注》可以看出,他的总的指导性论点乃是:唐律是"盛唐依法治国的法律丰碑"。由此展开,他的《新注》体现了他对唐律的一系列新的认识,例如,他指出:

> "罪刑相当"是唐律追求的一个重要目标;
>
> 唐律体现了"罪刑法定"与有限制的罪刑擅断相结合;
>
> 罪罚由服从家庭伦理原则开始向服从国家根本利益转变;
>
> 法律给予官吏与贵族充分的特权,同时又为其消极面对法制的危害而加适当限制;
>
> 为使政权能平稳得到百姓的托载而整饬吏治;
>
> 在维护专制统治的残酷中也不排除实施一些"仁政"措施以缓和矛盾……

这些认识渗透在他对唐律律文的注释之中,对今天我们进一步发掘唐代法律文化之价值,用以借古鉴今,当然有重要的意义。

大群学兄是一个不知老、不服老的学者,虽然早我 2 年(1955 年)进入复旦大学法律系,年龄比我大了近 2 000 天,但始终笔耕不辍、不断前行。因此,虽然《新注》已问世,赞誉纷至沓来,但我估计,他绝不会就此止步,掷笔赋闲。如果我的估计不错,谨提出两条建议,供"百尺竿头,更进一步"之时参考:其一,日本学者、我国台湾地区学者多有研究唐律而声名卓著、成就斐然者,如可能,多加借鉴,想或有用。其二,唐律之以隋《开皇律》为范本,当然有借鉴或直承隋律之处,在注译或研究唐律时虑及此点,或可使大作更添新意。

(2014 年 5 月)

第四部分 《唐律与唐代法制考辨》评议

(一) 专家评论
(二) 作者有关研究观点之补论
(三) 作者旧文新修

（一）专家评论

精致而博大的研究
——简评钱大群教授《唐律与唐代法制考辨》

郭 建[*]

钱大群老师是我敬仰的中国法制史界前辈。数十年前在学术讨论会上，曾亲耳聆听钱老师讲述中国法制史的研究意义与研究方向，就是要为今天的法制建设提供历史经验教训。"我们要写的，就是中国法制的《资治通鉴》"。这句话堪称法制史界名言警句，我至今记忆犹新。

已届古稀之年的钱大群老师也是中国法制史界的不老松，一直活跃于学术研究领域。《唐律与唐代法制考辨》一书，就是钱大群老师积数十年孜孜不倦研究之成果，是研究唐律以及唐代法制的不可或缺的重要论著。

就我而言，读《唐律与唐代法制考辨》，感到全书具有这样三个特点：

一、不厌其详地抠概念

钱大群老师在对唐律以及唐代法制的考证中真可谓不厌其详。

《唐律疏议》书名中的"疏议"与某些版本写作"疏义"，一字之别，钱大群老师详加考证辨别，从历史书籍的记载、文字演变的规律，逐一细致区别论

---

[*] 复旦大学法学院教授。

证,不仅可以使读者对《唐律疏义》与《唐律疏议》的来龙去脉有所了解,也增加了古文字、古代历史的知识。

又比如对于"例""误""倍"等几个法律常用语和用字的辨析。作者详尽的考证《唐律疏议》中"例"字的多种用法:在《名例律》外的篇章里往往是表示"名例",也就是全律的总的原则性的规定。但是有时也用以表示一般意义上的"法例",以及一般语义上的"事例""举例"。阅读时必须谨慎地参照前后文的关系,确定"例"的意思。

"误"是中国古代法律中有关行为人心理的一种特定的状态。清末民初著名法学家沈家本先生曾专门撰文讨论"误"与"过失"的区别,认为在《唐律疏议》中的"误",是指"元(原)有害心"而做出的行为,而"过失"是"初无恶意"而做出的行为。钱大群老师在本书中专门用了一个章节讨论沈家本这个定义是否准确。通过对《唐律疏议》各篇条文中有关"误"的细密考证,钱老师认为,实际上沈家本的这个定义仅仅适用于杀伤罪,尤其在"斗杀伤罪"情况下才最为确切,并不能作为阅读《唐律疏议》的普遍性定义来理解。

"倍"在当代汉语中的含义很明确,都是加倍的意思。但在唐代的法律里,却是一个需要仔细阅读上下文关系才能得出结论的术语。钱老师对《唐律疏议》加以仔细阅读梳理后,向读者指出,《唐律疏议》里的"倍"有"加倍"的意思,但在有些情况下,却是"折半""打对折"的意思。

贯穿于《唐律与唐代法制考辨》一书的,就是这样详尽的考证求真精神,显示出作者的严谨学术风格。

二、不厌其精地求透彻

考证是一件非常繁琐的工作,《唐律与唐代法制考辨》一书就是"不厌其烦"的结果。

《唐律疏议》是中国古代最具代表性法典,日本学者仁井田陞曾断言,《唐律疏议》的立法水平和19世纪的欧洲刑法典相比毫不逊色。学界一般都将《唐律疏议》作为立法典范加以推崇,尤其是"律疏"(对法典的立法解释)部分。不过钱大群老师则不厌其烦地仔细审核"律疏"的文字,发现偶尔也有几处错讹。比如在《〈唐律疏议〉原创内容质疑试举》一篇中,专门就文字的增衍、脱落、刑罚计算错失等一一指正。这需要将"律疏"的文字反复斟酌比较,将"律疏"所举的事例、所拟判定刑罚逐一计算,才会注意并发现错失之所在。这样的考据相当繁琐,而钱大群老师耐心完成,将《唐律疏议》的研究推向更为精深的水平。

又比如《"举轻以明重"条何以不被删除解》一篇,作者就神龙元年赵冬曦上书请求废除"断罪无正条"条文中的"应出罪则举重以明轻,应入罪则举轻以明重"的事件进行了反复的解读。将该项条文归纳为是"类举",不是今天法学所言的"类推",也不是古代法律所言的"比附"。并又反复说明,赵冬曦的上书未被采纳,是因为他并未弄清这个"类举"的意义。如果直接将"类举"明确是一种按照法条的逻辑关系而进行的"扩大解释",比较容易被今天的法学界接受,但作者为了凸显古代法律用语的精确性,坚持以唐代文义来解释唐代法条,显示了不厌其烦的学术态度。

三、多方综合地接近原貌

全书中,作者依据了大量史料,多方综合考证历史事实,力图重现唐代法律的原貌。除了《唐律疏义》的通行文本外,还利用了其他的唐代史料,比如《唐六典》《龙筋凤髓判》,尤其是近年来出土的敦煌文书中的涉及唐代法律的文本,以及后人所编的唐代历史,《旧唐书》《新唐书》《唐会要》,等等。由此使全书的结论具有更可信、更全面的性质。

学术研究永无止境。正如科普传媒经常提及的一句名言:"我们知道的越多,我们所不知道的就更多。"钱大群老师的这本著作,可以成为一代代法律史学者的主要参考书,并为将来的法律史学者设定新的起点。本书不是有关《唐律疏义》研究的最终结论。我们可以相信,随着新史料的不断发现,新研究手段的层出不穷,有关唐代法制的历史重述将不断丰富,为当代中国的法制建设提供更为丰富的借鉴经验。

(2014年夏)

在唐律重大原则与制度研究上的突破
——钱大群教授唐律研究管窥

戴建国[*] 彭 锋[**]

钱大群先生是唐律研究大家,在唐律及中国法律史学领域耕耘数十年,成果异常丰硕。此次以近八十高龄推出其唐律研究集群的精心之作——《唐律与唐代法制考辨》(以下简称《考辨》)。全书文字精粹,内容丰赡,观点鲜明,考辨精当,构筑起一个可称"一家之言"的研究体系,又一次充分展示出作者对唐律恢弘而深邃的研究风范,真可谓"树老根弥壮,笔健文愈雄"。

作者将微观探绎与宏观研究冶于一炉,体现出作者丰厚的学养,既有一些特定的法律词语概念的辨析和若干重要法律制度流变的考察,又在整体上对唐代法律体系的构成作了探讨。譬如在"罪刑相当"和"礼法结合"等唐律原则和其他一些重大制度的研究上,书中都有很突出的表现。

一、唐律"正刑定罪"之性质,论证详明严谨,方法科学合理

书中开首三篇大文,紧紧围绕着唐律是作为"正刑定罪"的刑律这一观点展开,从不同角度证实了唐律"正刑定罪"的属性。作者并未孤立地看问题,而是将其放置在唐代法律体系的整体关照下进行探讨。在弄清唐律自身

---

[*] 上海师范大学古籍研究所教授。
[**] 上海师范大学博士研究生。

性质的前提下,对唐代法律的其他形式作了辨析,方法上科学合理,论证上详明严谨。如将唐代法律形式中的"令"排除出刑法范围,认为即使《狱官令》也不是刑法;"格"则绝大部分都不是刑法,只有《刑部格》具有"正刑定罪"的性质;"式"基本上不是刑法,就算《刑部式》也非"正刑定罪"之法。在《〈律疏〉是否"诸法合体"辨》(《考辨》第21页)中,作者对《律疏》所引"令""格""式"的性质举例进行了一一的论证,认为这些内容只是作为解释律的辅助材料而存在,并不影响律的"正刑定罪"性质,也不能因其少数条文被疏文引用作解释而使它们自身也有"正刑定罪"的性质,从而对《律疏》"诸法合体"的模糊说法作了有力的辨证。

作者在定性唐律"正刑定罪"之法的前提下,在《唐代审判流程较快缘由考解》(《考辨》第270—276页)一文中,又考察了"罪刑相当"的原则与唐律在立法上对犯罪构成的客观方面运用量化技术之间的关系。唐代审判流程较快的缘由,除了有国家反对审判淹滞的制度上要求之外,还有在刑律制定上的原因。唐律对于侵害行为程度和性质上作单位量化和等级档次的划分,这样不仅能提高定罪判刑的准确度,还有利于节省时间让司法官集中精力查清犯罪事实,从而无需在刑罚幅度的裁量上浪费时间。研究显示,唐律在立法上运用量化技术对于贯彻"罪刑相当"原则起到很大作用,而"罪刑相当"原则又正是唐律中始终贯穿并渗透在律条中的重要原则之一。

二、谓唐律"礼法不一"实乃对"礼法结合"的深入剖析

书中对于"礼法结合"原则的研究也取得了重要成果。众所周知,与这一原则紧密相关的是服制和刑罚之间的关系,书中有好几篇文章在这一关系的研究上有深入推进。如书中最后一篇《唐律疏义原创内容质疑试举》(《考辨》第398页)中提出外亲服制"礼法不一"的问题,其中涉及甥舅间服制与礼制的矛盾,以及外祖服制级别与法条处置上的不符。作者发现《律疏》在服制的级别上明确认定外祖父母之服制为"小功",也就是说,外祖父母与舅、姨一样在服制上属于"小功",然而在立法实践过程中却将他们以期亲或至少同于"大功"甚至"大功以上"来对待。这种处理方式其实正是"礼法结合"原则的一个具体反映。表面上似乎是"礼法不合",其实是法理服从了情理的表现。

三、在法律制度原则及概念术语的考证上
都有深化而不落窠臼的见解

我们知道,学术问题的提出有赖学者对材料的细致准确的解读。而要挖掘出习见材料中蕴含的学术价值,就更有赖作者在阅读史料时所具有的谨慎态度与强烈的问题意识。对于传统的法律文献,在人人皆以得见的情况下,要得出令人信服的独到见解,摆脱学界的一些习见陈说,这就要求人们在阅读常见的法律文献时给予足够的"注意",从不同层面、以多维视角对材料进行辨析。从这点来看,这本书做出了很好的榜样。其在《"举轻以明重"条何以不被删除解》(《考辨》第104页)一文中对唐律研究中稔知的类举制度作了专门探析。文中辨明了类举制度的渊源以及法律地位,梳理了类举与比附的同异,认为唐律中的类举并不是现代刑罚中的有罪类推,而是与比附一样各有其不同的运行机制,尽管二者都是为了解决法无明文、断罪无正条的问题,并发现类举在司法上可以起到限制法官擅推擅断的作用。这是作者独具慧眼的解释,对于类举制度本质内涵的揭示与同类研究相比,显然要更为独到深刻。该书在唐律书名和版式内容上也有探讨。作者在《对唐律书名及版式进行整合的理念与实践》(《考辨》第369页)一文中,在之前考证"唐律疏议"书名的成果①基础上又作了进一步的延展深入,并结合了《律疏》两种书名分异与各自版式的利弊短长进行研究,为唐律研究者们更好的理解使用《律疏》,推进唐律研究的进展起到巨大作用。

书中对于唐律文献中常见的一些法律语词概念的辨析,均做到了不抄袭窠臼,在提出质疑的基础上做了大量深入探讨并提出了自己的创见。作者在中国传统法律体系的大背景下,细致地考察了一些法律语词概念的具体含义,将它们放入具体的、历史的语境当中,将其置于当时具体的法律环境之下,追索这些用语背后所隐藏的法律意义,并在此基础上,深入探究当时法律制定时所面临的现实处境,以及影响法律制定的复杂因素又是如何在法律条文中得以反映的。唐律中有些常用法律语词概念,经过时间的推衍,往往会发生变化,而后来的学者在解读这些概念时,或因时空的错置,或因个人理解的异同,又偶有错误发生。基于这一状况,作者对这些法律概念的内涵外延

---

① 参见《〈唐律疏义〉与〈唐律疏议〉辨》,载《唐律与唐代法制考辨》,社会科学文献出版社2013年版,第30页。

均重新作了深入细致的分梳,尤其注重将其放入具体的环境当中解析,为读律者扫除了诸多障碍。正如作者自言:"任何离开了其具体的环境特别是离开了特定的前提,去一般地抽象其普遍概念,那是不会得出正确结论的。"(第78页)下面谨举数例说明之。

作者在《"误"辨》一文(《考辨》第71页)中对于唐律中的"误"的解读,并没有将其孤立在唐律中进行理解,而是在系统梳理了先秦汉晋有关"误"的问题之后,对于唐律中的"误"再作条分缕析的探讨,明确其在不同前提之下所具备的不同特征和适用情况。对于沈家本在《"误"与"过失"分别说》一文中将"误"定性为"元有害心"的旧说提出质疑,并指出这种情况出现的原因是未能明确其各自的背景和前提所致。又如在《"例"辨》(《考辨》第63页)一文中,作者对于"法例"的概念作了大小之分,并结合其在唐代法律体系内具体的运作来研究,认为唐代的法律体系内各种法律的适用正是通过"法例"的运作实践的。综观作者的研究可以发现,这些围绕法律语词概念进行辨析的文章,没有一篇是就概念谈概念,即使是诸如"刑名"这样在唐律中不时出现却相对"玄乎"的词语。作者在《"刑名"考辨》一文(《考辨》第52页)中结合具体历史情境对"刑名"一词的流变情况进行考察。指出其随着时代的变易侧重点也有所转移,唐律中"刑名"一词相较前代则更为具体丰富,既可指刑律中总则性的篇名,又指通常意义上的刑罚,同时又泛指与一定罪名联系的刑罚的具体刑种或等级。而在《唐六典》中的"刑名"一词又不一样,它曾统指五刑制度。

作者在书中对于前辈大师的观点有继承有批判,对于一些重要观点还做了订正修补,甚至提出质疑,对原有陈说一一驳正,充分体现出作者严谨审慎的治学态度。此外,对于中国法制史上一些流行的重要观点,作者也提出了质疑,并进行了有力的辩驳。例如作者对宋人所修《新唐书·刑法志》将唐代四种法律形式统称为"刑书"一说提出了质疑,认为这是宋人在编修时由于混淆了概念分类而形成的错误。正所谓真理愈辩愈明。

此书的闪光点难以一一尽述,以上只是笔者就阅读所得的一些体会而已,但足可窥一斑而知全豹,拾片鳞而见巨龙。一本好书,在启人心智的同时如能触发读者的学术神经,让读者在此基础上做进一步的思考,这无疑就是非常成功的。钱大群先生此书就具有这种作用。作者在《唐代"刑书"与"文法"考》(《考辨》第1页)一文中将"刑书"与"文法"的概念作了厘定,正确地指出在唐代只有"律"属"刑书",且是偏指惩罚性的法律。此前法制史界普遍认为,唐代起主导作用的法律形式是"律",而作者认为唐代主体的法律形式应当是"令",造成之前那种观点长期流行的原因,恐怕与唐代"刑书"与"文法"不分有关。

四、舅报甥"小功"《律疏》未改不排除格敕已行

当然,书中也有一些观点值得商榷。例如,在《舅奸甥不入十恶"内乱"考》(《考辨》第170页)一文中,作者从服制与罪罚间相互关系的角度进行了考证,认为据现在传本《律疏》内容来看,其中"内乱"并未依照显庆廷议改为舅对甥报小功之服。作者认为舅奸甥在唐律中属"奸缌麻以上亲"罪,不入"内乱"罪。这一结论在笔者看来,尚有进一步斟酌的必要。《唐会要》卷三十七《服纪上》载:

> 显庆元年九月二十九日,修礼官长孙无忌等奏曰:"依古丧服,甥为舅缌麻,舅报甥亦同此制。贞观年中,八座奏议:'舅服同姨,小功五月。'而今《律疏》,舅报于甥,服犹三月。谨按傍亲之服,礼无不报,已非正尊,不敢降之也。故甥为从母五月,从母报甥小功,甥为舅缌麻,舅亦报甥三月,是其义矣。今甥为舅使同从母丧,则舅宜进甥以同从母之报。修《律疏》人不知礼意,舅报甥服,尚止缌麻,于例不通,理须改正。今请修改《律疏》,舅报甥亦小功。"……制从之。

长孙无忌及八座奏议,要求将舅报甥之缌麻服制改为依甥为舅服小功制。高宗批准了这一建议。换言之是要修正《律疏》讹误的。但是今传本《唐律疏议》自身文本并未随之作相应的改正。这一问题怎么解释?

其实,唐代律(包括律疏)的修订通常是不改动唐律及疏的原文的,采用的是以外在的方式进行修订,即将诏令修订制作成法律形式——格,用"格"对律疏进行修正补充。显庆元年高宗批复的诏令后来收入格典,新发现的《天圣令》的规定可作为佐证。《天圣令》卷二九《丧葬令》所附《丧服年月》小功五月条有"为舅(原注:报服亦同)"之规定。换言之,舅为甥亦服小功。《天圣令》所附《丧服年月》源于唐。《宋刑统》卷二十《贼盗律》于诸盗缌麻小功亲财物条疏议下释曰:"周亲、大功、小功、缌麻服具在《假宁令》后《丧服制度》内。"《宋刑统》修纂于乾德元年(963年),其所云《假宁令》乃唐令。也就是说《天圣令》所附《丧服年月》承袭了唐代的《丧服制度》,其中舅报甥条已经调整为小功服了。笔者以为,显庆元年(656年),长孙无忌等人的奏请,经高宗批准颁布实施,便成为一道诏敕。至仪凤元年(676年),唐有过修纂诏敕为格的立法活动。高宗仪凤元年《颁行新令制》曰:"自永徽以来诏敕,

总令沙汰……其有在俗非便,事纵省而悉除;于时适宜,文虽繁而必录。随义删定,类别区分。……仍令所司编次,具为卷帙施行,此外并停。"②仪凤二年,刘仁轨等奉诏纂成《永徽留本司格后本》十一卷。③ 显庆元年的高宗批复诏敕自然被收入此格典,后来辗转成为《天圣令》所附《丧服年月》的规定。④

再如,贞观十三年(639年),即《贞观律》颁布之后的第三年,太宗颁布了一条诏敕,规定曰:

> 身体发肤,受之父母,不合毁伤。比来诉竞之人,即自刑害耳目。今后犯者先决四十,然后依法。⑤

诏敕对竞诉人自残行为作了刑罚惩处补充规定。所谓"依法"是指唐《斗讼律》的规定:"诉人所诉非实,辄自毁伤者,皆杖一百。"⑥根据太宗诏敕新规定,竞诉自残人先决杖四十,然后依律再杖一百。自此,先决杖法遂成为一项刑罚制度。在唐前期已成为刑罚的重要组成部分,其在司法实践中的实施毋庸置疑。⑦ 然而作为刑法典的《唐律》曾多次修订,却始终未能将此"先决四十""先决一百"的先决杖法修订入文本,亦即《唐律》文本并未就此作相应的调整。这也说明对唐律的修改,是采取外在方式进行的。

律令作为常法法典,有它相对的稳定性,不便轻率变动原文。而格则不受此限制,可以弥补律不能时常变动的缺憾。唐格乃编录皇帝制敕而成,因时制宜,可对律令进行补充修正。⑧

另,书中第71页《"误"辨》首段开头,将沈家本《寄簃文存》误作《寄文存》,疑为手植之误。

在中国法律史研究学界一直存在着"法学化"还是"史学化"之争论。鉴于法律史学界中存在的史学基础薄弱的现状,笔者同意有的学者提出的法律

---

② 〔宋〕宋敏求:《唐大诏令集》卷八二《政事》;参见刘俊文:《唐代法制研究》,台北文津出版社1999年版,第32—33页。

③ 参见〔后晋〕刘昫等:《旧唐书》卷四六《经籍志》。而《唐六典》卷六《刑部》"郎中员外郎"条下注文则作《永徽留司格后本》。

④ 关于《天圣令》的修订方式和修撰体例,可参见戴建国:《唐宋变革时期的法律与社会》,上海古籍出版社2010年版,第182—185页。

⑤ 参见〔北宋〕王溥:《唐会要》卷四一《杂记》,上海古籍出版社1991年版。

⑥ 〔唐〕长孙无忌等:《唐律疏议》卷二四《斗讼律》,"邀车驾挝鼓诉事不实"条,中华书局1983年版。

⑦ 参见《散颁刑部格》残卷,载〔日〕山本达郎、池田温、冈野诚:《敦煌吐鲁番社会经济史资料Ⅰ法律文书》录文,东京东洋文库1980年版,第32—35页。

⑧ 参见戴建国:《从〈天圣令〉看唐和北宋的法典制作》,载《文史》2010年第2辑。

史史学化的观点。⑨ 应当在此基础上加强分工合作,注重法史兼修。钱大群先生很好地做到了这一点。他融会贯通地运用了法学和史学的相关理论,采取传统历史研究的考证之法,不仅推进了相关领域的研究,在方法上也颇具借鉴价值,起到了很好的垂范作用,尤其是对于刚进入法律史研究领域的年轻学者来说,这种研究方法更值得学习。总之,这是一本给人导以门径、示以轨辙的学术佳作,值得一读。

(2014 年 6 月)

---

⑨ 参见胡永恒:《法律史研究的方向:法学化还是史学化》,载《历史研究》2013 年第 1 期。

唐律研究的不懈开拓者

徐永康[*]

中国古代留下了许多珍贵的法律资料,仅以唐代为例,由于其立法技术的精巧,在法律传承中的显著地位,在活字印刷术尚未发明的年代,凭借人们的传抄而保留了不少重要的法律典籍。对这些法律资料的整理和研究也一直是几代法律史学者努力工作的目标。若论对唐代法律的研究,我想,钱大群教授的突出贡献是一定会被人们大书一笔的。

从我国"文革"结束后恢复法学教育起,三十多年来,钱大群教授在唐律研究园地辛勤耕耘,不懈开拓,不仅有退休后为我们奉献的皇皇巨著《唐律疏义新注》和重新增修的《唐律与唐代法制考辨》,还有在此前发表及出版的一大批与唐律和《唐六典》相关的富有创新观点的论文及著作。鄙人也是从20世纪80年代初开始涉足中国法律史领域的学习、研究和教学,可以说,在这三十多年里,一直受惠于钱先生的研究成果,并在自己的教学活动中,通过介绍钱先生的学术成果和思想观点,让自己的学生也能认识到唐代法制的风格特点,体悟到唐律的精深奥妙。

一、立意高远,涉猎广阔

数十年来,钱先生对唐律的研究视野开阔,涉及面广,《〈唐六典〉性质论》一文很早就提出了关于唐代法律体系构成的重要观点,认为从《唐六典》

---

[*] 华东政法大学教授。

编修缘起、编修目的、编修过程等方面来看,它都不是法律,其编修程序也没有成为法律的特征。围绕这一问题而展开的学术争论,在法史学界的影响很是深远。

针对宋人在《新唐书·刑法志》提出的而且后来对法律史研究产生了较大影响的唐代的律、令、格、式,可统称为"刑书"的说法,钱先生也进行了系统的分析,认为除了"律"相当于当时的"刑法"外,令、格、式全都不是或基本不是"刑书"或"刑法"。例如"令"全是正面的制度性法规,以"七出"为例,《户令》规定了男家可以单方面休妻的七种情况:"诸弃妻须有七出之状,一无子,二淫佚,三不事舅姑,四口舌,五盗窃,六妒忌,七恶疾,皆夫手书弃之。男及父母伯姨舅,并女父母伯姨舅,东邻西邻,及见人皆署。若不解书,画指为记。"《唐律·户婚律》则规定:"诸妻无七出及义绝之状,而出之者,徒一年半。"前者是关于丈夫休弃妻子的条件及手续的规定,后者则规定了违令出妻的罪名,其罪状是妻无七出及义绝之状而出妻,刑罚是一年半徒刑,两种法律形式的内容和性质明显不同。其他如"格",是以尚书省二十四曹司为目,因此决定了"格"的绝大部分内容都不可能是刑法,"式"绝大部分也是正面的制度性立法,而不是定罪判刑的刑法条文。近年来,法史学界对唐代法律体系的构成包括整个中国古代法的结构特点都有了进一步的认识,回溯过往,对先行者的努力更有感佩。

二、锲而不舍,持之以恒

钱先生长期专注于唐律研究,孜孜矻矻,毫不懈怠,精神实在可敬可佩。对与唐律有关的问题,哪怕非常细小,他都会锲而不舍地钻研下去,把事情搞清楚,不留疑点。比如对新旧《唐书》中的《杨恭仁传附杨思训传》关于右卫大将军慕容宝节以毒酒毒死杨思训后所受刑罚的记载,曾与其他学者有不同的理解。钱先生对今传《律疏》中"毒药药人罪"的要点作精确分析:其一,已购置毒药尚未实施毒害行为的,处流两千里;其二,已实施了以药毒人的行为,即使被毒者未死伤,处绞刑;其三,用毒药药人致人死伤的,按谋杀罪伤者处绞,死者处斩刑。此后,钱先生又根据慕容氏毒杨案处置的曲折过程,更全面地认识到了唐高宗果断处理此案,是既纠错又下令改律的同步过程。

仔细阅读钱先生有关唐律研究的大作,像上面那样对唐律条文和其他史籍记载出现的疑点抓住不放,通过研究努力给予合理解释的例子比比皆是,这种毅力,这种恒心,实非每个治学者都能达到的化境。

三、精益求精，细致入微

说起钱先生对唐律的研究和介绍，令人印象深刻的是几部对唐律今译或解释的著作。早在1988年，钱先生就撰写了《唐律译注》，对《律疏》中的律文及注作了译注，便利了初涉古代法典的学习者理解唐律的内容和含义，引导读者步入其门得窥堂奥。2007年，钱先生在七十多岁的高龄又推出了卷帙浩繁的《唐律疏义新注》，这部171万字的著作编排精巧，颇具匠心，对有兴趣研究唐律者熟悉律文、掌握律义有很大的帮助。

比如，该书对唐律的每条律文都通过"引述""原文""译文"和"注释"四个部分进行介绍阐释，"原文"部分使用繁体字，其余三部分则使用简体字，既可让年轻人对照阅读，熟悉典籍原貌，也可借此掌握现代简体字的写法。这一看似普通的安排，其实对理解和正确引用古代律文是有很大作用的。

以我们经常看的法律史论文为例，把唐律中的计赃单位"匹"写成"疋"的并不在少数，大约是写作者看久了唐律繁体字文本的原因，习惯成自然，以为这个笔画简单的"疋"字就是现在通用的写法，而不知道应该写成"匹"字。如果他们看了将唐律"原文"和"译文"以同页左右对照编排的《唐律疏义新注》，相信就不会犯这样的错误了。与此有点类似的情况是唐律总第二百六十八条原文规定："諸造祆書及祆言者，絞。"《唐律疏义新注》的"译文"是："凡编造妖书及妖言的，处绞刑。"两相对照，"祆"即为现在通行的"妖"字，一目了然。而在刘俊文点校、为法史学界最早普遍采用的中华书局1983年版《唐律疏议》中，在这些地方也留下了白璧微瑕，其目录第10页"造祆书祆言"文字无误，但在第345页正文"諸造祆書及祆言者，絞。"都将"祆"误植为祆教的"祆"（音仙）字了。

钱先生有关唐律的研究，还不限于对唐律的分析、阐释和理解，他甚至对唐律本身存在的立法技术方面的问题也进行了研究，提出了可以改进的设想。在《唐律与唐代法制考辨》一书的最后一篇《〈唐律疏义〉原创内容质疑试举》中，就举了唐律的条文编排、字词使用、刑罚计算错失和概念运用等方面的疏漏，反映了他在这方面研究的精细程度。

总而言之，钱大群教授在唐律研究领域取得的丰硕成果是法史学界的宝贵财富，其树立的丰碑值得后学景仰，谨以此短文表示自己不断学习的愿望。

（2014年春）

唐代法制研究征程中不可磨灭的脚印
——评钱大群先生《唐律与唐代法制考辨》

董长春[*]

钱大群先生的《唐律与唐代法制考辨》(下称《考辨》)一书,经社会科学文献出版社于2013年再版。重读此书,仿佛重历了先生的学术心路历程,进一步知晓了先生的学术成就。

先生曾把自己的唐律研究著作比作脚印:"脚印它指示一种已有的方向,它标志前人踏脚的地方。我们沿着前人的脚印走,后人也沿着我们的脚印走去。凡是要比前人走得更远,就必定要再作出新的努力。"[①]这部书也正是先生唐代法制研究征途上坚实步伐不可磨灭的脚印。该书整体结构自成体系,内容条块分明,前叙后述逻辑清晰,体现了先生独运之匠心,是先生为学术界提供的又一本重要学术专著。

一、厘定唐代的法律体系及性质

近代以来,中国法律的学术方法受西方的影响极大,以西方关于法律的性质、原则、名词等来研究说明中国古代法律的方法蔚然成风。但运用这种方法研究中国古代法律的最大问题是将中国古代法律置于近现代学科体系中,脱离了中国古代法律的历史场域,经常得出一些似是而非的结

---

[*] 南京师范大学法学院副教授,法学博士。
[①] 钱大群:《唐律与唐代法律体系研究》前言兼后记,南京大学出版社1996年版,第4页。

论,如中国古代法律是诸法合体、中国古代的法律是刑民不分、唐代的律令格式皆刑法、《唐六典》是行政法典这样"似是而非"的学术观点,以致争论不已。

先生自20世纪80年代以来就一直重视唐代法律体系问题的研究。他对一些重大问题的研究结论,成为学术定论,终结了很多相关争论。

（一）力辨"刑书"与"文法"

唐代的律、令、格、式四种法律形式,在史料中所用的概括性称谓不同,《新唐书·刑法志》称"刑书",《唐六典》与《旧唐书·职官志》皆曰"文法",这导致了对律令格式的性质认识出现重大分歧。

先生在《考辨》一书开篇即称:编写《新唐书》的宋祁、欧阳修等人的"刑书"说,是由于混淆概念分类而形成的一种错误。② 先生对"刑书"与"文法"进行了"说文解字"式的考辨,论证了宋人的"刑书"之误,并全面地分析律、令、格、式的内容,指出唐代四种法律中只有"律"是"正刑定罪"之"刑法";"令"全非刑法,连《狱官令》也非"刑法";"格"二十四篇中只有一篇《刑部格》属刑法;"式"基本都不是刑法,连《刑部式》也非"正刑定罪"之法。同时指出,唐律中有违反令、式要受笞杖之刑的规定,不能说明令、式就是"刑法"。③

（二）辨析说明唐律不是诸法合体与刑民不分

对于中国古代法律是"诸法合体"与"刑民不分"之说,先生的考辨是以唐代的《律疏》为起点,小中见大。先生明确指出:"诸法"都"合体"于刑律或"合体"于刑典的观点,这在对唐代立法水平的认识上是一种倒退。④ 先生并指出,唐律的"诸法合体"说由两个方面的原因导致:一是"'诸法合体'说的形成,与人们对唐律各篇序言性疏文措词的误解有关系"。⑤ 二是"诸法合体"说的另一个根据是唐律不时地引用"令""格""式"。⑥ 对于前者,先生明确指出,唐律《名例》之外的十一篇既不是唐代的"诸法",也不是现代的"诸法";对于后者,先生指出:"唐律中引用的令格式的数量根本不足以使唐律

---

② 参见钱大群：《唐律与唐代法制考辨》,社会科学文献出版社2013年版,第1页。
③ 同上书,第8—20页。
④ 同上书,第21页。
⑤ 同上注。
⑥ 同上书,第25页。

形成'诸法合体'。"⑦

对于唐代立法的"民刑不分"之说,先生明确指出:"以刑罚处置一些'民事关系'并不证明唐律是'民刑不分'。"⑧以刑罚处置民事关系,是唐代人对于"罪"的处置与现代人不同,而不是"民刑不分"。此外,先生指出:最根本的是,大量的未被引用的民事条款在唐律之外作为法律存在着。⑨

(三) 精确地辨析了《唐六典》的性质与是否行用

1990年之前,《唐六典》是唐代的行政法典似成定论,但钱先生却力排众议,将《唐六典》置于唐代的立法和法律体系中严密考辨,对其性质进行了正本清源,将其定性为"官修政书"或"官制典籍"。

(1) 先生考证说明唐代法律体系中原本无"典",《唐六典》即使奉皇命官修也并不具有法律特征;从编修缘起、编修目的、编修过程来说,《唐六典》都不是"法律";并且,《唐六典》的编修程序也无法使其具有法律的特征。⑩

(2) 先生针对以《唐六典》有部分令、式内容而主张的"行政法典说"。考辨指出:挂在职官下的一些令、式,只是对令、式极不完整的零星摘取,在质量数量上均不能构成"行政法典"。⑪ 先生还明确指出唐代的"格"是调整在行法律的法律规范,而《唐六典》却排斥格条,这也使其不能形成为在行法律。⑫

(3) 对于《唐六典》的行用,先生指出:唐史上始终未有《唐六典》作为行用法律必有之"颁行"诏令;唐宋法律权威包括《唐六典》的编写人在内,都谓《唐六典》未曾"行用"。⑬

(4) 针对《唐六典》行用论者所持的根本史料,先生考证指出,《大唐新语》在"著述"栏内记载众多书籍(包括诗文宗教书籍)都有"行之"的情况,是"行用"论者把唐代国家图书"行用停废"制度中的"行之",错认为是法律法典的"行用"。⑭

---

⑦ 钱大群:《唐律与唐代法制考辨》,社会科学文献出版社2013年版,第25页。
⑧ 同上书,第27页。
⑨ 同上注。
⑩ 同上书,第315—319页。
⑪ 同上书,第321页。
⑫ 同上书,第324—325页。
⑬ 同上书,第326—327页。
⑭ 同上书,第332页。

二、归真整合《唐律疏义》的书名与版式

《律疏》自唐代永徽四年(653年)把"律"与"疏"合本行用之后,其书名及版式在流传的过程中发生了很大的变异,但变异过程却较少地受到学术关注。对这一问题的正本清源不仅关乎这部著名法典的名称、版式结构的流变,而且关乎对这部法典内容的正确理解问题。先生自20世纪90年代以来就关注了这一问题,最终形成了"扬长避短、归真整合"的学术主张。

1. 先生在考证了《唐律疏义》和《唐律疏议》两种书名的形成与流变以后,提出书名依"四库本"

《唐律疏义》,以使其符合《律疏》是为律"条义疏"的初衷及其性质。⑮先生详细说明了用《唐律疏义》为书名的理由及依据,并在自己的新作中用《唐律疏义》为名。⑯

2. 在疏文的版式上,先生提出了汲取前人成果,同时体现新特色的观点

唐律疏文的行文版式上,应当改正《四库全书》本矫枉过正在律条下都以"义"代"议"的做法,因"议"是疏文中与"问答"平行的表述文体之一,每一条律疏以"[疏]"为解律部分的提示语,以"议曰"及"问答曰"为发语词。

3. 命名"序疏"

唐律十二篇的篇名之下都有一段疏文,对这十二段疏文,学界从未命名。先生提出应当名副其实地命名为《××律序疏》,一方面以提示这段疏文的性质,使这段疏文有明确的归属;另一方面以显示这段疏文与篇下其他律条下疏文的区别。

4. 重新总结唐律的条标

先前唐律的条标是依古经文命篇的传统,摘取起句的前几个字为条名,这种办法对一般古籍可以适用。但在唐律中,这种做法常与律条的内容概括相违离。先生举例说,实际规定"八议"对象的条目不称"八议者",而规定"八议"程序及内容的条目反倒称"八议者";并且反映全律重要制度的"请章""减章""赎章",也以该条的起首词语为条标,即"皇太子妃""七品以上之官"及"应议请减",这样的条标让人不知所以。⑰因此,钱先生建议凡既反古汉语表述规律,又显然名不副实的条名,一律改得符合律意。先生提出了

---

⑮ 参见钱人群:《唐律与唐代法制考辨》,社会科学文献出版社2013年版,第378页。
⑯ 参见钱大群:《唐律疏义新注》,南京师范大学出版社2007年版。
⑰ 参见钱大群:《唐律与唐代法制考辨》,社会科学文献出版社2013年版,第380页。

条标设计的要求,即《名例篇》的条标一律反映其制度和原则的内容,而其他十一篇的条标,则尽量完整地反映其罪名或罪状。先生将这些想法在《唐律疏义新注》一书中进行了全面的实践,并在历五年之功所完成的这部书的条标总结上,倾注了大量的心血,所形成的条标,全面反映了唐律各条的具体内容,如第 8 条"八议者"改为"八议之程序及特权"[18],使读者一目了然。

三、考释《唐律疏义》中的重要名词

唐律之难,很大原因在于很多名词含义的理解和解释上,甚至有些名词的含义现代工具书都没有相关的解释。[19] 先生的研究中对唐律中重要名词的含义给予了极大的关注,作了系统的解释和说明,为读者扫清了阅读障碍,同时也形成了自己的学术观点。摘其要者,分述如下。

(一)溯源与考释"刑名"

"刑名"一词在中国法律史上占有重要地位,但其含义自汉代至唐的流变比较复杂,在《唐律疏义》中的含义也是十分杂驳。先生考证了"刑名"从汉至唐的含义流变,并在此基础上明确地分析了其在《唐律疏义》中的几种含义:(1)指唐律的首篇,即《名例》;(2)指通常意义上的刑罚;(3)泛指与罪名相联系的刑罚,在此意义上,"刑名"有时统指"五刑",有时指某种具体的刑种或等级。[20] 先生的考证说明,使"刑名"一词有了具体的含义指向,读者只需依"刑名"一词在《唐律疏义》中的语境,即可确定其具体含义。

(二)全面考释"例"字

"例"字在《唐律疏义》中的运用极其繁多,而其义又各不相同,常常使阅读者不得其要。先生全面梳理了《唐律疏义》中的"例"字,并总结说明了数种含义:(1)"例"指《名例》中的"法例";(2)"例"用指整个《名例》,是《名例》的简称;(3)"例"用指《名例》之外的"法例",即散见于除《名例》之外的十一篇中的,适用于全律的法例;(4)指其他法律形式中的法例,如唐令中的法例;(5)成为"永格"的制敕亦可称"例";(6)指一般语义上的"事例"与

---

[18] 参见钱大群:《唐律疏义新注》,南京师范大学出版社 2007 年版,目录。

[19] 如唐律中"倍"字的折半之义,《辞源》中都没有相关的解释。参见《辞源》修订本(上册),商务印书馆 2010 年版,第 245 页。

[20] 参见钱大群:《唐律与唐代法制考辨》,社会科学文献出版社 2013 年版,第 52—62 页。

"例子"。㉑ 先生这样的总结,使"例"字在《唐律疏义》中的含义得以明晰。

(三) 全面考释"倍"字

"倍"在唐律中的运用较多,但其却是在两种相反的意义上使用的,一是指"加倍",一是指"折半",而两种意义的混同使用,常使人在理解《唐律疏义》的具体含义时处于困惑之中。先生考释了"倍"字在《唐律疏义》中多种用法后,明确指出"加倍"使用的"倍"字出现在"倍赃"及"倍备"的构词中㉒;折半之意的"倍"是"使用于'数罪并罚'原则,对官吏赃罪计数处罚的办法之中"。㉓ 对于"折半"之义的"倍"字,先生进一步指出,唐律在从严处罚监临主司的赃罪时,常常不折半,即"累而不倍"。㉔

四、唐律罪刑与重要制度考

唐律中许多重要的罪名和制度是研究唐代法制的关键点,但由于史料的阙如和文字的障碍,人们在理解这些罪名和制度时常发生重大歧义,甚至处于争论之中。先生在学术生涯中对这些问题投注了巨大的学术热情和关注,对许多的罪名、刑罚和制度进行了研究、解释,使许多问题得以明晰,在《考辨》一书中就有十七个专题是关于这方面的研究,其中既涉及立法背景,又涉及罪名与刑罚,再涉及刑罚的执行,还涉及唐代的重要制度,等等。这些内容不仅体现了先生深湛的学术功力,更重要的是推动和促进了唐代法制的研究。

(一) 对皇帝"权断制敕"制度的考辨

从宽泛意义上来说,"权断制敕"是古代帝王在司法裁决上的特权。但这一特权在唐代的表现,以及与唐律之间的关系是关乎唐代司法运行真相的重要问题。先生对此也着力进行了详细的考证与辨析,并形成了精当的学术结论。

1. 指出"制敕断罪"是唐律赋予帝王的特权

唐律《断狱律》(总第486条)隐含了帝王"制敕断罪"的特权,该条疏文

㉑ 参见钱大群:《唐律与唐代法制考辨》,社会科学文献出版社2013年版,第63—70页。
㉒ 同上书,第80页。
㉓ 同上书,第81页。
㉔ 同上书,第83页。

说:"事有时宜,故人主权断制敕,量情处分。"据此,先生指出"刑律赋予皇帝制敕断罪特权"。㉕

2. 分析了权断定罪的"制敕"性质

先生考辨后指出,唐代的制敕在性质和效力上分为两种,一是具有普遍适用效力的、制度性的制敕;二是对犯罪作"临时处分"的制敕,此即唐律中的"权断制敕"。㉖

3. 分析了"权断制敕"上升为"永格"的过程

唐律《断狱律》(总第486条)规定:"诸制敕断罪,临时处分,不为永格者,不得引为后比。"由是可知,帝王"权断"的"制敕"可以上升为"永格"。先生详细考辨了包括"权断制敕"在内的"制敕"上升为永格的过程,并对"格后敕""格后长行敕"作了明确说明㉗,同时也明晰了唐代"永格"的含义。

4. 说明了"权断制敕"不得擅引的现实合理性

先生分析了权断定罪的"制敕"的两个特点,一是因皇帝"一时之喜怒"而作;二是皇帝为自我标榜而制。㉘ 因而"权断制敕"是经常破律坏法,使得"权断制敕"不堪引以为比,由此论证了唐律《断狱律》(总第486条)立法的现实合理性。

(二) 对"类举"制度的考辨

唐律《名例律》(总第50条)关于"断罪无正条"的定罪制度,在学术史上不仅是褒贬不一,而且对该制度的性质也是认识不一。对这一问题,先生也进行了详细的考辨,提出了自己独到的见解。

1. 论证了"断罪无正条"定罪制度的性质

对于唐律《名例律》(总第50条)的制度性质,"类推说"和"比附说"都不乏支持者,但两种说法所致的混乱十分不利于对该制度的准确理解。先生对这两种定性都不赞同,指出它既不是现代刑法的"类推"制度,也不是唐律中同时存在的"比附",而是唐律所特有的"类举"制度。㉙ 先生明确指出:"类举可以是定罪判刑,也可以是判定无罪不予处刑,或是从罪重刑重而改认

㉕ 钱大群:《唐律与唐代法制考辨》,社会科学文献出版社2013年版,第92页。
㉖ 同上注。
㉗ 同上书,第93—94页。
㉘ 同上书,第98页。
㉙ 同上书,第104页。

为罪轻刑轻。"㉚"类举"性质的确定,使得唐律《名例律》(总第50条)的制度具有了自身独立的品性,并以这一品性区别于古今。

2. 辨析了"类举"与"比附"的异同

"类举"与"比附"在制度属性上确有共同之处,并且明清的立法以"比附"混同了"类举"与"比附",若不能仔细辨析这两者的异同,势必造成唐代的"类举"与"比附"的混同。先生对此首先指出,两者都是为了解决"法无明文断罪无正条"的问题;其后指出两者各有不同的作用,即"比附"只作有罪比附而不作无罪比附,而"类举"是既可以作有罪判断也可以作无罪判断。㉛

3. 辨析了"类举"制度的积极意义

论者多将"类举"等同于现代刑法中的"类推"制度,且多论及其消极意义。先生从类举必须要有"轻重相明的反差要求"这一逻辑推理的特殊性上,说明"类举"制度在立法上有牵制法官擅推擅断的目的㉜,从立法层面肯定了"类举"制度的积极意义。

(三) 对唐代妇女流刑处置的考辨

唐代妇女流刑的实际处置既有《名例》中的一般性原则,又有具体律文、注文和疏文的补充规定。立法上的这种离散性,使人们理解唐代妇女流刑的实际处置时存在着一定的困难,先生对此也进行了辨析说明。

1. 一般原则是"例不独流"

唐律《名例律》(总第28条)在规定了工、乐、杂户和太常音声人的流刑处置之后,规定了妇女流刑处置的一般原则:"其妇人犯流者,亦留住",疏文解释说:"妇人之法,例不独流,故犯流不配,留住、决杖、居作。"疏文进一步具体说明了妇女流刑的一般处置方法:"妇人流二千里,决杖六十;流二千五百里,决杖八十;流三千里,决杖一百。三流俱役三年。若加役流,亦决杖一百,即是役四年。既决杖之文在上,明须先决后役。"即妇女的流刑一般是"例不独流",而是"决杖、留住、居作"。先生在明确解释了妇女流刑的一般处置方法后,对妇女适用这种一般性处置方法的具体罪名和条文进行了列举,分别是《贼盗律》(总第253条)、《贼盗律》(总第255条)、《贼盗律》(总

㉚ 先生此段文字虽然是说明"类举"与"比附"的根本区别的,但实际上这也是"类举"与现代刑法"类推"制度的根本区别。钱大群:《唐律与唐代法制考辨》,社会科学文献出版社2013年版,第108页。

㉛ 参见钱大群:《唐律与唐代法制考辨》,社会科学文献出版社2013年版,第108—109页。

㉜ 同上书,第109页。

第256条)、《贼盗律》(总第260条)。㉝

2."造畜蛊毒"罪中妇女流刑的特别处置

唐律《贼盗律》(总第262条)对犯有造畜蛊毒者规定:"诸造畜蛊毒及教令者,绞。"该条同时规定:"造畜者虽会赦,并同居家口及教令人,亦流三千里。"但此处由于缘坐制度和赦免制度的同时存在,使人很难准确把握涉及此罪的妇女的流刑的具体处置。先生分三种情况进行说明:(1)正犯妇女会赦犹流,即造畜蛊毒的妇女正犯依律当处绞刑,但会赦后实处流三千里。(2)正犯会赦,缘坐妇女仍流,即"造畜蛊毒"者会赦由绞改流,但连坐的同居家口中的妇女的流刑不因赦而减,实际依旧处流刑。(3)"造畜蛊毒"的女性教令人的流刑。女性教令人的流刑分为两种情况,其一,依《名例律》(总第28条)注文的规定:"造畜蛊毒应流者,配流如法。"女性教令人应实处流刑;其二,女性教令人遇赦则"例不独流"。唐律《贼盗律》(总第262条)疏文称:"妇人教令造畜者,只得教令之坐,不同身自造畜,自依常犯科罪",即"留住、决杖、居作"。㉞

3."妻妾从流"的处置

唐代妇女被实际执行流刑的,除了上述"造畜蛊毒"罪,还有"妻妾从流"。对于"妻妾从流",先生明确指出这不是妇女作为正犯而处的流刑,而是因为丈夫被处流刑,法律强制妻妾跟随的特殊制度。㉟ 同时,先生指出,丈夫在实处流刑的情况下不得休妻,即便妻子实有"七出"之状,也不得休妻。㊱

五、唐律的适用考辨

唐代的法律实践,由于资料的缺少,尤其是司法案例的缺少,一直是学术上的一个难题。学术界对唐代司法的研究,主要依赖的资料之一是唐代张鷟"撰"的《龙筋凤髓判》。其实张鷟只是为了提供考试范文对御史台的案判作文字修饰加工,而案件绝非其一人所判。(详见本书第288页钱著新修)。但是,《龙筋凤髓判》是以骈文写就,辞章极为华丽且用典繁多,这反而掩盖了法律适用的情况。就目前看,对《龙筋凤髓判》的研究,局限于张鷟生平多对法律特别是唐律的适用分析较少见,故先生在这方面确有特色。

㉝ 参见钱大群:《唐律与唐代法制考辨》,社会科学文献出版社2013年版,第258页。
㉞ 同上书,第259页。
㉟ 同上书,第262页。
㊱ 同上注。

先生对此投入了较大的学术关注,除了写《唐律在唐宋的使用及〈律疏〉体制内外"法例"的运作》㊲一文外,在《考辨》一书中专设"《龙筋凤髓判》性质及'引疏分析'考"一目,主要对《龙筋凤髓判》的法律适用进行了仔细的辨析,尤为可贵的是指出了隐含在华丽辞章中所适用的具体律文,使唐代立法与司法之间的关系得到了明晰。

先生几乎是对《龙筋凤髓判》案例中所隐含的律文逐一核对,并依唐律法条在《龙筋凤髓判》中的具体适用形成了四方面的结论。

1. 《龙筋凤髓判》中案例是以《律疏》为准绳定罪判刑㊳

先生全面地分析了《龙筋凤髓判》依《律疏》的明确规定处置案件、既引用具体律条又引用《名例》中的原则、紧抠疏文之精微公允处置和依《律疏》严格区分罪与非罪的情况,得出了《律疏》是《龙筋凤髓判》定罪量刑的准绳的结论。

2. 根据《律疏》纠正错案及误判㊴

《龙筋凤髓判》所汇案例大多是御史台对官府裁决的案件的复核,这种复核是否严格依法进行是唐代司法运作的重要问题。先生考证了《龙筋凤髓判》中的相关案例,指出唐代御史台断案基本上是以《律疏》为准纠正了无罪作有罪的判决,依《律疏》否决了适用法律错误的判决,纠正了不依《律疏》而法外加刑的判决,纠正了对《名例》的制度适用错误的判决,同时御史台还对性质不明、用法不准的判决建议重审。据此,先生得出结论说,《龙筋凤髓判》是依《律疏》纠正错案及误判的。

3. 《龙筋凤髓判》中存在标新立异,在法律适用上别作解释的现象㊵

先生发现《龙筋凤髓判》有出于特殊动机,在事实认定或法律适用上别作处置、对法律适用的主体作法外解释以及对犯罪者于法外另加处置的现象,判定《龙筋凤髓判》中有对《律疏》别作解释的现象。

4. 在法律适用上偏向最高当局的利益

先生还发现,《龙筋凤髓判》中有为讨好朝廷而枉法裁断、亏小民而求秩序之"安定"、用法明哲保身的现象,故称《龙筋凤髓判》中有偏向最高当局的利益而作判的现象。先生指出即便存在这些现象,但《龙筋凤髓判》总体上是依律判决的,"张鷟判案的思路,即使有时违法逆理,也总是围绕《律疏》在

㊲ 参见钱大群:《唐律与唐代法制考辨》,社会科学文献出版社2013年版,第381—397页。
㊳ 同上书,第287页。
㊴ 同上书,第296页。
㊵ 同上书,第305页。

'做文章'。从《龙筋凤髓判》整体上反映的情况说,《律疏》始终是其判断案件的依据"。此说甚为公允。另外,文章中关于《龙筋凤髓判》的案源及张鷟生平的一些问题,先生利用这次出书的机会,作了必要的补充与修正。[41]

当然,先生洋洋四十余万字的《唐律与唐代法制考辨》之精妙,不是一篇小文所能描摹,但先生对学术精研的精神却也不是《唐律与唐代法制考辨》一书所能涵盖。

(2014年12月)

社会科学文献出版社
2009年第一版

社会科学文献出版社
2013年第二版

---

[41] 为向读者负责并弥补缺憾,先生以《〈龙筋凤髓判〉性质及"引疏分析"考辨》为题,修改全文后重新发表,并作出说明(分别见本书第288—319页,及第282—285页《唐代典籍研究若干问题补论·补论之七》)。

新的高度：尽精微而致广大
——读钱著唐律研究诸篇

李凤鸣*

著史难，读史难，难在焚香静对，难在黄卷青灯。如今，"实用"哲学几滔滔者天下皆是也，欲求荒江野老，忍坐板凳十年，难矣哉！孔子所云之箪食瓢饮陋巷，能几人不改其乐乎？近读钱大群先生唐律研究诸篇，因知难而敬诚，因得味而悦心，故有以言之。诗云："嘤其鸣矣，求其友声。"先生之气象亦大矣！

一、掘出有心力印记的泉水

历史研究在于根据既有史料，去伪存真，考镜源流，以建构事实和表达原理。作为一门特别史或专门史，法律史研究亦系如此。欲明了法律史中的事理大厦，需要史料支撑做基础。有些法律史问题，重在史料的找；但有些法律史问题，重在史料的考，有了史料还要下一番考辨功夫，才能使立基稳妥，事理不虚。这种考辨，至大无外、至小无细，所以才有白首皓经之枯静与求索。即使是史料无须费心考证，但是，由于历史问题往往勾连交错，击首而尾应，触此而彼通，用考辨功夫来做研究的劲头还是不可或缺的。

孟子云："有为者辟若掘井，掘井九轫而不及泉，犹为弃井也。"[①]也就是

---

* 南京工业大学法律与行政学院副教授，法学博士。
① 《孟子·尽心上》。

说,做事情要穷根究底地做透做全面,半途而废或者一知半解,其结果与没有做也许相差无几甚至等尔。然而,如何掘井方可及泉?半途而废固不可以,漫无目的更不可能,因此选址也是关键。址选对了,还要衡量物力与心力,即能打多大的井,如此,遵守操作规程,锲而不舍地掘下去,总会掘出打上自己心力印记的泉水。著名史学家汤因比曾言:"我是从寻找一种历史研究的单位入手,开始自己的研究工作的。这个单位应当相对完整独立,或多或少有别于其他历史成分。"②正因如此,确立了自己的学术地址与范围,汤因比才能著成《历史研究》这一经略古今的历史哲学大卷。读钱先生的唐律研究,我同样感觉到这种掘井及泉的心力和才情。

钱先生的唐律研究著作,据笔者初统大略,计有《唐律与唐代法制考辨》《唐律疏义新注》《唐律研究》《唐律与唐代法律体系研究》《唐律与唐代吏治》《唐律与中国现行刑法比较论》《唐律论析》《唐代行政法律研究》等。笔者之不厌其烦地列出这些书名,是因为从这些著述中,我们可以直观地感悟其学术掘井的精神与意义。从唐律研究生发,再疏通其他关联的渠道,形成了唐律研究中独具特色的学术场域。这种特色,也正如汤因比所言的"单位",自然而然地在学术地图中烙下自己独有的学术地标,能够几十年如一日地发掘唐律学矿,淘洗文物与披沙沥金,形成宏富旨远的学术精品,嘉惠于我辈者,又岂能一言道之?

钱先生曾言:"近十多年来,我以较多的时间与精力致力于唐律研究,其中很大的原因,或者说最大的原因,竟是唐律本身魅力的吸引。一旦去做了,总觉得非走完那几步不可。只有做到了构想中的那几步,才觉着得到了满足。"③几语平淡,将掘井及泉的意旨尽数言及,因此,这句话本身也充满了令人感佩的魅力。法律史学兼有法学和史学的属性,与经济史、文学史、建筑史等学科一样,有着特定的语言和逻辑。法律史研究过去的法律与制度,法言法语本身即与日常知识体系中的语言和逻辑不同,因此需要法学和史学双重的知识积累,这种研究往往令人生畏,因为它需要跨越专门学科知识的障碍,耗力费神多,成果产出少,而且在法学和史学两大学科界皆不占主流地位。因此,即使从功利主义出发,这种研究也实在有很多无助之感以及心力之叹。正因如此,"江淹有言,修史之难,无出于志,诚以志者,宪章之所系,非老于典

---

② 〔英〕阿诺德·汤因比:《历史研究》,刘北成、郭小凌译,上海人民出版社2005年版,第一章前言。

③ 钱大群:《唐律与唐代法律体系研究》前言兼后记,南京大学出版社1996年版。

故者不能为也。"④

据笔者浅陋的理解,钱先生研究唐律所形成的路线图可作如下解:先从文字训诂到法条考证,再从具体制度考辨到法制体系解读,由此途径,再到唐律研究、唐律体系研究,进而层层掘进,进行唐律与唐代政治经济社会研究,这种抽丝剥茧的探讨,使唐律研究成为一个"单位"。史学行家张之洞曾言:"由小学入经学者,其经学可信;由经学入史学者,其史学可信;由经学、史学入理学者,其理学可信;以经学、史学兼词章者,其词章有用;以经学、小学兼经济者,其经济成就远大。"⑤钱先生研究的路径,正与此合符。如《唐律疏义新注》《"断趾"废改及反逆兄弟"配没"时间考》《"倍"辨》《"误"辨》《"例"辨》《"三审"辨》⑥,等等,这些无论是系统考证的著作还是单辨一字的篇章,皆可列为小学治史的大手笔,以至于我们不得不感佩"成就远大"的艰辛。

由小学而入法学,其路径与成就也正如张之洞所云,其学可信,其成就亦远大。也就是说窥一斑,还需见全豹;知一叶,还需见树林。梁启超先生曾言及历史研究中的鸟瞰式方法与解剖式方法,他说,解剖式方法,"令读者于一章书或一件事能得一个彻始彻终的了解,好像用显微镜细察苍蝇,把苍蝇的五脏六腑看得丝丝见骨"。⑦ 学术研究,这两种方法应该是相得益彰的关系,考证是史学研究中最基础的解剖式研究方法,由此方法,递级而上,层层推进,累积到一定境界,必能一览众山,展示一部由微观而宏观、由证事而原理的鸟瞰全景图。

二、由精微而致广大,然后有新见

如果说掘井及泉系讨论研究内容的基础性与研究方法的微观性,并一以贯之的学识敏锐性和求索的持续性与科学性,尽精微而致广大,在笔者看来,还在于为什么而研究,研究问题应遵循的路线,以及研究内容的价值取向等。尽精微要求研究问题不捐其细,致广大要求研究问题百川纳海。也就是说,通过对具体问题的研究,节节进步,条理贯通并冶为一炉,形成有社会意义或人文关怀的智慧成果。法律史研究,尽精微本身是一种目的,但不能将此作

---

④ 〔宋〕郑樵:《通志·总序》。
⑤ 张之洞撰、范希曾补正:《书目答问补正》,高路明点校,北京燕山出版社1999年版,第265页。
⑥ 上述文章皆出自钱大群:《唐律与唐代法制考辨》,社会科学文献出版社2013年版。
⑦ 梁启超:《中国历史研究法》,河北教育出版社2000年版,第170页。

为终极的目的,尽精微的真正价值还在于致广大,由专精而达博大。张载所言"为天地立心,为生民立命,为往圣继绝学,为万世开太平"之语,如果抽取其中的一般意义,笔者认为,其中并不能当然地将其划为空疏之论,其中的哲理存焉。

法史学者刘广安先生有言:"中国法律史学是一门具有法学的属性,又具有历史学的属性的二重性质的交叉学科。其主要内容、研究目的和基本方法是法学的,法学属性在这门学科中占主导地位。"⑧法律史是专门史,但其内容目的和方法又是法学的,这种属性不可避免地要显示法学作为社会科学的功能,也即是需要具有社会应用功能或者说借鉴社会应用的功能。这些功能的达成,必然要求法律史不能满足于考辨和叙事,法律史更在意揭示制度背后的思想与原理。古代法律能够进行直接运用的规范价值也许很少,但是,其施行过程中的成败教训,规范所由生成的思想与原理还是有现实意义的,这些甚至还有直接的实用价值。因此,笔者认为,法史研究中,考据之目的还是为了彰显义理,考辨与训诂,在于厘清制度,研究制度,旨在探究思想和原理。

史学大师钱穆先生曾言:近人治学,都知注重材料与方法。但做学问,当知先应有一番意义。意义不同,则所采用之材料与其运用之方法,亦将随之不同。即如历史材料无穷,若使治史者没有先决定一番意义,专一注重在方法上,专用一套方法来驾驭无穷之材料,将使历史研究漫无止境,而亦更无意义可言。⑨ 因此,我们对史学就是史料学要有更深层次的认识,这里的意思可能更多的还是强调实证研究和论从史出,而不是说史学就是资料汇编。从学术意义上来看,今文经学与古文经学、宋学与汉学、我注六经与六经注我,如果我们在认识或解读过程中灌注了理性,两者都有不可忽视的价值。就法律史而言,笔者更喜欢其中的价值发现。在笔者看来,旧书中的"史迁曰"和"论赞"可能更有发人深省的韵味。由此,我们在研究法律史的过程中,制度与思想,人物和事件,价值与时代,叙事与评价,皆不可割裂。两者的合融,还在于推求更深层更抽象的意义。

钱先生研究唐律,博大精深,其中的考据和义理、精微和广大,相辅相成,相得益彰,是为唐律研究的典范,更是法史学术中的精品。法史学者俞荣根曾这样评价:20 世纪以来,中国学人中专注于唐律研究且取得举世公认成就

---

⑧ 刘广安:《中华法系的再认识》,法律出版社 2002 年版,第 183 页。
⑨ 参见钱穆:《中国历史研究法》,三联书店 2001 年版,序言。

者,除戴炎辉、刘俊文先生外,就是钱大群先生。在唐律研究中,钱先生为学界称道印象更深的,"还是他总有新见,而且敢于提出新见,并且坚持自己深思熟虑的那些新见。"[10]由精微而广大,自然有新见,有新见方显广大。也就是说,精微广大,还需一体观照、通盘审视,尽精微不是饾饤之学。船山先生曾认为,建立制度之要义在于:"一代之法自成系统,不容割取片段而能施行见效。"[11]学术研究也是如此,自成系统,成为"单位",才能成就传世之作。

笔者无意列举钱著唐律系列研究中的精微考证的篇章,仅以《决死囚"覆奏"次数与时日考辨》一文为例[12],作者在文中细致地梳理了各类论据,叙述了唐太宗对三覆奏进行改革的过程,特别是对史书中记载的五覆奏执行时日的矛盾的辨证,析理明白,逻辑清明,几及纤毫之微。但是,笔者注意到,文中关于制度改革原因的探索和论断,其要义可能还在于表达更深层的人文情怀,这就是生命至重,欲后者审之鉴之。

在本书的另一篇文章《"反逆"缘坐变化轨迹考》中,考证的精微自不待言,文题用"轨迹"一词真是绝妙,其中的变化确实勾勒得清晰明了,驱文字而成轨,是此之谓乎? 在文末,钱先生还对这种变化特征进行了总结,这里不无例外地也寄托了学者的关怀。先生在此还以一句作结:"唐代'反逆罪'历史发展的精细轨迹,从一个具体角度上无可争辩地表明了《唐律疏义》在立法思想及立法内容上所达到的新的高度。"实际上,该句也似乎为本文的意义而立论:新的高度,尽精微而致广大。

三、对学术与社会的眷念情怀

钱穆先生认为,中国文化传统中天人是相通的,内外是相合的,"通天人是知识问题,亦有行为。合内外是行为问题,亦有知识"。[13] 他认为,阳明先生讲知行合一,这个是中国传统的一个大道理。"知识一定要包括行为,行为一定要包括知识。"[14]在这里,通天人定义为知识,知识在学术研究中是基础性的,知识形成体系则为思想,思想成为共识,则为主流思想。知识的产生,需要积土成山般的过程与毅力。史学大师张舜徽先生曾言:"在中外古今著

---

[10] 钱大群:《唐律疏义新注》(俞荣根序),南京师范大学出版社2007年版。
[11] 萧公权:《中国政治思想史》,新星出版社2005年版,第415页。
[12] 参见钱大群:《唐律与唐代法制考辨》,社会科学文献出版社2013年版。
[13] 钱穆:《从中国历史来看中国民族性及中国文化》,九州出版社2011年版,第97页。
[14] 同上注。

名学者中，我们可以清楚地看到，凡是想在人类历史上作出总结性的工作写出一部伟大著述的，都是穷年累月，从研究、整理历史文献着手，再结合实际调查考察，才能取得成功。"⑮钱研唐律，经年累月、集腋成裘，成就经典，是为通天人。合内外，意在为学修身，使知识、思想服务于社会，立身立言立功。钱研唐律，亦意在现律，如其著述中的《唐律与唐代吏治》《唐律与中国现行刑法比较论》《职务犯罪研究》等，皆贴合当代社会而成治史精品。

笔者来宁未久，即与先生相识，受教聆训中，先生的执著与气度也深深感染予我。读书读人，我总能感觉到，先生有一种对于学术与社会的独特眷念与情怀。先生曾言："唐律中的很多内容，不但在当时有意义，对现在及今后也有借鉴意义。不但对我们国家有意义，就是对其他国家和民族也有参考价值。"⑯读至此句，我能够直观地感觉到先生对中国传统文化怀有的一种温情与敬意。我们研究学问，既要有批判精神，又要有理性精神。如果真正能够做到衡古今、合中外，我们的认识与成就可能更有魅力。先生曾深情寄语："就法学学科来说，触类旁通不存在部门法之间的壁垒，也无古今中外的鸿沟。唐代的核心法律典籍《唐律疏义》是能勾起丰富联想的律学天地，是在各门法学学科中都可引发触类旁通的能源宝库。"⑰在这里，先生对于法学的研究提出了更殷切的期望，忧国忧学情怀，字里行间，跃然纸上，令人惕然而忧而敬。

国家情怀，古今沧桑，这些复杂的情感，总能不经意间让人回味。在《"断趾"废改及反逆兄弟"配没"时间考》文中：先生认为，汉文帝时改断右趾为死刑，东汉时有人认为升死实际上是加重，所以又将之作为对死刑实行宽宥的形式使用。"汉文帝刑制改革时把斩右趾升为死刑原就不可取，而后来又把这些罪条恢复到斩右脚，从发展的观点看，这种做法是复古的倒行逆施。"因为，此时肉刑久废，主流思想已经不能再接受这种酷虐痛残，虽然唐太宗为践行仁治，本意在于化死为生、化重为轻，但是，由于制度与思想脱节，人们还是不能接受。因为生割剔折的惨痛需要人们更多的耐受性。即唐太宗本人也认为，断趾刑罚极度之惨痛，"前代不行肉刑久矣，今忽断人右趾，意甚不忍"。"每闻恻怆，不能忘怀。"这种直接的惨痛与持久的残痛之刑，已经不为主流思想认可，因此粉碎了李世民原来认为是实行轻刑的错误估计而决心废改为役流。

---

⑮ 张舜徽：《中国文献学》，上海古籍出版社2009年版，第4页。
⑯ 钱大群：《唐律与唐代法律体系研究》前言兼后记，南京大学出版社1996年版。
⑰ 钱大群：《唐律疏义新注》，南京师范大学出版社2007年版，引论，第4页。

对于思想与制度、知与行,在钱著唐律的学习中,我直接的感受就是,无论在学术研究还是社会实践中,都要有理性的权衡。因为,"任何重大的具有转型性的历史变革和事件必定经过思想、知识和表述方式的酝酿、探索和争论"。[18] 如果不顾当时的社会思想条件,率性地推行变革,往往会遇到强大的反作用力而无所作为,甚至崩解民生政制。有史为鉴者,如王安石变法,变与不变,皆很无奈。所以说,"思想上的权威确立与政治上的秩序重建常常是一致的。"[19]如果这种一致性被打破,社会的承受力一旦不能适应就会产生负面效果。学术研究亦然,"研究制度,必须明白在此制度之背后实有一套思想与一套理论之存在。"[20]割裂臆取,也许有新解,但更多的可能是劳而无功,徒留史家之叹。

笔者读钱著唐律研究诸篇,我的感触可以这样表达:学术研究在方法上,应当由专而博,进而触类旁通。在目的上,既应生产知识,又要供给实践。关于法律史研究,既要研究法律制度,又要探求法律思想。实际上,制度与思想的合符,不但是学术研究中需要重视的,也是政治实践中应当遵循的。本文是对钱著唐律研究所作的呼应,作为笔者读书的一段体悟。这些体悟和遣词,如果偏离了钱著研究的意旨或者不足以揭示钱著研究的宏大精深,那是笔者学艺不精或者说角度偏差,因为笔者并非唐律研究者,加之学殖单薄,故力有不逮。学悟而达真,尚俟来日。

(2014 年 12 月)

---

[18] 彭兆荣:《走出来的文化之道》,载《读书》2010 年第 7 期,第 81 页。
[19] 葛兆光:《中国思想史》(第 2 卷),复旦大学出版社 2001 年版,第 122 页。
[20] 钱穆:《中国历史研究法》,三联书店 2001 年版,第 33 页。

不能忘怀的学术印记
——读钱大群先生研究《龙筋凤髓判》等考证文章

张红生[*] 邱国侠[**]

《唐律与唐代法制考辨》(以下简称《考辨》)一书是唐律研究的一部扛鼎力作,具有前瞻性、系统性、全局性的特征,集中体现了先生严谨的学术态度和渊博的法律学识。《唐律与唐代法制考辨》一书虽名为考辨,然其旨并未流于简单考证,实为一本厚重之书。其厚重在于其旨意之深远,及体现了中华学人做学问的精神。五千年的历史文化积淀,留给华夏民族的不仅仅是文化典籍,更多的是精神上的韧劲与毅力。这种中华民族特有的韧性与毅力,在先生身上尤显。

一、唐律的研究考证鸿纤备举

今传《唐律疏义》的序言(也是《名例律》序言)中说唐律的内容是"鸿纤备举",其实钱先生对唐律的研究与考证,也可谓"鸿纤备举"。

(一)研究考证《律疏》的书名与版式

先生在对"《律疏》在清朝的称谓统而不一"之辨中,把乾隆年间编撰的《四库全书》版本,作为自己的观点的先例,将高宗皇帝命为律写"义疏"做靠

---

[*] 安徽省高级人民法院副庭长,法学硕士。
[**] 合肥工业大学法学院副教授,管理学博士。

山,将孔颖达在贞观年间撰写《五经义疏》作为渊源依据,指出《律疏》之书到宋时被简称为"疏义",是唐律在宋代词语变化发展的自然要求。另外,一般人读律不会在意"注"的来源,先生指出从唐代第一朝武德年间的《祠令》、武德七年的《官品令》《开元公式令》残卷中关于《制授告身式》的公文程式等的令文,证明永徽《律疏》制定前唐代的律令文中均有注文。

(二)研究考证各种制度

1. 由律条内容辨明丧服制度

先生认为,新版《宋刑统》中"内乱"疏文之句读乃附误致误,由于杨鸿烈、吴翊如两位先生依误解而改动句读,误认为该案应入"十恶"之内乱,其实,《中国法律发达史》及《宋刑统》对"奸小功以上亲"疏文的句读,都应当回到《律疏》制度的原意上去。

2. 为唐制追溯历史渊源

关于唐律中的"三审",先生认为"三审"不是"三次开庭审理"。原因在于:在不知道犯罪嫌疑人和具体犯罪事实的情况下进行审理是缺乏现实可能性的;唐代法律并未明确规定审判要进行三次,故制度上缺乏印证;执法部门审理案件不以批准为要件。故先生以制度实例,论证,"三审制度"是一种防止妄告诬告的程序。同时先生提出,"三审"制度并非是唐朝首创,早在秦代就已经有"三审"制度的显现。先生根据对秦简的考究提出:秦代对于举报的案件不是立即受案或拒绝,而是三次令举报者返回熟思,思考所告是否属实;官吏在接受告发时提出要不要"三环"的问题向上级求答复之原因在于,"三环"适用于一般普通案件,不适用于涉及死刑的重罪案。由此,先生于《考辨》之中,一反流俗,因事立论,表达出了崭新的深刻观点。

(三)为字词作辨析

对字词的考解,很多一字之解让你豁然开朗顿觉天地广阔。如《断狱律》卷第三十(总第498条)规范断罪决配收赎及官当施行违法的犯罪。其后半段规定官吏在特定情况下,有杖罪不得赎。律文说"即品官任流外及杂任,于本司及监临犯杖罪以下,依决罚例"。文中"于本司及监临"难以理解:一则将"于"字作"在"讲,其意思为:那些担任流外以及杂任的流内官,在自己职司上及居于临时执行监督统领职务时,犯有杖刑以下的罪,依实作打杖处置,而不可凭官品用赎。一则将"于"字作"对"讲,其意思为:那些担任流外以及杂任的流内官,对于本部官长及临时对其进行监督统辖的官员,犯有杖刑以下的罪,依实作打杖处置,而不可凭官品用赎。先生认为,作前一种理解,立法上理由不足,作后一种理解却是有迹可循。先生一一考证了《斗讼律》卷第二十一(总第 312 条)及其疏文、《斗讼律》卷第二十一(总第 316 条)及其疏文、《名例律》卷第二(总第 11 条)以及《职制律》卷第十一(总第 143 条),上述条文中的"于"字都用作动词"对",是对某种对象施加行为的意义。可见,一个"于"字,讲成"在"义,就会无着落,而把这个"于"字讲成"对"义,则意思通畅且论证充分。

二、让《龙筋凤髓判》指证唐代"引疏分析"

《唐律疏义》是我国传存于世的一部最完整、最古老的刑典,它制定出之后,史书记载说,司法官都用之审判定罪即所谓"引疏分析"。可是由于唐史上一些涉于罪罚的记载,往往与文本上的律条对不上或找不到,于是部分人怀疑它当时是否真正被行用。但是,只要读钱先生收在《唐律与唐代法制考辨》中的《〈龙筋凤髓判〉性质及"引疏分析"考》一文,可以毫无疑问地看到当时的官吏有了罪错,无论是所属当局的查办、大理寺的审判、御史台复查参审,无一不是根据《律疏》。因为《龙筋凤髓判》中的案例,不是对罪犯的直接判决书,是在当局、大理寺及刑部间流转的司法文书,其所用之律条往往不明指,所以读此书的人,大多数又看不清唐律在其中的适用,从而又影响了这本书应有的传布作用。是先生的解析,使读者看清了律条在其中的适用。

(一) 御史依《律疏》纠正错判

先生考证《龙筋凤髓判》时,解读了《律疏》在唐代刑案判断中的权威性与复杂性,与法官适用的主观能动性与智慧。

以《律疏》为准绳定罪判刑,紧抠疏文之精微作公允处置。这种情况包括:依据《律疏》的明确规定处罚案件;既引用处罚条文又引用《名例》中的某项原则;以《律疏》为准绳严格划清罪与非罪的界限,纠正错案及误判。

如《龙判》卷之一"中书省二条"中中书舍人王秀,从别人处转传了"非大事应密者"的消息,初审阶段以泄露机密罪被断绞,御史认为不当。因为《律疏》明确规定,"转传非大事应密者,勿论",故其在判词中说:"其密既非大事,法许准法勿论,待得指归,方可裁决。"最终认为大理寺应重新审问清楚案件事实后再定罪处罚。

有因大理寺对案件定性不准而纠正原判。如《龙判》卷之二"吏部二条"

中王岘山因军务需要解旧职补拟新职,结果被控与上级"共犯不应置而置"之罪。御史认为,其属于"求贤为国,进善无私",在这种情况下,"征虽要籍,准法勿论",同时,"量事应机,据条尤(不)坐"。

有御史纠正大理寺因适用《名例》及律条皆不当的生动一例。《龙筋凤髓判》卷一"司勋二条"载明:洛阳平民祁元泰贿赂吏部的司勋郎中徐整。徐整就制作"伪勋"使祁元泰"入甲"。大理寺以共犯论处祁元泰为首犯,徐整为从犯。按《名例律》卷第五(总第42条)规定:"共监临主守为犯,虽造意,仍以监主为首,凡人以常从论。"所以即使此案真属官民共犯,也应以官(徐整)为首才是。但是,御史最后从根本上否定了大理寺"共犯"之判,二人受到了一样的处罚。御史改判的理由,是应依据《律疏》(总第135条)"请求"罪处断,认为"嘱请货求,求者元无首从"。即答应请求的官与请求的民,既遂后就"同罪"。可见,大理寺以"共犯"论处时,既用错了《名例》中的原则,同时又错选了律条。其实当适用《律疏》(总第135条)的"请求"罪。

(二)御史处断有失亦是错用《律疏》

从《龙筋凤髓判》中的某些案判看,御史也存在着虽用《律疏》却用而不准,以及品质上与法官精神相悖的地方。其表现有:标新立异在法律适用上别作解释;出于特殊动机在事实认定或法律适用上别作处置;对法律适用的主体作法外的解释;认为罪情重于法外另加处罚。

有的案判表现了御史对《名例》原则应用不准。如上林监杨嗣越级谏言请增建宫馆于上林一案,在御史看来,杨嗣涉"不应言上而言上""不应得为而为"两罪,御史竟基于"法有正条"而处置其前罪,基于"刑兹罔赦"而处罚其后罪,最后还要"宜从贬论"。对此,先生认为,据《名例律》之规定,"二罪以上俱发择重论",而非二罪并罚;同时,杨嗣作为上林署长官的上林令,依官职等级可对所处刑罚进行赎抵,即用铜八斤去赎杖八十。

对于出于品质意识的问题,在先生看来,主要是在法律适用上偏向最高当局的利益。御史在法律适用及处断上,明显的有巴结上方,压制小民,曲法处断以逃避自我风险的表现。比如,导官署令姚泰盗米二十石,按律,将赃物依市场价分为上、中、下三等,以所犯当地当月当旬的均价依法评定。同时,依《律疏》当时以"上绢"折是法律常识。而御史出于对当局的畏惧和讨好之心态,不但没有纠正当局以"次绢"做折价的标准,反而标新立异依"极价"标准对姚泰所偷"进米"做评估,在原审处罚的基础上对姚泰加重了处罚,得出了"状当绞"的结论。再比如,太学生刘仁范等因考场发题"日晚付头不尽",

而致考试落榜而鸣冤。然御史在不查当局是否违反"式"典,是否存在"日晚付头不尽"之情况下,坚信考官不会有所偏向,是考生凭个人得失行事,因而作出"勿信游辞"的论断。

三、以《龙筋凤髓判》证实御史职权的广泛多样

《龙筋凤髓判》案例的分布范围、御史的办案活动及案判内容,反映了史书对御史台职责记载的真实。《唐六典》关于御史台的主要职司记载说,御史大夫是"掌邦国刑宪、典章之政令,以肃正朝列";侍御史是"掌纠举百僚,推鞫狱讼""若寻常之狱,推讫,断于大理";殿中侍御史"掌殿庭供奉之仪式","凡两京城内则分知左、右巡,各察其所巡之内有不法之事";监察御史"掌分察百僚,巡按郡县,纠视刑狱,肃整朝仪","若在京都,则分察尚书六司,纠其过失,及知太府、司农出纳"。《龙筋凤髓判》判词基本属于对官吏案件的监察文书,涉及各级政府,当事人均是官员及有爵位者,从管辖职责看,其出处只能为御史台。

在《〈龙筋凤髓判〉性质及"引疏分析"考》中,先生依案判内容,总结了当时御史台职责的范围所及有:

(1)纠弹官吏的违法犯罪是御史台的主要职能。官吏不称职或品行恶劣也由御史台弹劾。御史台对官吏的弹劾不限于触犯刑律要定罪判刑的案件,如果官吏虽未触犯刑律,但表现不称职或有劣迹,可由御史台直接弹劾。官吏不称职,也可由其所属主管部门呈告御史台请求处置意见。御史台可以驳回主管部门对有关官吏的处置呈请。同时,爵位之予夺也由御史台据主管当局之呈请作出处置建议。另外,官吏在政绩考核中未得公允之对待可向御史台呈报。

(2)各官司的建议是否正当由御史台审定;御史审查不恰当之建言与呈请,如不属于触犯刑律的,只指斥其错误不当,不推审付法但记录在案。

(3)不同职能官司之间的争议由御史台裁定。

(4)百姓与官府之间的诉讼纠纷由御史台受理。《龙筋凤髓判》中还有官员因侵害民众利益被"削黜"的例子。百姓告发官吏的案件也由御史台处置。

(5)适用典章制度之请示案也由御史台审处。《龙筋凤髓判》中有一部分判书不涉及刑事犯罪,是属对制度请示作答的文书,这也是掌"典章之政令"的一面。

先生对唐律研究之专、之实,在学术界普遍浮躁的背景下,尤显定力。先生的文章无浮词赘言,内容充实,气骨刚健,质实且流畅可读。鉴于唐律在中国古代律典上的地位,其研究流派众多,名家辈出。然皓首穷经,心无旁骛者,专心乃至于醉心于唐律研究并取得瞩目成就者并不多。先生可谓这样的大家。

(2015年2月)

（二）作者有关研究观点之补论

唐代典籍研究若干问题补论

钱大群

引 言

唐律是封建法学的一座宽广的宫殿，也是后代法学研究的一座历史宝库。

唐律对中国法制史研究所具有的特殊而又根本的重要性，别的法典不具有。不研究哪部古代法典的后果，都不如不研究《唐律疏义》严重。唐律对中国法制史无可取代的重要性，就与唐代对整个中国历史无可取代的重要性一样。

中国有一句总结为学经验、揭示学习规律的话，叫作"触类旁通"。就法学学科来说，触类旁通不存在部门法之间的壁垒，也无古今中外的鸿沟。唐代的核心法律典籍《唐律疏义》，是能勾起丰富联想的律学天地，是在各门法学学科中都可引发触类旁通的能源宝库。承上启下的《唐律疏义》，是中国封建律学精髓的集中体现，是我们对传统法律文化作批判继承所面对的一部最重要的文献，阅读它，研究它，是政治家、史学家特别是法律工作者历史责任的要求。①

---

① 参见钱大群：《唐律疏义新注》"引论"，南京师范大学出版社2007年版。

唐律对我来说,从20世纪80年代中期到21世纪的头15年,已经历了整整30年。其中属基础性系统阐述的主要著作是《唐律研究》(法律出版社2000年版),属典籍本身注释性建设的主要著作是《唐律疏义新注》(南京师范大学出版社2007年版)。属制度考证性的主要著作是《唐律与唐代法制考辨》(社会科学文献出版社2009年、2013年版)。其他,则是为参与唐律与《唐六典》性质争论而写的论文著作。这项工作,用去了我很多的精力,几乎与我作"正经"的、"正面"的研究所用的精力差不多。但是,我理智地强迫自己一定要做好包括自我纠错在内的这件事。我越来越肯定,做好这件事,对唐律研究的健康发展至关重要。争论的实践证明,这也是唐律研究的主体部分。

在这漫长的过程中,鉴于外界对唐典(主要指唐律与《唐六典》)研究中发生的情况及我自己认识上的变化,都感到有必要利用本书编纂的机会,作一补充交代,该强调的,再强调一下;该坚持的,仍要坚持;该回复的,要回复;是错误的,必须修正。我把这些必须形之于文字的事,名之为"补论"。其中有些事,从时间上说已经过去二十多年了,但该说清楚的,还必须说清。这是守学术信誉,及求取学术良心的安宁。

补论之一:失却法律体系的视点必然产生"诸法合体"说

读律,如缺少对唐代法律体系的基本掌握,就会对唐律的性质产生误判,"诸法合体"说是最具代表性的观点。如有人翻阅唐律后,一见疏文的解释中用了一些"令""式"或极少数的"格",就大呼曰:唐律是律、令、格、式兼有的"诸法合体"之法。还有人见到《名例》《卫禁》《职制》《户婚》《厩库》《擅兴》《贼盗》《斗讼》《诈伪》《杂律》《捕亡》《断狱》的名称,及篇序中某些解释的措词后,亦大呼曰,唐律是各法内容统编的"诸法合体"。这两种结论,前者是指法律形式的"诸法合体",后者是指调整对象的"诸法合体"。其原因是方法上陷入了典型的瞎子摸象的境地。"由于客观上不可改变的事实,作为唐代主要的正面立法的'令'及'式'已经佚失,现在看到的只是近现代学者的考证式的拾遗汇集,甚至是一些残片,可律却独完整地传于世,这就诱使一些学者事出有因地认为唐刑律是'诸法合体'。"[②]至于被引用作解释材料的少量的令、式及个别的格条,在律条中是什么性质,对罪罚的构成起什么作用?他们基本是不予考虑的。

---

② 钱大群、郭成伟:《唐律与唐代吏治》,中国政法大学出版社1994年版,第16页。

不久前,听说有人要研究中华法系的"诸法合体"的问题,有人不无关切地对我说,唐律作为中华法系的代表,势必要被盖在"诸法合体"的大锅盖下。对此,我认为,当要定论"中华法系"普遍地具有"诸法合体"特征时,到底是说中华法系在历史上影响所及的国家与地区,因皆有"诸法"而必然要"合体",还是说其影响下的所有"法典"皆"诸法合体"? 有"诸法",很自然,不稀奇;"合体",则大有讲究的必要。将来"中华法系诸法合体论"提出之时,首先就要弄清楚其"合体"到底是个什么概念? 对我而言,我未曾试图对"中华法系"的特征做过任何总结归纳。但是,就中国唐代的《唐律疏义》来说,我确认它的性质是刑律,不是什么"诸法合体"之法典。即使就其内容编订及解释的方法来说,都不是"诸法合体"。判定唐律"诸法合体"的要害,在于其持论者忽视了唐代竟有法律体系之存在。

补论之二:"四刑法说"误导了唐代法律体系的研究

《新唐书·刑法志》中"唐之刑书有四,曰:律、令、格、式",是由不慎而造成的观点错误,以及根据从《隋书》开始的图书分类把现行法律与历代已使用法律通归为"刑法",并由此认为"唐之律、令、格、式皆刑法"的方法错误,业已成为正确理解唐代法律体系的障碍。

(一)《新唐书》生搬古代"刑书"词语概括唐代法律是逆潮流的异动

《新唐书》说,"唐之刑书有四"或"唐刑法之书有四",其错误一是其忽视不同历史阶段事物不同的特征,即直接把唐之律、令、格、式视作春秋时郑国与晋国所铸的"刑书"。二是逆汉唐以来至宋元为止的诸多史学家对"法律"作概括的逻辑概念的使用,故作标新立异而害文义。三是这种法律逻辑概念的混乱,首先与其自己认为"律"的概念为"其有所违(违反令、格、式)及人之为恶而入于罪戾者,一断以律",及把令、格、式作为"邦国之政必从事于此三者"的表述,形成不可克服的自我矛盾。有的学者说,你只要知道他是这种意思并照它的意思去领会就行,并因此认为"文法"之说与"刑法"之说,二者不存在"是非正误"的问题。这是我与他们的原则分歧所在。《新唐书》作者明知在其之前的《唐六典》"刑部郎中"下属于《刑部式》的"立法法",以及《旧唐书·职官志》都以"文法"概括唐法,也明知唐代史学家在写《晋书》《隋书》时不以"刑法"来概括"法律",而偏偏要用春秋时的"刑书"概念使用于对唐代"法律"的概括,不但自我矛盾,而且贻误读者。古代的学者作了错误的表述,要求后代的读者与研究者尊重其"习惯",并无视与其他普遍的正确表述的差异,这种主张没什么积极意义。时至《新唐书》的写作时代,还把"法律"说成是"刑书""刑法",这个连宋仁宗都不敢有的"习惯",能说就是无所谓错误与正确的"习惯"吗?如果说《新唐书》中会存在错误,那么"唐之刑书有四"说就是其中之大者。

(二)搬用史籍对图书的分类办法判定唐代法律的性质是"四刑法",是方法适用上的混乱

古人在图书的记载与库藏中,其所分之"类"(或"部")的表述概念(如"刑法类"),与其下所列具体图书(如"令、格、式")的性质定位,并不完全是一回事。这在《汉书》中就明确地表现了这一点。《汉书·艺文志》中未作"刑法"部类的划分,因为汉朝最重要的刑法(刑书)如《约法三章》《九章律》都在《刑法志》中介绍过了。图书部类划分的概念,与其下图书性质不一,是常见的事,如汉朝的刑法书中,董仲舒的《公羊董仲舒治狱》(十六篇)一书,因为其同国家的《约法三章》《九章律》在引用及立法性质上不一样,同时根据其书的指导思想是《春秋》经义,《汉书》列入了"《春秋》家"中。后来到隋唐宋的"经籍志""艺文志"中,有的把它划入"刑法"类,有的把它划入《春秋》类,有的还把它划入"法家"类,真是无奇不有。何哉?图书"类部"概念并不等于给其下所列各书的性质作定论。③《汉书》严格意义上的"刑法"分类,从《隋书》"经籍志"开始被改变,《两唐书》及《宋史》的"经籍志""艺文志"沿袭隋代办法,把所有当代在行及前代已行之法律书皆归类为"刑法"加以管理,并形成典籍分类领域的一种习惯。但这种"习惯"使用于图书典籍分类的领域,在立法、司法及法学概念上,则不用"刑法"来概称法律。④ 把图书分类管理意义上的"刑法"概念使用于立法、司法及法学研究上,显然是方法选择的错误。他们不明白,《唐六典·秘书省》用40个部类去各"纪"一批图书,"纪"这里是治理、综理之意,其实用义是约略地"分库以藏之",根本不是对图书的定性。古代图书在《经籍志》《艺文志》中,把其当代现行法及前代已行之法都列入"刑法"部,其实质就是《唐六典·秘书省》史部分类中"九曰刑法,以纪律令格式"中"纪"(治理、综理)的表述而已。这最清楚地揭示

---

③ 参见钱大群:《唐代法律体系正确理解的转捩点——辨〈新唐书〉"唐之刑书有四"说并复有关观点》之四之(二),详见本书第28页。

④ 参见钱大群:《唐代法律体系正确理解的转捩点——辨〈新唐书〉"唐之刑书有四"说并复有关观点》之二之(三),详见本书第14页。

了图书分类的本质特征。对国家图书作分类管理之法,是《秘书式》"轨物程事"的要求,不是对法律作性质分类。

学者之间的切磋,的确有助于学术水平的提高,尤其是不同学科之间的交流,可以促进双方学科水准的共同提高,对《新唐书》"四刑法"说的争论,很能说明这一点。这次有学者从隋唐史书中书籍分类的角度,支持"律、令、格、式皆刑法"说,使"四刑法"的论辩越出了法史研究范围,扩及史籍目录分类学的新的领域。在图书管理上,《隋书》《旧唐书》的"经籍志",《新唐书》《宋史》的"艺文志",都把各朝当代现行及前朝已行之"法律"书,都归在"刑法类"加以管理库藏,想不到这成了维护"律、令、格、式皆刑法"的一大新的"史学支撑"。针对这一点,我对图书管理的分类记载,与其"类"(或称为"部")下所列图书的性质分类的关系进行概括性的辨析,使得唐代法律体系的学说,在法史界及古籍界都得到了传播。把图书在史籍记载中的分类概念,作为判断"唐代律令格式皆刑法"的根据,这个法史界未曾提出过的问题,居然由古籍界的专家提出来,这对把唐代法律体系的研究推向更深入更细致作出了贡献,我衷心感谢古籍界的朋友们。

补论之三:《旧唐书·刑法志》中的"士伍"不可讲为"士卒"

武秀成教授在传来他为我写的评论文章⑤的同时,还附书信一封,对我在《两唐书》中两个问题的观点提出质疑⑥,故我在此篇《补论》中,分别以二题复武教授。

武教授对我把《旧唐书·刑法志》中"除名之人,仍同士伍"中的"士"讲

---

⑤ 参见武秀成:《唐律研究有关文献考辨平议》,本书第3页。
⑥ 武教授所附信全文如下:钱先生钧鉴:遵命草拟了一篇《唐律研究有关文献考辨平议》,请钱先生指教。内容若有不当之处,敬请直接斧正。另外关于"仍改……更从重法"条与"仍同士伍"条,可能也有要斟酌处:"仍"字别有含义,作"于是""并且"解也是常义。如此,理解为因此事而改从重法,似乎合理一些。另外,"仍同士伍",唐代颜师古注《汉书》就有"士卒之伍"的解释,若要推翻此说,须就颜师古观点进行辩驳。现录之于下,供您参考(钱按:结果未见其所录)。颜师古为唐初人,博学的专家之一,他的理解有误的话,就还要更加严密的论证。总之,这两条多少还有点疑问。这两条与古籍整理没有什么关系,因为原文如此,且无史源之文字讹误,只是我们后人如何理解的问题。先生指出"失于出入""失于"为"故"字之误,这是最值得赞赏,也是最重要的一条,可谓叹为观止。这是原书的文字讹误,若非先生火眼金睛,我们非专业人员,永远发现不了这个错误。点校本《旧唐书》修订一定要吸收进去。余不赘。以后有法律文献上的问题,还要向您多多请教。顺祝健康长寿! 武秀成 2014年5月。

为与"仕"同,指"仕人"即"官",表示有虑。原因是唐代颜师古注《汉书》就有(把"士伍")作"士卒之伍"的解释。

(一)《史记》[集解]解"士伍"如《唐刑志》之义

其一,汉语中一词多义是普遍规律,也是训诂的常识。

以"士"来说,用作"士卒"与通"仕",是其最通常的两种意义。《康熙字典》引《尚书·立政》讲士为"官总名";又引《集韵》谓"与仕通"。另,还引《左传》丘甲注讲"士"为"士卒"。

其二,秦代的"士伍"是指登记为丁男的平民。

秦法曾规定任命基层吏员"佐"不能是新登记的士伍:"除佐必当壮以上,毋除士伍新傅";《汉旧仪》说:"无爵为士伍。"⑦这两处之"士伍",与"士卒"之义无等同之处。

其三,"士伍"之义发展到汉代,已讲为:曾有官爵因有罪而被罢免者,因而具有了唐代"士伍"之基本特征。

《史记》记秦昭襄王五十年"武安君白起有罪,为士伍,迁阴密。"《集解》引如淳曰:"尝有爵而以罪夺爵,皆称士伍。"⑧这种"士伍",与"士卒""兵卒"意义上都无关联,使用上不随便混同。如上述《史记》记昭襄王五十年十月白起有罪为士伍,此前四十九年正月记"益发卒佐(五大夫)陵";后又记五十年十二月"益发卒军汾城傍",皆不言"发士伍",可见"士伍"不同于"士卒"。武教授见唐史中有用"士伍"之处,就疑是否也应如颜师古注《汉书》那样把"士伍"也讲成"士卒之伍",那显然是过虑了。

(二)《旧唐书·刑法志》中的"士伍"决非"士卒"

《旧唐书·刑法志》中的"士伍"训释为"仕伍",是因"除名之人"有系统的制度。

其一,官吏判徒刑时可通过以一定年限内撤免官职的办法,既免受徒刑又保留"官"身份的存在。一般性质不严重的犯罪,可以用"官当"之法(还可以结合用赎之法),于停撤一年之后,在原职级基础上降一级重新做官。在用官职抵当徒刑而停撤一年的期限内,"官"的身份与资格还保留着。"降一级",就表明承认其仍有降一级之外的"官"的身份。

---

⑦ 《睡虎地秦墓竹简》原文及注,文物出版社1978年版,第106页。
⑧ 参见《史记》,中华书局2013年版,第267—271页。

其二，犯罪性质最严重的官品与爵位完全除去的"除名"罪，也只不过经过六个年头后，从其最早所得"官"的那个资格上重叙。

其三，这种制度的核心，就是犯官虽撤去职位阶品，在等待再叙的时期内，其身份仍是"官"。这种特权制度，并不是《永徽律疏》制定后才有，而是在贞观之前就已经形成，故《旧唐书·刑法志》在介绍《贞观律》中的"当免"制度内容时说："其当徒之法，唯夺一官，除名之人，仍同士伍。"

（三）唐律中对"除名"官吏的整套制度

其一，《旧唐书·刑法志》所言："除名之人，仍同士伍"，句中的"仍"是"仍然"之义；"士"，是通"仕"义之"士"，即用指"官员""仕人"之"士"。全句意为：受"除名"的官员，其身份仍然在"官"之列。如《名例》（总第21条）关于"除名"之叙法说："六载之后听叙，依出身法。"关于"出身"，疏文说："出身"谓藉荫及秀才、明经之类。严格地说，这些"除名"者在待叙的六载中，其"出身"仍被保留着。此阶段内他们与未犯罪官员的区别是"课役，从本色"。"课役从本色者，无荫同庶人，有荫从荫例"，即有父祖官荫者，课役也能免。其中"无荫者"，才同"庶人"。即使是同"庶人"，也与"士卒"不是等同的概念。庶人即普通百姓，他们都有课税与徭役，不能谓普通百姓都是"士卒"。"士卒"只是庶人在服兵役时期的称谓。

其二，那些品级高的官，除名后所保留的"官"身份还相当高。疏文说，"正四品，于从七品下叙"，也可以说，"正四品"的犯官，实际上一直保持有"从七品下"的身份资格，只不过不是在职的实职实品。所引《刑法志》中这一句的前一句"其当徒之法，唯夺一官"，也就是"不夺余官"的意思。这些实际保留的阶品，法律上的专门名词称为"降所不至者"，指在撤降后剩余的阶品，即除名者实际上还有"降所不至"的"官"的身份。而且，如有再犯罪，还可以用"降所不至"的阶品去继续"当"。

其三，此处之"仍"，不能因为要讲作"于是"或"并且"，就认为"除名"的官吏，"于是"或"因此"就成为"士卒"而不是"士伍"。

正如武教授在其评论文章开头所说，一般中文或历史院系古籍文献研究专业的，与医学、天文、法律方面应用性古文献研究者，存在着"术业有专攻"的差异性。我认为文史专业者研究古文献，在一般知识上肯定有广与博的优势。同时，我认为这里也存在"闻道有先后"的问题。如两《唐书》中的《刑法志》是其书中很重要的部分，将来，只要对这方面多加注意，则判定"士伍"之义，也就不必一定要先看颜师古是如何注《汉书》中的"士伍"为"士卒"的了。

补论之四：唐《礼》宋《令》皆谓"舅报甥小功"然都未能约束《律疏》与《刑统》

1980年《文史》第8期发表了王永兴先生《关于〈唐律疏议〉三条律疏的修改》一文，其中重要的一项就是王先生认为《名例》（总第6条）"十恶·内乱"中，对犯罪构成条件"奸小功以上亲"注文作解释的疏文："谓外孙女于外祖父及外甥于舅之类"，是唐高宗显庆元年(659年)，根据长孙无忌廷议时对于舅甥之间要互报"小功"的建议而修改成这个样子的，即《律疏》中舅报甥已是"小功"了。

对于王先生关于这条律疏的"修改"看法，我除了在《南京大学学报》（文哲版）1989年第5期上发表质疑文章外，还于2009年及2013年，在社会科学文献出版社先后两个版次的《唐律与唐代法制考辨》中，以考证的形式，又发表出来。但至今为止，如谓今传《律疏》中舅对甥已反报小功，我仍持否定态度。因为在这段较长的时间内，发现了就礼制来说，属舅甥服制反报的新的时间动态。我认为有必要对读王先生大作与读吾拙文的读者，尽交流学术信息的义务，故专写此文以尽我意。

《律疏》"十恶·内乱"疏文对"奸小功以上亲"的定义解释说："谓据礼，男子为妇人著小功服而奸者。"如舅报外甥女小功，就在十恶范围内，如报缌麻则不在范围内："若妇人为男夫虽有小功之服，男子为报服缌麻者，非。"为更加说清楚这一点，疏文特别加一句，把外祖父与舅的反报缌麻同时排斥于"十恶"外："谓外孙女于外祖父及外甥于舅之类"就属于"非"的例子。

王先生判定舅对外甥已反报小功，不是由读律文而来，其方法是由寻找朝廷的廷议结果而来，其逻辑是有廷议必有结果，有结果必定百分之百地反映在律疏上。《唐会要》记显庆元年(659年)长孙无忌在廷议时提出舅对甥应反报小功之建议后，还记载"制从之"，而实际是从太宗到高宗经两次廷议都未能实现报小功之制。特别是贞观廷议讨论的是互报小功，结果实现的只是甥对舅由原来的服"缌麻"提到"小功"，舅反报小功根本未得解决。因此，高宗显庆时才又廷议舅反报事，而最终仍未解决反报小功之制。这里需特别指出的是，贞观所定甥对舅提至小功的事，《永徽律疏》反映了这项议决，但对舅反报甥小功，今传《律疏》中根本未有反映，而且一直都未解决。《新唐书·礼乐志》就说："然《律疏》舅报甥，犹服缌。"这一点，正确读《律疏》"十恶"之文者，都能确认此事未在律疏中有反映。舅奸甥，舅（男夫）因未对甥女（妇人）反报小功，便不进"十恶"，也明矣。

王先生据廷议推律文，总还属于事出有因，比起杨鸿烈先生写《中国法律发达史》及吴翊如先生校点《宋刑统》要谨慎多了。杨、吴二位先生，据廷议判定舅报甥非是小功不可，《律疏》上不反映廷议"成果"，那是《律疏》有问题。怎么办？改《律疏》！他们从舅对甥"确"已改报"小功"的设想出发，不但改句读，而且把根本从未涉及的外祖父对外孙，也一样地理解为如舅一样反报为小功了。

廷议进行了，而且也作出了决议，可是出于种种原因，并非都可到唐代的律、令中去找到与廷议完全对口的内容。这里，有一种看法，有必要提出来一说。如舅报甥，他们也认为律疏中确实仍报缌麻，无可怀疑。但他们却认为既然有廷议，而且"制从之"，其结果一定是皇帝通过"制敕"，对律疏作了实际的修改并下令执行了。但是，《律疏》还有个贯彻执行的历史连续性问题。如果唐太宗于贞观十四年(640年)廷议后下诏把舅与甥改定为互报小功，那么高宗永徽四年(653年)所制《律疏》的内容，对太宗之制敕视若无睹而不执行，这怎么解释？这一类问题，制敕的临时解决，到《礼》与《令》典的修改，最后到《律疏》的修改，有一个时间过程。有时，《礼》书上已基本解决，《律疏》上却仍无反映。如开元时礼制上解决了舅对外甥女反报"小功"的问题，《开元礼纂类》二十九"五服制度·小功成人正服"条下列有："为舅及从母，丈夫、妇人报"。注文对"丈夫、妇人"解释说："母之兄弟、姊妹。"⑨这里文中的"丈夫、妇人"是指成年的舅及姨，即舅及姨分别对外甥(姨侄)要"反报"小功。《礼》书解决了，可是开元时经过刊修的今传《律疏》，其疏文对"十恶·内乱"中"谓奸小功以上亲"注文的解释，把舅奸甥与外祖奸外孙女一样，仍排斥于"奸小功以上亲"的例子之外。

如果说，舅对外甥女反报小功，《开元礼纂类》是《礼》书上的标志，那么宋代的《天圣令》就是此制度在《令》典上的一个标志。今见《天圣令》(残本)其《丧葬令》所附《丧服年月》中"小功"项下列："为舅。"其注文曰："报服亦同。"⑩我们从宋天圣七年(1029年)《令》典所附的《丧服年月》中看到这项制度，很是宝贵。其所以这样说，虽然我们还不能判定"舅反报外甥女小功"

---

⑨　《通典》中华书局1984年版，第701页。

⑩　参见《天一阁藏明钞本天圣令》(残卷影印本)中华书局2006年版，第218页。宋天圣令于其本行《丧葬令》后注"右并因旧文以新制参定"，接着照例又排五条"右令不行"之废唐令，之后又跟进《丧服年月》附表。那就是说，此《丧服年表》是在"右令不行"的管辖范围之外，是附表形式的宋的在行之令，是宋《丧葬令》的附表。如果它是唐废令的附表，那"右令不行"一定会放在《丧服年表》之后(右)，指明它也是在"右令不行"的范围内。《天圣令》的编者，为了让读者不要把所附的《丧服年月》误解为是《唐令》，特别把它置于"右令不行"的唐废令之外，可谓用心良苦。

这项《令》文到底始行于何年,但应该迟于北宋初的建隆四年(963年)。因为宋建隆四年窦仪修订的《宋建隆重详订刑统》中,其"十恶·内乱"中疏文对注文仍与唐代《律疏》一样无异。如果当时已有如《天圣令》所附的《丧服年月》"小功"下有舅与甥"报服亦同",那么舅应该是不会再列入不对外甥女报小功的对象了。《宋刑统》未受到《天圣令》中这项制度的约束,亦明矣。

律条修改得快的例子也有,尤其是涉及重大犯罪而又有普适性的问题,特别是皇帝亲自插手处理的问题。⑪

总之,这一条以今见《律疏》的内容看,我坚持从前与王永兴及杨鸿烈、吴翊如三位先生作商榷的立场。

补论之五:《两唐书》"毒杨案"的处置是"纠错"与"改律"一体化

1980年,《文史》第8期发表王永兴先生《关于〈唐律疏议〉中三条律疏的修改》一文,认为由《两唐书》的记载,今传《律疏·贼盗律》(总第263条)"毒药药人"罪的"绞"刑,是在显庆中(658年)"毒杨案"后,由原"流"刑修改而来的。1989年,我在《南京大学学报》(文科版)第5期,发表《谈〈唐律疏议〉三条律疏的修改问题》一文,之后又于社会科学文献出版社2009年、2013年两个版次的《唐律与唐代法制考辨》一书的《"毒药药人罪"刑罚考辨》中,都认为《两唐书》的记载反映了皇帝对判决错轻的纠正。

武教授认为,《两唐书·杨恭仁传》记右卫大将军慕容宝节毒死右屯卫将军杨思训后,皇帝"乃诏"及"仍改《贼盗律》,以毒药杀人之科",此处之"仍",以讲作"于是"为好。对此,我经过重新分析《两唐书》的记载及对《律疏》"毒药药人"条的研读对照,同意武教授的看法;之前王永兴先生认为今见此律条业已经过"修改"的主张可以成立。因为皇帝对案件的处置,实际是纠错与改律同步一体的过程。

(一)《两唐书》"毒杨案"的记载与今传《律疏》的处置

1. "毒杨案"的情节主线

《新唐书·杨恭仁传》关于慕容宝节毒杀杨思训案及其处置的基本情节是:慕容宝节于宴请中约杨思训共"谋乱",杨不表态,慕容宝节恐其泄漏,遂

---

⑪ 参见本文"补论之五"。

用毒药毒死了杨思训。慕容宝节被判"流"刑后,杨妻"诣阙称冤",于是皇帝派特使追至流放的路上,斩了慕容宝节。《旧唐书》则说,是杨至慕容府宴饮,因指责其乱妻妾位,被慕容之妾,密以毒酒药死。在记皇帝遣使追斩慕容宝节之后,《旧唐书》最后的结语说,"仍改《贼盗律》以毒药杀人之科,更从重法";《新唐书》则说:"乃诏以寘毒人者,重其法。"下文中把《两唐书》对此事的记载,简称为"毒杨案"。

2. 今传《律疏》中"毒药药人"罪的处置法

其一,即使仅止于有用毒药药人的行为,其刑罚《律疏》(总第263条)就明确规定就是"绞";

其二,毒药药人,药而未死,其处理是"并同谋杀已伤之法";比附的"谋杀已伤"之法,是《律疏》(总256条)中:"诸谋杀人者,徒三年;已伤者,绞;已杀者,斩";

其三,只有买药而未施毒才处流刑。

(二)"毒杨案"的处置是"纠错"与"改律"同步一体

实际在"毒杨案"中,皇帝受理杨妻诉冤弄清事实后,坚决纠正在行法律之失衡,雷厉风行派特使斩慕容于流放道上。错判纠正后又立即下命令("诏")说,对用毒药药人的犯罪,刑罚要加重处死刑。皇帝从头到尾的举措,实际上是既纠错又依纠错之法改律。

1. 皇帝"纠错"与"改律"的法律基础

慕容氏在已毒杀杨氏的情况下,"以毒药药人"罪处其"流"岭表,但是根据《名例》(总第50条)"举轻以明重"的精神,仅毒药药人就要处流,那么杨思训已被毒死,慕容氏的刑罚一定要重于当时律条上的流刑而处死刑才对。从"毒杨案"的记载看,皇帝当时纠错时应该就是这样想、这样做,并又这样指示去修律的。而且被修改后的律条即今见《律疏》中之律条内容,就是完全遵照这种思路去践行的。

2. 皇帝在紧急情况下以非常程序实行良法

皇帝接受杨妻诉冤后,派使在流放道上追斩慕容氏,属特殊情况下的特别处置。因为犯人一旦到了流放地,就要进入另一个程序。同时,如在流放途中遇大赦,那就会依大赦处理。在既无适用的法律可用,又无有效制止错判继续执行的办法,皇帝在实施良法的前提下,实行特殊的程序追斩救急。也只有皇帝可以这样做,而高宗李治就这样做了。

历史上有由个案而触发对法律修改的先例。据《汉书·刑法志》记载,汉文帝十三年,齐太仓令淳于公有罪当处肉刑,他的女儿缇萦给汉文帝上书,痛陈肉刑之惨痛,请求以自没为奴来赎父亲之罪。汉文帝因此受感动,决心除去肉刑,于是便有了汉文帝与汉景帝二代改除肉刑为笞刑的举措。

3. "纠错"与"改律"是兼容的关系

《两唐书》记皇帝受理杨妻诉冤后,立即制止错判的"流"的执行,更改为处重刑死刑;并且因已有毒死的结果,所以执行死刑中之重刑"斩";最后,下令把"毒药药人"罪的刑罚定在死刑上。被修改的今传《律疏》中的律条内容,基本依当初纠错与改律的命令修订。"毒杨案"处置的过程,是先纠错,在纠错的基础上改律;改律以纠错为框架,改律与纠错同步一体。

(三)"改律论"将要面对的情况

无可讳言,如果改律前,唐律中药人罪只有流刑一种,慕容氏杀死杨氏之流刑就是依照当时律条作出的判决,而今传《律疏》中却偏偏没有"流"刑,倒反而有皇帝作处置的绞、斩内容,那就应该接受"改律"论的观点。但是,如果当时律条果真因此修改,那么随着就会有如下问题等待我们共同去面对。

1. "修改"前的"毒药药人"条其处罚没有情节区分

所谓"修改",肯定是指错误的要纠正,缺少的要补进。如《两唐书》中的记载,成为修改《贼盗律》(总第263条)中"毒药药人"罪之根据,那么就势必要判定,在《律疏》于永徽四年制定公布后的第五年,即显庆中(658年)慕容氏毒杀杨氏案发生时,"毒药药人"罪条,一定处于如下的状况中。

其一,《律疏》永徽四年制定公布伊始,毒药药人罪的刑罚只有处流的一个等级,《旧唐书》上明确记载,当时杨思训"饮尽便死";《新唐书》也说,"慕容宝节惧,毒酒以进,思训死"。尽管如此,当时的处罚皆谓:"宝节坐是配流岭表";"流宝节岭表"。这是说,杨被毒死后,慕容氏"依法"判处的刑罚就只是"流"。因为律条中"毒药药人"除了"流"再未有更重的等级,否则慕容氏一定会判比"流"更重的刑罚。

其二,今传《律疏》中区分"药而不死"的内容,当时应该也都不存在。因现见律条中规定"以毒药药人者"处绞,仅要求有实施行为。对于下毒后"药而不死"的情节,今传《律疏》中解决此问题的巧妙办法,是比附《贼盗律》(总第256条)"谋杀"罪"已伤者绞,已杀者斩"的内容,这也是改律后才加进去的。可见改律前,《律疏》中对付"药而不死"及"药而已死"的法例都没有,否则慕容氏也不会只处流刑。

其三,修改后的律文,在法律解释上失之粗疏。首先,把"药而不死,同谋杀已伤之法",放在"问答"中涉于身份之犯内容的最后,那么这是专门用于尊卑、长幼、贵贱间的处置法,还是也普遍用于凡人之犯?同时,法条始终不明言药而"致死"该处何刑?立法者存心要让用法者自己依《名例》推出"斩"刑来。这不是法典化的简约,似有故弄玄虚之嫌。

2. 慕容氏"依法"判"流",居然不使用"八议"

《两唐书》尽管对"毒杨案"的起因记载不同,但却一致记载,罪犯慕容氏先判流刑并执行,这说明律条修改前药人罪的刑罚原就是流刑。殊不知,这种判断用在慕容氏身上是有问题的。

如果药人罪的本罪就是流,那慕容氏根本不需要"上道"去实服流刑。因为慕容宝节是"正三品"的右卫大将军,属于"八议"的对象,"八议"特权的重要内容之一,就是"流罪以下减一等"。[疏]文说:"流罪以下,犯状既轻,所司减讫,自依常断。""八议"人只要不犯"十恶",资格确实,罪名在流,"所司"作减一等的决定后,余下的罪(徒刑)依常法处理,就是把他从流上直接减为"徒三年",然后进入"官当"程序。一年之后,慕容氏可从"正三品"上降一等,于"从三品"上重叙相应之官职。现在慕容氏有资格用"流以下减一等",又不是"十恶",竟要上道实流,是个存疑待解的问题。

总之,"毒杨案"于纠错后改律,真可谓:热烈争论有尽时,冷静思考无绝期。

补论之六:《律疏》中"继母改嫁身亡"内容由来再辨

王永兴先生在1980年第8期《文史》上撰文,认为《律疏》(总第345条)"问答"中对继母改嫁身亡不必解官服心丧的规定,是龙朔二年八月,高宗朝对同文正卿萧嗣业在改嫁继母身亡后申请服心丧进行廷议后,对《律疏》作修改的结果。1989年我在《南京大学学报》第5期上撰文,认为当时律、令、礼都不存在与此相反的规定,因而不同意王先生的看法。但是从那以后,经过曲折反复的思考,认为对王先生的判断,应慎重对待并重新认识。现把我重新思考的逻辑解析如下文。

(一)对改嫁继母身亡解官服心丧,不是当时礼法与律法的要求

其一,萧嗣业因改嫁继母身亡请求解官服心丧,的确并非是当时法令与礼制的要求,《唐会要》卷三十七"服纪上"记有司对此事称说:"据令,继母改嫁,及为长子,并不解官。"一般说,法令上无规定,刑律也不会去作超前的规定。

其二,朝廷廷议否定了"请解嗣业官"的少数派意见,维持了"嗣业不合解官"的多数派的意见,这也证明当时的《礼》《令》,都不与决议相左。

(二) 服心丧制度只适用于亲子降服的场合

其一,当时廷议中暴露出来的争论焦点,是部分官吏对"服心丧"制度适用的前提条件未搞清楚。服"心丧"的条件一是亲子,二是须降服。一般原则下,子对父母,斩衰三年,不降服。但如属亲子对被父休弃的生母,以及父死后其子对改嫁的亲母,在服制上都要"压降"服二十五个月的心丧并解官。《职制》(总第121条)疏文又说:"谓妾子及出妻之子,合降其服,皆二十五月内为心丧。"解官服心丧的前提必须是亲子压降之服。明确心丧只适用于降服之亲子者,就不会主张萧氏要申心丧(解官),不知心丧只适用于亲子降服(解官)者,就会主张萧氏要解官申心丧。萧氏与改嫁继母间不是"亲子"关系,"改嫁"的提法,同时也明确地否定了继母仍居"嫡"之位置。

其二,从礼制上说,改嫁的继母,原本连"期亲"资格都没有,但因她改嫁前照例已为夫服丧三年,这才照顾为"期亲"级。当然,如继母未改嫁,而且仍居于(父正妻)"嫡"位,那就要与亲母相同对待了。支持萧氏解官申心制的少数派26人,就是他们把申心丧只适用于亲子的前提,在认识上丢失了。这些人通过比较,在感情上也感到"不平衡":如《职制》(总第120条)规定,其父卒母嫁,若出妻之子,定为"期服","俱当解任,并合心丧"。殊不知,出妻之"子",是亲子,适用心丧解任;改嫁继母,不是亲子,不适用心丧。

(三) 廷议指示"其礼及《律疏》有相关涉者准此改正"不是具文

《唐会要》记载廷议决议指示"其礼及《律疏》有相关涉者,亦请准此改正",这不是形式上的具文,而是起实际作用的指令。《律疏》(总第345条)中关于嫡、继、慈、养,依"例"虽同亲母,被出、改嫁,礼制便与亲母不同。其改嫁者,唯只服期,依令不合解官,据礼又无心丧,这些内容是龙朔廷议后依指令加进去的,也就是王永兴先生所说的"修改"。

其一,绝不是说在作为"现行法"的《律疏》中,廷议前原来就有对改嫁继母身亡必须解官服心丧的法律规定。如果那样,就不会发生廷议官员中只有26人主张遵守"现行法",而有736人却主张去修改"现行法"的事。《唐会要》的记载,开始也就说,据《令》,对改嫁继母身亡,不解官,不服心丧,而却未提到《律疏》中的情形。

其二,也绝不是说《律疏》在龙朔二年(662年)廷议前就已经有了今传

《律疏》中"（继母）其改嫁者,唯止服期,依令不合解官,据礼又无心丧"的内容。如果是那样,萧嗣业百分之百地不会与法律对着干去"请申心制"。也正因为萧氏提出了服心丧的申请,皇帝才下令对继母的礼制律法作廷议求明确,如廷议前《律疏》就明确了,廷议也就无必要了。凭这一点就可以推断,律中对改嫁继母身亡不解官服心丧的规定,肯定是廷议后新加的内容。这一点应该是王永兴先生在此问题上最坚挺的地方。

其三,要求明确地加进嫡、继、慈、养被出或改嫁后礼制便不同的规定,是《律疏》本身的需要。因为《名例》（总第 52 条）原则上规定："其嫡、继、慈母若养者,与亲同",却并未对被出、改嫁的特别情况作规定,这就不可避免地会在出现"与亲同"的继母改嫁身亡的情况后,到底怎么办的问题。萧嗣业申心丧,也不能说与此无关。

总之,《律疏》中改嫁继母身亡不必解官服心丧的内容,是龙朔廷议后依决议"加进"（也是修改）的内容。在这一点上,应该肯定王永兴先生的观点,而不是相反。

补论之七：张鷟与《龙筋凤髓判》关系再论

《龙筋凤髓判》（以下称《龙判》）一书,我初接触时就感到其名为之"判",却基本不谈法律的引用是一大遗憾。所以我写《〈龙筋凤髓判〉性质及"引疏分析"考》[12]文章之重点与主要目的,就是为其补上"引疏分析"的解释。直到现在为止,我认为拙文这个目的是基本达到了。这为唐律的读者与研究者,在这一专门问题上开启了门户,提供了方便。这也是我这篇文章与其他同类研究作品比较而呈现的最大特色。

在《唐律与唐代法制考辨》收进《〈龙筋凤髓判〉性质及"引疏分析"考》一文出版后,我之前的一位研究生在谈及此事并作网查后告诉我,在我写那篇文章前,有人已发表了研究张鷟生平的文章[13],并为我复印了有关的文章和资料。此时,我对在张鷟生平问题上未能吸收参考他们的正确观点感到遗憾及歉疚。[14]

---

[12] 此文曾收入社会科学文献出版社 2009 年、2013 年版《唐律与唐代法制考辨》一书中。

[13] 参见刘真伦：《张鷟事迹系年考》,载《重庆师范学院学报》（哲社版）1987 年第 4 期；马雪芹：《张鷟生平经历及生卒年考释》,载《河北师范大学学报》（哲社版）2001 年 7 月号；王珂：《张鷟小考》,载《乐山师范学院学报》2006 年 7 月号；崔兰海：《张鷟史事考辨》,载《苏州科技学院学报》（社科版）2013 年第 1 期。

[14] 武秀成教授评论文中涉于《龙筋凤髓判》中关于张鷟仕履行实文段之内容,也在之前已发文章的信息范围内,同时拙文中已提及,故那段原文恕不再附录。

但是，那些文章中一般地研究张鷟生平者较多，而涉于《龙判》中用法问题者则很少。于是，我冷静地判定，我文中对张鷟生平诸事的叙述或是"洗澡水"，而我对《律疏》在《龙判》中引用的考论，可是"孩子"。因此，就有了一定要把拙文作修改再发的想法，并一直等待着机会。正好南京大学古典文献研究所的武秀成教授这次应邀在其所写评论我的文章中，也顺带传达了涉于张鷟生平的那些信息与观点，由于我不能在专驳《新唐书》"四刑书"说的文章⑮中同时谈《龙判》问题，所以现在利用写此文的机会，答复武教授，并知会读者。

（一）对张鷟生平问题叙述有失误及其原因

正因为我著文的目的是"单打一"地侧重填补《龙判》中《律疏》适用研究的空缺，故对张鷟生平问题的述说，因不重视而多有失误。

其一，未研读基本的参考资料。因为我写作该文的主要精力放在了分析《律疏》的使用上，也正是囿于这个写作目标，就连应该做的查看一下《四库全书总目提要》的事都未去做。张鷟实际是把整个御史台的案判拿来编写整理"以备程试之用"，我则认为整个《龙判》是其一人所判所写，这真可谓是"假作真时真亦假"。正因为认为《龙判》案判是张鷟一人之所判，故又出现了下面一个误判。

其二，张鷟是什么御史？为什么在"侍御史""殿中侍御史""监察御史"三者之中错认其为"侍御史"？因为就《龙判》案目那样广泛全面的范围所要求的执掌来说，误判是"侍御史"的可能性大。

其三，为什么认为张鷟从御史任上被贬是在"开元初"？《新唐书》记于证圣元年任御史，接着《两唐书》一致地在介绍张性格上的缺陷后，下文都紧接谓其"开元初"被劾贬岭南，最初我持张鷟"开元初"被贬的观点，就是顺书溜着走所致。结果是把张任御史的时间，从证圣元年（695年），一直计算到"开元初"（713年）的共"18年"。结果恰恰是"正史"不如"野史"。

（二）张鷟御史被贬的时间应在"长安元年"

从这几年讨论的意见看，张鷟从御史任上被贬的时间，有几种看法可供分析参考。

---

⑮ 参见本书第9页钱大群：《唐代法律体系正确理解的转捩点》一文。

1. 张鷟御史被贬时间的三种说法

其一,"武后朝"说。此说之根据是《两唐书》传文的记载,其时间分别是"天后朝"与"武后时"。其所记之事皆谓中使马仙童陷默啜后,答默啜询问张鷟之行踪时,回答说"近自御史贬官"。

其二,"久视中"说。此说之主要根据是唐代刘肃所著《大唐新语》卷八在记张鷟的才学影响时,说"久视中",太官令马仙童陷默啜后在答默啜问张之行踪时,答曰"自御史贬官"。

其三,"长安元年"说。此说的根据是张鷟自撰之《朝野佥载》中的一段记载:

> 周长安年初,前遂州长江县丞夏文荣,时人以为判冥事。张鷟时为御史,出为处州司仓,替归,往问焉。荣以杖画地,作"柳"字,曰:"君当为此州。"至后半年,除柳州司户。后改德州平昌令,荣刻时日,晷漏无差。⑯

张在记载夏文荣预测其前途与后事巧合之"神异"故事的同时,却也反映了自己经历的一件重要真事,即在长安年(701年)初的"后半年",张自御史贬任柳州司户。

2. "长安元年"(701)说的可信度高

"长安初年"说的可信度高有以下几点:一是这是直接记载张鷟从御史"除柳州司户"的材料。二是提供此"史料"的,是事主张鷟本人的笔记性著作《朝野佥载》。三是"除"柳州司户,"除"的性质明显是被贬。唐代颜师古在注《汉书》中说:"凡言除者,除去故官就新官。"⑰张鷟在"出"京外任处州司仓时还有御史之衔,而返京后"除柳州司户"时,是被撤去了包括御史在内的所有官职后之重新任命,是正式的"自御史贬官"。四是时间确切。张鷟于"长安年初"从处州(钱按:在今浙江丽水)司仓任上被替回,返归的路上好奇地"往问"夏文荣,夏判定其必在某年某月放柳州,而"至后半年"居然被贬柳州司户。张访夏时是"长安年初",贬柳州是"至后半年",其时间仍为长安元年(701年)。

---

⑯ 〔唐〕张鷟:《朝野佥载》卷二,载《唐五代笔记小说大观》(上册),上海古籍出版社2000年版,第24页。网查《太平广记》卷329,其所引关键的一句是:"至后果除柳州司户",相较虽多一"果"字,却少了"半年"一词,致使此段最后的"荣刻时日,晷漏无差",成了突兀出现而失却照应的语句,故未取。

⑰ 〔汉〕班固:《汉书·田蚡传》(第8册),中华书局1962年版,第2380—2381页。

因此，张鷟证圣元年（695年）任御史，至长安元年（701年）除去御史任柳州司户，前后总计有六七载的时间在御史任上。张鷟与《龙判》有关的行状要点应该是：证圣元年任监察御史；长安元年从御史职被贬；其在御史任上曾选编改写过御史台的部分案判，目的是"以备程试之用"；此非张鷟一人而是整个御史台的案判选集，这就是流传至今具名于"张鷟"的《龙筋凤髓判》一书。《两唐书》记载"开元初"张鷟为御所劾"贬岭南"，这是其第二次被贬。这一次张鷟从什么职位上被贬，应是其生平中最重要事件，尚需详加考证。

（三）《龙判》中收有张鷟被贬后的案判应当引起重视

《龙判》卷一第44页"仓部二条"之二的案中，有御史处理神龙三年（707年）百姓要求补折前两年租税的案事（见本书第293页），这对张鷟生平的进一步探索，具有潜在的意义。

研究者一般都认为张鷟被贬于"久视中"（700年）或"长安元年"（701年），但现《龙判》中既有张鷟御史被贬后的案判，则这一事情存在两种可能：一是有人把此神龙三年（707年）御史台的案例，塞进了《龙判》的材料里；二是张于长安元年被贬后，又有重新在御史台编写案判的可能。如个别研究者，根据洪迈《容斋续笔》卷十二引《登科记》载张鷟"景云二年（711年）中贤良方正科"；又据《太平广记》卷一三七引《朝野金载》也谓"文成（鷟）景云二年"遇"大赦，加阶，授五品"的这些记载，认为张鷟可能从当时所任的鸿胪丞上"很快复职为御史"。⑱ 这种说法，无硬实的史料支撑，有猜测成分，但其所言张鷟参加制举考试及遇赦等的背景是真实的。设使张鷟果真于景云二年复职为御史，并得继续编写《龙判》，则《龙判》中采用神龙三年（707年）的案判，就可以得到解释。所以，《龙判》中存在神龙三年案判的这个茬口，应小心地留着。将来或许随着研究的深入，有成为一印证的可能性。

结　语

从接触唐律以来，我就认为唐律应该是中国法制史学科研究的主要历史文献。唐律说到底是刑律，唐律研究最终应归到法学特别是刑法学（包括刑

---

⑱ 参见王珂：《张鷟小考》，载《乐山师范学院学报》2006年7月号。

法史）的范畴，研究的目的是发掘其刑律及透过刑律所反映的唐代法制的现代法文化价值。唐律对于中国法学与史学的重要性，自然要超过其对中国以外国家和地区的重要性。但是从研究的实际现状来说，应该遗憾地承认，我们未能让人信服地证实这一点。彼等能有明显的一茬接一茬的领军人物甚至集体，我们则形不成这样的团队，而且差距短时间内很难消除。包括唐律在内的唐文献是中国的文献，中国学者可以以此为荣。可是人家却因对中国的历史文献研究得好而且有更大的潜力，而得到了一种可称之谓"反客为主"的荣誉与尊敬。

之前我所做的，是为进一步发掘唐律研究的现代法文化价值作铺路工作。对在唐律研究过程中已经碰到及今后还可能碰到的一些基础性问题，特别是针对20世纪最后20年间，我国大陆在唐律及唐代制度研究中的一些重大争论问题，以史为据，求证以例，讲清问答，以使新世纪的唐律研究者，在研究唐律时有正确的性质定位。[19]

唐律以其法典化形式所蕴涵的博大精深的法学遗产，具有极高的现代法文化价值。但是对待唐律，我们没必要如以往有些法学家，认为它所有的方面都尽善尽美，甚至像宋玉描写登徒子看邻家美女那样：长一分嫌高，短一分嫌矮，多一分嫌胖，少一分嫌瘦，从而陷入对唐律的神秘化，失去了冷静地作批判继承的科学分析态度。研究唐律本身律学上的局限性，也是唐律现代研究中一个不可或缺的方面。[20]

我在唐律研究的漫长道路上，于前人的脚印之上匆匆地踩上了一串新的脚印。脚印，它指示一种已有的方向，它标志前人踏脚的地方。我们沿着前人的脚印走，后人也将沿着我们的脚印走去。凡是要比前人走得更远，就必定要再作出新的努力。[21]

在即将结束此文前，我自然地联想到并借用一位著名学者的话来作为此文的总结，这一方面是表示我对他的敬意，同时，在某种角度上也作为我唐律研究特点的自我总结：

> 新史料固然要尽量利用，但基本功夫仍然要放在研究旧的普通史料上。研究历史要凭史料作判断的依据，能有机会运用新的史料，自然能

---

[19] 参见钱大群：《从考证说起——代前言》，载《唐律与唐代法制考辨》，社会科学文献出版社2013年版。

[20] 参见钱大群：《唐律原创内容质疑略举》，载《唐律与唐代法制考辨》，社会科学文献出版社2013年版。

[21] 参见钱大群：《唐律与唐代法律体系研究》序言，南京大学出版社1996年版。

得出新的结论,创造新的成绩,这是人人所能做得到的,不是本事,不算高明。真正高明的研究者,是要能从人人能看得到、人人已阅读过的旧的普通史料中研究出新的成果,这就不是人人所能做得到了。[22]

唐律——中华传世法典巍峨群山的主峰。中国法律史研究领域中一个永无止境的海洋。[23]

(2014年12月拟稿)
(2015年5月改定)

---

[22] 参见严耕望:《治史经验谈》,台北商务印书馆1982年第3版,第27页。
[23] 参见钱大群:《唐律研究》,法律出版社2000年版,引言。

（三）作者旧文新修

《龙筋凤髓判》性质及"引疏分析"考辨[*]

钱大群

《律疏》于永徽四年（653年）制定完成颁布全国，《旧唐书·刑法志》特别交代说：

> 自是断狱者皆引疏分析之。

至此，从适应科举考试需要而启动制订，终于以落实到司法适用为终结的《律疏》，真正成为全国统一使用于定罪判刑的一部律典。关于《律疏》在唐代司法实践中的引用情况，在两唐书的"本纪""列传"及《唐会要》与其他有关唐代的史书中，不时有直接或间接反映的零星事例。然而《律疏》制定后能较集中地反映其引用情况的书证，最重要的、最早的就是《龙筋凤髓判》[①]（以下简称《龙判》）一书。

---

[*] 本文原以《〈龙筋凤髓判〉性质及"引疏分析"考》之名刊发于社会科学文献出版社钱大群著《唐律与唐代法制考辨》一书2009年版及2013年版，现修改重发，重发题目最后加一"辨"字，以示区别。其修改说明载于《唐代典籍研究若干问题补论·补论之七：张鷟与〈龙筋凤髓判〉关系再论》，见本书第282页。

[①] 〔唐〕张鷟：《龙筋凤髓判》，田涛、郭成伟校注，中国政法大学出版社1996年版。

一、《龙筋凤髓判》是御史台的案判选集

《龙判》一书虽不是唐代大理、刑部断狱的判决书,但由于其为汇集判词而集中了一批案例,不但为我们对《律疏》的引用情况提供了考证条件,同时也为我们对唐代吏治监察制度作进一步的探索考证提供了线索。

(一) 从《龙筋凤髓判》看御史台之职权行使

《龙判》一书,从其案件的性质、来源、内容及程序等各层面看,其判词必出之于御史台。

1. 纠弹官吏的违法犯罪是御史台的主要职能

《龙判》共4卷,集案例78件,涉及的官府有:中书省、门下省及尚书都省等宰相衙门;尚书省中的吏部、户部、礼部、兵部、工部及其属下的考功、司勋、主爵、仓部、祠部、主客等曹司;属于各监、寺、馆的有国子监、少府监、将作监、水衡监、沙苑监、苑总监、修史馆及大理寺;皇家直属或隶属于各部、寺、监的具体执事单位有太庙、郊社、太乐、鼓吹、太卜、太医、太史、刻漏、良酝、太官、掌醢、珍羞、导官等;属于军警各卫府的有金吾卫、左右卫、左右羽林卫、左右千牛卫、左右监门卫、左右屯卫、左右武卫、左右军卫、左右骁卫及左右率府,此外还涉及御史台、各州和刺史。

案判主要的涉事方或被告方,均是官府的官员及有爵位者,上至身为宰相的左仆射及御史大夫,还有六部的主要官员,各部中层的郎中,及许多有具体执掌的官员,甚至涉及命妇、公主。总之,案中的被告待处置者基本全是官吏,最低的也是有一定"功名"的参加省试的考生。这种明显的案件特征,从管辖职责来说,只能是御史台。《唐六典》记载御史台的职掌说(括号中为注文):

> 御史大夫之职,掌邦国刑宪、典章之政令,以肃正朝列;中丞为之贰。(其百僚有奸非隐伏,得专推劾。若中书门下五品以上、尚书省四品以上、诸司三品以上,则书而进之,并送中书门下。)[2]

所以,御史台性质是维护吏治,弹劾官吏不法犯罪的专职衙门。御史的判词,就是在"百僚之事应弹劾者,御史言于大夫","皇帝视事日,御史奏之","皆先进状,听进止"制度之下产生的法律文书。《龙判》中的刑案,有的

---

② 参见〔唐〕李林甫等:《唐六典》卷一三,中华书局1992年版,第378页。

出之于有关犯官主管当局的告发而御史台受理,有的案件是御史台主动弹劾立案推审。78件中大部分属于这种情况,而且有十几件的案由中都明白写着"御史弹付法"或"御史弹付"。这里最需要说明的是,我们在阅读《龙判》时,一定要明确,涉及宰相、御史大夫等人的案判,说明御史台职权行使的特殊性,因为这些判词中的处置意见,都要呈送中书、门下,甚至由皇帝作最后批准。

唐朝的御史台除御史大夫及御史中丞为正副长官外,台内的御史分为侍御史、殿中侍御史及监察御史三类。这三类御史都可以对不法官吏进行纠举弹劾并奉命推审,但是在管辖权限上则有所不同。《旧唐书·职官志》及《唐会要》记三类御史之主要职掌说:

> 侍御史掌纠举百僚,推鞫狱讼……凡有制敕付台推者,则按其实状以奏;若寻常之狱,推讫,断于大理。凡事非大夫、中丞所劾而合弹奏者,则具其事为状,大夫、中丞押奏。
>
> 殿中侍御史掌殿廷供奉之仪式……若皇帝郊祀、巡省,则具服从,于旌门往来检察,视其文物之有亏阙则纠之。凡两京城内则分知左、右巡,各察其所巡之内有不法之事。
>
> 监察御史掌分察百僚。巡按郡县,纠视刑狱,肃整朝仪。凡将帅战伐,大克杀获,数其俘馘,审其功赏,辨其真伪。若诸道屯田及铸钱,其审功纠过亦如之。……若在京都,则分察尚书六司,纠其过失,及知太府、司农出纳。……凡尚书省有会议,亦监其过谬。

从《龙判》案件的情节看,属于中央机关及京都百僚的罪案较多,地方官吏的案件则很少。

(1) 官吏有罪御史弹劾交付大理寺审判。如《龙判》卷二"沙苑监二条"之一,其案由说,朝廷宴请默啜汗国使节,原属太仆寺并负责筵席用品供给之沙苑监,因"供羊瘦小",造成"边使咸怨";此事由负责外事接待的鸿胪寺提出举告:"鸿胪寺状称";受理鸿胪寺举告的是御史台:"御史弹付法";但是案中犯官最后的定罪判刑职责属大理寺,御史台的判词说:"宪司弹劾,允合公条,大理纠绳,固难私纵。"

御史弹劾后如大理判决违律,御史台可建议纠正。如《龙判》卷二"太庙一条"中,太庙令犯"大祀散斋吊丧"之罪,先由"御史弹付法",后经"大理断",但大理在判断中作"征铜五斤"同时又"官减一等"之错判后,案件又回到御史台御史写判词纠正就是实例。

不服大理判的复核由御史台受理。《龙判》四卷78个案件的判词,案由中记当事人"不伏"原判的多达 20 件,超过了四分之一。在许多不服原判的案件中,专门说"大理定罪不伏"的有 6 件。由此可见,官吏刑案中当事人不服大理处断而转由御史复核。

从审判制度说,京都地区及中央机关百官的案件,由大理寺通过审判定罪判刑,不上诉的,徒以上由刑部审核后定案,死刑还要由皇帝批准。《唐六典》在御史台的"侍御史"条下也说:"若寻常之狱,推讦,断于大理。"但是,官吏之案如"不伏"大理之判提出异议的,则有专门的审判组织进行处置,御史台的御史就是与中书省及门下省的官员一起成为处理此类案件的一方。《旧唐书·职官三》在门下省"给事中"条下说:

> 凡天下冤滞未申及官吏刻害者,必听其讼,与御史、中书舍人同计其事宜,而申理之。③

官吏对御史台的处置不服,可仍向御史台申诉。如《龙判》卷一中记载,御史严宣弹劾长史田顺受赃,田不服就仍向御史台申请,并由另一御史受理审核处置(详见本文第 294—295 页)。

(2) 官吏不称职或品行恶劣也由御史台弹劾。御史台对官吏的弹劾不限于触犯刑律要定罪判刑的案件,如果官吏虽未触犯刑律但表现不称职或有劣迹可由御史台直接弹劾。《龙判》卷二"内侍省二条"之二的案由中直接说:"内侍元淹,心狠貌恭,善柔成性,两京来往,威福甚高,金帛祗承则妄于延誉,迎候失行,辄加鞭挞。"结果,御史的判词是:"直可投诸四荒,以御魑魅。驰驿速发,无俾少留,各下所司,即宜催遣。"内侍元淹受到了除官远放之处置。

由御史弹劾贬官,还可见于《龙判》卷三"修史馆二条"之二的例子。其案由说,"著作郎杨安期学艺浅钝,文词疏野,凡修书不堪行用,御史弹才不称职,官失其人。掌选侍郎崔彦,既亏清鉴,并请贬退。"其判词最后说:"选曹简要,秘局清高,理须放还,以俟来哲。"两人都予以贬退。

官吏不称职也可由其所属主管部门呈告御史台请求处置意见。《龙判》卷三"修史馆二条"之一的案由说,"监修国史刘济状称":"修史学士李吉甫多行虚饰,不据实状,有善不劝,有恶不惩,得财者入史,无财者删削,褒贬不实,非良史之体。"御史之判词是:"有奸雄之性,无良史之才,徒縻国经,宜从屏退。"显然,修史学士李吉甫受到的是撤职"摈退"的处罚。

御史台对于主管部门对有关官吏的处置呈请可以驳回。如《龙判》卷三

---

③ 参见〔后晋〕刘昫等:《旧唐书》卷四三《职官二》,中华书局 1975 年版,第 1844 页。

"左右屯卫二条"之二的案由说,"左右屯卫"认为飞骑将军刘恭"膂力强群,弓马超众",但因为"眇其一目,恐不堪侍奉,"即不适合侍奉在皇帝左右,所以"欲放归乡里,又惜其身材"。因一眼之瞎,就要被解职还乡,御史在判书中认为对人才应"用大掩小,弃短从长""大材可录,小疵何伤"!所以,主张"既要所须,宜从旧定"。

(3) 爵位之予夺由御史台据主管当局之呈请作出处置建议。《龙判》卷一"主爵二条"之一的案由说,属吏部"掌邦之封爵"的主爵员外郎梁瓒奏说,左仆射魏宰"无汗马劳",御史大夫李嘉"为佐命功,并妄爵也",请求追夺二人之爵位。御史受命查核,认为魏宰"智不动俗,曾无汗马之勋";李嘉"谋不出凡,讵展饥鹰之效。无功而禄,不可励勋臣,无德而官,如何奖朝士"。认定二人之性质"并为爵人失叙,锡土无纲",依照法律,为不使滥封之弊端再现,应撤去其官职:"宜遵操斧之柯,岂踵覆车之辙。"

(4) 官吏在政绩考核中未得公允之对待可向御史台呈请。《龙判》卷四"掌醢一条"之案由说,"掌邦国酒醴膳羞之事"的光禄寺卿属下的"掌醢署"之长官吕建,在政绩考核中其等级应进未进,于是光禄卿杨裕写呈状报告,吕建"居官清整,不邀名誉,忠肃奉公",但考核等级却"未蒙进考"。结果御史提出之处置建议是:"理合甄拔,以勖朝班。"

2. 各官司的建议是否正当由御史台审定

御史审查不恰当之建言与呈请,如不属于触犯刑律的,只指斥其错误不当,不推审付法但记录在案。如《龙判》卷三"左右屯卫二条"之一的案由说,都留守屯卫将军王林上呈状认为皇帝驾幸西京,恐有警急,于是建议"请屯兵于宣仁门外",以防备非常情况之发生。御史认为王林身为警卫将军,"岂有置兵城内,列骑街中"之论,如果"百贼叩门,万夫何用"?这种建议"五尺童子,尚以为愚,三事大夫,若为通计"!其最后的处置意见是:"所请非理,告记为宜。"

《龙判》卷二"内侍省二条"之一的案由中说,属于内侍省的蒙天建,是"职参永巷,位典长门,出入后庭,驰驱卧内"的宦官,内侍省说此人"植性谨厚,荐达贤良,处事清勤",因而竟推举此人担任监察官员,以能肃清吏治:"惟知内外纠察,必望百司清肃"。内侍省的建议既非其职司所在,同时推举受阉的宦官任监察重任,又是违反举官制度的行为。因而御史的处置意见是:"骨鲠之士,足以纠正朝仪,刑余之人岂可参谋国事。其言不次,无理告知。"

3. 不同职能官司之间的争议由御史台裁定

《龙判》卷二"沙苑监二条"之二的案由中可以看出,隶属太仆寺的沙苑副监因"方今尊崇释教",请求祭祀减少羊只的使用,目的是"庶望国家有福,庆祚绵长"。而掌管祭祀的太常寺不同意这建议:"太常执奏,祭天事大,不宜降礼。"结果这件不同衙门之间对涉及礼制的争议,最后由御史台作裁处,支持太常寺的意见:"并付所司,各依前式。"类似例子《龙判》卷四"鼓吹一条"中说,隶属于太常寺的鼓吹令王乾,认为鼓吹器物是国家仪仗,因"器具滥恶",故请求改换修理。而礼部员外郎崔嵩却以"府库尚虚,此非急务"为由而"判停"其请求。御史认为鼓吹仪具"既为滥恶,宜即改修。岂以藏虚,遂云非急!"应令立即集中修理置换,切莫犹豫:"速令鸠集,请勿狐疑。"

4. 百姓与官府之间的诉讼纠纷由御史台受理

《龙判》卷一"仓部二条"之二的案由说,沧州、瀛州等地方申称,神龙元年水灾,奉旨收半租,并允许以军役折租,第二年又遭涝,全免,因而"无租可折"。第三年,百姓诉请州府"以去年合折",即补行去年未折之折,结果是州府"不许",百姓"不伏事"。按《赋役令》,遇灾害,"十分损四分已上免租,损六已上免租、调,损七已上课役俱免。若桑麻损尽者各免调。若已役已输者,听折来年。经二年后不在折限"。④ 御史认为,"当时奉旨,令贷半租","明年复涝,乃是折空,后岁总征,元无折处","元贷未折,许折还征","四方取则,百姓何凭"。结论是:"政在养民,理从矜折。"这场官民之争,民愿以御史台的支持而得允。

《龙判》中还有官员因侵害民众利益被"削黜"的例子。卷一"工部一条"之案由说,工部员外郎赵务,调配关中地区蒲州、陕州的布,去供渔阳地方的军需,而让北边近渔阳的幽州,把布换成绢输送到长安京城,百姓对此种调配诉呈"不便"。赵务说这样调配的理由是"布是粗物,将以供军,绢是细物,合贮官库"。御史在判词中认为,赵务令"蒲陕之布,却入渔阳,幽易之缣,反归关陇。同北辕之适越,类东走之望秦","细绢称以纳库,粗布贮以充军,非直运者苦劳,抑亦兵家贾怨"。结论是贬降赵务,惩其固执愚蠢:"宜从削黜,以肃愚顽。"

百姓告发官吏的案件也由御史台处置。如《龙判》卷二"将作监二条"之一的案由说,将作大匠吴淳"掌造东都罗城","正属春时妨农作,百姓诉至秋收后",而吴淳"自求功,抑而不许",结果,御史弹劾吴淳"非时兴造"之罪。

---

④ 〔日〕仁井田陞:《唐令拾遗》,栗劲、霍存福等编译,长春出版社1989年版,第604页。参见〔日〕仁井田陞著、池田温等编集:《唐令拾遗补》,东京大学出版社1997年版,第1355页。

《擅兴律》(总第241条)规定,"非时兴造"与"非法兴造"同罚,损废十庸以上坐赃论。

5. 适用典章制度之请示案也由御史台审处

《龙判》中有一部分的判书不涉及刑事犯罪,是属对制度请示作答的文书。正如前文已引,御史台除掌邦国刑宪外,还有掌"典章之政令"的一面。如卷四"籍田一条","禀牺令"王尧根据古代诸侯有籍田制度,认为当时的刺史也相当于古之"诸侯",建议也应让刺史与皇帝一样举行籍田仪式。同时,卷四"亲蚕一条"中,王尧根据古代称为"小君"的诸侯之妻有"亲蚕"仪式,故建议有相当于古诸侯之位的官爵之妻,也要如皇后一样举行"亲蚕"仪式。这两项建议,事关礼制典章,中书门下让掌典之御史提出拟议之见。御史在所拟之判词中,对以上两项建议都予以否决:"更施别法,于是为烦","自我作古,何礼之拘","王尧所请,理未通方,如愚所裁,告记为允"。《龙判》中除这些属于礼制的案件外,还有很多涉及官司在行政制度执行中有意见分歧而请示处置的案件。

(二)《龙筋凤髓判》是张鷟为案判考试编纂的案判选

张鷟的《龙判》与其职务有关,但不全是他个人的案判,而是经他加工整理的整个御史台的案判选集。据《旧唐书·张荐传》所记看,张鷟中进士后,先后担任过"王府参军""长安尉""鸿胪丞"及"司门员外郎"等职。但是,张在这些岗位上都不可能写如许的判词。

1. 张鷟的重要官职是御史

张鷟除担任过王府参军、长安尉、鸿胪丞及司门员外郎外,还担任过御史,而且就是这个官职,使其与《龙判》发生了关系。

(1)史书对张鷟任御史的记载。两《唐书》为张鷟所写之传文,附在其孙子张荐的传文之中。《新唐书》明书直说,张鷟担任过御史一职:

> 证圣中,天官侍郎刘奇以鷟及司马锽为御史。⑤

所谓"天官侍郎"就是武则天改制后对原"吏部侍郎"的称谓。"证圣"(695年)是武则天改"唐"为"周"的第六年,就是张开始任职御史之年。

(2)张鷟所任职为监察御史。两《唐书》在记事时特别是对传记中主人公的重要任职,往往有遗漏或记而不清之处。张鷟的重要官职御史,《旧唐书》竟不提,《新唐书》虽有任"御史"之记,但御史有侍御史、殿中侍御史及监

---

⑤ 参见〔宋〕宋祁、范镇等:《新唐书》卷一六一《张荐传》,中华书局1975年版,第4979页。

察御史三类,《新唐书》也未作明说,只有《唐会要》记其任命伊始即为"监察御史":

> 证圣元年,刘奇为吏部侍郎,注张文成(鷟之字)、司马锽为监察御史。⑥

2. 张鷟从御史任上被贬的时间

张鷟从监察御史任上被贬的时间,有三种说法,一是两《唐书》的"武后朝"说;二为《大唐新语》上的"久视中"说;三是"长安元年"说。"长安元年"说的根据,是张鷟自撰之笔记著作《朝野佥载》中的一段记载,其文曰:

> 周长安年初,前遂州长江县丞夏文荣,时人以为判冥事。张鷟时为御史,出为处州司仓,替归,往问焉。荣以杖画地,作"柳"字,曰:"君当为此州。"至后半年,除柳州司户。后改德州平昌令,荣刻时日,晷漏无差。⑦

张在记载夏文荣预测其前途与后事巧合之"神异"故事的同时,却也真实地反映了自己经历的一件重要真事:即在长安元年(701年)初的后半年,张自御史贬任柳州司户。"除柳州司户"中"除"的性质明显是被贬,唐颜师古在注《汉书》中说:"凡言除者,除去故官就新官。"⑧张鷟在"出"京外任处州司仓时还有御史之衔,而返京后"除柳州司户"时,是被撤去了包括御史在内的所有官职后之重新任命,是正式的"自御史贬官"。

因此,张鷟证圣元年(695年)任御史,至长安元年(701年)除去御史任柳州司户,前后总计有六七载的时间在御史任上。

3. 张鷟是《龙筋凤髓判》的整理编纂者

(1)张鷟是有文才盛名的监察御史。张鷟既有顶尖文才,影响所致,《龙判》作为御史台的案判选集,或是张氏自行去编写,或是受命担纲,任务都可能落到他的身上。《旧唐书·张荐传》中记载张鷟不但是当时最著名的"考霸",同时是撰写文章的圣手,而且名扬中外:

> 初登进士第,对策尤工,考功员外郎骞味道赏之曰:"如此生,天下无

---

⑥ 参见〔北宋〕王溥:《唐会要》卷七十五《选部下》,上海古籍出版社1991年版,第1607页。

⑦ 参见〔唐〕张鷟:《朝野佥载》卷二,《唐五代笔记小说大观》(上册),上海古籍出版社2000年版,第24页。网查《太平广记》卷三二九,其所引关键的一句是:"至后果除柳州司户",相较量多一"果"字,减少了"半年"一词,致使这段最后的"荣刻时日,晷漏无差",成了突兀出现失却照应的语句,故未取。

⑧ 〔汉〕班固:《汉书》卷五十二《田蚡传》,中华书局1975年版,第2380—2381页。

双矣!"……又应下笔成章及才高位下、词标文苑等科。骘凡应八举,皆登甲科。……凡四参选,判策为铨府之最。……骘下笔敏速,述著尤多,言颇诙谐。是时天下知名,无贤不肖,皆记诵其文。⑨

张鷟才学不但长安以至中原有名,而且名气远播异国海外:

新罗、日本东夷诸蕃,尤重其文,每遣使入朝,必重出金贝以购其文,其才名远播如此。

当契丹首领默啜,听说张鷟被贬离开御史台后,竟感慨地说:"国有此人而不用,汉无能为也。"

(2)《龙判》是供案判考试作示范而编纂的案判选集。《龙判》的这种性质,其编写的任务与特点正如《四库全书总目提要》所言:

然鷟作是编,取备程试之用,则本为隶事而作,不为定律而作,自以征引赅洽为主。⑩

"提要"的概括对了解《龙判》的性质及张鷟所起的作用有启示。

其一,张鷟的作用是"编",这解决了张鷟仅为一名监察御史与《龙判》的案目那样广而全的矛盾。因为是编,张可以选收整个御史台包括侍御史、殿中侍御史在内的案判进行编纂,故案目超越监察御史的案判职权范围,就是正常的事了。

其二,编写《龙判》的目的是"取备程试之用"。程试这里是指依一定标准作案判考试,即张所编之书为这种考试提供示范性的参考。

其三,《龙判》中的案判,是真实的案例,"提要"所言"本为隶事而作"也是指各司其职的性质而言。它不像"拟判"那样虚拟某甲某乙某事,而是真实的人名、官职及案情实况,是御史台的职务文书。"提要"言"不为定律而作,自以征引赅洽为主",是指不是为同类案事制定法律,即不作为法律上效法搬用的所谓"判例",可是在案判各方面的"征引"都要力争"赅洽"完备。

其四,在编纂中,张鷟依法无权对其他御史的法律判处作修改,但在不变更人、事、律的情况下,对案判的行文表述、论证分析,作文字上的修饰增减,那应该是他起作用的地方。现《龙判》中大量运用成语典故,作华丽浮夸的骈俪排比,可能正是张鷟发挥文学才华的地方。

---

⑨ 参见〔后晋〕刘昫等:《旧唐书》卷九十九《张荐传》,中华书局1975年版,第4023—4024页。

⑩ 参见《四库全书总目提要》卷一三五,子部四五,类书类一。

二、御史办案的法律依据是本于《律疏》的"引疏分析"

(一)《龙筋凤髓判》以《律疏》为准绳定罪判刑

《律疏》制定前,法司引《律》分析,《律疏》制定后,定罪判刑可以运用《律疏》,这是《唐律疏义》这部国家刑律与其官方有权解释编为一典,且皆具法律效力特点的表现。《龙判》是《律疏》被引用于司法实践的力证。虽然,从司法活动的性质来说,御史的判词属于对官吏案件的监察性文书,并不像大理、刑部及地方各级审判机关的判决书,"断罪皆须具引律、令、格、式正文",即完整地抄录与案件有关的法律条文的文段句子,御史的判词中几乎都不明示所使用的《律疏》的篇条,有时甚至连罪名也不直言。但是,从其二十多件刑案的判词看,御史对犯官进行弹劾或向有关当局提出处断之异议,根本的依据也是《律疏》,而且有些案件就是根据疏文中的"议"及"问答"之内容作判断依据。在对《律疏》的引用上,仅此列举的二十多例,已足以说明在司法实践中,法律适用上遇到的问题确实十分复杂。解决固定的律疏条文与具体案件的同一性,是司法官面临的艰巨任务,这一点在唐代也不例外。以下就《龙判》中御史的案例与《律疏》关系略作考证,以证实《律疏》在唐代刑案判断中的权威性与复杂性,以及法律适用人的主观能动方面。

1. 依据《律疏》的明确规定处置案件

这是指案件中的犯罪行为,《律疏》有处置的明确规定,应当照《律疏》的规定处置,即使当事人"不伏",找借口推卸罪责,办案者也坚持依法办事。

《龙判》卷一"考功二条"之二的案由说:"诸州贡举悉有保明,及其简试,芜滥极多,若不量殿举主,或恐奸源渐盛,并仰折中处分。"案由中的"量殿举主",意为计算等第末尾的多少,举告推荐之主司,付法处置。此案中涉及的一批官吏,其罪名应是"贡举试不及第"之罪。《职制律》卷九(总第92条)规定:"贡举非其人","一人徒一年,二人加一等,罪止徒三年"。注文说所谓"非其人"有两种情况:一是"德行乖僻,不如举状者";二是"试不及第",其刑罚比上述幅度"减二等"。对于后者疏文具体举例解释说:

> 若贡五得二,科三人之罪;贡十得三,科七人之罪。

御史指出这类举荐官吏"岂得举不求才,惟力是荐,贡不求器,惟赇是闻。徒招画饼之讥,终致举肥之诮"。这种情节主要也是抨击贡举"试不及第"的情节。因此,御史最后的结论是:

>贡人不充分数,举主自合征科。法有常刑,理难逃责。

御史欲追究举主之罪责,其根据就是"贡举非其人"中,注文及疏文都解释包括有"试不及第"对各州"举主"进行罪责追究之明确规定。

《龙判》卷一"门下省二条"之二的案由说:"左补阙陈邃司制敕,知敕书有误,不奏辄改,所改之次⑪与元敕同,付法不伏。"因为按唐《公式令》,制书经"御画"后,"留中书省为案,别写一通,印署,送门下省,覆奏画可讫,留门下省为案,更写一通,侍中注制可,印缝署,送尚书省施行"。⑫陈邃改制书上的字,就发生在制书于门下省的流转过程中。有此罪适用《职制律》卷一〇(总第114条),律文说:

>诸制书有误,不即奏闻,辄改定者,杖八十;官文书误,不请官司而改定者,笞四十。知误,不奏请而行者,亦如之。辄饰文者,各加二等。

此条法意之精髓在于,承认制敕文书可能有误,同时,也可以改动,但关键在于一定要奏明皇帝经同意之后,才能改正。其覆奏的程序是决定性因素。疏文说:

>制书有误,谓旨意参差,或脱剩文字,于理有失者。皆合覆奏,然后改正、施行。不即奏闻,辄自改定者,杖八十。

这里,《律疏》并没留下诸如"如果改得对就无罪"的灵活空间。左补阙陈邃在经手敕书时,擅自修改,自认为改得与原敕意思相同,所以对所犯之罪"不伏"。但是尽管如此陈邃并不能改变"不奏辄改"的犯罪构成。所以,御史对陈邃的不服案最后严格依《律疏》作判说:

>岂容斟酌圣意,加减謏言,用寸管以窥天,持小觚而测海。未经上白,辄敢雌黄。定字虽复无差,据罪终须结正,八十之杖,自作难逃,三千之条,理宜明罚。

《龙判》卷一"尚书省二条"之一的案由说:"左司郎中许鉴饮酒停制,擅(敕)依问,款遇霍乱不得判署,遂失机。"按唐制,尚书省是宰相机构中专事贯彻执行制敕的中枢。其左司郎中"掌付十有二司之事,以举正稽违,省署符目,都事监而受焉"。在专事贯彻执行制敕的尚书都省内,左司郎中处于进行监督及统一指挥协调的重要地位。许鉴的犯罪适用于《职制律》卷九(总第

---

⑪ 《辞源》谓:"泛指所在之处。"可参考。

⑫ 〔日〕仁井田陞著、池田温等编集:《唐令拾遗补》,东京大学出版社1997年版,第1236页。

112条):

> 诸被制书,有所施行而违者,徒二年。失错者,杖一百。(失错,谓失其旨)

疏文说:"被制书,谓奉制。"左司郎中正是处于"奉制"的地位。因酒停制在性质上不属于对制书领会精神有错"失其旨"的性质,是属于"自纵荒淫"而废事失机的犯罪行为。许鉴关于遇霍乱病"不得判署"即不能签署执行命令,完全是编造的借口,绝不能因此不追究罪责。判词说:

> 给云霍乱,未可依凭,滞失机宜,理从明宪。

判词的可取之处在于能坚守律义,排除借口,依法治罪。

2. 既引用处罚条文,又引用《名例》中的某项原则

这是指对某种犯罪之处之,除了适用该罪名的具体律条外,还应引用适用于全律的由《名例》规定的某项刑法原则,如数罪并罚原则等。

《龙判》卷三"左右千牛卫"条之案由说:"杜俊对仗,遗箭于仗内,御史弹付法。"关于"对仗",原是唐代的一项制度,《律疏》本无此罪名。《辞源》上解释说:"唐制,皇帝御正殿,设仪仗,中书、门下及三品官奏事,御史弹劾百官,都是对着仪仗上奏,称对仗奏事。"这里的"对仗",实际是指身为"左右千牛卫"的杜俊,在对仗中对皇帝的"不恭"行为。正如御史在《判书》中所指责,杜俊不但"不能禽肩敛气,对黼帐以兢魂,俯首曲躬,临玉阶而侧足",而且有"钦承圣旨,曾无战灼之心,侍奉天威,敢纵卢胡之笑"的"不恭之罪"。同时,杜俊被发现还有"遗箭于仗内"的犯罪。按唐制,为了保证皇帝的安全,在皇帝所到的一定区域内出尽闲杂人员并清除一切兵器,称为"辟仗"。辟仗的地区称辟仗内或仗内。《卫禁律》卷七(总第65条)关于"遗兵仗内"的律文说:

> 若于辟仗内误遗兵仗者,杖一百。(弓、箭相须乃坐。)

疏文又说:

> 辟杖之内,人皆出尽,所有兵器,亦不合留。或有误遗兵仗者,合杖一百。兵仗之法,应须堪用。或遗弓无箭,或遗箭无弓,俱不得罪,故云"弓、箭相须,乃坐"。

《康熙字典》讲"须":"资也,用也。"所遗留在辟仗内的兵器,要能使用才具有危险性,如不能使用,就不具有伤害的危险性,就不为犯罪。如弓箭类的武器必须是弓与箭同时遗在仗内才处罪。御史在判词中对杜俊遗箭仗内,认

为"虽仗内落箭,未见遗弓,律有正条,相须乃坐",正是紧抠律条之注疏作出之正确判断。同时,他认为,对杜俊所谓"对仗"及"遗箭于仗内"也应贯彻"二罪俱发"之原则:

  二罪俱发,自合从重而论一状,既轻,不可累成其过。

若杜俊诚如御史所弹犯"二罪",则"二罪俱发,自合从重而论一状"而不是累罚,这有《名例律》卷六(总第45条)"诸二罪以上俱发,以重者论。等者,从一。若一罪先发,已经论决,余罪后发,其轻若等,勿论;重者更论之,通计前罪,以充后数"可证。对本案来说,杜俊只罚"对仗(不恭)",而不应再有"遗箭仗内"之罪。

3. 紧抠疏文之精微,作公允处置

有时律条的规定主线过粗,比较原则笼统,而注及疏文中"议"或"问答"部分具体详解之内容,正适合案件处断之需要。这是"引疏分析"中非常宝贵的例子。

《龙判》卷二"将作监二条"之一的案由说:"大匠吴淳掌造东都罗城,墙高九仞,隍深五丈,正属春时妨农作,百姓诉至秋收后,淳自求功,抑而不许。"御史弹其"非时兴造",但"付法不伏"。

"大匠"是指将作监的第一长官"将作大匠"。《唐六典》称:"将作大匠之职,掌供邦国修建土木工匠之政令,总四署、三监、百工之官属,以供其职事。"修东都罗城正属国家"兴造"之范围。关于"兴造",《擅兴律》卷一六(总第240条)疏文说:"修城郭,筑堤防,兴起人功,有所营造。"而关于"非法兴造"的法律概念,则全规定在《擅兴律》同卷(总第241条)的疏文之中:

  [疏]议曰:"非法兴造",谓法令无文;虽则有文,非时兴造亦是。

按疏文的解释,"非法兴造"包括了"法令无文"之兴造及"非时兴造"两个方面。而律文中只说:"诸非法兴造及杂徭役,十庸以上,坐赃论。谓为公事役使而非法令所听者。"所以,此案中御史弹劾吴淳"非时兴造",完全是引疏文而定的罪名。"适时"或称"从时"是实施兴造必须遵守之要求。御史在判词中作为下判的根据说,兴造之施工"理须候隙启闭,务在从时。下不夺于三农,上不亏于八部"。所以,最后御史之弹劾意见说:

  宁有自求微效,广弃人功,既废春畤,宜从霜典。

所谓"宜从霜典",就是依照御史所弹,也即是《擅兴律》卷一六(总第241条)疏文中所说的"非时兴造"罪处罚。那就是计所费人工的工值,照"坐赃"

罪的办法论处。

《龙判》卷一"主爵二条"之二案由说:"羽林将军王畅薨,无嫡子,取侄男袭爵,庶子告不合承。"爵位的承袭是封建社会的重要制度之一。其承袭的次序《封爵令》说:"诸王公侯伯子男,皆子孙承嫡者传袭,若无嫡子及有罪疾,立嫡孙;无嫡孙,以次立嫡子同母弟,无母弟,立庶子;无庶子,立嫡孙同母弟;无母弟,立庶孙。曾、玄以下准此。无后者,国除。"⑬王畅死后其爵位的承袭,令文中十分明确,理应由其庶子(亦称"侧男")承袭。总之在任何情况下其侄子(亦称"犹子")都无资格袭位。现弃庶子而取侄子要有"诈承袭"之罪。《诈伪律》卷二五(总第371条)说:

> 诸非正嫡,不应袭爵,而诈承袭者,徒二年;非子孙而诈承袭者,从诈假官法。

律文中的"诈承袭"罪有两种情节:一是非正嫡,不应袭而诈承袭;二是非子孙而诈承袭。前者之罪是子孙中非正嫡之人及不依次序的"不合袭爵"之人的"诈承袭"。后者是子孙之外的人去"诈承袭"。

疏文对此解释说:

> 非子孙,谓子孙之外,诈云是嫡而妄承袭者,从诈假官法,合流二千里。

从律疏的解释看,侄男取代庶子袭位,属"非子孙"袭位,按律依"诈假官"即《诈伪律》卷二五(总第370条)之规定,应处"流二千里"之刑。但是,从案由中叙述的具体情况看,其"子孙之外"的侄男所为,与疏文所说的"诈云是嫡而妄承袭"显然不是一回事。其庶子所告也只是"不合袭"而非"诈承袭"。所以,御史在最后的处断意见中并未依"诈假官法"处"流二千里",而是参照"不应袭"实情建议处徒刑:

> 侧男自须绍允,犹子不合承宗。诈袭者处以徒刑,应续者宜从改正。

御史之处置,使我们看到,律疏的条文,与司法实践始终存在一定的距离。如本案中那非法袭爵之侄男,是否就是犯了"诈承袭"之罪,判词中也并不认为是同一回事。御史拟判之"徒刑",与其紧抠疏文否认其是"诈云是嫡而妄承袭"绝对有关。

《龙判》卷二"少府监二条"之一的案由说:"(少府)监贺敬盗御茵席三

---

⑬ 〔日〕仁井田陞:《唐令拾遗》,栗劲、霍存福等编译,长春出版社1989年版,第219页。参见〔日〕仁井田陞著、池田温等编集:《唐令拾遗补》,东京大学出版社1997年版,第1083页。

十事,大理断二千五百里,敬不伏,云其物虽部分,未进不得为御物。"少府监贺敬的辩词是说,那茵席虽然已分配备作御用之需,但是在送给皇帝之前,不可称作御物,也即是说,既不能称作"御物",故也不能以"盗御物"罪处流二千五百里。按《律疏》,贺敬所犯,实为"盗乘舆服御物"之罪。《贼盗律》卷一九(总第271条)规定:

> 诸盗御宝者,绞;乘舆服御物者,流二千五百里。

首先,按律之注疏,贺敬所盗之"茵席"正在皇帝(乘舆)"服御物"的范围之内:

> 谓供奉乘舆之物。服通衾、茵之属,真、副等。

衾、茵等皇帝服御物,既指现在正使用的,也包括备用的在内。疏文说:

> 称"之属"者,毡、褥之类。"真、副等","真"谓见供服用之衣,"副"谓副贰之服。

同时,贺敬所盗之物,在概念上完全符合"乘舆服御物"的要求。疏文说,所谓"乘舆服御物":

> 皆须监当之官部分拟进,乃为御物。

这是说所谓"御物",经过有管理权限的职司,作了准备供皇帝使用的分配处置后就成为"御物"。据案由,贺敬自己也承认已作"部分",只是未给皇帝实际使用罢了。但是,从疏文规定的概念上说,只要进行了"部分",实际就成了"拟进"之物,所以,贺敬的"未进不得为御物"之辩不能成立。判词针对贺敬此辩词说:

> 款称"物虽部分,未进御前",执此曲途,深乖直道。……拟进便为御物,何必要须入内,方可为偷。法有正条,理须明典。

此案的关键在于什么是"御物",御史以疏文中的"拟进",完全否定了贺敬"未进"(不得为御物)的辩词。

4. 以《律疏》为准绳,严格划清罪与非罪的界线

有时,一件案子的双方,一些非法律的问题给人以假象,真正有罪的人正希望以此来否定自己的罪过。而御史依据《律疏》,果断地排除理念上的干扰因素,清晰地明断。

《龙判》卷一"御史台二条"之二案由说:"御史严宣前任洪洞县尉日,被长史田顺鞭之。宣为御史,弹顺受赃二百贯,勘当是实。顺诉宣挟私弹事,勘

问宣挟私有实,顺受赃不虚。"这是一件被纠举者进行反告的案件。田顺被弹劾"受赃"罪,严宣被反告以"挟私弹事"之罪。按唐制,各府、州的长史"掌贰府、州之事"。州的长史是"五品",都督府的长史是"三品",所以,田顺当年有可能鞭打属九品县尉的严宣。现在经查并据双方当事人招认,田顺所犯受赃二百贯确是事实,而严宣弹劾田顺受赃,推理可能有报复被田鞭打的心理,这就是案由中所介绍的"勘问宣挟私有实,顺受赃不虚"的情况。也正是这种似乎双方都"有问题"的情况,造成了处断的"困难"局面。但是,由于御史明确地以法律为衡量一切的准绳果断判处,使所谓疑难之案迎刃而解。依《杂律》卷二六(总第389条)规定:"诸坐赃致罪者,一尺笞二十,一匹加一等;十匹徒一年,十匹加一等,罪止徒三年。"田顺既受赃是实,就一定依法处置。他的罪并不因为弹劾者的喜怒而受影响。对严宣来说,存在的一个核心问题是其"挟私弹事"罪是否成立。其实,只要田顺的"受赃"确凿,严宣的"挟私"根本就不再能成立。御史从道义上认定,严宣的行为正如古代祁奚的"荐举不避亲仇"及鲍永的"绳愆宁论贵贱!"故否决严宣"挟私弹事",绝非只考虑道义的方面,而更重要的是依《律疏》对"挟私弹事"罪构成的要素要求。《斗讼律》卷二三(总第342条)对"诬告反坐"的有关规定说:

> 即纠弹之官,挟私弹事不实者,亦如之。

纠弹之官(如御史即是)依诬告反坐治罪,一是要"挟私";一是要"弹事不实"。疏文具体解释说:

> 若有憎恶前人,或朋党亲戚,挟私饰诈,妄作纠弹者,并同"诬告"之律。

正因为从法律上说,所谓"不实""饰诈"及"妄作"的这些行为,严宣都不存在,田顺强加给他的"挟私弹事"理应推翻。所以,判词的最后结论是:

> (田顺)贪残有核,赃状非虚,(严宣)此乃为国除凶,岂是挟私弹事!
> (田顺)二百锾坐,法有常科,三千狱条,刑兹罔赦。

《龙判》卷三"左右卫一条"之案由说:"右卫状称:驾幸西京,诉事人梁璬冲三卫仗,遂被翊卫张忠以刀斫折右臂,断璬徒,不伏。"皇帝出行,仪仗队中有武装的"三卫仗"队护卫。告御状人梁璬拦道冲入卫仗队中告状。不但被卫士斫断右臂而且还要判处徒刑,因此"不伏"。梁璬所犯,其罪名为"冲车驾队仗"之罪。《卫禁律》卷七(总第74条)说:

> 诸车驾行,冲队者,徒一年,冲三卫仗者,徒二年。(谓入仗、队间者)

疏文说:

> 车驾行事,皆作队仗。若有人冲入队间者,徒一年;冲入仗间,徒二年。

按唐制,皇帝宫中及随驾卫士,基本都由高官贵族的子弟担任,在此案的判词中,御史用肯定张忠的行为是为国效力尽责,间接肯定了左右卫呈请梁璥虽被斫断右臂仍须服徒刑之正确。一方面是说,"张忠家承积阀,业盛良弓,非无大树之荣,实有小棠之荫",可以以特权减免刑罚。同时赞扬他的行为是"申御侮之劳"及"展干城之寄"。一个普通百姓为告御状冲仗,即使被砍断一臂,还照样要被判徒刑。而卫士为保护皇帝不受侵犯,即可砍去告状人手臂,这肯定太过。但法律有惩罚梁璥之条,则并无处罚张忠太过之文。梁璥二年徒刑并不因臂断而免,这就是谁立法,对谁有利。梁璥之"不伏",被依法否决。

(二) 根据《律疏》纠正错案及误判

1. 以《律疏》为准纠正无罪作有罪判决

此类案件往往从表面看似乎已涉嫌某项罪名,实际是主体的行为,与犯罪之间,与《律疏》真意存在鸿沟,不应作有罪论处。

《龙判》卷一"中书省二条"之一的案由说:"中书舍人王秀漏泄机密断绞,秀不伏,款于掌事张会处传得语,秀合是从,会款所传是实,亦非大事,不伏科。"本案"漏泄机密"罪,当适用《律疏》中《职制律》卷九(总第109条):

> 诸漏泄大事应密者,绞。非大事应密者,徒一年半;漏泄于蕃国使者,加一等。仍以初传者为首,传至者为从。即转传大事者,杖八十;非大事,勿论。

此案在法律上的要点,一是所泄之密是"大事"还是"非大事";二是泄密者是"主犯"还是"从犯"。关于什么是"大事应密"疏文说:

> 其知谋反、大逆、谋叛,皆合密告,或掩袭寇贼,此等是"大事应密",不合人知。辄漏泄者,绞。

关于"非大事应密",疏文说:

谓依令"仰观见风云气色有异,密封奏闻"之类。有漏泄者,是"非大事应密",合徒一年半。

关于泄密罪中主犯与从犯的区分,疏文说:

漏泄之事,"以初传者为首",首谓初漏泄者。"传至者为从",谓传至罪人及蕃使者。其间展转相传大事者,杖八十。"非大事者,勿论",非大事,虽应密,而转传之人并不坐。

此案中,中书舍人王秀被判绞罪不伏,有法律依据。其一,王秀所泄之密是从中书省的"掌事"张会那里听来而"转传",王秀始终是"从犯"地位。其二,也是最重要的一点是,王秀从张会那里听来并转传的内容,依法衡量并非是"大事"。作为从犯,即使是传"大事应密",处绞,减一等是徒三年。漏泄"非大事"之主犯,处一年半,从犯减一等,徒一年。同时,并未漏泄于外国使者,不在加刑之列。王秀所犯之性质只是"转传非大事应密",理当勿论。所以,王秀在初审阶段被断绞,确实不当。御史的判词坚持以《律疏》行事,否定了初审意见,作结论说:

非密既非大事,法许准法勿论,待得指归,方可裁决。

首先依《律疏》明确重申,转传非大事应密者,勿论。然后要求进一步弄清意向的来龙去脉后,再作最后裁决。

《龙判》卷一"中书省"条之二说:"通事舍人崔遑奏事口误,御史弹付法,大理断笞三十⑭,征铜四斤。遑款奏事虽误,不失事意,不伏征铜。"关于"奏事误"之罪,规定在《职制律》卷一〇(总第116条),其与此案有关的内容规定说:

诸上书若奏事而误,杖六十;口误减二等。(口误不失事者,勿论。)……若误可行,非上书、奏事者,勿论。

从案由看,崔遑被御史弹劾,"大理断笞四十,赎铜四斤"的情况看,所适用之罪名显然依"口误"定性。这一点被告崔遑自己也不能否定。故案情的关键,集中在当事人奏事的口误是否"失事意"。关于这一层,注文说:"口误不失事者,勿论。"疏文又进一步具体解释说:

---

⑭ 按《名例律》(总第1条):"笞三十(赎铜三斤)。笞四十(赎铜四斤)。"绝无"断笞三十,征铜四斤"之理。此案中,"口误"在"杖六十"上"减二等",定是"笞四十,征铜四斤"。《龙判》校注本1996年版第3页中之"笞三十",显然为原本抄刻之误。

> 若口误,减二等,合笞四十。若口奏虽误,事意无失者,不坐。

通事舍人崔暹其所以对断不服,理由就是"奏事虽误,不失事意",依律应该不受处罚。最后,判词依据《律疏》支持崔暹之要求:

> 过误被弹,止当笞罪,不失事意,自合无辜。虽触凝霜,理宜清雪。

虽然触犯法律,但是否判刑必须依法律规定行事。

《龙判》卷四"郊社一条"之案由说:"二月有事于大社,太常博士冯敬有大功丧,隐而不论,遂以行事付法科罪。"郊社署属太常寺。太常寺下八署之一的"郊社令"是"掌五郊、社稷、明堂之位,祠祀、祈祷之礼"。⑮"大社"就是祭社稷(土神、谷神)的地方。按唐制,官吏在祭祀时除在个人及公务活动上有礼法限制外,对遭遇凶丧也有严格限制的规定。太常博士冯敬家有大功亲之丧,也在不得参加祭礼的限制之内。《职制律》卷九(总第101条)说:"诸庙享,知有缌麻以上丧,遣充执事者,笞五十;陪从者,笞三十。主司不知,勿论。有丧不自言者,罪亦如之。"这是说,如举行皇家祖庙的祭祀,家有五服内亲的丧事,在祭祀中有所"执事"或作"陪从"都为犯罪要受罚。太常博士冯敬家遭大功以上丧,其在礼制级别上重于"缌麻",并且他自己也不说。前一"御史奏弹"就是以此罪名,呈请对他"付法科罪"的。但是,受理申诉不服的后一御史却认为冯敬无罪,被弹劾纯属冤枉。为什么?因为起初受理之御史并未依《律疏》行事,《律疏》说有缌麻以上丧不能参与祭祀,是仅指"庙享"即对皇家宗庙之祭而言,而对于在大社祭天地及社稷,则并不忌讳家遭丧事,《律疏》的最后一句说:

> 其祭天地社稷则不禁。

疏文说:

> 其祭天地社稷不禁者,《礼》云:"唯祭天地社稷,为越绋而行事",不避有惨,故云"则不禁"。

"越绋"之"绋",是古代牵引柩车之绳索,也泛指丧凶之事。按古礼凡祭天地社稷,可不拘凶丧而参与,称"越绋"之制。唐《律疏》也依古礼,家有凶丧者参与大社祭天地社稷之礼,不为犯罪。看起来太常寺主事者对冯敬"有大功丧隐而不论",原断御史把"行事"之人"付法科罪",是不熟礼法与律义。故后一御史在判词中说,御史弹罪要依律条,冯敬不能参与庙享,却可参与社

---

⑮ 〔唐〕李林甫等:《唐六典》卷一四,中华书局1992年版,第394页。

祭,对此弹劾之误虽不以弹事不实反坐论,但行事者之冤,必须平反:

> 御史奏弹,虽言奉法,详刑结罪,须按科条,庙享诚则有违,社稷元来不禁。弹无反坐,律许执文,枉被凝霜,理须清雪。

2. 依《律疏》否决适用法律错误之判决

属于此类情况的案件,在推审时往往是在行为性质、犯罪主体方面对法律的挂靠原就十分勉强,必须通过重审进一步弄清事实及性质后再定罪处刑。

(1) 有因主体及情节认定不依法而被退回重推之情况。《龙判》卷四"太医一条"之案由说:"太医令张仲善处方,进药加三味,与古方不同,断绞不伏,云:病状合加此味,仰正处分。"从张仲善"进药加三味,与古方不同",而被"断绞"的情形看,审断官员认为应适用《职制律》卷九(总第102条)"合和御药误不如本方"之条。该条律文规定:"诸合和御药,误不如本方及封题误者,医绞。"疏文说:"合和御药,须先处方,依方合和,不得差误。若有错误,'不如本方',谓分两多少不如本方法之类。合成仍题封其上,注药迟驶冷热之类,并写本方俱进。若有误不如本方及封题有误等,但一事有误,医即合绞。医,谓当合和药者。"其实,审判官断张仲善以"合和御药不如本方"罪处绞,完全是适用法律有错。"合和御药"有错及处方用药有错,在律中根本不是一回事。"合和御药有错"是指配制御用药物的"合和药"者因误,在份量多少及书写煎法及用法上与处方不符的情况,在这些环节上只要一事有错,合和配制者就处绞。所以,很明显,这条律文从头到尾说的都是依处方合和的配制者,而根本不是"疗人疾病"开处方的"医师、医正"等人。合和御药者所依据的本方,即是医师、医正所开的处方。太医治疗疾病,对"古方"有所增减,那是决定于治病的需要。御史认为,不照"古方",如合乎医药上"君臣相使"要求的就是"情理或通"。相反,若违反医药之理,用药"畏恶相刑",即使"处方即依,诚为苦屈","进劲断绞,亦合甘从"。案件正确判断的关键,是要查明验正为古方加药三味是否属对症施治。所以,御史最后的处置意见是发回依法重审:

> 刑狱之重,人命所悬,宜更裁决,毋失权衡。

御史的判词,实际上是否决了依"合和御药误不如本方"之条的错判。

(2) 有因行为性质定性不准而退回重推之情况。《龙判》卷一"尚书都省二条"之二案由说:"令史王隆,每受路州文书,皆纳贿钱,被御史弹,付法,计赃十五匹,断绞,不伏。"正如案由中所说,王隆在接受各路州文书时皆纳贿钱,已是事实,其具体情节判词中介绍是:"每受一状,皆取百文。"王隆不服之处,集中在"计赃十五匹,断绞"这一点上。从"十五匹断绞"看,法官显然是使用《职制律》卷一一(总第138条)中"受财而枉法"的罪名处置王隆。该律条规定:"诸监临主司受财而枉法者,一尺杖一百,一匹加一等,十五匹绞。"疏文说,监临主司"受财而枉法"是"受有事人财而为曲法处断者"。现在案中那些出一百钱者,并非是因自己有罪要行贿的"有事人",而王隆纳赃钱之后也并没有任何"为曲法处断"之行为。因此,"计赃十五匹断绞",在适用对象及罪名上都有错。正如御史在判词中指出的那样:

> 因事受财,实非理通,枉法科罪,颇涉深文。

全句的意思是认为把在这种公务中收受钱财,认作是在刑案中收受"有事人"钱财一样,于理不通,以"枉法"赃去科罪,实太苛重。那么,案件怎么办? 御史提出的处置意见是:"宜据六赃,式明三典"⑯,即根据刑律中官吏经济犯罪区分为"六赃"的条文,在性质上正确认定之后,处以合适的刑罚。唐律中区分"六赃"的条文是《杂律》卷二六(总第389条),那条律文的疏文概括了赃罪的六种性质:"赃罪正名,其数有六,谓:受财枉法、不枉法、受所监临、强盗、窃盗并坐赃。"其注文解释"坐赃"说:"谓非监临主司,而因事受财者。"王隆的犯罪只可能在"坐赃"罪上去衡量,此外再无他择。御史对这一案的批复,颇有类似"定性不准,适用法律有错,退回重审"的意味。总之,驳回对王隆"受财枉法"罪之认定,表现了该御史对《律疏》引用的精细认真态度。

3. 纠正不依《律疏》而法外加刑

官吏犯了某种罪,其刑罚应按《律疏》规定的刑种及幅度处罚,而不许法外加罚或一罪数罚等违法加刑。

《龙判》卷三"太庙一条"之案由说:"太庙令朱景方行大祀,乃于散斋而吊丧,御史弹付法,大理断官减一等,征铜五斤。"按唐《祠令》,官吏参与皇家举行之祭祀,按所祭对象及神位级别的不同,分为大祀、中祀、小祀三个等级。祭天地宗庙的大祀,一般情况下皇帝会亲自参与祭祀。大祀的慎重还表现在其七日的祭期中,按礼制要求的不同,分为前四天的"散斋期"和后三天的"致斋期"。依令:"散斋之日,斋官昼理事如故,夜宿于家正寝,惟不得吊丧问疾,不判署刑杀文书,不决罚罪人,不作乐,不预秽恶之事。致斋惟祀事得行,其余悉断。"⑰朱景方所犯"大祀散斋吊丧"罪,规定在《职制律》卷九(总第99条):

---

⑯ "三典":盖为借用西周"重典、中典、轻典"之典故,此处统指法典。
⑰ 〔日〕仁井田陞著、池田温等编集:《唐令拾遗补》,东京大学出版社1997年版,第988页。

> 诸大祀在散斋而吊丧、问疾、判署刑杀文书及决罚者,笞五十;奏闻者,杖六十。致斋者,各加一等。

疏文解释说:

> 大祀散斋四日,并不得吊丧,亦不得问疾。"刑"谓定罪,"杀"谓杀戮罪人,此等文书不得判署,及不得决罚杖、笞。

依律,太庙令朱景方犯"大祀散斋吊丧"之罪,理当处笞五十。他官居七品,对流刑以下罪有"赎"之特权,笞五十,赎铜五斤,正当其罪。可是同时大理寺还断"官减一等",实是法外加罪。按唐律官减一等相当于"免所居官"之罚。而《名例》卷三(总第20条)"免所居官"之下,只有"府号、官称犯父祖名而冒荣居之","祖父母、父母老疾无侍,委亲之官","在父母丧生子及娶妾","兄弟别籍、异财、冒哀求仕","奸监临内杂户、官户、部曲妻及婢"之罪,并未有"大祀散斋吊丧"一条。同时,赎铜不是"官当"。用官当徒一年后才降先品一等再叙,赎铜则不用降职级。大理之断,是律外妄加。所以,御史在判词的最后说,大祀散斋吊丧,

> 不恭之罪,法有常科,失礼之愆,宜从明宪,官减一等,铜坐五斤,数外更求,未为通允。

既然通过征铜五斤已执行法定的"笞五十",那么"官减一等"显然属法外更求之罚,这样判断,当然欠失公允。这事例说明,即使是在京都大理,有明文可鉴,仍有擅加刑罚之判断。

《龙判》卷三"金吾卫二条"之一的案由说:"左金吾卫将军赵宜检校街时,大理丞徐逖鼓绝后于街中行,宜决二十,奏付法,逖有故,不伏科罪。"按唐制,昼夜以漏刻划分,入夜后击鼓为号不得于坊外夜行。否则,即为"犯夜"之罪。《杂律》卷二六(总第406条)说:

> 诸犯夜者,笞二十;有故者,不坐。

疏文说:

> 故,谓公事急速。但公家之事须行,及私家吉、凶、疾病之类,皆须得本县或本坊文牒,然始合行,若不得公验,虽复无罪,街铺之人不合许过。

案件本来很简单,由于徐逖于鼓绝后夜行,"宜决二十",不冤。但是,御史在判词中说,据查"被捉之时,曾鞭二十",依此分析,徐逖虽"有故",但当时并无文牒可出示,所以当场被鞭二十,而事情到此地步后,金吾卫还要"奏

付法",徐逖当然"不伏科罪"。御史对徐给予支持,认为不应再付法审判,应释放。其原因是:徐逖"有故",只是当时无文牒,最关键的是,犯夜之罪,本罪原本就是笞二十,而金吾卫在捉徐逖当时现场已经鞭了二十,应该视为已经处罚完毕,如无特殊情况,不应再审判处罚:

> 付法将推,状称有故,且犯夜之罪,惟坐两条⑱,被捉之时,曾鞭二十,元犯已从决讫,无故亦合停科,罪既总除,固宜从释。

《律疏》中对"犯夜"之罪,并无两罚之规定,既已鞭过二十,不须再付法审判,理应放人。反对一罪多罚是严格遵守《律疏》。

4. 对《名例》制度适用之错误作纠正

《龙判》卷一"司勋二条"之一案由说:洛阳平民祁元泰贿赂吏部的司勋郎中徐整,徐整就制作"伪勋"使祁元泰"入甲"。大理寺以共犯论处祁元泰为首犯,徐整为从犯,祁元泰不服,状呈御史台。按《律疏》,祁、徐二人所犯为"诈假官"之罪。《诈伪律》卷第二十五(总第 370 条)说:"诸诈假官,假与人官及受假者,流二千里。"疏文说:"诈假官,谓虚伪诈假以得官,若虚假授与人官及受诈假官者,并流二千里。"从律文看,此诈假官罪并不依共同犯罪处罚。而且,如果作为百姓祁元泰与作为监临主司的徐整"共犯",按《名例律》卷第五(总第 42 条)之规定:"共监临主守为犯,虽造意,仍以监主为首,凡人以常从论。"即使以"共犯"论处,也始终要以司勋郎中徐整为首,而以祁元泰为从犯。祁元泰所以"不伏",其"理"盖在于此。这是大理寺错判之一。

错误之二是大理寺不知,徐祁二人之犯不属"共犯",而是当适用《职制律》(总第 135 条)之"请求"罪,律文说"主司许者,与同罪",故不应作共犯分首从论,而以"许请求"之罪同罚。所以,御史对此案的分析与处断意见是:"(徐)整行诈作业,(祁元)泰授伪勋,两并日拙为非,一种雷同犯罪。执行故造,造者自合流刑,嘱请货求,求者元无首从。"即按律不作共犯处置,同罪同罚。

5. 对性质不明用法不准者建议重审

《龙判》卷一"吏部二条"之二案由说:"王岷山有策略,解行兵选司,补拟神武军。御史弹不应置而置,选部为首,岷山为从,并仰处分。"选部,实指吏部。《通典》谓汉朝"灵帝以梁鹄为选部尚书。魏改选部为吏部,主选事"。⑲唐律中规定"不应置而置"罪的是《职制律》卷九(总第 91 条):"诸官有员数,

---

⑱ 在"犯夜"罪中,一是处罚无故夜行;另一是处罚"应听行而不听及不应听行而听者"。
⑲ 〔唐〕杜佑:《通典》卷二三,中华书局 1984 年版,第 135 页。

而署置过限及不应置而置,一人杖一百,三人加一等,十人徒二年。"疏文对"署置过限及不应置而置"的解释是:"谓格、令无员,妄相署置。"当然,署置的一方是首犯无问题,而

> 规求者为从坐,被征须者勿论,即军务要速,量事权置者,不用此律。

疏文对此解释说:

> "被征须者",谓被征召而补者,勿论。"即军务要速,量事权置者",谓行军之所,须置权官,不当署置之罪,故云"不用此律"。

御史在判词中认为,王岘山解旧职补拟新职,属于"征虽要籍"之情况"理当勿论"。同时,"量事应机,据条尤(不)坐"。所以,最后的处置意见是:"更宜审鞫,方可裁科",即应重行谨慎审问清楚后再定罪处刑。王岘山被选部"补拟"新职,绝非本人"规求",不能定为"从犯",解旧职到神武军任新职,在性质上是不是"不应置而置"之罪?这些紧要问题,皆须重新审理清楚。御史适用法律坚持弄清事实,是正确地引用法律所必须具备的条件。

三、御史"引疏分析"的异动

(一) 在对法律的理解上偏离《律疏》别作解释

这里所谓之"异动",是指出于种种原因,御史偏离《律疏》之本义,在法律适用上出现不正常的状态。有的案件本有现成的律条可以适用,但是在有所借口的情况下,御史对法律作特别的解释来对所判之案作特别的处置。这些处置的共同特点就是围绕《律疏》兜圈子,而不去靠拢。

1. 出于特殊动机在事实认定或法律适用上别作处置

《龙判》卷一"门下省二条"之一的案由说:"给事中杨珍奏状,错以'崔午'为'崔牛',断笞四十,征铜四斤,不伏。"此案适用《职制律》卷一〇(总第116条):"上书若奏事而误,杖六十;口误,减二等。(口误不失事者,勿论)"的律条。"奏状错"显然是"上书"而非"口误"之属。从本案中任"给事中"的杨珍被判"笞四十,征铜四斤"看,判官显然误以"口误"之性质,故在"杖六十"的基础上作"减二等"的误判。其实,对于奏状书写有误,此条之疏文解释说:

> "'上书'谓书奏特达,'奏事',谓面陈。有误者,杖六十。"即"误有害者,各加三等"。"若误可行,非上书、奏事者,勿论。"

依律条论,杨珍"奏状错"虽然未发生"有害者""加三等"的情节,但"误可行"一定要属"非上书、奏事"的情况才能"勿论"。依律条,杨珍不是笞四十,而是应受杖六十之刑。但是,最后御史不但不断其"杖六十",而且也未维持原断"笞四十",而竟以情理可容,免予处罚。原因是御史不但认定杨珍是"口误",而且还认为属"口误"中的"不失事"者。而律条关于"误可行"的注文说:

> "可行",谓案省可知,不容有异议。当言"甲申"而言"甲由"之类。

其疏文也说:

> 可行者,谓案验其状,省察是非,不容更有别议。当言"甲申"之日,而言"甲由"之日,如此之类,是案省可知,虽误,皆不合罪。

其意是说,如所书之误,以事理推断,可不容置疑地判断是指另一正确之事,就可以作"误可行"对待而不予处罚,就如天干地支的时辰中,只有"甲申",即使错写成"甲由",别人也肯定知道是笔误的这种情况。御史把杨珍以"崔午"为"崔牛"同将"甲申"写成"甲由"之例一样对待。判书中说:

> 准犯既非切害,原情理或可容,何者?宁失不经,宥过无大。崔牛崔午,即欲论辜,甲申甲由,如何定罪?

其实,在言时辰时,"甲由"一定可认定为"甲申"之误,而在人名上,"崔牛"与"崔午"完全不能排除正好是不同的两个人。因为御史要判杨珍无罪的动机,原来是要贯彻古经义中"宁失不经,宥过无大"[20]的主张。

2. 对法律适用的主体做法外的解释

《龙判》卷四"太史一条"之案由说:"太史令杜淹教男私习天文,兼有元象器物,被刘建告,勘当并实。"按唐制,秘书省之太史令,"掌观察天文,稽定历数。"[21]按唐《杂令》,"诸玄象器物、天文图书,苟非其任,不得与焉"。[22]《律疏》上确有"私习天文"之罪名,《职制律》卷九(总第110条)规定:"诸玄象器物、天文、图书、谶书、兵书、七曜历、太一、雷公式,私家不得有,违者徒二年。"疏文说:"私习天文者亦同。"疏文说:"玄象者,玄,天也,谓象天为器具,以经

---

[20] 张鷟所引"宁失不经",出于《尚书·大禹谟》中"与其杀不辜,宁失不经,好生之德洽于民心"句;所引"宥过无大",亦出于此篇中"宥过无大,刑故无小;罪疑惟轻,功宜惟重"句。

[21] 〔唐〕李林甫等:《唐六典》卷十,中华书局1992年版,第303页。

[22] 〔日〕仁井田陞著、池田温等编集:《唐令拾遗补》,东京大学出版社1997年版,第1471页。

星之文及日月所行之道,转之以观时变。""天文者,《史记·天官书》云天文,日月、五星、二十八宿等,故《易》曰:'仰则观于天文'。私家皆不得有,违者,徒二年。"太史令杜淹身为职掌天文历数之官,不但家有玄象器物,而且教儿子私习天文,所以刘建告他犯有"私家有玄象器物"及"私习天文"之罪。但是御史认为《律疏》该条对身为太史令职官的杜淹不适用,其理由是"淹之少子,雅爱其书,习张衡之浑仪,讨陆绩之元象。父为太史,子学天文,堂构无堕,家风不坠",杜淹教儿子习天文正是传世家风之继承。至于其家有玄象器物,御史认为这些器物,虽"私家不容辄蓄",但"史局何废流行"。对杜淹说来,其"私家"被等同于"史局",成了一种职务需要。同时,疏文对"私习天文"之解释说:

"私习天文者",谓非自有书,转相习学者,亦得二年徒坐。

这里的"非自有书",其意是"非私自应有之书",也不容作别的任何解释。但是,既然认为太史令家有元象器物,教子习学天文,是职务需要,是优秀家风的传承,所以其最后对杜淹的处置结论是:

准法无辜,按宜从记。

天文事务在唐代由国家垄断,天文情报属不得漏泄的国家机密,太史局下的"灵台郎"专门"掌习知天文"的职司。关于刘建举告杜淹"教男私习天文"及"兼有元象器物"犯罪的解释及处置,一是无视杜淹之子违犯"苟非其任不得与焉"的法例;二是无视"玄象器物私家不得有"的法律,擅自把太史局的官员从"私家"范围中剔除出去,这与立法意图显然不符。这与认可执掌皇帝玺印的官员,可以把玉玺放到自己家中去一样谬误。

3. 对认为罪情重者于法外另加处罚

《龙判》卷二"苑总监二条"之二的案由说:"上林监杨嗣,请增置宫馆于上林中,御幸游戏畋猎所诣即上下辇,咸宴暂劳永逸,永久安稳。"上林监杨嗣为了让皇帝去上林苑游戏畋猎时乘车来去之辛劳,得到一劳永逸的解决,而提出在上林苑建宫馆的奏请。对此御史之判词是:

不应言而上言,法有正条;不应为而有为,刑兹罔赦;宜从贬论,以肃朝章。

此判不依法,不公平,把自己的感情代替法律。

首先,认为杨嗣有"不应言上而言上"罪。按唐制,官吏对上奏请及对下行令,都有法令规范,为了维护这项制度,《律疏》中设置了诸如"应言上而不言上""不应言上而言上""不由所管而越言上"等的一系列罪名。《职制律》卷一〇（总第117条）规定："不应言上而言上及不由所管而越言上""各杖六十"。兴建宫馆这类大事，理应由尚书省、中书省等宰相机构提出，作为上林署长官的上林令，只是"掌苑囿、园池之事"，"凡植果树蔬菜，以供朝会、祭祀"等事。杨嗣作为上林苑之长官，擅自呈请在上林苑中修宫馆，被定的"不应言上而言上"之罪，疏文对其的解释是：

> 不应言上者，依律、令及格式，不遣言上而辄言上。

同时，杨嗣的行为也被定为"不应得为而为之"之罪。《杂律》卷二七（总第450条）规定说："诸不应得为而为之者，笞四十，事理重者，杖八十。"其注文说："谓律令无条，理不可为者。"即所犯之事，在《律》《令》两典都找不到适用之条文，但是依"理"而论又是不可以做的。立法者对设立此条的动机目的说："杂犯轻罪，触类弘多，金科玉条，包罗难尽。其有在律在令无有正条，若不轻重相明，无文可以比附。临时处断，量情为罪，庶补遗阙，故立此条。情轻者，笞四十，事理重者，杖八十。"

杨嗣即使有"不应言上而言上"及"不应得为而为"两罪，也不能像御史所判那样，既要处罚"不应言上"，因为"法有正条"；又要处罚"不应得为"，因为"刑兹无赦"；最后还要贬官："宜从贬法。"因为：其一，《名例律》卷六（总第45条）明确规定"二罪以上俱发，以重者论"，即杨嗣"不应言上"杖六十及"不应得为"情重杖八十之罪，只能处后者杖八十的重罪一项。其二，按杨嗣的资格可以用铜八斤去赎杖八十，判书对此不明言，于法不合。其三，贬官是律外之加罚，其主要理由就是如判词所言：

> 杨嗣谄谀佞士，轻薄邪人。矜奔竞之褊怀，昧公方之大体。奉圣君于尧舜，善迹无闻；陷人主于桓灵，丑声先著。镇之以静，则俗阜财殷；挠之以烦，则政荒人散。

此言前段是对犯罪动机的分析，后段是假设犯罪既遂可能造成的严重后果。但这些与犯罪行为本身并无必然联系。把自己的分析批判取代依法惩处，正是此案判的要害所在。

（二）偏向最高当局围绕《律疏》另做文章

身为御史必定熟谙律令格式，并高明于一般法官。但是，从对一些案例所作之案判看，某些案件，在法律适用及处断上，明显地有为巴结上方、压制小民、曲法处断以逃避自我风险的表现。

1. 讨好朝廷而违法枉断

《龙判》卷四"导官一条"之案由说:"导官署令姚泰盗用进米二十石。上米估四十五价,次绢估三十价,断绞不伏。"导官署隶属于司农寺,《唐六典》记"导官署令掌供御导择米麦之事"。㉓ 所以,姚泰盗专供御用之"进米",是典型的"监临主守自盗"之罪。《贼盗律》卷一九(总第 283 条)说:

> 诸监临主守自盗及盗所监临财物者,加凡盗二等,三十匹绞。

按《贼盗律》卷一九(总第 282 条),一般凡盗之刑罚是"一尺杖六十,一匹加一等;五匹徒一年,五匹加一等,五十匹加役流"。监临盗要比凡盗加重二等,就是如疏文所说:

> 一尺杖八十,一匹加一等,一匹一尺杖九十,五匹徒二年,五匹加一等,是名"加凡盗二等,三十匹绞"。

姚泰所犯自当适用此法。御史认为姚泰犯罪之性质极为严重:"长安之米,窃留私室。刑名极峻,法焉可逃,情状难容,死有余谴。"按唐制,赃物折价由市场官吏依法评定,《杂律》卷二六(总第 419 条)规定,市司"其为罪人评赃不实,致罪有出入者,以出入人罪论"。关于赃值的评定与换算,法令规定,赃物分上、中、下三等,依所犯当地当月当旬(10 天)的平均价格计算所盗之物的商品价格,然后再折成当地上等绢的匹数作为定罪的根据。《名例律》引《令》文说:

> 每月,旬别三等估。其赃平所犯旬估,定罪取所犯旬上绢之价。㉔

姚泰之"不伏"在于,按法律算出米的总价后,应依上等绢的单价作除数而得出赃之匹数,可当局却以"次绢"作为单价去折。在唐朝,以"上绢"折是法律常识,作为御史当然知道。但为了可意会而颇难言明的原因,不但不纠正以"次绢"折算的错误做法,又把"进米"突破了"上、中、下"三等估的常制,标新立异地用"极价"计算,最终比原判当局更加激烈地作了枉断:

> 但平赃定律,必依高估,供进所须,宜从极价。论次缣㉕,则状当绞,坐准。

㉓ 〔唐〕李林甫等:《唐六典》卷一九,中华书局 1992 年版,第 528 页。
㉔ 参见《名例律》卷四,总第三十四条。
㉕ 缣,一种细绢。《康熙字典》引《汉书·外戚传》:"媪为翁须作单缣衣。"注曰:"缣,即今之绢也。"

2. 亏小民而求秩序之"安定"

《龙判》卷二"国子监二条"之二对落第生申请重试案之判,就显然属于以势压人不重视实情之例子。其案由说:太学生刘仁范等省试落第,挝登闻鼓申诉,理由是准"式"应卯时给试题付"问头",酉时收策试。但是,考场上却是"日晚付头不尽",故请求经业一科重考。结果,这些考生却反遭御史弹劾交付审判定罪,考生们对此"不伏"。这里,案情非常清楚,既然"式"规定了发题及收卷的时间,考生们说考场上"日晚付头不尽",法官应首先查实是否发生了这种情况,一切都要由此而判。但是,御史在感情上就与考生对立,责怪考生随便击鼓鸣冤:"岂得俯仰自强,肆情挝鼓?"还认为落第的人总是会找借口指责发题时间太迟:"铨退者即恨独迟","伏称问头付晚,策目难周"。不但如此,他还先入为主地判定,考官不会有偏向,而考生总是全凭个人的得失行事:"诉人之口,皆有爱憎,试官之情,终无向背。"当然,太学生们未在"日晚付头不尽"的当天申冤,而在"省试落第"后才"挝鼓申诉",在舆论上处于不利地位,要求"重试"在那种社会根本不可能。但御史从头到尾对问题的核心即"付头"发放时间是否违"式",始终不置一词,偏袒当局之用心毕露无遗。所以,他认为御史的弹劾,应予支持,太学生们的申诉,只是无理取闹的"游辞"。其最后的处置结论是:

> 豸冠奏劾,自合依从……宜从明典,勿信游辞。

此案判提醒后人,知法通律的执法者,绝非必然地事事处处是一个护法者。

3. 无视事理情由,用法明哲保身

一次宫中发生了"逆贼"叛乱之事,左右羽林卫按职责正当警卫之要冲,有二位将军在事件中的表现截然不同,主管当局"左右羽林卫"提出了对二人不同的呈请处理的意见,结果,御史所作的处置,正好与主管当局申报的处理意见完全相反。《龙判》卷三"左右羽林卫二条"之一的案由说:

> 本卫状:顷者,内有警急,羽林将军敬伟不避危险,斫门斩关,诛除逆贼,肃清宫禁。元功盛勋,合加旌赏。

但是状进御史台之后,不但不同意加赏而且认为敬伟罪大功小,要先办罪才对:"劳不足弥,罪宜先结。"认为敬伟之罪是"不承制敕,辄入宫闱","以勤补拙,终过重而劳轻,以力酬愆,即罪大而功小",御史定敬伟之罪当然有《律疏》为据,《卫禁律》卷第七(总第71条)说:

> 诸奉敕以合符夜开宫殿门,符虽合,不勘而开者,徒三年;若勘符不合而为开者,流二千里;其不承敕而擅开闭者,绞。

敬伟之"罪",被认为是"不承敕而擅开宫殿门"之罪,从情节上说,认为是犯有"大不敬"之罪:"侮弄兵器,震动乘舆,论功虽则可嘉,议罪便当不敬。"虽然事件的实际过程说明,敬伟带武器斫门而入,是"诛除逆贼,肃清宫禁"的需要,如果敬伟不这样做,肯定有严重后果,那紧闭的宫门对皇帝又有什么好处?这都是情理方面的考虑,而御史绝不会因顾及情理,而为开创这样的先例而负其责任:为平叛救急,警卫可在无符敕的情况下强入宫门。

在这次事件中,另一位官员田达的表现正好与敬伟相反。主管当局"左右羽林卫"认为要对其处以"极法"。《判书》卷三"左右羽林卫二条"之二的案由介绍说:又:

> 田达当讨救之际,索马不与,拒门不开,覆奏往来,宜失机速,合处极法,不伏。

田达的行为在唐律中是属于在紧急情况下拒绝立即给兵马的罪名。从主管当局提议对田达"处极法"看,肯定是有叛乱而拒绝给发救兵,才有此重罪。按唐律,如果确实出现了有平叛的紧急之需,应该是先发先给,同时向上报告,而不是先请示,等拿到了上级的符书才发兵给兵。所以,如果确有紧急情况,先发给同时报告,还是先报告等见了符书再给发,是罪与非罪的分水岭。《擅兴律》卷第十六(总第224条)之疏文关于紧急情况下请求发兵与给兵的双方应该遵循的制度说:

> 其有寇贼卒来入境,欲有攻击掩袭;及国内城镇及屯聚兵马之处,或反叛;或外贼自相翻动,内应国家:如此等事,急须兵者,"得便调发",谓得随便,未言上待报,即许调发。……掌兵军司亦得随便给与,各即言上。并谓急须兵处,不容先言上者。

而违犯此法的处罚是:

> 若不即调发及不即给与者,准所须人数,并与擅发罪同;其不即言上者,亦准所发人数,减罪一等。

田达接到"讨救"要求后不但不即给发,而是"拒门不开",大搞"覆奏往来",以致"宜失机速",正是犯罪。其主管部门"左右羽林卫"认为田达"合处极法",就是根据《律疏》的规定。但是,御史的判词离开了《律疏》中最重要的紧急情况即对时间要求的关键因素,认为田达的所作所为,都是遵纪守法的表率行为:"一兵一马,咸待竹符,门闭门开,皆凭木契。循环覆奏,务在从真,仓卒辄来,焉知非诈""苟不践于邪途,固无亏于正道"。最后的处置意见是"宜除旧过,不夺前班",即免予处罚。因为处罚了田达,等于是创立了有紧急情况即使是皇城宫城之门,没有符契照样也可以开启,照样可以给发御林军兵马之先例。御史绝不会做这样的事,因为紧急情况只可能是一时偶发,而宫殿门卫之禁,乃恒常安全之保证。宫中叛乱的平息,给御史的判断提供了被采纳的前提。但如果叛乱确实使皇帝受到了伤害,那么,御史一定转而去支持"左右羽林卫"的意见,奖励敬伟而处死田达,因为这时追查皇帝在叛乱中遭害的罪责,又是不可避免的了。

(三) 醉心于文辞浮华却忘了驳斥被告"不伏"的理由

《龙判》卷二"少府监二条"之二的案由说:府史杜元掌造金玺,遂盗一枚,铸败为酒器。断绞不伏云:"东玉未进,合准常盗,不合死。"

此案之法律依据及御史处置之问题,有如下几方面。

其一,《贼盗律》(总第271条)规定:"盗御宝者,绞。"而在法律处置上,犯于"三后"之"金玺",与犯玉制的御宝同样对待,疏文说"称'御'者,太皇太后、皇太后、皇后亦同",即有盗也处绞刑。

其二,杜元在盗"金玺"后化铸为酒器,又属于《杂律》(总第435条)弃毁"御宝""各以盗论",即"铸败"是"毁",与真盗御宝罪(总第271条)一样"处绞刑"。

其三,杜元一犯两罪,"盗御宝"及"毁御宝"都是绞刑,以《名例》(总第45条)"等者,从一"的规定,只依其中"盗御宝"一项处绞刑即可。

其四,杜元"不伏"判绞的理由是,认为"金玺"盗后即化铸为酒器,并未经主管官员分配待用,属"未进"之物,因此所盗不是"御物",应是盗普通金子的性质,不应有死罪。杜元的辩词显然是把"未进"非"御"制度用错了地方。《贼盗律》(总第271条)在"盗御宝者,绞"下说,只有盗"乘舆服御物者",才有"部分拟进"制度。注文说:

> 谓供奉乘舆之物。服,通衾、茵之属,真、副等。皆须监当之官,部分拟进,乃为御物。

法律上要求经监当官分配拟进才具有"御物"性质的东西,是指供皇帝生活上使用的东西如衾茵、毡褥等,而不是指属于皇帝专用的御宝(称"御","三后"也在内)。杜元作为被告人,以"未经部分以进"不成御物来为自己辩护,这也是案件所以报送到御史台的原因。其实,杜元所盗金玺,造时就会铸上太子或"三后"专用之名号,此专用之性质,何能以"进"与"未进"为转移。但作为受理此案的御史,却一味用华丽的骈文典故,大赞金玺之贵美,大讲犯罪性质如何严重,情节如何恶劣,应该如何严加处置等,而对被告杜元"不伏"的理由却默不作答,成了一个典型的懂法、忘法而又不用法的人。判处犯罪,要的就是求实、精当、依法。《龙判》判词文化的基本趋向,与人类司法文化发展的要求背道而驰。张鷟们把写判词作为卖弄文才的机会,正是司法文化的糟粕,而不是精华。《龙判》中的文风问题就在于此,这对后世是个警示。

  当然,对御史所判的案件,见仁见智,自是难免。但有一点可以肯定,那就是御史判案的思路,即使有时作判违法逆理,也总是围绕《律疏》在"做文章"。从《龙筋凤髓判》整体上反映的情况说,《律疏》始终是其判断案件的依据。

(2015年3月)

第五部分 《唐六典》及唐代行政法律研究评论

(一) 作者有关研究观点之文论
(二) 专家评议
(三) 唐代行政法律研究评论

（一）作者有关研究观点之文论

《唐六典》性质论[*]

钱大群　李玉生[**]

《唐六典》是一部什么性质的书，学术界历来看法不一。近几年来，国内学人较为普遍地认为《唐六典》是中国古代的"行政法典"，其持论依据，主要源于《唐六典》中有许多关于唐代在行的行政制度与行政法规内容。笔者认为此说实难成立，仅凭书中有这些内容就认为它是"行政法典"，未免失之偏颇。

进行《唐六典》性质的讨论，争论双方必须有一条共同认可并遵守的规则，这就是法律史学关于古代法律特点的一般理论，以及现代法学关于立法、法律、法典、行政法典及部门法区分的理论。其实，当人们使用中国最早也要到19世纪末才出现的"行政法"一词表达对《唐六典》性质的见解时，就已经表明了对现代法学理论及方法的认可。

---

[*] 此文发表于《中国社会科学》1989年第6期，系与李玉生合作撰写。全文两万字，此次刊发作了删节。此文收入钱大群《唐律与唐代法律体系研究》一书时，曾以《论唐代法律体系与〈唐六典〉的性质》为题名。

[**] 南京师范大学法学院教授。

一、《唐六典》是一部官修的官制典籍

行政法律规范是唐代整个法制的重要组成部分,它是令、格、式、礼等规范的总和;同时,《唐六典》虽然排比了一些当时在行的行政法规,但从其编写过程来看,编撰者却无意使之成为一项立法活动。

先从唐代法律的种类进行考察。《唐六典·刑部·郎中员外郎》条下说:"凡文法之名,有四:一曰律、二曰令、三曰格、四曰式。"

"律",是指刑律。《新唐书·刑法志》说:"律之为书,因隋之旧,为十有二篇。"《唐六典》谓其制定的目的及作用是"正刑定罪",其性质基本属于刑法范畴。

"令",是系统地规定国家制度的法规,在唐以前就已很发达。基本上是关于国家机关组织编制及国家行政活动制度的法规。其制定的目的及作用是"设范立制"。《新唐书·刑法志》说:"令者,尊卑贵贱之等数,国家之制度也。"《唐六典·刑部郎中员外郎》条下说,开元时期"凡令二十有七"。其中第一《官品令》,第七《内外命妇职员令》是属于典型的规定"尊卑贵贱之等数"的法令,其他概是规定"国家之制度"的令文,但各种"职员令"及"衣服""仪制""卤簿"等令文,既是"国家之制度",又实际包含了"尊卑贵贱之等数"的精神。

"格",《新唐书·刑法志》说:"格者,百官有司之所常行之事也。"格渊源于皇帝的制敕。制敕通常为特定的人、事而发,不具有一般(普遍)的法律效力。但经过"编录"程序后就成为具有稳定的法规性质的"格"。故《唐六典》上说:格"盖编录当时制敕,永为法则以为故事"。唐代开元时期的"格"共有二十四篇,"皆以尚书省二十四司为篇名"。所谓"尚书省二十四司",即尚书省所辖吏、户、礼、兵、刑、工六部各部中以四位"郎中"为主管官员的部门。

"式",《新唐书·刑法志》上说:"式者,其所常守之法也。"这里的"其",仍是指"百官有司"而言;这里所谓的"法",是指"法式""程式"而言。比起令、格来,式是更具体地规定公务往来事务中涉及的制式与规格。所以《唐六典》说"式"制定的目的及作用是"轨物程事"。唐代开元时期的"式"共计二十卷,三十三篇。三十三个篇目也以曹司为名,除上述讲"格"时所列的二十四司之名外,还有《秘书式》《太常式》《司农式》《光禄式》《太仆式》《太府式》《少府监门式》《宿卫式》《计账式》等篇。

上述唐代的律、令、格、式四种法律规范,按其所调整社会关系性质的不同,可以分成两类,即律基本上是刑法规范,令、式及格(按:纯属于修正《律》的除外,下同)是行政法规范。令、格、式主要适用于国家的行政管理。违反令、格、式及行凶作恶构成犯罪者一律以律来定罪判刑。在刑法规范与行政法规范的关系上,宋人根据唐代的史实作了概括:"凡邦国之政,必从事于此三者(按:指令、格、式),其有所违及人之为恶而入于罪戾者,一断以律。"①

此外,从唐朝整个法制的确立和实施来说,"礼"也是国家重要的法律规范之一。

这样看来,唐代按现代部门法角度可以划分为"行政法"的有令、式、格(属刑事规范的除外)及礼数种。唐代行政法规范的总和应该是令、格、式、礼等规范的总和。如果唐代要编一部可以被我们称为"行政法典"的话,那就必须是取代在行的令、格、式、礼四类法规的一次重新立法。但唐代没有哪一朝有哪一位君主这样做过,后来开元时曾编过一部《格式律令事类》,其性质是包括刑律在内的"以类相从,便于省览"之书,也绝不是"行政法典"。另一方面,在唐代,虽然以调整行政活动为主的法规及以惩办犯罪为主的法规已经分类,但是他们还不可能具有行政与司法审判分离的这种要到近代社会才能产生及确立的思想。司法与行政一体,皇帝、宰相都有审判权,各级行政官同时也是各级审判官。在唐朝统治者看来,根本不存在那种到近现代社会才能形成的行政活动与刑事审判活动彻底分割的界限。

再从《唐六典》的编写过程来考察。《唐六典》这部书的编写,在指导思想上并未摆脱孔子"郁郁乎文哉,吾从周"的局限。具体地说,是要显示有唐一代特别是开元朝制度的盛况,并表明其承周的正统。"六典"一词就源出《周礼》。无论是韦述、刘肃,还是后来的陈振孙,都一致说,接受命令的撰写官员,所追求的目标是"以今朝六典象《周官》之制"或"象《周礼》六官之制";所用的编写方法是"检前史职官,以令、式分入六司"或"始以令、式分入六司"。因为皇帝的指示很具体:上手写白麻纸凡六条,曰:"理(本应为'治',因讳高宗李治名而用'理')、教、礼、政、刑、事典",令以类相从,撰录以进。② 所谓"以类相从",就是以唐代的制度,照《周礼》分为六类,但实际上周唐官制根本不一样。这恰如陈寅恪先生所说:"唐代官制近承杨隋,远祖

---

① 〔宋〕宋祁、范镇:《新唐书》卷五六《刑法志》,中华书局1975年版。
② 参见〔唐〕刘肃:《大唐新语》卷九《著述》,中华书局1984年版;〔宋〕陈振孙:《直斋书录解题·职官·唐六典》,上海古籍出版社1987年版,第172页;《新唐书》卷一三二《韦述传》,中华书局1975年版。

(北)魏、(北)齐而祧北周者,与周官绝无干涉。"③

不仅如此,作为《唐六典》体例范本的《周礼》也不是西周的所谓"行政法典"。周代属于刑法的规范称"刑","刑"以外的法律规范主要有"礼"。礼的范围极广,几乎涉及一切方面,依"九礼"之说,则是冠、婚、朝、聘、丧、祭、宾主、乡饮酒及军旅等多方面。现传的《周礼》根本不可能包括当年周公所制之礼的全部内容。西周除"礼"和"刑"外,还有令、诰、训、誓等法律形式。"令"是天子或权臣的命令,周器铭文中记载有周公"舍三事令""舍四方令";诰是天子关于施政的训令,所谓"用之于会同";"训"是权臣的训令;"誓"是军令。《周礼》记天官大宰除主要执掌"六典"外,还要"以八法治官府",但这"八法"则另外有其法规。又如《天官·冢宰·兽人》记"兽人"的职责时,最后说:"凡田兽者,掌其政令。"到底执掌有关田兽的什么"政令"?本条没有列出。同样,《天官·冢宰·渔人》条记述"渔人":"凡渔者,掌其政令。"至于渔事的"政令"是什么,也未列出。所以,从法典内容的具体要求来说,《周礼》也并不是什么"行政法典"。

由于受《周礼》的影响,《唐六典》的具体撰写人员最终不得不把有关国家机关组织编制的令式填塞到官制的框架中去。这种做法,从立法技术上看,以国家机关与职官为纲目,只能编出以职官为中心,而不是以法规为中心的文献;以官吏为纲目的编排方法,也注定了这一文献的不完整性。

《唐六典》的编写过程证实,唐玄宗考虑不周,指令不当。其表现有三:一是曾经七次修书的第一流学者徐坚被皇命弄得"历年措思,未知所从",结果不得不把这难题推给别人,让主持人增加人手。二是这些正式开始撰写的人为落实最高指示,削足适履,"始以令、式分入六司,以今朝六典,象周礼官之制"。④ 三是最后编写出来的书,名不符实,虽称"六典",却无"六"可言。这些极不平常的现象都说明,《唐六典》的编写,根本不是为了适应社会实际生活的需要来编制的一部"行政法典",让全国上下一体遵行。如果说这里边有社会实际生活反映的话,那就是编写官们在这部书里摘抄了一些当时在行的令、式而已。以上这些乃是《唐六典》一书的要害所在,可惜持"行政法典"说者都不愿正视这个事实。

综上所述,我们认为,《唐六典》是以《周礼》为体例,以国家机关与职官为纲目,以抄摘在行令、式中有关国家机关组织编制的内容为基本内容,以显

---

③ 陈寅恪:《隋唐制度渊源略论稿·职官》,上海古籍出版社1982年版。
④ 〔唐〕刘肃:《大唐新语》卷九《著述》,中华书局1984年版。

示唐一代制度盛况为目的的一部官修的官制典籍。

二、《唐六典》的体例及内容不能成为"行政法典"

《唐六典》的内容分正文及注文两个部分。正文分三十卷，以唐代当时除皇帝外从中央到地方各级机构的设置为其纲。

在三十卷之纲下又以各机构设编之官员为其目。如"三师、三公、尚书都省"卷下列有："太师""太傅""太保""太尉""司徒""司空"。在"尚书都省"下列有："尚书令""左丞相""右丞相"等共一百零五人。

每一职官之目下包括两项内容：一是关于设编官员的名称、员数及品秩的记录；二是关于职责、属部及主要公务制度的记录。如上述尚书省的"左右丞相"，在规定"尚书左丞相一人，右丞相一人，并从二品"之后，规定其职责是"左右丞相，掌总领六官、纲纪百揆、以贰令之职。令阙则专统焉"。

《唐六典》的注文是分列于正文之下的备注说明。在官员名称、员数及品秩下的注文，主要是系统完整地叙述其历史渊源，包括本朝的沿革、变易情况；公务制度下的注文，主要是关于职权履行及制度实施中的必要说明。

《唐六典》的内容来源于唐代的令和式。所谓"以令、式分入六司"⑤，即以唐代在行的令、式的内容，分别归入尚书省下的六类职官中去。《唐六典》三十卷所列之国家机构及官员职责，实际上是唐朝二十七种《令》文及三十三篇《式》中已经予以规定了的。

尽管如此，《唐六典》所引入的当时在行的令、式，无论是从其引入的完整程度，还是从其排比的方式来看，都一再表明它不可能成为一部在行的行政法典。对此，本文通过以下几个特点作进一步说明。

1. 被分入《唐六典》中的许多令、式，只是在行令、式主要内容的提示或概括

如《唐六典》卷二《尚书吏部》"凡天下官吏各有常员"条下注云："（诸司、监、署、府）其见在员数，已具此书，各冠列曹之首。或未该者，以其繁细，亦存乎令、式。"可见，即使《唐六典》以之为纲目的职官的职责，亦只是举其大概，要而言之，而绝不能取代规定职官及公文程式的正式法律——令和式。《唐六典》对在行的完整的令、式只有概括或提示，这种编写方法，不符合"行政法典"对收编法规内容具体化、条文化的要求。

---

⑤ 参见〔唐〕刘肃：《大唐新语》卷九《著述》，上海古籍出版社1984年版。

2. 《唐六典》所收令、式极不完备,许多重要的在行法规未予收入

唐代的令是较完备的行政法律规范之一,然而,有些极为重要的令文却被排斥于《唐六典》之外。如《唐六典·兵部》"职方郎中"条下关于边防烽侯的令式,竟连《唐律·卫禁律》之疏文所引《职方式》中"放烽讫而前锋不举者,即差脚力往告之"这样极为重要的内容也没有收录。

《假宁令》中规定,官吏因父母丧的解官制度是行政法令中极重要的内容。而永徽年间关于继母改嫁及为长子,并不解官的令文⑥《唐六典》并无收载。开元七年关于"诸丧,斩衰三年,齐衰三年者,并解官。齐衰杖期,及为人后者,为其父母并解官"的令文⑦《唐六典》也无载。开元二十五年令:"诸职事官五品以上、散官二品以上、犯罪合禁,在京者皆先奏。若犯死罪及在外者,先禁后奏。其职事官及散官三品以上有罪,敕令禁推者,所推之司皆复奏,然后禁推。"⑧此令《唐六典》"刑部""大理寺"同样无载。

开元二十五年令:"诸身丧户绝者,所有部曲、客女、奴婢、店宅、资财,并令近亲转易货卖,将营葬事及量营功德之外,余财并与女。无女均入以次近亲,无亲戚者,官为检校,若亡人存日,自有遗嘱处分,证验分明者,不用此令。"此令《白氏六贴事类集》卷二十二有载。《宋刑统·户婚》"户绝资产"条下准引此令。如此重要的令文,《唐六典》也竟无载。

外事法规是唐代重要的行政法规之一。外事在唐代由鸿胪寺掌管,其有关的法规由《格》及《式》规定。如《唐律疏议·卫禁律》的疏文中说:"准别《格》:'诸蕃人所娶得汉妇女妻妾,并不得将还蕃内。'又准《主客式》:'蕃客入朝,于在路不得与客交杂,亦不得令客与人言语。州、县官人若无事,亦不得与客相见。"这些极重要行政管理法规内容,《唐六典》"礼部"与"鸿胪寺"均无载。

3. 《唐六典》以机关及职官为纲目来引入令、式,那些无法列入某一官司的令、式往往付之阙如

如《唐律疏议》"擅兴律"及"职制律"疏文共引之"公式令"中规定各官府派"使人"传符的令文,《唐六典》就没有列入。该令文的内容是:"符付使人,若使人更往别处,未即还者,附余使传送。若州内有使次,诸府总付;五日内无使次,差专使送之。用符节,并由门下省,其符以铜为之,左符进内,右符在外应执符人,有事行勘,皆奏出左符,以合右符。所在承用。事讫,使人将

---

⑥ 参见〔日〕仁井田陞:《唐令拾遗》,长春出版社1989年版,第669页。

⑦ 同上书,第671页。

⑧ 同上书,第718页;另见〔北宋〕王溥:《唐会要》卷六二《推事》,上海古籍出版社1991年版。

左符还,其使若向他处,五日内无使次者,所在差专使,送门下省输纳。其节大使出,即执之,使还亦即送纳。"尽管此令文十分重要,大概因为涉及门下省及州府几个部门的相互关系,不好列入哪一个部门,因此只好舍弃。再如,唐代高品级的大臣亡故,皇帝为表示悼念要停止上朝,即"辍朝"制度,这种国家令文规定的重要行政制度《唐六典》竟也没有收入。

4. 《唐六典》对《格》的内容无所问津,使"行政法典"说难以自圆

前已述及,"格"是唐代的重要法律形式之一,为"百官有司之所常行之事"。它是由皇帝的制敕经过"编录"而来。唐代"格"的编纂分为两种,《旧唐书·刑法志》云:永徽初,敕长孙无忌等多人撰定律令格式,"遂分格为二部:曹司常务为《留司格》,天下所共者为《散颁格》。其《散颁格》下州县,《留司格》但留本司行用焉"。在唐代,作为"百官有司之所常行之事"的格,皇帝明敕:"当司格令并书于厅事之壁,"让官吏们"俯仰观瞻,庶免遗忘。"⑨《唐六典·刑部》则从制定的目的和作用说"格"是"禁违正邪",表明"格"能保障官府及官吏的公务活动服从制敕而不违反。如果唐代排除了"格"而制定"行政法典",便意味着"法外有法",这是根本无法想象的。如对僧、道、尼的管理法规,其性质相当于宗教法规,这在唐代非常重要。《唐律疏议·名例律》之疏文说,"依《格》:'道士等辄着俗服者,还俗','道士等有历门教化者,百日苦使'",而由于《唐六典》排斥了《格》,这类法规也基本排除在外。

5. 从"礼"的内容引入情况来看,《唐六典》也不具备"行政法典"的要求

唐代"五礼"之仪共有一百五十二项,其中"吉礼"五十五项,"宾礼"六项,"军礼"二十三项,"嘉礼"五十项,"凶礼"十八项。可在《唐六典》中,只在"礼部"的"礼部郎中员外郎"条下空列了一百五十二项名称,内容则只字未提。我们认为,一部所谓"行政法典",如若它自身的实施要参照(或简直离不开)它所不包括的许多行政法的规范,它就不能成其为"行政法典"。如果把限于摘抄国家机关组织编制法规内容的典籍称为"行政法典",这种做法比今天我们把中央和地方的国家机关组织法妄称是"行政法典"走得更远。

三、《唐六典》作为典籍没有法律属性

判断一部典籍是否具有法律的属性,一个简单的办法是用当时法律具有的特征进行验证。这样,当用唐代法律的特征去检验《唐六典》时,我们便能

---

⑨ 〔北宋〕王溥:《唐会要》卷三九《定格令》,上海古籍出版社1991年版。

得出令人信服的结论:《唐六典》是一部没有法律效力,因而在成书之后没有得到必要的修订、增补,行文上亦不便被贯彻执行的典籍。

(一) 唐代刑律确认律、令、格、式的法律效力,而不承认《唐六典》的法律效力

《唐律疏议》第484条规定:"诸断罪皆须具引律、令、格、式正文,违者笞三十。"这条刑律的内容可以使我们看到两个问题:

1. 如前所述,《唐六典》即使有令、式的内容,也不是有法律效力的令、式的"正文"

有法律效力的"正文"是在现行的令、式上,而不是在《唐六典》中。也就是说,《唐六典》收录的令、式有法律效力,不是因为《唐六典》本身是法律,而是由于另有正式行用的"令""式"存在!上引唐律该条律文的疏文云:"断狱之法,须凭正文。"因此,《唐六典》中抄录的法律内容没有法律"正文"的地位与效力。

2. 从法律的渊源来看,唐代违法与否的依据是律、令、格、式四种法律形式

《唐六典》虽是"以令式入六司",但是唐代的法律形式中有律、令、格、式,而没有"六典"的"典"。如果《唐六典》是"法律形式",违反《唐六典》就要受刑事处罚。这样《唐律疏议》第484条最迟在开元二十六年后除律、令、格、式之外,还要加上"典",从而变成"诸断罪皆须具引律、令、格、式、典正文,违者笞三十"这样的内容。事实上,在唐代一些行政活动违反了《唐六典》也根本无违反法律的后果。《唐会要》卷六十六"东都国子监"下记穆宗长庆年间,国子祭酒韦乾度奏请要求礼部遵守《唐六典》的规定不要侵权,在官吏的引进补缺上应通过国子监,而皇帝的处置只是"敕旨:宜依"罢了,而根本不追究违"法"者的罪责。

在唐代,曾有人提出过要修改《唐六典》使其具有法律强制力。这个人就是《唐六典》成书七十年后唐宪宗时的宰相郑絪。郑絪曾写《请删定施行〈六典〉〈开元礼〉状》,请求皇帝"特降德音,明下有司,著为恒式,使公私共守,贵贱遵行,苟有愆违,必正刑宪。"⑩ 郑絪说这样的话,说明他身为宰相确实了解唐代的立法程序。他呈《状》上这几句话,明确无误地告诉我们三点:一是要成为让公众遵守的法律必须要有皇帝下诏颁行的程序;二是在当时,

---

⑩ 〔唐〕吕温:《代郑相公请删定施行〈六典〉〈开元礼〉状》,载〔清〕董诰等编:《全唐文》卷六二七,上海古籍出版社1990年版。

有法律效力的文书,若有违反,要受刑罚处置;三是《唐六典》要成为法律,必须重新修删。《唐六典》应修删成什么样子,郑絪未说明。他的建议也并未实现。

持"行政法典"说论者认为,《唐六典》"以封建国家立法的形式产生,又以编制法典的方式制定"。这些认识必须予以澄清。奉皇帝命令编制图书是否具有了"立法形式"？摘抄在行令、式所编成的图书是否就是"编制法典"？这些问题,实际上成了关于《唐六典》性质争论中的症结问题之一。

如果说抄录或者汇集了现行的法规及制度的书籍就是"法典",唐代除了《唐六典》是"行政法典"外,还应有第二部可称为"行政法典"的图书。这部书也记录汇抄了唐代许多令、式、礼及官制的内容,其对制度沿革的考证,比《唐六典》还详尽,并且也以"典"相称,这就是唐代杜佑编著的《通典》。这部书"征于人事,将施有政","由食货以讫边防,先养而后教,先礼而后刑,设官以治民,安内以驭外","恢恢乎经国之良模矣"。⑪ 那么,这部《通典》不也可以称为"行政法典"吗！

论者或曰:《通典》不是奉御命而撰,《唐六典》是被旨而修。其实,由皇帝下令编撰的图书绝不一定就成为法律或法典。就以唐代来说,唐太宗因"欲见前代帝王事得失以为鉴戒",于是魏徵等编《群书理要》三十卷;永徽年间孔颖达奉诏疏注《五经》;开元时中书令萧嵩奏请注《文选》;唐玄宗因"儿子等欲学缀文,须检事及看文体",于是令张说等"撰集要事并要文,以类相从"而编成《初学记》,这些奉皇命编撰的书都不是法律、法典,都不成为法律形式。

（二）从法律行用后通常要进行修改的特色看,《唐六典》不具有在行法律的性质

制定法律的目的就是为了通过法律规范去调整一定的社会关系。因此就必须使法律与社会关系之间保持同一性。而保持这种同一性的唯一途径,就是法律应该随着社会生活的变化而变化。这一点反映在立法上,就是任何有效的法律必须有其修改制度,封建法律也不能例外。

虽然封建刑律稳定性较大,但修改刑律有唐一代持续不断。从《旧唐书·刑法志》的记载看,唐代第一部刑律——《武德律》,事实上只行用了两年多,李世民即位,于贞观元年就"更加厘改",修改、制定历经十一年。《贞

---

⑪ 〔唐〕杜佑:《通典》,《御制重刻〈通典〉序》,中华书局1984年版,第1页。

观律》行用十二年之后,唐高宗李治于永徽初又敕"旧制不便者,皆随删改",而制成《永徽律》,永徽四年又制成"律疏",开元时又校勘《开元律疏》,大中年间又有"刑统"。以"令"来说,《武德令》《贞观令》《永徽令》《开元令》的制定,这本身就是修改过程。以"格"来说,在制定《贞观律》的同时,"又删武德、贞观以来敕格三千余件,定留七百条,以为《格》十八卷"。永徽年间有长孙无忌等删定的格,永徽中又有令"惟改易官号曹局之名,不易篇目"。以"式"来说,永徽时有《永徽式》十四卷,龙朔二年,因"改易官号",高宗因敕"重定格式"。到仪凤年间,因"官号复旧",又敕"删辑格式"。武则天垂拱年间又"敕改格式",律令也增改二十四条。唐中宗李显复出后,于神龙元年,因"时既改易",又有"制尽依贞观、永徽故事"。

开元时期唐代法律的修改亦十分频繁。开元初,玄宗敕"删改格式令";开元六年,又敕"删定律令格式"。开元十九年,又"令所司删撰《格后长行敕》六卷,颁于天下"。开元二十二年,李林甫又"受诏改修格令"。开元之后,法律制度的局部修改历朝仍不断进行,《旧唐书·刑法志》记载,唐文宗大和年间,刑部认为前《新编格后敕》"前后差殊,或书写错误",于是奏准"去繁举要,列司分门,都为五十卷"。开成四年,"二省详定《刑法格》一十卷"。唐宣宗李忱大中五年,"敕修《大中刑法总要格后敕》六十卷",大中七年,"张戣进《大中刑律统类》十二卷"。

总之,在唐代,属法律范畴的文献历史上都有修改的记录,唯独《唐六典》史无修改的记载。这足以说明,《唐六典》根本不具有法律应该具有的稳定与变动相统一的特点。

(三)《唐六典》对成书以后新制定的制度不予增补,也表明其不具有在行法律的特征

《旧唐书·刑法志》记载,宪宗元和四年,由于司法机关"决断系囚,过为淹迟"。是年九月,皇帝以敕令规定:"自今以后,大理寺检断,不得过二十日,刑部复下,不得过十日。如刑部复有异同,寺司重加不得过十五日,省司量覆,不得过七日。如有牒外州府节目及京城内勘本推,即日以报,牒到后计日数,被勘司却报,不得过五日。"这是司法行政上重大的程限规定,但《唐六典》卷六"刑部"、卷十八"大理寺"、卷一"尚书省"程限条下均无此文。

又《旧唐书·刑法志》记,穆宗长庆元年,因"天下刑狱,苦于淹滞",御史中丞牛僧孺又"请立程限"。其内容是"大事,大理寺限三十五日详断毕,申刑部,限三十日闻奏;中事,大理寺三十日,刑部二十五日;小事,大理寺二十

五日,刑部二十日。一状所犯十人以上,所断罪二十件以上,为大;所犯六人以上,所断罪十件以上,为中;所犯五人以下,所断罪十件以下,为小"。《旧唐书·穆宗本纪》记载皇帝"从中丞牛僧孺奏""立程"。这种极为重要的行政程式,《唐六典》也不予增补。

(四)从行文上说,《唐六典》的编写不考虑贯彻执行的要求,而主要追求对一代官员编制体系至善至美的记载

如事实上不是必须的编制而纯属虚设的"三师三公",赫然列在首位,就是摆西周《周官》的气派,以示堂皇正统。同时,《周礼》六官每篇开头以很长的篇幅专列官员编制的阵营,《唐六典》于各卷的开头也照例排比机构的阵营。只要对《周礼》及《唐六典》稍加注意就可发现,官吏员数阵营的排比全属形式主义的重复。

《唐六典》一书的注文是该书极为重要的组成部分,除了公务制度下的那一小部分注文有关于职权履行及制度实施的令、式引入外,其余写在编制员额、品秩下的注文全是关于历史沿革情况的说明。这些性质的文字虽然无司法实践意义可言,但篇幅却几乎占整部书二分之一以上。这种写法不是哪个编写人任意所为,而是根据皇帝的指令而行,所谓"李林甫等奉敕注"。早于《唐六典》很久的《永徽律疏》的注解,则完全以贯彻适用为原则编写,是古代典型的所谓"法律解释"。《律疏》总共十二篇,其中讲历史沿革的内容,合在一起也不比《唐六典》中一条的注文长。对比之下,《唐六典》的行文方式显然与在行法律不符。

四、《唐六典》并未作为"行政法典"行用过

《唐六典》制定后,有唐一代并未颁布行用,但后世的研究却产生了截然不同的认识,对此,有必要通过考证消除人们对史籍记载所产生的种种误解。

唐代凡有法律效力的律、令、格、式,在制定之后,都要由皇帝专门发布颁行诏令。这一程序,是法律生效必不可少的条件。下诏令颁行,在法律上有两重含义:一是皇帝对法律内容的审核和批准;二是命令公布及予以执行。所以,凡法律规范都不能缺少这一程序。从历史记载看,五代人及宋代人编写的新旧《唐书》上没有关于《唐六典》颁行的片言只字不说,唐代的史料更是明确地说《唐六典》未曾颁行。现择其要者条陈如下。

韦述是《唐六典》的作者之一,而且是从实际撰写就开始参加,并直至最

后成书的重要作者。他说《唐六典》"二十六年奏草上,至今在书院,亦不行用"⑫,文中的"至今"和"亦"的措辞,表达的意思明白无误。

《唐六典》编成约七十年后,唐宪宗的宰相郑絪于元和三年请吕温代写《请删定实行〈六典〉〈开元礼〉状》。"状"中说《唐六典》制成的当时,"草奏三复,只令宣示中外,星周六纪,未有明诏施行","《六典》先朝所制,郁而未行",原因是"损益之间,讨论未尽,或弛张之际,宜称不同"。于是他建议"于常参官内选学艺优深,识理通明者三五人""量加删定"。⑬ 其实,郑絪所言意思清楚,主张明白,既说"只令宣示中外",又说"未有明诏施行",是立法行家的话。一部官修典籍要成为有法律效力的文书,"宣示中外",发出去让朝廷内外观读,并不等于正式颁行,只有"明诏施行"才是正式的公布程序。官修典籍之"宣示",不等于是"颁行"法律,这也是唐代立法与非立法的区别所在。因为,《开元礼》同《唐六典》一样,也未有正式颁行的程序,所以郑絪一"状"同言二书,都请求删定颁布。

对《唐六典》作出"行用"记载的人首推刘肃,此人元和年间任江西浔阳主簿。他在《大唐新语》中说《唐六典》"至二十六年始奏上,百僚陈贺,迄今行之"。这就成了"行用"论者找到的最有分量的史证。只是想不到此"行用"非法典的"行用"。这句话,使多少学者,在"行用"问题上误入迷途。

刘肃所记《唐六典》写作过程的一段文字,列于《大唐新语》卷九"著述第十九"。此书在"著述"栏下共记述了十三段有关图书典籍的事。从刘肃的记述看,他饱览群书,学识广博,了解很多著述的内情轶事,因而不至于把属于朝廷的"法典"同一般文史书籍相类举。刘肃把《唐六典》与其他书同列,说明在他看来,《唐六典》在性质上不是国家的律、令、格、式等法律,充其量只是同奉御命官修的《群书理要》及《初学记》等供参考借鉴的汇编书一样。

其实,稍稍用心纵读一下刘肃《大唐新语》"著述"栏的全文,就可以解开关于《唐六典》"迄今行之"之谜。原来,唐代的图书是否能藏于秘书省供官方阅读,是要经审查批准的。即所谓"行废"制度,或称"行停"制度,允许列为官方阅读的称为"行",或称之为"依",不允许则称为"废"或"停"。这里有刘肃第六段记述的用词为证:"开元初,左庶子刘子玄奏议,请废郑子《孝经》,依孔注;《老子》请停河上公注,行王弼注;《易传》非子夏所造,请停。"

---

⑫ 〔唐〕韦述:《集贤记注》,转引自〔宋〕陈振孙:《直斋书录解题·职官·唐六典》,上海古籍出版社1987年版,第172条。

⑬ 〔唐〕吕温:《代郑相公请删定施行〈六典〉〈开元礼〉状》,载〔清〕董诰等编:《全唐文》卷六二七,上海古籍出版社1990年版。

在唐代,学馆使用的图书版本由《学令》规定。如开元七年《令》曾规定:"诸教授正业:《周易》,郑玄、王弼注;《尚书》,孔安国、郑玄注;《三礼》《毛诗》,郑玄注;《左传》,服虔、杜预注;《公羊》,何休注;《谷梁》,范宁注;《论语》,郑玄、何晏注;《孝经》,孔安国、郑玄注;《老子》,河上公注。"⑭刘肃《大唐新语》上所载刘子玄的建议,《册府元龟》的记载可为佐证。该书卷六百三十九"贡举部"曾记开元七年左庶子刘子玄奏:"《孝经注》请废郑依孔,《老子注》请停河上公行王辅嗣,《易传》非子夏所造,礼部奏议,请准令式,《孝经》郑注与孔传依旧俱行,子夏《易传》无益后学,不可将贴正经。"所以,刘肃说《六典》于开元二十六年奏上之后"迄今行之",是说直到他写作《大唐新语》的元和年间,《六典》这部书仍被允许列在秘书省国家图书馆作为官方图书阅读,而根本不是说《唐六典》直到元和年间都作为法律被执行。其实,只要把不到二千字的《大唐新语》"著述"栏的全文读完一遍,就不会认为刘肃所说的"迄今行之"是说《唐六典》在贯彻执行。因为刘肃在"著述"中还讲到另外三部书也在"行"。其中第三段说:"贞观中,纪国寺僧慧静撰《续英华诗》十卷,行于代"("行于代"即"行于世",唐代避"世"字讳而言"代");第十二段云:"诏以《初学记》为名,……其书行于代";第十三段曰,"襄阳处士王源撰《亢仓子》二卷"后,"更取诸子文义相类者,合而成之",这本书"亦行于代"。刘肃说的这些诗集、文史摘要汇编书及道家书在"行",难道也是说这些书作为法律在被贯彻执行吗? 当然不是。宋代于哲宗时任谏议大夫的史学家范祖禹,元祐四年就官制问题回答皇帝时也说:《唐六典》虽修成书,然未尝行之一日。"⑮

作为唐代的一部重要典籍,陈寅恪关于《唐六典》只是开元时编写的"在唐代行政上遂成为一种便于征引之类书"⑯的论断,可以看作是《唐六典》所起实际作用的概括。所谓"征引",是说可供自由参考仿效,但无法律效力。参考仿效《唐六典》与参考仿效《周礼》的性质一样。《唐会要》上记载,官吏奏事有时有"准《六典》……"的提法,就属于这种性质。这些建议要被接受都得由皇帝批准。凡这种情况,史书都记载说:"敕旨:宜依",或者"敕旨,准《六典》"。这种做法的本身就说明《唐六典》不是颁行之成法。否则,执行无必要请示皇帝批准。南宋的程大昌以《唐会要》所记开元后一些同《唐六典》

---

⑭ 〔日〕仁井田陞:《唐令拾遗》,长春出版社1989年版,第183页。

⑮ 〔宋〕李焘:《续资治通鉴长编》卷四三三"哲宗元祐四年九月乙酉"条,中华书局2004年版,第10443页。

⑯ 陈寅恪:《隋唐制度渊源略论稿·职官》,上海古籍出版社1982年版,第82页。

相合的事例来证明《唐六典》是颁行之法典,这种本末倒置的做法,抹杀了《唐六典》是抄摘当时在行令、式而制定的这一根本特点。

前文已经指出,《唐六典》主要是根据唐代当时在行令、式的内容编写而成。而《唐六典》编成后,这些令、式仍像以前一样作为法律继续生效。唐代贞元、元和、大和及开成年间仍修订格、式等就是明证。在评价《唐六典》的作用时,不能把《唐六典》编写当时及编写以后一直生效的国家的令、式的效力,都说成是《唐六典》的作用。

唐以后《唐六典》都被作为历史典籍征引。宋朝与明朝刊刻《唐六典》,同清朝刊刻杜佑《通典》用意相似。所有这些,丝毫不能反证《唐六典》在唐代当时作为"行政法典"颁布行用。

(1989 年 4 月)

《唐六典》不是行政法典[*]

钱大群

从杨鸿烈先生在《中国法律发达史》上介绍日本学者织田万在其《清国行政法》中提出所谓"支那行政法典""端推唐代《唐六典》"的观点后,很多中国学者纷纷附和并撰文论证,我为反对此说曾撰写《〈唐六典〉性质论》一文。《中国社会科学》1994年第2期"读者评议"栏刊出了河北师范学院历史系宁志新先生的文章:《〈唐六典〉仅仅是一般的官修典籍吗?》,对我发表于《中国社会科学》1989年第6期的《〈唐六典〉性质论》一文所阐述的否定《唐六典》为"行政法典"的观点提出了异议。对此,我再撰此文以作答复。

一、中国古代《律》"专为刑书,不统宪典",
并不肇始于《唐六典》的制定

较早提出《唐六典》是"行政法典"观点的是日本学人织田万。他在《清国行政法》一书中说:支那古来即有两大法典:一为刑法典;二为行政法典。他认为行政法典起源于何时,殊难确定,但"要其大成,端推唐代",因为"唐作《六典》,载施政之准则,具法典之体裁,为后代之模范"。[①] 杨鸿烈在《中国法律发达史》一书中也说:"《唐六典》,这书是中国现存的最古行政法典。"

---

[*] 此文发表于《中国社会科学》1996年第6期,原题为:《〈唐六典〉不是行政法典——答宁志新先生》,在收入拙著论文集《中国法律史论考》时,曾以《〈唐六典〉性质再论》为题。

[①] 转引自杨鸿烈:《中国法律发达史》,中国政法大学出版社2009年版,第235页。

与此同时,杨氏还援引了章炳麟《检论·汉律考》中的一段话来支持自己的观点,"汉世乃一切著之于律,后世复以官制仪法与律分治","迄唐有《六典》《开元礼》,由是律始专为刑书,不统宪典之纲矣"。

实际上,中国律令性质的区分绝不会迟于晋代。晋代的河南尹杜预已明确指出:"律以定罪名,令以存事制。"(《太平御览·刑法部》录晋杜预《律序》)章氏之说并不符合事实。隋开皇年间就有《开皇令》三十卷,列篇名三十种,同时有《开皇律》十二篇五百条,即有令,又有律,令为制度章程,律专为刑书,理当无疑。有唐一代,删辑、刊定律、令、格、式的活动屡见不鲜,而且结果都是以书计卷,各自为典册(参见《唐书·刑法志》及《唐会要》)。总之,律专为刑书,典章制度由令、式、格等规定的分工,至迟在唐代以前的隋代就已经明确了。这段历史至少被章氏推迟了一个半世纪。另外,与律分治的"官制仪法",是不是一定要形成统一的"行政法典",这是另一回事。现在可以肯定,隋唐二代,无论是《唐六典》成书前或成书后,独立地存在着律之外的"官制仪法"并未形成"行政法典",所以太炎先生在这里也并未说《唐六典》就是"行政法典"。

二、《唐六典》的编写与引用,绝不同于法律的制定与遵行

1. 奉命编制《唐六典》的是皇家的图书编纂机构

唐代史籍记载《唐六典》启动编制的情形说:"开元十年,玄宗诏书院撰《六典》以进。"(刘肃《大唐新语·著述》)作为国家的图书编纂机构受命制定"法律"(假设《唐六典》确属法律),这是一个非常特殊的情况。从唐代制定和修订法律的情况看,基本上都是皇帝下令给某一官员为首的一批官员,由他们组成专门的班子去进行的。皇帝下令给一个机构,特别是"书院"这样的机构去草拟法律的情况是没有的。开元时的"书院",其全名是"集贤殿书院",它的职司承袭前代的秘书省,从事国家的(主要是宫廷的)图书整理编写事务。这个机构于开元十三年正式建立。作为《唐六典》的编写机关,编写者自己在《唐六典》中这样记述了书院的职掌:"集贤院学士掌刊辑古今之经籍,以辨明邦国之大典,而备顾问应对。凡天下图书之遗逸,贤才之隐滞,则承旨而征求焉。其有筹策之可施予时,著述之可行于代者,较其才艺而考其学术,而申表之。凡承旨撰集文章,校理经籍,月终则进课于内,岁终则考最于外。"(《唐六典·中书省·集贤殿书院》)著名的类书《初学记》就是由书院负责编写的。《唐六典》作为"文章"(书籍)让"书院"去"撰集"是顺

理成章的,而作为法律则不然。皇帝对待《唐六典》的编纂与对待律、令、格、式等法律的制定有着完全不同的态度。唐代没有明文规定法律一定要由谁编及不能由谁编,但从新旧《唐书》中有关立法历史的记载看,从未有"书院"受命立法的情况,同时在《唐六典》中却有书院主要职责不是制定法律的明确记述。研究者不能忽视这个基本事实。

2. 《唐六典》编写过程的曲折在一般法律的制定中从未出现

第一个被学院主司张说委派主修《唐六典》的人是起居舍人徐坚,此人"已曾七度修书,有凭证,皆似不难",但是唯有编写《唐六典》却是"历年措施,未知所从"。一年多以后,什么都没写出来。后来,具体编写的人增加至十二位,历经四任书院的"知院",仍然是"用功艰难"。这是在任何律、令、格、式的编写过程中都没有发生过的。《唐六典》如果真的是作为"法律"而编写的,这种情况的出现就太不正常了。

实际上,《唐六典》在制定方面的一个最大特点,是唐玄宗命令编写这部书并不以国家立法用法的实际需要为主要目的,而是为了要编成一部类似《周礼》的圣贤书,不管这件事做起来有多么困难。

3. 《唐六典》的作用类似《周礼》

《唐六典》成书之后,唐宋两代的人们在议论典章制度时经常征引它,这并不奇怪。征引古文献来论证自己的观点,实际上是一种传统。后人征引《唐六典》并不是在执行"行政法典",而是与征引《周礼》等书相仿。《周礼》被征引、套用的事例很多,情况也比较复杂。王莽新朝及北周都袭用过周制,武则天于光宅元年"改为六官,准《周礼》分"(《唐会要·尚书省》)。唐、宋人引用《唐六典》,也引用《周礼》。对《周礼》《唐六典》的遵行并非依法办事,违反了它们也不会引起什么法律后果。有人发现,很多引用《唐六典》的记载,"均将《唐六典》与'令''式''格''律'相提并论"(见《〈唐六典〉仅仅是一般的官修典籍吗?》,下同)。这种"相提并论"的情况正是《唐六典》不作为"行政法典"被引用的反映,因为如果它是一部"行政法典",就不会发生既引用《唐六典》又引用"令""式"的情况。如果二者同时被引用,则说明离开了"令""式",《唐六典》就不具有法律的作用。唐律规定,法官定罪判刑只具引律、令、格、式正文,而没有规定要依据"典",这足以说明《唐六典》不具有法律地位。有人讲,唐律制定在先,管不上后制定的《唐六典》。殊不知唐律中有"开元岁中,改玺曰宝"的文句,足以证明唐律在开元年间是修订过的,如果当时有以"典"入法这样重大的制度变异,修律时绝不会遗漏。在《唐六典》制定一百多年后的唐代大中年间,《大中刑律统类》修成,是为五代及宋朝《刑统》的蓝本。但是,《宋刑统》中根本没有引"典"入律的影子。《唐六典》自身说得很清楚:"凡文法之名有四:一曰律,二曰令,三曰格,四曰式。""典"是不可能作为第五种法律而起作用的。

三、唐代起主要作用的行政法令是《令》《格》《式》,而不是《唐六典》

《唐六典》中的行政法规内容是从哪里来的?明确这个问题对于搞清《唐六典》的性质至关重要。刘肃的《大唐新语》、韦述的《集贤记注》,一致说《唐六典》的内容来自《令》《式》。《唐六典》中有关国家机关职官职守的内容基本上摘抄自《令》《式》,甚至有关国家机关设置及职官员数的内容也与唐《令》中《官品令》和各种《职员令》的内容相同。在唐代的整个法律体系中,国家所有行政立法内容,都在"邦国之政必从事于此三者"的《令》《格》《式》中。唐代于至德、乾元、大历、贞元、元和、大和、开成及大中年间,都曾修订过《令》《格》《式》,这说明,《唐六典》成书后,它们的作用并未被这一所谓"行政法典"所取代。在这种情况下,我们很难想象,既有行政法规《令》《格》《式》在行用,同时又有一部源于《令》《式》,又远不如《令》《式》完备的"行政法典"也在行用。

古代立法往往采用不同的法律形式分列为典,不同的法律又往往合编成一本书。如《玉海》卷六十六记宋孝宗时所编之《乾道敕、令、格、式》,其内容体例是"计《敕》十二卷,《令》五十卷,《格》《式》各三十卷,《存留照用指挥》二十卷"。由此可见,把不同的法律汇编在一起,并不能改变或混杂其各自的性质。

最值得注意而又易使人忽略的一件事是,唐朝开元时竟有一部不依法律形式分典,而依各法律中不同的内容("事")分"类"的法律合编书:《格式律令事类》四十卷。这部书虽未得传存今世,但其编制及体例特点在《旧唐书·刑法志》中记载得很清楚:在编修律、令、格、式的同时,"又撰《格式律令事类》四十卷,以类相从,便于省览。二十五年九月奏上,敕于尚书都省写五十本,发使散于天下"。唐代的"事类"已不能看到了,但宋代的《庆元条法事类》今有残存。其内容是按专题分为职制、选举、文书、榷禁、财用、库务、赋役、农桑、道释、公吏、刑狱、当赎、服制、蛮夷、畜产、杂门等十六门。"职制"下分为"官品杂压""职掌""禁谒""谒见""上书奏事""臣僚陈请"六项,项下则收敕、令、格、式及申明等法律、法规中的有关内容。不难看出,《庆元条法事类》是根据国家职能活动的不同方面分类编收法律的,所以今天有的学者认为其性质是"富有行政特色的综合性法典"。唐代的《格式律令事类》想必也具有这种基本特点。所以,如果一定要断言唐代有一部"行政法典"的话,这部书除了包含有刑律的内容让人无可奈何地不能认定其为"行政法典"外，从体例特点及容量上说，它比《唐六典》更有资格充当"行政法典"的候选对象。此《格式律令事类》制成颁布于开元二十五年，也就是《唐六典》编成奏上的前一年，莫非唐代同时有两部"行政法典"在制定与颁行？

同样重要的另一个问题是，被部分人称为"行政法典"的《唐六典》，其法律内容在分量及种类上根本达不到作为"行政法典"的起码要求。据《旧唐书·刑法志》，开元二十二年令、格、式合计就有3094条，而《唐六典》的内容，距这个数字实在相差太远。把仅仅选取了当时全部行政立法中一小部分内容的《唐六典》称为"行政法典"，从事物赖以存在的量与质上看，都是不能成立的。众所周知，在唐代，除了规定"百官有司之所常行之事"的"格"以外，规范国家机关甚至包括皇室宫廷成员行为的"礼"，也是重要的行政立法。可是，《唐六典》只在《礼部》中列出了"五礼"一百五十二仪的名称，并不记录其具体内容。至于说"唐代皇帝的意志高于一切"，"律、令、式中实际上完全渗透着格的精神"，唐代"礼法结合、寓礼于法"，律、令、格、式也"无不渗透着礼的精神"，"《唐六典》既以令、式为其主要内容，自然就吸收了其中礼的精神"，并据此坚持认为《唐六典》就是"行政法典"，那实际上是把礼法原则、立法指导思想与格和礼的具体条文内容完全混为一谈，而且是用一部分法律（如令与式）取代了另一部分法律（认可格与礼）。这是很不妥的。唐代皇帝并不因为律、令、式已体现了他的意志就不要格。他们不但要格，而且还给官府下令，要求把"格"抄写在官署厅堂的墙上念念不忘。唐玄宗也绝不因为律、令、格、式中已经渗透了礼，就认为可以不要"礼"，在开元年间，他不但下令以渗透着礼的令和式作为主要内容编写《唐六典》，而且还另外专门下令编修了一部《开元礼》。

四、官制不等于"行政法典"

日本学人认为，《唐六典》是"行政法典"，其主要理由是《唐六典》"具法典之体裁"（前引织田万语），而所谓"法典之体裁"，实际上是指《唐六典》（《周礼》亦然）排列出了国家机关中官吏的编制与职守。如果说《唐六典》摘录了在行的"令""式"，"已将原文打乱，改为以职官为纲目的新体例"，就成了"行政法典"，那是不正确的。殊不知，越是把"令""式"打乱，越是用"以职官为纲目"的体例去编排，就越不成其为"行政法典"。

为什么不能把内容仅限于国家机构编制与职责的典籍看成是"行政法典"？第一，唐代令、格、式、礼等行政立法，其内容不全是官制。如唐代的"令"中有一篇极为重要的《田令》，它的内容肯定不是官制。第二，《唐六典》

以官制为纲目的编排体例,势必要遗漏、排斥很多无法隶属于某个职官的重要行政立法内容。如与皇帝相关的某些法律制度,就被排除在这一"行政法典"之外了。第三,在古代的官制中,行政与司法往往界限不明,把有关刑部、大理及其他官员的审判职能等内容都算作"行政法典"的内容,不知此处所谓"行政"是古代概念还是现代概念。把官制说成是"行政法典",在学术研究上的一个明显后果是使人误认为唐代行政立法全在《唐六典》一书之中,而不是去挖掘考察令、格、式、礼等直接、初始的行政立法本身。日本学人仁井田陞等编纂考证《唐令拾遗》的贡献及价值,就在于他绝对不惑于"行政法典"说,而是正本清源地去发掘整理佚失的唐令。现在唐格与唐式正等待着学者们去下这样的功夫。不能否认,《唐六典》只是不完整地收录了"设范立制"的"令"和"轨物程事"的"式",而不包含补充调整在行法律的"格"及重要的行为规范"礼"的具体内容。如果硬要称《唐六典》为"行政法典",甚至认为"将《唐六典》定为行政法典,则是学术界用现代科学分类方法研究古代法律的重要成果之一",是不够妥当的。

实事求是地看,《唐六典》是在皇帝授命之下,由负责编纂、保管典籍图书的"书院"编写的一部官制典籍,它仅仅起到了征引备考的作用,我们没有必要人为地去改变其性质和地位。

(1996年6月)

《唐六典》性质疏论[*]

李玉生[**]

关于《唐六典》的性质问题，近代以来在唐代法律史乃至唐史研究中一直是一个分歧很大的问题，20世纪80年代以来争论更为激烈。简单来说，部分学者认为《唐六典》是唐代的行政法典，而另一些学者则认为《唐六典》不是唐代的行政法典。[①] 对此问题，我和钱大群先生一直持否定意见，并且认为它根本不是唐代的法律，只不过是以《周礼》为体例编写的、以显示有唐一代制度盛况的一部官修典籍。[②] 简言之，就是官方组织编写的一部书。该观点提出后，虽然有部分学者提出商榷，但得到了越来越多学者的赞同。不仅国内学者，国外如日本学者也认为，"说《六典》为普通典籍很有道理"，"在学术界引起了很大的震动"。[③] 现进一步把我们的观点梳理论证如下：

首先，从《唐六典》编撰的目的来看，《唐六典》的编撰并非以立法或实用为目的，而是要显示有唐一代尤其是开元时期制度的盛况，以表明其承周的正统。唐玄宗在下令编写《唐六典》的制敕中明确要求"错综古今，法以周

---

[*] 该文作为作者《唐代法律体系研究》论文的一部分发表于《法学家》2004年第5期，收入本书时对部分文字稍作增补。

[**] 南京师范大学法学院教授。

[①] 对于《唐六典》性质问题不同观点的简要概括，可参见徐忠明：《关于唐代法律体系研究的述评及其他》，《法制与社会发展》1998年第5期。

[②] 参见钱大群、李玉生：《〈唐六典〉性质论》，《中国社会科学》1989年第6期；进一步的申论见钱大群：《〈唐六典〉不是"行政法典"》，《中国社会科学》1996年第6期。

[③] 参见〔日〕奥村郁三：《〈大唐六典〉研究》，郑显文译，载〔日〕冈野诚主编《中国法制史考证》丙编第二卷，中国社会科学出版社2003年版，第347页。

官,勒为唐典"。④并且作出了具体的指示:"上手写白麻纸凡六条,曰:理(本应为'治',因讳高宗李'治'名而用'理')、教、礼、政、刑、事典,令以类相从,撰录以进。"⑤可见,连"六典"的名称都出自《周礼》。《周礼》卷一《天官冢宰第一》说:"大宰之职,掌建邦之六典,以佐王治邦国。一曰治典,以经邦国,以治官府,以纪万民;二曰教典,以安邦国,以教官府,以扰万民;三曰礼典,以和邦国,以统百官,以谐万民;四曰政典,以平邦国,以正百官,以均万民;五曰刑典,以诘邦国,以刑百官,以纠万民;六曰事典,以富邦国,以任百官,以生万民。"所谓"法以周官,勒为唐典""以类相从",就是要把唐代的制度,按照《周礼》的体裁分为六类(六典)编成《唐六典》。一言以蔽之,就是要编写一部唐朝当代的《周礼》。因为在唐玄宗看来,唐朝的统治不仅是西周、秦汉以来的正统,而且经过一百多年特别是开元时期的发展,已经到了又一个堪比西周的高峰。既然有一部记录西周制度盛况的《周礼》,且已成为经典,我大唐也应撰写一部记载制度盛况的《唐六典》以流传后世。因此,《唐六典》的编撰在指导思想上并未超越孔子"郁郁乎文哉,吾从周"的局限,甚至有将唐代制度同西周相比的味道。实际上,《周礼》是后世儒家对西周制度的追记并将之理想化的一部书,并不是西周制度的忠实记录,更不是西周的行政法典;加之唐朝的三省六部制是与《周礼》六官全然不同的官制系统,正如陈寅恪先生指出的:"唐代官制近承杨隋,远祖(北)魏、(北)齐而祧北周者,与周官绝无干涉。"⑥因而以模仿《周礼》为目的而编撰的《唐六典》,也就绝不是要成为唐代的法典,而是为了粉饰太平,充分显示有唐一代的制度盛况,最终成为又一部儒家经典。我们认为,《唐六典》编撰的这一目的,从根本上决定了它不是以立法为宗旨,也不以实施为最终目标,从而也就不能成为唐代的法律(法典)。

其次,从《唐六典》的编撰过程来看,《唐六典》的编撰不符合唐代的立法程序。虽然唐代并没有一部类似今天《立法法》的法律来规定唐代的立法程序,但是从有唐一代历次的立法活动中,我们还是可以总结出其大致的立法程序。这一立法程序至少包括以下三点:第一,皇帝下诏要求立法;第二,成立一个由各部门官员组成的临时立法机构商议、草拟法律草案;第三,法律草

---

④《全唐文》卷七六五,顾德章《东都神主议》引《定开元六典敕》。
⑤ 参见〔宋〕陈振孙:《直斋书录解题》卷六《职官》"唐六典"条,及〔宋〕宋祁、范镇等:《新唐书》卷五八《艺文志》,中华书局1975年版。
⑥ 陈寅恪:《隋唐制度渊源略论稿》,上海古籍出版社1982年版,第97页。

案奏上后经皇帝批准并下诏公布施行。⑦ 从《唐六典》的编撰过程来看,它虽然是唐玄宗下诏要求编写的(姑且不论皇帝下诏并非全部为了立法),但却显然不符合唐代后面两道立法程序。一方面,唐代每一次制定和修改律令格式时都要奉敕成立一个由各部门官员组成的临时立法机构。例如唐高祖武德元年(618年)撰定律令式,就是敕命尚书左仆射裴寂、尚书右仆射萧瑀、大理卿崔善为、给事中王敬业、中书舍人刘林甫、颜师古、王孝远、泾州别驾靖延、太常丞丁孝乌、隋大理丞房轴、上将府参军李桐客、太常博士徐上机等15人组成立法班子进行的。⑧ 又如唐玄宗开元元年(713年)删定格、式、令,也是敕命紫薇令姚崇、黄门监卢怀慎、紫薇侍郎兼刑部尚书李乂、紫薇侍郎苏颋、紫薇舍人吕延祚、给事中魏奉古、大理评事高静智、同州韩城县丞侯郢琎、瀛州司法参军阎义颟等9人组成立法班子。⑨ 相反,《唐六典》的编撰却是交给一个叫集贤殿书院的机构完成的。《大唐新语》卷九"著述"云:"开元十年(722年),玄宗诏书院撰《六典》以进。"这里的"书院"指集贤殿丽正修书院,开元十三年(725年)改为集贤殿书院。集贤院的职责,根据《唐六典》本身的记载:"集贤院学士掌刊辑古今之经籍,以辨明邦国之大典,而备顾问应对。凡天下图书之遗逸,贤才之隐逸,则承旨而征求焉。其有筹策之可施予时,著述之可行于代者,校其才艺,考其学术,而申表之。凡承旨撰集文章,校理经籍,月终则进课于内,岁终则考最于外。"⑩可见,集贤院是唐代修书和藏书的地方,它以承旨修书、刊校经籍、征求贤才以及提出建议供皇帝参考为主要职责,而根本没有参与立法的职能。集贤殿书院虽然以"五品以上为学士,每以宰相为学士者知院事",但无论是张说、萧嵩、张九龄、李林甫,还是陆坚、徐坚、毋煚、陆善经、苑咸、韦述等,史书都一致说他们是以集贤院学士的身份参加了《唐六典》的编撰,张说、萧嵩、张九龄、李林甫则是以集贤院知院(院长)的身份领导了《唐六典》的编写。因此,唐玄宗把《唐六典》的编撰交给集贤殿书院的事实,明显不同于唐代一般的立法程序,这也从一个侧面说明,《唐六典》的编写不以立法为目的。

另外,唐代律、令、格、式等法律制定以后,都要由皇帝专门发布制敕,批

---

⑦ 有学者把唐代编撰法典的立法程序概括为四步,即奉敕、集议、奏定、制颁。参见刘俊文《唐代法制研究》,台北文津出版社1999年版,第4—7页。

⑧ 参见《旧唐书》卷五十《刑法志》、《唐会要》卷三九《定格令》、《新唐书》卷五六《刑法志》。

⑨ 参见〔宋〕宋祁、范镇等:《新唐书》卷五八《艺文志》,中华书局1975年版;〔后晋〕刘昫等:《旧唐书》卷五十《刑法志》,中华书局1975年版。

⑩ 〔唐〕李林甫等:《唐六典》卷九《中书省》"集贤殿书院"条,中华书局1992年版。

准颁行。这一程序,是法律生效必不可少的条件。如武德七年(624年)五月,尚书左仆射裴寂等奏上所撰律、令、式,经唐高祖批准后即正式下诏颁行。⑪ 相反,如果法律修成后未经下诏颁行,则所修法律不能生效。如唐德宗贞元元年(785年),尚书省奏进奉敕删定的《贞元定格后敕》30卷,结果因"留中不出"而无法生效。《唐六典》是否由皇帝下诏颁行了呢? 从史料看,不仅后人编写的新、旧《唐书》等没有关于《唐六典》颁行的任何记载,而且唐代人更是明确地说《唐六典》未曾颁行。《唐六典》编成大约70年后,唐宪宗的宰相郑絪于元和三年(808年)在请吕温捉笔的《请删定实行〈六典〉〈开元礼〉状》中说,《唐六典》编成后"草奏三复,只令宣示中外;星周六纪,未有明诏施行",并建议"于常参官内选学艺优深、理识通敏者三五人,就集贤院各尽异同,量加删定。然后冀纡睿览,特降德音,明下有司,著为恒式,使公私共守,贵贱遵行。苟有愆违,必正刑宪"。⑫ 由此可见,即使《唐六典》是出于立法目的而由书院起草的,因其"未有明诏颁行",也不能具有法律效力。

再次,就《唐六典》的内容而言,其主要内容抄自当时在行有效的令、式,且编撰后并未废除令、式的法律效力,也使其不能成为唐代的法律。如前所述,对《唐六典》的编撰体例,唐玄宗明确要求"法以周官,勒为唐典",但是由于皇帝"一时兴到"的圣旨与唐代实际不符,致使当时曾七次修书的第一流学者徐坚"构意岁余",仍"未有所适",拿不出一个令人满意的编写体例来,结果不得不让主持人增加人马。最终,编撰者为了落实皇帝的旨意,"始以令、式分入六司,象《周礼》六官之制"。即以唐代尚书六部来比附周礼六官,正文部分摘抄了在行令、式的部分内容,以敷衍圣旨。可见,《唐六典》三十卷所列之国家机构、官员编制及其职掌,实际上在唐代的令、式中早已作出了规定。更为重要的是,就在《唐六典》编成奏上的前一年,唐朝刚刚颁行了经过修订的开元二十五年令、式,而《唐六典》中的令、式内容仍然主要抄自此前的开元七年令、式,同时在《唐六典》于开元二十六年(738年)成书之后,并未废除令、式的法律效力。这说明,《唐六典》在成书后,并没有取代当时行之有效的令、式法律。在这种情况下,我们很难想象,既然有在行有效的令、式法律在行用,同时却又有一部抄自令、式且远不如令、式完备的"行政法典"——《唐六典》在行用。唯一正确的解释是,《唐六典》不是法典,而只是一部抄录了当时在行法律部分内容的典籍。这就如同现行刑法颁布后,官方

---

⑪ 参见《旧唐书》卷五十《刑法志》,诏书全文另见《唐大诏令集》卷八二《刑法》。

⑫ 〔唐〕吕温:《吕和叔文集》卷五,另见《全唐文》卷六二七。

编写了一部因阐释需要而摘录现行刑法条文的资料汇编,其中引用了现行刑法的条文。其要害是,抄引的刑法条文的法律属性,是来自被摘录的刑法典母体,不是所抄录的内容形成另一部刑法典。若干年后,现行刑法散失了,后人仅能看到这部官方汇编材料,难道能够说这部资料汇编就是当时的法典?被《六典》抄引之令、式,在令、式失散后,与《六典》就是这种关系。

最后,不能以唐代按照《唐六典》施政的个别事例反证它是唐代的法典。《唐六典》修成后,由于"未有明诏颁行",于是有学者就从《唐会要》等史籍中找出后人施政引用《唐六典》的材料,认为《唐六典》"虽未颁行,但确曾行用",因而具有法律效力,并以此证明它是唐代的法典。[13] 其实,这种论证方式早在宋朝就有人使用过。南宋人程大昌说:"唐世制度凡最皆在《六典》,或谓书成未尝颁用。今按《会要》,则牛僧孺奏升谏议为三品,用《六典》也;贞元二年定著朝班次序,每班以尚书省官为首,用《六典》也;又其年窦参论祠祭当以监察涖之,亦援《六典》也。此类殆不胜述,何以遂言不尝颁用也?"[14] 南宋人晁公武也说,《唐六典》"虽不能悉行于世,而诸司遵用殆将过半。观《唐会要》,请事者往往援据以为实,韦述以为书虽成而竟不行,过矣"。[15] 我们认为,这种以史籍中所记载的一些引用《唐六典》的事例来证明《唐六典》是当时在行法典的论证方式,在逻辑上完全是一种本末倒置的做法。因为一方面,古代人讨论制度,常常好引经典为训,这是一种传统的文风。既然《唐六典》是模仿《周礼》而作,它就成为唐代的《周礼》,唐代人在讨论制度时,常常引用它就像引用《周礼》一样,是不足为奇的;另一方面,根据《唐会要》的记载,唐代官吏奏事时要求按照《唐六典》办,其建议要被接受都必须经过皇帝的批准。如《唐会要》卷五五《中书舍人》记载:"(德宗)建中二年(781年)六月六日,门下侍郎卢杞奏:《六典》云,中书舍人、给事中充监中外考使,重其事也。今者有知考使,无监考使,既阙相临,难令详拣。请依旧置监使。敕旨:令依。"又如《唐会要》卷六五《太常寺》说:"(宣宗)大中四年(850年)七月,御史台奏:司农寺文案,少卿不通判,有乖《六典》。敕旨:自今已后,九寺三监少列,宜与大卿通判文案。"可见,这种援据《唐六典》奏事需要皇帝批准的做法本身,就说明《唐六典》是不具有法律效力的,否则,依法办事是不需要事事向皇帝请示并得到特别批准的。

---

[13] 参见韩长耕:《关于〈大唐六典〉行用问题》,载《中国史研究》1983年第1期;宁志新:《〈唐六典〉性质刍议》,载《中国史研究》1996年第1期。

[14] 〔宋〕程大昌:《雍录》卷一《唐六典》条。

[15] 〔宋〕晁公武:《郡斋读书志》卷七。

更有甚者,有时官员依《唐六典》奏事居然出现可依可不依的说法。如《唐会要》卷五四《左右散骑常侍》:"(穆宗)长庆四年(824年)五月,谏议大夫李渤奏:据《六典》,常侍奉规讽,其官久不举职,习以成例。若设官不责其事,不如罢之,以省其费。苟未能罢,臣请特敕,令准故事行其职业。从之。"在这里,李渤认为,既然常侍官长期以来就不履行《唐六典》所述的"规讽"职责,因此建议要么废除常侍官,要么令其履行职责。试想,如果《唐六典》是法律(法典),李渤就只能建议让常侍官按照《唐六典》的规定履行其"规讽"的职责,而不能建议废除常侍官。因此,正如有学者指出的:"《唐六典》并不是作为一部有法律效力的法典来被援引的,而只是作为一种传统或先例在某种程度上被继承。"⑯那种以史籍中记载的一些引用《唐六典》的事例来反证《唐六典》,是当时在行法典的做法,在逻辑上是不能自圆其说的。

综上所述,《唐六典》既不是出于立法的目的而制定,其编撰也不符合唐代的一般立法程序,它根本不是唐代的在行法律(法典)。如果说它有某种"法律效力"的话,完全是因为其中抄录了唐代在行令、式的缘故。今天我们研究唐代的制度往往依赖《唐六典》,其原因并不是因为它是唐代的法律(法典),而是因为规定唐代制度的令、式早已散失了,不得不求助于《唐六典》。假如唐代的令、式法律至今还完整地保留着,《唐六典》对于研究唐代制度的作用就不会像今天这样重要。所以,陈寅恪关于《唐六典》只是开元时编撰的一部"行政上便于征引的类书"⑰的论断,应当是信而不诬的。正因为如此,刘肃写《大唐新语》时将《唐六典》归入"著述"类、《唐会要》卷三六将之放在"修撰"门,《新唐书》卷五八《艺文志》将之归入"史部·职官"类,而《通典》卷一六五《刑法三》,《旧唐书》卷五十《刑法志》,《唐会要》卷三九《定格令》和《新唐书》卷五六《刑法志》等记载唐代立法情况的史书则根本不提《唐六典》制定一事,就连《唐六典》自己在叙述唐代法律种类时也说"凡文法之名有四:一曰律,二曰令,三曰格,四曰式"⑱,并没有将自己当做唐代法律之一。这些史籍记载的情况,难道不是很能说明问题吗?那些非要把《唐六典》看成唐代的行政法典的观点,是否有"为赋新词强说愁"的意味呢?

(2015年2月)

---

⑯ 刘迺:《试说〈唐六典〉的施行问题》,载《北京师范学院学报》1983年第2期。
⑰ 陈寅恪:《隋唐制度渊源略论稿》,上海古籍出版社1982年版,第82页。
⑱ 〔唐〕李林甫等:《唐六典》卷六《刑部》"郎中员外郎"条,中华书局1992年版。

（二）专家评议

在技术与史实层面否定《唐六典》的"行政法典"说[*]

徐忠明[**]

检阅《唐律与唐代法制考辨》一书，令我最感钦佩的乃是三篇考证《唐六典》的论文，史料扎实，论证精细，裁断得当，结论可靠。不消说，将《唐六典》看做中国历史上最早的行政法典，属于学界通说，各种《中国法制史》教科书皆持此说。然而，钱先生提出了不同意见，彻底颠覆了主流观点。他的主要论点包括：(1) 尽管《唐六典》系属"奉诏"修订，但修订六典之机构由"书院"来承担，这与常规不合；(2) 虽然《唐六典》汇集了当时行用的令、式等法律条文，可它仅仅是作为"典籍"供人使用，而非作为法典予以实施；(3) 不但《唐六典》收罗的令、式等条文，属于摘要或概括，而且内容也极不完备，根本不能反映唐代行政机构之实态；(4) 由于生搬硬套《周礼》的编撰结构，以致《唐六典》的体例极不合理，考订机构源流之注释繁琐复杂，详略失伦；(5) 在通常情况下，为了适应社会之变迁，法典会有修改之举动，而《唐六典》则一反常态，一经编撰完工，就不再进行任何修改了；(6) 特别是对"草奏三覆，只令

---

[*] 本文是《唐代法制研究的开拓与创新》一文（见本书第108页）的部分摘录。
[**] 中山大学法学院教授。

宣示中外;星周六纪,未有明诏施行"①之考释,堪称卓识,证明了法律要经"宣示中外"和"明诏施行"两个环节,才能够实施生效,而《唐六典》则非是,故而称不上是法典;(7)进一步解释了"百僚陈贺,迄今行之"②的意涵,并且结合唐代官方图书"行停"之制度,厘正了学者对于"行用"的误解;(8)分析《唐六典》修订与刊布的政治原因,并征引陈寅恪先生"粉饰太平,制礼作乐"③之裁断作为佐证。必须承认,钱先生对于《唐六典》的考证堪称周密;对于内证与外证之运用,亦属恰到好处。④

如果钱先生尚在技术层面与史实层面否定《唐六典》具有行政法典之性质,那么,更有学者采取了釜底抽薪的论证策略,彻底瓦解了传统中国存在行政法的政治基础。换言之,不惟《唐六典》不是行政法典,实际上,传统中国根本就不可能出现行政法之概念与法律。比如,梁治平教授曾经指出:行政法乃是宪政体制下旨在规制或约束政府权力并且保障民权的专门法律。是以,产生这种意义上的行政法,在帝制中国历史上是绝无可能之事。⑤

(2014 年 3 月)

---

① 〔唐〕吕温:《代郑相公请删定实行〈六典〉〈开元礼〉状》,载《全唐文》卷六百二十七。
② 〔唐〕刘肃:《大唐新语》卷九《著述》,许德楠、李鼎霞点校,中华书局 1984 年版,第 136 页。
③ 陈寅恪:《隋唐制度渊源略论稿》,三联书店 2001 年版,第 91 页。
④ 参见钱大群:《唐律与唐代法制考辨》,社会科学文献出版社 2013 年版,第 314—335 页。
⑤ 参见梁治平等:《新波斯人信札》,中国法制出版社 2000 年版,第 44—65 页。

《唐六典》不是唐代行政法律的渊源[*]

艾永明^{**}

近一个多世纪以来,海内外许多学者都认为,《唐六典》是中国古代第一部完整的行政法典,在中国法律史上占有十分重要的地位。这种观点被学术界广泛接受,几乎已成定论。譬如,章太炎说:"迄唐有《六典》《开元礼》,由是律始专为刑书,不统宪典之纲矣"。[1] 杨鸿烈曾判断说:"《唐六典》,这书是中国现存的最古行政法典。"[2]日本学者织田万很早就指出,中国古代行政法典由来已久,"而其能具法典之体裁,以为后世模范者,莫若于《唐六典》矣。"[3]依据这种观点,《唐六典》似乎是唐代行政法律的首要渊源。然而,《唐代行政法律研究》明确指出,《唐六典》不是唐代行政法律的渊源,因为它不是一部行政法典,而是以记载国家组织编制为基本内容的官修典籍。为此,该书以及之前钱老师的有关论文对此作了专门分析,分别从《唐六典》编写的目的和体例、《唐六典》的内容、《唐六典》缺乏法律特征等各个方面进行了扎实和有力的论述和说明(该书第 24—28 页;《〈唐六典〉性质论》,载《中国社会科学》1989 年第 6 期;《〈唐六典〉不是"行政法典"》,载《中国社会科学》1996 年第 6 期),给《唐六典》作出明确的性质定位,将其排除在唐代行政法律的渊源之外,是该书一个突出的学术观点。

(2014 年)

---

* 本文是《正确反映唐代行政法律的体系和特点》一文(见本书第 367 页)的部分摘录。
** 苏州大学法学院教授。
[1] 章炳麟:《检论·汉律考》。
[2] 杨鸿烈:《中国法律发达史》,上海书店 1990 年影印版,第 359 页。
[3] 〔日〕织田万:《清国行政法》,中国政法大学出版社 2003 年版,第 46 页。

《唐六典》是一部反映国家官制礼法的典籍[*]

孔庆明[**]

我认为中国古代存在三种法律形态,即礼、法、刑。礼、法、刑各有独立体系,刑只是刑罚体系。《周礼》(又称"周官")是礼法的重要内容,是周王朝设官任职的一部法典。《唐六典》是唐王朝模仿和传承《周礼》而编定的一部法典。长期以来,许多学人都把这两部法典说成是"行政法典",这当然是天大的误解。大群教授考究辨正了这一观点,认定这两部法典不是"行政法典",是正本清源之作。谁都知道,行政法是近现代文明社会才创立的法律。行政法是国家机关行使管理社会的职责与行政相对人公民之间所发生的法律关系。国家机关有权执行管理社会的法律法规,行政相对人公民有权对国家机关执法的合法性进行对抗,如民告官。中国古代没有也不可能有这种行政法。《周礼》和《唐六典》是关于国家机关的组成、编制、官位、职责的礼法。它是对国家机关的礼法约束,是国家官员之制度。所以《周礼》和《唐六典》有国家组织的内容。中国是世界上率先垂范建立起完备的国家官制的国家,这也是中国古代法律文化的一大宝贵财富。

大群教授以《唐六典》编制时没有完整地把行政法律条文和民法条文编修入典,就断定《唐六典》不具有法律特征,即定论《唐六典》不是法律。如"开元二十五年令"关于职官犯罪追究的程序这样重大的刑事法律规定,没有编入典文;又如"开元二十五年令"关于"诸身丧户绝者,所有部曲、客女、

---

[*] 本文系《评钱大群教授唐律研究的几个问题》一文(见本书第115页)的部分摘录。
[**] 烟台大学法学院教授。

奴婢、店宅、资财,并令近亲转易货卖,将营葬事及量营功德之外,余财并与女;无女均入以次近亲;无亲戚者,官为检校。若亡人存日,自有遗嘱处分,证验分明者,不用此令"这样重要的民事法规也没有编入典文(钱大群《唐律与唐代法制考辨》第323页),其实道理很简单,《唐六典》作为官制典籍,根本没有必要完整地把令、式条文编入典章。这一点也不影响《唐六典》作为国家官制典籍的特征。结论只能是:既不要把《周礼》和《唐六典》说成是"行政法典",也要充分地肯定《周礼》和《唐六典》是世界上最早出现的最完备的国家官制的礼法典籍。

(2014年4月)

否定"行政法典说"当时需要挑战的勇气[*]

田 涛[**]

十余年前,我就曾经读到过钱大群先生对唐律讨论的学术著作,并且为他勇敢地指出《唐六典》非"行政法典"的主张而感动。在当时法史学界几乎一边倒地认同《唐六典》是所谓"古代行政法典"的情况下,他从唐代的社会以及法学发展规律的角度,对《唐六典》一书的属性提出了独到的看法,并作出了唐代的社会和法律中没有所谓"行政法典"的判断,这一见解在当时是需要具有挑战"权威"的勇气的。大群先生的主张,果然振聋发聩,并且为其后法史学界所采信。钱大群先生对《唐六典》的专门研究,见于《〈唐六典〉性质论》,载《中国社会科学》1989 年第 6 期、《〈唐六典〉不是"行政法典"》,载《中国社会科学》1996 年第 6 期。

(2008 年)

---

[*] 本文是《法律文献研究及法学古籍整理中最为重要的成果之一》一文(见本书第 176 页)的部分摘录。

[**] 上海政法学院已故教授,著名法史文献学家。

把《唐六典》放到唐代法律体系中考察*

侯欣一**

对于古代中国或外国的法律现象的基础研究方法,必须要以现代法学研究中已被公认的概念、定义为准,否则争来争去是两张皮,走不到一股道上去。这就像任何体育比赛一样,双方的战略战术可以不一样,但竞赛规则必须统一。在这一点上发表于《中国社会科学》1989年第6期的《〈唐六典〉性质论》一文,给人留下了较深的印象。该文不仅从《唐六典》编撰的目的、体例、材料的来源、对待格与礼的处置及成书后的修改情况等多个方面,对《唐六典》的性质进行了分析,同时还把《唐六典》放到唐代的法律体系中进行考察,最终得出了《唐六典》是一部唐代的官制政书这样一个令人信服的结论,纠正了法史学界长期以来一直占统治地位的"《唐六典》是中国历史上第一部行政法典"的说法。该文史料翔实,引文均注明出处,逻辑严谨,文字朴实,虽是争论文章,但不意气用事,而是以理服人,显示了一位学者的学术功力和素养。特别是正文之前的一段话,直接表达了他对学术规范问题的关注。他说,进行《唐六典》性质的讨论,争论双方必须有一条共同认可并遵守的规则,这就是法律史学关于立法、法律、法典、行政法典及部门法区分的理论。或许正是这种对学术规范化的呼吁和倡导,引起了我对钱先生研究进展情况的关注。当然,如作者能更具体地借助现代法学的理论,特别是行政法的概念及其产生和发展的历史与《唐六典》稍加对比,结论将更加令人信服。

(1997年)

---

* 此文是原发表于《南京大学法律评论》1997年秋季号《法制史研究要有科学的定位和方法——钱大群教授〈唐律与唐代法律体系研究〉一书读后》一文的摘录。

** 南开大学法学院教授。

果断放弃"行政法典"说，引用"官制典籍"的观点[*]

范忠信[**]

我见识钱先生唐典研究之学术深度，是 1996 年在中国人民大学攻读博士期间。12 月的一天，在宿舍里翻开仍散发着油墨清香的最新一期《中国社会科学》，我立即被钱老师《〈唐六典〉不是行政法典》一文所吸引，读后深为折服。于是又查阅其发表在同刊 1989 年第 6 期上《〈唐六典〉性质论》一篇，从而进一步领略了先生对《唐六典》的学术观点。

在钱老师的文章发表之前，法史学界一般认为，《唐六典》"是中国古代最早的一部行政法典"，或者"是中国封建时代最早的一部行政法典"。当时的法律史著作教材谈及《唐六典》，基本上都这样定性。钱老师不同意这一判断，他以坚实而丰富的历史证据，认真而严密的逻辑辨析，指明了"《唐六典》是行政法典"之说的错误所在。钱老师指出：《唐六典》不是以当时的法典编订程序制成，而是以官修典籍的方式完成；《唐六典》中虽包含一些令、式内容，但仅系概括或摘要一些令、式以说明朝廷各衙职掌及沿革；唐代的法律实践并未承认《唐六典》的法律效力，从未将《唐六典》作为法律来行用；《唐六典》的行文体例也仅系典制考述，并未考虑行用的要求。钱老师的这些辨析，不仅体现了深厚的史学功力，更体现了法史学人中罕有匹敌的法理学、宪法学、行政法学的功力，我深为感佩和折服。在近二十年的法史研究生

---

[*] 本文是《打造唐律研究新的学术坚梯》一文(见本书第 192 页)的部分摘录。
[**] 杭州师范大学法学院教授。

指导过程中,钱老师这些文章一直在我向学生推荐最多的文章之列。

  正因受钱先生的影响,我在 2006 年与赵晓耕教授等合编《中国法制史原理与案例教程》(中国人民大学出版社 2006 年版)时,就果断地放弃了"行政法典"说,而改以"国家典章汇编"之定位,并直接引用了钱大群先生"《唐六典》是以显示有唐一代制度盛况为目的的官修官制典籍"的判断。① 在我和陈景良教授联合主编的《中国法制史》教材(北京大学出版社 2011 年修订版)中,我也引用了钱老师关于《唐六典》的上述观点。

(2014 年 4 月)

---

  ① 见赵晓耕、范忠信、马小红等:《中国法制史原理与案例教程》,中国人民大学出版社 2009 年版,第 158 页。

目前大多数高校法史教学采用是说*

俞荣根**

在大陆法史学界几乎一边倒地认为《唐六典》是"行政法典"的时候,钱大群教授连连撰文力辩《唐六典》非"行政法典",指出"唐代法律体系中没有'行政法典'","《唐六典》从未作为'行政法典''行用'","不具有法律的属性",更"不是'行政法典'"①,如此等等。他的诸多新见为法史学界所认可,特别是后两大观点,影响甚巨,目前大多数高校法史教学已采用是说。

(2006 年 5 月)

此为采用"非行政法典"说的部分高校法史教材:

21 世纪法学系列教材:《中国法制史原理与案例教程》,主编赵晓耕,中国人民大学出版社 2009 年第二版。

法学精品课程教材:《中国法制史》,主编范忠信、陈景良,北京大学出版社 2007 年版。

---

* 本文摘自 2007 年《唐律疏义新注》序,亦见于本书第 172 页《因有鲜明特色而异于同类著作》一文。

** 西南政法大学教授。

① 参见钱大群、李玉生:《〈唐六典〉性质论》及钱大群:《〈唐六典〉不是"行政法典"》,分别载《中国社会科学》1989 年第 6 期、1996 年第 6 期。

（三）唐代行政法律研究评论

我国第一部全面系统探讨唐代行政法律的专著
——读《唐代行政法律研究》*

公丕祥** 李玉生***

历史进入 20 世纪 90 年代，面对波澜壮阔的市场经济大潮的冲击，中国法律史研究依然保持着稳步发展的态势。法律史学者们远离尘世的喧嚣，甘居陋室，在全新的时代背景下更加冷静、理性地思考中国传统法律文化的内在精神及其底蕴，努力为当代中国的法律现代化事业寻求历史的资源，提供历史的借鉴。这表现在对中国传统法律文化的研究正从两个方面继续展开着：一是运用新观念和新方法，深入探讨中国传统法律文化的固有性格、运作机理和历史命运；二是日益摆脱单纯观照刑法史的局限，进一步拓宽中国古代法的研究视野，在部门法史及法律实践活动等领域取得了比较丰硕的成果。就后一方面来说，我们欣喜地看到，我国著名的唐律研究专家钱大群先生继其唐律研究五部曲之后，锲而不舍，又同艾永明先生合作，推出了关于唐代法律研究的新作——《唐代行政法律研究》（以下简称《研究》，引用只注页码）。该书以日本学者仁井田陞编纂的《唐令拾遗》为主要史料，运用现代法

---

* 此文原发表在《南京大学法律评论》1998 年春季号，题为《深入开掘中国传统法律文化的内在底蕴》。
** 南京师范大学法学院教授。
*** 南京师范大学法学院教授。

学的观念,对唐代的另一部重要法典——唐令中的行政法律进行了深入系统的研究和评述,达到了很高的学术水准,读来颇受启益。

一、唐令:唐代行政法律的核心

令,一直是中国封建法律乃至传统法律重要的组成部分,而唐令则是唐代行政法律最核心的部分。比较法律史的研究日益表明,中国传统法律文化有着自己独特的个性。这种独特性表现在法律的制定上,就是中国古代法对法律部门的划分并不以调整对象为标准,而是从国家统治职能的角度,把全部法律区分为正面制度法与惩罚性法律两大部分,即所谓"律令法"体系。这一划分早在西周即已开始确立,不过在当时不叫律和令,而称礼和刑,两者关系为"礼之所去,刑之所取,失礼则入刑,相为表里也"(《后汉书·陈宠传》)。春秋以降,由于中国古代社会的转型,"礼崩乐坏",遂造成自李悝《法经》以后刑律一枝独秀的局面。但是,随着秦汉封建统治逐步走上正轨,中央集权的国家制度渐趋完善,西晋统治者在明确区分律令性质的基础上,进行了系统的令典编撰,使令成为封建立法中与律同等重要的法典,开始重建中国古代法律体系。唐令继承前代令的进化成果,把令推向了空前的发展巅峰。它同唐律一起,共同构成中国古代"律令法"体系的典型代表。

唐令作为中华法系的又一代表性法典,不仅为唐王朝的兴盛奠定了牢固的法制基础,而且其影响同样及于东亚及东南亚的日本、朝鲜、越南等诸国。在日本,甚至开创了一个"律令时代"。从内容上说,唐令涉及唐代国家的户籍、土地、财产、教育、官制、公务运行、军事、警卫、诉讼、祭祀乃至仪仗、服饰、丧葬等礼制各个方面,是国家进行日常政务活动的基本法律依据。诚如日本学者池田温所说:"在律令中,用于对人民统治的,最重要的还是令。"[①]因此,以规范国家正面制度为内容的唐令,是中国传统法律不可缺少的组成部分。不仅如此,"从某种角度说,正面性的行政法律制度,比惩罚性的刑律,在反映法律的本质特征上,更加直截了当,更加富于表现力"(前言第3页)。因为刑律虽然是古代国家法制的重要方面,但刑事镇压即使对古代来说,也只是国家职能的一个方面,所以要全面地借鉴唐代的整个法律制度,必须研究除刑律之外的整个行政法律。正是基于这种认识,作者才毅然涉足唐令这一至今鲜人问津的领域,写出了《研究》一书,足见钱大群先生对唐代法律研究的

---

① 〔日〕池田温:《唐代的律令》,载《中山大学学报》1990年第1期。

深化及其独特的学术理路。

既然以唐令为主体来研究唐代的行政法律,首先就会碰到唐令与行政法律的关系问题。对此,作者认为,"令完全是行政法律"(第4页)。虽然唐令条文中有一部分从现代立法观点看不属于行政法,但是,考虑到唐令作为正面"设范立制"的法律,主要根据国家政务职能的诸方面来谋篇布局,并且中国古代的司法审判与行政并未分离等原因,这一结论还是符合唐代实际的。关于这一点作者也补充道:"唐代的法律,除'律'作为刑法存在外,其他'令''格''式'的存在与划分,并不相当于现代意义的部门法。"(第17页)这样,就为以唐令为中心分析和研究唐代行政法律奠定了可靠的基础。

二、唐代行政法律的法理价值

虽然唐令在元代以后因不再被利用而未能完整地流传下来,但据宋人的概括,其主要内容规定的是"尊卑贵贱之等数,国家之制度也"(《新唐书·刑法志》)。征诸《唐令拾遗》的确如此。唐令在确立一整套国家制度的同时,无不联系着等级划分。首先,唐令确认社会的阶级等级,把全体社会成员分为皇帝、享有法律特权的贵族官僚、虽有独立人格但没有法律特权的庶人和没有独立人格的贱民四个等级,并严格区分等级界限,以保证等级身份不容错乱。其次,唐令规定了统治阶级内部的等级制度,对封建贵族和官僚在品级待遇、土地占有、服饰礼仪、司法诉讼及丧葬等方面都有明确的等级划分。此外,唐令在婚姻家庭制度上也有一系列的等级规范,以维护作为封建统治基础的父家长统治。因此,"等级制度是唐代行政法律的一项根本性制度"(第29页)。同刑律比较,刑律只是在犯罪与刑罚上建立了同罪不同罚的等级制度,而行政法律所规定的政治经济及社会生活各方面的等级制度,"才是全息的,正面的制度性法律"(前言第3页),更能反映封建等级制度的全貌。"从某种角度说,正是有了行政法律上第一位的等级制度,才必须有第二位的刑法等级制度来维护"(第29页)。因此,要全面认识中国古代社会的等级制度及古代法的等级原则,就绝不能忽视唐代行政法律的内容。

不仅如此,唐代行政法律中的等级制还同血缘宗法制度结合,成为一种宗法等级制。一方面,血缘亲属关系的等级划分绝不是客观上血缘亲疏关系的简单反映,而是受到人为宗法伦理的支配。例如子女与父母双方的血缘亲疏关系客观上相同,但夫妻双方与子女的亲等关系在法律上却不平等。子女对父亲是"斩衰",而对母亲则是"齐衰";儿媳对公公是"斩衰",对婆母则是

"齐衰";妻对夫是"斩衰",而夫对妻只是"齐衰",反过来,父亲对长子是"斩衰",对其他众子则又是"齐衰",等等。另一方面,国家的行政等级与宗法制度也相互渗透结合。其突出的结果是,行政的权力、地位由于血缘婚姻关系再遵循等级制原则产生出新的权力地位等级关系。如皇家的亲属可以依法获得爵位及官品,并且被依附者的地位越高,亲等关系越近,所得到的爵位及官品就越高(《封爵令》《选举令》)。五品以上高官的儿子也可以凭宗法关系获得官品,其品级高低又依父辈官品的高低为转移(《选举令》)。因此,"上下级之间的尊卑贵贱,与血缘上的亲疏贵贱的等级制相渗透结合,是封建等级制度的又一根本特点"。(第32页)

实际上,唐令中的宗法等级制度只不过是中国古代法深受儒家伦理法思想影响的一个突出表征,体现了中国传统法律儒家化的成果。过去,法律史学界大多以封建刑律为对象来探讨中国传统法律的儒家化运动,并取得了丰硕的成果。现在看来,中国传统法律的儒家化不仅表现在刑律方面,而且同样在行政法领域内展开,甚至更为彻底。刑律固然是贯彻德主刑辅,推行道德教化的必不可少的工具,但以行政法律来推行道德教化更是儒家法律秩序观中的一项重要内容。史载,西晋统治者在制定《泰始令》时就明确其目的是为了"施行制度,以此设教"(《晋书·刑法志》)。同样,唐令之"设范立制"也有教令社会的意图。如果说唐律是"一准乎礼",即按照礼的精神规定犯罪和刑罚问题,唐令则是"礼法合一",许多具体条文简直就是礼的翻版。如礼讲"君为臣纲",唐令则规定了"诸皇太子以下,率土之内,于皇帝皆称臣"(《仪制令》)。礼对为亲属服丧有一定期限及要求,《假宁令》即规定:"诸丧,斩衰三年,齐衰三年,齐衰杖期。为人后者,为其父母并解官。"尤其是《祠令》《衣服令》《仪制令》《卤簿令》《丧葬令》等有关礼制的令文更是以大量的法律直接固定了礼的内容,使得礼的道德要求转化为法律的强制性规定。如若违反,则受到刑律的制裁。因此,唐代行政法律对于我们深入研究中国古代社会的礼法关系,进一步探讨中国传统法律的伦理法特质,无疑具有重要的法理价值。

三、国家的统治职能与唐代行政法律

如前所述,唐代法律根据国家政务职能的诸方面来谋篇布局,而不是像现代立法那样以不同的调整对象来划分部门法。就唐令篇目而言,除了划分中央和地方国家机关的各种"职员令"外,其余都是依国家的不同管理领域而设置,如"户令""田令""关市令""军防令"等。从历史上看,唐令的体系架构不是偶然的,它是中国封建社会典章制度发育成熟,国家职能定型而必然走向法律化的体现。秦汉时期,由于封建制度尚处于初创阶段,专制国家对整个社会的管理没有现成的模式可循,因而,雄心勃勃的秦始皇"天下事无大小皆决于上"(《史记·秦始皇本纪》),诏令成为皇帝处理国家政务的有力手段。然而国家之大,政务之繁,仅凭君主个人或少数人的智慧力量远远不够,于是客观上要求建立一整套制度,把积累的统治经验以国家法律的形式固定下来,以实现长治久安。正如马克思所说:"社会的统治阶级的利害关系,总是要使现状当作法律,成为神圣不可侵犯的,并且要把它的由习惯和传统而固定化的各种限制,当作法律的限制固定下来。……在时间的进行中,采取了有规则和有秩序的形态,这个结果就会发生出来。"(《资本论》第3卷,第1035页)因此,随着社会的发展,用行政法律来全面规范国家的职能和各项制度就成为自然而然的事情。而唐令的制定正是这一过程的必然结果和反映。

综观唐令的全部内容,其对唐代国家的各项制度作出了十分周到而完备的规定。这些规定涉及唐代国家在政治、经济、军事、文化和社会生活等多方位的职能。依《研究》一书作者的概括,大致包括户籍与婚姻家庭、土地赋役及工商管理、文化教育、吏政、军事警卫、司法审判以及祭祀、仪仗、服饰、丧葬的礼制等。这些制度说明唐代既是一个有着完备封建法制的国家(尽管这种法制从根本上说是人治型的),同时通过国家力图对社会进行全面控制,反映了唐朝国家实行中央集权的封建专制制度的本质。

以国家的经济职能为例,从唐令之《田令》《赋役令》及《关市令》可知,唐代国家的经济制度基本是由行政法律所规范的。唐令确立了建立于土地国有基础上的均田制和田租与力役相结合的租庸调制,对工商业则实行严格的国家监管。这一经济模式典型体现了唐代国家以农为本和重农抑商的基本经济职能。在唐代经济制度中,土地制度无疑又居于核心地位。唐代实行均田制的前提,就是国家以社会代表的身份对土地进行控制,即土地国有,国家作为社会的代表,乃是土地的唯一所有者,而个人不过是国有土地的占有者和使用者。因此,均田制实际上形成了土地关系结构。在此基础上,农民自然必须承担向国家缴纳租税和服劳役的义务。与此同时,均田制对工商业者土地授受的限制以及对其政治上的歧视,无疑极大地阻碍了商品经济的发展,最终导致我们在西方所看到的与政治国家相分离的市民社会难以生存。这样,一方面是社会主体的私权观念和私法不发达乃至贫乏,另一方面则是国家公权力和以管理为特征的行政法律及刑法等公法的极度发展。国家在经济方面的唯一职能就是竭力建立并维护一种统制经济模式,市场逻辑在这种模式中荡然无存。虽然唐令对度量衡的管理以及对假冒伪劣产品和短斤少两行为进行处罚(即使在现代市场经济条件下这也是必需的),但唐代行政法律所反映的国家经济模式与现代市场经济体制是完全不同的。

四、官僚制与唐代行政法律

传统中国社会的政治与行政运作机制曾经发生过从民族封建制向集权官僚制的转型过程。按照 M. 韦伯的分析,这种民族封建制与国家形态是从战国时代开始逐渐崩解的,迄至始皇帝统一全国。战国诸侯为了向周天子争夺政治权力,联合起来,共同反对再分封,并且确立了这样的原则,即官位的世袭是有悖礼法的,渎职失守,则会招致神秘的灾祸,这种变革在军事领域中的表现,就是由诸侯创设的并由职业军官统率的禁卫军,取代了先前由召募来的封臣或及其子弟组成的军队。这表明,由具有神性的大家族进行统辖的制度,已让位于官僚体制了。公元前 221 年,秦王将名义的王朝及其所有其他的诸侯封臣扫除以后,成功地将整个中国并入"中央帝国",置于其独特的官僚统辖之下,从而成为第一位皇帝。秦始皇废除了封建制,建立了一个根据功绩与皇恩晋升的严格官僚制秩序。此后,在历史进程中,这种官僚制国家系统逐步充实完善,一直延续两千年之久。[②]

事实上,随着中央集权的君主专制制度在中国的建立,确立一个系统而有效的官僚制度始终是秦汉以来封建政权所孜孜追求的目标。作为集历代行政法律之大成的唐令,在总结前朝丰富的有关国家组织编制、官吏管理经验的基础上,以法律的形式确立了唐代系统而完备的官僚制度。从某种角度说,唐令关于国家政务职能的一系列制度规定,很大程度上有赖于高效而廉洁的官僚系统的推行要求,因而它们基本上可视为官僚机构的职责。正因如此,一些研究中国法律史的学者将唐代的行政法律称为"官僚组织法"或"官制法"。

唐令中有关官僚制的篇目几近一半。从内容上看,其规定主要有三个方面:其一是规范了机关的组织编制,包括国家机构的设置及其相互关系,国家机关的职掌与人员编制;其二是确立了一套官吏管理制度,包括官吏的选任、考核、升黜、俸禄、休假和退休制度;其三是规范了国家机关的公务运行,包括公文、印信、守值、驿传制度以及公务程限等。这就为唐代国家实施行政管理,实现国家职能提供了完善的制度保证。正如《研究》一书所指出的:"唐

[②] 参见 M. 韦伯:《儒教与道教》,江苏人民出版社 1993 年版,第 43—76 页。

代的行政立法以丰富和详备著称于中世纪,很大程度上是因为它是有缜密的国家组织编制之法。"(第239页)

唐代行政法律关于官僚制规定的一个突出特点,是国家官吏在法律上既享受一系列的等级特权,同时又受到严格的监督。一方面,封建官僚依其官品的高低,分别享受不同的待遇和特权。例如土地占有,正一品职事官可占有永业田六十顷,以下十顷为等差,到从五品五顷;在职分田的占有上,地方官一品十二顷,以下二顷为等差,到九品是二顷五十亩,而普通农民每丁田仅一顷。又如三品以上职事官,二品以上散官属于"议贵"之列,犯罪后必须申尚书省讨论决定;职事官五品以上,散官二品以上,在京犯罪必须先奏后禁;三品以上官禁推,要经复奏后方可拘禁审判;七品以上官犯死罪执行绞刑,一律不当众执行。各级官吏因犯罪除名限满后仍可叙官,其子孙还可以享有恩荫特权,等等。这些都充分反映了封建法律的不平等性。另一方面,唐代官吏又时刻受到法律的严格限制和监督。首先,法律在系统规定官吏的考核和黜陟制度的同时,还规定了其任职回避制度。如地方不得选任本籍之人,甚至同州邻县也不得担任;中央高级官员的子弟及近亲不得任京都郊县要职,也不得担任监察官与谏官;有亲属关系的人不能在同一衙门共职等。其次,法律明确要求实行官商分离。《户令》规定:"工商之家不得预于士,食禄之人不得夺下人之利。"它虽反映了轻视工商的传统观念,但禁止官吏经商,至今仍不失借鉴意义。再次,唐代行政法律还建立了一套完备的行政监察系统,以确保对官吏的监督。这一系统由四部分构成:第一为一般的行政监督,包括皇帝通过批阅奏章、派使臣巡察和录囚与处置"复奏"的监督,宰相机构对下级官府的监察以及地方州县长官的监察;第二是御史监察,即由独立的御史机关负责对尚书六部、大理寺及地方州县进行监察;第三是勾检官监察,唐代从中央到地方的内外官府,均设有勾检官,负责对各级行政机关内部自身的监察;第四为财政监察,由尚书刑部的比部司负责对全国财政的审计监督(第55—64页)。由此构成了一张严密的行政监察之网,以严防官吏朋比结党、失职渎职以及侵害皇权等行为的发生。因此,唐代行政法律对官吏管理和监督的完整规定,体现了中国古代法重视吏治的传统,许多方面对我们今天加强廉政建设都具有借鉴意义。

如前文所述,"令"是中国传统法律的重要组成部分,唐令则是唐代行政法律最重要的组成部分,唐代法律对同时期日本、朝鲜等东亚各国曾起的历史影响,是中华法系形成的地域性方面,而就中华法系的内容来说,除作为刑法的"律"之外,最重要的部分就是当时行政法的核心部分——"令"。在唐代行政法律的典籍令、格、式基本佚失之后,日本学人仁井田陞通过编撰《唐令拾遗》,为世人"拾遗"了唐代行政法中相当一部分最重要的内容,这是进入近代以来对唐代行政法律所作的一次最富开创性的研究。当然,《唐令拾遗》是通过大量史籍的比较考证而进行的复原性研究成果,它的体例在分种类的前提下,基本是以立法先后排列并对出处依据作出说明。《唐令拾遗》问世以来,它在唐代法律甚至整个唐研究方面所作的资料引证参照作用十分巨大,这毋庸置疑。但是,在那之后,以唐令整体为对象作比较系统而完整研究的,钱大群及艾永明先生的《研究》则是第一次。《研究》一书其性质不是又一次或更深入的复原性研究,而是一次对唐令的法理学研究,是我国第一部全面系统探讨唐代行政法律制度的专门研究。其研究特点,正如作者自己所说:"在于对已有的史料作现代法学的分析,依一定的结构框架和层次体系来表达我们对唐代行政法律的评价观点。"(第4页前言)现在看来,作者的任务是圆满完成了。在《唐令拾遗》问世后,能对唐令作如此的研究的确是第一次。我们庆贺这"第一次"。当然"第一次"它常常既包含着功绩,也包含着一定的局限性。功绩要肯定,局限性也要突破——由包括作者在内的广大法史学家和古文献专家在此基础上做第二次、第三次以致无数次的努力去实现新的突破。

《唐代行政法律研究》钱大群、艾永明著,江苏人民出版社1996年

正确反映唐代行政法律的体系和特点
——与钱大群教授共撰《唐代行政法律研究》的一点感受

艾永明[*]

我和钱老师合著《唐代行政法律研究》（江苏人民出版社 1996 年版，以下简称《研究》，引用只注页码）是我学术道路上很重要的一次经历，对我以后的学术研究和发展产生了很大的影响和作用。近 20 年来，我的学术兴趣很大部分是在中国行政法史方面，其实际起点便是这部著作的撰写。

《研究》一书的体系架构、材料选择及观点提炼等都是钱老师负责确定，他还写了第一章和第二章，我主要负责具体写作。在这本书的撰写过程中，我从钱老师那里学到了很多如何做学问和研究的知识和意识，对我弥足珍贵。

一、辨定了行政法律在古代法律体系中占主导地位

中华法系"以刑为主"，这是长期以来海内外学者的一个普遍观点，而且几乎是一个"定论"。然而这种观点正确不正确，符合不符合历史事实，《研究》给出了清楚的否定性结论。从这里我们可以得到一个重要认识，研究中国古代行政法不仅是这个学科自身的需要，而且对于整个中华法系的研究也具有重要意义。只有在对中国古代各种法律（尤其是行政法）进行深入研究

---

[*] 苏州大学法学院教授。

的基础上,才能对中华法系作出全面的客观评价。

1. 行政法律原就是古代法律中的主要内容

很多海内外学者将中华法系表述为"律令法",这种表述在一定程度上是符合明清以前法制原貌的。但是,律与令之间是什么关系? 很多学者语焉不详。其实在很大程度上(当然不完全是),律与令是刑事法律与行政法律的关系。在中国历史上,令于商周时即已产生。商周直至春秋战国,令主要是指国王、国君的命令。秦汉时期,令的适用不断扩大,但官方法的主要渊源是律,令是律的补充,所谓"天子诏所增损,不在律上者为令"(《汉书·宣帝纪》文颖注),"前主所是著为律,后主所是疏为令"(《汉书·杜周传》),便是两者关系的具体概述。应该特别注意的是,由于处于帝国法制的初创阶段,秦汉时期的律令等各种法源的内涵是混融交叉的,还没有形成各自明确的界限范围。如秦律,就包含了刑事法、民事法、行政法、诉讼法等各种性质的法律,汉律同样如此。与此相应,秦令和汉令的内容也是如此。不过,如果仔细分析,汉令已表现出与律分道的趋势。汉令的编纂有以时间为序的,如《令甲》《令乙》《令丙》等,有以官府命名的,如《廷尉挈令》《光禄挈令》等,更有大量以行政管理的事项命名的,如《选举令》《功令》《狱令》《秩禄令》《品令》《任子令》《胎教令》等,这些命名方式(尤其后两种),表明汉令已有成为国家制度和正面规范的法律形式的萌芽。魏晋时期,各种法律渊源的内涵开始明晰和定格,律令分野也得以确定:"律以正罪名,令以存事制。"(《太平御览·刑法部》录晋杜预《律序》)律是刑事法律,律外无律,律外无刑;令中无刑,它规定国家各种正面性制度规范和管理规范,主要属于行政法律。魏晋确立的这种律令体制被隋唐继承和发展,宋朝基本沿用不改。至明清,令逐步消失,其内容被规定在《会典》《则例》等新的法律形式之中。所以,中国古代行政法律的渊源,秦汉时期主要是律和令,魏晋隋唐宋主要是令,明清主要是《会典》《会典事例》和《则例》,而令是联结秦汉至明清的枢纽。从某种意义上说,一部中国古代行政法史,就是令的产生、发展和消失的历史。所以《唐代行政法律研究》明确以令为主要考察对象,实际是确立了中国行政法史研究的基本材料和基本途径。

2. 行政法律也是唐代法律的主要内容

《研究》明确指出,在唐代整个法律体系中,占主导地位的是行政法律而不是刑事法律。首先,就立法而言,行政法律是主体部分。开元二十二年全面修订法律时,"总数为 7 000 多条的法律、法令中,刑律(包括《律》和《律疏》)只是 500 多条,而其他行政法律、法令是 5 700 多条。即使《格》中的'刑部格'及《式》中的'刑部式',分别是刑法及广义的刑法,那也只分别是《格》的24篇之一及《式》的33篇之一而已"。其次,就在法律体系中的作用而言,行政法律是主导者。《新唐书·刑法志》:"凡邦国之政,必从事于此三者(按:指令、格、式),其有所违及人之为恶而入于罪戾者,一断以律。"就是说,令、格、式是国家政务实施的根据,而律是不作为一般"邦国之政""从事"的依据,只有违反令、格、式后入罪时,才"一断以律"(见第一章)。所以,"唐代的行政法与唐律一样,是中华法系构成的必不可少的方面"。而且,"从某种角度说,正面性的行政法律制度,比惩罚性的刑律,在反映法律的本质特征上,更加直截了当,更加富于表现力"(见《研究》前言)。

二、辨定了唐代行政法律的特点

如果唐代有行政法,什么是其法律渊源?什么不是其法律渊源?学术界对这些重要的学术问题争议颇多。《研究》对这些问题作出了清楚地辨定和论述。

1. 律令格式不是"皆刑法"

唐代官方制定法的渊源主要有四种:律、令、格、式。有些学者认为,它们都是刑事法律。此种观点如果成立,那么唐代就根本不存在行政法律。所以这是不得不辨明的问题。

概括而言,律令格式皆刑法论的理由主要有两条:第一,《新唐书·刑法志》说:"唐之刑书有四,曰:律、令、格、式。"因此有些学者就认为,唐代立法者视令、格、式是刑书而不是行政法。第二,唐代规定,违反令、格、式要"一断于律",即依照唐律的规定受到刑事制裁,所以令、格、式当然是刑法而不是行政法。

对于第一项理由,《研究》明确指出,《唐六典》载,凡文法之名有四,一曰律,二曰令,三曰格,四曰式。"唐代人自己把律、令、格、式统称为'文法',当然比宋朝人称为'刑书'要正确……其实,宋人这里的'刑书'中的'刑',不是'刑罚',而是应训为'治','刑书'是指治理国家的法律典籍。"(第2页注①)后来,钱老师又专门撰写《唐代"刑书"与"文法"考》[1],对上述问题详加辨析,其中指出,唐代人将律令格式统称为"文法",在概念上十分精确。"文法",就是"成文法律"的意思。所以,因《新唐书》将律令格式称为"刑书",就断定它们都是刑法,是一种望文生义的不当理解和解释。

---

[1] 参见钱大群:《唐律与唐代法制考辨》,社会科学文献出版社2013年版。

律、令、格、式皆刑法论的第二条理由,实际上提出了一个重要问题,即判定某类法律规范性质的主要标准是什么?是它的制裁方式还是调整对象和规范内容?根据法学的一般原理,制裁方式和调整手段对于认识某类法律规范的性质具有重要的意义,但不具有决定的意义。其特定的调整对象和规范内容才是判定和区分各种法律的主要标准。还应该看到,刑法的内容本身无特定的社会关系,其规定的犯罪种类会涉及行政、经济、民事、文化、教育等各个方面,我们当然不能据此将这些方面的法律全部视为刑法。后来,钱老师又专撰《律令格式是否"皆刑法"辨》②一文,对上述问题详加申析,其中指出:"人们违反了非刑法的法律而受罚,那些非刑法的法律并不因此就具有'刑法'的性质,这是常识。"所以,律令格式皆刑法论的第二条理由,无论是在学理上还是事实上,都是不能成立的。

2. 令、格、式是唐代行政法律的渊源,令是其中核心

该书开宗明义指出,唐代"行政法律"是指"从唐代诸多法律相互关系上考察,那些区别于当时的刑律,主要从正面规范国家规章制度以及国家与百姓关系的那种性质的法律"(第1页)。唐代律、令、格、式四种法源的内容和作用,《唐六典》有精准的定义:"凡律以正刑定罪,令以设范立制,格以禁违正邪,式以轨物程事。"以此定义分析,律是刑事法律,令完全是行政法律,格(除《刑部格》外)绝大部分是行政法律,式绝大部分是行政法律(小部分是广义的刑事法规)。也就是说,唐代行政法律的主要渊源是令、格、式。其中,尤以"令"为最主要的渊源,因为"令者,尊卑贵贱之等数,国家之制度也"(《新唐书·刑法志》)。可见,"令"是国家制度和行政管理规范的主要载体。从《唐六典》记载的唐令27篇篇目来看,也充分证明了这一点。自然,研究唐代行政法律应以唐令为主要材料;离开了唐令谈唐代行政法律,犹如无本之木、无源之水。因此之故,该书在前言中用较多篇幅介绍和分析日本学者仁井田陞编纂的《唐令拾遗》,高度评价这部著作的学术价值,并且明确承认此书是"一部新的典籍",可以作为原典加以引用。在后记中,又特别对将此书翻译为中文的有关中国学者表示谢忱。应该说,《研究》在认识和处理唐代行政法律的渊源问题上,不但方法正确,而且态度端正。清楚界定唐代令与唐代行政法律的内在关系,不仅使该书立于坚实而又正确的客观材料之上,而且对于明确整个中国古代行政法的渊源也具有十分重要的意义。

3. 《唐六典》不是唐代行政法律的渊源

近一个多世纪以来,海内外许多学者都认为,《唐六典》是中国古代第一

---

② 参见钱大群:《唐律与唐代法制考辨》,社会科学文献出版社2013年版。

部完整的行政法典,在中国法律史上占有十分重要的地位。这种观点被学术界广泛接受,几乎已成定论。譬如,章太炎说:"迄唐有《六典》《开元礼》,由是律始专为刑书,不统宪典之纲矣。"(《检论·汉律考》)杨鸿烈曾判断说:"《唐六典》,这书是中国现存的最古行政法典。"(《中国法律发达史》第359页)日本学者织田万很早就指出,中国古代行政法典由来已久,"而其能具法典之体裁,以为后世模范者,莫若于《唐六典》矣"。③ 依据这种观点,《唐六典》似乎是唐代行政法律的首要渊源。然而,《唐代行政法律研究》明确指出,《唐六典》不是唐代行政法律的渊源,因为它不是一部行政法典,而是以记载国家组织编制为基本内容的官修典籍。为此,该书以及之前钱老师的有关论文作了专门分析,分别从《唐六典》编写的目的和体例、《唐六典》的内容、《唐六典》缺乏法律特征等各个方面进行了扎实和有力的论述和说明(详见该书第24页至28页;《〈唐六典〉性质论》,《中国社会科学》1989年第6期;《〈唐六典〉不是"行政法典"》,《中国社会科学》1996年第6期),给《唐六典》作明确的性质定位,将其排除在唐代行政法律的渊源之外,是该书一个突出的学术观点。

三、以正确的结构形式反映唐代行政法律的体系和特点

《研究》是中国古代断代行政法研究的一部专著,在20世纪90年代中期出版这样的著作,学术意义是比较显著的。

如果稍加观察和分析,我们不难发现,无论是民国时期,还是当时的中国大陆,中国法律史的研究都存在一个突出的问题,即人们主要热衷于中国古代"律"(即刑法)的研究,兼及司法制度,而对其他内容包括中国古代行政法几乎不加论及。在很大程度上,中国法律史实际是中国刑法史,各种中国法制史教材实际是中国刑法史教材。后来,一些学者意识到了这样的问题,开始注意中国古代刑法以外其他内容的研究,包括行政法、民法等等,但就总体而言,中国法律史依然没有跳出以刑法为中心的陈旧套路。

本来,中国古代官方法律有两大系统:一是行政法;二是刑事法。然而,直到20世纪90年代中,大陆学者出版的行政法史专著却寥寥无几,其中较有影响的是两本,一是蒲坚先生的《中国古代行政立法》(北京大学出版社

---

③〔日〕织田万:《清国行政法》,李秀清、王沛点校,中国政法大学出版社2003年版,第46页。

1990年版);二是张晋藩先生等的《中国行政法史》(中国政法大学出版社1991年版)。至于断代行政法史著作在笔者的视域中尚未见到。在这方面,日本学者织田万早在20世纪初就出版了规模宏大、卷帙浩繁的《清国行政法》,这应该是海内外研究中国古代断代行政法的第一本专著。但就中国大陆而言,直至20世纪90年代中的时候,应该还是一个空白。

《研究》的出版,不仅填补了大陆学者在该领域中的空白,而且,该书清楚地阐述了中国古代行政法的一系列基本问题和重要问题,极大地提升了中国行政法史研究的学术水准,对以后该学科的研究和发展产生了重要的影响。

1. 著作以恰当的形式设计结构框架

该书凡十七章,第一章"唐代法律体系和行政法律"、第二章"唐代行政法律的特点"属于总论概述,以下十五章分别阐述了行政管理各主要方面的正面性制度立法,全面清楚地展示了唐代行政法律的体系和内容。这一体系内容是有典型意义的,整个中国古代行政法的体系和内容也基本如此。需要注意的是,该书对十五章分论安排的逻辑依据有独到和精心的考虑。唐代杜佑在《通典·田制》中认为:国家"治政"的要素次序是谷—地—人:"有其谷则国用备,辨其地则人食足,察其人则徭役均。知此三者,谓之治政。"该书对此予以了修正,按照人、地、经济、教育、军政、司法以及礼制的次序排列分论部分。

2. 反映由国家任务决定了的行政法律体系

唐代行政法的体系和主要内容是:规范户籍与婚姻家庭的管理、规范土地管理、规范赋役征调、规范物资管理和财产关系的调整、规范工商与水利的管理、规范教育与医药的管理、规范吏政管理、规范国家机关的组织编制、规范国家机关的公务运行、规范军防与警卫管理、规范诉讼、审判及狱政的管理、规范祭祀的礼制、规范仪仗、器物、接遇的礼制、规范服饰的礼制、规范丧葬的礼制。

3. 反映行政法律由刑律保证执行的特点

《律疏》对行政法律贯彻执行的保障表现为:其一,重要行政制度的保障在立法上以刑律专条来规定罪名及较重的刑罚。其二,违反律条无规定的令式分轻重处以笞刑。其三,对可能发生的妨碍社会管理的违法行为,以格敕予以通告性的禁断。

(2014年5月)

第六部分 专题评论

（一）专家专题评论
（二）珍贵序言及附评
（三）法史教学评论
（四）学风评论

（一）专家专题评论

新中国比较法制史研究的重要开拓
——以《比较论》《考辨》《论考》*为评论对象

夏锦文**

作为一位在国内外有重大影响的法学家，钱大群教授已经在中国法律史学的园地里栉风沐雨、春华秋实地耕耘了半个多世纪，并以其饱满的学术热情和不懈的探索精神，在唐律及比较法制史领域进行了开拓性的研究。他通过比较法制史的思路与方法，独辟蹊径，大大拓宽了研究者的视野，将法律史学研究引入崭新的境界。他认为，比较法制史的研究，不是为比较而比较，而是通过比较，站在当代中国社会发展需要的高度，撷取历史的经验和规律性的认识，为完善社会主义法制建设和实施依法治国的方略服务。他勇于开风气之先，开拓创新，严谨治学，为中国法律史学做了开创性、拓展性的工作，赢得了国内外学者的敬重。

一、唐今刑法比较：中国法律史研究中的一个创举

相较于传统的法律史研究，比较法制史研究有着巨大的发展潜力，可谓是法律史研究的一种新思路。它使研究者在比较中对法律制度的社会基础

---

* 指钱大群、夏锦文：《唐律与中国现行刑法比较论》，江苏人民出版社1991年版；钱大群：《唐律与唐代法制考辨》，社会科学文献出版社2009年版及2013年版；钱大群：《中国法律史论考》，南京师范大学出版社2001年版。
** 扬州大学法学院教授，法学博士，校党委委记（2015年4月调任镇江市委书记）。

与文化根源作更全面深刻的理解,从而更准确地理解法律本身;它使研究者处于一个较为广阔的认识背景,不仅看到法律制度、规则、技术等表面问题,更看到蕴藏在内的社会、历史与文化问题,从而为解决这些问题而获得深刻的启迪;它与生俱来的较高境界和宏大视野,使其在立法、司法、法学教育与科研方面,扮演着重要的角色,使其在促进良好法律秩序的建设与发展方面具有独到的方法与路径并且贡献卓越。

比较既是一种思维,也是一种方法论,比较法制史更是一门独立的学科。比较法制史既包括纵向的比较,即古今法律的比较,也有横向的比较,即中外法律的比较。具言之,比较法制史涉及两个关键词,即"比较"和"法制史"。我们认为,"比较"以及与之紧密相关的"比较法学"侧重于横向研究,而"法制史"侧重于纵向研究。将两者贯通而成的"比较法制史"则是纵向研究与横向研究的结合。① 例如,梅因的《古代法》就是对古代东西方各国的法制的比较研究。"比较法制史侧重的是对法制源流的考察研究,离不开法制发展与演变的法律文化背景。可以说,用比较的方法研究历史上不同类型、不同时期的法律制度,更能比较明显地体现出不同文化类型、不同地域、不同时期的法律制度的特色。"②

法律史学的研究应当改变传统的、简单化、单一性的研究方法,将个别考察方法与比较分析方法相结合,以提高法律史学科的研究水平和质量。

为了避免法律史由研究走向孤独和封闭,当代中国的法律史研究更应体现一种开放的视角,更多运用比较分析的方法。法律史学既有纵向的比较即古今法律的比较,也有横向的比较即中外法律的比较。比较的方法使我们对材料进行分析、研究、鉴别、取舍,达到了事半功倍的效果,通过比较,加深了对我国传统法律文化和西方法历史文化的认识。比如,西方法的发展和内容基本上都立足于共同的文化背景,而中国古代特定的生产方式造就了中华法系自己独特的发展过程和特点,如儒家思想的影响、宗法观念等。另外,通过比较可以挖掘出传统法律文化中具有现代意义的精华部分。

我们的理念是在比较中鉴别,在比较中选择,在比较中发展。我们相信,比较法律史必将成为21世纪中国法律史学研究的一个重要领域。③

---

① 参见沈宗灵:《比较法研究》,北京大学出版社1998年版,第11页。
② 夏新华:《比较法制史:中国法律史学研究的新视角》,载《法制与社会发展》2003年第5期。
③ 参见夏锦文:《21世纪中国法律史学研究的基本思路》,载《学习与探索》2001年第1期。

考察近现代中国法律发展史,我们可以认为,没有比较法制史,就没有当代中国法律制度。例如,我国古代的历代刑法志,就是后代对以往各代刑法及其他法律制度所作的纵向比较、概述与评析。这种纵向比较研究,至清代薛允升那里达到最高水平。清代薛允升所著的《唐明律合编》,就是对法制史进行比较研究的良好范例。另外,杨鸿烈也对比较法制史的研究方法作了多方面的探索。他在《中国法律发达史》一书中,总结了历史的方法和比较的方法,认为应当用前者来考察法律的沿革,用后者来比较法律的异同。④此外,沈家本的《历代刑法考》、程树德的《九朝律考》、董康的《刑法比较学》等,都是中国近代比较法律史著作的精品。

但是,中国近代没有出现专门的比较法学家和比较法制史学家。何勤华教授指出:"当时写有比较法的论著、对比较法研究作出贡献者,基本上都是法理学、法史学或部门法学的学者。……法理学、法史学和部门法学的学者涉足比较法研究的现象,是中国近代比较法发展过程的一个突出特点。"⑤

新中国成立以来,比较法制史研究伴随着社会主义民主法治建设的进程而不断发展,在我国开创了前所未有的繁荣局面,在立法、司法、法学研究、法学教育等各个领域都发挥了很大的推动作用,也促进了不同法律制度、法律文化的相互交流、沟通与借鉴。学者们也非常重视比较法制史的理论研究与学科建设。中国人民大学法律史学者曾宪义教授曾指出:"在今后一个时期内,比较法制史的研究也应在中国法制史研究领域中占有一席之地。"⑥

但是,从总体来看,比较法制史研究的开展并不尽如人意,在很多领域没有很好的展开研究,有许多空白需要填补,有关的专家学者也不多。在研究工作中,缺乏关键性的研究专题,缺乏发人深省的研究成果,缺乏研究方法的创新。

钱大群教授是新中国法律史学的建设者之一,也是比较法制史领域的开拓者。他毕生从事法律史、比较法制史的教学与研究工作,饮誉学界,著述宏富。他以充分的学术积累、深刻的学术自觉、创新的学术风格感染和教育了一代又一代学人。在新中国的法律史学研究、比较法制史研究的发展历程中,钱大群教授不仅作为积极参与者而成为这一段历史的见证人,更以其高度的历史责任感和勇于创新的开拓精神而成为推进这一历史进程的中流砥

---

④ 参见刘广安:《杨鸿烈与中国法律史学》,载《中华法系的再认识》,法律出版社 2002 年版,第 162 页。
⑤ 何勤华:《比较法在近代中国》,载《法学研究》2006 年第 6 期。
⑥ 曾宪义、郑定:《中国法律制度史研究通览》,天津教育出版社 1989 年版,第 19 页。

柱:他撰写了《唐律与唐代法制考辨》《唐律与中国现行刑法比较论》等比较法制史专著,发表了《中国传统法律文化思辨》《唐代杠徒折役与国家赔偿辨》等比较法制史方面的论文,等等。⑦ 在这些具有鲜明特色的著述中,我们领悟到了一位法律史学者不断超越自我的学术品格,其中钱大群教授对比较法制史研究领域的不断探索和卓越贡献就是这种学术品格的重要体现。

钱大群教授的研究成果及历程,充分体现了比较法制史的内涵与境界,也展示了他深厚的学术功力、卓越的法学修养与巨大的学术贡献。第一,比较法制史以不同国家、不同区域在不同历史时期的法律为考察研究对象,因此,比较法制史的研究学者不仅需要基本的法律史及部门法的知识背景,而且还需要中国古代和其他国家的语言知识,这是古今中外不同法律之间进行纵横比较的前提条件。这就使比较法制史天生具有了跨越古今、超越国界的广阔视野。第二,比较法制史必然对所考察的特定历史时期的法律赖以产生、存在与发展的文化基础、历史传统、社会条件等各种人文基础有清楚的了解,只有这样,比较才能有效进行。这使比较法制史更具有人文关切和人性包容,对历史与社会具有更深刻的分析、判断以及理解力和洞察能力。

古今、中西法制历史的比较研究,既是一个富有魅力与潜力的领域,又是一个难以把握的领域,需要法律史学者做更深厚的知识储备、更艰苦的经验积累,才有可能获取更为准确的理解与认识。钱大群教授作为当代法律史学者,是我国比较法制史领域的开拓者之一。

二、比较法制史研究的主要贡献

钱大群教授作为中国法律史研究的代表人物之一,在比较法制史的研究上始终站在最前沿,他传承了清末薛允升以来的比较法制史研究精华,在此基础上进行了大胆的探索,并且取得了丰硕的学术成果。《唐律与唐代法制考辨》《唐律与中国现行刑法比较论》等著述及论文就是这方面的代表。这些法律史研究的积累与推进,充分展现了他在比较法制史研究领域的学术启

---

⑦ 参见钱大群:《唐律译注》,江苏古籍出版社1988年版;钱大群、郭成伟:《唐律与唐代吏治》,中国政法大学出版社1994年版;钱大群:《唐律与唐代法律体系研究》,南京大学出版社1996年版;钱大群:《唐律研究》,法律出版社2000年版;钱大群:《中国法律史论考》,南京师范大学出版社2001年版。钱大群、夏锦文:《中国传统法律文化思辨》,该文原发表于我国著名教育家匡亚明教授主持的国务院古籍整理出版小组机关刊物《传统文化与现代化》1993年第6期;钱大群:《唐代杠徒折役与国家赔偿辨》,原载《江苏警官学院学报》2006年第3期,此二文皆收入钱大群著《中国法律史论考》,南京师范大学出版社2001年版。

发意义和创新性。我们认为,钱大群教授对于比较法制史研究的贡献主要集中在以下方面。

(一) 研究方法走向多元

钱大群教授实践了在法律史研究、比较法制史研究中,各种研究方法的综合与统一。他认为,"比较,是很重要的研究方法,可以促使我们知己知彼,进行参考借鉴"。⑧ 其与夏锦文共同撰写并在1991年出版的《唐律与中国现行刑法比较论》一书,就是使法律史学的研究方法由单一走向多元的优秀范例。这部著作不仅是法律史研究中所取得的又一新的重大科研成果,也是比较法制史领域里的一部具有开创性的重要著述。该著作改变了过去单纯"从律典本身来研究律典"的单一思维与方法,以纵向比较研究的方式对唐律作出全新的解读。正如该书序言作者乔伟先生所称:

> 过去研究唐律有一个共同的特点,就是大都从唐律本身去研究唐律,很少进行纵向的比较研究。虽然清人薛允升撰写过《唐明律合编》一书,把唐律与明律进行比较,揭示了它们之间的差别,但这终究是两种相同的法律制度的比较研究。而钱大群同志另辟蹊径,取唐律与我国现行社会主义刑法进行比较研究,在两种不同类型的法律制度之间探索其异同,这可以说是中国法制史研究中的一个创举,这对于研究我国现行刑法的渊源,弘扬古代的法律文化,总结历史经验以搞好当前的法制建设,无疑都具有重要的学术价值与实践意义。这是具体贯彻'古为今用,推陈出新'的学术方针的一个有益的尝试,它理所当然地会受到学术界的欢迎。⑨

(二) 研究领域走向宏阔

钱大群教授在其新著《唐律与唐代法制考辨》第三十二篇《关于唐律现代研究的几个问题》之(二),即"在比较中探求唐律的特色和扩展其新的研究领域"中提到,戴炎辉先生所著的《唐律通论》与《唐律各论》的体系结构,实际是古今比较即把唐律与现代刑法作系统而全面比较的开拓性著作。随后,从20世纪60年代起,唐律又被进一步推向了更广的横向与纵向的比较研究。1968年,蔡墩铭先生出版的《唐律与近世刑事立法之比较研究》一书

---

⑧ 钱大群、夏锦文:《唐律与中国现行刑法比较论》,江苏人民出版社1991年版,第1页。
⑨ 同上书,序言第2页。

就是典范。

而钱大群教授与夏锦文在前人基础上共同写就的《唐律与中国现行刑法比较论》，无疑是又一部开拓性的比较法制史著作。正如作者在《唐律与唐代法制考辨》中指出：通过比较，能使唐律研究获得以下几方面的开拓性进展：一是能够更清楚地显现唐律制度、原则的特色，例如在比较中发现"恤刑主义"；在比较中判定"罪刑形式法定"的特质，等等。二是使唐律研究扩展了新的领域：如通过比较建立了"身份法"；通过比较促成了"吏治"法研究领域的形成，等等。⑩ 具体而言，《唐律与中国现行刑法比较论》这部比较法制史著作，把唐律与现行刑法作比较研究，以此判定两者都为"刑法"的共通之点，同时也彰显出两者的差异，由差异又推动产生新的研究领域。正如作者所言：

> 对唐律与现行刑法的比较研究，是把唐律置于现代刑法学体系下所作的对照剖析，目的是为今天的研究者们架设一座沟通现代刑法与古代典范刑律的桥梁。在此过程中，戴炎辉先生的《唐律通论》给了我启发，但在比照的深度与广度上，窃谓亦有我们自己特别的努力与发掘。⑪

（三）研究模式走向综合

钱大群教授以前的学者，在比较研究的具体模式上，要么专长于中西比较，要么独擅古今比较。而钱大群教授则擅于两者的结合，开创了根据研究主题和内容的不同，分别采用横向与纵向比较，或者将二者有机结合的综合性的研究模式。

钱大群教授特别强调，不能只关注于西方的法律制度，而应积极挖掘本国历史上的优秀法律文化遗产，进行古今比较："20世纪80年代后期，国内法学界热衷于中外比较研究的人可谓大有人在。在搞中外比较研究的人中，绝大部分又是偏向于中西比较。……横向的中外比较固然需要，但对自己祖国的古今作纵的比较，也绝对不应忽视。"⑫

用比较的思维来看待中国传统法律文化，这在钱教授与夏锦文合作的

---

⑩ 参见钱大群：《唐律与唐代法制考辨》，社会科学文献出版社2013年版，第341—346页。
⑪ 参见钱大群：《唐律与唐代法律体系研究》前言兼后记，南京大学出版社1996年版，第2页。
⑫ 钱大群、夏锦文：《唐律与中国现行刑法比较论》，江苏人民出版社1991年版，第1页。

《中国传统法律文化思辨》一文中表现得尤为明显。⑬ 该论文从法律文化的传统与现代性入手，纵向分析了传统法律文化与现代法律文化的相容性、共存性，以及矛盾性和不相容性，横向考察了中西方不同的法律文化的价值属性问题，以及彼此之间的互容性与互补性，进而分析了中西方法律文化的双向交流与融合。在此基础上，论文详细阐述了西方法律文化的传统性与消极面，解读了中国传统法律文化的积极因素及其现代意义。全文的观点铺陈与思想推进，始终贯彻着对古今中西予以比较的思路与方法。

钱大群教授运用纵向比较的论文很多。例如，他在《唐律的使用及〈律疏〉体制内外"法例"的运作》中，不仅肯定了《唐律疏义》在唐代的使用，而且提出《唐律疏义》在事实上也行用于宋代。⑭ 作者从法源、法律形式与敕的关系、司法实践等各方面都论述了《唐律疏义》在宋代的实际使用。比如，指出《宋刑统》的法律形式主要渊源是唐代的《大中刑律统类》，并且分析了两者的承继关系；分析了《宋刑统》在实际内容上对唐律的增删，等等。这些都显然运用了纵向比较的方法。又如，他在《〈唐律疏议〉结构及书名辨析》一文中，分析了唐律在唐代、宋代、清代的不同称谓，认为唐律的律文（含注文）同疏文一起，在当时称为《律疏》。《律疏》在宋、元有《唐律疏义》与《唐律疏议》两称（作者认为"疏议"之称不当）⑮，而到了清代及近代，尽管有不同版本的称谓，但总体趋向于称《唐律疏议》。作者在按朝代进行辨析与评论时，不仅比较了各代称谓的不同，也比较了某一朝代，如清代，其官方权威版本、学人著作、民间传抄传刻的不同载体对《律疏》称谓中"义"与"议"的影响，并作出不同评价。

钱大群教授进行横向比较的研究成果也很多，其研究功底尤其体现在微观的横向比较。例如，《对律疏中数条律义之解读——管窥法典化律条之间严密的律学联系》一文，采用了横向比较的方法。⑯ 他认为，"当时的疏文对律文及注的解释基本上非常细密周到，体现了高度的法典化水准。这种高度法典化有利于司法审判中的法律适用，有利于推动律学研究的发展。这里选择其中数例，谈一点看法，以便今天的唐律阅读者，明白其中原委，共同观察

---

⑬ 参见钱大群、夏锦文：《中国传统法律文化思辨》，载钱大群：《中国法律史论考》，南京师范大学出版社 2001 年版，第 504—520 页。

⑭ 参见钱大群：《唐律在唐宋的使用及〈律疏〉体制内外"法例"的运作》，载《北方法学》2013 年第 1 期。

⑮ 参见钱大群：《〈唐律疏议〉结构及书名辨析》，载《历史研究》2000 年第 4 期。

⑯ 参见钱大群：《对〈律疏〉中数条律义之解读——管窥法典化律条之间严密的律学联系》，载《当代法学》2012 年第 1 期。

律条间饶有兴趣的律学联系问题。"其中,有些例子"涉及立法上律条之间的比较与平衡的关系问题",有些则"涉及不同法条同时使用的关系处理问题",有些"涉及语言表达上的行文特点问题"。当涉及律条间的比较与平衡问题时,钱教授指出,在这些问题上,有的是《律疏》中较难辨读的律条,其难处在于这一条律文牵涉到与另外数条律文的交叉关系,进而对此作了必要简明的辨析;有的则是在立法上应用了性质相通的比较,而且涉及了两条甚至更多律条的辗转相比,才确定某一个罪名的刑罚幅度,并且对立法上作比拟的过程进行了详细的解析。为了让辩论对方了解律与令不同的性质与作用,在《唐律与唐代法制考辨》(2009 年版)中,专门列了"唐代部分律令对应表"以便于读者思考评议。钱大群教授以数处律义之解释为引子,通过比较的思维方法,探索了法典化的唐律其律条之间内在的严密的律学联系。

(四)研究主题选取视野广阔

传统的比较法律史研究,在主题上往往并不明确,尤其当涉及比较时,有时会出现"为了比较而比较""滥用比较""比较的对象并不具有可比较性"等不科学、不合理的现象。钱大群教授不仅重视比较,更擅长比较,能够正确选取可比较的对象,进行科学的比较,使比较的过程与方法符合法律史学研究的基本规律与内在要求,达到比较的预期目的和实效。

钱大群教授在《唐律与中国现行刑法比较论》一书中提到了选取唐律与当今中国刑法进行比较的缘由与可比较性:"系统的对古今刑法进行比较,是联系实际研究法制史的一个重要途径。唐律是中国封建社会上升时期的刑律,是中国封建刑律的典型,是中华法系的代表,以唐律作为与今天刑法进行比较的对象是最好的选择。"[17]而且,钱大群教授还提到了将二者进行比较时,所面对的不同情况及相应对策:"以刑法的概念和制度来说,唐律与现行刑法在比照上,有这样三种情况:一是有些概念与术语属现代刑法与唐律所共有,但其内涵存在着实际上的差异。如'故意''过失'的概念。另一种情况是,唐律中虽没有那种名词术语,但事实确有那种制度。第三种情况是现行刑法中没有,唐律中却有的那一类制度。"[18]这就反映出作者对比较的娴熟运用和准确把握。

---

[17] 钱大群、夏锦文:《唐律与中国现行刑法比较论》,江苏人民出版社 1991 年版,第 1 页。
[18] 同上书,第 3—4 页。

(五) 研究思维走向全面

钱大群教授将比较的思维深入地渗透到法律史学的研究中,其著述既有直接运用比较方法来分析某个问题,也有间接采用比较的思维来作为研究问题的基础、准备或条件预设,从而使片面、简单、单一运用直接比较的研究思维扩展为全面、复杂、根据不同情况分别运用直接比较和间接比较的全面化的研究思维。例如,有的论文虽然没有直接的对不同法律及制度进行比较,但却有心将其成果作为后续比较研究的知识准备与前提。《唐代枉徒折役与国家赔偿辨》一文就是如此。钱大群教授特别,指出该论文的目的在于"对唐律中这一制度在与后代特别是现代的国家赔偿作比较研究时,起抛砖引玉作用"。[19]

又如,有些论文在字里行间体现了比较的思维,并以比较为基础进行观点表述与论证分析。他的《中国刑法史上不可磨灭的一页——评沈家本对犯罪主观心态之研究》[20],论述的是清末修律大臣沈家本根据世界法律制度发展的新趋势,看到了中国封建专制主义法律制度的落后与野蛮,从而意图主张改革旧的封建法律制度,并在这一过程中对封建刑律中犯罪主观心态所作的潜心研究与推陈出新。论文比较了秦汉刑律、晋律、唐律对犯罪主观心态的不同区分,论述了唐律在区分故杀与斗杀上作出的新贡献,并在此基础上指出了沈家本对犯罪主观心态的新主张,以及这些主张对近代中国立法的直接、重大的影响。论文指出,沈家本在犯罪主观心态问题上的研究推进,是他重视总结唐以后各代司法实践的丰富经验而取得的成果,也是对薛允升等前人的研究成果的继承与发展。而这样的总结、继承与发展,是建立在比较的基础之上的。

三、比较法制史研究的时代意义

由前所述,可以看出,钱大群教授对比较法制史理论研究的贡献是很大的,具有很高的学术价值。当代中国的中青年法律史学者,有责任在前辈的肩膀上站得更高,走得更远。钱大群教授本人亦曾把学人的研究成果比作在漫长科学发展道路上留下的脚印:"脚印,它指示一种已有的方向,它标志前人脚踏的地方。我们沿着前人的脚印走,凡事要比前人走得更远,就必须再

---

[19] 钱大群:《唐代枉徒折役与国家赔偿辨》,载《江苏警官学院学报》2006年第3期。
[20] 参见钱大群:《中国刑法史上不可磨灭的一页——评沈家本对犯罪主观心态之研究》,载《江苏社会科学》1991年第2期。

作出新的努力。"㉑从钱大群教授的比较法制史著述来看,我们可以从中获取极为有益的教益与启迪,为我们当下的比较法制史、法律史学研究提供丰富的借鉴。

(一) 关注学术研究的当代意义

比较法与比较法制史的研究曾对中国近现代的法律变革发挥了较大作用。我们当前正在进行的法治中国建设也离不开比较法制史。当前对比较法制史的研究,应当以中国法律和中国社会为积极关切的目标。

钱大群教授始终致力于法律史学与比较法制史的建设与发展,他认为其最重要的意义就在于使学术研究延续中华民族伟大的历史传承,使学术研究为社会主义法治提供借鉴。他的著述和论文,处处体现了这样一个认识:法律史学与比较法制史的研究,不能像清代考据学派那样钻故纸堆,为历史而历史,也不能为比较而比较,而是既要深入历史,又要超越历史,站在当代社会发展需要的高度,为当前的法治建设服务。

所以,钱大群教授在作比较法制史的研究时,特别注意通过比较,得出对当代有启发意义的思想与观点。例如,他的《中国近现代政体简论》这篇文章,就旧中国从20世纪初起陆续出现的各种政体,探讨了中国近现代政体产生和发展的特点及规律。作者认为,中国近现代(从清末到中华人民共和国成立以前)在政体上大致经历了清政府时期、南京临时政府和北洋军阀统治时期、广州与武汉国民政府时期、南京国民政府时期,而且各阶段的政体更迭都有其激烈的表象特征、丰富的实质因由、鲜明的差异与不同的经验教训。作者通过上述各时期的比较、总结与归纳,得出了近代中国宪政运动的历史意义与当代启迪。

(二) 关注学术研究的现实需求

法律制度的发展完善、法律思想的不断创新要面向世界、面向时代、面向现实。法学研究者应当重视当下社会的现状与实际需要。比较法制史肩负着重要的社会职责和历史使命。

钱大群教授充分关照了比较法制史研究在当下的现实需求。例如,他在《台湾"刑法"对中国古旧刑律的承袭与发展》一文中,指出了他对台湾地区法律的关注与研究,源于台湾地区与大陆交往逐渐密切的现实需求:随着两

㉑ 钱大群:《唐律与唐代法律体系研究》,南京大学出版社1996年版,序言。

岸关系的松动,台湾地区与大陆的交往必将进一步发展。两岸关系的发展首先要求两岸"法律"上矛盾与冲突的妥善解决。而要做到这一点,又必须同时要求两岸的法律工作者采取冷静的态度去了解和研究对方的法律,真正在知己知彼的情况下探讨法律冲突的解决办法。② 而且钱大群教授指出,无论从历史上看,还是从今天的现实看,刑法是两岸"法律"冲突中比较突出的一个方面。因此,他选取了"台湾刑法在其自身发展的历史背景下,如何对中国古旧刑律进行承袭与发展"这一论题,以纵向比较的方法,剖析了台湾"刑法"对历史的继承,由此阐述了台湾"刑法"中的积极方面与消极因素。更具现实意义的是,他指出,台湾"刑法"对古代的合理制度加以有效的发挥运用,并对中国古刑律中的一些不合理制度加以纠正以符合现代刑法之精神,这就为我们提供了纵向比较、以古鉴今的优秀范例。

关注比较法制史的现实需求,意味着我们的研究工作应当结合中国的实际问题开展比较法制史的研究。譬如法治中国建设、法制现代化问题、当代司法理论与实践问题等,都赋予比较法制史新的时代意义和现实价值。比较法制史的研究不能仅局限于法条比较、制度比较,而要更注重法条、制度背后的东西,更要比较法律的实施情况,以及与之相关联的社会状况。也就是说,在比较法制史研究中,不能仅注重法典或规则制度本身,还应当关注规则制度的执行、实施机制,及其与整个社会背景的关联。比较法制史的研究使命,更多的应当是将其原理、方法、思维方式予以传授与应用,以在当代中国的立法、司法、法学教育与研究中发挥重要作用。

(三) 关注学术研究的开放视野

比较法制史具有一个重要的个性,即它属于所有法学。比较法制史与所有民族国家历史上的法律及其制度均会发生必然联系,所以它必然存在于整个世界,并与所有法学有着密切的联系,这使比较法制史具备了开放的视野与宽广的包容性。

钱大群教授的论文,就体现了中西比较、并且将比较法制史与部门法相结合的思路,从而大大拓展了学术研究的视野。例如,他的《旧中国自由资本主义改革开放的倡导者——论张謇运用法律实行改革开放的思想与实践》一文,详细介绍了 1913 年 10 月至 1915 年 9 月,我国近代著名实业家、政治家张

---

② 参见钱大群:《台湾"刑法"对中国古旧刑律的承袭与发展》,载钱大群:《中国法律史论考》,南京师范大学出版社 2001 年版,第 592 页。

謇,在北洋政府农商总长任上,主持制定二十多部经济法律的事迹,以及从中反映的张謇运用法律实施经济改革的重要思想。[23] 论文提到,张謇所处的时代是中国由传统社会向近代社会变迁的时代,张謇对近代社会世界经济发展一体化的趋势有着清楚的认识,因此一方面制定法律,改革封建社会遗留的违反经济发展规律的经济制度,另一方面力主学习外国先进的技术和管理经验,引进外资,开发中国尚无力开办的产业。而张謇在引进西方的公司制度、科学技术、管理经验时,始终坚持爱国主义的立场,注重本国的实际情况,并通过对中国和日本的比较,强调学习外国要以振兴实业为根本指导思想。

比较法制史并不局限于对不同国家和特定区域在不同历史时期的法律制度、原则、规范的比较研究和分析阐述,而是要探讨、发现和创造对整个人类社会具有普适性的原则与规则,这使比较法制史具备了一种全球视野与人类关怀。

(四)关注学术研究的多元思维

比较法制史要求我们摒弃思维上的单一性,关注和研究多元、多样性的社会现实。现在的法律史学已不再生硬、机械的区分法律思想、法律制度、法律文化的好与坏。事实上,人类法律文明史上的任何一种制度安排、思想萌发、文化积累都是多样的,每种法律文化现象都有其自身的特点。比较法制史的任务就是通过对法律及其制度的比较,揭示出一定的经济、政治、文化、历史、时代因素和社会条件如何结合,导致了法律制度的演化、变异和多样性,发现、识别、理解和进一步阐释多样化的制度与体制,为当代的法治建设提供来自不同经验的知识基础。

钱大群教授的研究成果,多是从公平正义的理念出发,从对人类与社会的关怀出发,阐明其对法律与法制的思想观点,从而希冀为建设法治中国而尽心竭力。具体而言,他通过对不同社会、不同历史时期、不同国家的法律及其制度的比较与研究,对古今中外不同法律制度的区别予以明确详尽的分析与阐述,以求在当代中国的法律现代化和法治建设过程中,提供较好的选择与方案,获得较好的社会效果。

例如,他在《"依法治国"与法制现代化》一文中,探讨了"法制"与"法

---

[23] 参见钱大群、董长春:《旧中国自由资本主义改革开放的倡导者——论张謇运用法律实行改革开放的思想与实践》,载《法制与社会发展》1996年第6期。

治"的区别,阐述了"以法治国"原则产生的历史背景及其特殊含义。㉔ 作者在行文时,紧密联系中国古代以法治国的基本含义与具体措施,通过纵观封建社会的"以法治国"及"法治",层层推进,得出了今天的"依法治国"离不开法制的现代化、我国实行法治的根本目标是建设社会主义现代化法制、党的目标是建设有中国特色的社会主义法制等一系列极具启发性和现代意义的观点。钱大群教授的研究思路启发我们,比较法制史必须放弃单一性的法律思维,应当将差异性分析置于优先地位。

(五)关注学术研究的综合方法

量子力学的开拓者普朗克曾言:"研究人员的世界观将永远决定着他的研究方向。"㉕为了避免"只缘身在此山中"的局限性,法律史学者应当综合运用多种方法,从不同的角度和层面去认识、发现、解释法律发展的进程及其规律、历史动因与社会基础。比较法制史的研究,就体现出方法的创新与综合。比较法制史不仅要贯彻比较法的研究方法,还要处处体现尊重历史的方法,以及关注社会的实事求是的方法。

例如,钱大群教授在《律、令、格、式与唐律的性质》一文里,详细探讨了唐代的法律形式,即律、令、格、式的性质和作用,而这是在宏观上了解唐代整个法律体系,同时在微观上辨清唐代各种法律及典章性质的关键。㉖ 在分析律、令、格、式性质的过程中,钱教授不仅指出它们彼此形成了互相分工协作的关系,比较了它们的形式与性质,更是将唐代法律的这种分类情况,与现代法律相比较,阐述了古今的相通之处与特异差别。在比较的基础上,对诸如"律、令、格、式皆刑法""唐律是诸法合体,民刑不分"等最具有代表性的观点提出看法,以使唐代法律制度的研究,通过这些不能回避的争论得到更深入的发展。

可见,比较法制史应当引入和创新研究方法。"科学的方法论强调历史和理论的统一,既反对脱离历史和现实的理论抽象,又反对脱离理论的单纯的历史和现实的描述。"㉗比较法制史的研究应当深入到历史与现实中,并且采取开放性的姿态,积极吸收其他学科有益的研究成果。更何况,传统法律

㉔ 参见钱大群:《"依法治国"与法制现代化》,载《中外法学》1999 年第 4 期;《中国法律史论考》,南京师范大学出版社 2001 年版,第 521—532 页。

㉕ 李醒民:《激动人心的年代》,四川人民出版社 1984 年版,第 298 页。

㉖ 参见钱大群:《律、令、格、式与唐律的性质》,载《法学研究》1995 年第 5 期。

㉗ 靳涛:《经济学两种研究范式的碰撞与沿革——再论经济学的"工具理性"与"演化视角"的矛盾统一》,载《经济社会体制比较》2007 年第 3 期。

史的研究方法有其难以克服的缺陷,其突出表现为研究视角的狭窄和研究方法的单一。这种局限性的存在,正是比较法制史研究兴起的原因之一。我们认为,比较法制史研究方法最为显著的优势在于它大大拓宽了法律史研究的视野范围,而这种拓宽正是得益于研究方法的创新与综合。

(2014年秋)

《唐律疏义》中有关服制的几个问题
——评钱大群教授《唐律与唐代法制考辨》

丁凌华[*]

南京大学法学院钱大群教授是国内闻名的唐律研究专家,自20世纪80年代中年转行从事中国法制史研究,是改革开放以来国内第一代法制史学者,三十多年来孜孜不倦于发掘唐律这座富矿,著论几乎等身。尤为可贵的是,大群先生在退下教学岗位后,耄耋之年仍笔耕不辍,时有研究成果问世,更是令人敬佩。2015年年初,大群先生惠寄最新成果《唐律与唐代法制考辨》(增修本,社会科学文献出版社2013年11月版)一书,并亲自来电嘱余为其中的服制考辨数条作一评论。余作为薄学浅识的晚生后辈与忘年之交,惶恐之余,亦深知大群先生的真诚直率性格,由是恭敬不如从命。

《唐律与唐代法制考辨》(以下简称《考辨》),书中直接与五服制度相关的考证,共有两个问题又三小条:两个问题即第十六章"舅奸甥不入十恶'内乱'考"(第170—179页,内分5小条)及第十八章"改嫁继母丧制修改辨"(第184—187页,内分3小条);另三小条是指第三十三章"对《律疏》中数处律义之解读"中的两个小条即"妻殴'大功尊属'适用何条法律?"(第350页)与"'父祖妾'为何前疏与后注解释相异?"(第364页),以及第三十六章《唐律疏义》原创内容质疑试举"中的一个小条"外亲服制'礼法不一'"(第413页)。下文就以上内容作一些粗浅的评议与补充,画蛇添足而已。

---

[*] 华东政法大学法律史研究中心教授。

服制即丧服制度,亦称五服制度。五服制度的全面入律始于隋唐①,清末民初的学者并曾任民国总统的徐世昌在《唐明律合编序》中指出:"三礼丧服之学盛于唐初,故唐律一准乎礼而得古今之平。"这个论断是很有眼光的,既点出唐律"得古今之平"的独特地位,又指出这一地位的成因是"三礼丧服之学盛于唐初"。但就服制全面入律的渊源而言,笔者以为主要来自《贞观律》对东晋南朝礼学特别是丧服学章句成果的吸收。②

大群教授文中所说的唐律中的服制变更,就是入律后的礼制的变更,大群先生所考证的唐代君臣关于这些变更的讨论,就是反复论辩这些变更是否符合礼义的正当性,既不能违背圣贤阐述的关于等级伦理的基本原则,又要考虑到入律之礼在现实社会中具体实施的合理性,也就是如何协调传统礼义与世俗情理的关系。

一、舅奸甥女依《律疏》确未入于"内乱"

《考辨》十六章(第170—179页)提出了在贞观十四年(640年)与显庆元年(659年)两次廷议之后,其对礼制的改正是否反映在《唐律疏议》之中的问题。这个问题始于1980年北京大学王永兴教授提出的一个观点,认为今本《唐律疏议》中十恶"内乱"罪的疏文,是根据唐高宗显庆二年廷议的决定进行了修改。③ 大群先生则认为,该廷议的"决定"没有反映在唐律疏文中。

"内乱"罪为"十恶"之一,厘清"十恶"的对象与范畴,是中国法制史研究的一个重要问题。"内乱"罪是指亲属内部的强奸与通奸行为,按唐律注文解释为"谓奸小功以上亲、父祖妾及与和者(和指和奸,即通奸)",之所以将"父祖妾"单独列出,是因为其在服制上极远(嫡子为父妾有子者无服,庶子为父妾有子者缌麻④,无子者无服),而在尊卑上极近(与父同体)。其余对象则均限定在小功以上亲。什么是"奸小功"?这就牵涉到一段《名例律》中疏文的句读问题。

---

① 法律史学界一般引《晋书·刑法志》认为晋律开始"准五服制罪"。但据笔者考证,两晋南北朝隋时服制入律极为有限,且主要适用于亲属连坐而非亲属相犯,与《唐律疏议》的服制全面入律且主要适用于亲属相犯有本质区别。参见丁凌华:《五服制度与传统法律》第三章第二节"魏晋南北朝时期'准五服制罪'原则的初步确立"。

② 参见丁凌华:《五服制度与传统法律》,商务印书馆2013年版,第368—373页。

③ 参见王永兴:《关于〈唐律疏议〉中三条律疏的修改》,载《文史》第8辑,中华书局1980年版。

④ 父妾有子者也称庶母,明初升格为杖期。

以往的不少学者如杨鸿烈所著《中国法律发达史》、吴翊如点校《宋刑统》均作如下句读：

> [议]曰：奸小功以上亲者，谓据〈礼〉男子为妇人著小功服而奸者，若妇人为男夫虽有小功之服，男子为报服缌麻者，非谓外孙女于外祖父及外甥于舅之类。

而大群先生则认为应是如下句读：

> [议]曰：奸小功以上亲者，谓据礼，男子为妇人著小功服而奸者。若妇人为男夫虽有小功之服，男子为报服缌麻者，非。谓外孙女于外祖父及外甥于舅之类。

二者比较，可以看出前者句读语义含混费解，其潜在的意思大概是要说明唐律中外祖父奸外孙女、舅奸外甥女是属于"奸小功以上亲"，是属于"内乱"罪的。而后者的句读语义则很清晰，认为这段疏文是将外祖父奸外孙女、舅奸外甥女明确排除出"奸小功以上亲"，即虽为犯罪，但不属于"内乱"罪的范畴。

杨、吴等学者为何会有如此含混费解的句读呢？这是因为他们看到了两唐书中的服制改革与现存《唐律疏议》中的矛盾，认为礼制改革一定会反映到法律内容中。在经典服制即《仪礼·丧服》经传记中，有几个相关外亲的服制原则：一是"外亲之服，皆缌也"，即属于外亲的母党、妻党的最高服叙是第五等的缌麻亲；二是唐时修礼官长孙无忌归纳的"傍尊之服，礼无不报"[5]，即旁系亲属间尊卑服制同等，卑幼为尊长制何等服，旁系尊长也应回报同等服，所以甥为舅制服缌麻，舅也为甥报服缌麻；三是外亲中的直系尊长（正尊）有"以尊加"[6]的特权，即外孙为外祖父母应加一等服小功，外祖父母为外孙则降一等仍为缌麻，而外亲中的旁系尊长如舅则没有这个特权，也就是长孙无忌说的"己非正尊，不敢降也"[7]。唐贞观十四年（640年），唐太宗在修礼官言及服制时指出："同爨尚有缌麻之恩，而嫂叔无服。又舅之与姨，亲疏相似，而服纪有殊，礼未为得。宜集学者详议，余有亲重而服轻者，亦附奏闻。"[8]于是经侍中魏徵、礼部侍郎令狐德棻等奏议，唐太宗批准，甥为舅服从

---

⑤ 参见《旧唐书·礼仪志七》，"傍尊"，武英殿本作"尊傍"，今据百衲本。傍尊，即旁尊，旁系尊亲属。

⑥ 参见《仪礼·丧服》传文。

⑦ 参见〔后晋〕刘昫等：《旧唐书·礼仪志七》，中华书局1975年版。

⑧ 同上注。

缌麻改为小功,嫂叔无服改为小功。这一改制显然被收入唐贞观律,如上引句读有争议的疏文。

"然《律疏》舅报甥犹服缌。"⑨十七年后,即高宗显庆二年(657年),长孙无忌提出古礼原则"傍尊之服,礼无不报",因此舅为甥亦应报服小功,高宗从之。⑩但这一次的改制却没有被收入唐律疏文,其原因不明,也许是高宗只重礼不重法,也许是高宗不如太宗强势,也许是后来讨论后又不改了。所以大群先生谨慎地说:"如果一定要说《律疏》中的'内乱'条已照显庆廷议修改了,那我们只能回答说:今传《律疏》绝不是遵照修改的那个版本。"⑪

更进一步,大群先生从今本《唐律疏议》的行文句式,考证其有"……者,非。"的句式,也有"……者,非。谓……"的句式,但从无"……者,非谓……"的句式。这就更见大群先生曾在大学中文系任教的功力了。

对唐律疏文的正确句读,并不是大群先生的首创⑫,但能从句读之不同看出学术之分歧,并能说清楚其中的道理,得出使人信服的结论,就是大群先生的贡献了。

二、洞察疏文与注文因角度不同而对"父祖妾"解释有异

《考辨》第三十三章之(九)(第364—366页)提出了在《唐律疏议》中总第6条疏文与总413条注文对"父祖妾"的定义解释有差异的问题,可以再一次看到大群先生学问的细致处。《唐律疏议·名例》卷一"十恶"条(总第6条)"内乱"注文称:"谓奸小功以上亲、父祖妾及与和者。"疏文曰:"父祖妾者,有子、无子并同,媵亦是。"而《杂律》卷二六"奸父祖妾等"条(总第413条)注文则称:"(父祖妾)谓曾经有父祖子者。"其下疏文则云:"其无子者,即准上文,'妾,减一等'。"也就是说,凡奸父祖妾者一律以内乱罪论处,但在具体量刑上奸父祖妾之有子者绞刑,奸父祖妾之无子者减一等,处流刑三千里。

在礼制与法律上,媵、妾只以有子、无子分尊卑,所谓"母以子贵"。有子之媵、妾,众子称为"庶母",为庶母有服,为无子之媵、妾则无服。《仪礼·丧服》小功章有"君子子(即嫡子)为庶母慈己者"⑬,缌麻章有"士为庶母"。清

---

⑨ 〔宋〕宋祁、范镇:《新唐书·礼乐志第十》,中华书局1975年版。
⑩ 参见〔后晋〕刘昫等:《旧唐书·礼仪志七》,中华书局1975年版。
⑪ 钱大群:《唐律与唐代法制考辨》,社会科学文献出版社2013年版,第179页。
⑫ 参见刘俊文点校:《唐律疏议》,中华书局1983年版,第16页。
⑬ "庶母慈己者"即慈母,如非慈母之庶母,则服缌麻。

人胡培翚《仪礼正义·丧服》云:"庶母指大夫之贵妾言。"《明会典》"三父八母图"云:"庶母,谓父有子妾。"同理,祖父之媵妾有子者,众孙称为"庶祖母"。正因为媵妾之有子、无子尊卑不同,故法律上奸有子之庶母、庶祖母量刑重于奸无子之父祖妾。《唐律疏议》中为何不出现"庶母""庶祖母"的称呼呢?一是因为服制元典《仪礼·丧服》经、记、传中未对"庶母"一词作明确定义,易在司法解释中招致歧义;二是"有子""无子"言简意明,在法律用语上更为严谨。

还有一个问题是,唐律"内乱"罪有"奸父祖妾"的内容,为何无"奸嫡母、嫡祖母"的内容?如果按现代"法无明文不为罪"的原则,岂非"奸嫡母、嫡祖母"反而不属于"内乱"罪?当然不是。古人理念中,礼制、法律有可言,有不忍言,太残忍的犯罪完全可依法理推导而出,不必也不忍明文列出的。正如同为十恶中之"恶逆"罪,只以"殴及谋杀祖父母、父母"为限,却没有明确规定"杀祖父母、父母"的行为,是一样的道理,当然不能据此认定"杀祖父母、父母"反而不归于十恶罪。

三、揭示外亲服制"礼法不一"实为发现唐律处置外亲服制的律学特点

《考辨》第三十六章(四)(第413—418页)从"舅甥的服制未随礼制修改"和《名例》中外祖服制的级别与法条处置不符"两个问题讨论了外亲服制在礼制与法律中不一致的情况。前一个问题其实就是本文第一节"舅奸甥女是否入于内乱罪"所讨论的问题,这里不再重复论及。

古之宗法,重男系而轻女系,重本宗而轻外亲,因此礼制上"外亲之服皆缌也"。⑭ 即使母之父母"以尊加",母之姊妹"以名加",也不过加至小功。但礼制别亲疏,法制重现实,实际生活中人们与外亲的亲密关系往往并不亚于本宗,因此法律上往往将外亲中最为重要的外祖父母与外孙(服制为缌麻)提升到与大功亲相等的地位,如《唐律疏议·名例》(总第46条)律文:"诸同居,若大功以上亲及外祖父母、外孙……有罪相为隐。"疏文:"外祖父母、外孙……服虽轻,论情重。"大群先生此节所论述的即为外祖父母在法律待遇及作为被侵害对象时往往与大功甚至期亲同列,"礼法不一",是其了解《律疏》处理外祖父母等外亲服制特点的一个风趣概括语,生动地揭示了外

---

⑭ 《仪礼·丧服》传文。

戚的服制等级与其在法律待遇上矛盾的律学特点。

不仅外祖父母与外亲,事实上服制上之亲等在法律上被拔高之现象,唐律中还有如:服制上父为斩衰,母为齐衰,但法律上母与父同论;为祖父母服制齐衰,法律上往往与父母同等;为曾祖父母、高祖父母服制仅齐衰五月、三月,但在法律上与期亲尊长同论;服制上曾孙、玄孙仅缌麻,法律上与孙(大功)同;妻为夫之兄弟及兄弟妻服制为小功,在法律上往往与大功亲同;服制上男子出继为本生亲属降服、女子出嫁为本宗亲属降服,但法律上规定若与本生、本宗亲属相犯,各依未降前之服。⑮

四、龙朔廷议对改嫁继母亡是否服"心丧"有其必要

《考辨》第十八章(第184—187页)提出了龙朔廷议由为改嫁继母是否服丧而引发的服制中"心丧"规范化的结果,是否导致唐律疏文修改的问题。这个问题也始于王永兴教授同文中的又一观点。唐高宗龙朔二年(662年),同文寺正卿萧嗣业因"嫡继母改嫁身亡,请申心制",请求准许其解官服"心丧"。在朝廷讨论中,736人反对,26人赞成,主持讨论的司礼太常伯王博乂支持多数派意见,并建议"其礼及律疏有相关涉者,亦请准此改正",高宗"诏从之"。⑯ 王永兴教授据此认为,今存《唐律疏议·斗讼律》(总第345条)的疏文即是这一改正的结果:

> 然嫡继慈养,依例虽同亲母,被出、改嫁,礼制便与亲母不同。其改嫁者,唯止服期,依令不合解官,据礼又无心丧,虽曰子孙,唯准期亲卑幼,若犯此母,亦同期亲尊长。被出者,礼既无服,并同凡人。其应理诉,亦依此法。

大群先生对此次廷议导致改律提出质疑:第一,按礼制"心丧"原就只适用对生母的降服⑰,当时的唐律令中已有"据《令》,继母改嫁,及为长子,并不解官"⑱的明确规定,只有生母改嫁才可适用心丧。廷议中的发言内容,都谓当时的律令不存在对非生母要服心丧的制度,不需修改。而且,最后决议根本未要求萧氏去服心丧。所以王博乂的建议"改正"只是泛提,并不证明疏

---

⑮ 参见丁凌华:《五服制度与传统法律》,商务印书馆2013年版,第215—216页。
⑯ 参见〔北宋〕王溥:《唐会要》卷三七"服纪上",上海古籍出版社1991年版。
⑰ 除生母外,还应包括嫡长孙"父卒祖在为祖母"。
⑱ 〔北宋〕王溥:《唐会要》卷三七"服纪上",上海古籍出版社1991年版。

文一定有需改正之处。第二,唐律心丧概念首先体现在《职制律》的两条疏文中,只适用生母其义已明,并未有需改正的与礼制抵触之处,萧嗣业的请求完全是"宁左勿右"的故作姿态。因此"律疏修改之说,须再探讨"。⑲ 最后钱先生认为,看到唐史上有一处关于廷议修改礼法的事,就认为《律疏》修改了一次,这是不对的。因为一次廷议修改某一条,绝不等于整体修改了一次《律疏》。

所谓"心丧",是指"不视乐,不居寝,不饮酒食肉,不参预吉席,但得释此凶服而已"。⑳ 即除了不穿丧服服饰以外,其他行为均与正常守丧等同,当然也包括官吏解官。㉑ 其心丧对象均为生母(除了嫡孙父卒祖在为祖母),不包括继母。萧嗣业所谓"嫡继母",即父亲再娶之正妻,礼制中虽有服制,但无心丧,更不要说为改嫁之嫡继母了。因为心丧"专为无服而恩重者设"㉒,服制序尊卑,心丧补恩重,继母因父而位尊,非生母而恩薄,改嫁则悖父而恩断无服(除非己身年幼随继母改嫁则因抚育之恩而有服㉓),故无论改嫁与否均不申心丧。

大群先生认为,唐代令、律中已有心丧规定,并例举三条:第一,《唐假宁令》:"诸丧,斩衰三年、齐衰三年、齐衰杖期、为人后者为其父母,并解官,申其心丧。父卒母嫁,及出妻之子为父后者,虽不服,亦申心丧。"㉔第二,《唐律疏议·职制律》(总第 120 条)释律条"丧制未终,释服从吉"疏文:"其父卒母嫁,及为祖后者祖在为祖母,若出妻之子,并居心丧之内,未合从吉。"第三,《唐律疏议·职制律》(总第 121 条)释律条"冒哀求仕"下注"及在心丧内者"疏文:"谓妾子及出妻之子,合降其服,皆二十五月内为心丧。"由此大群先生认为当时的礼、令、律均未规定子为改嫁继母辞官服丧,廷议时绝大多数朝臣(736 票比 26 票)也不主张这样做,因而不存在《律疏》应廷议而修改法条之可能。

笔者以为大群先生的考证固然有力,但尚未足以否定王永兴教授的观点。王博乂建议"其礼及律疏有相关涉者,亦请准此改正",文中所谓"相关涉者",并非相抵触、相矛盾者,而是指相关联改嫁继母的条文;所谓"准此改正",也并不是纠正错误的意思,而是补充、完善的意思。大群先生所举三例,

---

⑲ 钱大群:《唐律与唐代法制考辨》,社会科学文献出版社 2013 年版,第 185—187 页。
⑳ 〔元〕王元亮:《唐律疏议释文纂例》。
㉑ 正常三年丧为二十七个月,心丧三年则为二十五个月。
㉒ 郑玄注:《礼记·檀弓》。
㉓ 这就是古"三父八母图"中的"从继母嫁"。
㉔ 〔日〕仁井田陞等:《唐令拾遗补》,东京大学出版社 1997 年版,第 1418 页。原文标点有误,笔者已改。

都是正面规定哪些对象属于心丧范畴,但并没有规定哪些对象不属于心丧,更没有直接提到改嫁继母问题。纵观今存《唐律疏议》第五百零二条,涉及"继母"者,一为《名例律》(总第 52 条)释律条"继母"疏文:"继母者,谓嫡母或亡或出,父再娶者为继母。"二为王永兴教授指出的因龙朔廷议而改正的疏文(总第 345 条),而且也只有这一条才明确规定了哪些易混淆对象不属于心丧范畴,即非生母(嫡母、继母、慈母、养母)被出、改嫁,据礼无心丧,依令不解官。法律上一旦已身与之相犯,改嫁者按期亲尊长处理,被出者则视同凡人。从此条疏文的特殊性而言,不能认为王永兴指出的其因龙朔廷议而补充完善的观点是没有道理的。两唐书记载的是为律条的修订,是大修订,故仅有武德律、贞观律、永徽律、开元律四次;而疏文或注文或避讳改名的修订是司法解释类的修订,是小修订,可以用格敕的方式进行,太宗、高宗、则天、玄宗等朝都曾经有过。

关于龙朔廷议,还有两个问题要探讨一下:一是服不服心丧这样比较明确的问题为什么要放到隆重的朝廷会议上来讨论?二是萧嗣业请求为改嫁嫡继母服心丧的动机目的是什么?

唐时贞观廷议、显庆廷议、龙朔廷议㉕讨论服制并由太常寺长官主持、最终由皇帝定议的制度只是沿用前朝模式而已,在当时人看来是对服制之礼的慎重。

萧嗣业请求为改嫁嫡继母服心丧,是其特殊经历形成的压力所致,笔者以为有两个原因:

第一,萧嗣业是庶子。按《仪礼·丧服》所云,生母称"母",庶子称父正妻为"嫡母";嫡子称父后娶正妻为"继母",庶子称父后娶正妻为"嫡继母"。萧嗣业既称"嫡继母",说明萧嗣业的身份一定是庶子。唐初承六朝门阀之余绪,极重嫡庶名分,庶子无论政治地位如何,在对待嫡母、嫡兄弟姐妹态度上必须恭谨有加,稍有不慎,即身败名裂。萧嗣业出身名门,其祖上为南梁昭明太子萧统,高祖为西梁(西魏所扶持的傀儡割据政权)宣帝萧察,曾祖为西梁明帝萧岿,祖姑为隋炀帝萧皇后,祖父萧瑀唐时官至宰相,为凌烟阁二十四功臣之一。这样的前朝皇室子弟,从小一定受到过良好的贵族教育,又长于极重服制的南朝,本人又担任过执掌朝会、祭祀等礼仪的鸿胪寺卿㉖,因此熟稔礼制、重视名声是当然的事。名门贵胄的传统与庶子身份的自卑谦谨,是

㉕ 其实还有上元元年廷议、垂拱四年廷议、开元七年廷议、开元二十年廷议均涉及服制,详见丁凌华:《五服制度与传统法律》,商务印书馆 2013 年版,第 169—173 页。

㉖ 参见〔后晋〕刘昫等:《旧唐书·萧瑀传附萧嗣业传》,中华书局 1975 年版。

萧嗣业提出心丧请求的主要原因。第二，萧嗣业应该是幼时曾随嫡继母改嫁而受养育之恩。对子而言，继母或嫡继母虽然身份尊贵，但毕竟不是生母，一旦为父所出或父卒改嫁，立即恩断义绝，既绝于父，复绝于子。所以萧嗣业如果是未随嫡继母改嫁，礼制上不服，更谈不上心丧，心丧只有"期服而不得遂，其三年者"才可行[27]，这个礼制的原则，萧嗣业不会不知道。《仪礼·丧服》"齐衰杖期"章的最后一条规定："父卒继母嫁，从，为之服，报。传曰：何以期也？贵终也。"注文说："尝为母子，贵终其恩。"疏文说："母为父已服斩衰三年，恩意之极，故子为之一期，得伸禫杖。但以不生已，父卒改嫁，故降于己母。"当然此处的前提是"期"，与二十五个月之"心丧"服绝无关系。

龙朔廷议对萧嗣业的请求进行讨论，是因为此事在服制上比较特殊，以前没有碰到过，有必要讨论清楚。礼制上规定随继母改嫁为继母服齐衰杖期，并没有说嫡继母，但从情理上分析，似乎也可通用，所以萧嗣业为改嫁嫡继母服杖期。但除生母外，杖期之服并不解官，一般都是"既葬除服"，葬后回归原职，在任上素服一年后除丧。只有为生母杖期，才可心丧三年并解官服丧。[28] 百官之所以绝大部分不同意萧嗣业的心丧请求，是因为心丧只对生母适用（除了父卒祖在为祖母），为改嫁继母杖期已是特例升格，再加服心丧则是亲疏不分了。

萧嗣业的心丧请求固为谨慎，作为前朝皇室贵族子弟本极易被猜忌诋毁，所以"只怕万一"的避祸心态确实是有的，但要说"故作姿态"则未必了。总之笔者认为唐前期历朝的服制廷议是导致《唐律疏议》修改的重要原因之一，王永兴教授提出的《唐律疏议》（总第 345 条）因龙朔廷议修改的看法也是有道理的。

五、妻殴"大功尊属"之用律解释精当，但可能错查图表致举例失误

《考辨》第三十三章之（一）"妻殴'大功尊属'适用何条法律？"（第 350—353 页）中对《唐律疏议》总第 327 条、第 330 条、第 334 条律文、疏文中涉及

---

[27] 参见〔清〕徐乾学：《读礼通考》卷二六。
[28] 参见〔唐〕杜佑：《通典·礼典·杂制》卷一百八十"居官遭丧"条："凡斩衰三年、齐衰三年者并解官，齐衰杖周及为人后者为其父母，若庶子为其母者，解官申其心丧，皆为生已。若嫡、继、慈、养（母）改嫁或归宗三年以上断绝者，及父为长子、夫为妻，并不解官，假同齐衰周也。""给假"条："凡齐衰周给假三十日，葬五日，除服三日……"可见心丧条件中"皆为生己"是最重要的。

"妻殴大功尊属"罪如何适用法律的特殊性(律中另设专条)进行了解读,其对唐律条文之熟悉及发现问题的学术敏锐性确实令人佩服,其解读与结论也是基本正确的。笔者只就其中的某些解读略作补充及提出一些不同看法。

在解读《唐律疏议·斗讼律》卷第二十二(总第327条)疏文"大功尊属,依礼,唯夫之祖父母及夫之伯叔父母"时,大群先生称:"妻(在夫家)的大功亲,一类是'尊属',即尊辈亲属大功亲;另一类为非'尊属'的平辈或卑幼大功亲。"(《考辨》第351页)据该页文下注,大群先生说明"尊属"是引用《新唐书·礼乐志十·五服之制》(第444页);"非尊属"是引用拙著《中国丧服制度史》中所引《明会典》之《本宗九族五服图》。㉙ 笔者以为所引唐律疏文及大群先生据《明会典》中诸亲服制图表所作的阐述有几个疑点:

(1)唐律疏文称大功尊属"依礼,唯夫之祖父母及夫之伯叔父母"本身就有问题。据《新唐书·礼乐志十·五服之制》,妻在夫家之大功尊属尚有"夫为人后者其妻为本生舅姑"㉚,《通典》卷一百三十四《开元礼纂类》二十九"五服制度"大功服也有"为人后者其妻为本生舅姑",《明会典》之"妻为夫族服图"也有此服。也许是此服涉及面极小,疏文作者认为没必要提及,但称"唯……"总是不够谨慎。

(2)此条律文(总第327条)开头即曰:"诸殴缌麻兄姊,杖一百。小功、大功,各递加一等。尊属者,又各加一等。"可见男女均适用,并非专指妻殴夫族罪而言,疏文所谓"大功尊属,依礼,唯夫之祖父母及夫之伯叔父母"就更不妥了。据上引《通典·开元礼纂类》及《新唐书·礼乐志十》,甚至元典的《仪礼·丧服》,均载男子也有大功尊属,至少包括"姑之适人(出嫁)者"。虽然"姑"在律条中事实上都已作"大功"对待,但律中出嫁之姑不列入总是疏漏。大群先生也被疏文误导,后文中称"依礼,男子无大功尊"(《考辨》第417页)。

(3)大群先生举例称妻在夫家的"非'尊属'的平辈或卑幼大功亲"包括"夫之堂兄弟,出嫁之姊妹,未嫁之堂姊妹,儿媳,侄儿媳,出嫁之侄女,孙子等",此说有误。其原因显然如我在注㉙中指出的那样,本应查《妻为夫族服图》而错看了《本宗九族五服图》,因其错列之对象全部在《本宗九族五服图》中,把主体"妻"错成男子'己身'了。据《仪礼·丧服》,妻为夫族之非尊属大功亲有(以下均排除殇服):庶子、嫡妇、出嫁之女、夫之兄弟之女出嫁者。据

㉙ 此可能是大群先生查阅《明会典》之"妻为夫族服图",而误看了"本宗九族五服图"。
㉚ 即夫过继给他人,为原亲生父母服齐衰不杖期,妻降一等,为夫之本生父母(舅姑)服大功。

《通典·开元礼纂类》及《新唐书·礼乐志十》,增加了:庶孙(孙子、孙女同)、众子妇。据《明会典》中《妻为夫族服图》,又增加了:夫侄妇。除以上外,妻为夫族再没有非尊属大功亲。因此,大群先生所说夫之堂兄弟及未嫁之堂姊妹(均应为缌麻亲)、夫之出嫁姊妹(应为小功亲),均非妻在夫家之大功亲。换句话说,妻为夫族只有尊属与卑幼大功亲,而没有平辈大功亲。其源盖出于《礼记》以来的"嫂叔无服"原则,所谓"嫂叔之无服也,盖推而远之也"[31],即有意推远服制以为男女之大防。嫂叔既无服,其余夫之本宗平辈男女亲属也相因推远,其服均不得超过小功亲。直至贞观十四年廷议增嫂叔为小功,其后历代相沿(唯宋初曾定嫂叔为大功亲)。

  以上评议,因行文原因,主要谈的是对大群先生大作中有关《唐律疏议》服制问题补充的不同观点,关于大群先生的详尽观点与论证,自可见其原著。服制问题本极复杂,且表述不易,古来学者即视为畏途,本文舛误疏漏之处,还望大群先生及读者诸君指教。

(2014 年 7 月)

---

[31] 《礼记·檀弓》。

运用多种方法进行唐律研究[*]

——钱大群教授《唐律与唐代法律体系研究》一书读后

侯欣一[**]

一、重视学术规范与研究方法

有名家说:在人类社会发展史上有三部法典弥足珍贵,足以代表某一社会形态法律规范发展的最高峰。这三部法典是奴隶社会的罗马法、封建社会的唐律及资本主义社会的拿破仑法典。唐律的这种地位自然决定了其研究者众多,但像钱大群先生这样数十年如一日,对唐律情有独钟且又成果卓著者则很是少见。《唐律与唐代法律体系研究》是钱先生嘉雄秉弼研究中的第五部,它收录了作者近期撰写的有关唐律研究的一批论文。其中有的文章此前已在《中国社会科学》《法学研究》等权威刊物上发表过,此次结集出版之前,作者又作了修正或补充。从内容上讲,这些论文大致可分为三类:前四篇是在新形势下反观唐律在唐代法制建设中的作用,如第二篇《阻却冤假错案产生的纵深立体防御——唐律廉政机制述论之二》即属此类;中间三篇是从典籍的角度研究唐律在整个唐代法律体系中的地位和作用;最后三篇则是关于唐代立法、条文考辨及研究方法方面的探讨。因而,从某种意义上讲,这些文章集中反映了作者在唐律研究上的主要学

---

[*] 原文题为《法制史研究要有科学的定位和方法》,发表于《南京大学法律评论》1997年秋季号。收入本书时,根据需要分编为两篇。

[**] 南开大学法学院教授。

术观点及研究方法。对于书中的主要学术观点,本人学力不逮,不敢妄加评论。这里只想在该书的基础上并结合作者的其他著述,就学术规范及研究方法谈点个人的感想。

近年来,随着学术本身的发展,国内学术界普遍开始对学术研究规范化问题给予关注,一时间高见迭出,讨论十分热烈。但遗憾的是(也许是我孤陋寡闻)这种讨论似乎并未得到法史学界的积极回应。莫非法史学界不存在这类问题?或者说此类问题在法史学界早都得到了解决?回答是否定的。其实,对法史学界而言,学术研究不规范问题,不敢说十分突出,但至少是不比别的学科少,并已严重地制约着学术的发展。如有些学者在其著述中使用术语、概念,特别是在借用现代法学术语时从不科学界定,对于一些具体的法律制度、原则、罪名的产生、发展,缺乏认真的考证,以致张冠李戴。

二、运用多种方法进行唐律研究

研究方法问题是事关法史学科能否健康发展的重要因素。这里所说的研究方法是指具体的操作层次,不涉及世界观问题。换言之,是指在有了正确的唯物史观之后的具体研究手段。回顾法律史学科的发展史,我们可以清楚地看到每一种新的科学研究方法的出现都会给法史学科带来一次繁荣。根据钱大群先生的实践,就目前而言,其使用的研究方法有如下几种:

1. 考证法

所谓考证法是指对原始资料的真伪、谬误加以科学鉴定的研究方法。它是法制史学科的基本研究方法之一,尽管从一般意义上讲,法制史不是史料学,但由于任何史学都离不开对史料的运用,而史料的真伪又直接关系到结论的正确与否,因而,任何历史史料学都免不了要对史料的真伪进行考证。众所周知,法史学界的许多前辈就是运用此种方法取得了很高的成就。收录在本书中的《谈〈唐律疏议〉三条律疏的修改问题》就是这样一篇颇见功力的考证文章。考证法虽然产生较早,但却并没有过时。其好处一来可以培养严谨求实的治学态度,二来也有助于克服浮躁的心态,提高研究质量。需要说明的是,考证过程中除了注重同源史料、异源史料之间的考证、比较之外,还应该注意文献古籍与出土文物资料之间的印证。

2. 注释法

注释方法是对法律条文等文献资料逐字逐句详加注明解释的方法。它亦是中外法制史学乃至整个法学的基本研究方法之一。中国古代的律令与案例均为文言,加之传统的重直觉、重感悟,不重推理和逻辑的思维方式,以及对律令条文与文词简约的提倡,使中国古代的律令文字极为古奥。要想真正了解其含义,必须一方面充分理解这些律令产生的政治、经济、文化等社会背景,一方面借助历代律学家对这些律令的注释。在现代,注释方法仍不失为一种有效的治学方法。钱先生的唐律研究便以注释方法为起点,其唐律研究系列专著的第一部就是《唐律译注》(江苏古籍出版社1988年版)。

3. 计量法,或称统计法

是指运用数字、图表等统计学手段对同类的史料进行汇总,以便从中寻找规律的方法,其优点是可能使研究成果更加精确。将自然科学的研究方法引用到历史学领域,这在国内外学术界已不是新鲜事,但在国内法史学界还较为鲜见。收录于该书内的《唐律立法量化技术运用初探》一文就是这样一种大胆尝试。在这篇文章中,作者运用统计方法对唐律中的一些主要罪名构成上的诸种客观方面及相应的量刑幅度的确定等这些材料作计量分析,从而揭示了唐律在立法上重视运用量化技术这一重大特点,填补了唐律研究中的一项空白。

4. 比较法

这里讲的比较方法,不同于史学界经常使用的那种将同源史料、异源史料,第一手史料与第二手史料相互比较,以鉴定、考证史料真伪为目的的方法,而是指将中国法制发展中同一时期的类似罪名、刑名、制度或不同时期、不同国别的类似制度加以比较,以分辨其同异、特征及得失为目的的方法。在法史学界,此种方法以往主要应用于历史上那些性质相同但内容略有差异的概念、制度等问题的比较。进入20世纪80年代以后,随着文化热的兴起,中外之间(主要是中西之间)及古今之间的比较亦开始增多,极大地拓宽了人们的视野。但为了使结论更加科学,有几个问题应加以注意:一是对比较的素材一定要仔细研究,"注意双方那些名称相同、近似但内涵却不完全相同的术语概念之间的差异,以及名称不同但内容却相同的制度之间的比较问题"①;二是防止以偏概全。特别是在进行中西比较时,一定注意任何法律制度都是一个发展的过程,切不可把西方某一国家、某一法系或某一时期的一项制度当做一般规律同中国古代的特定问题进行比较,否则的话结论是不可

---

① 钱大群:《比较:唐律研究的一个好方法》,载《唐律与唐代法律体系研究》,南京大学出版社1996年版。

能站得住脚的。三是要共同继承现代法学中的公认成果,无论是对于中国或外国古代的法律现象,彼此研究的方法基础,必须要以现代法学研究中已被公认的概念定义为准,否则争来争去终是两张皮,走不到一股道上去。这就像任何体育比赛一样,双方的战略战术可以不一样,但竞赛规则必须统一。收录到该书中的《比较:唐律研究的一个好方法》一文,就是一篇专门探讨学术研究方法的论文。其经验总结来之于钱先生与夏锦文同志合著的《唐律与中国现行刑法比较论》一书的写作。同时收入该书的《论唐代法律体系与〈唐六典〉的性质》(系原发表于《中国社会科学》1989 年第 6 期的《〈唐六典〉性质论》)一文,给人留下较深的印象。该文不仅从《唐六典》编撰的目的、体例、材料的来源,对待"格"与"礼"的态度及成书后的修改情况等几个方面,对《唐六典》的性质进行了分析,同时还把《唐六典》列入唐代的法律体系中进行考察,最终得出了《唐六典》是一部唐代的官修官制书这样令人信服结论,修正了法史学界长期以来一直占统治地位的"《唐六典》是中国历史上第一部行政法典"的说法(当然如作者能更具体地借助现代法学的理论,特别是行政法的概念及其产生和发展的历史与《唐六典》稍加对比,结论将更加令人信服)。该文史料翔实,逻辑严谨,文字朴实,虽是争论文章但不意气用事,以理服人,显示了一位学者的学术功力和素养。特别是正文之前的一段话,直接表达了他对学术规范问题的关注。他说:"进行《唐六典》性质的讨论,争论双方必须有一条共同认可并遵守的规则,这就是法律史学关于立法、法律、法典、行政法典及部门法区分的理论。"[2]或许正是这种对学术规范化的呼吁和倡导引起我对钱先生研究情况的进展加以关心起来。

5. 分析法

法律的分析方法是指从某一角度出发,利用已知事物推知其未知的事实、属性、规律、作用及产生原因的方法。这是使法史学科摆脱史料学地位,并具有了理论体系的主要研究方法之一。法律是一种社会现象,其意义和作用取决于伴随着它诞生的具体环境。因而,其分析法律问题时也往往从社会现象角度入手,着重揭示某一项具体法律制度、法律规范产生的原因及其在当时社会生活中的作用和后果。在钱大群先生持续十数年的唐律研究过程中,其前一阶段虽已持续地谈到了唐律作为刑律的作用,但果断明确地指出

---

[2] 钱大群:《论唐代法律体系与〈唐六典〉的性质》,原题为《〈唐六典〉性质论》,载《中国社会科学》1989 年第 6 期;《唐律与唐代法律体系研究》,南京大学出版社 1996 年版。

唐律在唐代法律体系中的性质,相当于现代法律体系中的"刑法",则是在《论唐代法律体系与唐律的性质》中。此文原名《律、令、格、式与唐律的性质》发表在《法学研究》1995年第5期(10月号)上,这是在他已经出版了4部唐律研究著作之后的事。可见,关于唐律性质这一重要结论的作出,在作者那里确实是经历了分析、分析再充分分析的过程。

(1997年春)

《唐律与唐代法律体系研究》,钱大群著,南京大学出版社,1995年。

唐律创新研究的一个新领域
——钱大群先生唐律法典化研究评介

曹伊清*

法典化历来被认为是大陆法系的传统。说"法典化"可先说"法典","法典,是用来对法律领域里的基础性规范和根本性原则作出权威陈述,并由国家立法机关经法定程序创制出的法律文件予以表现的法典"。① 学者们认为法典化有多层含义:"一是指将涉及同一类社会关系的法律尽可能地集中在一个法律文件中,减少搜检的难度;二是指立法时应尽可能多地注意到社会关系彼此的联系,对关联紧密的社会关系尽可能用同一法律文件来容纳;三是明确法的层次性,不能用部门规章或行政法规代替国家的法。"② 从这个意义上看,这多指某一部门法领域立法之法典化,如学术界讨论甚多的民法法典化问题。但无论如何,现代法治建设中,法典化也是一个重要方面。

中国传统社会一直是有成文法的,但学术界关于传统法律法典化的相关研究很是少见。特别是对于传统成文法的杰出代表——唐律,鲜有从法典化的角度进行研究的。

法史学界关于唐律研究的种种话题,绵延许久,不断有推陈出新之作。在林林总总的著述中,钱大群先生数十年的唐律研究独树一帜,颇具特色。尤其是钱先生对唐律内在联系的研究,为唐律法典化研究开创了一个新的领

---

* 同济大学法学院教授,法学博士。
① 汤唯:《大陆法系法典化的本土化资源及其考证》,载《社会科学辑刊》2010年第2期。
② 乔新生:《中国法典化之路》,载《政治与法律》1998年第1期。

域和研究视界。钱先生多年来聚焦于唐律法典化研究,从理论上证明唐律的法典化建设达到了较高的水准。唐律的法典化反映了唐代的立法技术和立法水平已达到相当成熟的阶段,同时唐律的法典化也可以有效地限制司法审判上的任意恣为,于当今现代法治国家的建设亦有积极的意义。

一、唐律法典化结构形式的解析

钱先生从现代法典的逻辑结构模式出发,对唐律进行了深入的解析,以现代法学规范分析的方法,对于唐律的条文、结构进行了深入的解读和分析。

1. 全典呈"1+8+1+2"的结构

钱先生以现代法典之架构来解析唐律的总体结构,根据唐律为刑法的特点,以现代刑法典的总则与分则之关系解析唐律的篇章架构。由此他得出结论:《名例》作为总则与其他十一篇之间是总分关系③,并在此基础上将《唐律疏义》的12篇概括为"1+8+1+2"之结构。

其一,《名例》与其他各篇的"1+11"的关系。《唐律疏义》第一篇是总则,后十一篇作为分则,是遵循第一篇总则的基本原则和制度,将许多原则和制度的内容贯彻执行。从《名例律》的内容看,钱先生认为十一篇分则的内容对《名例》的贯彻执行除公开言明外,还是默契和照应的关系。

其二,《名例》后的前九篇是"8+1"的结构,在钱先生的研究中,作为分则的十一篇是"8+1+2"的关系。依钱先生的观点,自《名例》后的《卫禁》《职制》《户婚》《厩库》《擅兴》《贼盗》《斗讼》及《诈伪》共8篇内容是刑法维护的主要方面,但这些并不能涵盖所有的规范内容,因此其后的《杂律》是属于拾遗补阙的篇目,是为8+1之结构。

其三,最后两篇与全律又呈"10+2"的关系。因为在立法者看来,前十篇的违法最后都要落实到司法处置上去,《捕亡》和《断狱》,是全律管束监禁与审判的两篇,从现代法学理论的角度看,最后两篇更多是维护程序的规范。在传统法律程序和实体法没有独立区分的情况下,这种编排体例还是相当科学合理的。

2. 文本表述形式的法典化研究

钱先生在唐律法典结构的解析中,全面分析了律文、注文和疏文的关系。

其一,他认为,注文的形式实际上在"义疏"制定前就已经存在,其对律

---

③ 参见钱大群:《唐律研究》,法律出版社2000年版,第53页。

文的解释作用不是可有可无的。他提出，注文是唐代律、令制定行文的一种共同形式，注文与律文、令文是与生俱来的。④ 注文是对律文中的罪名、罪状进行的说明，同时也是对律文的适用作出的解释。

其二，疏文中又包括了"议"和"问答"两种形式。疏文中的"议"侧重于对"律"文的解释和补充。根据他的研究，"问答"的作用在于以案例设定问题予以解答，也是对律文和注文作解释。⑤

钱先生对于唐律结构的研究细致入微，堪称学界的典范，也打开了近些年唐律研究的新路径。

二、对《律疏》法例运作的法典化研究

1. 以"绝对确定的法定刑"统一控制刑罚的适用

钱先生对唐律的研究很多基于现代刑法理论而展开。根据他的研究观点：正是基于唐律法典化的运作需要，《唐律疏义》在量刑方面建立起了整部法律的统一适用办法，因此大大缩小了司法官"自由裁量权"的范围，减少了法条适用上的任意性。先生根据现代刑法理论中关于"绝对确定的法定刑""绝对不确定的法定刑""相对确定的法定刑"的分类，通过全面深入的分析研究，得出的结论是：唐律各罪条中关于法定刑的规定均相当于现代刑法中的"绝对确定的法定刑"。唐律中的刑罚因为适用绝对确定的法定刑，因此除"比附""类推"（也有严格的适用原则和要求）外，司法活动中或者审判中的法官很少有自由裁量权。故在司法实践中，官员在法条选用时十分清楚，不会导致犹豫拖延，审判流程也因此缩短。⑥

2. 将官员的行政处罚纳入刑典

为保证法律适用上的统一性，对于官员犯罪涉及官爵处置的行政处罚，也被纳入唐律统一进行规范。钱先生认为这是唐律中的刑事处分与行政处罚交叉相通的特征。官员撤销职务后的重新启用办法也在《律疏》中规定。官员的刑事处罚同时也会进入官员的考核档案，并且为杜绝舞弊，规定了考核不实所要承担的刑事法律责任。对于诬告反坐，亦有将行政处罚和刑事处

---

④ 参见钱大群：《唐律〈注〉文随〈律〉文与生俱来考》，载《唐律与唐代法制考辨》，社会科学文献出版社2013版，第43页。

⑤ 同上注。

⑥ 参见钱大群：《唐代审判流程较快缘由考》，载《唐律与唐代法制考辨》，社会科学文献出版社2013版，第271页。

罚进行换算的办法。⑦ 其立法技术在当时亦是十分先进的。

3. 以"六赃"统一对经济犯罪的操控

在对经济犯罪的统一处理上,钱先生认为唐律也体现了法典化的特征。唐律将所有的财产型犯罪均框入了"赃罪"的范围,并在法律上建立了"六赃"的概念,以"六赃"为处理赃罪的基本模式。"六赃"作为处理财产型犯罪的基本框架,其他赃罪则根据其情节和性质,对比"六赃"作出加减刑的调整。因此整部唐律除"不计赃为罪"外,赃罪都适用"计赃为罪"原则进行处理。对此,钱先生总结了其"五种形式七大特色",并认定这是唐律赃罪处置法典化的特征。⑧ 其"七大特色"是:(1)涉及财产的诈骗罪比附"六赃"处理;(2)给受财物为实施犯罪之酬偿者以赃论处;(3)侵占或致人财物损失者比附"六赃"处理;(4)官吏公务犯罪造成经济后果比附"六赃"处置;(5)买卖及商品制作的违法犯罪计赃为罪;(6)涉及赋税之财物有犯者比附"六赃"处罚;(7)以官私奴婢为侵占对象的犯罪计赃为罪。由此,"六赃"使全律涉及财产类的犯罪均体现了"计赃为罪"的特点。

钱大群先生以独特的法典化研究的思路,总结唐代涉及财产类犯罪的刑事归责原则和做法,这是唐律研究方法上的一大创新。

三、对于《唐律疏义》版式和书名的法典化研究

钱先生对于唐律的版式和书名的研究,是在不断深入的理论研究的基础上推进的。前些年,钱先生在理论上对唐律进行了全面的研究性阐述,并在其近年的扛鼎之作《唐律疏义新注》中全面实践了其创新理论。

1. 唐律书名版式的法典化思路

钱先生认为,唐律在历史流传中,一直有《唐律疏议》和《唐律疏义》两个名称版本,两个版本的内容并没有重大不同。而钱先生采《唐律疏义》之名,不仅是对应《四库全书》中的书名,但实际上更符合唐代为"律"撰写"义疏"的习惯,更符合当时以"疏义"的方式传解经典的文化习俗。⑨ 后世学者多将《唐律疏义》称作《唐律疏议》,主要是简单地望文生义。在钱先生看来,将

---

⑦ 参见钱大群:《唐代刑罚与行政处罚交叉相通考》,载《唐律与唐代法制考辨》,社会科学文献出版社2013版,第203页。

⑧ 参见钱大群:《唐律赃罪辨析》,载《唐律与唐代法制考辨》,社会科学文献出版社2013年版,第131—169页。

⑨ 参见钱大群:《唐律疏义新注》引论,南京师范大学出版社2007年版,第4页。

"疏"与其下的"议曰"合成为"疏议曰",即理解为"疏议"之书[⑩],由此产生《唐律疏议》之书名。

其实,就"议"和"义"本身的含义看,也不相同。钱先生认为,书名之"义"和作为书中内容之"议"在概念使用上是有明显的区别的,即"议"和"义"各有其适用特点。《四库全书》把"唐律疏义"作为全书之名是对的,但把名条疏文下之"议"也都改为"义",这是矫枉过正。因为"疏"下的"议",是疏文的"议解",是对法条内容议论的解释方式。"问答"是对律的举例性解释。因此钱先生认为"议"和"问答"都是对"律"的解释,它们之间并没有附属关系,而是平行并立的关系。[⑪] 基于此,先生对学界沿袭多年的版本进行了大胆修正。

正是秉承这一创新性的认识,在其大作《唐律疏义新注》一书中,各律条下面的"疏"之后是"议曰",与"议"平行的是"问曰""答曰"。很显然,在钱先生的唐律研究中,认为"议"不可用在全书的书名中,而"义"可用在书名中,但不用在"疏"之下。对"律"作系统的解释就是"义疏","义疏"与"律"缀连在一起简称之为《律疏》。[⑫]

2. 书名与版式法典化的实践

在唐律法典化研究中,包括对唐律书名与版式的研究等科研实践中,钱先生均有匠心独运的重要实践。在《唐律疏义新注》中,其写作结构分引述、原文、译文、注释四部分,十分清晰易读,对唐律研读很有帮助。钱先生指出唐律也非尽善尽美,在法典化方面还有未能尽如人意的地方,如有些制度性通例应该写入《名例》,但却出现于其他的篇条中;典型的如官员过失犯公罪,其自首的情况已入于《名例》中,而"公罪过失减三等"则放入了《职制》的注文中附带性交代,其规定既不科学,也不便于查找适用。

四、条标的整合是与律条内容最密切的法典化规范

钱大群先生对唐律研究的重要革新,在于重新对唐律的条标进行创新性的整修。他从规律性和科学性的角度出发,对唐律的条标进行了整合,并在其《唐律疏义新注》一书中得到充分体现。

[⑩] 参见钱大群:《〈唐律疏议〉结构及书名辨析》,载《中国法律史论考》,南京师范大学出版社2001年版,第20页。

[⑪] 同上书,第17页。

[⑫] 参见钱大群:《唐律疏义新注》引论,南京师范大学出版社2007年版,第4页。

在《律疏》条标的创新整修上,改变了过去一直沿用的以条文前几字作为条标命名的传统,根据条文的实质性内容重新命名条标。他依据现代法典的立法技术,吸收现代刑法典的罪名表现特征,以揭示条文罪名、罪状为任务来命名唐律的条标。

同时,对于《名例律》,则依据现代刑法典总则规定的特征,以反映制度、原则性质为条标的命名原则。[13] 这种研究范式的改变,更符合立法法典化的特征。

此外,他还为12篇篇题后的〔疏〕"议"文段加标题。因此,现在每篇题首都有"序疏"之称,并与下面具体法条下的"条疏"相区别。这些在研究版式上的改变,符合现代阅读习惯,适应现代法学思维的创新。

结　语

钱大群先生在研究唐律书名与版式时,称其学术主张是"扬长避短,整合归真"。其实,这也是他多年来整个唐律研究上追求历史真实,为现代法治发展提供历史经验的理想和追求。在数十年的潜心研究中,他富有学术创新之勇气,其研究不拘泥于前人学说的局限,研究风格既细致入微又大气磅礴。同时其研究也不是纯粹钻故纸堆式的,而是联系现代法学发展的前沿,于研究中努力发现法律文化传承的精髓,为现代法学提供历史思考和借鉴。所以说他的学说和理论又是链接现实的,是接现实法律发展之地气的,可以为当代法治建设提供诸多的历史经验和启示。

（2014 年 12 月）

---

[13] 参见钱大群:《对唐律书名及版式进行整合的理念与实践》,载《唐律与唐代法制考辨》,社会科学文献出版社 2013 版,第 380 页。

当代吏治新思路的唐律借鉴

——钱大群先生唐律吏治研究的梳理与感悟*

桂万先**

在中国法律史学界,恩师钱教授大群先生对唐律的研究,可谓是成果丰硕。先生几十年来全身心扑在自己的领域里,孜孜不倦地精耕细作,不论寒去暑来,在唐律研究的世界里,一直享受着精彩,享受着乐趣,享受着人生。而在先生有关唐律剥蚌求珠的研究中,吏治机制无疑是最系统、最完整、最深刻的一个领域。正如先生所言,传统"中国的吏治立法有悠久的历史。唐代的吏治立法不但是中国古代吏治立法的一次大总结,而且是吏治立法在各种法律形式中全方位的大发展,并且使整个吏治法律制度进入建立起相互协调配合机制的新的历史阶段"。① 因此,归纳总结传统中国吏治治理经验与文化资源,梳理、理解唐律和唐代吏治的关系,是深入研究唐律任务、性质与特征的一个不能不涉及的重要领域。②

一、唐代吏治研究成果的分布

细数先生有关唐律吏治机制系统而深入的研究,其成果主要有以下几类:

---

* 因本文重于"梳理",故行文上主要采用作者原文的语句表达,以利于感悟作者原意。
** 江苏省人民检察院检察委员会委员、法律政策研究室主任、法学博士、全国检察业务专家。
① 钱大群、郭成伟:《唐律与唐代吏治》,中国政法大学出版社1994年版,第1页。
② 同上书,第374页。

第一类:吏治廉政专著

一是钱大群、郭成伟所著之《唐律与唐代吏治》(中国政法大学出版社1994年版)。该书系对唐代吏治思想、吏治立法和有关各项制度进行全面系统研究的一部专著,其中重点阐述了《唐律》作为一种治理国家的手段,在唐代整饬吏治的各个方面所发挥的重要作用及其经验教训。作为全书总结性评论的最后一章"唐代吏治与大唐盛世",则将有关唐代吏治的研究置身于当时的社会情境系统之中理解,并得出"吏治促进了唐代盛世的出现"的论断。这无疑对我们研究当代中国吏治的有关问题产生了重要的启发意义。

二是钱大群、孙国祥主编之《职务犯罪研究》(南京大学出版社1996年版)。先生执笔该书第一章和第二章的"中国古代的职务犯罪"(上、下),重心还是围绕唐代吏治,论述了古代职务犯罪的渊源、种类、立法特点与司法特点。

第二类:唐律研究书中涉于吏治廉政的专门章节

一是钱大群所著之《唐律研究》(法律出版社2000年版)。该书第十五章"监督吏治以保证行政效率",主要关注唐律"监督吏政管理""监督官吏依法行使职权""监督官吏谨慎守纪""监督各类官吏恪尽职守"和"全面监督国家机关的行政效率"等五个方面的内容。

二是钱大群所著之《唐律与唐代法制考辨》(社会科学文献出版社2013年版)。该书第十九篇《"除免"与"官当"关系辨》、第二十篇《"赎章"是否使官吏都不实受笞杖辨》和第二十一篇《唐代刑罚与行政处罚交叉相通考》是对唐律有关官吏治理制度机制在细微论题上的深入研究。

三是钱大群、钱元凯所著之《唐律论析》(南京大学出版社1989年版)。该书的第八章"唐律维护封建吏治,监督国家机器的有效运转"及第十章"唐律维护诉讼审判活动的依法进行"都讨论了吏治方面的内容。

第三类:论文集中吏治廉政的重要论文

一是钱大群所著之《唐律与唐代法律体系研究》(南京大学出版社1996年版)。该书前四篇文章集中关注的是唐代吏治问题。第一篇是《强化对有职权者的法律监督——唐律廉政机制述论之一》;第二篇是《阻却冤假错案产生的纵深立体防御——唐律廉政机制述论之二》;第三篇是《论唐律对官吏罪责追究的制度——唐律廉政机制述论之三》;第四篇是《唐律是维护吏治的有力工具》。从内容上来说,这四篇论文乃是先生有关唐代吏治论的成熟之作。

二是钱大群所著之《中国法律史论考》(南京师范大学出版社2001年

版)。该书中共有两篇文章涉及吏治廉政,即《谈我国古代法律中官吏的受贿、贪污、盗窃罪》《诤谏:贞观吏治的强大推动力》,前一篇是大视野之谈,后一篇是思想基础分析。此外,尤值一提的是《唐律与唐代法制考辨》第十五篇《唐律赃罪辨析》,它是对唐代防治官吏经济犯罪在立法及司法上的经验总结,也是对以往成果的纵深性拓展。

二、唐代吏治法制根本特点的研究

在多年潜心研究的基础上,先生突破律典文本的现有规范布局与条框结构,全面系统地分析了唐律对吏治的重要作用和丰富内容,形成了有关唐代吏治论题研究的系统性成果。

1. 唐代吏治的指导思想

最高统治集团内部通过开展批评与自我批评进行吏治思想建设,推动形成有深度、有广度、有特色的诤谏之风,以期达成"君臣共治"的理想效果。主要包括以下几个方面的内容:一是重视发挥吏治效应的思想,不仅认为"君臣安危与共是发挥吏治效应的前提",而且主张"为吏之道在于'仁义抚民'",还强调"审慎择官与放手任用"。二是确立"以静安民"的治道,不仅认为"简静为治道之本",而且认为"简静必须人君克己自励",还强调"'居安思危','防微杜渐'"。三是广开才路,选任贤臣,不仅认为"访贤纳才是国之要务",而且主张"以'至公之道'选任贤臣",还强调"选任贤才须'言行相符','善其始终'"。四是广开言路,兼听则明,不仅主张要"以隋为鉴,广开言路",而且强调"惟有'君心治',方能广开言路",还认为"臣僚上言激切,方能警醒君主改过"。③ 五是吏治的基本要求是清廉守法。

2. 立法上制度性建设与惩罚性监督结合

唐代吏治立法的总体特征,体现在三个方面:一是唐代吏治的正面性立法主要由令、式、格来担当;二是刑律惩治职务犯罪是维护吏治的主要手段④;三是吏治立法在更高水准上还充分贯彻了奖励与处罚相结合的历史传统。⑤

---

③ 参见钱大群、郭成伟:《唐律与唐代吏治》,中国政法大学出版社1994年版,第22—33页。
④ "唐代国家依国务活动的各个方面来构造国家机器,又根据国务活动的划分来制定刑律的篇章并同时罗列官吏的职务犯罪。因此,职务犯罪是封建刑律的重要内容,也是封建吏治的最重要方面,唐代刑律也成了封建国家实施吏治的主要工具。"参见钱大群、郭成伟:《唐律与唐代吏治》,中国政法大学出版社1994年版,第374页。
⑤ 参见钱大群、郭成伟:《唐律与唐代吏治》,中国政法大学出版社1994年版,第18页。

3. 唐代统治者把吏治监察融入吏治的大网络中,并不断推进其法律化与制度化,用以限制官吏的不法行径

从理论上、制度上确立吏治监察机构相对独立的执法地位的同时,又将专职监察与层层监察相结合,构筑了严密的监察网络,表现出唐代监察机制的典范性与成熟性。⑥ 具体而言,一是在监察原则上,主要包括"君主集权与自我约束相统一的原则""监察相对独立的原则""专职监察与层层监督相统一的原则";二是御史监察,包括"专职监察机构的完善""依法进行监察""御史台对京师及地方的监察";三是宰相机构的监察及其相互间的监督;四是勾检系统的监察;五是比部对财政的监察;六是皇帝的监察与纳谏,包括"亲录囚徒成为唐皇帝实施直接监察的常用手段""通过批阅奏章进行政务监察""派遣使臣巡察以实施监察""皇帝的纳谏与臣僚的规谏;七是地方州县的监察。⑦

三、唐代吏治任务的研究

1. 唐律监督官吏维护君主专制的制度与礼法

唐律监督官吏维护君主专制的主要内容,有维护皇帝人身尊严不受侵犯与专制权力不受挑战等几个方面。监督保守国家机密,包括"惩治泄露袭捕反逆叛犯罪之机密""惩治泄露'风云气色有异'之机密""惩治将吏泄露机密令罪犯逃亡""惩治擅自拆看官文书"和"惩治擅自藏读天文图书及兵书"。从严追究侍奉皇帝饮食起居的过误犯罪,包括"严惩炮制御用药物上的过失犯罪""严惩皇帝饭菜烹制上的过误犯罪"和"严惩皇帝舟船制作质量上的过误犯罪"。严究违犯御前警卫安全制度的罪责,包括"严惩擅自进入上阁的犯罪"和"严惩于皇帝所在处误拔刀子的犯罪"。追究臣下擅权的违法犯罪,包括"惩治臣下奏请违制""惩治臣下擅改制书""严惩臣下擅自发兵给兵""惩治侵犯皇帝对案件的最高处置权"。⑧ 君主专制制度和思想的基础是礼法。礼的内容很多是国家活动,所以,唐律监督官吏遵守礼法制度。礼同令和官吏的关系十分密切。官吏有严重违礼的行为要受刑事处罚。刑律监督官吏遵守祭祀、丧葬、仪制及避讳等礼法制度。⑨

2. 唐律监督官吏的选任及职权的行使

具体而言,一是监督依法贡举与考试,包括"惩治举非其人与应举不举"

---

⑥ 参见钱大群、郭成伟:《唐律与唐代吏治》,中国政法大学出版社1994年版,第80页。
⑦ 同上书,第80—101页。
⑧ 同上书,第104—119页。
⑨ 同上书,第123页。

"追究官吏考生成绩低下之罪责""惩治考校不以实""惩治官吏课试不以实";二是监督官职和爵位的依法封授,包括"惩治'诈假官'""惩治'于法不应为官而诈求得官'之犯罪""惩治袭爵违律""惩治主司认同及放纵诈假官的犯罪";三是监督国家机构与员数的依法设置,包括"惩治机构及官员设置超编"和"严惩越权置任官吏";四是监督官吏依法行使职权,包括"惩治不依法申上行下""惩治不依职权处理公文"和"惩治出使妄干他事"。⑩

唐代吏治制度周密至监督任职前的培养,表现在法令对法官的培养、任用、考试、编制及品级等方面都有细密周到的制度:一是对官吏培养,也即学校教育及监督而言,不仅"以儒家经典作为学校的基本教材",而且还"督促生员的学习与教师的教学";二是以考试成绩之等第授官职高低;三是通过考察政绩决定官职升降;四是实行选任官职的回避制度,包括"地方官避本籍""中央高官之近亲避任京畿""中央高官子弟避任监、谏官"和"亲戚避同署联事";五是国家机关与官员的编制制度。⑪

3. 唐律对国家机关行政效率的监督

一是监督遵守公文送达及处理的程限,包括"惩治制书、官文书稽程""惩治公事应行而稽留""惩治奉行制书有违""惩治奏事、呈事有误";二是监督遵守国家符印制度,包括"惩治符节给发稽留有误""惩治符节用后交还违律""惩治盗用、借出及出卖印信符节"和"惩治弃毁或亡失符节及官文书";三是监督遵守驿传制度;四是监督遵守值勤制度。⑫

4. 唐律监督地方官吏依法施政

一是监督依法管理户籍,包括"惩治不发觉脱漏户、口及增减年状""严惩为出入赋税而脱漏增减""惩治放纵相冒合户""惩治非法人入道";二是监督依法管理土地及课督农桑,包括"惩治收授田亩及课督农桑失职""追究辖区田地荒芜的罪责""要求依法处理田地买卖事务";三是追究赋税徭役征收上的违法犯罪,包括"惩治差科赋役征收不平""惩治法外擅赋擅加""惩治不依法减免赋役""惩治辖区赋役交纳及输送违制""惩治承包运送租调物得利""惩治容许百姓在交纳地购物应征";四是追究在治安与制止犯罪上的失职犯罪,包括"追究辖区有人为盗及容留盗贼之罪责""追究辖区内容留逃犯及流浪人之罪责""惩治部内盗贼案发不及时报告及捕逐""惩治部属有违法

---

⑩ 参见钱大群、郭成伟:《唐律与唐代吏治》,中国政法大学出版社1994年版,第142—153页。
⑪ 同上书,第37—49页。
⑫ 同上书,第155—172页。

犯罪不举告查办""惩治亲属于辖区被杀私和"。⑬

5. 唐律全面监督司法官吏依法办案

"唐代对官吏司法审判活动的监督非常细致严密,它贯穿在告诉、受理、追捕、审理、判决、执行等一系列的环节上。国家主要依靠这些法律来保证司法官吏依法办案。以法律监督司法官员本身的司法审判活动。这是唐代吏治制度上的一个显著特点。"⑭具体来看:

(1) 监督遵守司法管辖制度,包括"监督依权限进行审判"(如惩治擅自决断和惩治部属擅推长官)、"法律监督官吏正确执行共犯异地遣送制度"(如惩治共犯移送违制和惩治直牒追摄不即遣)、"法律监督官吏依法受理自首""法律禁止官吏受理违法词状"(如惩治官吏接受越诉的词状、监督官吏推行慎告制度、惩治官吏受理以赦前事相告的词讼、惩治受理告人罪称疑之词状、惩治受理匿名告发之词状、惩治受理被囚人及老幼笃疾者举告他事)、"法律追究官吏拒理合法上诉之罪责"(如惩治应受理而推诿和惩治阻碍合法之上诉)。

(2) 监督依法捕捉与囚禁犯人,包括"法律监督依法缉捕人犯"(如惩治接报刑案后不及时处置、惩治将吏追捕不力、惩治任意格杀追捕对象)、"法律监督官吏依法对犯人实行囚禁"(如惩治刑具使用违律、惩治给囚物品违律、惩治不给囚衣粮及医疗救助、惩治因过误走失囚犯、惩治狱吏受财枉法)。

(3) 监督依法审理,包括"法律监督法官遵守审判时限"(如惩治决断死刑违反时令、惩治案件审理违反程限),"法律监督司法官吏正确适用法律(如惩治判罪不完整引用法律条文、监督适用有效法律审判、监督贯彻通例服从特别规定的原则、监督遵守对法无明文案件的审断要求、监督涉外刑案法律的适用)","法律监督司法官吏依法审理"(如惩治于状告之外别求他罪、监督依法取得供词、惩治不依法执行重审制度、监督依法实行回避制度),"保证司法官吏不同意见的争议";监督依法实施刑讯,包括"惩治实施刑讯违律""惩治刑讯度数过限""惩治不依法实施反拷""惩治拷讯老幼废疾及有特权者"。

(4) 监督依法判决执行判决,包括"惩治司法官吏故意'出入人罪'""惩治过失出入人罪""惩治缘坐没官不依法""惩治收赎与官当不依法""惩治绞斩等级不依法适用""监督'疑罪'适用赎刑""惩治执行死刑不复奏""惩治不依法遣送刑徒""惩治对犯人应役而不役力""惩治不依法执行笞杖刑""惩治对女犯执行刑罚违律"。⑮

---

⑬ 参见钱大群、郭成伟:《唐律与唐代吏治》,中国政法大学出版社1994年版,第219—238页。
⑭ 同上书,第269页。
⑮ 同上书,第269—305页。

6. 监督官吏为政清廉的研究

惩治利用权力进行贪贿。一是监督贪污罪,包括"严惩监临主守自盗""严惩盗所监临财物"和"惩治变相贪污之违法犯罪";二是监督贿赂罪,包括"惩治'有事以财行求'的行贿罪""严惩官吏受贿之犯罪"和"惩治官吏事后贿赂的犯罪";三是监督"请求"罪,包括"惩治官吏进行请求或答应请求""严惩监临势要为人嘱请"和"惩处官吏接受财物为人请求";四是监督索取百姓财物之犯罪,包括"惩治依官势乞索财物"和"惩治搜刮辖区内人之财物送人";五是监督非法役使部下及百姓之犯罪,包括"惩治私自役使辖区人丁""惩治私人役使公家吏员"和"惩治役使供己使用之人而赚取其工值";六是监督依法占有田地,包括"惩治官吏占田过限""惩治官吏侵夺私田""惩治官吏以职分田调换私田""惩治官吏在辖区娶亲"。⑯

同时,重视对官员经济犯罪的有效防治。一是在立法上把涉及经济的犯罪在法律上统一计算标准。在范畴上区分"计赃为罪"与"不计赃为罪",对以"六赃"为主干的计赃为罪之罪种,明确涉案赃物由商品价格到折成赃额的评估标准;对于不计赃为罪之罪种,则以涉案赃物的社会政治意义的评估为标准。二是司法上不使贪污者得利。对官吏职务犯罪引起的经济后果认真查处。唐律规定,"对犯罪行为以'有行即罪'的办法处幅度固定的刑罚,而对经济后果则再以'赃'的性质计值处罚""官吏以赃致罪属于'频犯'的,要累计处断刑罚"。具体处罚方法,是以计赃为罪之"六赃"为基本,对于因性质及情节等存在差异,不能完全照搬适用的,则采比附适用的方法。

四、唐律处置官吏犯罪的司法特点研究

1. 官吏既有特权又从严要求

作为唐代吏治主要杠杆的唐律,在惩治职务犯罪上的特点,是初唐统治阶级廉明进取精神的体现,是唐代惩治职务犯罪的历史经验,也是唐代整个吏治经验的重要组成部分。⑰ 具体来说,一是官吏既享有特权同时又受严格监督,包括"给贵族和官吏以特权""对官吏的从严监督";二是划分"公罪"和"私罪",包括"公罪与私罪区分的核心条件""从轻处罚'公罪'""'公罪'与'私罪'的划分";三是官吏的刑罚与行政处罚一体化,包括"犯官撤免官爵的

---

⑯ 参见钱大群、郭成伟:《唐律与唐代吏治》,中国政法大学出版社1994年版,第175—193页。
⑰ 同上书,第310页。

处罚由刑律统一规范""官吏的徒、流刑可以转化为暂时撤销官职之处罚""赎刑可以引起行政处分的后果";四是防微杜渐,从严监督官吏的经济犯罪,包括"设立准贿赂、准贪污的罪罚制度""禁止监临官于辖区从事经营活动""禁止官吏从事商业活动";五是对官吏犯罪的经济后果的认真追求,包括"对官吏经济犯罪中的赃物认真追查处理""对官吏之某些赃罪实行累加计罪惩罚""官吏非经济犯罪也以引起的经济后果作处罚参照";六是公职犯罪层层追究,有罪必罚,包括"以共犯制度追究放纵、承接者的罪责""在处罚失职者的同时必定处罚负监督责任之官吏""公案处置失职犯罪的责任追究""地方课督性政务失职犯罪的连带责任制"。⑱

2. 对监临官特别从严监督

唐代法律把监临主守官作为重点监督对象。"唐代从严论处官员犯罪上的一个最大特点是把监督的重点放在重惩握有统领管辖权力的'监临'官员的犯罪上。唐朝根据官员在政务中的地位和作用,从官员中提取出'监临'的概念,并赋予其在法律上的特殊地位,这本身就是吏治严谨的反映,是吏治经验的结晶。"⑲

唐代法律对监临主守官犯罪予以加重处罚。从严处罚监临官犯罪,在唐律中有多方面的体现:一是从受贿罪说,监临主守官受贿赃的计数处罚在'六赃'中属于从严惩处之列。……二是以盗窃罪说,《贼盗律》(总第283条)规定,监临主守犯窃盗罪,其刑罚比一般窃盗罪之处罚要加重二等。这中间,监主盗窃由自己直接掌管的国家财物,或盗窃自己辖下民人吏员之私有财物,都在加重二等处罚之范围。三是以性犯罪说,监临主守官吏之犯罪,其处罚重于民人及一般官吏之处罚。

在《职务犯罪研究》一书的第二章中,先生进一步系统而深入地论述了唐律对官吏职务犯罪处罚上的特点。"以唐律为代表的封建刑律,对官吏职务犯罪的处罚,其总的特点是在给予特权的同时,对官吏尤其是对监临主司官从严。严在追查罪责的制度周密,追究得全面彻底,有罪必罚,刑罚相符,区别对待,幅度精当,官吏难以存有犯罪之后可以不罚的侥幸。其精神体现了统治阶级一种廉明进取的吏治思想。"⑳

3. 官吏的刑罚与行政处分在法律上一体化

例如,犯罪官吏是否撤去官爵由刑律明确规定。"唐朝官吏在犯罪后是

---

⑱ 参见钱大群、郭成伟:《唐律与唐代吏治》,中国政法大学出版社1994年版,第310—349页。
⑲ 同上书,第315页。
⑳ 钱大群、孙国祥主编:《职务犯罪研究》,南京大学出版社1996年版,第45页。

否要受以及怎样承受撤销官爵之处分,一律由刑律来明确规定,而不由行政系统来行使决定权。……唐律的这项制度保证了官吏在犯某些特定罪行之后同时受撤销官职处分的必然性,而消除了由行政系统决定撤免官爵可能因失去法律监督而出现的弊端。"㉑ 又比如,刑罚的赎刑可以引起行政处分的后果:"唐代的有关令文规定,官吏犯私罪赎铜一斤称为一'负',犯公罪赎铜二斤为一'负',而积十负便称为一'殿'。一殿相当于'杖一百'(赎铜十斤)之罪的幅度。依法律,'考校之日,负殿皆悉附状'。官吏有'殿'的记录后,大多数情况下都要受降级职的处分"。㉒ 而这其实也就意味着,因为赎刑处罚要纳入行政考核之内,从而引起行政处分的结果。

4. 以严密的共犯制度监督官吏恪守职责

例如,"……第四,以共犯之处罚说,监临主守与一般民人吏员共同犯罪,即使后者是造意人,监临主守都以首犯论处,一般人以从犯论处"。㉓ "事后共犯"制度于职务犯罪中运用。"唐代十分注重执行政府关于官吏的编制制度,惩治官吏编制违法是官员职务犯罪中一项重要内容。……唐代把后任的'知而听者'实际上作为共犯论处。"㉔ 又比如,"片面共犯"制度的运用,"唐代《职制律》(总第91条)在规定对'考校、课试不以实及选官乖于举状,以故不称职'犯罪的处罚之后,又补充规定:'知而听行,与同罪。'这里,'考校、课试'人有罪在前,上级官吏知而听行也是共犯,要与始犯者处同样的刑罚"。㉕

5. 在处罚公务失职时连坐追究有监督责任的官吏

(1) 唐律规定:"警卫兵士有失职犯罪,同时追究有监督统领职责的将帅主司的罪责""走失囚犯,既处罚主守者,也处罚'监当者'""侍奉皇帝的医工有失职犯罪,同时追究'监当主司'的罪责""在工商管理上,既处罚直接执行公务的失职者,也处罚有监督职责者""在唐代,刑律也追究官吏对部内或下属有违法犯罪而失察的罪责"等等。㉖

(2) 对官吏的公务失职犯罪实行连带责任制。唐律规定:"同一衙门各级之官吏在某一公案上都有公务错失之犯罪,依'同职犯公坐'原则既追究各级有罪官吏的罪责,又分清责任,区别对待";"对地方课督性政务上的失

㉑ 钱大群、孙国祥主编:《职务犯罪研究》,南京大学出版社1996年版,第47—48页。
㉒ 同上书,第48页。
㉓ 钱大群、郭成伟:《唐律与唐代吏治》,中国政法大学出版社1994年版,第317页。
㉔ 钱大群、孙国祥主编:《职务犯罪研究》,南京大学出版社1996年版,第49页。
㉕ 同上注。
㉖ 同上书,第50—51页。

职犯罪,追究州、县、乡各级官吏的罪责";等等。㉗

(3) 与罪囚有关联的职务犯罪,以罪囚的刑罚作为对官吏处罚的幅度参照。唐律规定:"以罪囚固有的刑罚作为官吏行为后果衡量的依据";"官吏的处罚幅度也可以把囚犯的刑罚幅度作为参照面加以修正";"罪囚的危险性消失或减少,有罪责官吏的处罚也可随之免除或减轻";等等。㉘ "官吏犯赃罪在处罚时,照顾到'有禄'与'无禄'的区别",等等。㉙

五、唐代吏治研究方法的主要特征

在先生有关唐代吏治论题研究的系统成果中,我们不仅可以看到其基于唐律疏议条文之个体化细致研析而获致的丰富内容,也可以看到其基于妥恰之研究方法而获致的允当结论。除此之外,我们还能够从中感受到鲜明的特征:

1. 允当的研究方法选择和妥恰的研究目的定位

在对唐律疏议条文进行解析或诠释时,先生始终坚持"运用马克思主义的基本原理和科学的世界观方法论,全面剖析封建的吏治制度,剔除其封建君主专制主义的糟粕,即可从中筛选出有益于现今的借鉴内容,以为健全社会主义的公务员制度服务"。㉚ 比如,在评价唐代吏治时,将吏治的法律规定放置在当时的社会情境之中理解,认为唐代的统治者"把建设廉明吏治作为执政首要目标全面加以贯彻,并对朝廷大臣提出期望,要求他们以身作则,善始善终,以期辅佐君主,实现王朝长久统治"。㉛ 还比如,在理解唐代吏治的社会功能时,指出:"唐王朝尽管屡临险境,并未衰亡,反倒出现封建社会全盛时代的'开元之治'。这其中原因固然很多,但唐初确立的开明吏治及其制度化的运作,却是挽狂澜于既倒的重要因素"。㉜

先生认为,唐律把"片面共犯""事后共犯"运用到官吏的职务犯罪之中,是古代重视吏治的传统在法律制度中的反映,这一点似乎正是我们今天在行政立法及司法中有意无意忽略了的地方。㉝

㉗ 钱大群、孙国祥主编:《职务犯罪研究》,南京大学出版社1996年版,第52—54页。
㉘ 同上书,第54—55页。
㉙ 同上书,第57页。
㉚ 钱大群、郭成伟:《唐律与唐代吏治》,中国政法大学出版社1994年版,第372页。
㉛ 同上书,第357页。
㉜ 同上书,第359页。
㉝ 同上书,第340页。

2. 知识生产视野的整体性

例如,对于唐律有关职务犯罪的立法特点,先生认为:"封建刑律中职务犯罪的内容,在分布上表现为一篇为主,各篇都列的特点。"㉞"以唐律来说,《职制律》当然是以职务犯罪为内容的专门篇章,但它事实上只包含了编制与贡举,值勤与祭祀,侍奉与对制,任职之礼,驿传以及请求与受财等的内容。尽管立法者说:'言职司法制,备在此篇。'但以现代的观点分析,唐律中有关官吏职务犯罪的内容远不止于此。……从总的情况看,唐律中有关官吏职务犯罪的条文数,估计占全律的1/3,不会出入太多。"㉟又比如,唐律对官吏职务犯罪的防治,在立法上体现了正面教育鼓励与惩罚相结合的精神,表现为正面的劝导鼓励性的立法与惩罚性立法相配合。先生指出:"唐代最重视吏治,在刑律上规定官吏大量犯罪条文的同时,也详尽规定官吏考核的优秀标准。这些优秀标准被总括为'四善'与'二十七最'。"㊱再比如,先生指出:"在唐代的法律制度中,无论是正面的制度性法规,或是惩罚性的刑事法规,其中有些条文,从其立法的目的及所起的作用来说,完全是为了整饬吏治而设。这些法律虽然数量不多,但对国家的吏治建设来说有巨大的作用和影响。这些立法说明,唐代的统治者对于官吏的经济犯罪注重了防微杜渐,并决不让官吏利用职权和官势来扰乱经贸秩序,发家致富,败坏吏治,毒化社会。"㊲

3. 知识生产领域的递进性

对于唐代吏治机制论题,先生在研究的过程中不断完善和丰富先前自己的既有认识,不断深入推进有关唐代吏治论域中的知识生产。例如,在《唐律与唐代吏治》中指出:"以往的研究,一般只注意了唐代的官吏在法律上处于优待的特权地位,而较少注意或者说是忽视了官吏在法律上同时被置于从严受监督的地位。官吏虽然在同百姓相互侵犯的犯罪中处于特权地位,但在另一些方面却又处于受加重处罚的地位。这些犯罪大多或者说基本都是从吏治角度规定的职务犯罪。"㊳换言之,在先生看来,对唐代的官吏来说,享有议、请、减、赎、当、免一系列特权,同多方受刑律钳制并被从严惩处这两个方面并存,这才是唐律对唐代吏治维护的全貌。具体而

㉞ 钱大群、孙国祥主编:《职务犯罪研究》,南京大学出版社1996年版,第33页。
㉟ 同上书,第34页。
㊱ 同上书,第36页。
㊲ 钱大群、郭成伟:《唐律与唐代吏治》,中国政法大学出版社1994年版,第328页。
㊳ 同上书,第315页。

言，古代官吏在法律上处于既享有特权同时又受从严监督的双重地位。对此，先生再次强调："古代从严论处官吏职务犯罪的特点，是把监督重点放在重惩持有统领管辖权力的'监临'官及处于特殊地位因而握有实权的'势要'官吏上面。"㉟"割裂地只看到其中的一个方面，都会看不到刑律对封建吏治的全面驾驭。"㊵

六、唐代吏治研究成果的贡献与意义

党的十八大以来，伴随着党风廉政建设和反腐败斗争的深入推进，认真落实从严治党、从严治吏的管党治党方针，已成为新时期干部管理的新常态。采取创新体制机制的途径和建立健全制度保障的措施，以动态的现代化标准整顿优化"吏治"，无疑对推进国家治理体系和治理能力现代化具有重要意义。

（一）唐代吏治的普遍意义

1. 国家强弱反映在吏治上

"唐代的治乱，其根本原因不能说全在于吏治。但是唐国家的兴衰存亡，却始终在吏治上得到反映，这又是事实。无论从唐代整个的兴亡历史看，还是从著名的贞观、开元等治世阶段不同的历史发展过程看都是如此。这就是吏治透过唐代历史所表现出来的普遍意义"㊶，即官吏治则国家兴，吏治乱则国家衰。具体而言，一是唐朝吏治的特点，包括"鼓励谏诤，活跃政治气氛""德礼为本，刑罚为用""综合治理"；二是吏治促进了唐代盛世的出现，包括"改善吏治，变乱为治，避免重蹈覆辙""开明吏治是大唐盛世形成的重要原因""吏治废弛是唐国家衰亡的重要原因"；三是对唐代吏治的评价，"唐代吏治的实质"，即唐代有关吏治的各项制度及其具体施行，就其实质而言，是希冀摒弃"残民以逞"的贪官统治，并以此为基础建设"君圣、相贤、官清"的开明封建专制，用以谋求王朝的长治久安，防止秦、隋二世而亡的悲剧重演。㊷

㊴ 钱大群、孙国祥主编：《职务犯罪研究》，南京大学出版社1996年版，第45页。
㊵ 钱大群、郭成伟：《唐律与唐代吏治》，中国政法大学出版社1994年版，第317页。
㊶ 同上书，第352页。
㊷ 同上书，第352—369页。

2. 综合为治

唐代吏治建设的基本经验,即"唐朝统治者在谋求王朝的长久统治中,注重吏治的理论研究和经验的总结概括,从而完善了封建制度,并将其置于国家建设的首要地位,千方百计地保障其实施"。"唐朝把吏治建设作为一项总体工程,融合教化、立法行政监察等各项手段,综合为治,特别是在刑律照应制度性立法,把严密地惩治职务犯罪作为进行吏治的主要杠杆,兼顾教育与惩罚两方面,取得明显效果,进而达到了有效治民的目的。""在吏治建设中,上至封建帝王、朝廷重臣,下至州县官员,都注重发挥表率作用,从而带动了一般官吏,使'为政清廉'蔚然成风,有效地遏制了官吏的违法犯罪,起到了净化社会环境的明显作用。"㊸

3. 惩治赃官执法如山

"统治者在封建吏治建设中,态度坚决,在惩办不法赃吏上,执法如山,不徇私情,从而取得了立竿见影的吏治效果。""以唐律为主要杠杆的唐代吏治制度,注意了在国家最高统治当局——皇帝、官吏及民众三者之间的关系上建立起有效的原则和制度,这使得唐代的吏治经验教训,不能不在相当长的历史过程中具有普遍的参考借鉴意义。"㊹

(二)为当前依法治吏提供本土资源

1. 重视治国先治吏的传统

一直以来,习近平总书记都强调要汲取传统文化和传统治理资源,强调要重视传统中国社会"治国先治吏"的文化观念。㊺ 而事实上,在传统中国,如何管理官吏以使其发挥统治效能,始终都是全社会所关注的焦点。中国历史发展过程中也因此积累了丰富的治吏经验。因此,从传统吏治文化中汲取前进力量,为推进国家治理体系和治理能力现代化提供有益借鉴,无疑是新时期的重要课题。先生在多年潜心研究的基础上,突破陈旧的框框,形成唐代吏治研究的系统性成果,其影响之广、意义之巨,可以想见。先生的研究成果表明,唐代吏治有关"依法治国、以人为本""整饬吏治、反腐倡廉""明主治吏不治民"等思想原则,至今仍可沿用,唐代官员选拔与任用的主要方式以及中心宗旨,对现代选官、用官、治官同样也有着一定的指导作用。而这其实也

㊸ 钱大群、郭成伟:《唐律与唐代吏治》,中国政法大学出版社1994年版,第371—372页。
㊹ 同上书,第372页。
㊺ 参见《议政:从传统文化中汲取前进力量——中国人民大学教授冷成金谈传统文化如何助力国家治理现代化》,载《人民日报》2014年12月3日,第20版。

就意味着,当依法治国成为我们这个时代的主题,当整饬吏治、反腐倡廉成为当下中国社会的主流趋势之时,我们当可汲取唐代吏治的历史经验,让唐代吏治思想中的精髓成为现代法治国建设的本土资源,进而为制度反腐赢得广泛的心理认同和社会支持,从而确保法律制度的有效实施。

2. 依法治国的重心在依法治吏

依法治国已成为当下中国的社会主题,"党员干部能不能遵守法律、依法办事,具有放大效应和示范效应,一言一行受人关注,一举一动皆是导向。党员干部带头遵守法律、带头依法办事,'依法治国'则指日可待;反之,'依法治国'则无从谈起。因此,'依法治国'重在'依法治吏'"。[46] 我们对官吏的法律治理越重视,也越会发现从唐代吏治的历史经验中,可以借鉴的东西很多,值得汲取的经验也很多。先生在唐代吏治论题的研究成果中早就有所交代。先生指出,"从唐律整个的任务和目的来说,自然是既治吏又治民,是通过惩治官民的违法犯罪来维护封建国家的整个统治秩序。然而,从唐律实现其任务的内部机制来说,通过治吏来治民,是初唐社会法律实施过程中关乎全局的一个钮键,是统治者通过国家机器完成国家任务的一个规律性的要求。对现代国家来说,无论是资本主义国家还是社会主义国家,官吏在整个国家机器中仍有特殊地位,因而,重视官吏的守法状况对法律实施的作用和影响,把吏治作为整个法制确立中的重要一环来抓,这是借鉴唐代吏治经验所必然得出的结论"。[47]

3. 依法治吏有利于确立法治权威

《中共中央关于全面推进依法治国若干重大问题的决定》明确提出,要"提高党员干部法治思维和依法办事能力。党员干部是全面推进依法治国的重要组织者、推动者、实践者,要自觉提高运用法治思维和法治方式深化改革、推动发展、化解矛盾、维护稳定能力,高级干部尤其要以身作则、以上率下"。[48] 先生在有关唐代吏治的研究成果中亦曾中肯地指出,"唐代依法监督吏治,对法制的有效确立起很大的作用。封建官吏一方面被要求依法勤谨政务,同时也被要求把权力的行使约束在规定的范围之内。维护封建吏治最直接的目的是正确及时执行政令,提高整个国家的行政效率"。[49]

㊻ 蔡玉洁:《"依法治国"重在"依法治吏"》。http://cpc.people.com.cn/pinglun/n/2014/1030/c241220-25941557.html,2015 年 1 月 8 日最后登录访问。

㊼ 钱大群、郭成伟:《唐律与唐代吏治》,中国政法大学出版社 1994 年版,第 374 页。

㊽ 《中共中央关于全面推进依法治国若干重大问题的决定》(2014 年 10 月 23 日),载 2014 年 10 月 29 日《人民日报》。

㊾ 钱大群:《唐律研究》,法律出版社 2000 年版,第 280 页。

唐律是中国法律文化的瑰宝,广泛引起中外法律史学者的高度重视和研究兴趣。但能取其精华,凿璞成玉者为数寥寥,而恩师钱教授大群先生正是别具匠心、孜孜以求而使其光彩夺目的探求者。先生对唐律吏治的研究,展拓了一个新的领域,使我们从唐王朝三百年的长治久安和兴衰存亡的经验教训中看到了吏治与廉政法制建设的重要性。知识无止境,探索不停息。先生几十年如一日地关注唐律,关注唐代吏治论题研究,其立志之坚,用力之勤,搜罗之广,研求之细,尤值得吾等后辈学习。对先生有关唐代吏治以及唐律论题的研究,我们今天无论给予怎样的赞誉都是不过分的!

(2015 年 1 月)

《唐律与唐代吏治》,钱大群、郭成伟著,中国政法大学出版社,1994 年。

钱大群:《强化对有职权者的法律监督》,刊《传统文化与现代化》1996 年第 2 期。

《职务犯罪研究》,钱大群、孙国祥主编并参与撰写,南京大学出版社,1996 年。

唐代谏议制度实行的启示
——读钱先生《谏诤：贞观吏治的强大推动力》一文[*]

杨兴定[**]

在中国数千年文明史中，古代中国的政治制度，不仅在东方，而且在全世界都是发展得最完备和最为典型的，其中包括中国古代在总结历史经验的基础上逐渐形成的规劝君主并促使其改正过失的谏议制度。"谏者，正也，谓以直言正人之非也。"(见《辞海》)谏议制度即"匡正君主，谏诤得失"。与同为传统中国监察制度体系的御史制度相比，中国学界对主要是下对上监督的谏议制度的研究乏善可陈，钱先生《谏诤：贞观吏治的强大推动力》一文，以吏治为着眼点，指出存在于君臣之间有深度、有广度、有鲜明特色的谏诤之风，是贞观吏治的强大推动力，并对唐初谏诤之风形成的认识论基础以及政治思想基础等进行了系统深入的阐释，对当代中国社会治理现代化建设不无借鉴之处。

一、唐初谏议制度概况

在唐前谏议制度的历史发展过程中，有两个时期非常重要：一是自汉武帝设置了谏议大夫，允许谏官谏诤朝政得失，以后，谏官一职逐渐固定下来，虽然有时谏议是加官或荣誉衔；二是魏晋南北朝时期，门下省的形成和集书

---

[*] 参见钱大群：《中国法律史论考》，南京师范大学出版社2001年版。
[**] 工商银行深圳宝安支行副行长，法学硕士。

省的出现,这意味着谏官有了自己独立的统属机构。

比较而言,在整个古代中国,唐代的谏议制度最为健全,确立了封驳制、谏官随宰相入阁议事等制度。在唐代,中书、门下两省都有进谏的职责,其中,以进谏为职的谏官有:散骑常侍、给事中、谏议大夫、补阙、拾遗,除给事中属门下省外,其他谏官都是分左右而设,"左"属门下,"右"属中书。唐代谏官享有的职权有:封驳诏敕,审署申覆,献纳谏正,注录起居注。唐代谏官位卑职重,谏官不由吏部而由君相授任,谏官的言谏方式有"大则廷议,小则上封"(《旧唐书·职官二》)。

二、唐初谏议制度的政治思想基础

唐初谏议制度得以确立完善,有隋亡之鉴的时代背景,也有个人因素的背景,唐初谏诤蔚然成风,这与魏徵等谏官的政治品质,尤其是与唐太宗的远见卓识和治国观念分不开。

首先,钱先生认为,"忠"与"功"的观念也是支持唐初谏诤风气蔚然成风的政治思想基础。"在李世民的贞观朝廷,把臣下的进谏作为忠于皇帝的表现,有时甚至把尽忠直接视为忠言直谏。同时,把臣下对国君的忠言直谏,看成是为国家建立的功劳。由于君臣能把谏诤同忠功的观念联系起来,故而能在一定程度上为维护国家与民众的利益进谏和纳谏。"①

同时,李世民基于自己的理念,鼓励臣下进谏实行"君臣共治",以改变"以一人之智决天下之务"的局面。臣下也把对皇帝进谏尽忠,提高到了为社稷和民众的层面。贞观二十一年五月,李世民在询问群臣为什么自己"才不逮古人,而成功过之"时,自认为虚心纳谏是重要原因。②

其次,皇帝把是否敢于忠言,作为衡量臣下能否尽忠的尺度,同时,臣下也把对皇帝进行诤谏,作为履行职责的优秀品质。另外,皇帝把臣下犯颜直谏纠正违失看做为国家建立功勋予以褒奖,臣下也从尽忠及为社稷与民众出发对皇帝的言行作全面谏劝,既包括谏劝维护代表国家"大信"的法律,也包括谏劝皇帝厉行节约,爱惜民力。③

最后,唐初最高统治集团经常就健康地进行谏争本身作诤谏。要树立诤谏是关于国家兴亡的观念,要对有功之谏议作重奖;臣下为国冒死进谏,君主

---

① 钱大群:《中国法律史论考》,南京师范大学出版社2001年版,第415页。
② 同上书,第414页。
③ 同上书,第423页。

要为国而保护死谏之臣;皇帝要想方设法鼓励和督促臣下勇于进谏,不计较进谏者的态度,允许出现错谏;臣下可不顾忌进谏的态度,而皇帝一定要讲究纳谏的态度,不能以自己的博学多才、能言善辩掩饰拒谏,而置进谏者于难堪之境地;君臣间要经常谈论纳谏得兴、拒谏致亡的历史教训。④

三、唐初谏议制度的启示

谏议制度在中国古代政治生活中曾经发挥过重要作用,尤其在贞观期间,唐太宗鼓励臣下极言谏诤,并勇于纳谏,更为众人所知、历代传颂,对我们当代社会治理具有重要的启发意义。

启示一:传统中国也有丰富的限权文化资源。

限制权力是古今中外政治中的永恒主题。除了现代的民主制度,监察制度就是传统中国限制权力的制度创设。传统中国监察制度,可分为御史监察和谏官谏议两大系统。御史负责纠举百官违失,是上对下监督或平行监督;谏官负责谏正皇帝或中央决策失误,是下对上的监督。"谏官、御史虽俱为言责之臣,然其职各异。谏官掌献替以正人主,御史掌纠察以绳百僚,故君有过举,则谏官奏牍;臣有违法,则御史封章。"由此可见,事实上,在君主专制下,皇帝也不是为所欲为,无任何约束的。中国古代逐渐形成完善的针对君主的谏议制度,是中国古代政治制度的一个创新,正如孙中山先生在《五权宪法》中指出的:"从前设御史台谏的官,原来是一种很好的制度。"客观上,谏议制度在一定程度上限制了皇帝的为所欲为,有利于减少朝政的重大失误,在今天中国社会治理现代化建设的过程中,对于传统中国的谏议制度设计,也非常值得给予充分重视、深度挖掘和积极借鉴。

启示二:唐初谏议制度的兴盛,归根到底取决于当时的社会背景,而不是李世民个人。

自秦始皇建立君主专制政权后,"天下之事无大小皆决于上"。历代皇帝皆享有绝对的权力,因此,在考察传统中国包括唐代谏议制度行废盛衰的原因时,强调君主的个人因素也是不为过的。但是仅仅把君主的个人因素,视为唐代谏议制度兴盛的唯一决定因素是无法揭示问题的本质的。因为,其一,个人因素不完全是天生的,个人性格、才能、行事方式主要还是特殊历史条件下形成的,所以把唐太宗的个人因素从他生活的历史条件中孤立起来,就不能说明他为什么会有这些个人因素的问题,也就看不到历史发展的规

---

④ 参见钱大群:《中国法律史论考》,南京师范大学出版社2001年版,第425—430页。

律。其二，个人是从属于一定的阶级和集团，因此分析唐初的政策措施时，还必须注意到唐太宗所代表的整个统治集团的利益和意志。所以我们不能过分夸大唐太宗个人在唐初谏议制度实施中的作用。

启示三：谏议制度本质上是服务君主专制统治的工具。

毫无疑问，谏议制度作为君主专制的自我调节机制，在维护国家机器的正常运转和调节监控社会秩序方面确实发挥了积极作用，对抑制君主专制的过分膨胀有着一定作用，尤其在对君主专制集权没有其他有效约束的情况下，谏议制度的政治功能与历史作用更为明显。另外，一些谏官在谏诤君主得失时，所表现的铮铮铁骨尤其值得钦佩。

但是，我们不能因谏议封驳的方式和机构，就认为，古代中国"非帝王一人所专制"，而是"民主政治"。⑤ 我们更应关注的是，最高政治权力事实上属于谁，最终由谁行使以及如何行使，有无硬性约束？以此为判断标准，我们不难发现，谏议制度的行废乃至谏官的生杀，完全操持在皇帝手中，皇帝对谏议制度的执行享有最高的监督权和指挥权，所以，谏议制度无法提供一套对皇帝有硬性约束的机制，更谈不上与皇帝分享最高决策权。相反，君主可以利用谏议制度稀释君臣之间的政见之争，缓和君民之间的阶级矛盾，巩固君主专制统治，因此，谏议制度自始至终依附于君主专制，是巩固君主专制的工具。

唐太宗在魏徵死后，曾亲临恸哭，亲制碑文，复自书于石，并说出一段流传千古的名言："夫以铜为镜，可以正衣冠；以古为镜，可以知兴替；以人为镜，可以明得失……今魏徵殂逝，朕亡一镜矣！"（《贞观之治》卷三《君臣鉴戒》）唐太宗的这席话，正好言中了作为"镜子"的谏官和谏议活动的尴尬和被动处境："镜子"虽然可以"正衣冠"，但是用"镜子""正上衣"还是"正下衣"，只能由"照镜者"自己选择；衣冠是否"正"，得由"照镜者"自己决定；"镜子"是否明亮到可以"正衣冠"的程度，得靠"照镜者"的爱护和擦拭。归根到底，"镜子"是"照镜者"的工具，"照镜者"如果认为自己完美无缺根本不需要"镜子"，或者"照镜者"自以为是、刚愎自用，非常讨厌照"镜子"，因此决定弃"镜子"而不用，"镜子"又奈之如何！历史已无数次证明并将继续证明，只有巨大的民众力量才能对君主专制统治构成真正的约束。

启示四：只有法治才能克服人治的不稳固和不持久的弊端，保证制度的稳定性和可预期性。

传统中国，君主代表国家的最高主宰，虽然谏议制度中包含有相当多的客观化、理性化的因素，但是，整套谏议制度的"总发动机"操纵在皇帝一人

---

⑤ 参见钱穆：《世界局势与中国文化》，东大图书公司1985年版，第246页。

之手,因此,皇帝的一念之差及其见闻知识的限制,便可使整套谏议机制为之紊乱和瘫痪。谏议制度的不可预期性也正是"人治"社会的致命弱点:制度的行废、社会的治乱乃至个人的生死,完全维系于一个人或极少数几个人的性情所为。"法律恰恰正是免除一切情欲影响的神祇和理智的体现。"⑥因此,只有法治才能克服人治的不稳固和不持久的弊端,保证制度、政策的稳定性和可预期性。不过,法治所具有的合理性需要特定的社会条件的促成,其中一个必需的社会条件就是:强有力的市民社会的形成。如果一个社会的政策和制度的制定和实施因领导人的改变而改变,因领导人的看法和注意力的改变而改变,则这个社会还远远不是一个法治社会。因而,我们切不可因为在行政管理技术上的一项或几项设计,而沾沾自喜和自欺欺人地说这就是民主法治社会。历史已经证明并将继续证明,如果约束权力的权力,不能独立于受约束的权力,有了权力的约束也绝不等于就有了法治。

(2015年2月)

《中国法律史论考》(论文集),钱大群著,
南京师范大学出版社,2001年。

---

⑥ 〔古希腊〕亚里士多德:《政治学》,吴寿彭译,商务印书馆1965年版,第169页。

（二）珍贵序言及附评

中国法制史科学花圃中的新苗
——序《唐律论析》

张晋藩[*]

唐朝是中国历史上著名强盛的封建王朝，无论经济、政治、文化都得到了高度发展。唐代的法制也与之相适应地成为封建法制的完备形态和中华法系成熟的标志。而反映唐代法制所达到的水平的则莫如唐律。唐律上揽秦汉魏晋法律已有之大成，下开宋元明清法律发展之先河。的确是承前启后，继往开来，包罗鸿纤，义疏精审，在中国法制史与法律文化史上具有极为重要的价值。因此，研究中国法制史者多以唐律为鹄的，虽只读唐律，亦可沿波讨源，了解唐以前历代法制发展的沿革关系与唐以后各朝法制变迁的历史基础。不仅如此，唐律的影响还超出了中华大地，成为相邻的东亚国家制定封建刑律的依准。以致研究中国法制史的外国学者，或以唐律为主攻对象，或将唐律与罗马法相提并论进行比较研究，论著纷呈，蔚为大观。

近十年来，我国学者对唐律的校注很见功力，研究工作也取得了可喜的进步。钱大群、钱元凯所著《唐律论析》是又一唐代法制史的专著。该书体系严谨，内容丰富，论析之处迭见新思，对从事唐代法制史的教学与研究工

---

[*] 中国政法大学教授。

作,均有参考价值。可以说是中国法制史科学花圃中的一株新苗。余读其书稿,遂不自揣,欣然命笔,以抒喜悦之情。

(1989年2月)

《唐律论析》,钱大群、钱元凯著,
南京大学出版社,1989年。

开高校对本科生讲唐律课的先河[*]
——简评《唐律论析》

方 潇[**]

1984年,高教部于武汉召开了全国综合大学法律专业教学计划讨论会,在最后所拟定的讨论方案中,规定有条件的学校可以开设"唐律讲座"及"秦律讲座"选修课。在这种国家教育计划的背景下,出于对唐律地位及价值的认识,1985年春,钱先生在南京大学开设了公共选修课"唐律讲座"。钱先生于南京大学对本科生开讲唐律,是开高校之先河。由于开设这门课程的需要,钱先生认真备课,从而留下了一份分为十讲(附一讲)的讲稿。可以说,这份讲稿十分不易,它开创了钱先生对唐律研究的学术历程,也凝聚了他很多心血。1987年,由钱先生带头,南京大学法律系开始招收中国法制史方向的硕士研究生,钱先生即先后给本科生及研究生讲授"唐律讲座"课。与此同时,钱先生申请的"唐律研究丛书"一套三部,获准列为南京大学"七五"期间重点科研项目之一。此丛书三部之一是《唐律译注》,之二是《唐律论析》,之三是《唐律与中国现行刑法比较论》。其中丛书的第二部《唐律论析》,即是以钱先生"唐律讲座"之讲稿为基础,以讲稿的观点层次及材料布局为体系,仍分十一章整理撰写。原讲稿中第四讲"唐律维护以皇帝的人身安全为核心的封建统治秩序",分成"唐律维护以帝制统治为核心的封建政权"和"唐律维护作为统治秩序基础的社会公共秩序"两章。

---

[*] 本文系方潇:《勇气·底气·地气》一文之摘录,见本书第448页。
[**] 苏州大学法学院教授。

可以说,《唐律论析》一书基本上完全建立在钱先生当年"唐律讲座"的讲稿基础上,通过十一个逻辑严密而科学的章节的安排,对唐律的制定背景、篇章结构、刑法原则和制度以及对中国及亚洲各国封建法制影响等,进行了详略得当、深入浅出、通俗易懂的解析,从而充分反映和满足了唐律初学者的需求。诚如中国法律史界泰斗级学者张晋藩先生当年作序时所说:"该书体系严谨,内容丰富,论析之处迭见新思,对从事唐代法制史的教学与研究工作,均有参考价值。可以说是中国法制史科学花圃中的一株新苗。"

同样,丛书的另两部的先后完成,也主要是来自教学所需,学生所需。《唐律译注》方便初学者更好地理解唐律条文内容,成为改革开放后唐律研究的先导性著作之一;而《唐律与现行中国现行刑法的比较论》,则是让初学者能更好地掌握唐律制度的精神及其现代借鉴意义。可以说,钱先生甫一开始的唐律研究丛书三部,都与教学一线息息相关,甚至直接来源于教案,此反映了其对学生所需、社会所需的尊重,具有强烈的地气性格。

(2014 年 12 月)

中国法制史研究中的一个创举
——序《唐律与中国现行刑法比较论》

乔 伟[*]

  钱大群同志多年来致力于中国法制史的教学与研究，取得了丰硕的研究成果。最近他又与夏锦文同志撰写《唐律与中国现行刑法比较论》一书，并即将付梓刊行，这是他在中国法制史研究中所取得的又一新的重大科研成果。我深感可喜可贺，欣然命笔，略抒己见，以为本书之序言。

  唐律是中国封建社会鼎盛时期所制定的一部完备的法典，是封建统治阶级以法治国的成熟经验的总结，是中华法系的典型代表，也是世界法律文化宝库中的一件瑰宝。我们对唐律的研究越深入，就会更加发现它包含及涉及的内容十分丰富多彩，可以说是中国封建社会的一部简明扼要的有关政治与法律制度的百科全书。唐律作为地主阶级的统治工具，不仅包含了我国古代政治家、思想家深邃的哲学思想与政治思想，也是他们立法与司法经验的高度概括与长期积累。正由于唐律基本上符合当时社会政治经济发展的需要，所以它不仅对推动我国古代封建社会走向全盛时期起了决定性的作用，对世界各国特别是对东南亚各国的封建法制建设都产生了巨大而深远的影响。

  自唐律产生以来而迄于今，几乎每一个时代都有专攻唐律的学者，而且都留下了极其丰富的研究成果。但是过去研究唐律有一个共同的特点，

---

[*] 山东大学法学院教授。

就是大都从唐律本身去研究唐律,很少进行纵向的比较研究。虽然清人薛允升撰写《唐明律合稿》一书,把唐律与明律进行比较,揭示了它们之间的差别,但这终究是两种相同的法律制度的比较研究。而钱大群同志另辟蹊径,取唐律与我国现行社会主义刑法进行比较研究,在两种不同类型的法律制度之间探索其异同,这可以说是中国法制史研究中的一个创举,这对于研究我国现行刑法的渊源,弘扬古代的法律文化,总结历史经验以搞好当前的法制建设,无疑都具有重要的学术价值与实践意义。这是具体贯彻"古为今用,推陈出新"的学术方针的一个有益的尝试,它理所当然地会受到学术界的欢迎。

新中国成立以来,我国法学界对包括唐律在内的中国法制史的研究取得了可喜的成果,有一大批论文、专著及教材在国内外都引起了巨大的反响。中国法制史学科作为法学的一个重要分支,她不仅在国内而且在国际学术界都已经牢固地树立起来。但由于中国法制史学科是一座宏伟的巨大宫殿,蕴藏着无尽的宝藏,因此我们对她的开发利用也可以说是刚刚开始。中国法制史包含着我国古代治国安邦的大学问,既有成功的经验,又有失败的教训,这是前人给我们留下的一份珍贵的历史遗产。唐皇李世民云:"以铜为镜,可以正衣冠;以古为镜,可以知兴替;以人为镜,可以明得失。"任何一个时代的统治阶级若想治理好自己的国家,都必须认真地吸取前代的经验与教训,而吸取的前提在于正确的总结,而正确的总结又来源于深入的研究。中国法制史学科的基本任务,就是以马克思主义理论为指导,在占有大量史料的基础上,研究和总结历代统治阶级法制建设的成功经验与失败教训,为社会主义法制建设提供重要的借鉴与参考。

对于中国法制史的学者来说,我们过去在这方面做了许多工作,也取得了很大成绩。但是必须看到摆在我们面前的任务还十分艰巨,任重道远。恩格斯早在九十多年前就说过:"必须重新研究全部历史,必须详细研究各种社会形态存在的条件,然后设法从这些条件中找出相应的政治、私法、美学、哲学、宗教等等观点。在这方面,到现在为止只作出了很少的一点成绩,因为只有很少的人认真地这样做过。在这方面,我们需要很大的帮助,这个领域无限广阔,谁肯认真地工作,谁就能作出许多成绩,就能超群出众。"[①]应当说,中国法制史研究的现状也是如此。笔者愿与从事中国法制史研究的同志们互勉互学,为不断攀登法史研究的新高峰而努力。

---

① 《马克思恩格斯选集》第四卷,第475页。

总之,我认为大群同志的新作,是我国法学园地中一支鲜艳夺目的花朵,是他对中国法制史教学与科研又一新的贡献。希望大群同志与广大从事中国法制史教学与研究的同志们,再接再厉,在已有成就的基础上创造出比前人更高的并又无愧于我们这个伟大时代的光辉成果。

(1990年8月)

《唐律与中国现行刑法比较论》,钱大群、夏锦文著,
江苏人民出版社,1991年。

导夫先路　为功法学
——序《唐律译注》

徐　复[*]

我国刑法之见于载籍者,宜莫早于《尚书·吕刑》一篇。至《周礼》而言之较详,秋官设有掌戮、条狼氏、司烜氏诸职以专司其事。其死刑最重,分为斩、杀、焚、辜、车辗、屋诛六种,此外尚有肉刑、自由刑、财产刑、名誉刑等,今人考之审矣。余曩时订补孙楷《秦会要》一书,其中刑法三卷,最为缺略。1976 年,云梦出土秦代竹简一千余支,其内容实为秦律之大凑,包有《田律》《徭律》《金布律》《置吏律》《工律》以及《游士律》《除吏律》《除子弟律》等,允为考古界重大之发现,可供法学家研核者也。余书已于 1959 年由中华书局刊行,不及补列,实为憾事。中国之法律遗产,秦律之后当首推唐律。今年 6 月,得识南京大学法律系钱大群同志,知其精研法学,蹈厉奋发,奋进不已,撰有《唐律译注》一书,余受而读之,觉其注释简明,译文流畅,学者便知。《唐律》十二卷,旧有长孙无忌《义疏》及宋孙奭《音义》二书解注,唯是文言难

---

[*] 南京师范大学中文系教授,著名国学大师,曾任中国训诂学会会长。

解复无以贯串全文,不有译注,何得甚解?则作者此书导夫先路,为功于法学大矣。余不揣鄙昧而为之序,愿与共勉。

(1986 年 8 月)

《唐律译注》,钱大群撰,
江苏古籍出版社,1988 年。

从《唐律译注》入门学唐律[*]

张春海[**]

真正阅读钱大群老师的专著是进北京大学以后的事儿。当时,我的硕士论文方向初步定为"中韩法律传统"比较。要了解中国传统社会的法律,非了解唐律不可。于是,我就凭着本科时乱翻书得到的印象,到北京大学的图书馆去找。在法制史那一架,钱老师的七八本专著被放在了一起,非常醒目。当时,我对唐律可以说是一无所知,刘俊文教授也已退休,学校再无老师开设关于唐律的课程,只有自学。可《唐律疏议》实在太过繁难,必须借助入门书才能找到入门的路径。可是,那时这样的书实在太少,其中的一本是刘俊文教授的《唐律疏议笺解》,皇皇两大巨册,上百万字,读下来实在不易。另一本就是钱老的《唐律译注》。我果断地选择了后者,并在它的帮助下较为顺利地完成了硕士论文。进入北京大学历史系读博士后,唐律又成了我博士论文的主题,所读之书由钱老的《唐律译注》转到了刘俊文教授的《唐律疏议笺解》。毕业以后,得知钱老又出版了《唐律疏义新注》一书,便又赶快买来拜读。

(2014 年初夏)

---

[*] 从张春海《唐代法律体系研究的新视角——"刑书"与"文法"之分》(见本书第 88 页)一文中摘出。
[**] 南京大学法学院副教授。

（三）法史教学评论

法制史的研究对象是"法制"的历史[*]
——读钱大群教授《中国法制史研究对象新论》

侯欣一[**]

我认为在谈到法史界学术研究的方法与规范问题时，似乎还应涉及另外一个更加重要的方面，即对中国法制史学科研究对象的研究问题。钱大群先生在唐律研究上的一些方法及对唐律研究的定位，也与他关于中国法制史学科的定位观点有密切关系。

现代意义上的中国法制史学科自产生以来已经历了一个世纪，但有关这门学科的研究对象却始终未能科学界定。远的不提，单就中华人民共和国成立以来，就经历了"国家与法权的历史"到"政治与法律制度史"再到"法制度史"这样三个阶段。现在法史学界已基本上趋向于"法律制度史"的主张。问题是"法律制度史"又该如何表述，它都包括哪些内容，则较少有人再去费心了。研究对象的确定并非是个纯理论问题，它对中国法制史学科的良性发展无疑具有至关重要的指导意义，本就应用力量去研究。但现实则是，一方面对此类有关法史学科的定位、发展等基础问题问津者较少，另一方面有关

---

[*] 原文题为《法制史研究要有科学的定位和方法》，载《南京大学法律评论》1997年第2期，收入本书时根据需要分为两篇评论。

[**] 南开大学法学院教授。

法史研究的专著却接二连三地出版。基础不牢,大厦安宁?!难怪有的学者疾声呼吁:"中国法制史的研究已经有了不算短的历史,但是有一个基本问题却一直未能有较理想的厘清,那就是中国法制史的研究对象到底为何?……在这样一个背景下,我个人认为,在中国法制史的研究上,特别是中国法制史的研究'对象'上需要做一些根本性的检讨。也就是中国法制史中所研究的这个'法律'所指的范围到底是什么?"①这些问题如不及早解决,势必影响中国法制史学科的健康发展。

1993年,钱先生曾在《法律科学》杂志上撰文,从理论上对中国法制史的研究范围和研究对象进行了新的探讨,进一步表达了他对学术规范化问题的关注。在此文里,他对中国法制史的研究对象作了这样的表述:中国法制史以历史上各种类型的法制作为研究对象,是研究各类法制构成特点及其发展规律,总结各历史时期统治者运用法制的经验教训的学科(着重点为引者所加)。这里的关键之处有两点:一是作者认为"法制"不同于"法律制度",法制是指基于社会的法律制度而形成的法律秩序系统;二是强调法律史与其他学科的不同,在于它是以法制的整体作为研究对象,而不是把整体中的某个或某些局部作为研究对象,那些单纯对历史上某一项具体的法律制度或某一个法律部门所作的考证和描述,只是法制史进行研究的具体材料,而不是法制史本身。"法制"不等于法律制度,对此观点人们可以见仁见智,但笔者感兴趣的是这一区别的直接后果却是明确了法制史学科的研究范围。它表明作者已清楚地认识到了造成目前法制史学科"陵夷不振"这一尴尬局面的一个重要原因是研究对象不明确。众所周知,在相当长的一段时间期间,国内法史学界普遍认为,法制史的研究对象是历史上的法律制度。既然以法律制度为研究对象,照逻辑推理下去,便不难得出其研究范围就是史料中那些被称为法律规范的律、令、科、比、格、式等内容,也就是我们今天所说的成文法。按此研究范围进行研究得出的结论只能是立法史。在《中国法制史研究对象新论》一文中,钱先生主张法制史的研究应区分为"狭义"(也即是本义)的和"广义"的两个方面。按照钱先生的观点,只有以"法制"产生发展的规律与特点作为对象的研究才是本义的法制史研究,而专门法史、部门法史诸如唐律(唐代刑律)的研究是广义法制史研究的范畴。正因为如此,在钱先生那里,唐律的性质与定位被置于一个恰当的位置,既不拔高也不贬抑。在他的

---

① 颜厥安:《中国法制史与其他法学课程的关系——以法理学为例检讨中国法制史的研究对象》,载《中国法制史课程教学研讨会论文集》,台湾政治大学法律学系,1993年版,第184—185页。

研究中,唐律从来不被说成是什么唐代的"综合法典"或"法律的百科全书",而只是唐代的刑律。至于他对唐律的研究,既有部门法研究的扎实与精细,同时又从唐代整个法制的视角,充分地以系列著作来阐述其对整个法制中的作用与影响,这就是他自身的研究特色了。

笔者认为,为法制史学科的研究对象重新定位,要对"法制"与"法律制度"加以区分,同时,还应从理论上对"法"与"法律"的概念加以区分。既然法不等于法律这一点早已被人们所接受,余下的问题便是法制史的研究对象到底是"法制"史,还是"法律制度"史?

通过一篇文章解决法制史学科研究对象的定位问题,笔者不会如此天真。只是殷切希望法制史学科的同仁们都能像钱先生一样,在撰写专著的同时,尽量分出一些精力对有关法史学科建设的一些基本问题给予更多的关注,并尽早建立起一套大家公认的学术规范,使法史学科走出困境。

(1997年春)

法学教育中启发式教学的典范
——钱大群先生中国法制史教材系列及教学活动记述

曹伊清*

钱大群先生在其数十年的研究活动中始终保持其作为杰出的法学教授的本色。在从事大量的研究工作的同时,对中国法制史的教育、教学也潜心研究,出版了《中国法制史教程》和《中国法制史通解》及《中国法制史学习辅导》等深受各类法学专业学生好评的教材,并且发表多篇关于中国法制史教育教学的论文。其教材一版再版,深受读者好评。

一、教材突出"法制历史"的特征

中国法制史的教材历年出版有多种,各有千秋。在众多的中国法制史教材中,钱大群先生的《中国法制史教程》系列①,可谓独具特色。

钱先生主编《中国法制史教程》,不但筹划、编修全书,还亲自撰写了"绪论"及从夏商到汉朝和太平天国的八章。其教材中各章的"法律内容"部分,不是把古代法律对应现代部门法进行分类介绍,而是从各历史时期的法制特

---

* 同济大学法学院教授,法学博士。
① 指《中国法制史教程》《中国法制史通解(1000题)》及《中国法制史学习辅导》三书,南京大学出版社分别于1987年、1993年、1985年出版发行于全国。其中《中国法制史教程》,由南京大学出版社1987年出版后,曾用作江苏、上海、安徽、河南、江西及天津等省市高校法律系本科及高等教育自学考试教材。至1998年的统计,先后印刷9次,总数达53 000册。1992年获国家教委优秀教材二等奖。

点入手,介绍最有特色的法律制度及其特点,这是钱先生这本教材和其他教材的区别所在。

实际上,在他的教学实践中,也贯彻了他对中国法律史教学的这一理念。他认为法制史有广义和本义之分。本义的法制史是指法制通史,而广义的法制史在逻辑上还包括专门法史、断代法史和部门法史在内的所有法律制度史。② 所以他的教学活动是基于把"法制的整体作为研究对象,而不是把整体中的某个或某些局部作为研究对象"。他认为,专门法史和部门法史不能替代法制史,只是法制史进行概括总结的材料。他提出中国法制史的学习、研究一定要将法典研究与制度典籍的研究结合起来,特别是要注意法典和反映法典内容的文献的关系、一般制度典籍和法典的关系,要区分清楚。

基于此,钱先生所编教材中对于法典和文献典籍的界限是有严格区别的。如对于周朝的《吕刑》的阐述,钱先生肯定其是周刑书《九刑》的赎刑之法,他认为吕刑本身是对疑罪的赎刑的适用。而《尚书》中的《吕刑》是概括介绍《吕刑》的资料,绝不是法典本身③;再如对于《唐律》和《唐六典》之区分,他认为《唐律》是刑法典,而《唐六典》则是官修的有部分行政法规内容摘抄的官制典籍,是模仿《周礼》的六官(治职、教职、礼职、政职、刑职、事职)形成的"六典"④;此外,对于太平天国的《天朝田亩制度》和《资政新编》的区分,他提出《天朝田亩制度》是以土地制度为主要内容的根本性法规,而《资政新篇》则是洪仁玕提出的未来的政治纲领。⑤ 这些观点,对于法科学生厘清中国法制史的基本概念是非常重要的。

二、教材与教学贯穿了创新及启发的原则

就钱先生的《中国法制史教程》一书的内容编排看,除介绍各朝代的立法、法律内容、司法制度的基本情况外,还有对各朝代的法制经验和教训进行的点睛式的总结。由于书中的总结和评述很有特色,在学习的时候学生常常印象深刻。如对春秋时期法律制度的借鉴与评论主要是两点:官民知晓法律的根本目的是"求治"(其中有两点说明);权力的亲亲相继并不能保证制度和政策的延续。类似这样简单的提示,使学生能够对某个朝代的法制特点有

---

② 参见钱大群:《中国法制史研究对象新论》,载《法律科学》1993年第4期。
③ 参见钱大群主编:《中国法制史教程》,南京大学出版社1998年版,第38页。
④ 同上书,第223页。
⑤ 同上书,第375—376页。

深入的了解,有利于学生加深对中国法制史学习重点的理解。而与该教材配套的《中国法制史通解(1000题)》⑥,也是基于便于学生学习、理解、记忆,将中国法制史的知识点凝聚为1000个问题,每个问题都具有研讨的针对性,同时给出了明确的答案,非常方便学生自学和复习。

作为钱先生的学生,笔者对于先生严谨活泼的教学研究风格十分熟悉。我们在钱先生的课上往往是面对一大摞典籍,跟着钱先生的指引进行思考、讨论、辨析。

在钱先生的课堂教学中,总是安排一定的时间组织课堂讨论。而在讨论前他会精心选题,事先布置查看相关资料。在课堂讨论时循循善诱,对学生正确的见解予以充分肯定的同时,对于其不足之处、遗漏之处也一一指出,在学生充分讨论的基础上最后进行总结与归纳。这在钱先生总结教学经验的文章《怎样组织课堂讨论》中也有详细的介绍。⑦

在指导学生的论文写作时,钱先生也是先让学生拿出写作计划,鼓励学生大胆说出自己的想法,然后再共同进行讨论、论证,其中不乏热烈的观点碰撞,而后问题愈争愈明,不能忘怀。虽然二十余年过去了,但钱先生当年课堂教学的情景仍然历历在目。无论是课堂启发式的教学或者是论文写作指导,钱老师的课程都给我们留下了终生难忘的印象。

三、教材及其配套辅助教材都具有可读性和易读性

相对于主要教材而言,《中国法制史通解(1000题)》的特别之处在于,其提纲挈领式的各级标题,看题即对问题的重点一目了然。如关于汉朝刑罚制度的改革,《中国法制史教程》进行了主体精要的解释。而在配套的《中国法制史通解(1000题)》中,则将改革之事条分缕析成改革的基本内容、原因、引发的事件、文景二朝改革的具体内容和改革的意义等几个问题,条标都十分清晰、易读和易懂,并便于记忆。该教材和配套资料当时作为江苏省高等教育自学考试的指定教材,为广大考生提供了很好的学习参考。作为法律专业自学较困难的学科之一,中国法制史在自考中没有成为考生的拦路虎。

早先,为了解决学生对中国法制史教材中引文的理解,钱先生曾为他本人并未参与编写的高教部的统编教材,编写了《中国法制史学习辅导》一书,

---

⑥ 参见钱大群、曹伊清编:《中国法制史通解(1000题)》,南京大学出版社1993年版。
⑦ 参见钱大群:《怎样组织课堂讨论》,载南京大学《高教研究与探索》1984年第2期。

其书对教材中的每一章,都编写成"领会要点""内容提示""基础词语"及"思考习题"四部分。内中"内容提要"部分都为之编写了三级提纲,使学员从三级题标就可以理解内容精要,得出答案;又在每一章之后,都绕围重点编写了"思考题"。最使人感叹的是,先生对书中的所有古文引文都编写了注释及白话语译,此部分占了"学习辅导"全书的一半篇幅。[⑧] 有人对他说,这是为他人作"嫁衣裳",先生则说,是为中国法制史教学,为广大学生做"嫁衣裳"。

在中国法制史课程的学习中,对于学生来说引文的理解是个难点。钱先生的教材在引文的选择和介绍中亦突出了典型性和简单易读性。笔者印象很深的是教材对于清末立宪目的的介绍,引用了五大臣奏折的三句话:皇位永固、外患渐轻、内乱可弭,对于钱先生当年深入浅出的讲解,笔者至今仍印象深刻。

《中国法制史教程》初版于1987年,笔者在2014年指导本科生论文时,竟有学生告诉我,他去查看了钱先生的这本教材和《中国法制史通解(1000题)》(笔者并非中国法制史课程的本科任课老师,事先也没有和学生谈论过这两本书),这令我十分诧异。看来该教材在经历过27年后,在现代法科学生中依然还有关注度,正是说明其具有的经典性。

(2015年春)

[⑧] 参见钱大群:《中国法制史学习辅导》,南京大学出版社1985年版,第163—343页(总共180页)。

（四）学风评论

勇气·底气·地气
——谈钱大群先生在唐典研究中的学风特色

方 潇[*]

在中国传统法典的历史长河中，以《唐律疏义》为代表的唐代典籍扮演着极为重要的角色。唐律虽不能说是最为完备、最为系统的法典，但其承前启后的功能和价值在中国法典历史上无与伦比，无可取代。正由于此，同时也赖于其有完整的内容传承，国内外学术界对唐律有着广泛而深入的研究。唐律研究成了中国法制史乃至东亚法制史研究的正统显学。而在这个"高朋满座"的学术领域中，南京大学法学院教授钱大群先生的唐律研究，可谓是溢彩流光，成就卓著，独树一帜。可以说，钱先生的唐律研究对学术界尤其是大陆学术界占有极为重要的地位和贡献。学术的研究绝不可能是无因之果，也非为无本之木，它有一个重要的学术风格使然或推动的问题。钱先生的唐律研究，依笔者之见，来源于这样的学风特色——勇气·底气·地气。本文的主旨即在于从钱先生的唐律研究历程和内容，尽可能地揭示这"三气"特色，以总结及感受其学术精神，同时也欲借此激励我们这些后来学人。

---

[*] 苏州大学法学院教授，法学博士。

一、学术勇气

做学问需不需要勇气？当然要，否则你就无法追求真知。对于唐律研究而言，考虑到其研究的深入性和广泛性，尤其需要这种学术勇气。钱先生的唐律研究之所以取得卓越成就，当首先归功于他的这种勇气。而这种勇气又来源于钱先生深为感触下的时代使命感、责任感，这可从以下三个方面进行说明：

（一）境外唐律研究的形势压力

按照一般常理，唐律作为中国历史上的一个标志性法典，学术界对它的研究当以中国本土或说中国大陆为核心、为据点。然而由于20世纪初叶以来中国政治的动荡，整个中国大陆学术界在被强烈政治化的同时也被边缘化。在这样的政治学术背景下，中国"封建社会"所生产的种种事物，要么被作为封建糟粕而耻于研究，要么被作为反动事物而怯于研究，或者被作为反面教材而大加鞭挞。可以说，这不仅导致学术的真知难以出现，而且学术的规模也甚为萎缩。也就是在这种背景下，对唐律的研究乃至整个中国法律史的研究，其主要场域或阵地不可能出现在我国大陆，而是出现在隔壁的日本和我国的台湾地区。

作为深受中国法律文化影响的日本，虽然自明治维新以来力图"脱亚入欧"，但中华文化的影响和情结不可能就此斩断。实际上，近代以来的日本法史学界就一直对中国传统法律文化有着较多的研究，尤其是唐律研究。因为毕竟以唐律作为母法载体的中华法系，给日本法制史留下了不可磨灭的巨大印记。像浅井虎夫、泷川政次郎、桑原骘藏、中田薰、仁井田陞、滋贺秀三、岛田正郎、曾我部静雄、池田温、中村裕一、冈野诚等这些前赴后继的名家学者，对唐律几乎均有着较为卓著的研究。特别是在唐代法律的资料整理方面，日本学者可谓贡献巨大。如20世纪30年代出版的仁井田陞的《唐令拾遗》，这为唐代律令体系的研究奠定了极为重要的资料条件。① 又如在泷川政次郎主编的《译注日本律令》5—8卷中，由滋贺秀三等完成了《唐律疏议译注篇1—4》共四册，曾是空前乃至相当一段时间最为详尽的《唐律疏议》注释书。

---

① 该著直到1989年才由霍存福等学者翻译成中文在中国大陆出版。而池田温等继承仁井田陞的未竟之志补订该书，又于1997年出版了《唐令拾遗补》。

而在其他如论著、论文等关于唐代总体法制、唐代律令格式体系、律令制度、唐代法制的影响及比较等方面,日本法史界都有着非常令人瞩目的成就。②

而在海峡彼岸的我国台湾地区,几乎与日本相呼应,对唐代法律的研究同样非常丰富,令人瞩目。如著名法史学家徐道邻于 1952 年发表《唐律中的中国法律思想与制度》(《大陆杂志》1952 年第 7 期)一文,对台湾后学影响甚大。③ 尤其是戴炎辉先生在 60 年代早期(1960 年—1964 年)短短 5 年内即发表了 19 篇论文,对唐律进行一种类似总则到分则性的研究,后分别编为《唐律通论》和《唐律各论》两书。④ 可以说,差不多以徐道邻、戴炎辉开其端,台湾学者的唐律研究不断跟进,像林咏荣、潘维和、蔡墩铭、邓联芳、劳政武、李甲孚、林茂松、吴景芳、向淑云等学者在 80 年代之前,在唐律领域均有诸多内容丰富的深入研究。当然 80 年代之后,著名及知名的唐律研究者也不乏其人,如高明士、黄源盛、桂齐逊、甘怀真、陈登武、罗彤华、王德权等。

可以说,自 20 世纪初叶以来至 80 年代之前,日本和我国台湾地区的唐律研究呈现出较为繁荣的局面,而那时的我国大陆学者对唐律的研究则颇为相形见绌。当然,这不能归咎于大陆学者的"偷懒"或"偏见",而是我国大陆反右与"文革"这些政治运动使然。虽然从学者个人责任来说,或情有可原,但从人的情感而言,却是一种巨大的失落。作为中国历史上的辉煌法典及体系,唐律自宋元以来其各种版本流传刊刻最多的是在大陆,且 20 世纪初唐律版本和研究资料的大量发现亦是在大陆,因此理当应该由大陆学人充当唐律研究的主力,其研究的核心圈或大本营当在大陆才正常,而不是狭小区域的台湾地区,更不应该是作为外国的东邻日本。然情感归情感,我们必须面对这种事实,关键是大陆学人有否强烈的时代责任感而奋起直追。所幸的是,随着"文革"的结束,特别是改革开放的到来,我国内地的学术界,尤其是人文社科领域逐渐解脱出来,并有了自己相对独立的发展空间。可以说,也就是在此种政治背景和前提下,大陆很多有学术担当、有爱国良知的学人深切

---

② 参见周东平:《二十世纪中日学者唐代法制史总体研究一瞥》,载《法制与社会发展》2002 年第 2 期。

③ 徐氏 1949 年赴台,此后还发表了其他有关唐律及唐代法制论文,如《"自首"制在唐明清律中的演变》,载《东方杂志》1972 年第 1 期;《中国唐宋时代的法律教育》,载《东方杂志》1972 年第 10 期。其实早在 1945 年,他就在中国大陆出版了具有重大学术贡献和影响的《唐律通论》(中华书局出版)一书,对唐律进行了全面系统的分析和评论,许多见解至今仍奥秘独到,十分深刻,依然是唐律的最好入门书之一。

④ 此后,戴炎辉先生还发表了好几篇唐律论文,其中有四篇关于唐律溯源、三篇关于具体制度。

感受到了时代责任感,并由此推动了大陆学术的前行和趋向繁荣。自大陆80年代开始的唐律研究,就是一批有着这种强烈时代感的学人的发端和推动,钱大群先生就是其中较有代表性的一位。⑤

钱先生认为,中国封建传统法文化从汉代开始就影响古东亚各国各地的法律传统,到隋唐时至最盛,以唐律为代表的中华法系终于以东亚为地域背景而形成。所以从历史责任说,我们中国尤其是大陆学者的唐律研究,应比东邻日本及我国台湾地区同行有更大的责任,这应该是历史赋予的任务,是很自然的现象。正是在此种强烈的时代责任感下,钱先生潜心唐律学术,努力探讨,坚持不懈,终于取得了引人注目的一系列学术成就,为唐律研究在中国内地的振兴作出了重大贡献。这些成就主要涉及这些论著:《唐律译注》(1988年)、《唐律论析》(1989年,与钱元凯合著)、《唐律与中国现行刑法比较论》(1991年,与夏锦文合著)、《唐律与唐代吏治》(1994年,与郭成伟合著)、《唐律与唐代法律体系研究》(1996年)、《唐代行政法律研究》(1996,与艾永明合著)、《唐律研究》(2000年)、《中国法律史论考》(2001年)、《唐律疏义新注》(2007年)、《唐律与唐代法制考辨》(2009年);此外,还在《中国社会科学》(1989年、1996年)、《历史研究》(2000年)及《法学研究》(1995年)等杂志发表唐律论文多篇。

可以说,正是有像钱先生这样有勇气、有强烈时代责任感的老一辈学人的努力和推动,唐律研究的核心地域才逐渐由日本和我国台湾地区转移到中国大陆,这已是目前不争的事实。我国台湾学者桂齐逊在其《五十年来(1949—1999)台湾有关唐律研究概况》之评议中,亦坦言大陆唐律研究在十余年(20世纪80年代至90年代)中"如雨后春笋般地蜂拥而现",而让其"确稍感汗颜","实有待于台湾地区法、史学界的共同努力,急起直追!"⑥此"急起直追"一语,未必就仅是一种谦词,而当是反映出一种学术历史的反转。而生活在当下的我们这些大陆后学,也许是难以体会当年前辈们在唐律研究道路上的披荆斩棘和奋力直追的心境的。

不过,虽然自从20世纪八九十年代以来,我国大陆唐律研究的形势已根本改观,但钱先生并未因此而自喜满足,他对日本和我国台湾地区的同道们始终充满敬意,希望能和他们一道共同将以唐律为代表的中华法律文化予以广泛而深入的研究和探讨。钱先生认为,就整个唐律研究的情况而言,东邻

---

⑤ 除钱先生外,刘俊文、杨廷福、乔伟等著名学者有于80年代先在大陆开创唐律研究之功。
⑥ 桂齐逊:《五十年来(1949—1999)台湾有关唐律研究概况》,载台北《法制史研究》2000年创刊号。

日本与我国台湾地区学者的作用十分突出,他们作出的学术贡献绝不能小觑;东邻日本与我国台湾地区的唐律研究,与大陆学者的研究应该是协作共进、相辅而行的关系。其共同的目标都是弘扬以唐律为代表的中华传统法文化,使中华传统法文化在新时代的世界法文化宝库中有其应有的地位。此反映了钱先生在时代使命和民族情感基础上的学术胸怀和志气。

(二)国内通史学界的研究压力

对钱先生而言,建构其勇气的时代责任感,除了基于日本、我国台湾地区这些唐律研究优势之压力外,还基于国内通史学界较大的研究压力。同样按照常理,对于唐律这样一种具有代表性的封建法典及体系,对其基本的和主要的研究也应当发生在法史界。然而,唐律的很多基本研究却是体现在大陆历史学界。比如,相当长的时间以来,唐律新版本的校刊发行、敦煌中涉及唐律资料文书的整理及研究成果,史学界尤其是唐史界所做的工作,远多于法史界。唐律研究的话语权,事实上掌握在唐史界手中。此具体说来,如现存唐律的版本问题,较为繁杂,有写本、印本和刻本多种,且内容也有出入甚至错误,给唐律研究带来很多障碍和麻烦。1983年,史界学人刘俊文在校比诸版本基础上点校出版了《唐律疏议》(中华书局版)一书,此点校本一直到今天都是研究唐律的基础资料,可谓贡献巨大。又如20世纪初发现的敦煌唐代法制文书,成为后来唐律研究的一个新起点和热点。像王永兴、唐耕耦、刘俊文、李正宇、沙知、姜伯勤、陈国灿、杨廷福等史界学人,在20世纪八九十年代,均在敦煌法制文书方面进行了卓著的研究。⑦ 而与此同时代,国内法史界的相关研究却是十分微弱,几乎没有什么声音,更谈不上什么话语权了。

---

⑦ 论文方面,如刘俊文的《敦煌吐鲁番发现唐写本律及律疏残卷研究》(载《敦煌吐鲁番文献研究论集》第一辑,中华书局1982年版)、杨廷福的《〈唐律疏议〉制作年代考》(载《唐律初探》,天津人民出版社1982年版)、刘俊文的《论唐格——敦煌写本唐格残卷研究》(载《敦煌吐鲁番学研究论文集》,汉语大辞典出版社1990年版)、王永兴的《唐开元水部式校释》(载《敦煌吐鲁番文献研究论集》(三),北大出版社1986年版)、薄小莹、马小红的《唐开元廿四年岐州郿县县尉判集研究》(载《敦煌吐鲁番文献研究论集》第一辑,中华书局1982版)、齐陈骏的《有关遗产继承的几件敦煌遗书》(载《敦煌学辑刊》1994年第2期)、李正宇的《〈吐番子年(公元808年)沙州百姓汜履倩等户籍手实残卷〉研究》(载《1983年全国敦煌学术讨论会文集》);著作方面,如刘俊文的《敦煌吐鲁番唐代法制文书考释》(中华书局1989年版)、姜伯勤的《唐五代敦煌寺户制度》(中华书局1987年版);文献汇编方面,如唐耕耦、陆宏基的《敦煌社会经济文献真迹释录》(第二辑,全国图书馆文献缩微复制中心出版社1990年版)、沙知的《敦煌契约文书辑校》(江苏古籍出版社1998年版)。值得一提的是,日本学人对敦煌法制文献的研究也较为卓越。参见马克林:《敦煌法制文书研究综述》,载《中国史研究动态》1999年第5期、陈永胜:《敦煌法制文书研究回顾与展望》,载《敦煌研究》2000年第2期。

诚然，历史学界的唐律研究，同样为唐律研究的重镇从境外转到境内作出了重大贡献，这是中国学界可喜可贺之事。但从学科专业的分支来说，尤其是对中国法律史的学者而言，无形中是一个巨大压力。虽然所谓"学术乃天下之公器"，人人得可研究，但基本的专业领域分工毕竟存在，一个专攻中国法制史的学者，在唐律研究的话语权上，竟然没有一个研究通史或断代史的学者多，的确不是件光彩的面子事。面对这种情况，钱先生作为法史界的一员，一直感到有压迫感，感到应该奋发起来，急起直追。钱先生认为，法史界应该发挥法律学的优势去研究唐律，而不应是由史学家来告诉法史学家，说唐律是什么性质的法律；唐代的令、格、式是什么样的法律；唐律律文的修改应该是什么样的状态；等等。钱先生曾对笔者说过："我研究与探索唐律的勇气，就是争取在这些领域内有所作为，要改变法史研究依赖于通史研究的不正常状态的使命感。"

正是基于源自史学界唐律研究的这种压力，亦是基于法史学人内心的那种学术自尊，从而给了钱先生投入唐律研究的较大勇气，使得先生在很多问题上得以创新，或推陈出新甚至"拨乱反正"。一个典型的例子，就是关于唐律这部法典的译注问题。针对史学界对唐律新版本的校刊，钱先生觉得在法史界也当有与此相对应的努力和作为。于是，自1986年开始着手为唐律律文作译注，至1988年由江苏古籍出版社出版，钱先生"唐律系列研究著作"中的第一部就是《唐律译注》。正如钱先生后来说，"其中第一部对唐律律文的注译，虽然质量自己也不满意，但就'译注'的形式来说，却表现了当初在无任何仿照借鉴情况下'导夫先路'[8]的一股闯劲"。这种"闯劲"其实是有一定来由的。然而，有意思的是，史学界亦开始酝酿对唐律的注释。1996年，中华书局出版了由刘俊文先生著的《唐律疏议笺解》上下两册，该著120多万字，对疏文征引的经义史料、涉及的典章制度、使用的法律术语等加以笺释，对律条律意、渊源、演变等进行剖析、考订和叙述，并补充了大量案例。可以说，在对唐律的全面笺释上，该著取得了可谓空前的较高学术水平，对唐律的研究有较大贡献。不过，该著作之法学味道欠缺并有一些瑕疵，其对普通读者而言颇有点晦涩，阅读较为费力。面对这种情况，为使唐律有着更符合法学意义的解释，同时也是为了更好地在一般读者群中普及唐律知识，钱先生在进行唐律专题研究之余，亦开始酝酿和进行唐律新的译注工作。钱先生在

---

[8] "导夫先路"是徐复先生在为钱大群撰《唐律译注》序言中的用语，参见钱大群：《唐律译注》，江苏古籍出版社1988年版，序言。

不使用电脑,仅靠手写,且年逾古稀身体欠佳的情况下,硬是凭其学术毅力,终于在2007年出版了具有唐律研究新的里程碑乃至划时代意义的著作——《唐律疏义新注》(南京师范大学出版社2007年版)。该170余万字的皇皇巨著,既具有非常高的学术水平和价值,能满足唐律研究者的需求,同时又通俗易懂,具有很强的普及性特点,可谓是"寻找到了传统法律研究与普及的方向"(马小红评语),"成为沟通专业研究与唐律普及的桥梁"(徐忠明评语)。此外,与《唐律疏议笺解》相比,《唐律疏义新注》的特点还在于对唐律蕴涵的"法理"非常重视,每每在注释中进行简明扼要的阐发,而这正是《唐律疏义笺解》较为欠缺的方面。可以说,由《唐律译注》到《唐律疏义新注》,钱先生在20年中完成了一个较为圆满的飞跃,亦代表了目前唐律注译方面的最好水平。另外,钱先生也坚持原则与史学界某些学者的有关观点进行商榷。1980年,史学界著名的唐代制度研究专家王永兴先生在《文史》第8辑上撰文,指出在永徽四年十月后,《唐律疏议》的内容还有三处(三次)修改。⑨ 其中之一是王先生认为"内乱"罪中舅反报甥服缌麻⑩已作过修改。尽管此论得到著名学者杨鸿烈、吴翙如的呼应,但先生详考律义,坚持对此条修改的质疑。⑪

钱先生认为:法史界目前以至将来相当长的一段时间的努力,首先还是致力于对各朝基本法律典籍及典章制度作较深入的阅读与研究。而事实证明,对各朝法典及重要典章制度的研究,必须是史学与法学两个翅膀的飞翔才能达到目的。只有史学而没有法学的作为,是很难甚至无法做出正确定位的。

(三)为改变现状而贡献力量

如果说前面两点表明勇气来源于外在压力的话,这一点则是展现了其勇气的内在动力。从钱先生的一系列唐律研究成果来看,一个十分典型的特征就是——学术创新和求真。这种创新和求真,当然绝对不是纯粹的为创新而创新,为求真而求真,而是主要针对唐律研究中的学术现状而内在发动。当然,创新和求真往往是合为一体的,在创新中体现求真,在求真中体现创新。

---

⑨ 参见王永兴:《关于〈唐律疏议〉中三条律疏的修改》,载《文史》1980年第8辑。
⑩ 参见《唐律疏议》,中华书局1983年版卷一第6条"十恶·内乱"。
⑪ 参见钱大群:《谈〈唐律疏议〉三条律疏的修改问题》,载《南京大学学报》1989年第5期;《唐律与唐代法制考辨》,社会科学文献出版社2013年版,第35篇《舅奸甥不入十恶"内乱"考》;本书第275页《唐代典籍研究若干问题补论·补论之四》。

诚如前述，由于20世纪80年代之前大陆的整个学术包括唐律研究均十分薄弱或欠缺，从而被我国台湾地区和日本占了制高点。80年代以后，迎来了学术的春天，然而由于史学界的史料掌握优势，唐律研究的话语权又被史学界占先。虽然境外的唐律研究与80年代后大陆史学界的唐律研究，成绩不可谓不大，但其问题也不小。而更为重要的是，80年代后法史学界的唐律研究，除无力与史学界争夺话语权外，还往往缺少创新，因循旧说，且常常跟在人家后面，受其影响，缺少独立判断，存在某些误读。这对于一个有志于专攻唐律研究且追求学术真谛的法史学人来说，的确是一个巨大压力，也是一个巨大挑战，是很需要内心的强大勇气和动力力图去改变的。就好像是上天的安排一样，钱先生当时就站在学术的交叉路口，立下志向将要为改变此一现状贡献毕生的力量。钱先生真的就这样去做了，从20世纪80年代开始一直到目前，30来年的时间就贡献给了唐律研究这个学术事业了。

可以说，钱先生的唐律研究，并不是一个自我封闭的孤立研究，而大都是针对整个唐律学术界（包括法史界）研究现状中呈现的问题或不足而进行的。这就必然决定或推动了他勇于创新，勇于求真勘误，挑战旧说。一个较为典型的例子，就是关于《唐六典》的性质问题。其实早在民国时期，学者对此就有分歧，如法史大家杨鸿烈、陈顾远即认为，《唐六典》是行政法典，而史学大家陈寅恪则认为其仅是一部在行政上便于征引的类书。此后严耕望著文认为其为一部开元时代的现行职官志。⑫ 进入80年代后，随着学术氛围的好转，此问题再次引发学界讨论。不过，与民国时期分歧基本抗衡不同，主张其为行政法典的观点毫无悬念地成为法史界的主流。早在1982年，法史大家张晋藩、乔伟等在其编写的中国法制史教材中即认为，"《唐六典》是中国古代最早的一部行政法典"。⑬ 1984年，学者王超更是在《中国社会科学》上发表一篇长文，论证"《大唐六典》三十卷，是我国古代最早的一部行政法典"。⑭ 由于张先生等人的权威学术身份及《中国社会科学》的地位，法史学界几乎一边倒地认同《唐六典》的"行政法典"性质。面对学界对此似铁板一块的通说，钱先生并未盲目跟从，而是慧眼洞察，并以其扎实的史料和法学功底，于1989年发表了《〈唐六典〉性质论》（与李玉生合作）一文进行充分的考辨和论证，认为"以《周礼》为模式的《唐六典》，内容限于国家机关的组织编

---

⑫ 参见严耕望：《略论唐六典之性质与施行问题》，载台北《历史语言研究所集刊》24，1953—6。

⑬ 张晋藩主编：《中国法制史》，群众出版社1982年版，第204页。

⑭ 王超：《我国古代的行政法典——〈大唐六典〉》，载《中国社会科学》1984年第1期。

制,引入的令、式、礼不具体、不完备,还排斥了'格'的规定,加之不具有在行法律的特征,所以,它只是以国家机关及职官为纲目而抄摘在行令、式的有关内容,显示有唐一代制度盛况为目的的一部官修典籍,它不是作为行政法典在行用,而是作为极重要的典籍被征引"。⑮ 此文可谓是对行政法典之通说的一个有力批驳和辨正,且在《中国社会科学》上发表,影响甚大,法史界基本上没有什么反驳,不过却引来了史学界的相关回应。其中较为突出的,是《中国社会科学》1994 年第 2 期"读者评议"栏刊出了史界学人宁志新先生的文章《〈唐六典〉仅仅是一般的官修典籍吗?》,对钱先生该文所阐述的否定《唐六典》为行政法典的观点提出了异议。对此,钱先生又在《中国社会科学》1996 年第 6 期"读者答辩"栏发表《〈唐六典〉不是行政法典》一文,从"中国古代《律》'专为刑书,不统宪典',并不肇始于《唐六典》的制定;《唐六典》的编写与引用,绝不同于法律的制定与遵行;唐代起主要作用的行政法规是令、格、式,而不是《唐六典》;官制不等于'行政法典'"等四个方面进行了说明和答复。钱先生的这两篇高水平论文,可谓较圆满地解决了《唐六典》的性质问题。可以说,钱先生对《唐六典》性质的辨正,不仅其勇气得到了学术界的赞赏,而且其观点也已得到学术界的普遍采信。⑯

再举一个较为典型的事例,就是针对唐代法律体系的相关性质见解问题。众所周知,律、令、格、式是唐代的法律形式,而"正确认识律、令、格、式的性质和作用,不但是宏观上了解唐代整个法律体系,也是微观上辨明唐代各种法律及典章性质的关键"。⑰ 然而,由于受《新唐书·刑法志》之"唐之刑书有四,曰律、令、格、式"的影响,以及对违反令、格、式的行为均要"一断于律"的认知,法史学界个别唐律研究者竟提出"律令格式皆刑法"之说。对于此类观点,钱先生以其惯有的学术勇气进行了颇具胆识而又严密的驳论。首先,他在对"刑书"概念之传统意义是定罪判刑之法律的考证基础上,否定了宋代《新唐书》作者关于唐代"四种刑书"的说法,认为是宋祁、欧阳修等人混淆概念分类而形成的一种错误。其次,根据唐代人自己将律、令、格、式四种法律统称为"文法"之概念,从而进一步否定了宋人以偏概全的"刑书"之说。再次,详论只有"律"才是"正刑定罪"之"刑法";"令"全是正面的制度性法

---

⑮ 钱大群、李玉生:《〈唐六典〉性质论》,载《中国社会科学》1989 年第 6 期。
⑯ 参见田涛:《法律文献研究及法学古籍整理中最为重要的成果之一》,出自《唐律研究新的里程碑——法史学家评钱大群教授〈唐律疏义新注〉》,载《南京大学法律评论》2010 年春季卷。
⑰ 钱大群:《律、令、格、式与唐律的性质》,载《法学研究》1995 年第 5 期。

规;"格"中仅有《刑部格》属"刑法";"式"基本上不是"刑法",连《刑部式》也非。最后,钱先生指出,唐律有违反令、式要受处罚的规定,正说明令、式是刑法保护的正面性制度。⑱ 与辩驳"皆刑法说"紧密相关的,是钱先生对唐律"诸法合体,民刑不分"说的有力否定。可以说,唐律"诸法合体,民刑不分"之说曾经在法史学界相当流行,它是以确认直至唐代我国立法技术还处于刑法与政制混同不分的状态为前提。对此,钱先生一针见血地指出,唐律"诸法合体"说的要害,"是把唐律中的惩罚性法律内容与唐律之外大量存在的正面的制度性法律内容混为一谈,并用前者去取代后者"。钱先生认为,唐律疏文解释律及注时引用某些令、格、式,只是作为解释的借助材料,对律的"正刑定罪"不起实际作用;令、格、式各自为典册在律外起作用,不与律"合体";被引用的令、格、式在数量上也不足以与律"合体"成典;唐代民事规范存在于令、格、式及礼中单独起作用,与刑律在关系上是分开的,不是"不分"。⑲ 我们可以发现,钱先生对唐律的研究,是将其置于唐代整个法律体系的观照下进行的。可以说,在掌握了正确方法的前提下,钱先生不仅具有挑战旧说的创新勇气,而且是成功的。

实际上,钱先生改变学术现状的学术勇气还有其他诸多表现。如关于唐律的书名,学术界长期以来称之为《唐律疏议》,这似成为一种"真理",从来没有人怀疑过。但是,钱先生凭借多年唐律研究的积累,以敏锐的眼光对此进行了颇有勇气的挑战和辨正,严密论证了正确书名当为《唐律疏义》。⑳ 此一结论当有正本清源的贡献,现已得到了学界的普遍肯定。又如针对清末法律大家沈家本认为唐律中不存在"一罪二刑"的说法,钱先生予以质疑,提出律疏中流刑刑罚的组成要素就包含了"一罪二刑",并援引敦煌文书《神龙散颁刑部格残卷》中加决杖等的"一罪二刑"制度以作备注说明。㉑ 又如,针对唐代律学精英合力编写的《唐律疏义》原创内容中一些涉及立法史及律疏本

---

⑱ 参见钱大群:《律、令、格、式与唐律的性质》,载《法学研究》1995年第5期;《唐律研究》,法律出版社2000年版,第3—29页;《唐律与唐代法制考辨》,社会科学文献出版社2013年版,第1—20页。

⑲ 参见钱大群:《律、令、格、式与唐律的性质》,载《法学研究》1995年第5期;《唐律与唐代法制考辨》,社会科学文献出版社2013年增修版,第21—29页。

⑳ 参见钱大群:《〈唐律疏议〉的结构与书名辨析》,载《历史研究》2000年第4期;《唐律与唐代法制考辨》,社会科学文献出版社2013年版,第30—42页。

㉑ 参见钱大群:《关于秦、唐、宋朝的"一罪二刑"问题——沈家本〈论附加刑〉订补》,载《中国法律史论考》,南京师范大学出版社2001年版,第283—300页;《唐律与唐代法制考辨》,社会科学文献出版社2013年版,第212—222页。

身律义的重要问题,钱先生也进行了质疑。[22] 再如,针对《睡虎地秦墓竹简》整理专家对唐律中"三审"渊源之秦简"三环"所作的注释与唐律"三审"作联系研究,终将两朝诉讼中的一项重要制度在律学上作了完整链接。[23] 这些列举,无一不是印证钱先生那种执著追求学术真知的勇气所在。

钱先生与别人争论有勇气,难能可贵的是改正自己的学术错误同样有勇气。在其《〈龙筋凤髓判〉性质及"引疏分析"考》一文在《唐律与唐代法制考辨》一书中发表后,我告诉先生有同题材研究论文对张鷟的生平有不同的史证与观点。不久钱先生对我说,是错了,有机会一定要公开改正。这次,武秀成教授所写评论文中也提到了这一问题,先生于是写专门的文章纠正对张鷟生平述说的失误,分析了原因,同时在某些问题上还提出了新的看法,直至把全文重新修改发表。[24] 同时,对王永兴先生谈《律疏》三条修改(见本文上注⑨)中涉于"毒药药人"罪及对"改嫁继母亡不解官"内容(《律疏》总第263条、第345条),钱先生经过几年的重新思考推敲,最后修改了自己原先的观点,专门著文赞同王先生的正确主张。[25]

二、学术底气

诚然,做学问是需要学术勇气的,唯有如此,才能有所求真,有所创新,才能推动学术不断前行,成为学术发展的驱动力。但是,众所周知,仅有勇气是远远不够的,还必须要有支撑勇气的底气。只有有了底气,勇气才能真正转化成现实动力,达到求真创新的目的。如果勇气主要代表一个人的感性东西的话,底气就好比一个人的理性东西,是一种内在拥有的真本领。钱先生的学术勇气之所以能够成真而不至于仅仅是感情用事,就在于他有着强大或足够的学术底气。事实上,正是这种学术底气,某种意义上不仅酝酿了他的勇气,同时也推动了勇气的实现。这种底气可从以下几个方面得以展现:

---

[22] 参见钱大群:《唐律与唐代法制考辨》,社会科学文献出版社2013年版,第398—426页。
[23] 参见钱大群:《秦律"三环"注文质疑与试证》,载《中国法律史论考》,南京师范大学出版社2001年版,第158—168页。
[24] 钱大群教授之修改说明见本书第282—285页《唐代典籍研究若干问题补论·补论之七》;重新修改发表的文章见本书第288—319页的《〈龙筋凤髓判〉性质及"引疏分析"考辨》。
[25] 见本书第277—282页《唐代典籍研究若干问题补论·补论之五、之六》。

(一) 法律系毕业后长期(20年)从事语文教学

大凡研究法律史特别是中国法律史的学者都有同感,语文水平特别是古汉语的水平对法律史的研究有很大影响,某种场合甚至起决定性的直接影响。钱先生之所以能够在唐律研究上取得巨大的成就,就首先得益于其深厚的古文功底。而一个古文功底深厚的学者,无疑对中国法律史的研究有着比其他常人更大的优势,而这种优势一旦真正发挥出来,就成为其制胜的法宝。

钱先生1950年4月在其15岁时即参加了中国人民解放军,在部队从事文教工作。1955年7月考入复旦大学法律系,1959年7月于上海社会科学院法律系本科毕业。然而,作为法学本科科班出身的毕业生,时代却给他开了个大大的玩笑,钱先生毕业后远赴西北,在基层中学及西北师范大学等校从事语文教学工作,而且一待就是20余年。钱先生是一个干一行爱一行、干一行钻一行的人,时代的阴差阳错让他走上了汉语教学岗位,但并没有让他将其仅作为一个"谋生"方式,而是注入了大量精力,潜心教学,努力钻研,不断积累和提高自己的古汉语知识和水平,从而达到了一个精深的境界。一个较为典型的表现,是钱先生于1977年在中学教书时出版了一本《古汉语语法常识》(15万字)[26]的著作。即使在钱先生80年代回到法学教育工作岗位后,还用西北师范大学中文系时积累的材料,出版了《文言常用八百字通释》(39万字)[27]等两部语文著作。正如老子所说,"祸兮福之所倚,福兮祸之所伏",自钱先生于1981年7月调至南京大学法律系任教中国法律史以来,苦难时代储藏起来的古文功底给了钱先生巨大的能量,使得他在中国法律史的研究中犹如蛟龙在海洋中游刃有余,不仅让他的唐律研究能够把握历史脉络,求真创新,独树一帜,而且还让他在"高手如林"的唐律研究领域中能够做一些"正本清源"或"拨乱反正"的工作。比如前举史界著名学者王永兴曾撰《关于〈唐律疏议〉中三条律疏的修改》一文,认为《唐律疏议》的内容在永徽四年十月后有三处(三次)修改,其中第一处修改是关于舅与甥之间的服制问题,即律疏将舅对甥的反报从"缌麻"改成了"小功"。对此,钱先生认为这里的律疏并未修改,并认为王先生对《名例律》"十恶·内乱"罪疏文中"男子为报服缌麻者非"这句话理解有误。钱先生从疏文"若""非"二字的含义、律疏中"谓"之用法、律疏中舅甥服制规定与奸外孙女及外甥女的文理逻辑关系、对

---

[26] 甘肃人民出版社1977年版。
[27] 南京大学出版社1987年版。

律疏作错误点校等四个方面进行了说明。可以说,这四个方面,无一不是以古汉语知识为前提的。同时,其他学者在这问题上对"内乱"疏文的错误句读问题,也对学界贻误很大,其关键性的错误句读实是源于法史大家杨鸿烈先生。杨先生在其著《中国法律发达史》中将唐律该疏文中"男子为报服缌麻者,非。"中之"非",挪到下句"谓"之前连成一句,其后吴翊如在点校新版《宋刑统》时又仿杨鸿烈作了错误句读。对此,钱先生基于其挑战权威的勇气,揭示"……者,非。"的行文,是《律疏》中程式化的习惯结构,并以"非""谓"二字在唐律中的各自用法作说明,指出拼凑出的"非谓"句式,不仅造成律义的混乱,同时也违反了《律疏》行文的常例。㉘ 此类独具慧眼的判断和分析,与其古文功底关系密切。

像类似这种凭借古代汉语水平进行唐律解析和辨正的例子,在钱先生的唐律研究中俯首即拾。也就是因为这个优势,钱先生对中国法律史特别是唐律种种问题的论证,常有着考据色彩,有板有眼,文理兼具,扎实到位,有学者把钱先生这种特色称之为"鲜明的钱氏学术风格"。㉙ 这不仅体现了他的学术探讨,同时也体现了他非同一般的底气,从而做到了唐律研究中的求真和创新,体现了其唐律研究非同凡响的独特风采。

(二) 苦读唐律《唐六典》及相关史籍典章

在钱先生的唐律研究中,其底气除了上述扎实深厚的古汉语功力外,还表现在或来源于他长期以来苦读唐律、《唐六典》及其他有关史籍典章上。从某种意义上说,对唐代重要法律相关文献的苦读更为重要,因为史学界中的唐律研究者中也不乏古文功底深厚者,但未必就对唐律条文等进行了潜心细致的苦读。据笔者观察,有相当部分的人在研究唐律某个法律问题时,有着很强的针对性抑或投机性,往往只是阅读一条或几条相关条文,很少有去全面阅读整个唐律,更谈不上去潜心全面苦读了!可以说,这样的唐律研究由于"只见树木,不见森林",甚至连"树木"也没好好观察,其学术性和准确性着实不敢恭维,甚至认证和观点也是错误的。导致这种现象的原因很多,就目前来说,国内学术界的某种功利目的和浮躁心态是重要因素。在现代这

㉘ 参见钱大群:《谈〈唐律疏议〉三条律疏的修改问题》,载《南京大学学报》1989 年第 5 期;《唐律与唐代法律体系研究》,南京大学出版社 1996 年版,第 208—211 页;《唐律与唐代法制考辨》,社会科学文献出版社 2013 年增修版,第 174—178 页。

㉙ 参见周东平:《雅俗共赏:新世纪最重要的唐律注释书》,载《南京大学法律评论》2010 年春季号,第 325 页。

个讲究法学功利的时代,有几人还会傻乎乎地长期坐着冷板凳,钻进故纸堆去潜心苦读古籍法律文献呢？而钱先生正是这样一个"傻瓜另类",不仅从20世纪80年代起即开始苦读唐律、唐六典等,而且一读就不停息,就是到了古稀之年还在苦读。正是这种长期以来对唐律相关典籍的不断精深阅读,从而使得他有着充分的底气,才使得唐律研究建立在深刻而正确的理解和把握之上。

比如在对唐律的苦读上,可以非常清晰地看到钱先生的苦读轨迹。诚如前述,在境外及国内通史界唐律研究的压力下,钱先生进入唐律研究的第一步就是对唐律进行译注。众所周知,对古籍进行译注历来是件苦差事,但钱先生迎难而上,在一种强烈的历史使命感驱使下,硬是逐条逐句地对《唐律疏义》律文进行了全面的阅读和译注。钱先生自1986年开始着手写译注,至1988年以《唐律译注》为书名由江苏古籍出版社出版,花了整整两年的时间。可以说,这部译注是在没有任何可以仿照和借鉴的条件下完成的,已故的享有盛誉的语言文字学家徐复教授在为该著作序时即称赞其"导夫先路"的意义。后来虽然随着对唐律研究的不断深入,钱先生自己对该译注的质量也不满意,但这种译注工作却为钱先生此后研究唐律奠定了一个扎实稳固的基础,因为通过这种译注,唐律律文的全部内容和精神已全部了然于胸。值得进一步令人感佩的是,钱先生对唐律的译注并没有因此而停住脚步,而是有着一种近乎完美的追求,他想要将唐律的译注更全面、更准确、更到位。为实现这个目标,钱先生又开始了对唐律律疏的新的译注。2007年,钱先生终于完成了《唐律疏义新注》一书,该书作为"十一五"期间国家重点图书,出版后,该皇皇巨著在学术界即好评如潮。可以想见,钱先生对唐律的丰硕系列研究,就是建立在其长期苦读和《唐律译注》基础上的。这种由浅入深的潜心译注,无疑使得钱先生对唐律各条各疏各注的准确含义和精神十分清楚而至融会贯通,从而给了他精深研究唐律的充足底气。

再如,对《唐六典》的研究上,同样可见钱先生对这部典籍的苦读。诚如前述,自民国时期以来,特别是20世纪80年代开始,法史学界几乎一边倒地认为《唐六典》就是一部行政法典。对此观点,钱先生深以为不敢苟同,但面对几乎铁板一块的学界境况,要予以反驳并能成功又谈何容易？为此,钱先生对《唐六典》及相关典籍进行了艰辛而精细的反复苦读、研读,并将《唐六典》置于唐代整个法律体系的观照中进行考察,终于获得充足底气,认为"行政法典说"的要害,就是要把"典"硬塞进唐代的法律体系中去,从而对学界之误识进行了有力辨正。钱先生认为,其一,唐法律体系中原本无"典",《唐六典》虽奉皇命官修,但从编修缘起、目的及过程看,均不具法律特征,不是"法律"。其二,挂在职官下的一些令、式,只是极不完整的零星摘取,在质量和数量上均不能构成"行政法典"。其三,《唐六典》在唐史上始终未有皇帝颁行之诏令,且唐宋法律权威包括《唐六典》编写者皆谓其未曾"施行"或"行用"。其四,针对"行用"论者最有分量的"史证"(即唐人刘肃在其著《大唐新语》卷九中说《唐六典》"至二十六年即奏上,百僚陈贺,迄今行之"),实际上是"行用"论者的误入迷途,将唐代国家图书"行用停废"制度中的"行之",错认为是法律法典的"行用"。其五,《唐六典》被征引类似征引《周礼》,而不是引用"法典"。㉚ 试想,如此精密而充分的论证,倘若没有基于对《唐六典》及相关典籍的反复精深研读,是很难做得到的。笔者还注意到,钱先生自1989年在《中国社会科学》上发表讨论《唐六典》性质的文章起,中经1996年再次在该杂志上回应史界学人宁志新先生,再到2009年出版的《唐律与唐代法制考辨》(该著2013年又有增修版)中对此问题的确证,钱先生其实一直在关注这个问题,自然离不开对《唐六典》及相关典籍的长期苦读。

此外,对《唐六典》的全面系统研读,不仅为澄清和辨正《唐六典》的性质奠定了坚实的学术底气,而且还进一步拓宽和补足了其他相关研究,并使得这些研究也底气很足。其中,对唐代行政法律的研究即是一个典型示例。钱先生指出,作为唐代"文法"中刑律的唐律自有其重要地位,但是正面规范社会各个方面的令、格、式等行政法律则是社会的主流;而在唐代整个法律制度中,令、格、式等在数量上占绝大多数,而作为定罪量刑使用的刑律只是一小部分。㉛ 其研究成果,充分体现在他与艾永明教授合作的由江苏人民出版社1996年出版的《唐代行政法律研究》一书中。该著出版后即获得学界好评,被认为是自《唐令拾遗》问世以来对唐令整体进行的第一次法理学研究,是我国第一部全面系统探讨唐代行政法律制度的专门研究,并达到很高的学术水准。㉜ 也由此,该著于1998年顺理成章地荣获第12届华东地区优秀哲学社会图书二等奖。

㉚ 参见钱大群、李玉生:《〈唐六典〉性质论》,载《中国社会科学》1989年第6期;钱大群:《〈唐六典〉不是行政法典》,载《中国社会科学》1996年第6期;《唐律与唐代法制考辨》,社会科学文献出版社2013年增修版,第314—335页。

㉛ 参见钱大群、艾永明:《唐代行政法律研究》前言,江苏人民出版社1996年版,第1页。

㉜ 参见公丕祥、李玉生:《深入开掘中国传统法律文化的内在底蕴——读〈唐代行政法律研究〉》,载《南京大学法律评论》1998年春季号。

(三) 系统充实现代法律特别是刑法的基础修养

按钱先生的研究成果所示,在唐代的律、令、格、式这样的法律体系中,唯有律才是类似于今天的刑法,或说即是唐代刑法。㉝ 这样的学术观点,在目前的中国法律史学界基本上已普遍接受,但在此前则并非是种通说,而是异说,大陆学界多持"律令格式皆刑法"说及"诸法合体"说。而无论是"皆刑法"说,还是"诸法合体"说,其实均是以所谓的现代法律观念包括刑法观念来作出的判断。鉴于此,如要对唐律的"刑法"性质进行辨正,也就必须从现代刑法的基本概念、原理等知识体系出发,进行针对性的分析,所谓"以子之矛,攻子之盾",才能反驳相关误读,作出具有说服力的结论。显然,要达到这样的目的,就必须系统掌握和拥有现代刑法学的全部基础知识和修养。可以说,钱先生就这样努力去做了。关键的是,钱先生不仅努力去做了,而且做得非常扎实。这是钱先生和其他很多中国法律史研究者不一样的地方,也是他能够从现代法学尤其刑法知识出发对唐律性质进行研究的立足之处,从而给了他对旧说的驳正以充足的学术底气。比如针对"皆刑法"说,钱先生认为,从唐律篇目内容上看,第一篇相当于现代刑法的总则,第二至十二篇是依涉及国家职能各方面的主次轻重地位划分的违法犯罪篇章,整个唐律都是"正刑定罪"的条款;从法条内容的结构上看,同现代刑法一样,唐代刑律的立法条文在内容表述上也包括罪名、罪状与法定刑三个部分。㉞ 又如针对"诸法合体"说,钱先生认为,唐律十二篇并不是十二个"部门法";律、令、格、式都是单独起作用的法律,不可能全"合体"到律中,即使令、格、式被律所引用,也不会改变各自性质与刑律"合体",即是说被刑法援用的非刑法法律不会因为被刑法引用而成为刑法,这在今天也是一样;唐律中有"民事关系"加刑事处罚的做法,只是表现了其一个处置上的特点,是一项关系在法律处置上兼有民刑两种处置,并不证明整个法律"民刑不分",就如现代很多刑事判决

㉝ 当然,认为唐律是唐代刑法,并非是钱先生的独创。实际上,从 20 世纪 30 年代起就有学者持有这个观点。如杨鸿烈著《中国法律发达史》(1930 年)、徐朝阳著《中国刑法溯源》(1933 年)、丁元普著《中国法制史》(1939 年)、徐道邻著《唐律通论》(1945 年)、戴炎辉著《唐律通论》(1963 年)及《唐律各论》(1965 年)中,均将唐律作唐代刑法予以处理。不过,虽然如此,略有遗憾的是,这些学者并没有充分地去论证唐律为何在性质上是刑法的问题。戴炎辉的《唐律通论》和《唐律各论》虽是把唐律作为"正刑定罪"之"刑法"来研究的专书,但对唐律性质的论断及论述上依然不够充分。笔者以为,这种现象很可能与当时学界对唐律性质并无另说,并无争论,从而并未真正引起高度重视有关。

㉞ 参见钱大群:《唐律研究》,法律出版社 2000 年版,第 17—18 页。

中既有刑事判决又有民事判决,并不说明现代法律是"刑民不分"一样。㉟ 这种充分结合和对照现代刑法学的论证,在钱先生驳论旧说时可谓信手拈来,俯拾皆是。正是主要基于现代法律知识的修养,钱先生总结道:"以今天法律门类划分的学识来观察,在唐代,作为定罪判刑的刑法'律'与其他制度性法律之间的界线基本得到了划分,……唐宋史籍及典章上所载关于唐代律、令、格、式这四种法律可以分为两类,一类是作为定罪判刑根据的刑法,一类是主要作为一般政务实施根据的法规。前者是'律',后者是'令''格''式'。"㊱ 无疑,兼有古代法律和现代法律相关知识的扎实掌握,给了钱先生正确辨正唐代律、令、格、式各自性质的足够底气。这正如唐律研究学者霍存福先生所评:

> 大群先生好辩,且愈辩愈勇,愈辩愈精。而这一切都系于大群先生的那种学术担当,那份学术良心,那副学人风骨。倘若没有了这一切,"好辩"可能是棍棒横飞,强词夺理,胡搅蛮缠;"专精"可能就是唯我独尊,以专家自居,议论不得,批评不得;"系统"可能就是貌似有说,实则肤浅。大群先生异于是:他追求真知真见,又以学术公心处之。㊲

在此特别值得一提的是,钱先生还善于运用古今比较的方法,来展开、拓宽他的唐律研究,并由此延伸,反映出对现代法律的价值意义。较为典型的,是与夏锦文合作完成的一部重要著作——《唐律与中国现行刑法比较论》(江苏人民出版社1991年版)。此方面的阐述可详见夏锦文教授《新中国比较法制史研究的重要开拓》一文(见本书375页)。在《唐律研究》一著中,钱先生以现行刑法"罪刑法定"原则来考察唐律,认为唐律从形式上也贯彻"罪刑法定",是种"罪刑形式法定"原则。钱先生认为,唐律中的罪刑关系,既有"法定"的一面,也有"擅断"的一面。不过在其擅断的一面上,不但有一定的限制,而且擅断在制度上竟然也呈"有法可依"的状态,即使擅断也有其法律为依据。唐律中罪与刑的关系,就处于这样一个矛盾统一体中。钱先生将这种情况称为"罪刑形式法定"。㊳ 此外,钱先生还从现代刑法的"罪刑相应""罪责自负""适用法律一律平等"等原则出发,深入揭示了唐律中"罪刑相应

㉟ 参见钱大群:《唐律研究》,法律出版社2000年版,第19—24页。
㊱ 同上书,第26页。
㊲ 参见霍存福:《钱大群先生唐律及唐代法制研究的特色与贡献》,见本书第97页。
㊳ 钱大群:《唐律研究》,法律出版社2000年版,第76—79页;《唐律与唐代法制考辨》,社会科学文献出版社2013年版,第343—344页。

与株连并存""依法等级特权"等原则。㊴ 显然，这样的比较是很有价值的，因为"比较不是抹杀区别，而是为了探求唐律的真正特色"。㊵ 比如在钱先生的重要创新著作《唐律疏义新注》中，"引述"部分就是用现代法学知识和方法（特别是刑法学）进行解析说明，甚是精确和到位。张中秋先生就评价说："我看到书中的'引述'都言简意赅，沟通了古代律意与现代法意，非精通唐律又熟悉现代刑法者岂能为之！"㊶除"引述"外，该著的律条标题之创新尤具有现代法学气息。赵晓耕与杨光先生分析认为，标题运用了多种现代法学方法：一是融入了现代法学的基本概念或用语；二是用现代法学理论从律文中抽象出新的概念加以表述；三是以现代法律思维规范罪名；四是根据现代刑法总则与分则标题的不同，将《名例》篇中的标题与其他各篇标题区别开来。对此他们予以了高度评价，认为"钱先生的这次律文标题修正，可以说是现代法学方法理论与古代律典文化完美结合的一种积极尝试"。㊷ 可以说，学界能够如此广泛赞赏钱先生在该著中对现代法学特别是对刑法学知识、方法和理论的运用，没有此方面的系统充实是根本不可能的。

三、学术地气

如果说勇气是学术的推力，底气是学术的资本，地气则是学术的基础性土壤。就钱先生来说，其学术勇气和底气固然展现了其学术的精彩与辉煌，代表着钱先生的学术标杆，但它们却不是无本之木、无源之水，不是"神来之笔"，而是有着十分浓厚的学术地气。这种学术地气，突出地表现在其适应了现代国家和社会的种种相关需求，即现代国家和社会对中国传统法律文化特别是唐律法律文化如何予以正确有效的认知、接受、借鉴等需求上。可以说，正是出于这种客观需求，出于这种地气的连接，钱先生才不断地展开和深化唐律的研究，才不断地挑战旧说而推陈出新，也即才有了学术勇气和底气。主要体现在以下几点：

（一）与教学紧密结合，配合教学需求

自1981年开始，钱先生在南京大学法律系任教中国法制史课程。1985

㊴ 参见钱大群：《唐律研究》，法律出版社2000年版，第79—96页。
㊵ 钱大群：《唐律与唐代法制考辨》，社会科学文献出版社2013年增修版，第343页。
㊶ 张中秋：《沟通了古代律意与现代法意》，载《南京大学法律评论》2010年春季卷。
㊷ 赵晓耕、杨光：《用现代法学方法规范唐律条标》，载《南京大学法律评论》2010年春季卷。

年春,钱先生在南京大学开设了公共选修课"唐律讲座"。钱先生于南京大学对本科生开讲唐律,是开高校唐律教学的先河。由于开设这门课程的需要,钱先生认真备课,从而留下了一份分为十讲(附一讲)的讲稿。可以说,这份讲稿十分不易,它开创了钱先生对唐律研究的学术历程,也凝聚了他很多心血。1987 年,由钱先生带头,南京大学法律系开始招收中国法制史方向的硕士研究生,钱先生即先后给本科生及研究生讲授"唐律讲座"课。与此同时,钱先生申请的"唐律研究丛书"一套三部,获准列为南京大学"七五"期间重点科研项目之一。此丛书三部之一是《唐律译注》,之二是《唐律论析》,之三是《唐律与中国现行刑法比较论》。

可以说,《唐律论析》一书基本上完全建立在钱先生当年"唐律讲座"的讲稿基础上,通过 11 个逻辑严密而科学的章节安排,对唐律的制定背景、篇章结构、刑法原则和制度及其种种维护作用以及对中国及亚洲各国封建法制影响等,进行了详略得当、深入浅出、通俗易懂的解析,从而充分反映和满足了唐律初学者的需求。诚如中国法律史界泰斗级学者张晋藩先生当年作序时所说:"该书体系严谨,内容丰富,论析之处迭见新思,对从事唐代法制史的教学与研究工作,均有参考价值。可以说是中国法制史科学花圃中的一株新苗。"[43]同样,丛书的另两部的先后完成,也主要是来自于教学所需,学生所需。《唐律译注》是为了更好地让初学者方便理解唐律条文内容,成为改革开放后唐律研究的先导性著作之一;而与现行刑法的比较则是让初学者能更好地掌握唐律制度的精神及其现代借鉴意义。可以说,钱先生甫一开始的唐律研究丛书三部,都与教学一线息息相关,甚至直接来源于教案,此反映了对学生所需、社会所需的尊重,具有强烈的地气性格。

(二)针对教材和教学中的重要问题进行科学研究

可以说,钱先生唐律研究中的许多重要问题,并不是钱先生独自在那里闭门经营,而是源于对国内一些通用教材和教学中普遍出现的重要问题的质疑和论证。正因为是针对现实教材和教学中的问题而发生,使得钱先生的相关研究内容始终紧接地气。比如,关于《唐六典》的性质问题,张晋藩、乔伟主编的由群众出版社 1982 年出版的《中国法制史》教材,就认为"《唐六典》是中国古代最早的一部行政法典"。张先生、乔先生是法史界的权威学者,他

---

[43] 张晋藩:《序〈唐律论析〉》,钱大群、钱元凯:《唐律论析》,南京大学出版社 1989 年版,序。

们的观点自是具有极大的影响力。而另一方面,学者王超在中国文科界最高端的期刊《中国社会科学》(1984年第1期)上著有专文,也较为详细论证了《唐六典》是一部"以法律形式出现的体例严谨的封建国家行政法典"。受这些观点的影响,其他中法史教材纷纷持"行政法典说",教学课堂上一般法律史教师也是如此讲授。面对这种局面,一般学者也就不会有异样的学术观点。然而,基于对唐代法律文献的深入研读和领悟,钱先生对行政法典性质的通说提出了质疑,并在某种学术勇气的推动下,对这种学说进行了驳论,从而对《唐六典》的性质提出了新的观点,即"只是以国家机关及职官为纲目而抄摘在行令、式的有关内容、显示有唐一代制度盛况为目的的一部官修典籍"。㊹ 虽然有些学者如史界宁志新先生先后发表文章对钱先生的观点进行反驳㊺,钱先生作出学术回应㊻,不仅用强有力的四个法学观点再次否定了《唐六典》的行政法典说,而且从否定中再次肯定了《唐六典》作为"征引备考"作用的"官制文献"的性质。

再如,关于唐代律、令、格、式及唐律的性质问题。学术界特别是法律史界曾有一些学者持"律、令、格、式皆刑法"说,且在一些教材及教学中也屡见此说;而对于唐律的性质,在法史界更是流行"诸法合体,民刑不分"说,无论是中国法制史的统编教材还是高校教学中几乎是通论、定论。同样,基于对唐代法律文献特别是唐律的深入研读,同时也是基于对现代法律特别是现代刑法知识的掌握,钱先生对上述这两种观点进行了质疑和辨正。如针对"皆刑法"说,钱先生认为,在唐代的法律体系中,律、令、格、式是不同性质的法律,它们已形成了相互分工协作的关系,"皆刑法"说实是违背了唐代已建立起来的法律区分的理论和实践;针对"诸法合体"说,钱先生指出,唐律只是刑律,相当于现代刑法,并不包括刑法之外的"诸法",唐代"诸法"都独立存在并发挥作用,该说的要害在于将唐律中的惩罚性内容与唐律之外大量存在的正面性制度混为一谈,并用前者去取代后者。㊼

可以说,像关于《唐六典》、唐律及令、格、式等的性质问题,无疑都是唐代法律文化中的至关重要的问题,然而曾经的学术界却对这些重要问题存在

㊹ 钱大群、李玉生:《〈唐六典〉性质论》,载《中国社会科学》1989年第6期。
㊺ 参见宁志新:《〈唐六典〉仅仅是一般的官修典籍吗?》,载《中国社会科学》1994年第2期;《〈唐六典〉性质刍议》,载《中国史研究》1996年第1期。
㊻ 参见钱大群:《〈唐六典〉不是行政法典》,载《中国社会科学》1996年第6期。
㊼ 参见钱大群:《律、令、格、式与唐律的性质》,载《法学研究》1995年第5期;《唐律研究》,法律出版社2000年版,第6—29页;《唐律与唐代法制考辨》,社会科学文献出版社2013年增修版,第8—29页。

着诸多误识,中国法制史的教材和教学也流行这些误识。钱先生能够发现、质疑并驳正这些误识,除了其具有的学术勇气和底气外,地气也是极重要的研究源泉!正因为如此,钱先生的这些研究不仅排除了无病呻吟或仅标新立异之嫌,而且还得到了学术界的广泛肯定,比如像范忠信、陈景良、赵晓耕等著名法史学者,即在其各自著书中采纳了钱先生关于《唐六典》性质等方面的观点。[48]

(三)为读者着想将唐代法律知识作精确化及便利化表达

细心的人可以发现,钱先生关于唐律及唐代法制的研究,由于基本上源于教学、教材等所需,同时也是宣传唐代法律文化的某种责任和担当所推动,呈现出这样一个显著特点:尽力为读者着想,不断地将唐代法律知识作精确化和便利化表达,从而体现了对读者的尊重和负责,使得钱先生的研究具有了来自广大读者群方面的地气。无疑,这地气反映了新时代人们对历史的关注,也展现了钱先生积极弘扬中国古代优秀法律文化的学者良知。钱先生将唐代法律知识不断精确化和便利化的研究表达,可举要从以下两方面说明:

一是在唐律律文的释义上,不断精益求精,并在体例方式上方便读者理解和掌握。1988年,《唐律译注》由江苏古籍出版社出版,此乃钱先生唐律研究中的第一部著作。译注方式是针对唐律的各条律文进行先注后译。可以说,该译注表现了当初在无任何仿照借鉴情况下的一股闯劲,也是较为成功的。但是,据钱先生后来评价,自感"质量也不满意"[49],弦外之音即还有更高的追求。为让读者更准确、更方便地理解和掌握唐律法意,钱先生一直没有停息在此方面的努力,终于在付出多年心血的基础上,于2007年出版了具有新的里程碑意义的译著《唐律疏义新注》。在钱先生的系列唐律论著中,《唐律疏义新注》或许是用力最勤、花时间最多的一部心血之作。诚如钱先生在该著"后记"所说,从20多年前开始编写《唐律译注》开始,即有一种情缘,就是把宣传唐律,让更多的人阅读和研究唐律,作为教学与科研的追求目标之一。[50] 这是一种怎样的社会责任和学术良知?!反映的又是怎样的一种深厚地气?!

---

[48] 参见范忠信、陈景良主编:《中国法制史》,北京大学出版社2007版;赵晓耕主编:《中国法制史原理与案例教程》,中国人民大学出版社2009年版。

[49] 参见钱大群:《唐律与唐代法律体系研究》(唐律系列研究之五)"前言兼后记",南京大学出版社1996年版。

[50] 参见《唐律疏义新注》,第1067页。

可以说,《唐律疏义新注》出版后,即引来学界诸多著名学者的相关好评。如杨一凡先生在读后评价道:"其中感受最深的一点是,作者在解读唐律时,较好地把握了注解求新与求准的关系。这本以广大读者为阅读对象的著作,应当说既通俗易懂,又具有较高的学术价值。《唐律疏义新注》从体例结构到译文、注解,都贯彻了为现代的读者与研究者服务的撰写原则,力求达到初读者易得要领、检读者得其所需、专攻者亦有切磋的要求。"陈鹏生与丁凌华两先生除将此著称为"唐律研究的丰碑"外,还在评述其若干特点中特别提道:"一般书中对某一词语的注释都是在第一次出现时,以后再出现不再加以解释,读者要查找前面的解释又不知在何处,非常麻烦。而大群先生在本书中则一再以注的形式不厌其详地告诉读者,原注见第几页注几,在哪一篇的第几条,总第几条,一查即得。这样处处为读者着想,如保姆般细心的责任心,笔者只有在上海图书馆胡道静等先生编写的《中国丛书综录》中才看到过。"徐忠明先生在评价此著的"独特贡献"时说:"首先,让我特别感兴趣的是'新注例言'有关唐律'书名'的辨正。……其次,让我感兴趣的是,《唐律疏义新注》一书不单单满足于字词句意的注释和翻译,更为重要的是,钱大群教授进一步帮助读者在总体上把握《唐律疏义》的精神和特征。……最后,让我感兴趣的是钱大群教授《唐律疏义新注》体现出来的对于读者的体贴和尊重。"戴建国先生读后,"窃以为这是迄今为止唐律最全面、最完善的注本",并认为该著"最大特点是全方位地为读者的阅读理解提供方便"。张中秋先生认为:"书中的'引述'都言简意赅,沟通了古代律意和现代法意,非精通唐律又熟悉现代刑法者岂能为之! 该书无论是对现代学者还是就普通读者来说,译文的准确明白是它最值得称道的地方。"[51]这些评价,都共同指向一点,即该著能充分考虑到为读者着想,体现出对于读者的体贴和尊重。

二是将唐律及唐代法制研究中一些基础性问题尤其是重大争论问题,以"考辨"题材专书的形式精炼汇总并出版,从而十分方便读者,达到了"一书在手,考辨尽收"的功效。此即突出体现在钱先生的一本特殊专著——《唐律与唐代法制考辨》一书上。可以说,在学界关于唐律及唐代法制的研究过程中,已经碰到了一些基础性问题,特别是 20 世纪最后 20 年间出现了一些重大争论问题。这些问题如果不能予以有效解决,势必影响到广大读者对唐代法律及其价值的正确认知。作为对唐代法律文化深有情感的学者,钱先生

---

[51] 上述评价均参见:《唐律研究新的里程碑——法史学家评钱大群教授〈唐律疏义新注〉》,载《南京大学法律评论》2010 年春季卷。

学术研究的绝大部分精力和心血,可以说都用在了对这些基础性及重大争论问题的考证和辨正上,此方面的学术成果也最丰富,发表了诸多论证有力的文章和著作。不过,由于这些考辨散见于各种论著,读者或研究者很难一睹全貌,这不能不说是一种缺憾。作为以宣传唐律为己任的学者,钱先生其实早已感受到这种缺憾,也在思考如何方便读者阅读和掌握。2009年,钱先生的一部特别著作《唐律与唐代法制考辨》,作为杨一凡先生主编的《中国法制史考证续编》丛书的"第七册",由社会科学文献出版社出版了。可以说,这部著作是钱先生一系列代表性观点的集中性考证表述,基本涵盖了唐律及唐代法制研究中的基础性和重大争论问题,此处因篇幅所限不一一说明。从各"考"各"辨"的题材可以看出,该著基本上是钱先生对自己以往诸多考证的一个汇总,但绝非是论证及观点的简单堆积,而是一种十分精当的提炼和升华。总体来看,该书史证运用精当典型,针对性强,富有论辩性,多有发前人未发之言及辨正前人观点的创造性见解,体现了唐律研究新的动向与深化,而其行文深入浅出,故不仅是唐律研究者,也是一般读者可读可懂的一部基础性考辨著作,从而十分方便对唐律及唐代法制相关基础性和重大问题的正确把握。

2013年,钱先生利用此书增修的机会,删去了原附录的《唐律与唐令部分内容对照表》,而充实进了5篇唐律研究的论文,仍由社会科学文献出版社出版。这5篇论文涉及唐律研究的方法和视角、律疏数处律义之解读、唐律书名及版式整合、唐律及法例之运用、律疏原创内容之质疑等几个方面的问题,对拓宽读者的视野及正确认识一些基本问题具有重要作用。其尤值得一提的,是对唐律书名及版式进行整合问题的论析。钱先生认为,今传《律疏》分异为"唐律疏议"与"唐律疏义"两种名称,这两种书名及与之相关的版式各有其长短与利弊;其整合的办法是扬二者之长,避二者之短,以求返璞归真,这在《唐律疏义新注》中得到实践展现。[52] 至此,关于唐律书名及版式完善问题基本得到了彻底解决。可以说,增修后出版的《唐律与唐代法制考辨》比之前又精当地增加了一些重要内容,从而更为方便和充实了读者对唐律面貌的正确认知。这些均充分体现了钱先生唐律研究中对实际需要的重视。

钱先生的唐律研究除了应教学、教材及广大读者之需外,还有一个重要

---

[52] 参见钱大群:《唐律与唐代法制考辨》,社会科学文献出版社2013年增修版,第369—380页。

的地气来源,即源于现代中国面临的反腐倡廉的紧迫严峻任务。当然,这体现了作为一个正直学者强烈的学术责任感。党和国家把反腐倡廉看做是关乎党国存亡的大事,钱先生把唐律中的吏治机制,作为其唐律研究中最系统最深刻的一个领域。

四、结　语

以上是笔者从"勇气""底气""地气"三方面,对钱先生唐律研究的学风特色进行的粗略的概括分析。鉴于钱先生唐律研究的深度和广度,以及钱先生学问人生的精彩和丰富,笔者的文字概述自是较为苍白而难以全面充分表达,读者诸君完全可以通过阅读钱先生的诸多论著去体会和领悟。笔者此篇之意,实是尽量希望我们学人能从中洞见一位以学术为志业的学者,是如何三十余年来在唐律这块中国传统法律文化的沃土上一直辛勤耕耘,并以此来诠释那种学术的执著、胆略、辨正、创新、智慧、责任和良知的! 田涛先生生前曾这样评价钱先生:

> "历经二十年时间,文字总量高达四百余万字的九本著作,是我国法学界对唐律进行专题研究最集中、最辉煌的学术成果。以持之以恒的决心,靠着追求真理的信念,一位已过古稀之年的学者给中国法史学界的贡献实在是太多太多"。"钱大群先生对唐律的系统研究,是中国法律史学中最功夫独到的研究成果;钱大群先生对唐律文本的整理和诠释,是中国法史文献中很见功力的心血结晶。中国法律史的研究在转折的重要时期,有钱大群先生这样的学术前辈,是中国法律史界全体学人的幸甚之事。"㊵

这样的评价并不为过,而是十分适合!

通过对钱先生唐律研究"勇气·底气·地气"学风特色的认知,能让我们感受到法史学术研究应有的魅力、性格及尊严,也更感受到唐律的历史意义尤其是对现代中国所能蕴含的重大法文化价值。如果借用朱苏力先生"什么是你的贡献"的设问作出回答,就钱先生的唐律研究而言,已是灿然自明了!

(2014 年 12 月)

㊵　田涛:《法律文献研究及法学古籍整理中最为重要的成果之一》,载《南京大学法律评论》2010 年春季卷,同时可见于本书第 176 页。

第七部分 附录

附录一　钱大群教授唐典研究要点分布简介

附录二　有时代责任感的法学家

附录三　历史脚印

附录一

钱大群教授唐典研究要点分布简介

董长春* 苏学增** 桂万先***

一、唐律原则和制度的研究有独特表述
二、使用正确方法为唐律与《唐六典》作性质定位
三、研究体现与教学结合和普及与提高相结合的原则
四、对唐律书名与版式的整合多有创意
五、对唐律吏治机制作系统而又深入的研究
六、开启了唐代法律体系研究新领域之门
七、开启了唐律法典化研究新领域之窗口
八、对唐律与宋代法制关系的研究有所补述
九、对名家大师涉及唐典与法史的观点作质疑与订补

一、唐律原则和制度的研究有独特表述

钱大群教授对唐律的原则及重大制度的研究有独特见解,在"罪刑相当""罪刑法定""礼法结合"及犯罪主观心态与类举等方面的研究上都有明

---

* 南京师范大学法学院副教授、法学博士。
** 江苏省高级人民法院审判委员会委员、庭长、法学硕士。
*** 江苏省人民检察院检察委员会委员、法律政策研究室主任、法学博士。

显表现。

（一）关于"罪刑相当"原则的研究

唐律在立法上运用对犯罪行为作量化的技术，对贯彻"罪刑相当"原则有巨大作用。作者研究唐律立法上的量化技术，是研究深化的结果：一是运用众多由名数与复名数表达的单位数量来量化犯罪行为造成的后果，二是运用一系列固定的等级档次显示犯罪行为的性质与侵害程度；量化增强了行为的可比性，使"罪刑相当"原则的推行增加了具体的制度保障；立法上的量化技术减少了法官寻找适用法律条款的难度，也缩短了唐代案件的审判流程。

——见社会科学文献出版社《唐律与唐代法制考辨》2013年版第27篇《唐代审判流程较快缘由考解》之三、四节。

——见南京大学出版社《唐律与唐代法律体系研究》1996年版一书中《唐律立法量化技术运用初探》。

（二）关于"罪刑法定"原则的研究

对唐律中的"罪刑法定"制度在概念上命名为"罪刑形式法定"，并科学地揭示其与"罪刑法定"不同的本质特征。

其一，作者1991年就正式提出了唐律"罪刑形式法定"的概念，并与现行刑法中的"罪刑法定"原则进行比较；其新概念中的"形式"是指实在的"法律形式"；唐律中依法定罪判刑是法定的，而有限制的一定程度的"罪刑擅断"也是由法条以法律形式规定的，简单化的研究看不到这种"形式"使用的确切性；不能简单地否定唐代的"罪刑法定"原则，但是其名称应是"罪刑形式法定"才科学。

——见作者与夏锦文合写的江苏人民出版社《唐律与中国现行刑法比较论》1991年版第二章第一节。

——见法律出版社《唐律研究》2000年版第四章第二节〈罪刑相应与株连并存〉。

——见南京师范大学出版社《唐律疏义新注》2007年版"引论"中"罪刑法定与有限制的罪刑擅断相结合"的观点。

其二，作者对在"罪刑形式法定"原则贯彻中有举足轻重地位的皇帝的"权断制敕"与"量情处分"的研究证实："权断制敕"在朝廷的公众舆论上实际处于被抨击的地位；唐代各朝皇帝口头或书面的"权断"案例，事实上错判很多,常常在遭到大臣们劝阻或反对后加以改正。

——见《唐律与唐代法制考辨》2013年版第11篇《"权断制敕"立法背景考》之二、三。

(三)对与"礼法结合"原则紧密联系的服制与刑罚关系的研究有更深的进展,发现了唐律对外亲服制处置的特点

其一,发现了唐律对外祖父母服制处置上"礼法不一"的矛盾。唐律在《名例律》中根据服制理论把外祖父母列于"小功"等级,但如外祖父母成为受侵害对象时,各法条又皆把外祖父母与大功或大功以上亲同列,使外祖父母受侵害时并不依服制理论作"小功"对待,而是依大功以上亲同等对待,以此办法解决情与法的矛盾。

——见《唐律与唐代法制考辨》2013年版第36篇第四节〈外亲服制"礼法不一"〉。

其二,维护《律疏》"内乱"罪中"奸小功"的要求是男对女服"小功"的正确律义。作者考证了外祖父对外孙女及舅对外甥,不属于反报"小功"的对象,从而纠正杨鸿烈、吴翊如认为,外祖父对外孙及舅对外甥不是"反报缌麻",以致造成读者无法正确理解甚至误解十恶"内乱"中"奸小功亲"犯罪构成中的重要条件。

——见《唐律与唐代法制考辨》2013年版第16篇《舅奸甥不入十恶"内乱"考》。
——见本书中〈唐代典籍研究若干问题补论·补论之四〉:《唐〈礼〉宋〈令〉皆谓舅报甥"小功"然未能约束〈律疏〉与〈刑统〉》。

(四)对涉及犯罪主观心态一些重要概念的研究有独到的深刻见解

其一,认为古代在"故杀伤"和"过失杀伤"外,还存在介于二者之间的特殊状态"斗杀伤"。唐律认为,"斗殴"虽"初无害心",但如在"斗"的过程中发生了"误"致杀伤,其主观心态就被认为"元有害心"的了。所以,在"斗杀伤"中如发生"误"致杀伤的结果,唐律并不以"过失杀伤"处"赎"刑,而是以"斗杀"处绞。

——见《唐律研究》2000版第十章第八节。

其二,唐律中的"误"只是"非故意"的状态。这种"非故意"状态的"误",如发生在"斗杀伤"的背景下,则其性质被认定为"元有害心",如不在

"斗杀伤"的背景前提下发生,就是"元无害心"。如十恶"大不敬"中的"御用舟船误不牢固"中的"误",就绝不是"元有害心",否则要以"谋反"论处斩并实行缘坐。沈家本在《"误"与"过失"分别说》一文为"误"定性"元有害心",是未明确其前提似失之笼统。

——见《唐律与唐代法制考辨》2013年版第8篇《"误"辨》。

(五)对"类举"制度本质特征的揭示比同类研究更深刻

类举与"比附"之不同,是类举可作无罪认定;律学上不以"类"为充足要求,而以有轻重之差异在逻辑上反衬("明")处置的正确;此在司法上可限制法官适用法律的任意性。

——见《唐律与唐代法制考辨》2013年版第12篇《"举轻以明重"条何以不被删除解》。

——见《唐律研究》2000年版第十二章第三节。

二、使用正确方法为唐律与《唐六典》作性质定位

使用正确的方法,为唐律与《唐六典》作性质定位,为我国唐代法史教学与教材编写中的一系列重大问题的解决与识别提供可靠选项。

(一)把对唐律的研究置于唐代法律体系的观照下进行,确认唐律是"正刑定罪"之刑律

其一,澄清唐代四种法律的性质:否定宋代《新唐书》作者关于唐代"四刑书"的说法;以唐代人"四文法"的正确归纳否定宋人之说;揭示《新唐书》的"四刑书"说,与其自身"其有所违及入之为恶而入于罪戾者,一断于律"之论就有对抗性的矛盾。

——见《唐律与唐代法制考辨》2013年版第1篇《唐代"刑书"与"文法"考》。

——见《唐律与唐代法制考辨》2013年版第32篇《关于唐律现代研究的几个问题》第一节〈把唐律置于唐代法律体系的观照中去研究〉。

其二,详论唐代四种法律中只有"律"是"正刑定罪"之"刑法";"令",全非刑法,连《狱官令》也非"刑法";"格",二十四篇中只有一篇《刑部格》属刑

法;"式",基本都不是刑法,连《刑部式》也非"正刑定罪"之法。同时,指出唐律中有违反令、式要受笞杖,不能说明令、式就是"刑法";刑律条文有其独有的关于罪名、罪状、刑罚的内容及形式,而令、格、式则无。

——见《唐律与唐代法制考辨》2013年版第2篇《律、令、格、式是否"皆刑法"辨》。

——见《唐律研究》2000年版第一章第三、四节及第三章第四节。

——见本书中《唐代典籍研究若干问题补论·补论之二》:〈"四刑法说"误导了唐代法律体系的研究〉。

其三,针对"诸法合体论",指出疏文解释律及注时引用某些令、格、式,只是作为解释的借助材料,对律的"正刑定罪"不起实际作用;令、格、式各自为典册在律外起作用,不与律"合体";被引用的令、格、式在数量上也不足以与律"合体"成典。

其四,对"民刑不分"之说,指出唐代的民事规范存在于令、格、式及礼中并单独起作用,与刑律在关系上是分开的,不是"不分"。

——见《唐律与唐代法制考辨》2013年版第三篇《〈律疏〉是否"诸法合体"辨》。

——见本书中《唐代典籍研究若干问题补论·补论之一》:〈浮光掠影地读唐律产生的"诸法合体"说〉。

(二)把《唐六典》置于唐代法律体系观照中研究也是辨析其性质的正确方法,因"行政法典说"的要害就是要把"典"硬塞进法律体系中去

其一,法律体系中原本无"典",《唐六典》即使奉皇命官修也并不具有法律特征;从编修缘起、编修目的、编修过程来说,《唐六典》都不是"法律";编修程序也无成为法律的特征。

——见《唐律与唐代法制考辨》2013年版第29篇《〈唐六典〉奉皇命官修是否"法律"辨》。

——见《中国社会科学》1989年第6期《〈唐六典〉性质论》(与李玉生合写)。

其二,针对以《唐六典》有部分令、式内容而主张其为"行政法典说"的理由加以驳论:挂在职官下的一些令、式,只是对令、式的摘取,在质量数量上均不能构成"行政法典";"格"是调整在行法律的重要规范,《唐六典》排斥格条,使其不能形成在行法律。

——见《唐律与唐代法制考辨》2013年版第30篇《〈唐六典〉有令式内容是否"行政法典"辨》。

其三,针对"行用论"者谓史书有《唐六典》"行用"的记载而指出:唐史上始终未有《唐六典》作为行用法律必有之"颁行"诏令;唐宋法律权威包括《唐六典》的编写人在内都谓《唐六典》未曾"行用"。

其四,针对"行用"论者最根本的"史证"而指出:《大唐新语》在"著述"栏内记载众多书籍(包括诗文、宗教书籍)都有"行之"的情况,"行用"论者把唐代国家图书"行用停废"制度中的"行之",错认为是法律法典的"行用"。

——见《唐律与唐代法制考辨》2013年版第31篇《〈唐六典〉"行用"考》。

(三)用比较研究的方法来扩展唐律与唐代法律体系的研究领域

其一,把唐律与现行刑法作比较研究,既可发现两者都作为"刑法"的共通之点,同时也彰显出两者的差异,由差异又推动产生新的研究领域。

——见《唐律与中国现行刑法比较论》1991年版中"导言"〈比较:唐律研究的一个好方法〉。

——见《唐律与唐代法制考辨》2013年版第32篇《关于唐律现代研究的几个问题》之二:〈在比较中探求唐律的特色和扩展其新的研究领域〉。

其二,通过重点揭示唐令与唐律的关系,深化对唐代法律体系的研究。唐代的律与令是唐代法律体系中最重要也是相对应的正面制度性立法与惩罚性法条,在研究唐代正面制度的同时研究律对正面性制度的维护作用,从而加深对唐律作用的认识。

——见江苏人民出版社《唐代行政法律研究》1996年版(与艾永明合写)。

——见杨一凡主编之"中国法制史考证续编丛书"第七册钱大群著《唐律与唐代法制考辨》一书所附〈唐律与唐令部分内容对应表〉。社会科学文献出版社2009年版。

(四)把以法律体系为观照研究唐典的经验运用于对其他朝代典籍性质的研究,并提出独到看法

其一,提出对西夏《天盛改旧新定律令》及《大元通制条格》性质的看法。

法律出版社1999年出版了典籍校点丛书"中国传世法典",该丛书一套六册,除《大元通制条格》外,其他都是自唐至清的刑典。为此作者特为撰文,专论《大元通制条格》性质非为元代刑律,指出反映元代刑律内容的史料已经散落佚失,有待专家学者去做复原性的考证汇编,同时也指出西夏天盛律令属于律令汇编性的西夏刑律。

——见《唐律研究》2000年版"引言"之二:《〈西夏律令〉与〈通制条格〉性质略论》,此节文章经增修后收入南京师范大学出版社《中国法律史论考》(论文集)2001年版中。

其二,提出对明清《会典》性质的看法。在与《周礼》同源的《唐六典》被理解为"行政法典"后,明清的《会典》也随之被延伸地定性为"行政法典"。对此,钱大群指出明《会典》基本是"法典汇编"的性质;清朝的《会典则例》与《会典事例》都不具有"行政法典"性质;最后光绪朝名之为《大清会典》之书,其内容性质又回到了《唐六典》的格局,该书充其量只是与《唐六典》相仿的一部官制书。

——见中华书局《中国典籍与文化论丛》1997年12月第4期《明清〈会典〉性质论》;《中国法律史论考》(论文集)2001年版。

三、研究体现与教学结合和普及与提高相结合的原则

坚持与教学相结合和提高与普及兼顾的原则,启发读者入得其门、上得其路,且有兴趣地研读唐律。

(一)以中国法制史领域的核心典籍唐律作为研读重点,且以此作为提高教学质量和学术水准的重要途径

其一,从法史教学与法制建设需要出发,先对《律疏》中的律文(与注文)作了译注,其成果成为改革开放后唐律研究的先导性著作之一。

——见江苏古籍出版社《唐律译注》1988年版。

其二,在法史教学的过程中,于1985年起在南京大学面向全校开设"唐律讲座"选修课,编写"讲座提纲"分发学生,后在此"提纲"的基础上编写出版了正式的教材著作。

——见南京大学出版社《唐律论析》1989年版(钱元凯、夏锦文、李玉生等参与写作)。

（二）对唐律中读者易产生片面看法的制度，从立法上区分与辨析

其一，"赎"权可以赎铜代实罚，确是特权，但赎权本条就排除了对"五流"的适用；官吏虽有赎权，但不能无条件地留官用赎，也不是无条件地都可赎杖打之刑。

——见《唐律与唐代法制考辨》2013年版第20篇《"赎章"是否可使官吏都不实受笞杖辨》。

其二，"官当"以官职抵当徒流刑是特权，但只要用"当"，就必须以自己的最高职级去"当"；可当的刑期决定职级的高低；最轻的官当是撤职一年后降一级使用；从撤官来说，官当严于赎铜留官之法。

其三，"除免"从保留官员身份满期后能再叙来说是特权，但"除免"规定犯重大或特殊的罪一定要撤官；撤去的职级依罪行性质分档次；而且撤官后的待叙期，最轻的"免所居官"，相当于官未当尽的官当；"除免"制度又是对"赎"与"官当"的限制。

——见《唐律与唐代法制考辨》2013年版第19篇《"除免"与"官当"关系辨》。

其四，辨明官吏被除名后的"士伍"身份，以清除对《律疏》中官吏特权制度的认识障碍。

——见本书中《唐代典籍研究若干问题补论·补论之三》:《〈旧唐书·刑法志〉中"士伍"不可讲为"士卒"》。

（三）重视唐律中一些涉于多个领域（如法制史、刑法史、法律思想史）重要问题的考辨

其一，考辨李世民在已出现"奴可告主反逆叛"制度的情况下又悍然下令废止的过程，指出后来永徽《律疏》并未照李世民的主张立法。

——见《唐律与唐代法制考辨》2013年版第35篇《唐律在唐宋的使用及〈律疏〉体制内外"法例"的运作》之一之4。

其二，通过对唐代"断趾"复行与废止过程的考辨，指出李世民在这项制度的改革上虽怀着善良的目的，却采取了倒退的方法，为"断趾"法复行于"武德"或"贞观"朝的争议拨开了迷雾。

——见《唐律与唐代法制考辨》2013 年版第 14 篇《"断趾"废改及反逆兄弟"配没"时间考》之一：〈"断趾"法行停时间〉。

其三，考辨李世民对"反逆"缘坐对象范围进行改革的过程及思想，指出较完善的制度还在永徽《贼盗律》中。

——见《唐律与唐代法制考辨》2013 年版第 13 篇〈"反逆"缘坐变化轨迹考〉；第 14 篇之二：〈"反逆"兄弟缘坐配没律文修改时间考〉。

其四，考辨李世民对"覆奏"制度作改革的原因及过程，表现李世民慎杀的法律思想。

——见《唐律与唐代法制考辨》2013 年版第 24 篇《决死囚"覆奏"次数与时日考辨》。

（四）对唐律研读中属必备的基础知识作辨析，便于读者扫除障碍循序渐进

其一，"刑名"在法史上属于比较"玄"的一个词，在唐律中却不少见。作者考证，此词自汉以来其概念随时代变易而各有偏重的特征；指出其在唐律中是指对犯人判以一定等级之刑罚；《唐六典》中则用指概括刑律中的刑罚种类与等级。

——见《唐律与唐代法制考辨》2013 年版第 6 篇《"刑名"考辨》。

其二，"倍"在唐律中运用较多，但其却具有两种相对立的使用意义：一是当"加倍"用；二是当"折半"用。

——见《唐律与唐代法制考辨》2013 年版第 9 篇《"倍"辨》。

其三，"覆奏"是唐律也是法制史中重要的制度，它到底是分几天奏几次？

——见《唐律与唐代法制考辨》2013 年版第 24 篇《决死囚"覆奏"次数与时日考辨》。

其四，官吏的官爵与袭荫，以及老、残等优惠制度赋以"时效"角度去观照，就有清晰的特点可概括。

——见《唐律与唐代法制考辨》2013 年版第 23 篇《唐律中的时效与时值考》第二节〈特权与优惠法律之时效〉。

其五，唐律中对女性适用流刑执行"例不独流"的原则，但妇女犯某些罪的流刑,却又受到特别苛刻的对待。

　　——见《唐律与唐代法制考辨》2013年版第26篇《唐代妇女流刑处置辨》。

　　其六,唐律中对已经执行的错判的处罚怎么处理?其中属"国家赔偿"性质的处置特点是什么?

　　——见《唐律与唐代法制考辨》2013年版第25篇《"枉徒折役"之国家赔偿辨》。

四、对唐律书名与版式的整合多有创意

　　确立正确方针,在唐律书名及版式的整合上作出多项创新,对唐律的原创内容作重要校勘,对唐律版本质量的提高作出新的努力。

　　(一)发现问题并揭示矛盾,从律学理论的高度阐明唐律版式问题形成及发展的历史缘由

　　——见《唐律与唐代法制考辨》2013年版第4篇《"唐律疏义"与"唐律疏议"辨》。

　　——见《历史研究》2000年第4期《〈唐律疏议〉结构与书名辨析》。

　　(二)以揭示唐律精深的法文化价值为目的对唐律作新的注释,同时在唐律版式的整合上取得多方面的成绩

　　其一,在撰写《唐律疏义新注》的实践中,唐律书名及十二篇标题都改称"唐律疏义"之名称;同时,把四库本所有"疏"下之"义"统一更正为"议",以符合《律疏》的制定初衷。

　　其二,改造唐律绝大部分条标:一是舍弃撮取律条开头词语组成的不科学的条名,如改第8条的"八议者"为"八议的程序与特权"等等,使之既符合律义又合乎古汉语表述规律。二是把《名例》部分的条标都自然地改成体现原则与制度的正面表述,其他十一篇的条标都反映罪名、罪状与刑罚,以清楚显示总则性的《名例》与"分则"性篇目不同的分工关系。

　　其三,为十二律篇篇首的"[疏]议"内容,冠以"某某律序"的名称:一是正确地概括了其内容,二是使其明确地与各律条下"条疏"的作用相区分。

　　——以上内容之实例均见《唐律疏义新注》2007年版。

（三）总结所确立的整合唐律版式"扬长避短，整合归真"的正确方针，给整合的创新举措作出理论阐述

——见《北方法学》2008年第2期《扬长避短，整合归真——谈唐代〈律疏〉版式的整合问题》，此文经过增修后收入《唐律与唐代法制考辨》2013年版第34篇《对唐代〈律疏〉书名与版式进行整合的理念与实践》。

（四）对唐律原创内容中的问题与缺憾分别作出勘正及评说，填补了唐律校勘上的重要空白，对唐律版本质量的提高作出努力

——见《唐律与唐代法制考辨》2013年版第36篇《〈唐律疏义〉原创内容质疑试举》，及中国政法大学古籍所《中国古代法律典籍研究》2013号年（总第7期）中《〈唐律疏义〉原创内容质疑举隅》一文。

五、对唐律吏治机制作系统而又深入的研究

把唐律研究与国家社会面临的紧迫反腐倡廉的政治任务联系起来，既全面系统，又突出重点，并深入到思想政治基础上分析总结。

（一）注意对古代法律中的吏治内容作研究

其一，在《南京大学学报》1983年第2期上发表《谈我国古代法律中官吏的受贿、贪污、盗窃罪》一文。

其二，担任南京大学出版社1996年版的《职务犯罪研究》一书的主编并参撰第一、二两章，概括地研究中国古代法制中官吏的职务犯罪。

（二）全面研究唐律中有关廉政吏治机制方面的内容

其一，概论唐律是整饬吏治的有力工具。

——见《江海学刊》1985年第5期《唐律与封建吏治》。

其二，全面系统地分析唐律对吏治的重要作用与丰富内容。

——见中国政法大学出版社《唐律与唐代吏治》1994年版（与郭成伟合写）。

其三，有重点并深入地剖析唐律对吏治的有力监督，集中发表了"唐律廉政机制述论系列"论文：《强化对有职权者的法律监督》《阻却冤假错案产生

的纵深立体防御》《论唐律对官吏罪责追究的机制》。

——发表于《唐律与唐代法律体系研究》1995年版,后收入《中国法律史论考》(论文集)中。

(三) 论述唐代廉政机制确立的深远政治背景,说明廉政机制的确立在制度建设的同时,必须有国家权力阶层的政治思想建设

——见《中国法律史论考》(论文集)2001年版《诤谏:贞观吏治的强大推动力》。

六、开启了唐代法律体系研究新领域之门

对唐代法律体系研究的深度与广度,开启了唐代法律体系研究新领域之门。

(一) 夯实了关于唐代法律体系的基础理论

其一,理清了律、令、格、式的性质及相互关系,规制了唐代法律体系的框架:正确阐述了《律疏》在法律体系中的分工是作为刑律行用;令、格、式并不形成后代意义上的某个部门法;"令"依调整对象的不同分类;"格"与"式"以行政衙门管辖的业务范围分篇,格中的《刑部格》因用以调整律而成为"刑法",但《刑部式》因不涉于正刑定罪而不成为"刑法"。

其二,理论上澄清了诸如"唐之刑书有四""诸法合体""民刑不分",以及"《唐六典》行政法典说"等观点,为正确认识唐代法律体系性质与特征排除了理论障碍。

——见《唐律与唐代法制考辨》2013年版第2篇《律令格式是否"皆刑法"辨》;第3篇《〈律疏〉是否"诸法合体"辨》,可同时参考此"简介"第二部分第一、第二的说明。

——见《北方法学》2015年第3期《唐代法律体系正确理解的转捩点》及本书《唐代法律体系正确理解的转捩点——辨〈新唐书〉"唐之刑书有四"说并复有关观点》。

——见本书中《唐代典籍研究若干问题补论·补论之一:〈失却法律体系的视点必然产生"诸法合体"说〉;《唐代典籍研究若干问题补论·补论之二:〈"四刑法说"误导了唐代法律体系的研究〉。

(二) 对法律形式运用的探索有深入与发展

其一,倡先指认《唐六典》中关于律、令、格、式的性质定义及篇目名称的规范,应是《刑部式》的性质,反映"立法法"的内容。这些涉及法律制定的细则要求,由刑部具体掌握,故列在"刑部郎中"之下;

其二,倡先指认《唐六典》中有关图书典籍划分为 40 个类作分类管理的细则内容,是唐《秘书式》的部分内容。

——见《北方法学》2015 年第 3 期《唐代法律体系正确理解的转捩点》;本书《唐代典籍研究若干问题补论·补论之二》:〈"四刑法说"误导了唐代法律体系的研究〉。

(三) 深入地研究"法例"在唐代法律体系内的运作

其一,"法例"的概念。"法例"有大小之分,其大者原指《名例》中的原则与制度,小者可以是定罪判刑所要求"具引"的律、令、格、式中的成文内容,以及使用于比附、类举或作推论的具体法律内容。

——见《唐律与唐代法制考辨》2013 年版第 7 篇《"例"辨》之(一)(二)(三);第 35 篇《唐律在唐宋的使用及〈律疏〉体制内外"法例"的运作》之三:〈唐代"法例"的使用及其特点〉。

其二,"法例"可以是《律疏》体制内的法律内容,也可以是《律疏》体制外如《刑部格》与诏敕等的内容,还可以指非"刑法"的行政法令中的内容。唐代法律体系内各种法律的使用都通过"法例"的运作实现。

——见《唐律与唐代法制考辨》2013 年版第 35 篇《唐律在唐宋的使用及〈律疏〉体制内外"法例"的运作》之三:〈唐代"法例"的使用及其特点〉。

(四) 开始了对唐代个人所著《法例》书的研究

其一,《法例》书是法官或法学家个人运用"法例"办案的经验汇编书,事实上曾被引用断案,最后终被高宗下令废止。

其二,唐代曾有两人编过《法例》,其中赵仁本的一部大概行用有 15 年左右的时间;《法例》书还被律学博士作为法律教学的参考书行用于国子监。

——见《唐律与唐代法制考辨》2013 年版第 35 篇《唐律在唐宋的使用及〈律疏〉体制内外"法例"的运作》之三:〈唐代"法例"的使用及其特点〉。

其三,唐《法例》书内容曾传入日本;对日本《令集解》中所引"法例"内容性质特点进行探讨。

其四,唐代《法例》书之引用及被废止原因探讨。

——见本书《关于唐代〈法例〉问题的几点思考》。

(五)认为唐代法律制度的环境抑制"判例"的产生与推广

唐代经廷议的"八议"案、复仇案罕见成为"判例";效力极大的皇帝制敕断罪及量情处分,其本身就处在受批评及常被劝阻的境地;唐代各朝权断制敕总的趋势是根本不足以成为"判例";贞观初长孙无忌带刀闯入上阁案虽被部分人捧为著名"判例",其实,当时皇帝对廷议辩论的裁决纯属"权断"而不是"判例";"判例"本身概念的确定,要遵照"判例法"国家既定的、通用的、约定俗成的概念。

——见《唐律与唐代法制考辨》2013年版第35篇《唐律在唐宋的使用及〈律疏〉体制内外"法例"的运作》之一:〈唐律使用的史证〉;之四:《〈律疏〉抑制"判例"的产生与推行》。

——见《唐律与唐代法制考辨》2013年版第11篇《"权断制敕"条立法背景考释》。

七、开启了唐律法典化研究新领域之窗口

对唐律内在联系的研究开启了唐律法典化研究新领域的窗口。法典化是唐律律学水平高度发展、立法趋于成熟的一个重要标志,法典化是唐律给后代留下的优秀遗产之一。

(一)唐律法典化的表现为《名例》与其他十一律篇的关系,以及十一篇内部的分工关系

在《唐律研究》一书中,作者在指出《名例》与其他十一篇"总分"关系的同时,还指出了后十一篇形成了"8+1+2"的关系。前者相当于"总则"与"分则"的关系;后十一篇的划分,既反映了对国家任务作保障的先后轻重次序,还反映了立法上作综合补充及最后作司法处置的结构关系。

——见《唐律研究》2000年版第三章第一、二节。

（二）指出《名例》与其他十一律篇的总分关系主要是默契地照应遵循，而不是以语言作明示

——见《唐律与唐代法制考辨》2013年版第33篇《对〈律疏〉中数处律义解读——管窥法典化律条之间严密的律学联系》。

（三）揭示《律疏》中各种法律形式的法典化关系

论述了注文的由来及其对律文的作用和关系，以及"问答"是随"疏"的制定而增加，其作用是以实例设问作答，又对律文或注文作解释。

——见《唐律与唐代法制考辨》2013年版第5篇《唐律〈注〉文随〈律〉文与生俱来考》。

——见《历史研究》2000年第4期《〈唐律疏议〉结构与书名辨析》一文。

（四）指出涉于对犯罪官吏官爵处置的制度统一由刑律来作规范，这使唐律中的刑罚与行政处罚形成交叉相通的特征

——见《唐律与唐代法制考辨》2013年版第21篇《唐代刑罚与行政处罚交叉相通考》。

（五）在立法上为量刑处置建立起全律统一遵循的用法制度

其一，指出唐律中各罪条都规定了绝对确定的法定刑，减少了法官"自由量裁"及法条适用上的任意性。

——见《唐律与唐代法制考辨》2013年版第27篇《唐代审判流程较快缘由考解》之二。

——见《唐律研究》2000年版第三章第四节之三："法定刑"。

其二，对赃罪的处置以"六赃"为基本模式，对其他涉赃之罪衡量其性质与情节比对"六赃"作加减调整，从而使全律除"不计赃为罪"外，都可以"计赃为罪"之法得到妥当处理，作者对此总结出"五种形式七大特色"。

——见《唐律与唐代法制考辨》2013年版第15篇《唐律赃罪辨析》之二、六。

（六）探讨了法典化条件下《律疏》条文的修改问题

其一，虽有廷议改礼制的记载，但由于"礼""令"修改的滞后或其他原因，使今传《律疏》中(如"十恶·内乱"中"奸小功")的有关条文不仅丝毫未呈现修改的迹象，还引起了误读误解。

——见《唐律与唐代法制考辨》2013年版第35篇《舅奸甥不入十恶"内乱"考》。

其二，皇帝亲自断案发现法条中有不合理的地方，下令修改律条。如今传《律疏》中"毒药药人"条。

——(前)见《唐律与唐代法制考辨》2013年版第17篇《"毒药药人"罪刑罚考辨》。

——(后)见本书《唐代典籍研究若干问题补论·补论之五》:《〈两唐书〉"毒杨案"之处置是"纠错"与"改律"同步一体》。

其三，"礼"与"令"中解决了的问题，"律"必须相随加以明确。如《唐会要》记龙朔二年廷议，确认依原"礼""令"改嫁继母亡故，儿子不必解官，于是，《律疏》在有关条文中相应加以明确。

——(前)见《唐律与唐代法制考辨》2013年版第18篇《改嫁继母丧制修改辨》。

——(后)见本书《唐代典籍研究若干问题补论·补论之六》:《〈律疏〉中"继母改嫁身亡"内容由来再辨》。

(七)作者试图以法典化的要求去衡量唐律在立法上可以更好地法典化而却未能改进的一些方面

其一，对官吏过失犯公罪的内容，其实是由"公罪自首原罪"及"过失犯减三等"两项内容构成的，完全可以都放到《名例》(总第41条)中一并处置，而现在公罪自首放在了《名例》中，"公罪过失减三等"却被夹在《职制律》(总第92条)的注文中去附带式地交代，这使法官对公罪之过失犯的规定难以查找，这不够科学。

其二，对"内乱"罪中"父祖妾"的解释，前疏与后注产生不应有的矛盾。

——见《唐律与唐代法制考辨》2013年版第36篇《〈唐律疏义〉原创内容质疑试举》第六节《〈名例〉与其他篇罪条关系处置失当》。

其三，《贼盗律》(总第263条)对"药而不死"的解释，位置安排不当，致生疑虑。

——见本书第277页《唐代典籍研究若干问题补论·补论之五》。

八、对唐律与宋代法制关系的研究有所补述

证实唐律在唐代的使用及其对宋代法制的影响,提出"唐代《律疏》事实上行用于有宋一代"的观点。

(一) 证实唐代司法实践引用《律疏》断案

以史书记载及司法文书证实法官及御史都"引疏分析"。

——见《唐律与唐代法制考辨》2013年版第35篇《唐律在唐宋的使用及〈律疏〉体制内外"法例"的运作》第一节。

——见本书第288—319页《〈龙筋凤髓判〉性质及"引疏分析"考辨》。

(二) 在法律形式上,《宋刑统》的渊源是唐《大中刑统》

虽然《宋刑统》内容在格敕上更多地直接继承于后周《显德刑统》,但作者引用两唐书中《刘琢传》的史证,指出"刑统"其在法律形式上的渊源则是唐代的《大中刑统》,这是法制史研究上在这一问题上较新的论证。

——见《唐律与唐代法制考辨》2013年版第35篇第二节。

(三) 通过正确阐明宋神宗关于律敕关系的断语,证实唐代《律疏》事实行用于有宋一代

其一,在《宋刑统》中,唐《律疏》中的《律》与《注》基本被集中置放在各条之首;在解释时仍基本运用原《律疏》中的"议"与"问答"的内容。

其二,神宗言"乃更其目曰敕令格式"之含义,是宋代把"编敕"作为新的定罪判刑的刑事立法形式,于是在不再编"律"条的背景下,从立法种类(目次)上说,只剩下"敕、令、格、式"四种,这就是"更其目"的实质所在。

其三,宋后期虽然在刑事立法上不再制定新的"律"条,但存在于《刑统》中原《律疏》的律条,除了被修改者之外,仍稳定持久地在"敕"之外被引用断案,这就是《律》"恒存乎敕之外"的道理,也就是如宋代某些律学家所说的"与《刑统》兼行"的关系。

（四）指出在编敕而不废可用之律的过程中，原唐时令格式的内容即它们担当的任务也在发展变化

如唐代的"刑部格"作为对定罪判刑的律的修改补充作用，到宋代此时也为"编敕"所取代了。

——见《唐律与唐代法制考辨》2013 年版第 35 篇第二节。

九、对名家大师涉及唐典与法史的观点作质疑与订补

根据法史文献的新发现及研究的新发展，对名家大师涉于唐律、《唐六典》及法制史的一些重要观点提出质疑或作考校补正。

（一）订补与修改名家大师涉于唐典的观点

其一，针对沈家本认为唐律中不存在"一罪二刑"的说法，作者首先提出《律疏》中流刑刑罚的组成要素就包含了"一罪二刑"；同时，援引敦煌文书中《神龙散颁刑部格》残卷中明显规定的加决杖等的"一罪二刑"制度，（沈氏未有机会见到这些文书），以作备注说明。

——见《唐律与唐代法制考辨》2013 年版第 22 篇《唐代"一罪二刑"考》。

——见《中国法律史论考》（论文集）2001 年版《关于秦、唐、宋朝的"一罪二刑"问题》。

其二，对沈家本涉于唐律犯罪心态研究的《"误"与"过失"分别说》一文的观点进行订补，指出"误""元有害心"应以"斗"为前提条件；"误"在唐律中于非"斗"的情节下只具有"非故意"的心态特征。

——见《唐律与唐代法制考辨》2013 年版第 8 篇《"误"辨》。

其三，指出宋代欧阳修、范镇等《新唐书·刑法志》中"唐之刑书有四"说纯属错误，其直接后果是产生了"律令格式皆刑法"论。

其四，指出隋唐宋《经籍志》《艺文志》中把其当代在行之法律与前代已行之法律混在一起，划为"刑法部"，这只是图书分类管理的习惯；《唐六典》"秘书式"中"九曰刑法，以纪律令格式"是对法律图书管理上的分类，并不是精确定位所有法律典籍的性质；《唐六典》对法律的概括使用"文法"的概念；《秘书式》本身就不是"刑法"；律、令、格、式挂在"刑部"或刑官的职掌下，并

不能证明令、格、式是与律一样为"刑法";北朝时格、式曾作为刑法使用的历史至迟在初唐已彻底结束。

——见《北方法学》2015 年第 3 期及本书《唐代法律体系正确理解的转捩点——辨〈新唐书〉"唐之刑书有四"说并复有关观点》。

——见本书《唐代典籍研究若干问题补论·补论之二》:《"四刑法说"误导了唐代法律体系的研究》。

——见《唐律与唐代法制考辨》2013 年版第 1 篇《"刑书"抑或"文法"考》。

其五,针对《睡虎地秦墓竹简》整理专家对唐律中"三审"的渊源秦简中"三环"所作的注释提出质疑,并与唐律中的"三审"联系研究,终于把两朝诉讼中的一项重要制度在律学上作了完整链接。

——见《唐律与唐代法制考辨》2013 年版第 10 篇《"三审"辨》第(三)节。

其六,针对杨鸿烈在《中国法律发达史》及吴翊如在《宋刑统》校点中关于十恶"内乱"中"奸小功亲"概念的曲解作了驳正。

——见《唐律与唐代法制考辨》2013 年版第 16 篇《舅奸甥不入十恶"内乱"考》。

其七,针对章炳麟在《检论·汉律考》中关于"从《六典》起律才专为刑书,宪典由《六典》一统"的观点,指出从魏晋开始"律以正罪名、令以存事制"的分工已经开始,宪典已由令来担纲,《唐六典》编成后,唐代"宪典"仍由令典规定的这种情况也未改变。

——见《中国社会科学》1996 年第 6 期《〈唐六典〉不是"行政法典"》,此文后收入《中国法律史论考》(论文集)2001 年版一书。

(二)对由唐代律学精英合力编写的《唐律疏义》一书原创内容中的一些涉于法史及《律疏》本身律义的重要问题提出质疑

其一,对《律疏》第 2—12 篇各篇篇首"序疏"中涉于刑法史的论说,提出多处质疑。

其二,对《律疏》内容中涉于律义的问题提出质疑。

——见《唐律与唐代法制考辨》2013 年版第 36 篇《〈唐律疏义〉原创

内容质疑试举》,及中国政法大学古籍所《中国古代法律文献研究》(第7辑)《〈唐律疏义〉原创内容质疑举隅》。

(三) 对名家大师涉于法制史的重要观点作质疑商榷

其一,针对涉于西周国家机构职司的"三事",依照其在《尚书》中的出处、《尚书正义》的解释以及《诗经》中"三事大夫"的使用,对郭沫若《中国史稿》中的观点进行质疑,并申论不同的观点。

——见《法学研究》1982年第4期《西周"三事"考》,此文后收入《中国法律史论考》(论文集)2001年版中。

其二,"刑罚世轻世重"《尚书》《荀子》中都曾提及,学者们对此所作的解释众说纷纭,作者针对我国台湾学者屈万里在《尚书今注今译》中谓其是"刑罚有时轻有时重",以及有学者"治乱世刑罚要轻,治治世刑罚要重"的主张,进行驳正,并论述其在历史上的规律性表现。

——见《南京大学学报》1985年第3期《"刑罚世轻世重"考说》,此文后收入《中国法律史论考》(论文集)2001年版中。

附录二

有时代责任感的法学家[*]

钱大群 Qian Daqun

1935年10月生,江苏省张家港市人,南京大学法学院教授。1950年至1954年,在中国人民解放军从事文教工作。1955年考入复旦大学法律系。1959年毕业后先后在甘肃师范大学等校从事语文教学工作。1981年7月调至南京大学担任中国法制史教学工作。在中国法制史及唐律研究上致力尤多,已出版唐代法律研究著作九部、中国法制史教材三部、刑法著作一部、语言文字著作三部。其中《中国法制史教程》获国家教委优秀教材奖,《唐律与中国现行刑法比较论》《唐律与唐代吏治》等获江苏省社会科学优秀成果奖。先后在《中国社会科学》《历史研究》及《法学研究》等杂志发表论文多篇,汇有论文集《中国法律史论考》一部。曾被选为中国法律史学会第五届执行会长,曾被聘为江苏省人民政府参事,1993年起终身领取对国家有贡献者学术津贴。

---

[*] 本文原载华东政法大学校长何勤华教授主编的《中国法学家访谈录》(第一卷)(北京大学出版社2010年版)。

钱大群教授的经历几乎都是他自己没有想到的。法律系毕业的他,没有想到会被分配教了语文;好不容易语文教出了些名堂,却又没有想到有朝一日还会重新从事法律教学;更没想到到法学教学岗位后,会和中国法制史和唐律结下不解之缘。

"咬定青山不放松",这是西南政法大学俞荣根教授对钱大群先生研究唐律精神的评价。二十多年来,钱大群教授倾其心血研究唐律,对于他,唐律是其学术生命中最重要的一部分。

记者(以下简称"记"):您当时是出于什么原因报考复旦大学法律系的?

钱大群(以下简称"钱"):主要有两方面的原因,一个原因是受我父亲的影响。他是留学日本的法学硕士(哪所大学已记不清了)。我之所以对他的硕士学位印象深刻,这里还有一个故事:他的硕士学位文凭的纸张很大,而且很厚,我在小学时曾把它做裹书本的书包。小学老师看到后,就通知我父亲,我受到了严厉训斥,所以有了深刻的印象。我报考法律专业,也算是"子承父学"了。我报考法律专业的另一个原因是我当过军人。当时笼统而模糊地认为,政法工作与军队在距离上近。就这么简单。

记:参军时您应该年龄不大吧?

钱:不到十五周岁,十四岁半。经父亲同意,我于1950年4月参军到华野六院当文化兵。当时不知道"六院"是什么,去了才知道是第三野战军第六野战医院。1950年9月,部队抗美援朝到东北。我们给医护人员教文化课,为从朝鲜前线下来转后方的伤病员与休养员做文艺宣传工作。当时的职别称为"文教"。直到抗美援朝后期,1954年底,我复员回故乡,在国家关于参军三年以上有资格考大学政策的感召下,准备考大学,结果当年就考取了复旦大学法律系。之所以能考取,一是在部队当过文化教员对看书复习并不觉得难;二是1955年春,常熟县民政局让我在常熟师范代教语文课,这又为我的备考带来了有利条件。

记:您考取的是复旦大学,而毕业却不在复旦大学,为什么?

钱:这也是极"左"路线对政法工作影响的结果。我在复旦大学上完了三年级,1958年,复旦大学法律系、华东政法学院及上海财经学院等一律撤并,成立了"上海社会科学院",于是我们被合并到了那里。1959年7月,我在上海社会科学院法律系本科毕业。上海社会科学院是华东政法大学整个历史发展中的一个短暂阶段。我现在既是复旦大学的校友,又是华东政法大学的校友。

记:您对在复旦大学三年的印象如何?

钱:1957年之前,复旦大学是一派"向科学进军"的氛围。1957年开始当然不行了。但是有些事我还是留下了印象。1956年春天,复旦大学校庆时,我在班上组织学习小组,班主任黄子鸿老师作辅导,经过讨论,由我执笔写了一篇题为《论苏维埃联邦制》的论文,在全系学生的校庆科学报告会上宣读,记得还邀请了华东政法学院的同学参加。那篇论文经推荐由学校拿去统一打印,让我生平第一次看到我写的文章的打字机打印稿。那份打印稿一直保留到"文化大革命"初期才被烧毁。可以说,后来在我写的东西不断走上被铅字排印、被电脑照排的路上,这份由打字机打印的论文,始终成为我搞科研的一个鼓舞力量。另一件事是在二年级时,我曾向当时的系党总支书记杨峰老师提出,我准备系统读一些马列的经典著作,是否可以请一位老师指导。杨峰同志很支持,就派了已给我们开过国家与法的理论课的张衍杰老师负责指导。当时第一本书读的是《家庭、私有制与国家的起源》,后来随着政治运动掀起,读书的事不能再进行下去了。整风运动中有同学在给我写大字报时,说杨峰这是支持"白专"道路。

记:上海社会科学院毕业后,是什么原因使您分到甘肃去的?

钱:这有多方面的原因。整体来说,那一届毕业生中分去甘肃的有60多人,是分得最多的一个省份。据说当时甘肃已经提出来要"建立共产主义",急需人才。但去的人,又很少到政法岗位。后来,我在西北生根开花,不断进取,转换角色,水到渠成。

记:到西北去之后,怎么就改行教了语文,而且竟到正规大学教了语文?

钱:初到甘肃,派我到一所工业学校教政治课。但当时对于政治课,校长、书记都能兼讲,而语文教师却缺少,于是让我去兼讲语文课。我在部队原就教过课,同时在常熟师范成功地代教语文课的实践告诉我,我不缺少经验,只要认真备课,是可以担当的。于是干脆全力以赴地教语文,当了语文教师。我教语文的生涯经历了一个逐步升级的过程,从教初中到教高中,从高中到大专,又从大专教到大学本科。这个过程不全是甜蜜,而是有很多辛酸。因我是"改行"的,人家不相信你能胜任。如没有自己的刻苦学习与认真的态度,根本不可能。在平凉二中教初中时,我就在当时甘肃省教育学院辅导全省语文教学的刊物《语文教学参考》上发表了我谈进行启发式教学经验的文章。1977年,在平凉师范教中专与大专班时,我就与原平凉二中的同事刘瑞明,合写了15万字的《古汉语语法常识》一书,在甘肃人民出版社出版。该书全国总发行量达到23万多册,为缓解"文革"后期的"书荒"出了一份力。1978年底我正式调入甘肃师范大学中文系,担任本系的"文选与写作"课及外系的"汉语"课。在甘肃师范大学中文系期间,在《语文学习》(上海)、《中学语文教学》(北京)等刊物上发表文章5篇。1980年年底,甘肃师范大学中文系给我评为讲师职称。1981年夏,我调南京大学法律系工作。1982年春,改名后的"西北师范大学"把职称评定的正式文件函送南京大学。因此我的讲师职称是西北师范大学中文系评的,对此,我总有几分感激与自豪。

记:大学法律系毕业后改教了20多年的语文,这段经历对您后来从事中法史教学和唐律研究有什么影响?

钱: 单从时间上说,从我大学毕业后到现在为止的这50年时间,如果全部用在中国法制史及唐律研究上,当然更好,可能会取得更多的成绩。但既往的历史不可以更变。从法律专业的角度说,毕业后长期从事语文教学,是改了行,是一种波折。但是当我到了大学法律史教学岗位后,回过头才感觉到,在改行过程中语文知识的积累,对法制史教学绝不能说完全是一种不利的波折,好像是命运安排我在中国法制史教学及从事唐律研究之前,有了这么一个可遇而不可求的语文知识积累机会。有了这段经历,我在阅读法律史的古籍文献时,不感到"见外",甚至有兴趣去接近,去钻研。长期的语文教学,给我留下了一个理性加感性的深刻感受就是:著文必须有感而言,言之有物,言之有理,言之有术。这成了后来我在中国法制史及唐律研究中的一笔受用不尽的财产。

记:您怎么又回到法学教学岗位,并且教授中国法制史?

钱: 我们这辈人,有太多的"需要"在决定我们的命运。我大学毕业后从事语文教学,是出于当时当地缺少语文教师的需要而改行。其实,在甘肃师范大学中文系的教学之中,我又有了新的积累,到南京大学法学院后,我把积累的资料抽时间整理加工,还在南京大学出版社出了《文言常用800字通释》等两本语言文字著作。1981年我调到南京大学法律系,主要是全国重建法制的紧迫形势,急需有人走上政法及法学教学岗位,当时有一个几乎不能抗拒的舆论叫"归队"。我的一个搞中文的朋友在南京大学当研究生,他把我的情况介绍给了南京大学的法律系筹备组,他们看准了我既是学法律又是中文系的现职教师这一点,于是双方开绿灯,很快促成调动。对由法律转行中文,又由中文再转回法律本行的机遇说,简直不寻常。进南京大学法律系搞中国法制史又是"需要"决定的。在我正式到南京大学报到之前,南京大学法律系领导已经决定让我搞中国法制史了。因为都认为中国法制史难搞,找不到人，他们看我是中文系教师，又有些古汉语基础，系主任没和我商量，就把我的名字经南京大学报到了教育部，送我到北京大学法律系法制史教研室进修备课一年。

记：在北京大学的一年中，您感觉北京大学怎么样？

钱：北京大学是个好地方。北京大学自然环境好没说的，但是我要强调的是北京大学法律系的老师对待进修教师热心诚恳。我们进修教师与他们一起参加教研室的活动，他们把我们看成是一个教研室的。这种"人文"教育，可能只有北京大学才有。

我对北京大学另一个深刻印象是"有书看"。除了法律系的资料室外，当时北京大学的教学图书室也让进修教师自由出入，自己从架上取书借阅，可能也只有北京大学有这样的气量。我在北京大学进修得非常成功，一边进修，一边备课，一年后我的讲稿已经从"夏商"写到了"魏晋南北朝"。北京大学的进修，让我知道了大学的"大"是什么。同时，也使我这一生与三大名校结了缘：学习在复旦大学，进修在北京大学，工作在南京大学。

记：您是在中国法制史的教学过程中研究唐律，在唐律与《唐六典》的研究上您有许多独到的看法，那么你对中国法制史的教学有什么特别的看法吗？

钱：关于法制史的教学与研究，我最想谈的问题是，首先要力求编写一部反映不同时代法制形成及发展规律的教材，而不是追求部门法史大汇串式的教材。我在《法律科学》1993年第4期上发表过一篇文章，专门总结了对这个问题的看法。如果说法制史是各部门法史的大汇串，那么当部门法史完成之日，岂不就是法制史消亡之时！我认为首先要明确"法制"是什么，要以法制的历史为研究对象。我曾主撰主编了一本《中国法制史教程》，我研究法律史的一些基本观点是从这本书开始体现的。这本书九次加印，总数近六万册，获得国家教委优秀教材二等奖。

记：对于法制史还有什么观点和当时的不一样？

钱：在教学目的上，起初部分人认为学习中国法制史是为学习其他部门法打好历史知识基础，是为了学其他法特别是法理学而服务的。这样法制史也就没有自己的教学目的了。而我认为法制史有特定的教学目的与任务。大学法制史课教学的任务与目的应该包含两个方面：一是使学生具有关于各历史阶段法制特点的重要知识；二是让学生有作为法律高级人才所必须具有的总结历史经验，从整体上运用法制进行革命（改革）或建设的修养。从后一方面的角度说，法制史在法学课程体系中应该是一门"超级"课程。这当然是我个人的看法。

如果说建设现代化法制需要对传统法律作批判继承，需要吸收古代法中的积极因素的话，那么唐律是我们必须面对的第一部也是最重要的传统法律经典。钱大群教授这样地认为，也这样地去做。

记：当初是什么原因促使您致力于唐律的研究？当时唐律研究的情况怎么样？

钱：我搞法制史不久就自然地接触到了唐律。如果说建设现代化法制需要对传统法律作批判继承，需要吸收古代法中的积极因素的话，那么唐律是我们必须面对的第一部也是最重要的传统法律经典。在接触唐律的过程中，先是粗浅地发现，唐律的内容如果上溯其源并下探其流，差不多就是整部中国封建法制史。唐律实际上是中国封建法制史的核心法典，在中国法制史上有举足轻重的地位。唐律特有的由刑律律条与国家对其全面的有权解释的内容合为一体的法典形式，使它成为古代刑典中内容生动丰富，且最多姿多彩的一部法典。我在法律出版社2000年出版的《唐律研究》一书的自序中，曾说它是"中华传世法典巍峨群山的主峰，中国法制史研究领域中一个永无止境的海洋"。但是，20世纪初以来，唐律研究引人注目之地域却在日本和我国的台湾地区。后来虽然经过大陆学界的努力，逐渐改变了这种局面，但是就中国内地来说，相当长一个时期以来，唐律研究队伍及研究成果的取得，重点在史学界而不是法史界。史学界的刘俊文在唐律的文献学研究和史学的研究上取得了很大的成就。相比而言，法史界的人对唐律一般是不得不知道一点，但是作比较深入研究的不多，对唐律的法文化研究及唐律现代法文化价值的挖掘，在理论上、方法上、成果上相对地处在了滞后的地位。

记：您是怎样把唐律研究与中国法制史的教学结合起来的？

钱：我认为研读唐律对中国法制史教学的作用怎么强调也不过分。我对唐律的教学与宣传是在教学法制史的过程中实现的。1985年，我在南京大学面对全校本科生，开了唐律讲座的选修课。现在我还保存着当时的讲授提纲、点名册、试卷及作业等。当时全校有26个学生选修唐律，涉及9个专业系科，其中有两名历史系的日本进修生，法律系的学生占到1/4。后来在法学院内部，对本科生与研究生也开了三次唐律的选修课，每次都是有讲授，有教材，有作业，有考试，有成绩记载。那个讲授提纲后来发展成为与钱元凯老师等合写的《唐律论析》一书。为了扼要地让学生了解唐律原文，我还专门译注了唐律不带疏文的律条，以《唐律译注》为名于1998年在江苏古籍出版社出版。我在法律系开设古今比较刑法课时，与夏锦文老师合写的《唐律与中国现行刑法比较论》及《唐律论析》两书都成了教学用书。后来我写《唐律疏义新注》一书，主要也是为了给高等法律院系的师生阅读唐律时使用的。

记：您的一些观点客观上引起了争论，涉及不少人和著作，您对争论持什么态度？

钱：首先是要尊重对方的观点，要设身处地想人所想，保持客观态度找出对方要害所在，以理服人。其次，对不利于自己既定观点的论点与材料，一定要敢于正视。最后，对事不对人，原则问题要抱着严肃态度，对后人负责，必要时作公开纠正，以利于整个唐律的研究。这里我举一个例子，我写的新书《唐律疏义新注》，原文书名用的是含义与意义的"义"，而不是议论的"议"。《唐律疏议》的书名从清嘉庆年间形成势头，到民国时期而愈演愈烈。为此我专门写了一些文章，触及了一个潜规则：有人当他们发现条文"疏"之下总连着"议"字，就把这本书叫做《唐律疏议》；而又有人发现"疏"下之"议"与《唐律疏义》书名"不符"时，竟又将"疏"下之"议"也改成"义"，如《四库全书》本就是后者的典型。对此，我的观点是扬长避短，整合归真，要否定这种潜规则。如果在这个问题上一定要指出争论对象的话，那应该是清朝校刻唐律的孙星衍和《四库全书》本《律疏》的校刻者。我感到世纪都快交替了，有些问题到应该澄清的时候了。同时我的生理年龄和学术年龄也不允许再等了，再等下去可能会永远失去说话的机会。如果我的看法是错的，那么与我相对的正确观点就可以以更旺盛的生命力继续前进，这岂不是学术界的幸事？因此，争论所及也就顾不得是大家或新秀，是远亲或近邻，或是时人与古人了。这大概就是通常所说的责任心和学术良心吧。

记：不仅仅是唐律，在对《唐六典》的研究上您也有很多自己的见解，而且被很多人接受，这其中有特别的方法吗？

钱：是有些可称为方法的东西，但并不"特别"。在唐律和《唐六典》研究的方法上，我个人最深切的体会是：首先把这两部典籍都置于唐代整个法律体系中去研究和观察。我常发现，只要忽视对唐代法律体系的注意，就会产生认识上的偏差，对唐律和《唐六典》的研究都是如此。如果知道了唐代当时大部分为行政法律规范的令、格、式都作为现行法律法典在行使，怎么还能认为可以再制定一部与这些法典并存并行的"行政法典"！唐代除了有"正刑定罪"的狭义刑法外，还有不涉及"正刑定罪"的广义刑事法规。这广义的低位阶的刑事规范在哪里？它们在其所在法典中占怎样一种比重？这些要害性的问题，都要求研究者能对整个法律体系有基本了解。

对唐律与《唐六典》研究方法的看法之二，是要认真去读这两本典籍。我是结合了教学和科研的需要，经历了从走马观花到深入、从点到线再到面的过程，我很庆幸自己有把这两本典籍作为必读的担子压在肩上的机会。我先是要开唐律的选修课，后又因为教研的需要要写一些论文和专著，这些都客观上必须对《唐律疏义》作全面而深入的阅读和积累。古代从政必须同时从事司法实务，故必须读律、读典。现代研究与教学中国法制史者，我认为要实现批判与继承，也必须读律、读典。

记：您认为《唐六典》不是一部"行政法典"，那为什么在您众多研究成果中，不断在《唐六典》中引用您认为属于行政法律的内容，这种做法与您的观点是否矛盾？

钱：这个问题很犀利，也很有学术性。我的回答是不矛盾。我的观点是：《唐六典》不是一部行政法典，但是，我一点也不否认《唐六典》作为制度典籍具有的巨大作用和意义。它对当代学者仍有重大的研究意义和价值。开元时很多令、式中的内容都被吸收进了《唐六典》之中，可是，后来全面记载唐代行政法律内容的令、式都失传了，而《唐六典》却被保存了下来，它成为真实可靠地保留了很多令、式内容的一部典籍。从这个意义上说，说它怎么珍贵都不过分。但是，法学研究的严密性却不可以说它是唐代的"行政法典"。我研究唐律时，从法律之间的客观联系说，必须引证令、式等法律内容，就只能从《唐六典》《通典》《唐会要》《两唐书》等典籍史书中去找，但不能因此就说它们是行政法典。换而言之，如果唐代的令、式之典能完整地保留到今天，《唐六典》的作用就该另行评价了。

记：您刚才说了唐律研究的学术问题，从现代法文化的意义上说，唐律中的法学遗产您认为有哪些是最应当被借鉴的？

钱：提到唐律的特点，人们往往会谈到"礼法结合"的原则，但是在封建法系早已瓦解、封建礼治渐渐退出历史舞台的今天，我们把对唐律的注意焦点仍停留在"礼法结合"上，就会与时代的要求脱节，失去与时俱进的活力。在向现代化迈进的今天，对唐律作批判继承而挖掘的重点，首先是其中的"罪刑相当"的原则与严正维护吏治的法律机制。

在唐律律学的批判继承上，有一个永远充满生命力的命题，那就是"罪刑相当"原则。这一原则是唐律与其"义疏"制定者的一个始终的追求，而且此原则成功地渗透到整个《唐律疏义》并影响到其中的一系列制度。这一原则深刻地反映在唐律对犯罪行为客观方面作量化的技术运用上。由于这一原则渗透到其他诸如"特权原则""宗法原则"之中，从而也造成了唐律有极端繁琐的消极方面。1996年，我曾专门撰写发表了《唐律立法量化技术运用初探》一文。后来，我撰写的《唐律疏义新注》中，对各律条的"引述"部分，都是围绕解析"罪刑相当"这一原则而展开，故而在解读上得以纲举目张。

唐律为现代人关注的另一重要内容，是立法者把认真地维护吏治作为刑律的重要任务之一。现代研究唐律的人，读律的第一个可能有的感想，就是唐律敢于在反腐治吏上动真格。元代著名唐律学者柳贯曾说，"始太宗以魏徵一言，遂以宽仁制为出治之本"，但唐律中设置的反腐治吏条款，并没有给人多少"宽仁"的感觉。在君臣一体、官官相护的封建社会，唐律居然能拿出那些严于吏治的条款，我们真应该为我们中华古代有这么含有人民性的法律文化而自豪。我在法制史特别是唐律研究上一直注重其反腐倡廉的吏治方面。1994年，我与郭成伟老师合写了《唐律与唐代吏治》一书，专门总结唐律维护吏治上的经验教训；1996年，我又写了唐律维护吏治的三篇论文；2000年我又写了《诤谏：贞观吏治的强大推动力》一文，与以前写的两篇关于封建吏治的论文一起，形成六篇吏治论文，收在我2001年出版的论文集《中国法律史论考》中。在研究唐律吏治机制的同时，我对现实生活中的公务员的职务犯罪也很关注，1996年，我曾主编及参写了国家教委科研项目《职务犯罪研究》一书。在《中国法律史论考》的自序中我曾感叹反腐的艰辛与快乐："仗义执言有坎坷，光明磊落自巍峨，我怀正气行我素，百姓堆里笑声多。"

记：您现在是唐律研究方面的专家了，有没有想过可以利用您的声望和影响，进一步推动我国唐律的研究？

钱：这个我也想过。目前我们唐律研究的力量还很分散，缺乏组织，缺少支持，中国法律史学会设有许多分会，可就是没有唐律研究分会，我目前也只能坚持个人的研究。几年前，俞荣根等先生就提出建立"唐律学"的设想。最近，刘俊文先生也向我建议应当设立唐律研究的学术组织，以培养和加强唐律学的研究队伍，并且认为可以从先在中国法律史学会内设立相应的分会开始。这些建议反映了他们对中国传统文化——传统法律文化中这一珍贵典籍研究事业的赤诚之心。但就我个人而言，目前只能处于呼吁的地位，我为对他们的建议不能作出实质性的有力回应而深感愧疚。我认为，开展有组织的研究活动，华东政法大学、中国政法大学、西北政法大学及南京师范大学法学院等有条件的单位，可以先进行一些诸如建立唐律研究组织的努力。

（采访整理：方堃、王为臣）

附录三

 历史脚印

一、序　篇　　二、法史教学　　三、开讲唐律　　四、书文发布　　五、报道采访

六、学会工作　　七、语文教学　　八、大学时光　　九、军中生活　　十、政府参事

一、序　篇

这是一个中国普通知识分子为自己绘写的干一行爱一行，爱一行成一行的历史。从1950年参军，到1955年考取复旦大学法律系，1959年毕业于上海社会科学院法律系，毕业后在西北师范大学中文系等校系任教语文23年，再到调南京大学法律系任教法制史30年（其中，在北京大学法律系备课进修法制史1年），钱大群教授在为祖国服务的教学与科研岗位上，始终以铿锵有力的步伐，于漫长的人生征途上，深深地留下了一串串坚实的脚印。

左：1956年秋在复旦大学
下：1981年冬在南京大学
右：1982年春在北京大学

二、法史教学（1981-2001）

在法史教学工作中，钱大群教授贯彻启发原则，抓准教学研究对象，编出了一批有特色的高校教材及辅助教材。

（一）主撰主编了富有特色的《中国法制史教程》

《中国法制史教程》由华东及中南地区专家共同编写，南京大学出版社1987年出版。该书共计43万字，前后印刷9次，发行量达55000多册，广泛使用于江苏、安徽、江西全省及上海、河南、天津、辽宁、山东的部分高校，并获得国家教委1992年第二届高校优秀教材"二等奖"。

（二）编写了广受欢迎的法制史的辅助教材

钱大群教授与其研究生曹伊清合编了《中国法制史通解》（1000题）一书（南京大学出版社1993年出版）。该书以问答的形式作层次架构，受到自学考生以及本科生的极大欢迎。

钱大群教授为统编教材编写了《〈中国法制史〉学习辅导》（南京大学出版社1985年出版）。此书后半部分对史料所作注释翻译，大受青年教师欢迎，第二次印刷就达到了41000册。

（三）教学与教材编写皆明确研究对象，突出"法制历史"，而不是部门法史的堆砌

钱大群教授撰写的《中国法制史研究对象新论》一文，在《法律科学》杂志1993年第4期发表，并在1994年《法律科学》杂志创刊十周年的优秀论文评奖中荣获"一等奖"。

（四）教学中坚持贯彻启发式的精神原则，范围由小到大，层次由浅入深

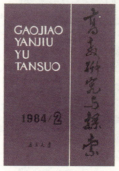

南京大学《高教研究与探索》1984年第2期上发表了钱大群教授针对法史教学如何开展课堂讨论而撰写的《怎样组织课堂讨论》一文。

《江苏高教》1986年第5期上发表了钱大群教授针对法制史教学中如何贯彻启发式原则而撰写的《注意在宏观上运用启发式》一文。

（五）获教学成果奖

（六）获颁国家有特殊贡献者证书

三、开讲唐律（1985）

根据高教部1984年法律专业教学大纲武汉讨论会方案，1985年春，钱大群在南京大学面对包括法律系学生在内的全校本科生，开设"唐律讲座"选修课。此课程之后成为对法律系本科生、研究生的一门保留课程。

本期选修学生共26人，来自9个系：其中，法律系8人，历史系7人（包括2名日本进修生），中文系3人，数学系2人，地理系2人，经济系1人，生物系1人，气象系1人，化学系1人。每周2节课，开课16周，中间辅导讨论一次。

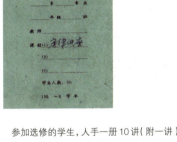

参加选修的学生，人手一册10讲（附一讲）的《唐律讲座》提纲。此提纲经不断充实提高后整理成《唐律论析》一书，南京大学出版社于1989年正式出版（见本书第431-434页）。

学期结束有23人参加了考试。一部分学生还写了选课的"心得体会"。中文系聂玮写的是：《唐朝法律与唐朝文学》；张明写的是：《收获不仅仅是唐律知识》。

历史系两位日本进修生樱本肇一和崎村真都写了"礼对现代日本社会的影响"的指定作业。

四、书文发布

（一）《〈唐六典〉性质论》发布

1989年4月21日，中国社会科学院法学研究所于北京康悦饭店召开中国法制史国际学术讨论会。钱大群教授宣讲了与李玉生合写的论文《〈唐六典〉性质论》，该论文当年发表于《中国社会科学》第6期。

左起：主持人刘海年研究员、发布人钱大群、日语翻译老师、韩延龙研究员。

钱大群教授（左）与论文的合作者李玉生（右）于会场合影。

（二）《中国传统法律文化思辩》发布

1993年4月，中国政法大学于京郊雁栖湖召开中国法制史国际学术研讨会，钱大群教授在会上宣讲了与夏锦文合写的《中国传统法律文化思辩》论文。

左图：钱大群和夏锦文的论文。国务院古籍整理与出版小组机关刊物《传统文化与现代化》1993年第6期正式发表。

日本著名法史学家池田温先生（右二）参加会议。左一是钱元凯教授，左二是蒲坚教授，右一是钱大群教授。

（三）《关于唐律现代研究的几个问题》发布

2003年11月，台湾中国法制史学会与政治大学法学院、台湾大学法学院，联合举办纪念著名唐律学家戴炎辉先生学术讨论会。钱大群教授与北京大学李贵连教授、西南政法大学俞荣根教授一起赴会。在会上，钱大群教授宣讲了自己的论文《关于唐律现代研究的几个问题》。该论文由台湾中国法制史学会、"中央研究院历史与语言研究所"主办的《法制史研究》2004年6月号正式发表。

右起：第一人是高明士教授，第二人是蔡墩民教授（主持），第三人为钱大群教授，第四第五人是与谈人罗彤华副教授及桂齐逊副教授。

左起：第一人是李贵连教授，第二人是俞荣根教授，第三人为钱大群教授。

（四）《唐律疏义新注》出版座谈会

2007年，由钱大群教授撰写的170万字的《唐律疏义新注》，由南京师范大学出版社出版。该书作为全国古籍整理出版规划项目及国家"十一五"重点图书出版规划项目得到了社会各界的肯定。2009年8月，南京师范大学出版社在吉林大学举行《唐律疏义新注》出版座谈会，法史界20余位专家学者到会并讲话。2011年12月，该书在教育部高等学校法学学科教学指导委员会、中国法学教育研究会等单位主办的第二届"中国法律文化研究成果奖"评选中荣获"一等奖"。

南京师范大学副校长夏锦文教授（左）主持会议，作者钱大群（右）与会。

《中国政法大学学报》2010年第4期对座谈会作了专门述评。

《唐律疏义新注》于2011年12月获得"中国法律文化研究成果奖"一等奖。

（五）《对〈律疏〉中数处律义之解读——管窥法典化律条之间严密的律学联系》发布

2011年2月，台湾中国法制史学会、台湾政治大学法学院、台湾师范大学历史系联合召开"唐律与传统法文化"学术研讨会，钱大群教授在会上宣讲了自己的论文《对〈律疏〉中数处律义之解读——管窥法典化律条之间严密的律学联系》。该论文2011年7月收入由黄源盛教授主编、元照出版公司出版的《唐律与传统法文化》一书。

左为台湾政治大学陈惠馨教授，右为主持人台湾大学名誉教授（戴炎辉先生大公子）戴东雄先生，中为发表人钱大群教授。

黄源盛教授（右一）是钱大群论文的评议人。中国政法大学张中秋教授（右二）、郑显文教授（左一）同时赴会并都宣讲了论文。

（六）《唐代法律体系正确理解的转捩点——辨〈新唐书〉"唐之刑书有四"说并复有关观点》发布

2014年11月，中国政法大学古籍所30年大庆，钱大群教授在庆典学术讨论会上宣讲了自己的论文《唐代法律体系正确理解的转捩点——辨〈新唐书〉"唐之刑书有四"说并复有关观点》。该论文《北方法学》2015年第3期予以发表。

前排右起：第一人是主持人徐忠明教授，第二人是评论人周东平教授，第三人是发表人钱大群教授。

杨一凡研究员（左）同钱大群教授在会间叙谈。

（七）《唐代典籍研究若干问题补论》发布

2015年9月5日至7日，由国家司法文明协同创新中心兰州基地、甘肃政法学院、吉林大学法学院古籍研究所联合在兰州召开了全国第一次唐律专题学术研讨会——"唐律与唐代法制学术研讨会"，国内唐律研究方面的专家学者40余人参加了会议。钱大群教授在会上宣讲了自己的论文《唐代典籍研究若干问题补论》。

图右为论文发表人钱大群，左为评议人霍存福教授。

图左为主持人闫晓君教授。

9月6日中午，全体与会专家学者为钱大群教授提前举行了祝贺其八十华诞之仪式（钱大群之生日是阳历9月9日）。

在为钱大群教授祝贺八十华诞之仪式上,中国法律史学会执行会长霍存福教授致祝词。左立者为仪式主持人刘晓林教授。

(八)《〈新唐书〉"四刑书"说辨析终结篇》发布

2015年10月31日,中国政法大学法史研究院30年院庆,召开"中国优秀传统法文化与国家治理学术研讨会"。钱大群教授在会上宣讲了自己的论文《〈新唐书〉"四刑书"说辨析终结篇》。

右为主持人侯欣一教授,左为报告人钱大群。

右起为论文评论人:范忠信教授、张德美教授、强磊教授。

五、报道采访

(一)三大媒体报道"唐律研究系列著作"出版

1992年6月,在钱大群教授撰写的"唐律研究系列著作"前三部发表后,新华社、《人民日报》(海外版)"政法·文化"版、中央人民广播电台三大媒体分别进行了报道和转发。

> 刊200期。
>
> ### 我国学者对唐律研究有新开拓
>
> 新华社南京6月13日电 (记者殷学成)我国学者对唐律的研究近年又有新目前,南京大学教授钱大群等编著的《唐律译注》、《唐律论析》和《唐律与中国比较论》一套3本唐律研究丛书已全部完成。
>
> 唐律是我国古代著名的一部封建法典。它上承战国秦汉,下启宋元明清。在我制史上的地位,没有任何一部法律文献可与之相比。唐律的内容形成并稳定于唐贞观年间,时五百条,分为十二卷",对各种犯罪行为及其刑罚幅度都作了明确规定。流传至今的书主要有两部《律(附音义)》和《唐律疏议》。解放以来,我国学者对唐律的得一些成果。近5年来,由于钱大群等人的努力,使我国这座法学宝库的发掘工新的突破,特别是《唐律与中国现行刑法比较论》一书,从现行法律的理论体系出唐律与中国现行刑法的同异,从而揭示出唐律中许多内容丰富,条款完备而值得借理论和制度,专家们认为这对于改进和完善我国刑法制度很有参考价值。

新华社电文稿。

此为《人民日报》的剪贴照片

（二）1997年4月，江苏电视台于"大视野·人物志"专栏，以"法学家钱大群"为题，播出长达15分钟的电视采访录像，报道钱大群教授的学术研究活动。

（三）2014年9月，中央电视台拍摄八集文化纪录片《鉴史问廉》，记者曾就唐代廉政问题采访钱大群教授。在接受采访的2个小时中，钱大群介绍了唐律与吏治及其正反典型。

根据节目要求，在《鉴史问廉》中，钱大群教授在第二集中谈狄仁杰问题，在第六集中谈李义府问题。

六、学会工作

（一）中国法律史学会

1. 当选中国法律史学会执行会长

中国法律史学会1995年南京会员代表大会选举新一届（第6届）理事会，新选的五名执行会长是：韩延龙、公丕祥、徐显明、杨永华、钱大群。

2. 组织召开中国法律史学会1996年南京年会

1996年10月10日，中国法律史学会1996年南京年会在南京大学知行楼召开。

江苏省人大常委会副主任高德正（前排右第五人）、南京大学副校长张永桃（右第四人）等应邀出席开幕式。执行会长韩延龙（前排左起第四人）致开幕词，南京大学法学院院长范健教授（前排右第一人）致欢迎词。张晋藩教授（前排左起第五人）作主题报告。

执行会长议会事。左起：公丕祥教授、韩延龙研究员、钱大群教授。

中国法律史学会执行会长、南京大学法学院教授钱大群主持会议。

3. 出版1996年南京年会论文集

年会出版了会议文集《法律史论丛》第四辑，汇集41篇学术论文，1998年由江西高校出版社出版，主编为钱大群教授与南昌大学法学院院长利子平教授。

（二）当选江苏省法学会法律史学研究会名誉会长

2011年6月，江苏省法学会法律史学研究会在苏州大学召开成立大会。会议选举钱大群教授为名誉会长。钱教授应邀作年会主题报告：《中国法制史教学与研究的若干问题》。

艾永明会长（前排右）和名誉会长钱大群。

七、语文教学（1959－1981）

1959年，钱大群大学毕业后改行教语文，先后在甘肃平凉工校、平凉二中、平凉师范、甘肃师范大学中文系任教语文23年。

（一）中学语文教学期间出版专著

在平凉师范期间，钱大群与曾在平凉二中共事的刘瑞明，合写了《古汉语语法常识》一书。

《古汉语语法常识》，钱大群 刘瑞明著（15万字），甘肃人民出版社1977年出版。其书贯彻启发精神，密切联系教学实际，因而受众广大，全国发行总量达25万多册。左侧为1977年第一版装帧，右侧为1979年第二版装帧。

（二）在师范大学中文系期间继续语言研究

1978年后季，钱大群调甘肃师范大学（后改为西北师范大学）中文系，任教本系的"文选与写作课"及外系的汉语课，结合教学继续研究汉语，发表了古汉语研究及语文教学研究方面的论文共5篇。

这期间积累的资料，在钱大群调到南京大学后，经其夫人邓佩珍协助整理形成《文言常用八百字通释》《忌读半边音字典》两书，由南京大学出版社出版。

钱大群撰写的《有关古汉语中定语移后的几个问题》一文,在人民教育出版社《中学语文教学》1981年第2期上发表。

钱大群、邓佩珍编著《文言常用八百字通释》(39万字),南京大学出版社1987年出版。

《忌读半边音字典》,钱大群、邓佩珍编(23万字)。南京大学出版社1993年出版。

著名教育家、南京大学原校长匡亚明先生为《忌读半边音字典》题联。

八、大学时光(1955–1959)

1. 1955年秋,钱大群在复旦大学法律系开始大学生活,其间一至三年级是在复旦大学。

1955年进校住国清路复旦第十宿舍。

1957年夏,在上海市人民检察院实习。

1958年春,复旦大学法律系三年级学生,全体到浙江海宁劳动锻炼一学期。钱大群所在小组分在盐官镇钱塘江边的生产小队。

2. 1958年,复旦大学法律系与华东政法学院奉命合并成立"上海社会科学院"。

上海社会科学院的同班部分同学在校门前合影

改佩上海社会科学院校徽的钱大群

3. 1959年7月,钱大群于上海社会科学院法律系本科毕业。

1959年，在毕业证书上签章的上海社科院院长雷经天，就是曾任陕甘宁边区高等法院院长并处理过"黄克功案件"的知名人物。钱大群与邓佩珍同校、同专业、同届、同班，后同为一家。

九、军中生活（1950–1954）

1. 参加中国人民解放军

初中毕业前夕，钱大群与故乡大南中学的一批同学到驻嘉定县娄塘镇的中国人民解放军第三野战军第六野战医院，当了一名"文化兵"。那一天是1950年4月20日。

2. 做不过江的志愿军——抗美援朝在东北

1950年8月底，部队从苏州乘军列北上，经三昼夜到达东北吉林蛟河驻地。严冬时节，医院即开始接受治疗从朝鲜转来的志愿军及朝鲜人民军的伤病员。钱大群担任文教工作，为医护人员上文化课，组织医护人员及伤病员的宣传文化活动，是其任务。

3. 复员考学

抗美援朝胜利后，1954年底，钱大群请求复员考学被批准（1955年夏考取复旦大学）。其在部队五载，时间为从1950年4月至1954年12月的4年8个月。

1951年照片。

1953年得颁抗美援朝纪念章。

1953年照片。

上图左起：文教同事章毓德、赵志华、钱大群。"君早走"是巧取"群""章""赵"三字的部件。

右图：前排左是管理员赵元洪，右是钱大群，后排右是出纳员王斌，左是文教同事黄冰（一起参军的大南同学之一）。

十、政府参事（1996-2001）*

（一）被聘为江苏省政府参事

1996年2月，时任江苏省省长郑斯林签署的省政府参事聘书

（二）结合专业进行调查，为政府提供专门的调研报告及建议

1. 进行关于"法律咨询在政府决策中的作用"的调研

1998年11月，参事室联合省司法厅，赴淮阴、盐城、镇江、无锡调研法律咨询在政府决策中的作用并提交调查报告。省府分管首长认为政府在决策中法律咨询机制确立的调研报告很好，并指示省法制局会同司法厅研究如何利用。

调研组成员是：（左图左起）刘洪铣副主任、钱大群参事、司法厅律管处王君悦处长，以及王林云参事（右图右侧）。另，江苏省律师协会的钟国臻部长及省参的刘长春秘书也是成员。

2. 书写关于兴隆沙界域问题的法律咨询《参事建议》

1996年4月，省参事室组织调查启东兴隆沙自然保护区的管理问题，钱大群参事专就启东兴隆沙的界域问题，从法律角度撰写《参事建议》，提供省领导参考。

赴启东兴隆沙调研途中。右起第四人为施宪章主任，第三人是启东市长，左起第三人为张更生参事，第四人为钱大群参事。

* 以下"政府参事"栏目中的图文，大部分采自江苏省参事室编印的纪念图册：《江苏省人民政府参事室1953—2003》。

（三）就国家大政方针及重要问题提出建议及进行评论

1. 就推广普通话与使用简化字的国策贯彻提出建议

1998年3月，钱大群参事就贯彻推广普通话和简化字的基本国策中存在的问题，提出《领导干部要重视推广普通话和简化字的参事建议》。（左图）

1998年4月，此建议省参事室呈报国务院参事室。依程序，国务院分管领导最后送中央首长阅视了此建议。（右图）

2. 就国家与社会重大问题发表政见

1999年发表专文痛斥李登辉"两国论"的反动言行。（左图）

1999年7月接受采访，从法律角度批判"法轮功"。（右图）

（四）参加国务院参事室成立五十年庆典及全国参事工作座谈会

1999年11月，作为江苏省政府参事的代表，钱大群与江苏省参事室主任及省府有关负责同志一起赴京参加国务院召开的全国参事工作座谈会与国务院参事室成立50周年庆典。

钱大群参事在会场

大会印发了钱大群参事撰写的做参事工作的体会以作书面交流。

与会者集体受到朱镕基总理接见并合影留念

唐律——中华传世法典巍峨群山的主峰，中国法律史研究领域中一个永无止境的海洋。

——法律出版社2008年8月钱大群《唐律研究》引言

唐律对中国法制史研究所具有的特殊而又根本的重要性，别的法典不具有。不研究哪部古代法典的后果，都不如不研究《唐律疏义》严重。唐律对中国法制史无可取代的重要性，就与唐代对整个中国历史无可取代的重要性一样。

热烈争论有尽时，冷静思考无绝期。

——北京大学出版社2015年12月《唐典研究》中钱大群教授《唐代典籍研究若干问题补论》